25 JAHRE HAUPTSTADTBESCHLUSS

25 JAHRE HAUPTSTADTBESCHLUSS

ALLE REDEN DER HISTORISCHEN DEBATTE

IM DEUTSCHEN BUNDESTAG

ZUM BERLIN/BONN-GESETZ

Herausgegeben von der Staatlichen Münze Berlin

BERLIN STORY VERLAG

Staatliche Münze Berlin (Hg.):
25 Jahre Hauptstadtbeschluss –
Alle Reden der historischen Debatte im Deutschen Bundestag zum Berlin/Bonn-Gesetz.
1. Auflage — Berlin: Berlin Story Verlag 2016
ISBN 978-3-95723-076-8

© Berlin Story Verlag GmbH
Leuschnerdamm 7, 10999 Berlin
Tel.: (030) 20 91 17 80
Fax: (030) 69 20 40 059
E-Mail: Service@BerlinStory-Verlag.de
www.BerlinStory-Verlag.de
Umschlag und Satz: Nadin Wildt

WWW.BERLINSTORY-VERLAG.DE

INHALT

GELEITWORT

Prof. Dr. Norbert Lammert, Präsident des Deutschen Bundestages

Es gibt nicht viele parlamentarische Debatten, die tatsächlich in die Geschichte eingehen. Die hier dokumentierte „Redenschlacht" zum Hauptstadtbeschluss gehört ohne jeden Zweifel dazu: Eine fast zwölfstündige Debattenzeit, 107 Rednerinnen und Redner, 106 zu Protokoll gegebene Reden, zahlreiche persönliche Erklärungen und am Ende ein denkbar knappes Abstimmungsergebnis. Anschließend Freude und Tränen – der Rührung oder des Entsetzens – im Bonner Wasserwerk, Jubel in Berlin mit Läuten der Friedensglocke am Schöneberger Rathaus. Und am Bonner Marktplatz beinahe Totenstille.

In der Aussprache selbst waren alle Ingredienzien einer lebendigen Debattenkultur enthalten – was sie auch nach 25 Jahren lesenswert macht: Pathos und Beschwörungen, Appelle und Emotionen wechselten sich ab mit nüchternen Argumenten. Die Spannung im Plenum war mit Händen zu greifen, die „Frontlinien" verliefen quer durch die Fraktionen. Die heftigen Auseinandersetzungen um Berlin als Hauptstadt mit Parlaments- und Regierungssitz, die Anfang der 1990er Jahre mit jeweils beachtlichen Argumenten ausgefochten wurden und in der Bundestagsdebatte am 21. Juni 1991 ihren Höhepunkt erreichten, zeigen, welch tiefe Furchen die jahrzehntelange Teilung Deutschlands auch im westlichen Teil der Republik hinterlassen hat. Sie offenbaren einmal mehr eine gebrochene Identität der Nation und eine historisch gewachsene Abneigung gegen eine elitäre und das Land dominierende Hauptstadt; eine Abneigung, die sich nicht nur aus dem föderalen Selbstverständnis der

Deutschen speist. Das hat sich allmählich geändert – und die Bundestagsentscheidung vom 20. Juni 1991 hat einen gehörigen Anteil daran. Heute kann keine Rede mehr von einer „geduldeten Hauptstadt" (Edzard Reuter) sein. Berlin wurde auch längst „in Gebrauch genommen", um mit Volker Hassemer zu sprechen. Dabei spielt die weltweit einmalige Museums-, Gedenkstätten- und Kulturlandschaft der Stadt eine herausragende – auch identitätsstiftende – Rolle. Mich persönlich freut es besonders, welche Anziehungskraft das Berliner Parlamentsviertel ausübt, das inzwischen als „Fanmeile der Demokratie" firmiert: Seit 1999 besuchten rund 40 Millionen Besucher das Reichstagsgebäude mit seiner grandiosen Kuppel, die längst ein Wahrzeichen der Stadt ist und zugleich Ausdruck einer längst unbestrittenen öffentlichen Meinung, dass die Entscheidung für Berlin richtig war.

Ich wünsche allen Leserinnen und Lesern eine spannende Lektüre! Und als Vor- oder auch Nachbereitung empfehle ich einen Besuch in Berlin und in Bonn.

Berliner Zeitung

Mit SERVICE-Beilage zum Thema: Einkauf in Berlin

Nr. 142* 47. Jahrgang Freitag, 21. Juni 1991 60 Pfennig 90 020

Der Sieg für Berlin vollendet die Einheit

Nach über zehnstündiger Debatte entschied der Bundestag mit 17 Stimmen Mehrheit über Parlaments- und Regierungssitz

Bonn, eb Bundestag und Bundesregierung kommen nach Berlin. Einen entsprechenden Beschluß faßten gestern die Abgeordneten mit 337 Stimmen bei 320 Gegenstimmen, zwei Enthaltungen und einer ungültigen Stimme.

In einem vielstündigen, engagierten Redemarathon bis in die Abendstunden hatten Bonn-, Berlin- und Kompromißbefürworter teilweise leidenschaftlich für ihre Position geworben. Erstmals sprach Bundes-

kanzler Kohl dabei ein klares Ja zu Berlin aus. Bundestagspräsidentin Süssmuth plädierte ebenfalls auf Bonn fest.

Der erfolgreiche Berlin-Antrag sieht vor, daß die Arbeitsfähigkeit des Parlaments in der Hauptstadt in vier Jahren hergestellt sein soll. Bis dahin wird der Bundestag weiterhin in Bonn tagen. Spätestens innerhalb von zehn bis zwölf Jahren soll die volle Arbeitsfähigkeit von Bundestag und Regierung in Berlin hergestellt sein. Bonn wird Verwaltungszentrum bleiben. Genauere Festlegungen sind von einem Gesetz-

wurf zu erwarten, der wohl erst nach der parlamentarischen Sommerpause erarbeitet wird.

Zu Beginn der elfstündigen Beratungen, denen ein ergebnisloses Tauzichen um mögliche Konsensvorschläge vorausgegangen war, hatte Bundesarbeitsminister Norbert Blüm (CDU) das Plädoyer der Bonn-Befürworter abgegeben. Bonn stehe für die freiheitliche und friedlichste Epoche deutscher Geschichte, argumentierte er wie viele Befürworter der Rheinstadt. Blüm warnte vor den sozialen Folgen des Umzugs für die Region Bonn und

vor den hohen Umzugskosten.

Als Sprecher der Berlin-Befürworter zeigte sich der SPD-Vize Wolfgang Thierse besorgt, Berlin und die Menschen im Osten sollten mit einem Symbol abgefunden werden. Er bat die Abgeordneten eindringlich, jetzt einen Grundsatzbeschluß zugunsten Berlins zu fällen, als Schritt zur Verwirklichung der politischen und sozialen Einheit und als Anlaß zur Hoffnung auf Solidarität.

Für die Kompromißlösung, die Regierung in Bonn zu belassen und das Parlament nach Berlin zu verlegen, warb der CDU-Politiker Heiner Geißler. Dieser Vorschlag war aber in der abendlichen Abstimmung mit großer Mehrheit abgelehnt worden.

Gegen diese Trennung hatten sich die SPD-Abgeordneten Schily und Conradi mit ihrem Antrag ausgesprochen. PDS-Chef Gysi, der für einen vollständigen Umzug von Regierung und Parlament plädierte, bezeichnete die Entscheidung für Berlin als einen Akt der Glaubwürdigkeit.

Der Bundeskanzler begründete seine Entscheidung für die Hauptstadt mit seiner Erkenntnis, daß Berlin „Brennpunkt deutscher Teilung und Sehnsucht deutscher Einheit war". Eine Entscheidung für Berlin ordnete Kohl als Entscheidung für Europa ein. Zu den prominentesten Berlin-Befürwortern zählten neben Bundeskanzler Kohl Bundesinnenminister Wolfgang Schäuble und der SPD-Ehrenvorsitzende Willy Brandt. Schäuble meinte, es gehe nicht um einen Wettkampf zwischen zwei Städten, Arbeitsplätze oder Reisekosten. „In Wahrheit geht es um die Zukunft Deutschlands." Auch Brandt sprach von einer „nationalen Weichenstellung".

SPD-Fraktionsvorsitzender Vogel, ebenso vehementer Berlin-Befürworter, warnte davor, die Versprechungen und Zusagen, die Berlin jahrzehntelang gemacht worden seien, zu brechen. Auch Berlins Regierender Bürgermeister gab mit seinem Votum für seine Stadt ab. Die Entscheidung müsse für die Zukunft tragfähig sein.

Heftigen Unmut löste der Abgeordnete Konrad Weiß vom Bündnis 90/Grüne aus, als er Berlin eine Stadt der Zukunft nannte, Bonn dagegen als Stadt für Leute bezeichnete, die „alles hinter sich haben".

Vor neuem Zentralismus und einer „Megastadt" hingegen fürchten sich die Bonn-Befürworter. Berlin als eine sich entwickelnde europäische Metropole sei nicht auf den Regierungs- und Parlamentsapparat angewiesen. Die Milliardenkosten für den Umzug seien besser für die direkte Hilfe im Osten angelegt. Diesen Argumenten schlossen sich Nordrhein-Westfalens Ministerpräsident Johannes Rau und die SPD-Finanzexpertin Matthäus-Maier an.

Außenminister Hans-Dietrich Genscher hatte sein Abend nach seiner Rückkehr von der KSZE-Tagung in Berlin noch zu Wort gemeldet. Mit einem eindringlichen Vortrag warb er für Berlin. Mit Erfolg.

Von der vollbesetzten Pressetribüne verfolgten Journalisten aus aller Welt die Debatte im Bundestag. Foto: dpa

Symbol nunmehr auch für den Parlamentssitz Berlin – die Quadriga auf dem Brandenburger Tor. Ein Detailbildnis des Künstlers Jürgen Kozieiski.

KSZE einigte sich auf Krisenmanagement

Außenminister beendeten erste Ratstagung / Genscher: Bedeutender Schritt nach vorn

Von unseren Redaktionsmitgliedern Ingo Preißler und Manfred Quiring

Berlin. Mit der Annahme eines Krisenmechanismus im Konfliktfall ist gestern die erste Tagung des KSZE-Außenministerrates im Berliner Reichstag abgeschlossen worden. Damit wurde erstmalig eine Möglichkeit geschaffen, auf etwaige Konfliktsituationen operativ mit politischen Mitteln zu reagieren.

Bei dem neuen Krisenmechanismus wird erstmals von dem KSZE-Konsensprinzip abgewichen. Auf Bitten von mindestens zwölf Staaten kann ein Stab hoher Beamter zusammentreten, der dann über mögliche Konflikte zwischen KSZE-Staaten zu beraten. Auch Situationen auf Ministerebene können einberufen werden.

Gegen diesen Mechanismus hatte sich die Sowjetunion zunächst gesträubt. Sie verlangte ein Veto-Recht des jeweils betroffenen Landes – offenbar aus Sorge, der Krisenstab könnte sich mit innersowjetischen Konflikten befassen. Als Kompromiß wird in der Vereinbarung deswegen nun auf das allgemeine KSZE-Prinzip der Nichteinmischung in die inneren Angelegenheiten eines anderen Landes verwiesen. Ein Veto-Recht gibt es aber nicht.

Nach Auffassung von Außenminister Hans-Dietrich Genscher habe die Tagung auf dem KSZE-Prozeß „einen bedeutenden Schritt vorangebracht", der damit eine neue Qualität erreicht habe.

In einem 20 Punkte umfassenden gemeinsamen Papier unterstrichen die Außenminister die Notwendigkeit der weiteren Unterstützung der

Reformstaaten Osteuropas „bei der Festigung der Demokratie und der Umgestaltung ihrer Wirtschaft". Die Kooperation in Ökonomie, Wissenschaft, Technologie und Umwelt werde „ein wichtiger Pfeiler der KSZE" bleiben. Mit den wichtigsten europäischen und transatlantischen Institutionen wie der EG, dem Europarat, der ECE, der NATO und der WEU soll es einen Austausch von Informationen und Dokumenten geben.

Die Staaten werden Vertreter bei den Wiener Verhandlungen beauftragen, im September mit Vorbereitungsgesprächen zu beginnen, damit 1992 nach dem Folgetreffen in Helsinki „neue, allen Teilnehmerstaaten offenstehende Verhandlungen über Abrüstung und Vertrauens- und Sicherheitsbildung aufgenommen werden können.

Die Minister nahmen die auf einem Expertentreffen im maltesischen Valetta ausgearbeiteten Verfahren zur friedlichen Regelung von Streitfällen an. Auch die Errichtung eines Konfliktverhütungszentrums in Wien zur „Zuständigkeit" hierfür. Angesichts der Ereignisse am Golf sprachen sie sich dafür aus, der Vertreitung von Massenvernichtungswaffen Einhalt zu gebieten und beim Export von konventionellen Waffen Zurückhaltung zu üben.

Am Rande der Tagung erzielten beider Minister die Lage in Nahost, in Zentralamerika, in Afghanistan und auf dem afrikanischen Kontinent. Unter anderem war man sich einig, daß der letzte bewaffnete Konflikt in Mittelamerika – der in El Salvador – beendet werden müsse.

Nach Abschluß des Außenministertreffens haben die Außenminister der drei baltischen Republiken Litauen, Lettland und Estland in Berlin ihrer Hoffnung Ausdruck verliehen, durch den KSZE-Prozeß in ihren Unabhängigkeitsbestrebungen unterstützt zu werden. Der estnische Außenminister Lennart Meri bekräftigte gestern die Auffassung der drei Republiken, daß die Region nie wirklicher Teil der Sowjetunion gewesen sei, sondern 1940 von der Roten Armee annektiert worden sei. Das sei es kein sowjetisches Problem, sondern müsse internationalisiert werden.

einen genauen Zeitpunkt des angestrebten Gipfels Gorbatschow-Bush beider Minister die Lage in Nahost, konkret äußern, zeigten sich aber vorsichtig optimistisch in bezug auf den Abschluß des START-Vertrages. Dieser seit 1982 verhandelte Vertragsentwurf sieht einen Abbau der strategischen Atomwaffen der USA und der UdSSR um 30 bis 35 Prozent vor. Beide Minister schlossen nicht aus, daß sie sich vor einem Gipfel noch einmal treffen werden. Nach dem Gespräch mit seinem sowjetischen Amtskollegen sagte Baker: „Was die Möglichkeit eines Gipfels zwischen den Präsidenten Bush und Gorbatschow angeht, so glaube ich, sind wir dort, wo wir beim letzten Treffen waren."

Zu den weiteren Themen des Gesprächs gehörten nach Auskunft beider Minister die Lage in Nahost, in Zentralamerika, in Afghanistan und auf dem afrikanischen Kontinent. Unter anderem war man sich einig, daß der letzte bewaffnete Konflikt in Mittelamerika – der in El Salvador – beendet werden müsse.

Nach dem Erfolg muß Berlin jetzt zum Teilen bereit sein

Von Hartwig Maack

Das war eine Sternstunde des Deutschen Bundestages, die Abgeordneten haben Mut und Stil bewiesen. Und zwar nicht nur, weil sie in letzter Minute eine verantwortungsvollen Beschluß gefaßt haben, den Regierungs- und Parlamentssitz nach Berlin zu verlegen. Die Debatte gestern war ein Höhepunkt der politischen Auseinandersetzung, weil nach einem zermürbenden, die Parteien spaltenden und zum Teil mit fragwürdigen Mitteln ausgetragenen Streit wieder der sachliche Austausch von Argumenten überwog. Nach der Schlammschlacht der vergangenen Wochen und Monate war das notwendig. Zu viele Wunden wurden gerissen.

Die Berliner können sich jetzt freuen, die Zukunft der Stadt sieht plötzlich nicht mehr ganz so trübe aus. Aber hätte ein anderer Beschluß vor der Geschichte überhaupt Bestand haben können? Sicherlich nicht, denn die Glaubwürdigkeit hätte Schaden genommen, über Jahrzehnte wiederholte Versprechen wären nicht eingelöst worden. Bonn steht für den deutschen Neuanfang nach dem Krieg, Berlin nach dem 9. November für ein neues Kapitel der Geschichte. Ein weiteres Kapitel der Geschichte kann jetzt geschrieben werden. Deshalb durfte der Bundestag nicht anders entscheiden.

Vor Berlin steht jetzt nicht zuletzt die Aufgabe, nach überwundener Teilung zu beweisen, daß es im

Sinne eines föderalen Staates teilen kann. Mit Bonn, dessen Interessen unbedingt berücksichtigt werden müssen, denn die Folgen der Verlegung des Regierungssitzes sind nicht unerheblich. Aber auch mit den neuen Bundesländern, in die diverse Bundeseinrichtungen verlegt werden können. Nur so kann man die durch den Dauerstreit entstandene Kluft überbrückt werden. Wir sollten uns immer wieder klarmachen, daß die Freunde Bonns keine Feinde Berlins sind. Und umgekehrt.

Berlin war der Brennpunkt der deutschen Teilung ist Symbol der Einheit. Die Entscheidung für die Stadt bezieht sich jetzt auf die „run" auf die Stadt einsetzt wird. Der Streit um „freie" Flächen setzt bereits ein richtig ausgetragen wird.

Zwischen dieser Bescheidenheit einerseits und dem Anspruch, die Hauptstadtfunktion so rasch wie möglich auszufüllen, muß der Senat mit politischer Klugheit vermitteln.

WIND OF CHANGE

Einführung von Wieland Giebel

Am Tag des Hauptstadtbeschlusses, dem 21. Juni 1991, wurden die Single-Charts in Deutschland von den Scorpions mit dem Song „Wind of Change" angeführt. „Take me to the magic of the moment ... when the children of tomorrow dream away ... in the wind of change."

Klaus Meine und die Scorpions wurden aufgrund dieses Lieds am 14. Dezember 1991 von Michael Gorbatschow im Kreml empfangen. Mit mehr als 14 Millionen Exemplaren, auch in russischer und spanischer Sprache, ist das die am häufigsten verkaufte Single aus deutscher Produktion. „Wind of Change" ist zudem im Internet das meist geschaute deutsche Musikvideo mit mehr als 180 Millionen Klicks (Stand Oktober 2015, Quelle Vevo).

Abstimmung im Wasserwerk

Während die Hymne der Wende in vielen Ländern der Welt die Charts anführte, trafen sich im Wasserwerk in Bonn die 660 Abgeordneten des Deutschen Bundestags. Das ehemalige Wasserwerk, idyllisch am Rhein gelegen, war der Sitz des Bundestags. Als um 21.17 Uhr die Bundestagspräsidentin Rita Süssmuth das Abstimmungsergebnis nach fast zwölf Stunden Debatte verkündete – 107 Rednerinnen und Redner waren zu Wort gekommen –, war die Dramatik dieser Sternstunde deutschen Parlamentarismus kaum zu übertreffen. 320 Stimmen wurden für die „Bundesstaatenlösung" abgegeben, den Verbleib in Bonn. 337 Abgeordnete, später auf 338 korrigiert, sprachen sich für den Umzug nach Berlin aus. Berlin hatte gebangt. Sicher war das ganz und gar nicht. Siegesfeiern waren nicht geplant. Die Spannung in der Stadt wich nur allmählich. Erst spät am Abend ordnete der Chef der Senatskanzlei an, die Freiheitsglocke im Rathaus Schöneberg zu läuten, dem damaligen Sitz des Senats. Hermann Rudolph, Herausgeber des Tagesspiegels, erinnert daran, dass Berlin damals haarscharf an einer Katastrophe vorbeigegangen sei und die nur neun Stimmen, die den Ausschlag gaben, zu einer zweiten Geburt Berlins geführt haben.

Die vollständige Debatte ist in diesem Buch abgedruckt – genau so gesetzt, wie die Bundestagsprotokolle bis heute erscheinen.

Zur Erinnerung daran, wem der Umzug nach Berlin zu verdanken ist, hier das Abstimmungsergebnis in der Übersicht:

	Abstimmung für		
Mitglieder des Bundestages	Bonn	Berlin	in % für Berlin
Abgeordnete der CDU	124	146	54,1
Abgeordnete des CSU	40	8	16,7
Abgeordnete der SPD	126	110	46,6
Abgeordnete der FDP	26	53	67,1
Abgeordnete der PDS/Linke Liste	1	17	94,5
Abgeordnete des Bündnis 90/GRÜNE	2	4	66,7
Abgeordnete fraktionslos	1	-	-
von 658 Abgeordneten[1]	320	338	51,4
davon aus den alten Bundesländern	291	214	42,4
davon aus den neuen Bundesländern mit Berlin	29	124	81,1
darunter Bundeskanzler und Bundesminister	5	13	72,2

Bonn ging als Favorit in die Debatte. Laut einer dpa-Umfrage unter den Abgeordneten wenige Tage zuvor wollten 343 Parlamentarier für Bonn plädieren, nur 267 für Berlin. Möglicherweise bewirkte die bewegende Rede von Bundesinnenminister Wolfgang Schäuble einen Meinungsumschwung. Er erhielt stehende Ovationen, Willy Brandt ging auf ihn zu und schüttelte ihm die Hand. Aus dem Plenarprotokoll geht die Wirkung nicht so hervor wie aus der Fernsehaufzeichnung, die auf YouTube zu sehen ist.

Ohne die Stimmen der PDS, also der heutigen Linken, würden sich die Abgeordneten wahrscheinlich weiter ins Wasserwerk quetschen. Da namentlich abgestimmt wurde, finden sich alle Berlin-Befürworter im angenommenen Antrag zur Vollendung der Einheit Deutschlands, der im Anhang abgedruckt ist. Dort ist auch der vollständige Gesetzestext nachzulesen.

Eigentlich seltsam, dass diese Abstimmung überhaupt stattfinden musste.

Denn immer war im Deutschen Bundestag klar gewesen, dass Berlin deutsche Hauptstadt blieb, also auch Parlaments- und Regierungssitz. Erst mit der Herstellung der deutschen Einheit wurde diese Jahrzehnte während Selbstverständlichkeit brüchig. In einer Dokumentation im Anhang sind die Berlin-Beschlüsse des Bundestags seit 1949 chronologisch dokumentiert.

Wie ging es weiter?

Nach dem Hauptstadtbeschluss vom 20. Juni 1991 befand die Bundesregierung am 12. Dezember 1993, der Berlin-Umzug solle bis zum Jahre 2000 abgeschlossen sein. Einzelheiten bestimmte das am 10. März 1994 verabschiedete Berlin/Bonn-Gesetz. Es bestätigte die eingeleiteten Umzugsschritte und legte fest, dass Kanzleramt, Bundespresseamt und neun Ministerien nach Berlin ziehen – und wer in Bonn bleibt.

Richard von Weizsäcker nahm 1994 als erster Bundespräsident seinen ersten Amtssitz im Schloss Bellevue ein und der Bundeskanzler bezog seinen provisorischen Amtssitz im Staatsratsgebäude, bis zur Fertigstellung des Bundeskanzleramtes.

Reichstagsverhüllung

Der Reichstag wurde im Sommer 1995 zwei Wochen lang durch das Künstlerpaar Christo und Jeanne-Claude verhüllt. Die Bundestagsabgeordneten hatten sich in einer Bundestagsdebatte im Februar 1994 mit 292 zu 223 Stimmen für die Umsetzung dieses Projekts entschieden.

Anschließend wurde das Reichstagsgebäude zum Sitz des Bundestags umgebaut.

Berliner Gebäuderecycling

Anstatt viel neu zu bauen, begann nun das Berliner Gebäuderecycling. Die Bundestagsabgeordneten und die Verwaltung nutzen auch den Erweiterungsbau des Preußischen Ministeriums des Innern, das Kaiserliche Patentamt, das Bürohaus Unter den Linden 50 und das ehemalige Ministerium für Volksbildung.

Zudem entstand neu das Jakob-Kaiser-Haus. 1998 bezogen das Bundesministerium des Innern den „Spree-Bogen" und das Bundespräsidialamt ihre Sitze.

Nach Berlin zogen außerdem das Presse- und Informationsamt der Bundesregierung (teilweise) ins ehemalige Postscheckamt, das Bundesministerium der Finanzen ins Detlev-Rohwedder-Haus, früher Haus der Ministerien, noch früher Reichsluftfahrtministerium, das Bundesministerium für Familie, Senioren, Frauen und Jugend und das Bundesministerium der Justiz.

Das Auswärtige Amt nutzt die ehemalige Reichsbank und einen Erweiterungsbau. Das Bundesministerium für Verkehrs-, Bau- und Wohnungswesen bezieht das Gebäude der ehemaligen Preußischen Bergakademie und Geologische Landesanstalt. Das Bundesministerium für Wirtschaft und Technologie belegt die ehemalige Kaiser-Wilhelm-Akademie, das Invalidenhaus und einen Erweiterungsbau. Zweite (Berliner) Dienstsitze bekamen das Bundesministerium der Verteidigung (Bendlerblock), das Bundesministerium für Gesundheit, das Bundesministerium für Ernährung, Landwirtschaft und Forsten in der Scharrenstraße, dann im ehemaligen Geheimen Civilcabinet des Kaisers, das Bundesministerium für Bildung und Forschung in der ehemaligen Ständigen Vertretung. Der Bundesrat bezog seinen Sitz im Preußischen Herrenhaus.

Ihren ersten Dienstsitz in Bonn haben Ende 2015 noch die sechs Ministerien für Verteidigung, für Ernährung und Landwirtschaft, für wirtschaftliche Zusammenarbeit und Entwicklung, für Umwelt, Naturschutz, Bau und Reaktorsicherheit, für Gesundheit sowie für Bildung und Forschung.

Die Bundesregierung nahm am 1. September 1999 offiziell ihre Arbeit in Berlin auf. Umgerechnet zehn Milliarden Euro hat der Umzug gekostet – und vom Beschluss des Bundestages an gerechnet mehr als acht Jahre gedauert. Alles lief nach Plan. Umgezogen sind nicht nur Regierung, Kanzleramt und 14 Ministerien, sondern auch Bundestag, Bundesrat und Bundespräsident – vier Verfassungsorgane. Dass alles klappte, grenzt an ein Wunder – der *Wind of Change* begünstigte den Zug nach Berlin.

Deutscher Bundestag

Stenographischer Bericht

34. Sitzung

Bonn, Donnerstag, den 20. Juni 1991

Inhalt:

**(Die zu Protokoll gegebenen Reden sowie
die Erklärungen nach § 31 GO werden in
einem Nachtrag zu diesem Plenarprotokoll
abgedruckt.)**

(A)

(C)

34. Sitzung

Bonn, den 20. Juni 1991

Beginn: 10.00 Uhr

Präsidentin Dr. Rita Süssmuth: Guten Morgen, liebe Kolleginnen und Kollegen! Die Sitzung ist eröffnet.

Ich rufe Tagesordnungspunkt 15, den einzigen Tagesordnungspunkt unserer heutigen Sitzung auf, der ganz nüchtern heißt:

Beratung der Anträge zum **Parlaments- und Regierungssitz:**

1. Antrag der Abgeordneten Dr. Norbert Blüm, Dr. Wolfgang Bötsch, Editha Limbach, Dr. Franz Möller, Wolfgang Zeitlmann, Dr. Horst Ehmke (Bonn), Ingrid Matthäus-Maier, Gerhart Rudolf Baum, Dr. Irmgard Adam-Schwaetzer, Dr. Klaus-Dieter Feige und weiterer Abgeordneter

Bundesstaatslösung für eine Aufgabenteilung zwischen der Hauptstadt Berlin, dem Parlaments- und Regierungssitz Bonn und den neuen Bundesländern (Bonn-Antrag)

— Drucksache 12/814 —

2. Antrag der Abgeordneten Willy Brandt, Dr. Burkhard Hirsch, Dr. Günther Krause (Börgerende), Maria Michalk, Dr. Rainer Ortleb, Dr. Wolfgang Schäuble, Dr. Oscar Schneider (Nürnberg), Dr. Hermann Otto Solms, Wolfgang Thierse, Dr. Wolfgang Ullmann, Dr. Hans-Jochen Vogel und weiterer Abgeordneter

Vollendung der Einheit Deutschlands

— Drucksache 12/815 —

3. Antrag der Abgeordneten Peter Conradi, Otto Schily, Dr. Martin Pfaff, Verena Wohlleben, Dr. Axel Wernitz, Uta Titze, Dr. Dietrich Sperling, Lieselott Blunck, Hans Büttner (Ingolstadt), Margot von Renesse, Dorle Marx, Manfred Hampel, Dr. Elke Leonhard-Schmid, Brigitte Lange, Antje-Marie Steen, Manfred Opel, Erika Simm, Dr. Hans de With, Elke Ferner, Walter Kolbow, Dr. R. Werner Schuster, Peter Büchner, Horst Schmidbauer (Nürnberg), Susanne Kastner, Hildegard Wester, Robert Leidinger, Hans-Günther Toetemeyer, Uwe Lambinus, Horst Kubatschka, Erwin Horn, Bernd Reuter, Uta Zapf, Horst Peter (Kassel), Gernot Erler, Doris Odendahl, Brigitte Adler, Dr. Kon-

(B)

stanze Wegner, Siegmar Mosdorf, Hermann Bachmaier, Klaus Kirschner und Michael Müller (Düsseldorf)

Zur Erhaltung der Funktionsfähigkeit der parlamentarischen Demokratie

(Erhaltung der Funktionsfähigkeit)

— Drucksache 12/816 —

4. Antrag der Abgeordneten Dr. Heiner Geißler, Dr. Paul Laufs, Dr. Karl-Heinz Hornhues, Michael Glos, Volker Rühe, Lothar de Maizière, Otto Hauser (Esslingen), Klaus-Jürgen Hedrich, Heribert Scharrenbroich, Hansjürgen Doss, Matthias Wissmann, Gerhard O. Pfeffermann, Dr.-Ing. Dietmar Kansy, Hans-Peter Repnik, Dr. Renate Hellwig, Rainer Eppelmann, Reinhard Freiherr von Schorlemer und weiterer Abgeordneter

Konsensantrag Berlin/Bonn

— Drucksache 12/817 —

5. Antrag des Abgeordneten Dr. Gregor Gysi und der Gruppe der PDS/Linke Liste

Bestimmung der Hauptstadt Berlin zum Sitz von Parlament und Bundesregierung (Berlin-Antrag)

— Drucksache 12/818 —

Jeder weiß, um was es heute geht, um die Entscheidung in der Frage Bonn/Berlin.

Bevor wir mit der Beratung beginnen, bitte ich um Aufmerksamkeit für einige wichtige Hinweise zum **Ablauf der heutigen Debatte und der Abstimmungen.**

Wir haben im Ältestenrat über folgende Punkte Einvernehmen erzielt: Für die heutige Aussprache wird keine Zeitbegrenzung vorgeschlagen. Zunächst soll jeder der vorliegenden Anträge 15 Minuten lang begründet werden. Dann folgen zwei Stunden Debatte, die nach dem bekannten Schlüssel aufgeteilt werden.

Anschließend, ab etwa 13.30 Uhr, wird die Aussprache mit Fünfminutenbeiträgen fortgesetzt, in der Art der Aktuellen Stunde. Der Ältestenrat empfiehlt, daß die Parlamentarischen Geschäftsführer zusammen

(D)

Präsidentin Dr. Rita Süssmuth

mit den Antragstellern dafür Sorge tragen, daß sich in Rede und Gegenrede die verschiedenen Richtungen abwechseln.

Auf Kurzinterventionen soll heute angesichts der ohnehin kurzen Redezeit verzichtet werden, auch um die Abfolge sicherzustellen.

Reden können Sie angesichts der großen Zahl auch zu Protokoll geben. Sie sind dann im Bundestagsprotokoll. *)

(Beifall im ganzen Hause)

Der Ältestenrat geht auch davon aus, daß Erklärungen zur Abstimmung nach § 31 der Geschäftsordnung zu Protokoll gegeben werden, zumal alles, was in einer solchen Erklärung gesagt werden soll, auch in einem Fünfminutenbeitrag in der Aussprache vorgetragen werden kann. Wenn es Erklärungen gibt, werden sie jedenfalls erst nach der Abstimmung aufgerufen.

Wann die Aussprache zu Ende ist, läßt sich noch nicht genau sagen. Die Abstimmungen werden in jedem Fall namentlich sein. Sie werden nicht vor 18 Uhr stattfinden.

(Heiterkeit)

Uns liegen fünf Anträge auf den Drucksachen 12/814, 12/815, 12/816, 12/817 und 12/818 vor. Für das **Abstimmungsverfahren** ist im Ältestenrat folgende Verständigung erzielt worden: Zunächst soll nacheinander namentlich abgestimmt werden über den von den Antragstellern so genannten „Konsensantrag Berlin/Bonn" sowie über den Antrag „Erhaltung der Funktionsfähigkeit". Diese Anträge liegen Ihnen auf den Drucksachen 12/817 und 12/816 vor.

Ich mache darauf aufmerksam, daß nach unserer Geschäftsordnung ein Antrag schon angenommen ist — das ist jetzt wichtig —, wenn die Ja-Stimmen die Nein-Stimmen überwiegen. Enthaltungen werden für die Feststellung der Mehrheit also nicht berücksichtigt.

Die übrigen Anträge — genannt „Bundesstaatslösung", Bonn-Antrag, und „Vollendung der Einheit Deutschlands", Berlin-Antrag, sowie der Antrag „Ausschließlich Berlin" — sollen nach dem Vorschlag des Ältestenrates in einem § 50 GO entsprechenden Verfahren zur Abstimmung gestellt werden.

Das bedeutet: Alle drei Anträge werden auf einer Stimmkarte aufgeführt. Sie müssen auf dieser Karte oben Ihren Namen mit der Angabe Ihrer Fraktion bzw. Gruppe eintragen, und zwar bitte leserlich in Blockschrift und eventuell mit Ortszusatz. Sie haben eine Stimme, die Sie einem der Vorschläge geben können. Die Karten enthalten außerdem einen Kreis für Nein und für Enthaltung. Stimmkarten, die mehr als ein Kreuz enthalten, sind ungültig.

Bitte beachten Sie folgendes: Bei diesem Verfahren fällt der schlechtestplazierte Vorschlag heraus, und es kommt zu einem Stichentscheid zwischen den beiden bestplazierten Vorschlägen. Der Stichentscheid entfällt nur dann, wenn der bestplazierte Vorschlag schon die Mehrheit der abgegebenen Stimmen erhalten hat. Das bedeutet, daß er mehr Stimmen erhalten haben muß als die übrigen Anträge zusammen zuzüglich der Nein-Stimmen.

Die Stimmkarten werden ab 16 Uhr hier im Ersatzplenarsaal bereitgehalten.

Sie benötigen für die Teilnahme an den Abstimmungen außerdem Ihre Wahlausweise sowie Ihre Karten für namentliche Abstimmungen. Ich bitte Sie, diese rechtzeitig Ihren Fächern zu entnehmen.

Abschließend möchte ich auf folgendes aufmerksam machen: Das geschilderte Abstimmungsverfahren, auf das sich der Ältestenrat verständigt hat, ist vom Deutschen Bundestag in vergleichbaren Fällen auch schon früher angewandt worden. Es stellt eine sinngemäße Anwendung des in § 50 unserer Geschäftsordnung vorgesehenen Verfahrens dar. In den Einzelheiten ist das Verfahren aber modifiziert, so daß es sich insoweit um eine Abweichung von unserer Geschäftsordnung handelt.

Sind Sie damit einverstanden, daß wir so verfahren?

(Zustimmung)

— Das ist der Fall. Damit ist dies mit der erforderlichen Mehrheit beschlossen.

Ich eröffne die Aussprache. Als erster hat der Abgeordnete Blüm das Wort.

Dr. Norbert Blüm (CDU/CSU): Frau Präsidentin! Meine Damen und Herren! Liebe Kolleginnen und Kollegen! Ob Berlin, ob das Parlament und die Regierung hier oder dort angesiedelt sind — der Streit darüber darf uns nicht die Freude nehmen, daß wir ein Volk sind, wiedervereint und frei,

(Beifall im ganzen Hause)

und daß wir wieder darüber debattieren können, wo Verfassungsorgane in Deutschland ihren Platz nehmen.

Die Spaltung ist überwunden, die Mauer ist gefallen, neue Gräben dürfen heute nicht aufgerissen werden.

„Teilung durch Teilen überwinden" — kann das nicht auch das Programm einer **bundesstaatlichen Aufgabenverteilung** zwischen Berlin und Bonn sein? Wir wollen das Miteinander durch Aufgabenverteilung zwischen der Hauptstadt Berlin und Bonn fördern. Zu diesem Miteinander in ganz Deutschland gehört nicht nur die Verteilung von Verfassungsorganen auf diese Städte, sondern auch die Verteilung von Bundeseinrichtungen auf ganz Deutschland, wobei dem Aufbau in den neuen Bundesländern eine ganz besondere Zuwendung gebührt.

Berlin und Bonn stehen beide für freiheitliche Traditionen, welche die wiedergefundene Einheit ermöglicht haben. Der Widerstand der Berliner Bevölkerung gegen Unfreiheit, das Standhalten gegen Bedrohung, Erpressung und Blockade haben die Idee der deutschen Einheit wachgehalten und die Erwartung der Wiedervereinigung vor Resignation bewahrt.

*) Anlage 2

16

Dr. Norbert Blüm

Aber auch das Verdienst von Bonn darf nach 40 Jahren Bundesrepublik nicht geringgeschätzt werden.

(Beifall bei Abgeordneten der CDU/CSU, der FDP und der SPD)

Mit dem Namen Bonn verbindet sich der längste freiheitliche und friedliche Zeitabschnitt unserer Geschichte. Es war eine gute Zeit — es ist eine gute Zeit —, die mit Bonn verbunden ist.

(Beifall bei Abgeordneten der CDU/CSU, der FDP und der SPD)

Der Mut der Bürger in der ehemaligen DDR, der friedliche Aufstand gegen Unfreiheit und Unterdrückung — das bleibt das große Ruhmesblatt der Deutschen im Osten unseres Landes. Er hatte ein Ziel: Freiheit. Über die Freiheit führte der Weg zur Einheit. Die Freiheitsrechte des Bonner Grundgesetzes waren das Ziel dieses Freiheitswillens. Ohne Politik, die mit dem Namen Bonn verbunden ist, wäre ganz Deutschland eingemauert worden. Bonn war die Verankerung in der freien Welt.

Der Antrag, den ich heute vertrete, steht unter der Überschrift „Bundesstaatslösung". Bonn und Berlin — nicht gegeneinander, sondern miteinander, das ist das Programm, das wir vorschlagen.

(Beifall bei Abgeordneten der CDU/CSU, der FDP und der SPD)

Berlin ist die Hauptstadt Deutschlands. Das ist entschieden; das wollen wir so. Wir schlagen vor: Berlin wird Amtssitz des Bundespräsidenten, wird Sitz des Bundesrates, der Bundesversammlung, der herausgehobenen Sitzungen des Bundestages, zusätzlicher Dienststellen des Bundeskanzlers und weiterer Mitglieder der Bundesregierung. Bonn wird Parlaments- und Regierungssitz.

Meine Damen und Herren, liebe Kolleginnen und Kollegen, wir entscheiden allerdings nicht nur über Sitzfragen. In unsere heutige Entscheidung gehen auch Fragen des Selbstverständnisses des Nationalstaates Deutschland ein. Der **Nationalstaat Deutschland** steht am Ende dieses Jahrhunderts nicht mehr dort, wo er am Anfang stand. Wir haben uns nicht zum Deutschen Reich wiedervereint, sondern zu einem kräftigen Bundesstaat.

(Beifall bei Abgeordneten der CDU/CSU, der FDP und der SPD)

Die Geschichte bleibt nie stehen. „Man steigt nicht zweimal in denselben Fluß", wußten schon die griechischen Philosophen. Wir entwickeln unser Deutschland weiter. Der Nationalstaat Deutschland öffnet sich für Europa, und der Nationalstaat Deutschland steht auf einem kräftigen föderalen Fundament. Der Nationalstaat Deutschland ist also nicht einfach die Verlängerung der Vergangenheit über die Gegenwart in die Zukunft.

Deshalb: **Glaubwürdigkeit** geschichtlicher Standpunkte und Festlegungen darf nicht einer neuen Nachdenklichkeit im Wege stehen. Geschichte ist kein Museum; Geschichte ist Entwicklung. Wäre Glaubwürdigkeit schon mit einfacher Wiederholung von Standpunkten garantiert, wäre sie eine Sperre gegen neue Entwicklungen und Einsichten.

Bonn hat sich über das Provisorium hinaus entwickelt. Es ist keine Durchgangsstation, wo auf Koffern regiert wurde. Bonn hat eigenes republikanisches Gewicht gewonnen. Große historische Stunden sind mit Bonn verbunden. Den Einigungsvertrag haben wir in Berlin und in Bonn verabschiedet. Wir haben ihm in Berlin und in Bonn zugestimmt.

Der Nationalstaat, den wir uns wünschen, ist europäisch eingebunden und regional gegliedert. **Europäisierung und Regionalisierung,** das sind die Pole eines modernen Nationalstaates. Ich frage Sie, meine Damen und Herren, liebe Kolleginnen und Kollegen: Paßt in eine solche bundesstaatliche Lösung eine alles dominierende Hauptstadt?

(Dr. Margret Funke-Schmitt-Rink [FDP]: Ja! — Zurufe von der CDU/CSU: Nein!)

Ich meine: Nein. Eine Hauptstadt Berlin mit Parlaments- und Regierungssitz würde, so fürchte ich, eine Sogwirkung erzeugen, die auch das neugewonnene Selbstbewußtsein der neuen Bundesländer unterspülte.

Nicht ohne Grund verlegen Staaten mit kräftigem föderalen Selbstbewußtsein ihren Parlaments- und Regierungssitz nicht in die größte Stadt: Die Amerikaner verlegten ihn nicht nach New York, sondern nach Washington; die Kanadier nicht nach Montreal oder Toronto, sondern nach Ottawa; die Schweizer nicht nach Zürich, sondern nach Bern. Sollten wir an der Klugheit und Erfahrung anderer föderaler Staaten nicht Maß nehmen?

Was alles dominierende Zentralstädte für Regionen und Provinzen bedeuten, zeigen uns Frankreich und England. Berlin wird auch ohne Regierungs- und Parlamentssitz die herausragende kulturelle und wirtschaftliche Metropole unseres Vaterlands sein. Es wird im wahrsten Sinne Hauptstadt Deutschlands. Niemand bestreitet diesen Rang Berlins. Braucht es dazu noch Regierungs- und Parlamentssitz? frage ich.

(Beifall bei Abgeordneten der CDU/CSU, der FDP und der SPD)

Laßt dem kleinen Bonn Parlament und Regierung! Bonn verliert mit Bundestag und Regierung viel. Berlin gewinnt mit Bundestag und Regierung viele neue Probleme: Wohnungsprobleme, Raumordnungsprobleme, Infrastrukturprobleme.

(Beifall bei Abgeordneten der CDU/CSU, der FDP und der SPD)

Das Motto „je größer, um so besser" hält die damit verbundenen Erwartungen schon längst nicht mehr. Ersparen wir Berlin den Weg in eine Megastadt!

(Widerspruch bei Abgeordneten der FDP)

Sechs Millionen Einwohner rechnen heute schon Fachleute in wenigen Jahren für Berlin aus. Das ist ein Drittel der Bevölkerung der ehemaligen DDR. Berlin wird in zehn Jahren mehr Einwohner haben als Hamburg, München und Köln zusammen. Zwei Millionen Beschäftigte mehr erwartet die Industrie- und Handelskammer Berlin in den nächsten 20 Jahren. Schon spricht man mit neuem Selbstbewußtsein von der

17

Dr. Norbert Blüm

(A) größten Industriestadt in Berlin zwischen Atlantik und Ural.

(Lachen bei Abgeordneten der FDP)

Wozu, so frage ich, dazu noch — und mittendrin — Regierungs- und Parlamentssitz?

(Beifall bei Abgeordneten der CDU/CSU, der FDP und der SPD)

Das Projekt der Megastadt ist weltweit in Schwierigkeiten geraten. Überall beginnt ein vorsichtiger Rückzug, eine Entkrampfung durch Dezentralisierung. Tokio versucht sich von Regierungseinrichtungen durch **Dezentralisation** zu entlasten.

(Werner Schulz [Berlin] [Bündnis 90/ GRÜNE]: Und Bonn!)

Warum sollten wir uns in Deutschland in die entgegengesetzte Richtung entwickeln?

(Beifall bei Abgeordneten der CDU/CSU)

Das schöne Berlin, die Stadt mit großer Liberalität und einer Bürgerschaft mit Witz und unkomplizierter Herzlichkeit, ist groß genug. Das Maximum ist nicht das Optimum.

Kolleginnen und Kollegen! Holen wir die heutige Entscheidung auch herunter von der Höhe historischer, kultureller und politischer Perspektiven! Rücken wir sie auch einmal in den Blickwinkel der Betroffenen! Ein Staat, der mit dem Leben nicht rückgekoppelt ist, ist ein fremder, ferner, ein kalter Staat.

(B) (Beifall bei Abgeordneten der CDU/CSU)

Die **Arbeitsplätze** von hunderttausend Menschen in dieser Region sind durch einen Umzug von Regierung und Parlament betroffen.

(Zurufe von der FDP)

Jeder dritte Beschäftigte wäre betroffen. Hinzu kommen die Familien. Hunderttausend Beschäftigte! Das ist so, als würden zehn Stahlwerke oder Bergwerke in einer Stadt stillgelegt. Es sind nicht nur Staatssekretäre und Ministerialdirektoren in Bonn beschäftigt. Es sind Menschen, die hier ihre Existenz aufgebaut haben.

(Beifall bei Abgeordneten der CDU/CSU und der SPD)

Man trägt seine Heimat nicht wie ein Schneckenhaus mit sich herum.

Dieses Jahrhundert hat den Menschen viel Entwurzelung angetan. Der Staat sollte nicht der Betreiber einer **kollektiven Umsiedlung** sein. Muß sein, was nicht sein muß? Die Wiedervereinigung darf nicht mit einem Programm von Heimatlosigkeit verbunden werden, in keinem Teil Deutschlands, in keiner Stadt! Wir leiden schon genug unter innerdeutschen Wanderungsbewegungen; wir dürfen sie nicht freiwillig verstärken.

Manche gehen zu leicht über die menschlichen Kosten des Umzugs hinweg. Es ist auch nicht kleinlich, auf die **finanzielle Last des Umzugs** hinzuweisen.

(C) Brauchen wir denn nicht heute und morgen jede Mark für den Aufbau in den neuen Bundesländern?

(Beifall bei Abgeordneten der CDU/CSU, der FDP und der SPD)

Die arbeitslose Frau oder der arbeitslose Mann, das junge Mädchen, das eine Lehrstelle sucht, der Junge in Gera, Leipzig, Rostock, Erfurt, Frankfurt an der Oder, Schwerin, Magdeburg, Dresden, Chemnitz, Halle oder Bitterfeld — sie haben wahrscheinlich andere Sorgen als die Frage, mit welchen Institutionen eine Hauptstadt versehen sein muß.

(Beifall bei Abgeordneten der CDU/CSU, der FDP und der SPD — Buh-Rufe von Abgeordneten der FDP)

Sie haben ganz andere Sorgen als diese Frage.

Wir dürfen die Nöte des Tages nirgendwo übersehen. Berlin und Bonn dürfen nicht für Trennendes stehen, sondern müssen stehen für Gemeinsamkeit und Ergänzung. Das große Berlin und das kleine Bonn ergänzen sich. Das ist wie der große Bruder der kleinen Schwester.

(Heiterkeit)

Es hat der Demokratie in Deutschland nach all den Wirren der Hitler-Zeit und dem aufgeblasenen Pomp und den Paraden der Stalin-Zeit gutgetan, in einer kleinen bescheidenen Stadt Demokratie in Regierung und Parlament vorgeführt zu haben. Es hat unserer Demokratie in der Welt gutgetan.

(D) (Beifall bei Abgeordneten der CDU/CSU, der FDP und der SPD)

Wie hat schon **Richard von Weizsäcker** einst die Liebenswürdigkeit Bonns beschrieben — ich zitiere ihn —:

(Heiterkeit)

Wenige Regierungszentren . . . können sich an humaner Regierbarkeit mit Bonn messen.

Ich habe dem nichts hinzuzufügen.

(Beifall bei Abgeordneten der CDU/CSU, der FDP und der SPD — Dr. Wolfgang Bötsch [CDU/CSU]: Wo er recht hat, hat er recht!)

Die bescheidene Selbstsicherheit Bonns sollte uns auch in Zukunft begleiten. Deshalb beantragen wir eine bundesstaatliche Lösung mit Berlin und Bonn.

Liebe Kolleginnen und Kollegen, wir haben einen Kompromiß und Konsens versucht; er ist uns nicht gelungen. Wir müssen uns entscheiden; wir wollen uns entscheiden.

Mit Bonn verbindet sich der demokratische Neuanfang unserer Geschichte. Mit Bonn verbindet sich die friedlichste und freiheitlichste Epoche unserer Geschichte. Sie soll nie zu Ende gehen. Mit Bonn verbindet sich Westintegration, die Grundlage für die Wiederaufnahme in die Gemeinschaft freier Völker. Bonn hat nicht seine Schuldigkeit getan und kann gehen. Mit Berlin zusammen steht Bonn für eine freiheitliche und friedliche Zukunft unseres Landes.

Dr. Norbert Blüm

Sie haben das Wort, Sie haben die Entscheidung. Wir bitten Sie um die Zustimmung zu unserer bundesstaatlichen Lösung.

(Beifall bei Abgeordneten der CDU/CSU, der SPD und der FDP)

Präsidentin Dr. Rita Süssmuth: Als nächster hat der Abgeordnete Wolfgang Thierse das Wort.

Wolfgang Thierse (SPD): Frau Präsidentin! Meine Damen und Herren! Liebe Kolleginnen und Kollegen! Wir haben heute eine wahrhaft wichtige Frage zu debattieren, und wir haben zu entscheiden. Nachdem sich gestern eine Mehrheit des Bundestages gegen einen Volksentscheid in der Hauptstadtfrage gewandt hat, kann sich dasselbe Parlament heute nicht weigern, selbst eine Entscheidung zu fällen.

(Beifall bei Abgeordneten der SPD, der CDU/CSU, der FDP, der PDS/Linke Liste und des Bündnisses 90/GRÜNE)

Berlin oder Bonn, Bonn oder Berlin oder beide — ein Streit voller Emotionen, mit Ängsten und Hoffnungen verbunden. Ich verstehe die Menschen, die sich gestern auf dem Bonner Marktplatz aus Sorge um ihre eigene Zukunft versammelt haben. Es müssen und sollten hier und heute nicht Hymnen auf die eine und Spottlieder auf die andere Stadt gesungen werden.

(Beifall im ganzen Hause)

Die Wirklichkeit beider Städte — so unterschiedlich sie sind — widerspricht solchen Versuchen, die allzuleicht zu Karikaturen geraten. Beide Städte sind in jedem Falle grauer oder vor allem bunter als ihre Verzeichnungen, und Bonn ist eine glückliche Stadt.

Nein, es geht heute nicht um einen Wettstreit zwischen zwei Städten. Es geht vielmehr um die zukünftige gesellschaftliche und politische Entwicklung, nämlich um einen entscheidenden Schritt bei der **Vollendung der Einheit Deutschlands.**

(Beifall bei Abgeordneten der SPD, der CDU/CSU und der FDP)

Bei der Entscheidung, die wir heute zu treffen haben, kann es eigentlich, so glaube ich, keinen wirklichen Sieger geben, dafür aber Verlierer mit schwer zu heilenden Verletzungen. Es geht eben nicht nur um 100 000 Menschen in der Region Bonn, sondern auch um ebenso viele oder mehr Menschen in Berlin. Die Stadt ist eben keine menschenleere Gegend. Berlin hat schon Hauptstadtfunktionen, Verwaltungsfunktionen verloren und kämpft auch deshalb mit großen ökonomischen und sozialen Problemen.

Darüber hinaus geht es generell um das **Verhältnis zwischen Ost und West in Deutschland.** Ebenso steht die Frage zur Debatte nach der **Identität des gemeinsamen deutschen Staates,** nach seiner Selbstdarstellung, nach seinem, unserem Verhältnis zur deutschen Geschichte, nach Kontinuität und geschichtlichem Neuanfang zugleich, nach unserem **Verständnis von Europa,** zu dem doch wohl wieder und endgültig das östliche Europa gehört.

(Beifall bei Abgeordneten der SPD, der CDU/CSU, der FDP und des Bündnisses 90/GRÜNE)

Das sind Stichworte, die die Dimensionen der Entscheidung umreißen und die Schwierigkeiten eines überzeugenden Kompromisses verdeutlichen.

Wir Berlin-Befürworter haben in unserem Antrag Elemente eines solchen notwendigen Kompromisses zu formulieren versucht, die auch den Sorgen von Stadt und Region Bonn Rechnung tragen sollen, die zugleich aber die volle **Funktionsfähigkeit von Parlament und Regierung** garantieren.

(Beifall bei Abgeordneten der SPD und des Bündnisses 90/GRÜNE)

Hauptstadt Berlin — das darf nicht ein bloßes Etikett sein, hinter dem sich nichts Substantielles verbirgt.

(Beifall bei Abgeordneten der SPD, der CDU/CSU, der FDP und des Bündnisses 90/GRÜNE)

Die Abfindung mit sogenannten Repräsentativfunktionen — Berlin als Ort für besondere Anlässe —, das wäre denn doch nicht nur eine Beleidigung für die Berliner, sondern auch eine Erniedrigung der Bürger im Osten Deutschlands.

(Beifall bei Abgeordneten der SPD, der FDP und des Bündnisses 90/GRÜNE — Widerspruch bei Abgeordneten der CDU/CSU)

Wir halten den Parlamentssitz für das Herzstück einer wirklichen Hauptstadt. Deshalb sollte der Bundestag seinen Sitz in Berlin nehmen. Erst dann ist Berlin wirklich die Hauptstadt Deutschlands.

(Beifall bei Abgeordneten der SPD, der CDU/CSU, der FDP und des Bündnisses 90/GRÜNE)

Wir wollen allerdings keinen Wanderzirkus, keine Scheinpräsenzen oder nur symbolische Sitzungen in Berlin. Deshalb soll der Bundestag erst nach Berlin umziehen, wenn dort seine volle Funktionsfähigkeit gesichert ist und wenn das Zusammenwirken von Parlament und Regierung möglich ist, wenn das Parlament also seiner Kontrollfunktion voll nachkommen kann.

Deshalb schlagen wir eine realistische Planung und einen vernünftigen **Realisierungszeitraum** für diesen Umzug vor.

Was spricht für Berlin?

Das erste Argument: **politische Glaubwürdigkeit.**

(Beifall bei Abgeordneten der SPD, der CDU/CSU, der FDP und des Bündnisses 90/GRÜNE)

Wer sich 40 Jahre immer wieder feierlich zu Berlin bekannt hat, sollte jetzt nicht eine totale Kehrtwendung vornehmen nach dem Motto: Was schert mich mein Geschwätz von gestern? Wer so handelt, zerstört das Vertrauen in die Demokratie, mit dem wir Deutschen (Ost) in die Einheit gegangen sind. Bitte, man sage nicht, daß der Einigungsvertrag diese Kontinuität des Bekenntnisses zu Berlin einfach erledigt hat.

Das zweite Argument: **politische Gerechtigkeit.** Die deutsche Einigung ist unter unerhörtem Tempodruck vollzogen worden; sie verläuft unter extremem Problemdruck. Das hat zu Verletzungen, Ungleichgewichten, Verzerrungen und Benachteiligungen ge-

Wolfgang Thierse

führt. Ich sage das ohne jeden Vorwurf in irgendeine Richtung. Denn wir hatten im Grundsätzlichen keine Wahl. Die Chance mußte genutzt werden. Man konnte sie sich nicht aussuchen. Man kann eine Chance höchstens vertun.

Aber jetzt, im weiteren Fortgang der deutschen Einigung, müssen wir auf Ausgleich bedacht sein.

(Beifall bei Abgeordneten der SPD, der CDU/CSU, der FDP und des Bündnisses 90/GRÜNE)

Bisher ist nämlich zu vieles von Ost nach West gewandert: Arbeitsplätze, Arbeitskräfte, also Menschen, Gewinne und nicht zuletzt wirtschaftliche und politische Entscheidungskompetenzen.

(Beifall bei Abgeordneten der SPD und des Bündnisses 90/GRÜNE)

Das ist ein Prozeß, der bisher und wohl auf absehbare Zeit nicht so schnell und so wirksam, wie wir es uns alle wünschen müssen, umgekehrt werden kann, auch durch immense finanzielle Mittel nicht. Deshalb sind besondere politische Anstrengungen zur Herstellung von Gleichberechtigung nötig. Wie könnte das besser dargestellt und bewiesen werden als durch eine Hauptstadt, zu der Ost und West gleichrangig beisteuern, eben Berlin?

(Beifall bei Abgeordneten der SPD, der CDU/CSU, der FDP und des Bündnisses 90/GRÜNE)

Ob das vereinigte Deutschland im Gleichgewicht, im Einklang mit sich selbst sein wird, das wird vor allem in seinem problematischen, bisher benachteiligten, gedrückten Teil entschieden, im Osten.

Was ist das für ein Staatsschiff, in dem alle wirklichen Schwerpunkte im Westen liegen? Frankfurt bleibt Finanzzentrum, Rhein-Ruhr Wirtschaftszentrum, Hamburg-Bremen Handelszentrum, Stuttgart-München Zentrum technologischer Modernität. Was bleibt für den Osten Deutschlands? Das Problemgebiet? Der Sozialfall? Nein, hier muß eine politisch bewußte Entscheidung für ein Zentrum östlich der Elbe gegensteuern.

(Beifall bei Abgeordneten der SPD, der CDU/CSU, der FDP und des Bündnisses 90/GRÜNE)

Das dritte Argument: der **Föderalismus,** jenes unersetzliche Element der gelungenen demokratischen Kultur der Bundesrepublik. Ich denke, wir stärken den Föderalismus eher dadurch, daß wir die Hauptstadt dorthin verlegen, wo sie inmitten der schwächeren Länder liegt, und nicht dadurch, daß wir sie unbedingt im einwohnerstärksten und wirtschaftlich mächtigsten Land belassen.

Zudem, was ist das für ein Föderalismus, der meint nicht berücksichtigen zu müssen, daß sich zwölf — nachdem Baden-Württemberg gestern auch für Berlin gestimmt hat — der 16 Länder für Berlin ausgesprochen haben?

(Beifall bei Abgeordneten der SPD, der CDU/CSU, der FDP, der PDS/Linke Liste und des Bündnisses 90/GRÜNE)

Darunter sind alle neuen Länder, weil sie der Überzeugung sind, daß die Entscheidung für Berlin in ihrem ureigenen Interesse liegt. Ich bitte die Bonn-Befürworter sehr, ihre Definitionsmacht nicht so weit zu treiben, daß sie dekretieren, was Interesse der neuen Länder ist oder nicht. Das können die schon selber tun, und das haben sie auch eindeutig getan!

(Beifall bei Abgeordneten der SPD, der CDU/CSU, der FDP und des Bündnisses 90/GRÜNE)

Viertes Argument: **finanzielle Seriosität.** Es wird oft gegen eine Entscheidung für Bonn eingewandt, der Umzug sei zu teuer, die Kosten dafür würden dem Aufbau in den neuen Ländern fehlen. Ich will dazu nur drei Sätze sagen: Eine Entscheidung für Berlin wäre eine ökonomisch segensreiche Investition des Vertrauens in die Entwicklung der neuen Länder. Eine Entscheidung gegen Berlin könnte am Schluß vielleicht doch teurer sein als eine positive Entscheidung. Auch die Entscheidung für Bonn ist nicht kostenlos; sie kostet vielmehr viele Milliarden, weil auch hier gebaut werden muß und wird. Man sollte nicht mehr an der Behauptung festhalten, daß in Berlin alles neu geschaffen werden müsse, während in Bonn alles beim alten bleiben könne.

(Beifall bei Abgeordneten der SPD und des Bündnisses 90/GRÜNE)

Wer so denkt und redet, macht Bonn wirklich zum Symbol des „Weiter so", als wäre in Deutschland durch die Wiedervereinigung nichts geschehen.

(Beifall bei Abgeordneten der SPD, der CDU/CSU und der FDP)

Fünftes Argument: **gesamtdeutsche Solidarität.** Es ist meine Sorge — ich bitte um Entschuldigung —, daß die deutsche Einigung noch immer mißlingen könnte, daß jedenfalls die ökonomische, soziale und menschliche Spaltung nur allzu langsam und opferreich überwunden werden könnte, weil kollektive Besitzstandswahrung, die im einzelnen immer verständlich ist, im Wege steht. Auch ich erinnere an den wichtigsten Satz des vergangenen Jahres, den Lothar de Maizière in seiner Regierungserklärung für die große Koalition gesprochen hat: daß die Teilung nur durch Teilen überwunden werden kann.

Es geht bei der heutigen Entscheidung eben nicht nur um ein Symbol, wie die Bonn-Befürworter behaupten. Im Gegenteil, Berlin zum Ort der Repräsentation machen zu wollen, Berlin mit dem Hauptstadttitel nur zu schmücken, heißt, den Osten Deutschlands mit einem Symbol abzufinden. Es geht um wirkliche Solidarität, wenn sie anfängt, einerseits — in der Region Bonn — weh zu tun und andererseits — in den neuen Länder — wirksam zu sein.

Was wird uns im Osten Deutschlands nicht alles an grundlegenden, auch schmerzlichen Änderungen des Lebens abverlangt? Alles muß und wird bei uns anders werden. Das ist für sehr viele Menschen wahrhaftig nicht leicht. Ist demgegenüber die gewiß unbequeme Änderung, die mit der Verlegung des Parlamentssitzes verbunden ist, eine solch unanständige Zumutung?

Wolfgang Thierse

Meine Damen und Herren, nicht der Umzug von Parlament und wichtigerer Regierungsfunktionen muß schnell vollzogen werden, sondern die Grundsatzentscheidung für Berlin muß jetzt erfolgen. Sie wäre ein Zeichen, ein wunderbarer Anlaß der Hoffnung auf wirkliche Gemeinsamkeit und Solidarität, einer Hoffnung, die uns, die Menschen im östlichen Deutschland, die großen Probleme der nächsten Jahre leichter überstehen ließe, die uns in Deutschland wirklich näher zusammenrücken ließe.

(Beifall bei Abgeordneten der SPD, der CDU/CSU, der FDP und des Bündnisses 90/GRÜNE)

Die Entscheidung für Berlin wäre ein durch nichts — durch nichts! — zu ersetzender Schritt zur Verwirklichung der **politischen, sozialen, menschlichen Einheit Deutschlands.** Ich bitte Sie, ich appelliere an Sie, dieses Zeichen zu setzen, diesen Schritt zu tun.

(Beifall bei Abgeordneten der SPD, der CDU/CSU, der FDP, der PDS/Linke Liste und des Bündnisses 90/GRÜNE)

Präsidentin Dr. Rita Süssmuth: Das Wort hat der Abgeordnete Heiner Geißler.

Dr. Heiner Geißler (CDU/CSU): Frau Präsidentin! Meine sehr verehrten Damen und Herren! Den Antrag, den ich vertrete, haben erfahrene Parlamentarier mit jahrzehntelanger Praxis der parlamentarischen Arbeit unterschrieben, die sich das gesunde Urteil über die Frage, ob dieser Antrag mit der Arbeit des Parlaments zu vereinbaren ist oder nicht, nicht absprechen lassen. Es sind Parlamentarier, die nicht wollen, daß wir bei dieser wichtigen Abstimmung zu dem, was die Vertreter von Bonn und Berlin vorgelegt haben, ohne eine Alternative bleiben. Ich habe viele Urteile gehört, Leitartikel, aber auch Aussagen aus dem Ausland. Es hieß zum Teil, schlimme Urteile über das zur Kenntnis nehmen zu müssen, was wir in den letzten Wochen hier gezeigt haben. Aber ich habe diese Urteile nie geteilt, und zwar deswegen, weil man im Ausland vielleicht nicht begreifen kann, daß wir hier in einer ganz neuen Situation sind und weil wir — das ist der Irrtum, der vielleicht auch bei vielen von uns vorhanden ist — vor anderthalb Jahren keine Wende gehabt haben, sondern eine **friedliche Revolution** in einem über Jahrzehnte geteilten Land, wobei bis in die Debatte des heutigen Tages auch noch die erste Teilung der Deutschen 1848 ihre Spuren hinterläßt.

Wir fällen diese Entscheidung in einem Zeitabschnitt, in dem unsere **Geschichte** wieder Wirklichkeit wird: 47 Jahre Kaiserreich, Preußen, Zweiter Weltkrieg, Weimar, Kataklysma des Nazireiches, 60 Millionen Kriegstote, Flucht und Vertreibung und 17 Millionen Deutsche nahtlos von der braunen Diktatur in die rote Diktatur.

Und im Westen: die Demokratie, die längste Zeit freiheitlicher Geschichte, mit dem Namen Bonns verbunden, mit dem Föderalismus, der unser Staatswesen überlegen gemacht hat, eine neue Demokratie, Soziale Marktwirtschaft, Adenauer, Schumacher, Heuss, Europa und die Westbindung — und gleichzeitig Berlin, die Hauptstadt der Freiheit, die Hauptstadt

gegen den Anspruch der Usurpation der roten Zaren, Symbol der Menschenrechte und Signal der Freiheit und Hoffnung für Hunderte von Millionen von Menschen.

Meine sehr verehrten Damen und Herren, vieles ist gesagt worden: über Preußen, über die Vielfalt unserer Geschichte. Das alles ist vergangen. Gegenwart ist der 3. Oktober, ist Brandenburg und sind die neuen Länder mit den Ängsten und Hoffnungen von Millionen von Menschen, die für die Freiheit, für die Gleichheit und die Brüderlichkeit auf die Straße gegangen sind, genauso wie die Polen und die Tschechen, wie Lech Walesa für die Polen bei der Einweihung des Denkmals der Arbeiter gesagt hat, die 1970 beim Aufstand zusammengeschossen wurden. Diese Menschen haben jetzt die Freiheit und die Einheit, aber sie haben noch keine brüderliche Gesellschaft.

Das ist die **komplexe deutsche Wirklichkeit,** die Vielfalt, wie sie sich uns darstellt. Jetzt frage ich Sie — und das ist das, was uns bewegt, die diesen Antrag gestellt haben —: Wollen wir diese komplexe deutsche Wirklichkeit, die sich auch in der **Hauptstadtfrage** — in Bonn und in Berlin — symbolisiert, beantworten mit einem Entweder-Oder, mit einem Alles-oder-Nichts? Dies ist nämlich die Wahrheit. Herr Müntefering hat gestern zu mir gesagt, man soll nicht vom Schaden reden, der entsteht, wenn man diese Alles-oder-Nichts-Entscheidung fällt. Ich kann ihm hier nicht folgen. Auch der Herr Bundesratspräsident hat von einem Schaden gesprochen, den wir vermeiden sollten, einem Schaden, der tiefe Wirkungen haben kann.

Deswegen kann ich nichts zur Beruhigung der Gewissen oder zu einem Scheinfrieden beitragen. Diese beiden Anträge — der Bonner Antrag und der Berliner Antrag — liegen nicht nahe beieinander, wie immer wieder getan wird, sondern sie liegen auseinander.

Bundestag — das ist die entscheidende Frage; denn der **Sitz des Parlaments** entscheidet über die Hauptstadtfrage. Und Berlin ist die Hauptstadt und nicht Bonn. So steht es im Einigungsvertrag.

(Beifall bei Abgeordneten der CDU/CSU, der FDP, der SPD und des Bündnisses 90/GRÜNE)

Wir können diese Frage nicht dahin beantworten, lieber Norbert Blüm, daß wir die Hauptstadtfrage dadurch lösen, daß der Bundestag in Berlin einige herausgehobene Sitzungen in unregelmäßigen Abständen abhält. Das geht nicht.

(Beifall bei Abgeordneten der CDU/CSU, der FDP, der SPD und des Bündnisses 90/GRÜNE)

Aber es geht auch nicht, daß alles nach Berlin geht. Auch wenn der Berliner Antrag eine zeitliche Streckung erhält, er geht davon aus, daß endgültig Parlaments- und Regierungssitz beieinander sind.

Was antworten wir eigentlich Millionen von Menschen in den neuen Bundesländern? Aber, was antworten wir auch, wenn wir Alles-oder-Nichts machen, auf die Fragen nach den Existenzgrundlagen von

Dr. Heiner Geißler

Zehntausenden von Menschen hier in diesem Raum?

Wenn 4 000 Stahlarbeiter in Rheinhausen auf Kurzarbeit gesetzt werden, dann zittert die halbe Nation, und wir treten in Ruhr- und Regierungskonferenzen zusammen. Aber wir wollen uns anmaßen, innerhalb weniger Minuten die Fragen nach der Existenz von hunderttausend Arbeitnehmern so zu beantworten?

(Werner Schulz [Berlin] [Bündnis 90/GRÜNE]: Das machen Sie bereits!)

Ich bin nicht der Auffassung, daß wir dies tun können.

(Beifall bei Abgeordneten der CDU/CSU)

Ich möchte in aller Ruhe sagen: Es ist viel spekuliert worden, wie diese Entscheidung ausgeht. Aber möglicherweise oder mit Sicherheit wird sie knapp sein. Jeder, der einem Kompromiß nicht zustimmt, muß wissen, was er riskiert. Er riskiert eben die Frage der Arbeitsplätze und der Existenzgrundlagen, und er riskiert z. B. auch die Kostenfrage, Herr Thierse, die wir nicht geringachten dürfen. Kosten, die entstehen würden, wenn es zu einem Totalumzug, vor allem der Regierung, nach Berlin käme. Aber wir riskieren auch — und ich bekenne mich dazu — die Glaubwürdigkeit gegenüber Millionen Menschen, die uns glauben, daß wir es ernst meinen mit einer brüderlichen Gesellschaft und mit dem, was wir in der Vergangenheit gesagt haben.

Wir alle sollten zu diesem Kompromiß nicht fähig sein, im Grunde genommen allein weil unsere Vorstellungskraft offenbar nicht ausreicht, noch nicht ausreicht, für das Jahr 2000 — darum handelt es sich doch in Wirklichkeit — das **Miteinander und Gegeneinander von Regierung und Parlament** in einem modernen Land zu gestalten?

Natürlich, wenn der Bundestag in Berlin ist, müssen die Kabinettssitzungen in der Sitzungswoche in Berlin sein. Der Antrag geht davon aus, daß die Regierung Außenstellen in Berlin hat.

Es ist die Frage der **Gewaltenteilung** aufgeworfen worden und die Frage, ob das Parlament in der Lage wäre, die Regierung zu kontrollieren. Gehen wir doch einmal auf die verfassungspolitischen Aufgaben ein. Die Regierung wird doch nicht dadurch kontrolliert — das wissen wir aus unserer eigenen Praxis —, daß die Abgeordneten in den Ministerien die Büros kontrollieren und nachsehen, ob die Beamten arbeiten, sondern die **Kontrolle der Regierung** funktioniert durch die Gesetze, durch die Aufstellung der Haushaltspläne, durch den Haushaltsausschuß, durch Regierungsanfragen, Kleine und Große Anfragen, durch den Bundesrechnungshof als Kontrollinstrument des Parlaments und durch Untersuchungsausschüsse. Das ist das Instrument der Kontrolle der Regierung.

Bleibt die Frage der **Kommunikation.** Beantworten wir diese Frage in einer neuen Situation, in der wir uns befinden, wo wir sicher nicht alles optimal gestalten können, wenn wir einen Kompromiß wollen, doch nicht so, als ob wir nicht im Zeitalter der Kommunikation, der Information und der Mobilität lebten! Wir selbst haben im Deutschen Bundestag durch unsere Gesetze die Voraussetzungen dafür geschaffen, daß unsere Institutionen und Unternehmen oder Verbän-

den durch die Nutzung modernster Kommunikationstechniken Standortvorteile verschafft werden. Wir haben deswegen nicht den geringsten Grund, nun selber dem Parlament diese Mittel nicht ebenfalls zur Verfügung zu stellen.

Ich habe in der Diskussion einen seltsamen Begriff gehört: „Verzahnung der Gewalten". Wir haben nach unserer Verfassung keine Verzahnung der Gewalten, sondern eine Teilung der Gewalten. Das ist die Wahrheit.

(Beifall bei Abgeordneten der CDU/CSU)

Meine sehr verehrten Damen und Herren, was die Kommunikationsfragen anbelangt, wenn wir dem Vorschlag der einen oder anderen Seite folgen: Ich bin dafür, daß das Parlament als wichtigstes Organ in Berlin eben nicht den Wanderzirkus beginnt. Wenn sich jemand bewegt, dann sollen sich vielmehr die Beamten und die Regierung von Bonn nach Berlin bewegen.

(Beifall bei Abgeordneten der CDU/CSU)

Dies ist auch möglich und finanziell tragbar. Ich habe einmal ausrechnen lassen: die **Umzugskosten,** die wir einsparen, würden es uns erlauben, bis zum Jahre 2400 in jeder Sitzungswoche drei Tage lang 500 Beamte in Berlin im Hotel Kempinski zu beherbergen.

(Heiterkeit bei Abgeordneten der CDU/CSU — Peter Conradi [SPD]: Toll!)

— Es soll mir niemand mit den Umzugskosten kommen.

Ich nehme das Argument der Regierungskontrolle ernst. Aber es geht nicht um die Frage, ob etwas verträglich oder unverträglich ist, es geht nicht um die Frage, ob die Verfassung tangiert ist oder nicht, sondern um die Frage, ob wir bereit sind, im Sinne der deutschen Einheit und in der Verantwortung gegenüber unserer Geschichte als Abgeordnete einige Opfer zu bringen, aber Opfer auch den Beamten und der Regierung zuzumuten.

Deswegen, meine sehr verehrten Damen und Herren: Lassen Sie uns die Denkblockaden, die Dogmen der Bequemlichkeit überwinden! Muten wir uns selber und unserer Regierung und den Beamten einige wenige Opfer zu, was uns ermöglicht, glaubwürdig zu bleiben, der Einheit unseres Vaterlandes zu dienen und gleichzeitig die Chancen auch für eine Erneuerung des Parlaments zu ergreifen. Deswegen bitte ich Sie herzlich, diesem Kompromiß zuzustimmen, der unsere Frage — davon bin ich überzeugt — im Sinne der Einheit aller Deutschen zu lösen in der Lage ist.

Vielen Dank.

(Beifall bei Abgeordneten der CDU/CSU)

Präsidentin Dr. Rita Süssmuth: Als nächster hat das Wort der Abgeordnete Otto Schily.

Otto Schily (SPD): Frau Präsidentin! Liebe Kolleginnen und Kollegen! Vermutlich gibt es kaum jemanden, der nicht offen oder insgeheim des **Streits um Bonn oder Berlin** überdrüssig geworden ist. Die Erbitterung und Verbitterung haben leider von Tag zu Tag zugenommen. Aus diesem Krampf müssen wir uns lösen und zur Vernunft zurückkehren.

Otto Schily

Der Antrag, den ich begründe, versucht, die Brücke zu einem Konsens zu bauen, in dem sich sowohl Berlin- als auch Bonn-Befürworter unter Respektierung ihrer wechselseitig unterschiedlichen Auffassungen treffen können. Es ist ein Vorzug, kein Nachteil, daß der Berlin-Antrag Bundestag und Bundesregierung beisammen lassen will.

Das gilt aber ebenso für den Bonn-Antrag. Ich betone, daß ich den Berlin-Antrag so verstehe, daß Berlin zugleich Parlaments- und Regierungssitz werden soll. Auch der Kollege Geißler hat das ja so verstanden.

Alle Teilungsanträge opfern die Funktionsfähigkeit des Parlaments der berechnenden Zaghaftigkeit, die sich wenigstens ein Stück der Torte sichern will.

(Beifall bei Abgeordneten der SPD)

Wenn es unser gemeinsames vorrangiges Anliegen ist, daß die **Arbeits- und Funktionsfähigkeit von Parlament und Regierung** unter keinen Umständen beeinträchtigt werden darf, kann eine **räumliche Trennung von Parlaments- und Regierungssitz** im Sinne einer Aufteilung auf Bonn und Berlin nicht zugelassen werden.

(Beifall bei Abgeordneten der SPD und der FDP)

Das Parlament, das von Berlin aus die Bundesregierung, die in Bonn ansässig bleibt, kontrollieren will, gibt sich selbst auf. Das ist genauso richtig im umgekehrten Fall.

Wenn sich zwei Städte um den Austragungsort eines Fußballspiels bewerben, kann die Konkurrenz nicht dadurch geschlichtet werden, daß die eine Mannschaft in Berlin und die andere in Bonn spielt.

(Heiterkeit — Beifall bei Abgeordneten der SPD und der FDP)

Wir alle müssen es aushalten können, daß heute die Entscheidung entweder zugunsten von Bonn oder Berlin ausfällt. Was wir uns nicht zumuten dürfen, ist ein Scheinkonsens, durch den die Arbeitsfähigkeit des Parlaments und damit die parlamentarische Demokratie insgesamt in Gefahr gebracht werden.

(Beifall bei Abgeordneten der SPD und der FDP)

Manchmal, verehrte Kolleginnen und Kollegen, müssen wir uns fragen, ob wir als Parlamentarier nicht nur das Selbstbewußtsein von Eisenspänen haben, die in ein Magnetfeld geworfen werden. Besser wäre es, heute manifestierte sich die Würde des Parlaments in der verantwortlichen Souveränität einer und eines jeden von uns.

Danke sehr.

(Beifall bei Abgeordneten der SPD, der FDP und des Bündnisses 90/GRÜNE)

Präsidentin Dr. Rita Süssmuth: Als nächster hat der Abgeordnete Peter Conradi zum selben Antrag das Wort.

Peter Conradi (SPD): Frau Präsidentin! Meine Damen und Herren! Der Antrag, den Herr Schily und ich begründen, soll in dieser schwierigen Debatte Klarheit schaffen. Unbeschwert von allen Details und Finessen des sogenannten Konsensantrags soll das Haus eine eindeutige Aussage dazu machen, daß es die **räumliche Trennung von Parlament und Regierung** nicht will.

Eigentlich müßte über diesen Antrag vor allen anderen Anträgen abgestimmt werden. Aber der Ältestenrat hat anders entschieden. Das zeigt die Verwirrung, die hier in den letzten Wochen entstanden ist.

Vielleicht wäre die Verwirrung geringer, hätten wir bei der Beratung dieser Frage den normalen parlamentarischen Weg über die Ausschüsse versucht. So aber haben Gremien beraten, die es in der Verfassung gar nicht gibt, unter Beteiligung von Politikern, die dazu nicht legitimiert sind.

(Beifall bei Abgeordneten der SPD)

Der gute Wille dieser Gremien sei nicht bestritten. Aber bei einigen Beteiligten möchte man doch die Kompetenz bestreiten. Denn bei allem Respekt vor der Organbank und ihrer geballten Würde, auch bei allem Respekt vor dem Einfallsreichtum der Kontroll — — —

(Widerspruch bei der SPD)

Bei allem Respekt vor der Phantasie der Konsenskommission habe ich mich doch sehr gewundert, daß uns Politiker, die nie normale Abgeordnete waren, die unser Alltagsgeschäft, etwa die Berichterstattung über ein Gesetz, gar nicht kennen, Modelle für unsere Arbeit vorlegen.

(Beifall bei Abgeordneten der SPD und der CDU/CSU)

Ich meine, die Häuptlinge, die im warmen Wigwam bedeutungsvoll die Pfeife rauchen, sollten uns Indianern nicht sagen, wo und wann die Büffel zu jagen sind.

(Heiterkeit — Beifall bei Abgeordneten der SPD und der CDU/CSU — Dr. Jürgen Rüttgers [CDU/CSU]: Nichts gegen Pfeifenraucher!)

Der Bundestag hat durch dieses Verfahren nicht an Ansehen gewonnen. Ich bedaure das.

Der Konsensantrag, den Herr Geißler hier begründet hat und der eine neue deutsche Teilung will — die Teilung von Parlament und Regierung —, ist ein unehrlicher Vorschlag. Wären sich die Befürworter von Bonn und Berlin des Ausgangs der Abstimmung gewiß, hätten Sie, Herr Geißler, keine Chance mit Ihrem Antrag; denn insgeheim hoffen wohl beide, dieser Konsens würde in einigen Jahren kippen. Da mögen Berliner denken: Wenn das Parlament erst einmal in Berlin ist, wird die Regierung schon nachkommen. Der eine oder andere Bonner mag denken: Jahrelang wird nichts geschehen; schließlich gewöhnen wir uns an Bonn und bleiben doch hier.

— Ich versuche, mir vorzustellen, was Herbert Wehner zu Ihrem Vorschlag gesagt hätte. Ich will das hier nicht ausbreiten, sonst bekäme ich Ordnungsrufe.

(Heiterkeit — Beifall bei der SPD)

Der Teilungsantrag von Herrn Geißler geht an den Kern der parlamentarischen Demokratie. In der parla-

Peter Conradi

mentarischen Demokratie müssen Parlament und Regierung ständig miteinander arbeiten, sich ständig miteinander auseinandersetzen und ständig miteinander nach der Mehrheit suchen. Wer das auf die Frage reduziert, ob ein paar Ministerialräte auf der Zeitschiene nach Bonn jetten oder uns ihre Meinung per Fax mitteilen, der hat das Wesen der parlamentarischen Demokratie nicht begriffen.

(Beifall bei Abgeordneten der SPD, der CDU/CSU, der FDP und des Bündnisses 90/GRÜNE)

Parlamentarische Demokratie, das heißt ja gerade die tägliche, intensive und dichte **Kommunikation** in vielen informellen Kontakten. Für mich beginnt das bei der Frühstücksrunde im Langen Eugen, wo gelästert wird und wo man erfährt, was in der Woche passiert; es setzt sich im Aufzug fort und endet abends in der Kneipe, wo mir ein Beamter sagt: Stellen Sie morgen im Ausschuß mal die und die Frage; da kann ich Ihnen was Tolles erzählen.

(Heiterkeit — Friedrich Bohl [CDU/CSU]: Jetzt wissen wir es! — Dr. Karl-Heinz Hornhues [CDU/CSU]: Welcher Beamter hat Ihnen denn die Rede aufgeschrieben?)

— Ich schreibe meine Reden, wie Sie wohl wissen, selber auf.

Der tägliche, dichte **Kontakt zwischen Regierung und Parlament,** zwischen Mehrheit und Minderheit wird durch den Teilungsantrag zerrissen. Das **Gespräch zwischen Menschen,** meine Damen und Herren, kann man nicht durch Technik ersetzen. Gott sei Dank!

(Beifall bei Abgeordneten der SPD, der FDP und der PDS/Linke Liste)

Deshalb sollte jetzt Schluß sein mit dem Taktieren und dem Finassieren, mit dem Nebelwerfen und den immer neuen Verwirrspielchen. Es geht in dieser ersten Entscheidung, die wir fällen, nicht um Bonn oder Berlin. Bonn ist mir wichtig; Berlin ist mir wichtiger.

(Beifall bei Abgeordneten der SPD)

Aber die parlamentarische Demokratie ist mir wichtiger als Bonn und Berlin zusammen.

(Beifall bei Abgeordneten der SPD, der FDP und der PDS/Linke Liste)

Deswegen meine ich, wir sollten zuerst gemeinsam beschließen: Wir wollen diese Trennung von Regierung und Parlament nicht. Danach werden wir, wie es sich für ein Parlament gehört — und wenn es sein muß, mit einer Stimme Mehrheit —, über Berlin und Bonn entscheiden.

(Beifall bei Abgeordneten der SPD, der CDU/CSU, der FDP und des Bündnisses 90/GRÜNE)

Präsidentin Dr. Rita Süssmuth: Als nächster hat der Abgeordnete Gregor Gysi das Wort.

Dr. Gregor Gysi (PDS/Linke Liste): Frau Präsidentin! Meine Damen und Herren! Hier sind schon zahlreiche Argumente für die verschiedenen Städte — scheinbar für die Städte — geäußert worden. Ich

kann mich in vielem dem anschließen, was Herr Kollege Thierse hier gesagt hat, und will versuchen, das nicht zu wiederholen. Vielmehr möchte ich nur einige Ergänzungen vornehmen und auch einiges zu den Argumenten sagen, die bereits geäußert worden sind.

Zunächst ist der Herr **Bundespräsident** damit zitiert worden, daß er die Stadt Bonn für liebenswürdig hält — ich füge hinzu: ich auch —; das Toleranteste, was wir hier erlebt haben, waren die Einwohnerinnen und Einwohner von Bonn — gleiches kann man von den Kolleginnen und Kollegen im Deutschen Bundestag nicht behaupten —, und wir wissen das durchaus zu schätzen.

Aber wer würde sich denn hier hinstellen und sagen, daß es eine Stadt in diesem Land gebe, die man nicht als liebenswürdig bezeichnen und die deshalb ausscheiden würde. Das kann ja nicht das entscheidende Kriterium sein.

Ich befürchte auch, daß die Debatte von heute — wenn sie denn so geführt wird — sicherlich nicht zu einer Sternstunde des Parlaments wird, wobei ich ungenügende Erfahrungen aus den Sitzungen dieses Parlaments habe, um einschätzen zu können, wann solche Sternstunden stattfinden.

Mein entscheidendes Argument für Berlin ist eigentlich eine Frage nicht nur der nationalen **Glaubwürdigkeit,** sondern auch der internationalen Glaubwürdigkeit, wenn man sich die Geschichte dieses Deutschlands in seinen beiden Teilen auch und gerade in den letzten vierzig Jahren ansieht. Man sollte noch einmal die vielen Äußerungen nachlesen, die dazu in den letzten vierzig Jahren, insbesondere natürlich von der westlichen Seite, gekommen sind.

Ein zweites ganz gewichtiges Argument ist — ich denke, darin ist auch ein Teil des inneren Widerstands begründet —, daß eine **Vereinigung,** wie sie stattgefunden hat, eigentlich nicht nur zu sichtbaren **Veränderungen** im Osten Deutschlands führen darf; sie muß doch auch zu sichtbaren Veränderungen im Westen Deutschlands führen. Eigentlich soll hier doch verhindert werden, daß ein solcher erster Schritt der sichtbaren Veränderungen gegangen wird.

(Beifall bei der PDS/Linke Liste sowie bei Abgeordneten des Bündnisses 90/GRÜNE)

Dann bitte ich Sie, doch auch noch über etwas ganz Spezifisches nachzudenken: Seit der Herstellung der Einheit am 3. Oktober 1990 gibt es nur eine Stadt, in der sich diese Vereinigung tatsächlich unmittelbar vollzieht, weil es nun einmal die einzige **geteilte Stadt** war. Das heißt, westliche und östliche Probleme stoßen dort direkt aufeinander; dort findet die Vereinigung sozusagen in kompensierter, vielleicht auch zum Teil in verschärfter, vielleicht auch zum Teil in schnellerer Form statt. Ich finde, deshalb ist das Bekenntnis gerade zu dieser Stadt so ungeheuer bedeutungsvoll; denn es ist die einzige **Ost-West-Stadt,** die wir zu bieten haben. Damit können wir, glaube ich, national und international Signale setzen.

(Beifall bei der PDS/Linke Liste)

Ich wundere mich etwas, daß in dem Bonn-Antrag eine ganz wichtige Passage fehlt, nämlich die, welche

Dr. Gregor Gysi

Beschlüsse des Deutschen Bundestages eigentlich alle aufzuheben sind, damit dieser Beschluß angenommen werden kann. Das wäre eine Liste von mehreren Seiten.

(Dr. Jürgen Rüttgers [CDU/CSU]: Das ist doch Quatsch!)

— Wenn es bestritten wird, würde ich Ihnen gerne wenigstens einen Beschluß aus der 14. Sitzung der ersten Legislaturperiode des Deutschen Bundestages — also von 1949 bis 1953 — vorlesen. Der **Deutsche Bundestag** hat damals folgenden **Beschluß** gefaßt:

> Die leitenden Bundesorgane verlegen ihren Sitz in die Hauptstadt Deutschlands Berlin, sobald allgemeine, freie, gleiche, geheime und direkte Wahlen in ganz Berlin und in der Sowjetischen Besatzungszone durchgeführt sind.

So ist der Wortlaut dieses Beschlusses. Das zieht sich wie eine Kette durch die Legislaturperioden des Deutschen Bundestages.

(Dr. Jürgen Rüttgers [CDU/CSU]: Und am Schluß kommt der Einigungsvertrag!)

Zur Fairneß hätte gehört zu sagen: Wir heben hiermit diese 24 oder 25 Beschlüsse auf.

Übrigens muß der Deutsche Bundestag damals noch einen merkwürdigen Charakter gehabt haben. Der Beschluß, den ich Ihnen gerade vorgelesen habe, ging nämlich auf einen Antrag der KPD-Fraktion zurück, wurde durch einen Antrag der SPD-Fraktion geändert und dann mit der überwiegenden Mehrheit der Fraktionen der CDU/CSU und der FDP angenommen. Das ist meiner Meinung nach schon ein bemerkenswerter historischer Vorgang,

(Dr. Jürgen Rüttgers [CDU/CSU]: Wir haben seitdem gelernt!)

über den es sich vielleicht auch lohnt nachzudenken, und zwar in anderer Hinsicht.

Weiter wird argumentiert — auch Herr Bundesminister Blüm hat es so gesagt —, daß sich z. B. die USA bewußt entschieden hätten, den Regierungs- und Parlamentssitz in **Washington** — im Vergleich mit **New York** die wesentlich kleinere Stadt — zu installieren. Die USA waren dann aber auch so ehrlich zu sagen, daß ihre Hauptstadt Washington und nicht New York ist.

Wenn Sie sagen, daß Parlament und Regierung in Bonn bleiben sollen, müßten Sie auch die Konsequenz besitzen zu sagen: Wir fordern, daß Bonn die Hauptstadt der Bundesrepublik Deutschland wird. Das wäre dann in sich konsequent und logisch.

(Beifall bei Abgeordneten der PDS/Linke Liste)

Aber zu sagen, wir sind für die Hauptstadt Berlin, die entscheidenden Gremien wie Bundestag und Bundesregierung bleiben jedoch in einer anderen Stadt, heißt eine Hauptstadt zu deklarieren, wobei Sie letztlich nicht wollen, daß sie eine ist oder zumindest eine ganz andere wird.

Gestatten Sie mir noch einen Hinweis, den ich für wichtig halte. Es wurde in der Presse immer wieder darauf hingewiesen, daß **Berlin** eine Stadt mit großen

Problemen ist. Das stimmt. Die Probleme in Bonn sind natürlich, was das äußere Erscheinungsbild, auch was die innere Zerissenheit und vieles andere betrifft, wesentlich geringer. Aber nun frage ich: Soll ein Parlament, soll eine Regierung wirklich dorthin gehen, wo es problemlos ist, oder sollen Parlament und Regierung nicht genau dorthin gehen, wo die meisten Probleme eines Landes kulminieren, um sich ihnen direkt zu stellen und nicht den Eindruck zu hinterlassen, daß man mit diesen Problemen eigentlich nichts zu tun haben will.

(Beifall bei der PDS/Linke Liste)

Sie wissen, daß die Menschen in den neuen **Bundesländern** auf ein Zeichen warten. Ich finde, sie haben dieses Zeichen und dieses **Signal** verdient.

Ich weiß auch, daß es Argumente aus der Geschichte der Stadt gibt, die gegen die Stadt Berlin herangezogen werden. Ich finde, daß das nicht geht. Erstens hat sich **deutsche Geschichte** nie in einer Stadt allein abgespielt. Zweitens finde ich, Geschichte muß man annehmen. Man löst sie nicht dadurch, daß man Städte meidet. Das scheint mir überhaupt keine Lösung zu sein. Deshalb kann ich dieses Argument nicht akzeptieren.

Unser Antrag weicht deshalb von dem anderen Berlin-Antrag ab, weil er am klarsten die Sitzregelung enthält und weil er nicht Zeiten benennt, bei denen ich ganz unsicher bin, wie die Verfasser des anderen Antrages darauf gekommen sind. Ich halte das für bloße Schätzungen. Vielleicht dauert es länger, vielleicht geht es schneller. Das ist dann in erster Linie eine technisch-organisatorische Frage. Wir haben heute aber eigentlich nur eine politische Entscheidung zu treffen. Deshalb dieser Antrag mit den klaren Aussagen. Natürlich kann die Verlegung erst stattfinden, wenn die entsprechenden Probleme auch in jeder Hinsicht gelöst sind. Das ist eine andere Frage als die Feststellung, wo der Sitz ist.

Dann möchte ich gerne etwas zu Bonn sagen. Es kann doch niemand leugnen, daß das für Bonn große Probleme mit sich bringt; das ist wahr. Aber wenn die Bundesregierung und auch der Bundestag immer wieder erklären, daß sie in der Lage sein werden, die wesentlich größeren Probleme der neuen Bundesländer binnen kürzester Frist zu lösen, wieso soll dann eigentlich dieses Land nicht in der Lage sein, Infrastrukturprobleme und Arbeitsplatzprobleme der Stadt **Bonn** mit einem entsprechenden **Förderprogramm** zu lösen, das es ganz selbstverständlich geben muß?

Wenn Sie sagen, daß man dazu nicht in der Lage ist, wer soll Ihnen denn dann in den neuen Bundesländern noch glauben, daß Sie bei einer wesentlich größeren Fläche und bei wesentlich mehr Bürgerinnen und Bürgern in den nächsten Jahren dazu in der Lage sein wollen, wenn Sie sich für die Stadt Bonn für außerstande erklären, solche Probleme zu lösen, obwohl sie wesentlich geringer sind?

(Dr. Jürgen Rüttgers [CDU/CSU]: Wenn man Probleme hat, muß man sich nicht noch weitere machen!)

Ich fasse zusammen und bitte Sie um eine Entscheidung für Berlin. Ich glaube, das ist ein Akt der Glaub-

Dr. Gregor Gysi

würdigkeit, ein Signal für die neuen Bundesländer, ein Bekenntnis, Probleme wirklich anzugehen und auch Unbequemlichkeiten dafür in Kauf zu nehmen, und die Bereitschaft, deutsche Geschichte in ihrer Gesamtheit und nicht nur in einzelnen Zügen anzunehmen. Sie würden damit bestätigen, was gerade in diesem Hause 40 Jahre lang gesagt worden ist, und es nicht plötzlich ad absurdum führen.

Vielen Dank, Frau Präsidentin. Die ersparte Zeit hebe ich mit für ein anderes Mal auf.

(Beifall bei der PDS/Linke Liste und bei Abgeordneten der SPD)

Präsidentin Dr. Rita Süssmuth: Das Wort hat jetzt der Abgeordnete Wolfgang Schäuble.

Dr. Wolfgang Schäuble (CDU/CSU): Frau Präsidentin! Meine sehr geehrten Damen und Herren! Wir sind von manchem in den letzten Monaten überrascht worden. Daß wir im vergangenen Jahr die Einheit Deutschlands in Frieden und Freiheit erreichen würden, hat uns jedenfall in der zeitlichen Abfolge gewiß überrascht. Daß wir danach sosehr über den Sitz von Parlament und Regierung würden miteinander ringen, hat mich jedenfalls auch überrascht.

Ich glaube, in den 40 Jahren, in denen wir geteilt waren, hätten die allermeisten von uns auf die Frage, wo denn Parlament und Regierung sitzen werden, wenn wir die **Wiedervereinigung** haben, die Frage nicht verstanden und gesagt: Selbstverständlich in **Berlin.**

(Beifall bei Abgeordneten der CDU/CSU, der FDP, der SPD und des Bündnisses 90/GRÜNE)

Die Debatte, die wir geführt haben und noch führen, hat natürlich auch dazu beigetragen, daß jeder die Argumente und die Betroffenheit der anderen besser verstanden hat. Auch ich bekenne mich dazu, daß ich die Argumente und die Betroffenheit derer, die für Bonn sind, heute besser verstehe als vor einigen Monaten. Ich will das ausdrücklich sagen und auch meinen Respekt dafür bekunden.

Ich glaube auch, daß es deshalb verdienstvoll war, wenn sich viele — ich auch — bemüht haben, als Grundlage einen **Konsens** zu finden,

(Beifall bei der CDU/CSU und der FDP sowie bei Abgeordneten der SPD)

um vielleicht zu vermeiden, was bei der einen oder anderen Entscheidung damit notwendigerweise an Folgen verbunden ist. Wir haben den Konsens nicht gefunden. Und auf der anderen Seite ist es vielleicht nun auch gut, daß wir heute entscheiden müssen.

Für mich ist es — bei allem Respekt — nicht ein Wettkampf zwischen zwei Städten, zwischen Bonn und Berlin.

(Zuruf von der FDP: Richtig!)

Es geht auch nicht um Arbeitsplätze, Umzugs- oder Reisekosten, um Regionalpolitik oder Strukturpolitik. Das alles ist zwar wichtig,

(Otto Schily [SPD]: Sehr wahr!)

aber in Wahrheit geht es um die **Zukunft Deutschlands.** Das ist die entscheidende Frage.

(Beifall bei der CDU/CSU, der FDP, der SPD und dem Bündnis 90/GRÜNE)

Mit allem Respekt darf ich einmal sagen: Jeder von uns — ich wohne ja weder in Bonn noch in Berlin; ich wohne auch nicht in Brandenburg oder in Nordrhein-Westfalen, sondern ich wohne ganz im Südwesten an der Grenze zu Frankreich — ist nicht nur Abgeordneter seines Wahlkreises und seines Landes, sondern wir sind **Abgeordnete für das gesamte deutsche Volk.**

(Anhaltender Beifall bei der CDU/CSU, der FDP, der SPD und dem Bündnis 90/GRÜNE)

Jeder von uns muß sich dieser Verantwortung bewußt sein, wenn er heute entscheidet.

Wir haben die Einheit unseres Volkes im vergangenen Jahr wiedergefunden. Das hat viel Mühe gekostet. Nun müssen wir sie erst noch vollenden. Auch das kostet noch viel Mühe.

Viele haben oft davon gesprochen, daß wir, um die **Teilung** zu überwinden, zu **teilen** bereit sein müssen. Das ist wahr. Aber wer glaubt, das sei nur mit Steuern und Abgaben oder Tarifverhandlungen und Eingruppierungen zu erledigen, der täuscht sich. Teilen heißt, daß wir gemeinsam bereit sein müssen, die Veränderungen miteinander zu tragen, die sich durch die deutsche Einheit ergeben.

(Anhaltender Beifall bei der CDU/CSU, der FDP, der SPD und dem Bündnis 90/GRÜNE)

Deswegen kann auch in den sogenannten elf alten Bundesländern — so alt ist Baden-Württemberg übrigens im Vergleich zu Sachsen nicht — nicht alles so bleiben, wie es war, auch nicht in Bonn und nicht im Rheinland.

(Beifall bei Abgeordneten der CDU/CSU, der FDP, der SPD und des Bündnisses 90/GRÜNE)

Wenn wir die Teilung überwinden wollen, wenn wir die Einheit wirklich finden wollen, brauchen wir Vertrauen und müssen uns gegenseitig aufeinander verlassen können. Deshalb gewinnt in dieser Entscheidung für mich die Tatsache Bedeutung, daß in **40 Jahren** niemand Zweifel hatte, daß Parlament und Regierung nach der Herstellung der Einheit Deutschlands ihren Sitz wieder in Berlin haben werden.

(Beifall bei Abgeordneten der CDU/CSU, der FDP, der SPD und des Bündnisses 90/GRÜNE)

In diesen 40 Jahren — auch das ist wahr — stand das Grundgesetz, stand die alte Bundesrepublik Deutschland mit ihrer **provisorischen Hauptstadt Bonn** für Freiheit, Demokratie und Rechtsstaat. Aber sie stand damit immer für das ganze Deutschland. Und das **Symbol für Einheit** und Freiheit, für Demokratie und Rechtsstaatlichkeit für das ganze Deutschland war wie keine andere Stadt immer **Berlin:**

(Beifall bei der CDU/CSU, der FDP, der SPD und dem Bündnis 90/GRÜNE)

Dr. Wolfgang Schäuble

von der Luftbrücke über den 17. Juni 1953, den Mauerbau im August 1961 bis zum 9. November 1989 und bis zum 3. Oktober im vergangenen Jahr.

Die **Einbindung** in die **Einigung Europas** und in das Bündnis des freien Westens hat uns Frieden und Freiheit bewahrt und die Einheit ermöglicht. Aber auch diese Solidarität der freien Welt mit der Einheit und Freiheit der Deutschen hat sich doch nirgends stärker als in Berlin ausgedrückt. Ob wir wirklich ohne Berlin heute wiedervereinigt wären? Ich glaube es nicht.

(Beifall bei Abgeordneten der CDU/CSU, der FDP, der SPD und des Bündnisses 90/ GRÜNE)

Deutsche Einheit und europäische Einheit bedingen sich gegenseitig. Das haben wir immer gesagt, und das hat sich bewahrheitet. Meine Heimat, ich sagte es, liegt in der Nachbarschaft von Straßburg. Aber Europa ist mehr als Westeuropa.

(Beifall bei Abgeordneten der CDU/CSU, der FDP, der SPD und des Bündnisses 90/ GRÜNE)

Deutschland, die Deutschen, wir haben unsere Einheit gewonnen, weil Europa seine Teilung überwinden wollte.

Deshalb ist die Entscheidung für Berlin auch eine Entscheidung für die **Überwindung der Teilung Europas.**

(Beifall bei Abgeordneten der CDU/CSU, der FDP, der SPD und des Bündnisses 90/ GRÜNE)

Ich sage noch einmal, liebe Kolleginnen und Kollegen: Es geht heute nicht um Bonn oder Berlin, sondern es geht um unser aller Zukunft, um unsere Zukunft in unserem vereinten Deutschland, das seine innere Einheit erst noch finden muß, und um unsere Zukunft in einem Europa, das seine Einheit verwirklichen muß, wenn es seiner Verantwortung für Frieden, Freiheit und soziale Gerechtigkeit gerecht werden will.

Deswegen bitte ich Sie herzlich: Stimmen Sie mit mir für Berlin.

(Langanhaltender Beifall bei Abgeordneten der CDU/CSU, der FDP, der SPD und des Bündnisses 90/GRÜNE — Abgeordnete der CDU/CSU und der SPD erheben sich — Abg. Willy Brandt [SPD] gratuliert Abg. Dr. Wolfgang Schäuble [CDU/CSU])

Präsidentin Dr. Rita Süssmuth: Als nächstes hat der Abgeordnete Gerhart Baum das Wort.

Gerhart Rudolf Baum (FDP): Frau Präsidentin! Meine Damen und Herren! Die Begründung für Bonn ist nüchterner und vielleicht pragmatischer. Sie ist nicht verbunden mit diesem eindrucksvollen Blick in die Vergangenheit, nicht verbunden mit dem Bekenntnis zu Berlin als einem unbezweifelbaren Symbol für die Freiheit. Das kann Bonn nicht leisten.

Ich stimme Wolfgang Schäuble ausdrücklich zu: es geht nicht um die beiden Städte. Es wäre völlig verfehlt, diese beiden Städte miteinander zu vergleichen. Sie haben, Willy Brandt, mit Recht gesagt: Es geht um

eine Entscheidung, über unsere Zukunftsvorstellungen und über unser Selbstverständnis.

Hier habe ich, mit Verlaub, ein anderes Selbstverständnis. Ich sehe, daß sich unsere politische Lage in Europa durch einen tiefen Wandel prägt, daß die **Nachkriegsordnung** in Europa mit der Trennung Europas und Deutschlands aufgehoben wird. Ich sehe, daß der Einigungsvertrag dies zum Ausdruck bringt und daß er uns ausdrücklich diese Entscheidung offenläßt, damit wir Gelegenheit haben, darüber nachzudenken, wie sich dieser Wandel in einer Entscheidung für Bonn oder für Berlin ausdrückt.

Ich meine, in dieser Zeit, in der wir leben, ist nichts mehr so, wie es war. Wir leben in einer veränderten Welt. Es kann doch nicht darum gehen, etwas wiederherzustellen, was in dieser Form nicht wiederherstellbar ist. Das heißt, die Rückkehr zum **Hauptstadtgedanken des 19. Jahrhunderts** paßt nicht mehr in die Gegenwart eines Europas und eines föderalistischen Deutschlands.

(Beifall bei Abgeordneten der FDP, der CDU/ CSU und der SPD)

Mir haben in den letzten Wochen viele junge Leute geschrieben, ob wir denn in einem Europa der Regionen über die Funktionsfähigkeit der Bundesorgane hinaus überhaupt das Symbol einer Hauptstadt brauchen. Jemand hat geschrieben: Glücklich ist das Land, das seine Hauptstadt gar nicht kennt. Ich bin ganz und gar nicht dieser Meinung. Ich bin im Gegenteil der Meinung, daß es ein Glücksfall sein könnte, daß wir eine Hauptstadt Berlin haben, die Deutschland als Ganzes repräsentiert und nicht eine leere Hülse ist. Wir machen Ihnen ja Vorschläge, wie diese **Hauptstadt Berlin** ihre **repräsentative Aufgabe** wahrnehmen kann.

Es wäre sicherlich ein Glücksfall, meine ich, wenn wir eine funktionierende Stadt, wie es Bonn ist, mit einem Regierungs- und Parlamentssitz haben. Wir dürfen nicht vergessen, daß wir in einem vereinten Europa auch über Brüssel sprechen, unsere europäische Hauptstadt. Es ist jetzt nicht die Stunde der Zentralisierung, sondern der **Dezentralisierung.** Es ist die Stunde der Aufgabenteilung.

(Beifall bei Abgeordneten der FDP, der CDU/ CSU und der SPD)

In diesem zusammenwachsenden Europa kommt den Regionen eine ausschlaggebende Bedeutung zu. Die Menschen finden angesichts von immer mehr Verlagerung von Kompetenzen auf die **europäische Ebene** ihre Identität in den europäischen Regionen.

Europa und unser Land gewinnen ihre Kraft aus der Vielfalt. Dem entspricht unser föderalistisches System, das uns viele Völker beneiden. Unser Votum für eine Aufgabenteilung entspringt dem Bekenntnis zu dem bewährten **föderalistischen Prinzip** in der Bundesrepublik Deutschland, unserem vereinten Lande.

Bonn ist daher von der heutigen Entscheidung keineswegs allein betroffen, sondern es steht stellvertretend für die anderen deutschen Regionen.

Die Forderung des Tages heißt Dezentralisierung, nicht Konzentration. In diese neue Situation in Europa

Gerhart Rudolf Baum

paßt nur ein Konzept der Vielfalt, des Föderalismus, der Aufgabenteilung.

Der Satz , daß die Teilung nur durch Teilen zu überwinden ist, gilt für Bonn und Berlin, aber auch für alle anderen deutschen Regionen.

Wolfgang Schäuble, Sie haben recht: **Berlin** ist — ich sagte es schon — in besonderer Weise ein **Symbol für Freiheit und Rechtsstaatlichkeit**. Ich stimme Ihnen ausdrücklich zu. Aber ist nicht auch **Bonn** ein **Symbol für 40 Jahre erfolgreiche Demokratie**, die das Ansehen der Bundesrepublik Deutschland in der Welt begründet hat, ihre europäische Integration vollzogen und schließlich auch die Chance der deutschen Einheit offengehalten hat? Geht es nicht auch um dieses Symbol Bonn, um das wir heute ringen?

Bonn war doch nicht die Idylle, in die sich die Politiker vor der weltpolitischen Verantwortung geflüchtet hätten. Hier wurde keine enge Politik gemacht, die man im schlechten Sinne als provinziell bezeichnen müßte. Alle Parteien haben von Bonn aus dazu beigetragen, daß sich die Deutschen zu einer beispielhaften Demokratie entwickelt und eine neue Verantwortung in Europa übernommen haben.

Die Aufgabenteilung bedeutet, daß Berlin Deutschland als Ganzes repräsentiert: mit dem Bundespräsidenten, dem Bundesrat, zusätzlichem Dienstsitz des Bundeskanzlers und auch Sitzungen des Deutschen Bundestags. Aber es geht heute — da stimme ich allen Vorrednern zu — im Kern um die Entscheidung: Wo bleibt der **Deutsche Bundestag**? Ich spreche mich nachdrücklich für das politische **Bonn** aus, für das Verbleiben des Bundestags in Bonn.

(Beifall bei Abgeordneten der FDP, der CDU/
CSU und der SPD)

Ich stimme dem zu, was gesagt wurde: Es ist nicht möglich, Bundestag und Bundesregierung zu trennen. Es ist auch nicht möglich — wie es die Berliner in ihrem Antrag schreiben —, die Ministerien horizontal zu trennen und irgendetwas in Bonn als Regierungsstadt zu belassen. Das ist nicht möglich. Wir befürchten, daß eines Tages, wenn wir nicht diese Grundentscheidung für den Bundestag in Bonn, für das politische Bonn treffen, alles nach Berlin geht und die Wirkungen eintreten, die geschildert worden sind. Das wollen wir nicht.

Wir wehren uns gegen den Vorwurf, daß unser Vorschlag den tatsächlichen Vollzug der deutschen Einheit, die wichtigste Aufgabe aller Deutschen in den nächsten Jahren, behindert. Wir wollen die Veränderungen tragen, Wolfgang Schäuble. Es ist wirklich die wichtigste, die schwierigste Bewährungsprobe unserer Demokratie.

Wir bedauern, daß die Entscheidung für oder gegen Berlin unrichtigerweise als eine Symbolentscheidung für den Vollzug der Einheit aufgebaut worden ist. Wir sind ganz im Gegenteil der Meinung, daß wir für die Einheit sehr viel mehr tun können, wenn wir uns auf die vorgegebene Aufgabenteilung beschränken und uns nicht neue Probleme aufladen, die ganz und gar unnötig und überflüssig sind.

(Beifall der Abg. Anke Fuchs [Köln] [SPD]
und der Abg. Ingrid Matthäus-Maier [SPD])

Wir brauchen gerade jetzt eine funktionierende, eine funktionsfähige Regierung mit ihrem ganzen Apparat. Wir müssen die großen, die die Menschen belastenden **Strukturprobleme** in den **neuen Bundesländern** lösen. Das können wir doch nur tun, wenn wir uns ihnen direkt widmen und nicht auf dem Umweg über Berlin. Die neuen Länder brauchen sofort wirksame Hilfe und nicht eine symbolische Ersatzmaßnahme.

(Beifall bei Abgeordneten der FDP, der CDU/
CSU und der SPD)

Im Gegensatz zu Bonn kann man sich von Berlin als Stadt eine Vorstellung machen, die nicht mit dem Regierungs- und Parlamentssitz verbunden ist. Nirgendwo wie in Berlin treten die Vereinigungsprobleme so realistisch und mit solch explosiver Sprengkraft auf. Wir möchten an dieser Herausforderung mitwirken, aber dazu brauchen wir doch nicht in Berlin zu tagen. Dazu müssen wir uns so oft wie möglich nach Berlin und in die neuen Bundesländer bewegen. Es wird unbequem, Abgeordneter zu sein, und es muß unbequem sein. Wir müssen die Probleme in allen neuen Bundesländern studieren und nicht nur in Berlin.

(Beifall bei Abgeordneten der FDP, der CDU/
CSU und der SPD)

Wir haben Gutachten auf dem Tisch, die die Befürchtungen bestätigen, daß **Berlin** schon heute ein große **Sogwirkung** zuungunsten der anderen Regionen ausübt. Die notwendigen Finanzressourcen für die Modernisierung Berlins und die Umwandlung der Stadt in eine Weltmetropole werden — so heißt es — die anderen Städte, vor allen Dingen in den neuen Bundesländern, in ihrer Entwicklung behindern. Es wird befürchtet, daß Berlin zu viele Kräfte bindet und die Entwicklung in den anderen Zentren, insbesondere in den neuen Bundesländern, behindert.

(Beifall bei Abgeordneten der FDP, der CDU/
CSU und der SPD — Dr. Hans-Jochen Vogel
[SPD]: Zwölf Länder sind dafür!)

Als Abgeordneter, der aus **Köln** kommt, habe ich auch die Pflicht, mich mit den Folgen auseinanderzusetzen, die eine Annahme des Antrags für die **Region** hätte. Die Menschen hier möchten alles tun, um die Einheit tatsächlich zu verwirklichen. Aber sie haben kein Verständnis für Probleme, die man ihnen zusätzlich und überflüssigerweise aufbürdet. Mindestens 100 000 Menschen sind unmittelbar, viele mittelbar betroffen.

(Zuruf von der CDU/CSU: 80 Millionen sind
betroffen!)

Es geht nicht um Geld, sagen viele. Ich möchte das jetzt auch gar nicht zum Hauptthema machen. Es geht auch um Geld. Jede Mark, die für diesen Umzug ausgegeben wird, fehlt an anderer Stelle.

Meine Damen und Herren, es geht um die Menschen, es geht um die **Akzeptanz** unserer Entscheidung in **Bonn und Umgebung.** Für diese Akzeptanz ist bis zum heutigen Tage nichts getan.

(Beifall des Abg. Dr. Franz Möller [CDU/
CSU])

Gerhart Rudolf Baum

Wir entscheiden über eine Aufgabenteilung. Unser Konzept steht, wie Robert Leicht es vor einiger Zeit ausgedrückt hat, für den Geist der Mäßigung.

Wir sind vor einigen Monaten in einem Memorandum vom Bundespräsidenten ermahnt worden, eine Entscheidung zu treffen, mit der wir vor dem Urteil unserer Nachkommen in 20 Jahren bestehen können. Nach vielen Gesprächen mit Vertretern der jungen Generation meine ich, daß wir der Zustimmung der **jungen Generation** — insbesondere der jungen Generation — sicher sein können, weil wir mit unserem Konzept den Zukunftsvorstellungen entsprechen, die die jungen Menschen aus vier Jahrzehnten guter deutscher Politik in Bonn ableiten.

(Konrad Weiß [Berlin] [Bündnis 90/GRÜNE]: Haben Sie auch einmal mit der jungen Generation in Chemnitz oder in Rostock gesprochen?)

— Ich war sehr oft in Dresden. Ich bin Dresdner und habe in meinem Elternhaus in Dresden als erste Lebenserfahrung politischer Art eine gewisse Distanz zu Berlin mitbekommen, Herr Kollege.

(Dr. Hans-Jochen Vogel [SPD]: Aha, daher kommt das! — Zuruf von der CDU/CSU: Frühkindliche Schäden! — Heiterkeit)

Ich bitte Sie, meine Damen und Herren: Stimmen Sie für ein Konzept, das unser Volk am wenigsten zerreißt und unserem Bundesstaat in einem vereinten Europa am ehesten entspricht. Stimmen Sie für den Vorschlag der Bonn-Befürworter.

(Beifall bei Abgeordneten der FDP, der CDU/CSU und der SPD sowie des Abg. Dr. Klaus-Dieter Feige [Bündnis 90/GRÜNE])

Präsidentin Dr. Rita Süssmuth: Als nächster hat der Abgeordnete Willy Brandt das Wort.

Willy Brandt (SPD): Frau Präsidentin! Meine Damen und Herren! Ich denke, wir brauchen uns keinen Spiegel vorhalten zu lassen, um zu erkennen, daß eine **folgenreiche Entscheidung** selten so verwirrend und unzulänglich vorbereitet worden ist wie die heutige.

(Beifall bei der SPD sowie bei Abgeordneten der CDU/CSU, der FDP, dem Bündnis 90/GRÜNE und der PDS/Linke Liste)

Ich denke, Frau Präsidentin, man tritt auch unserem Präsidium nicht zu nahe, wenn man es in diesen Wochen hart an der Grenze der Überforderung vermutete.

Wochen-, nein monatelang ist in der Öffentlichkeit Lobbyismus als Gemeingut feilgeboten worden.

(Beifall bei Abgeordneten der SPD, der CDU/CSU, der FDP und dem Bündnis 90/GRÜNE)

Dabei hätte doch längst auf dem Tisch liegen können, wie — über Berlin und Bonn hinaus — Bundesbehörden und Bundesgerichte vernünftig auf die Länder — alte und neue — verteilt werden sollen. Darum war auch gebeten worden.

(Beifall bei der SPD und dem Bündnis 90/GRÜNE sowie des Abg. Jochen Feilcke [CDU/CSU])

Und warum wurde über die **finanziellen Aspekte der Hauptstadtfrage** nicht objektiver informiert, als ich es jedenfalls wahrgenommen habe. Auch darum wurde vor Monaten gebeten.

(Vorsitz: Vizepräsident Dieter-Julius Cronenberg)

Die Öffentlichkeit wurde aufgeschreckt, weithin nicht fair unterrichtet, schon gar nicht im Vergleich zu milliardenschweren Fehleinschätzungen oder Fehlentscheidungen in anderen Bereichen.

(Beifall bei Abgeordneten der SPD und des Bündnisses 90/GRÜNE)

Ich weiß auch: Es muß heute entschieden werden. Trotzdem sage ich: Im Grunde fehlen wichtige Voraussetzungen dafür, über einen Gegenstand von diesem Gewicht über den Tag hinaus verantwortlich entscheiden zu können.

(Beifall bei Abgeordneten der SPD)

Es läßt sich daher nicht ausschließen, daß hier heute zu kurz springen und geradezu zum Nachsitzen aufgefordert werden könnte. Bei einer deutlichen Zuordnung von Bonn neben, nicht vor Berlin hätte sich das vermeiden lassen.

Wer wollte, meine verehrten Kolleginnen und Kollegen, bestreiten, daß es sich am Rhein gut leben, auch angenehm arbeiten läßt? Aber hier kann es nicht um unser Wohlbefinden und unsere alltäglichen Annehmlichkeiten gehen.

(Beifall bei Abgeordneten der SPD, der CDU/CSU, der FDP und dem Bündnis 90/GRÜNE)

Es geht um eine nationale Weichenstellung.

Also kann es sich auch nicht vorrangig um das handeln, worauf mich beispielsweise mein Verbandsbürgermeister — er kommt hier ganz aus der Nähe — hinweist, nämlich daß Kindern zugemutet werde, neue Spielkameraden zu finden, wenn Eltern umziehen. Ich unterschätze auch solche Probleme nicht. Aber ich sage: Ob es einem immer behagt oder nicht — dieses und anderes gehört zu einer **mobilen Gesellschaft**. In der Wirtschaft werden Standortbestimmungen unter dem Gesichtspunkt dynamischen Wandels getroffen, im eigenen Land und darüber hinaus.

Unsere Aufgabe ist es, erstens mit dafür zu sorgen, daß Teilung durch Worthalten überwunden wird,

(Beifall bei der SPD und dem Bündnis 90/GRÜNE sowie bei Abgeordneten der CDU/CSU und der FDP)

zweitens so nahe wie möglich an dem zu bleiben, was der Bundestag seit 1949 — ich war schon dabei — beschlossen und versprochen hat, drittens, so zu entscheiden, daß wir die neue Lage Deutschlands ebenso im Auge behalten wie die veränderte europäische Realität. Berlin — das bedeutet heute zusätzlich zu anderem eine mehr als symbolische Form von **Solidarität mit dem Osten** unserer größer gewordenen Bundesrepublik.

Beim Thema **Europa** scheinen einige zu meinen, nationale Hauptstädte werde es bald nicht mehr ge-

Willy Brandt

(A)
ben. Ich habe da meine Zweifel, was den Zeitraum angeht.

(Beifall bei Abgeordneten der SPD, der CDU/
CSU und der FDP sowie beim Bündnis 90/
GRÜNE)

Ich rege Wiedervorlage an, wenn die Briten London, die Spanier Madrid et cetera abgeschafft haben werden.

(Heiterkeit und Beifall bei allen Fraktionen)

In **Frankreich** wäre übrigens niemand auf den Gedanken gekommen, im relativ idyllischen **Vichy** zu bleiben, als fremde Gewalt der Rückkehr in die Hauptstadt an der Seine nicht mehr im Wege stand.

(Beifall bei der SPD und beim Bündnis 90/
GRÜNE sowie bei Abgeordneten der FDP —
Oh-Rufe und Widerspruch bei der CDU/CSU
— Dr. Jürgen Rüttgers [CDU/CSU]: Jetzt
wird es ganz schlimm! — Zuruf des Bundes-
kanzlers Dr. Helmut Kohl)

— Sie wollen den Vergleich mit fremder Gewalt nicht akzeptieren?

(Bundeskanzler Dr. Helmut Kohl: Nicht mit
Vichy! — Dr. Jürgen Rüttgers [CDU/CSU]:
Nein, nicht mit Vichy!)

— Da sind die nun mal hingegangen.

Die Sonne würde sich nicht danach richten, sollte hier beschlossen werden, sie habe sich künftig um die Erde zu drehen.

(B)
(Zurufe von der CDU/CSU)

Deutschlands Stellung in dem sich ökonomisch und politisch ausdehnenden Europa wird nicht daran gemessen werden, wie kilometernah unsere Hauptstadt bei Brüssel liegt. Deutschland bleibt nicht der Osten vom Westen, sondern es wird zur neuen **Mitte Europas.** Berlin liegt da gut, auf beide Schienen bezogen: Nord-Süd und West-Ost. Deutschland braucht keine Hauptstadt eigens für Cocktailempfänge.

(Oh-Rufe bei der CDU/CSU — Dr. Jürgen
Rüttgers [CDU/CSU]: Jetzt sollten Sie besser
aufhören!)

Berlin, in schweren Jahren Vorposten der Freiheit, hat es auch nicht verdient, mit einem Ehrentitel ohne sachlichen Inhalt abgespeist zu werden.

(Beifall bei Abgeordneten der SPD, der CDU/
CSU und der FDP sowie beim Bündnis 90/
GRÜNE)

Man darf bezweifeln, ob die Kollegen aus dem anderen Teil Deutschlands richtig gewußt haben, was ihnen im vorigen Jahr mit dem **Einigungsvertrag** zugemutet wurde. Ich habe auch nicht gleich bemerkt, daß es um nicht weniger ging, als die **Hauptstadtbeschlüsse des Bundestages** seit 1949 auszuhebeln. Statt dessen hätte man sagen können: Berlin übernimmt nach und nach die ihm vorbehaltene Rolle der Hauptstadt Deutschlands — weshalb war sonst bis 1989 vom Provisorium die Rede? —, Bonn behält wichtige Behörden und erhält neue Aufgaben hinzu. Es ist immer noch möglich, sich entsprechend zu entscheiden, und zwar so, daß die Lebensqualität der Bonner Region

(C)
ebenso gewahrt bleibt wie die der beim Bund Beschäftigten.

Wenn ich dies sage, so bin ich sicher, über Parteigrenzen hinweg für den größten Teil derer mitsprechen zu können, die diese Bundesrepublik wesentlich haben formen geholfen. Die nicht mehr unter uns sind, brauchen sich nicht mehr anzuhören, die Zeit der Alten sei vorbei. Die dessen aber so sicher sind oder scheinen, werden noch erfahren, daß die Geschichte diejenigen einzuholen pflegt, die ihr zu entkommen trachten.

(Beifall bei der SPD und beim Bündnis 90/
GRÜNE sowie bei Abgeordneten der CDU/
CSU und der FDP)

Man verschone uns, will ich sagen, mit dem unsinnigen Gerede — gestern abend war davon wieder einiges auf unappetitliche Weise über das Fernsehen vermittelt worden —, durch das Berlin mehr als andere deutsche Städte zum Hort verbrecherischen **Nazismus** und gefährlichen **Nationalismus** gestempelt werden soll oder als Stadt und Bevölkerung für die im Ostteil der Stadt angesiedelte Führung der SED und ihrer Blockpartner verantwortlich sein soll. So daherzureden ist nicht würdig.

(Beifall bei der SPD, der FDP und dem Bündnis 90/GRÜNE sowie bei Abgeordneten der
CDU/CSU)

Deutsche Städte und Regionen, übrigens auch Universitäten, sollten sich miteinander der kollektiven Peinlichkeit enthalten, die es bedeutet, wenn ihre Herolde einander den unterschiedlichen Grad von Verstrickung in totalitäre Herrschaft vorwerfen.

Schließlich, ich denke, daß Preußische taugt immer noch zu mehr als einer bloßen Karikatur.

(Beifall bei Abgeordneten der SPD)

Und **Föderalismus,** moderne Bundesstaatlichkeit kann gewiß nicht nur vom linken Rheinufer aus vernünftig wahrgenommen werden. Verehrter Herr Kollege Baum, wenn schon Föderalismus, darf nicht dann auch wiegen, daß sich von 16 Landtagen 12 für Berlin ausgesprochen haben?

(Beifall bei der SPD, der FDP und dem Bündnis 90/GRÜNE sowie bei Abgeordneten der
CDU/CSU)

Für mich gehört zu den unauslöschlichen Daten meines Lebens das, was wenige Jahre nach dem Krieg im deutschen Westen an neuer freiheitlicher Staatlichkeit errichtet worden ist. Bonns Verdienste sind nicht nur unbestritten, sondern haben geschichtlichen Rang.

Doch die freiheitliche Selbstbehauptung West-Berlins ging dem noch voraus. Die Wiege der deutsch-westlichen Freundschaft stand an der Spree. Die Volkserhebung vom Juni 1953 in Ost-Berlin und dem, was wir damals die Zone nannten, stand nicht am Ende, sondern am Anfang jenes Kettenrasselns, aus dem jetzt die Chance der gesamteuropäischen Einheit in Freiheit wurde.

Auch hierauf gilt es angemessen zu antworten, wenn wir heute darüber entscheiden, ob Berlin deut-

Willy Brandt

(A) sche Hauptstadt werden soll — Deutschlands wegen, mehr als bloß nach dem Namen.

Schönen Dank für die Aufmerksamkeit.

(Beifall bei der SPD, der FDP und dem Bündnis 90/GRÜNE sowie bei Abgeordneten der CDU/CSU)

Vizepräsident Dieter-Julius Cronenberg: Das Wort hat der Bundesminister Theo Waigel.

Dr. Theodor Waigel (CDU/CSU): Herr Präsident! Liebe Kolleginnen und Kollegen! Ich möchte als Abgeordneter sprechen, obwohl man selbstverständlich nicht leugnen kann, welche Funktion man zu dem Zeitpunkt ausübt.

Bei den Verhandlungen über den Staatsvertrag zur Währungs-, Wirtschafts- und Sozialunion und bei der Mitwirkung am Einigungsvertrag haben wir uns und habe ich mich mit Ihnen von dem Auftrag leiten lassen, eine Politik des Augenmaßes zu betreiben. Wir hatten bei der **Wiederherstellung der Einheit** in politischer, rechtlicher und ökonomischer Hinsicht Prioritäten festzustellen und danach zu handeln. Das waren die gesamtwirtschaftliche Vertretbarkeit, die haushaltspolitische Machbarkeit, der Vorrang der Menschen, was ihre Arbeitsplätze und ihre soziale Situation anbelangt, die Infrastruktur und der soziale Ausgleich.

Wenn man diese Dinge in den Vordergrund rückt, dann geben sie wenig Ansatzpunkte für Pathos, für verständliche Emotionen. Ich hätte mir gewünscht, (B) liebe Kolleginnen und Kollegen, daß bei dieser Debatte auch nicht unterschwellig etwas gegen den anderen Standort, gegen die andere Stadt gesagt worden wäre.

(Beifall bei Abgeordneten der CDU/CSU und der FDP)

Verehrter Herr Kollege Brandt, Sie wissen, daß ich Sie schätze. Der Vergleich mit **Vichy**, auch wenn er so nicht gemeint war, hat nicht gepaßt.

(Beifall bei Abgeordneten der CDU/CSU, der FDP und der SPD — Dr. Jürgen Rüttgers [CDU/CSU]: Unglaublich!)

Seien Sie mir nicht böse, wenn ich das als Jüngerer zum Älteren sage.

Schnelle Entscheidungen waren notwendig: bei der Währungsunion und beim Einigungsvertrag. Es waren Geschwindigkeiten erforderlich, die über das ökonomisch eigentlich Zumutbare, Gebotene und Richtige hinausgingen. Wir mußten sie im Interesse der Menschen treffen.

Ich meine, diese Entscheidungen waren wichtiger als die gegenwärtige Entscheidung über die Frage des Regierungssitzes.

(Dr. Wolfgang Bötsch [CDU/CSU]: Sehr wahr!)

Die Entscheidung von heute — das ist meine persönliche Meinung — mußte nicht jetzt und nicht in dieser Form getroffen werden. Ich teile die Meinung, sie hätte noch einer eingehenderen Vorbereitung bedurft, und eine solche wäre auch möglich gewesen.

(C) Ich habe mich von Anfang an für eine sinnvolle **Arbeitsteilung zwischen Berlin und Bonn** ausgesprochen. Ich habe mich von Anfang an für eine Fortentwicklung der Elemente des Vorschlags von Bundesratspräsident Voscherau ausgesprochen. Trotz mancher Bedenken und anderer Meinungen auch in meiner eigenen Partei ist mir der Vorschlag des Kollegen Geißler lieber als ein Entweder-Oder.

(Beifall bei Abgeordneten der CDU/CSU)

Die heutige Entscheidung wird Ausgangspunkt für weitere Beratungen über das Schicksal beider Städte sein. Wer meint, dies sei heute mit dieser Debatte und mit einer Entscheidung für immer abgeschlossen, der irrt. Und doch bin ich dafür, daß der Bundestag diese Entscheidung fällt und daß sie nicht durch einen Volksentscheid getroffen wird. Denn ein Volksentscheid hätte uns noch viel größere und schwerwiegendere Probleme in der politischen Willensbildung gebracht.

(Beifall bei der CDU/CSU sowie bei Abgeordneten der FDP)

Die Bekenntnisse zu Berlin haben Gewicht, und niemand ist unbeeindruckt von dem, was der Kollege Schäuble, der Kollege Thierse und der Kollege Brandt dazu gesagt haben. Aber es muß auch ein Hinweis auf die vielfach wechselnden **Hauptstädte in Deutschland** erlaubt sein. Jeder geschichtliche Abschnitt war zumindest mit einer, zum Teil auch mit mehreren Hauptstädten verbunden:

(Dr. Jürgen Rüttgers [CDU/CSU]: So ist es!)

von Aachen und den übrigen Kaiserpfalzen über die (D) mittelalterlichen Reichstagsorte, Frankfurt als Sitz der Bundesversammlung bis hin zu Berlin.

Es gibt auch keinen Widerspruch zwischen historischer Kontinuität und neuer Tradition; denn das wiedervereinigte Deutschland 1990 umschließt eine Vielzahl historischer Vermächtnisse und neu begründeter Traditionen. Es ist nicht kleinkariert, meine Damen und Herren, wenn man sagt, daß neben der historischen Dimension auch die **Funktionsfähigkeit** der Regierung und der Verwaltung und die **Finanzierbarkeit** aller Maßnahmen in den nächsten zehn Jahren hier in der Diskussion eine Rolle spielen müssen.

(Beifall bei Abgeordneten der CDU/CSU und der SPD)

Ich habe mich hier nicht zum Apologeten irgendwelcher grob **geschätzter Zahlen** gemacht. Es war auch nicht möglich, als **Finanzminister** von mir aus, ohne daß die Regierung als Ganzes dazu Stellung genommen hätte, diese Diskussion zu bestimmen; das wäre nicht fair und nicht gut gewesen. Dennoch kommt niemand daran vorbei, daß es Zahlenschätzungen in der Größenordnung von 30 bis 40 Milliarden DM gibt. Andere sprechen davon, daß es im Zeithorizont das Doppelte oder noch mehr sein wird. Dann bin ich verpflichtet, darüber nachzudenken, ob es richtig ist, in anderen Bereichen zu dieser oder jener Frage nein zu sagen, zu dieser oder jener Hilfe im sozialpolitischen Bereich nein zu sagen oder für diese oder jene Sanierung nicht die notwendigen Mittel zu geben, während auf der anderen Seite so kostenträchtige Entscheidungen fallen.

Dr. Theodor Waigel

Meine Damen und Herren, ich habe über die Notwendigkeit der Funktionsfähigkeit der Verwaltung das Nötige gesagt. Wir sollten auch jetzt noch versuchen, Chancen für die Erprobung einer örtlichen **Trennung von Verfassungsorganen** zu nutzen. Bundespräsident und Bundesrat, obwohl wir hier über den Bundesrat nicht zu verfügen haben, könnten kurzfristig nach Berlin umziehen. Das wäre ein wichtiges Zeichen, das schnell und nicht erst in einer Zeitachse von 10 oder 15 Jahren gesetzt werden könnte.

(Beifall bei Abgeordneten der CDU/CSU)

Dazu gehört selbstverständlich auch, daß der Reichstag funktionsfähig ausgebaut werden muß und daß bedeutsame Sitzungen in Berlin stattzufinden haben.

Meine Damen und Herren, es muß hier auch die Rolle des **Föderalismus** gesehen werden. Ein gefestigter Föderalismus ist für die Bundesrepublik Deutschland unverzichtbar. Wir müssen die Vielfalt der Ballungsräume und der Zentren sehen und entwickeln. Wir wollen nicht nur eine Metropole, wie es in anderen Ländern der Fall ist.

Vizepräsident Dieter-Julius Cronenberg: Herr Abgeordneter Waigel, Sie haben soeben dankenswerterweise darauf hingewiesen, daß Sie nicht in Ihrer Funktion als Bundesminister sprechen. Umso leichter fällt es mir, nun darauf hinzuweisen, daß Sie die Redezeit, die Ihnen zugemessen worden ist, auch einhalten müssen.

(Heiterkeit bei der CDU/CSU)

Dr. Theodor Waigel (CDU/CSU): Ich bedanke mich sehr, Herr Präsident, für den Hinweis. Bei dieser Frage übersieht man mitunter Redezeitbegrenzungen. Ich gebe das gerne zu.

Trotz vieler Bedenken sage ich in der ersten Abstimmung ja zu dem Vorschlag des Kollegen Geißler, weil er nichts verbaut.

(Beifall bei Abgeordneten der CDU/CSU)

Wenn er abgelehnt wird, spreche ich mich für die „Bundesstaatslösung" in Drucksache 12/814 aus,

(Beifall bei Abgeordneten der CDU/CSU und der FDP)

weil damit sichergestellt ist, daß zwei Verfassungsorgane sogleich ihren Sitz in Berlin nehmen können.

Wir stehen heute bei dieser Entscheidung vor der Frage: Was ist ethisch verantwortliches Handeln in der Politik? Ich als Abgeordneter, als Parteivorsitzender und auch als Finanzminister halte mich an das, was der Münchener Philosoph Spaemann dazu sagt: „Ethisch verantwortliches Handeln in der Politik heißt, das bonum commune sehen und unter gegebenen Umständen, die man sich nicht aussuchen kann, das unter diesen Umständen Bestmögliche und damit Richtige zu tun." — In dieser schwierigen Abwägungsfrage sprechen die gewichtigeren Gründe für die bundesstaatliche Lösung. Das heißt, auch danach alles zu tun, um zu einem Konsens in dieser Frage zu gelangen.

Ich danke Ihnen.

(Beifall bei Abgeordneten der CDU/CSU, der FDP und der SPD)

Vizepräsident Dieter-Julius Cronenberg: Das Wort hat der Abgeordnete Dr. Ullmann.

Dr. Wolfgang Ullmann (Bündnis 90/GRÜNE): Herr Präsident! Meine Damen und Herren! Wir, die deutschen und nicht deutschen Bürger und Bürgerinnen der um die im Herbst 1989 frei gewordenen Länder **vergrößerten Bundesrepublik,** wohnen seitdem in einem Lande, das im Westen an die Niederlande und Frankreich, im Osten an die Föderierte Republik der Tschechen und Slowaken und an die Republik Polen grenzt. So steht es demnach um unsere eigene **Geschichte.**

Sie füllt die Epochen aus zwischen jenem Befreiungskampf der Niederlande, in dem Glaubensfreiheit politische Befreiung ermöglichte, zwischen jener Revolution in Frankreich, in der Menschenrechte nationale Bürgerrechte begründeten, und jenem östlichen Mitteleuropa, das im Prag von 1348 seinen Eintritt in die Universitas jener Lehrenden und Lernenden vollzog, die Europa seit dem 12. Jahrhundert in den Entstehungsort einer neuen Art, einer revolutionären Art von Gesellschaft verwandelt hatte, eine Verwandlung, die Osteuropa ergriff, als sich Polen 1793 als erstes nicht-französisches Land Europas eine geschriebene Verfassung gab.

Wie irren diejenigen, die glauben, **Berlin** sei 1871 deutsche **Hauptstadt** geworden! Berlin wurde dies zwischen 1806 und 1810, als dort nach dem Ende des mittelalterlichen Reiches — das, Herr Abgeordneter Waigel, niemals eine Hauptstadt besessen hat, auch nicht Aachen; dazu hätten die Römer etwas zu sagen gehabt — und dem Zusammenbruch des Absolutismus in Preußen diejenigen zusammentrafen, die verstanden hatten, daß erstmalig wieder das politische die zentrale Aufgabe aller Wissenschaft geworden war. Weil die Gründung der Berliner Universität die authentische Antwort auf diese Veränderung der politischen Landkarte war, saßen die Osteuropäer Cieskowsky, Kirejewski, Bakunin, Herzen und andere in den Hörsälen Schleiermachers, Hegels und Schellings, um in den neu eröffneten Diskurs der Völker über ihre Freiheit einzutreten.

Das und nichts anderes ist der Anlaß dafür, warum der Deutsche Bundestag, das Parlament der Bürgerinnen und Bürger aller deutschen Länder, heute vor der Aufgabe steht, die Konsequenzen daraus zu ziehen, daß nunmehr endgültig aus der ehemaligen **Reichshauptstadt** die **Bundeshauptstadt Berlin** geworden ist. In Berlin endete am Abend des 20. Juli 1944 der letzte Versuch des deutschen Volkes, sich aus eigenen Kräften vom schlimmsten Tyrannen seiner Geschichte zu befreien, von demjenigen, der nach Mordversuchen an anderen Völker das eigene in seinen Selbstmord hineinziehen wollte. In Berlin wehte im April 1945 die Flagge der siegreichen Sowjetunion, Zeichen dafür, daß dem irregeleiteten deutschen Volk nur noch durch die Niederlage zu helfen war. In Berlin wehten schließlich die Flaggen der Anti-Hitler-Koalition, weil nur die Weltmacht Demokratie die Deutschen befreien konnte, jene Weltmacht, die in Nordamerika

Dr. Wolfgang Ullmann

(A) begründet und in Frankreich den alten Kontinent erfassend die Geschichte der Neuzeit zur Geschichte der Befreiung, der Emanzipation werden ließ.

In Berlin schließlich endete der letzte Versuch auf deutschem Boden, Demokratie durch Diktatur zu ersetzen. Er endete, als am 4. November 1989 diese Diktatur auf dem Alexanderplatz erschüttert und am 9. November 1989 auf der Bornholmer Straße ihres Mauerregimes beraubt wurde.

(Beifall bei Abgeordneten des Bündnisses 90/GRÜNE, der SPD und der CDU/CSU)

All das geschah, und es geschah, wie es geschehen ist, weil alle Versuche, Berlin aus der deutschen Hauptstadt in die Hauptstadt der DDR zu verwandeln, diese Stadt von den übrigen Teilen Deutschlands, seinen Ländern und Menschen zu trennen, am Widerstand der Berliner seit Juni 1953, an der gemeinsamen Überzeugung der deutschen und nicht deutschen Mitbürger und Mitbürgerinnen und am ebenso selbstverständlichen wie demonstrativen Beistand der freien Welt gescheitert sind.

(Beifall beim Bündnis 90/GRÜNE und bei der SPD sowie bei Abgeordneten der CDU/CSU)

Die Luftbrücke vom August 1948 bis Sommer 1949 wird für immer an diesen Beistand erinnern, eines der wenigen Symbole, die sich vom blutrünstigen Horizont des Wolfsjahrhunderts leuchtend abheben. Aber so war es: Als Ernst Reuter am 9. September 1948 auf der Massenkundgebung vor dem Reichstag an die Völker der Welt appellierte, nach Berlin zu schauen,

(B) da blieb sein Ruf nicht ungehört. Sie haben nicht nur nach Berlin geschaut, sondern sie sind hingekommen, um wie John F. Kennedy zu demonstrieren, daß man, wenn es um Freiheit und Demokratie geht, nicht nur in deutschen Landen Berliner sein muß.

Der Deutsche Bundestag schickt sich heute an, hieraus die Konsequenzen zu ziehen. Er tut es auf klaren völkerrechtlichen, staats- und verfassungsrechtlichen Grundlagen. Art. 7 des Zwei-plus-Vier-Vertrages vom 12. September 1990 stellt das Ende der Viermächteverantwortung für Berlin fest. Damit aber wurde es möglich, jenen Bundestagsbeschluß, der schon zitiert wurde, zu realisieren, daß der Sitz der leitenden Bundesorgane nach Berlin, in die Hauptstadt Deutschlands, zu verlegen sei.

Vizepräsident Dieter-Julius Cronenberg: Herr Abgeordneter Ullmann, entschuldigen Sie bitte, wenn ich Sie unterbreche. Der Abgeordnete Dr. Briefs möchte gerne eine Zwischenfrage stellen. Sind Sie damit einverstanden?

(Zuruf von der CDU/CSU: Gibt es doch nicht!)

Dr. Wolfgang Ullmann (Bündnis 90/GRÜNE): Ja, bitte.

Vizepräsident Dieter-Julius Cronenberg: Bitte sehr.

Dr. Ulrich Briefs (PDS/Linke Liste): Danke Herr Kollege Ullmann. Ich habe extra bis zu diesem Punkt

(C) gewartet, weil ich Sie fragen möchte, ob es Zufall ist, daß Sie in der Darstellung der historischen Funktion Berlins kein Wort über die **Hauptstadtfunktion Berlins in der Zeit von 1933 bis 1945** gesagt haben.

(Dr. Karl-Heinz Hornhues [CDU/CSU]: Billiger Jakob!)

Dr. Wolfgang Ullmann (Bündnis 90/GRÜNE): Das ist sehr wohl überlegt. Was da geschehen ist, ist bekannt. Was ich hier in den Mittelpunkt zu stellen hatte, ist sehr viel weniger bekannt.

(Beifall bei Abgeordneten des Bündnisses 90/GRÜNE, der SPD und der CDU/CSU)

Das gleiche gilt für die **Berlin-Erklärung,** die am 26. Mai 1952 im Zusammenhang mit dem Deutschland-Vertrag abgegeben wurde. Sie begründet die besonderen Verpflichtungen des Bundes gegenüber Berlin mit der besonderen Rolle, die Berlin für eine Selbstbehauptung der freien Welt gespielt hat und ferner zu spielen berufen ist, und vor allem damit, daß Berlin bestimmt ist, die Hauptstadt eines freien und wiedervereinigten Deutschland zu werden. Ich stehe nicht an, hierauf **Leitsatz 4 des Bundesverfassungsgerichtsurteils** vom 31. Juli 1973 anzuwenden, wonach kein Verfassungsorgan der Bundesrepublik es aufgeben darf, auf die Erreichung des Zieles der Einheit hinzuwirken, und alles zu unterlassen hat, was die Wiedervereinigung vereiteln würde.

Was bedeutet das für **Bonn,** die Stadt und die Be- (D) wohner der ganzen Region? Es bedeutet für sie, daß gerade sie am besten verstehen können, was jetzt in der dereinstigen DDR an politischen, sozialen und biographischen Veränderungen vorgeht. Nichts bleibt so, wie es einmal war. Ein neues Zeitalter hat begonnen, eines, das unsere kühnsten Phantasien sich nicht ausdenken konnten. Wir haben keine Alternativen, auch nicht dazu, alle Geburtswehen dieses lebensnotwendigen Neuanfangs auszuhalten.

Und dessen darf man hier am Rhein gewiß sein: Nicht mehr aufzulöschen aus der deutschen Geschichte ist, was von hier aus für eine neue, nicht mehr feindselige **Nachbarschaft zwischen Frankreich und Deutschland** getan und damit für die **europäische Integration** geleistet worden ist. Welche institutionellen Konsequenzen das im Fortgang des europäischen Einigungsprozesses haben wird, ist noch gar nicht absehbar. Aber das es solche Konsequenzen haben wird, kann als gewiß vorausgesetzt werden.

Ich habe Sie gestern, meine Damen und Herren, darauf aufmerksam gemacht, welche Konsequenzen Ihre Ablehnung des Gesetzentwurfes zum Volksentscheid haben würde. Dieses Parlament hat nun die alleinige Verantwortung dafür übernommen, wie jener Art. 146 Abs. 2 unserer **Verfassung** aussehen wird, in dem es um **Parlaments- und Regierungssitz** nach der deutschen Vereinigung geht. Ob er in der geschriebenen Verfassung steht oder nicht, er wird jedenfalls ein Teil unserer Verfassungswirklichkeit sein. Von Ihnen aber hängt es ab, ob dieser Artikel nun nach der militärischen auch die politische und kulturelle Mauer abträgt und damit beiträgt, die Mauer in den Köpfen zu beseitigen. Wir alle wissen

Dr. Wolfgang Ullmann

darum, meine Damen und Herren, daß von der heutigen Abstimmung sehr viel für die künftige Glaubwürdigkeit dieses Hohen Hauses abhängt.

Ich danke Ihnen.

(Beifall beim Bündnis 90/GRÜNE sowie bei Abgeordneten der CDU/CSU, der SPD, der FDP und der PDS/Linke Liste)

Vizepräsident Dieter-Julius Cronenberg: Das Wort hat der Abgeordnete Eppelmann.

Rainer Eppelmann (CDU/CSU): Herr Präsident! Meine Damen und Herren! Als Ostdeutscher und Berliner möchte ich hier zunächst mit einem Wort des Dankes an Bonn beginnen, das für mich als Symbol für die alte Bundesrepublik steht. Der **Dank** gilt dafür, daß es über Jahre in **Bonn** verantwortliche Politiker gegeben hat, die die Menschen in der DDR nicht aus den Augen verloren haben und die am Auftrag der Verfassung, die deutsche Einheit wiederherzustellen, festgehalten haben. Dieser Dank gilt aber auch für das Grundgesetz und den Rechtsstaat, den wir 16 Millionen Ostdeutsche hauptsächlich geschenkt bekommen haben. Der Dank gilt aber auch für den guten Ruf, den uns Bonn in Europa und in der Welt in den letzten Jahren eingebracht hat und der mit dazu beigetragen hat, daß es 1990 in Europa kein einziges Land gegeben hat, das uns die Wiedervereinigung nicht gegönnt hat. Darum nochmals danke.

(Beifall bei Abgeordneten der CDU/CSU, der FDP, der SPD und des Bündnisses 90/GRÜNE)

Doch nun zu unserer heutigen Aufgabe. Wir stehen vor dem Problem, das Werk der Vereinigung der beiden deutschen Staaten, das Werk der Vereinigung der beiden Teile unseres Volkes fortzusetzen. Es geht darum, eine historisch und politisch glaubwürdige Entscheidung zu treffen, die zugleich sozial verträglich und — Sie entschuldigen, wenn ich das einführe — moralisch ist. Denn auch wir hier haben einen guten Ruf zu verlieren. Ich habe einige Reden von **Bundeskanzler Kohl** in den letzten Monaten gehört, und ich meine, mich richtig zu erinnern, daß er für eine Aussage in seinen Reden immer wieder den lautesten, den ehrlichsten und den längsten Beifall bekommen hat, nämlich für den Satz: Ich brauche keine meiner deutschlandpolitischen Reden von gestern heute umzuschreiben.

(Beifall bei Abgeordneten der CDU/CSU und der FDP)

Das sollte, liebe Kolleginnen und Kollegen, was politische Glaubwürdigkeit angeht, auch heute unser Grundanliegen sein. Das heißt, das, was bundesrepublikanische Politiker gemäß dem Auftrag der Verfassung über Jahre gedacht, gesagt und geschrieben haben, muß nun unter veränderter politischer Situation im vereinten Deutschland Wirklichkeit werden, denn auch wir könnten unseren guten Ruf verlieren.

Jede „Entweder-Berlin-oder-Bonn-Entscheidung" brächte viele Gewinner, aber auch viele Verlierer. Im Prozeß der deutschen Vereinigung darf es meiner Meinung aber nicht dazu kommen, daß sich fast 50 % der Deutschen morgen oder heute abend als Verlierer fühlen.

(Beifall bei Abgeordneten der CDU/CSU)

Darum bin ich ausgesprochen erfreut darüber, daß heute tatsächlich ein echter **Kompromiß** auf dem Tisch liegt, der unsere Zustimmung verdient, weil er verbinden will, und der auch den gegebenen Versprechen entspricht.

Es darf hier, liebe Kolleginnen und Kollegen, heute keine Entscheidung gegen Berlin geben. Darum tragen Sie mit Ihrer Abstimmung auch dazu bei, daß die **moralische Glaubwürdigkeit** des Deutschen Bundestages erhalten bleibt! Kein Mensch in diesem Land darf heute abend auf den Gedanken kommen, wir hätten 40 Jahre lang wie die jungen Männer gehandelt, die ihrer schönen Freundin die Ehe versprochen haben, um sie ins Bett zuziehen, und sich dann, nachdem sie die Freundin da hatten, an das Eheversprechen nicht mehr erinnern können.

(Heiterkeit und Beifall bei Abgeordneten der CDU/CSU — Dr. Hans-Jochen Vogel [SPD]: 40 Jahre!)

Sollte dieser Konsensantrag Berlin/Bonn unter uns aber keine Mehrheit finden, kann nur der Berlin-Vorschlag Ihre Zustimmung finden. Der heutige Vorschlag der Berlin-Befürworter ist nicht mehr die Formulierung, die vor Wochen auf den Tisch gepackt worden ist; in diesem Vorschlag ist tatsächlich das Bemühen um Verständigung und Aufeinander-Zugehen zu sehen.

(Beifall bei Abgeordneten der CDU/CSU und der SPD)

Achten Sie auf die Abschnitte 4, 5 und 6. Der jetzige Vorschlag ist ein Kompromiß, dem man zustimmen sollte, wenn man dem ersten Kompromiß der Berlin/Bonn-Formulierung nicht zustimmen kann.

Danke.

(Beifall bei Abgeordneten der CDU/CSU)

Vizepräsident Dieter-Julius Cronenberg: Ich erteile dem Abgeordneten Dr. Glotz das Wort.

Dr. Peter Glotz (SPD): Herr Präsident! Meine sehr verehrten Damen und Herren! Hundertmal — auch heute vielmals — ist von bedeutenden Zeitgenossen gesagt worden, die **Entscheidung für Berlin** bedeute keinen **Zentralisierungsschub,** der Föderalismus stehe nicht in Frage. Ich bekenne, daß ich diese Beteuerungen für falsch halte.

(Beifall bei Abgeordneten der SPD — Jochen Feilcke [CDU/CSU]: Als Berliner Senator!)

Wer den Parlaments- und Regierungssitz in eine Metropole und dann noch in die größte des Landes legt, der organisiert einen Sog in diese Stadt, und der will auch einen Sog in diese Stadt organisieren.

(Beifall bei Abgeordneten der SPD, der CDU/CSU und der FDP)

Meine Damen und Herren, Berlin ist schon jetzt eine wunderbare Stadt. Wenn auch noch die Entscheidungen und das Zeremoniell der Demokratie von Berlin ausgehen, dann wird die Bedeutung der Landes-

Dr. Peter Glotz

hauptstädte heruntergedrückt. Das darf kein Föderalist riskieren; das darf kein Föderalist wollen.

(Beifall bei Abgeordneten der SPD und der CDU/CSU)

Ich halte die Beispiele von Paris und Madrid, die der Kollege Brandt hier gebraucht hat, für eher erschreckend, weil Lyon und Barcelona neben Paris und Madrid eine viel zu geringe Rolle spielen. Auch wenn in einer Reihe von Landeshauptstädten und Landesparlamenten, meine Herren Ministerpräsidenten, noch nicht begriffen worden sein sollte, daß in der Tat das Herabdrücken der Landeshauptstädte droht, kann ich eine solche Entscheidung für mich jedenfalls nicht akzeptieren.

(Beifall bei Abgeordneten der SPD, der CDU/CSU und der FDP — Zurufe)

— Es rufen hier einige dazwischen. Ich möchte Ihnen ein Zitat zugänglich machen, das von dem großen deutschen Philosophen **Helmuth Plessner** stammt, der viele Jahrzehnte in Göttingen gelebt hat. Er schildert, was nach der Reichsgründung, 1871, passiert ist:

Die Residenzstädte hatten ihre Rolle ausgespielt. Dresden und München, Darmstadt und Weimar konnten ihre modernen Ansätze — Brücke und Blauer Reiter, Mathildenhöhe und van de Velde — gegen die Anziehungskraft Berliner Möglichkeiten nicht mehr weiterentwickeln.

Eine solche Entwicklung dürfen wir unter keinen Umständen noch einmal anstoßen.

(Beifall bei Abgeordneten der SPD, der CDU/CSU und der FDP)

Der deutsche **Föderalismus** hat im übrigen seine Entsprechung im europäischen. Die Bundesländer kämpfen, viele der anwesenden Ministerpräsidenten kämpfen um ein Mitwirkungsrecht der Länder bei der Legislatur, um eine zweite regionale Kammer. Dahinter steht die Vision eines **Europas der Regionen.**

Meine Damen und Herren, ich räume ein: Hinter diesem Europa der Regionen steht eine supranationale Europa-Idee, die von Jean Monnet, die von Konrad Adenauer, auch die bedeutender Sozialdemokraten wie Waldemar von Knoeringen. Das wäre in der Tat ein Europa mit einem supranationalen Entscheidungszentrum und vielen Hauptstädten.

Die Verlagerung des Regierungssitzes von Bonn nach Berlin würde dieser historischen Tendenz, die sich allerdings nicht naturwüchsig einstellt, sondern die man wollen muß, für die man kämpfen muß, nicht entsprechen, sondern widersprechen.

An dieser Stelle möchte ich mich an Sie persönlich wenden, Herr Bundeskanzler. Im parlamentarischen Alltag wird ja viel hin- und her gehöhnt. Wir Sozialdemokraten haben Ihnen häufig mit einer gewissen Häme das Etikett vom Enkel Adenauers vorgehalten. Mir geht heute kein Ton der Häme über die Lippen. Ich weiß, daß Sie ein regionalistisch verwurzelter Europäer und kein Nationalist sind. Ich muß auch zugestehen, daß Sie auf dem Weg nach Europa einiges erreicht haben.

(Beifall bei Abgeordneten der SPD, der CDU/CSU und der FDP)

Aber bitte, Herr Bundeskanzler, machen Sie sich klar: Mit dem **Votum für Berlin** schwenken Sie ab zum **Europa der Vaterländer.** Vielleicht ist es in dieser Debatte erlaubt, über die Parteigrenzen hinweg und, so wie Sie es sagen würden, als eingefleischter Sozialdemokrat Ihnen zu sagen: Bewahren Sie die **supranationale Europa-Idee Konrad Adenauers.** Sie ist das wichtigste Erbe dieses großen Politikers.

(Beifall bei Abgeordneten der SPD, der CDU/CSU und der FDP)

Damit bin ich bei der symbolischen Debatte und bei zwei Stellen dieser Debatte, die mich sehr bewegt haben, deren Pathos ich aber nicht akzeptiere. Herr Kollege Schäuble, ich bin um die Zukunft Deutschlands ebenso besorgt und kämpfe um sie, wie Sie — ich nehme an, alle in diesem Haus — das tun. Aber man sollte die Zukunft Deutschlands nicht mit einer noch so wichtigen Einzelentscheidung in Verbindung bringen.

(Beifall bei Abgeordneten der SPD, der CDU/CSU und der FDP)

Wer Vichy und Bonn in einem Atemzug nennt, sollte einen großen Unterschied nicht vergessen: In den vier Jahren Vichy war die beherrschende Figur Pétain, in den 40 Jahren Bonn waren die beherrschenden Figuren Konrad Adenauer und Willy Brandt.

(Beifall bei Abgeordneten der SPD und der CDU/CSU)

Bonn ist für mich — weil Sie von Symbolen reden — das **Symbol des Neuanfangs,** eines notwendigerweise unprätentiösen, manchmal armseligen Neuanfangs aus den Trümmern. Ich beschwöre Sie, meine Kolleginnen und Kollegen, daß wir uns gemeinsam zu dem bekennen, was uns doch wahrscheinlich allen wirklich gemeinsam ist, daß nämlich nach den Katastrophen der deutschen Geschichte im 20. Jahrhundert ein Neuanfang notwendig war und daß Bonn das Symbol dieses Neuanfanges ist.

(Beifall bei Abgeordneten der SPD, der CDU/CSU und der FDP)

Das Argument, das inzwischen zu einer Legende erstarrt, lautet: Wir werden unglaubwürdig. — Kollege Brandt hat es in die zwei wirksamen Worte gekleidet: Wort halten!

Meine Damen und Herren, natürlich gab es ganz selbstverständliche **Versprechungen** von allen Seiten der Politik in den vierziger und fünfziger Jahren. Es gab auch Lippenbekenntnisse danach. Aber ich möchte zuerst sagen: Was 1949 selbstverständlich war, kann 1991 unter Umständen falsch sein.

(Zuruf von der CDU/CSU: Aber nicht 40 Jahre lang!)

Ich könnte gegen die Legende, die jetzt aufgebaut wird, 40 Jahre hätten alle das gleiche gesagt, z. B. eine Reihe von **Regierenden Bürgermeistern von Berlin** zitieren. Klaus Schütz entwickelte das Konzept von

Dr. Peter Glotz

der normalen Stadt West-Berlin. Eberhard Diepgen sagte am 26. Mai 1987: Berlin ist die Hauptstadt der deutschen Nation im Bereich der Kultur und Wissenschaften. Das ist wichtiger, als Sitz der Verwaltung und der Regierung zu sein. —

(Zuruf von der CDU/CSU: Das war aber auch ein anderer Zeitpunkt!)

Walter Momper sagte am 5. Oktober 1989: Mit dem Hauptstadtanspruch kann ich nichts anfangen. Wir wollen Metropole sein. — Ich zitiere das ohne jeden Unterton der Kritik.

(Lachen des Abg. Wolfgang Thierse [SPD] sowie bei Abgeordneten des Bündnisses 90/ GRÜNE)

— Man mußte, lieber Kollege Thierse, für die Wirklichkeit planen. Wir sollten uns wenigstens in dieser Debatte eingestehen, daß für Millionen von Deutschen die Wiedervereinigung für viele Jahre nicht zur Wirklichkeit gehört hat. Geben Sie das bitte zu; geben wir es gemeinsam zu.

(Beifall bei Abgeordneten der SPD und der FDP)

Ich will das einmal für mich zugeben, meine Damen und Herren: Als Axel Springer das große Haus seines Verlages an die Mauer gebaut hat, da haben ihn viele Deutsche und auch ich für einen Phantasten gehalten.

(Wolfgang Mischnick [FDP]: Das war falsch!)

Ich bin bereit, einzuräumen, daß Springers Hoffnung größer war als das, was ich für meinen Realismus gehalten habe.

(Beifall bei Abgeordneten der CDU/CSU und der FDP)

Aber ich bin nicht bereit, die Geschichtslegende zu akzeptieren, als hätten die Deutschen, verführt von Politikerreden, jahrzehntelang auf die Rückkehr der Regierung und des Parlaments nach Berlin gewartet.

Die Entscheidung für Berlin, Herr Kollege Vogel, hat konzeptionelles Gewicht. Die Moralisierung dieser Frage verrät unpräzises Denken

(Beifall bei Abgeordneten der SPD, der CDU/ CSU und der FDP)

und manchmal auch einen Hauch von Heuchelei.

(Widerspruch bei der CDU/CSU)

Lassen Sie mich zum Schluß kommen. Stilisieren wir uns nicht ins Einmalige. Wir treffen heute eine Entscheidung, wie sie häufiger getroffen worden ist, beispielsweise 1848, als die Entscheidung für Bern und gegen Zürich getroffen wurde. Ich sage es mit den Worten des Berlin-Befürworters **Klaus von Beyme:** Es gibt keine natürlichen Hauptstädte. Hauptstädte werden durch politische Entscheidungen geschaffen. — Das gleiche gilt für Regierungssitze.

(Beifall bei Abgeordneten der SPD und der CDU/CSU)

Mein letzter Satz lautet: Treffen wir heute die politische Entscheidung, daß jenes wunderbare Stück Eu-

ropa, das wir Deutschland nennen, weiterhin aus der Stadt regiert wird, aus der Konrad Adenauer die Brücke zum Westen und Willy Brandt die Brücke zum Osten schlug.

(Widerspruch bei Abgeordneten der FDP)

Bonn ist die Metapher für die zweite deutsche Republik. Bonn muß und soll Regierungs- und Parlamentssitz bleiben.

(Beifall bei Abgeordneten der SPD, der CDU/ CSU und der FDP)

Vizepräsident Dieter-Julius Cronenberg: Das Wort hat der Abgeordnete Dr. Helmut Kohl.

Dr. Helmut Kohl (CDU/CSU): Herr Präsident! Liebe Kolleginnen und Kollegen! Ich möchte mich hier zunächst bei all denen, die vor mir gesprochen haben, für die Art und Weise bedanken, wie sie es taten und wie sie damit eine Debatte im Hohen Hause ermöglichten, die in den letzten Wochen außerhalb des Hohen Hauses nicht immer in der gleichen Form und Fairneß der Auseinandersetzung geführt wurde. Wir alle empfinden, dies ist eine wichtige Entscheidung, aber ich hoffe, wir empfinden auch, daß es nicht die Entscheidung schlechthin über die Zukunft der deutschen Politik ist.

(Beifall bei der CDU/CSU sowie bei Abgeordneten der FDP und der SPD)

Es ist ganz verständlich und auch ganz richtig, daß diese Debatte mit dem Herzen und mit dem Verstand geführt wird und daß auch die Frage des Umgangs miteinander für uns eine Chance darstellt, politische Kultur praktizieren zu können.

Jeder von uns weiß auch, daß diese **Entscheidung** große **Auswirkungen auf Einzelschicksale** hat. Es ist nicht kleinmütig, und es ist schon gar nicht kümmerlich gedacht, wenn auch die soziale und die wirtschaftliche Dimension für die Betroffenen hier angesprochen wird.

(Beifall bei Abgeordneten der CDU/CSU, der FDP, der SPD und des Bündnisses 90/ GRÜNE)

Wer dies leugnen würde, liebe Kolleginnen und Kollegen, würde an der Wirklichkeit unseres Landes vorbei reden. Deswegen halte ich einen solchen Hinweis für berechtigt.

Folgendes will ich hier noch einmal vor meiner persönlichen Stellungnahme sagen: Ich hoffe, daß alle Kolleginnen und Kollegen wissen, daß — wie immer die Entscheidung ausgeht — wir mit unserer Entscheidung eine **Verpflichtung** für die Zeit danach **für die beiden in Frage stehenden Städte und Regionen** unseres Landes übernehmen.

(Beifall bei der CDU/CSU, der FDP, der SPD und beim Bündnis 90/GRÜNE)

Wir können diese Entscheidung nur guten Gewissens — jeder für sich allein — treffen, wenn wir uns auch dazu bekennen, daß diesen beiden Städten und Regionen dann unsere besondere Sorge zu gelten hat. Das muß auch dann gelten, wenn es ins Detail geht und schwierige Entscheidungen anstehen.

Dr. Helmut Kohl

Ich will mich bei den Kolleginnen und Kollegen bedanken, die sich ungeachtet des Wirbels in der öffentlichen Diskussion um einen **Kompromiß** bemüht haben. Ein Parlament muß entscheiden, aber es muß immer auch fähig sein, einen Kompromiß zu suchen.

Ich glaube nicht, daß der Kompromiß gelingt; aber ich füge hinzu: Es war wichtig und richtig, daß versucht wurde — und dafür bin ich dankbar —, einen Kompromiß zu finden.

(Beifall bei der CDU/CSU, der FDP und der SPD)

Herr Kollege Glotz, ich glaube nicht, daß wir hier den Begriff „moralisieren" einführen sollten. Es geht hier nicht um eine Legende, sondern es geht um die persönliche Entscheidung eines jeden Mitglieds des Deutschen Bundestags.

So hat die Öffentlichkeit Anspruch darauf, daß ich, der ich aus dem deutschen Südwesten stamme und seit über vierzig Jahren in meiner Partei politisch tätig bin und unserem Land in vielen Funktionen dienen durfte, heute ganz klar sage: Ich stimme für Berlin.

(Beifall bei Abgeordneten der CDU/CSU, der FDP, der SPD und des Bündnisses 90/ GRÜNE)

Es gibt viele Gründe; viele davon sind genannt worden; für mich persönlich will ich einige davon noch einmal nennen.

1947 bin ich mit 17 Jahren zum erstenmal in Berlin gewesen. Es war eine zerstörte Stadt. Wenn mich damals jemand gefragt hätte: Was ist die deutsche Hauptstadt?, wäre die Antwort keine Überlegung wert gewesen; ich hätte gesagt: Das ist selbstverständlich Berlin!

Mein Lebensweg hat mich oft nach Berlin geführt. Ich war wenige Tage nach dem 17. Juni 1953 dort. Wenn mich am 20. Juni 1953 jemand gefragt hätte: Was ist die deutsche Hauptstadt, und zwar im vollen Sinne des Wortes?, hätte ich gesagt: Berlin.

Im Juni 1987 stand ich mit Ronald Reagan vor dem Brandenburger Tor, als er rief: Herr Gorbatschow, öffnen Sie dieses Tor!

Wenn mich damals jemand gefragt hätte — es hat mich aber keiner gefragt —,

(Heiterkeit im ganzen Hause)

was die deutsche Hauptstadt sei, hätte ich gesagt: Berlin.

Ich stand mit den meisten von Ihnen in jener unvergeßlichen Nacht vom 2. auf den 3. Oktober 1990, als der Tag der deutschen Einheit um 0 Uhr gefeiert wurde, vor dem Reichstag, und mir war natürlich klar, daß ich für Berlin bin, und ich glaube, daß es für die meisten in dieser Nacht klar war. Das sind keine historischen Reminiszenzen, die man so einfach aus seiner Gefühlswelt zur Seite schiebt, sondern das ist die Erkenntnis, daß **Berlin Brennpunkt deutscher Teilung und der Sehnsucht nach deutscher Einheit** war.

Wenn ich dies sage, ist doch überhaupt nichts gegen **Bonn** gesagt. Wir alle verdanken dieser großartigen Stadt sehr viel, die nicht erst seit 1948/49 — das will ich bei dieser Gelegenheit auch einmal sagen —, sondern schon vorher ihren eigenen Platz in der deutschen Geistesgeschichte hatte. Ich will das hier nicht näher ausführen.

Aber mit Bonn ist immer die **Gründung der zweiten Demokratie** auf deutschem Boden verbunden. Herr Glotz, Sie haben ganz recht: Mit Bonn ist immer der zweite Versuch der Deutschen verbunden — aller demokratisch gesonnenen Deutschen, die guten Willens waren und sind —, wieder Demokratie zu wagen. Aber ich kann darin keinen Gegensatz zu dem erkennen, was ich zuvor gesagt habe: Mein voller Respekt, meine Sympathie, meine Zuneigung für das, was ich hier in Bonn in Jahrzehnten selbst erleben durfte, sind ganz selbstverständlich, und ich will es noch einmal deutlich ausdrücken.

Aber für mich ist **Berlin** eben auch immer die **Chance zur Überwindung der Teilung** gewesen. Ich bin sicher — ich wage diese Behauptung, die sicher von anderen angefochten wird —, ohne dieses Berlin der letzten vier Jahrzehnte und ohne das, was Berlin und übrigens auch die Berliner für uns bedeutet haben, wäre die deutsche Einheit nicht möglich gewesen.

(Beifall bei der CDU/CSU und der FDP sowie bei Abgeordneten der SPD und des Bündnisses 90/GRÜNE)

Auch das kann man nicht einfach wegtun, nicht nur weil wir in unseren Reden gesprochen haben — auch ich —, sondern weil unsere Landsleute in der früheren DDR — in den neuen Bundesländern, wie wir jetzt sagen — bei dem, was sie dachten, was sie empfanden, was sie spürten — übrigens auch bei all ihrem Ärger gegenüber dem Berlin Walter Ulbrichts, was ebenfalls in dieses Bild gehört —, natürlich das Berlin vor Augen hatten, das Hauptstadt eines freien, friedlichen und geeinten Deutschland sein würde. Auch deswegen bin ich für die Hauptstadt Berlin; im vollen Sinne des Wortes.

Herr Glotz, Sie haben eine wichtige Frage angesprochen, und ich bin dafür dankbar. Daß Sie mich dabei in eine nahe Verwandtschaft zu **Konrad Adenauer** stellen, ehrt mich — und Sie auch.

(Beifall bei Abgeordneten der CDU/CSU)

Jeder weiß, daß ich ein leidenschaftlicher Europäer bin, und jeder weiß auch — ich hoffe, das bezweifelt niemand —, daß ich das, was ich tun kann, damit wir in diesem Jahrzehnt den Durchbruch zur politischen Einigung sowie zur wirtschaftlichen und sozialen Einigung Europas erreichen, auch tun werde. Ich möchte erreichen, daß wir in den nächsten drei, vier, fünf Jahren den Prozeß in Richtung auf den Bau, wie es Churchill in seiner Züricher Rede genannt hat, der „Vereinigten Staaten von Europa", unumkehrbar machen. Dabei weiß ich natürlich auch, daß ein solches **vereintes Europa** nicht vergleichbar sein wird mit den Vereinigten Staaten von Amerika. Wir werden in diesem vereinten Europa genauso wie bisher Franzosen, Deutsche, Briten und Italiener sein. Europa ist von sprachlich-kultureller Vielfalt geprägt — von der Tradition des Abendlandes aus Christentum, aus Aufklärung, aus Humanismus.

Dr. Helmut Kohl

(A) Aber dieses Europa muß ein Europa sein, das mehr ist als das Europa der Zwölf von heute, der EG von heute.

(Beifall bei der CDU/CSU und der FDP sowie bei Abgeordneten der SPD und des Bündnisses 90/GRÜNE)

Wenn dieses Europa bliebe, was die EG heute ist — selbst wenn wir von einer politisch geeinten Europäischen Gemeinschaft ausgehen —, wäre es nicht unser Europa. Zu unserem Europa gehört **Nordeuropa.** Als mich in der letzten Woche Ministerpräsident Carlsson anrief und mir mitteilte, daß Schweden den Beitrittsantrag stellen werde, sagte ich ihm: Wir, die Deutschen, werden Sie unterstützen. — Wenn, wie ich hoffe, in den Jahren, die vor uns liegen, Norwegen oder gar Finnland eine solche Entscheidung treffen sollten, werden wir sie unterstützen.

(Beifall bei der CDU/CSU und der FDP sowie bei Abgeordneten der SPD und des Bündnisses 90/GRÜNE)

Aber — das habe ich am Montag bei der Unterzeichnung des deutsch-polnischen Vertrages gesagt — es ist unser Wunsch — ein ganz wesentlicher Wunsch —, daß die **Reformstaaten in der östlichen Nachbarschaft,** daß auch die CSFR, Polen und Ungarn den Weg zu diesem Europa finden.

(Beifall bei der CDU/CSU, der FDP, der SPD und dem Bündnis 90/GRÜNE)

Sehen Sie, Herr Glotz, dann ist Berlin eben nicht in einer Randlage, sondern hat eine geopolitisch wichtige, zentrale Funktion.

(B) (Beifall bei Abgeordneten der CDU/CSU und der FDP)

Das ist der Grund, warum ich glaube, daß Berlin auch im Jahr 2000 oder 2005, wenn sich das Bild des neuen Europa gerundet haben wird, ein guter Standort ist, und deswegen stimme ich für Berlin.

(Lebhafter Beifall bei Abgeordneten der CDU/CSU, der FDP, der SPD und des Bündnisses 90/GRÜNE)

Vizepräsident Dieter-Julius Cronenberg: Das Wort hat der Abgeordnete Dr. Pflüger.

Dr. Friedbert Pflüger (CDU/CSU): Herr Präsident! Meine sehr verehrten Damen und Herren! Ich finde, der Bundeskanzler hat mit seiner Bemerkung völlig recht gehabt: Ohne **Berlin** wäre die **Vereinigung** nicht möglich gewesen. Aber ich glaube, man muß auch hinzufügen: Ohne die von **Bonn** ausgehende **West- und Ostpolitik** Adenauers, Brandts und Kohls wäre sie ebenfalls nicht möglich gewesen.

(Beifall bei Abgeordneten der CDU/CSU, der FDP und der SPD)

Berlin ist meine Lieblingsstadt:

(Zurufe: Ach ja? — Und?)

offen, bunt, international, spannend. Ich habe keine Angst vor der Größe der Stadt. Meine Frau arbeitet in Berlin. Was läge also näher, als dort hinzuziehen?

(Vereinzeltes Lachen)

Nein, Herr Kollege Brandt, es geht nicht darum, daß wir (C) aus Bequemlichkeit nicht umziehen wollten, sondern es geht um Politik, es geht um wesentliche politische Entscheidungen, und jeder Kollege hier entscheidet nicht mit Blick auf seinen Wahlkreis, entscheidet nicht aus seinen persönlichen Interessen oder Vorlieben heraus, sondern auf der Grundlage ganz klarer politischer Argumente.

(Beifall bei Abgeordneten der CDU/CSU, der FDP und der SPD)

Ich bin **für Bonn, aber nicht gegen Berlin.** Und ich bitte doch diejenigen der Berlin-Befürworter, die für ihre Position besonders engagiert streiten, sehr herzlich darum, die Bonn-Befürworter nicht in die Ecke von Verrätern an der Sache Berlins und an der Sache Deutschlands zu stellen.

(Beifall bei Abgeordneten der CDU/CSU, der FDP und der SPD)

Ich glaube, daß sich die Berlin-Befürworter keinen Gefallen erweisen, wenn sie aus Freunden Bonns Feinde Berlins machen.

(Peter Kittelmann [CDU/CSU]: Das tut ja auch keiner!)

Gerade weil ich Berlin kenne, bin ich tief davon überzeugt, daß die Stadt eine große Zukunft vor sich hat, ganz gleich, welche Entscheidung wir heute treffen. **Berlins Aufgabe** steht doch schon fest: Berlin wird Motor des demokratischen, sozialen, wirtschaftlichen und ökologischen Aufbaus Mittel- und Osteuropas, vor allem aber der neuen Bundesländer.

(Zuruf von der CDU/CSU: Sehr richtig!) (D)

Berlin und Ostdeutschland gehören zusammen. Wie eh und je ist Berlin der Ort, an dem sich die Probleme und Chancen Deutschlands wie in einem Brennpunkt bündeln.

Es ist wahr, Herr Thierse: Wir alle müssen uns noch stärker als bisher den **Menschen in Ostdeutschland** zuwenden. Dabei können wir auch viel von Berlin lernen; denn dort ist man den Menschen am nächsten. Aber müssen wir deshalb wirklich umziehen? Wenn dem so wäre, stünde es schlimm für die neuen Länder; denn ein Umzug würde länger dauern, als die Probleme es zulassen.

(Beifall bei Abgeordneten der CDU/CSU, der FDP und der SPD)

Man mag argumentieren, daß eine Entscheidung für den Umzug an die Spree eine gewisse symbolische Bedeutung hat; ein Ersatz für mehr Zuwendung ist sie nicht.

(Zustimmung bei Abgeordneten der CDU/CSU, der FDP und der SPD)

Ob uns der rasche **Aufbau im Osten** gelingt, ist eine Frage politischer Weichenstellungen, nicht aber des Regierungs- und Parlamentssitzes.

(Dr. Wolfgang Ullmann [Bündnis 90/GRÜNE]: Ach, das ist keine Weichenstellung?)

Ich erlaube mir, Ihre Aufmerksamkeit auf einige Argumente zu lenken, die nach meinem Urteil in besonderer Weise jüngere Leute bewegen: Niemand be-

Dr. Friedbert Pflüger

(A) streitet, daß **Berlin** nach dem Krieg zum **Symbol der Freiheit** wurde. Seit der Luftbrücke haben die Berliner immer wieder für Menschenrechte gekämpft — unter großen Opfern.

Mein **politisches Vaterland** aber ist die **Bonner Demokratie**. Seit 1949 haben wir eine demokratische Geschichte, nämlich die Geschichte dieser Bonner Demokratie. Ich habe unser Parlament lieber im Bundestag als im Reichstag und unseren Bundeskanzler lieber im schmucklosen Bau hinter der Moore-Plastik als im Kronzprinzenpalais Unter den Linden.

(Beifall bei Abgeordneten der CDU/CSU, der FDP und der SPD)

Zur Bonner Demokratie gehört das **Bekenntnis zu Europa**. Es ist unsinnig zu behaupten, eine Entscheidung für Berlin sei ein Zeichen für die Abwendung der Deutschen von Europa.

(Zuruf vom Bündnis 90/GRÜNE: Hat kein Mensch behauptet!)

Aber ist es wirklich notwendig, daß wir uns kurz vor der Vollendung des europäischen Binnenmarktes auf eine gewaltige Kraftanstrengung für einen deutschen Regierungssitz einlassen?

(Dr. Horst Ehmke [Bonn] [SPD]: Sehr wahr! — Vereinzelt Zustimmung bei der CDU/CSU)

Herr Kollege Brandt, natürlich werden Madrid, Paris und andere große Metropolen ihre Bedeutung behalten; aber insgesamt werden **nationale Metropolen** in Europa an Bedeutung doch verlieren.

(B)

(Beifall bei Abgeordneten der CDU/CSU, der FDP und der SPD)

Zur Demokratie gehören **Aufrichtigkeit** und das Recht, seine Meinung zu ändern.

(Dr. Franz Möller [CDU/CSU]: Sehr richtig!)

Den Bonn-Befürwortern wird **Wortbruch** vorgeworfen. Damit muß man sich natürlich ernsthaft auseinandersetzen. Aber der Vorwurf ist zu einfach. Berlin stand 40 Jahre für Freiheit und Einheit. Darauf kam es uns doch an.

(Dr. Wolfgang Ullmann [Bündnis 90/GRÜNE]: Ach so!)

Hätten wir vor dem Fall der Mauer auf unser **Berlin-Bekenntnis** verzichtet, so wäre das doch überall als ein Abrücken von der Einheit verstanden worden.

(Dr. Wolfgang Ullmann [Bündnis 90/GRÜNE]: Und das wollen Sie jetzt tun?)

Niemand hätte das verantworten können. Deshalb hat niemand die **Parlamentssitz-Frage** vor 1989 aufwerfen können. Und uns allen fehlte die Phantasie, uns die Entwicklung seit dem Herbst 1989 vorzustellen.

Man darf Meinungen nicht wie das Hemd wechseln. Aber man muß in neuen Situationen **neue Antworten** geben können. Es muß erlaubt sein, seine Meinung zu überdenken.

(Beifall bei Abgeordneten der CDU/CSU, der FDP und der SPD)

Letzten Endes gehört zur Bonner Demokratie, daß (C) wir unseren Streit sachlich austragen. Es kann wenig überzeugen, wenn einige prominente Berlin-Befürworter alles in Bewegung setzen, um den Bundestag zu bekommen, und gleichzeitig ankündigen, dessen Entscheidung nicht respektieren zu wollen.

(Beifall bei Abgeordneten der CDU/CSU, der FDP und der SPD)

Wer im voraus erklärt, eine Entscheidung des Parlaments gegen Berlin könne er nicht hinnehmen, der schadet Parlamentarismus und Demokratie.

Für mich ist es keine Frage, daß ich jede Entscheidung akzeptiere. Das erwarte ich auch von meinen Kollegen, ohne daß später draufgesattelt wird. Auch das gehört zur Bonner Demokratie.

(Beifall bei Abgeordneten der CDU/CSU, der FDP und der SPD)

Vizepräsident Dieter-Julius Cronenberg: Das Wort hat der Abgeordnete Dr. Jochen Vogel.

Dr. Hans-Jochen Vogel (SPD): Herr Präsident! Meine sehr verehrten Kolleginnen und Kollegen! Gerade weil ich für Berlin als Sitz des Parlaments und der Bundesregierung eintrete, beginne ich mit einem **Dank an Bonn**. Seit 1972 arbeite ich in dieser Stadt; seit 1984 lebe ich hier. Deshalb sage ich aus eigener Erfahrung: Bonn hat dem Parlament und der Bundesregierung in all diesen Jahrzehnten gute Arbeitsbedingungen und eine gute Heimstatt geboten. Und Bonn war in all den Jahren bis zur Wende Berlin (D) gegenüber fair. Bonn hat sich stets als Stellvertreterin Berlins, als **Stellvertreterin der eigentlichen Hauptstadt**, bezeichnet und seine Verbundenheit mit Berlin immer aufs neue bekundet.

Darum und wegen der strukturellen Probleme, die sich aus der **Rückkehr des Parlaments und der Regierung nach Berlin** für Bonn und seine Region ergeben, hat Bonn Anspruch auf umfassende Hilfe.

(Beifall bei Abgeordneten der SPD und des Bündnisses 90/GRÜNE)

Dieser Anspruch rechtfertigt vieles. Er rechtfertigt jedoch in meinen Augen eines nicht, nämlich — ich wähle einen milden Ausdruck — die **Zurücknahme der Zusagen** und Versprechungen, die in den letzten Jahrzehnten und bis in die Tage der Wende hinein Berlin aus allen politischen Lagern für den Fall der deutschen Einheit wieder und wieder gemacht worden sind.

(Beifall bei Abgeordneten der SPD, der CDU/CSU, der FDP und des Bündnisses 90/GRÜNE)

Meine sehr verehrten Kolleginnen und Kollegen, **Vertrauen, Glaubwürdigkeit** und **Verläßlichkeit** sind hohe Güter. Wer sie, wenn auch unwillentlich, beschädigt, wer Berlin mit einem Titel versieht, dem kein Inhalt entspricht, der schlägt Wunden über den Tag hinaus; ich fürchte: Wunden, die lange nicht heilen werden. Wie sehr hier die Glaubwürdigkeit in ihrem Kern berührt ist, zeigt schon eine Überlegung, die Überlegung nämlich, daß bis zur Wende, noch im Sommer 1989, kein Gremium in der damaligen Bundesrepublik, auch nicht der Stadtrat von Bonn, im

Dr. Hans-Jochen Vogel

Traum daran gedacht hätte, auch nur als Resolution den Antrag zu beschließen, der uns heute auch zur Abstimmung vorliegt.

(Beifall bei Abgeordneten der SPD und der FDP sowie vereinzelt bei der CDU/CSU)

Darf es denn wahr sein, daß ein Versprechen deshalb als gegenstandslos und erledigt angesehen wird, weil die Bedingung, unter der es stand, nämlich die **deutsche Einigung,** eingetreten ist?

(Lebhafter Beifall bei Abgeordneten der SPD, der CDU/CSU, der FDP und des Bündnisses 90/GRÜNE)

Daß die Erfüllung dieses Versprechens auch Geld kosten würde — wahrscheinlich sogar erhebliche Beträge —, das sollte doch gar nicht bestritten werden. Aber das wußten wir alle. Ich kann doch nicht davon ausgehen, daß diejenigen, die diese Zusagen gemacht haben, sich solche Zusammenhänge nicht vor Augen geführt haben.

Ein zweites spricht nach meiner Meinung für die Rückkehr des Parlaments und der Regierung nach Berlin: Das ist der Prozeß der deutschen Einigung, der **Prozeß des Zusammenwachsens.** Die Diskussion über die Hauptstadtfrage war doch auch deshalb so intensiv und so leidenschaftlich, weil es hier im Zuge der Einigung erstmals zu einer Debatte über den Charakter dieses Prozesses gekommen ist. Zu einer Debatte, die im Sommer und im Herbst 1990 — da mache ich keinen Vorwurf — wegen des Tempos der Ereignisse überhaupt nicht möglich war.

Heute geht es nämlich im Kern auch darum, ob wir die endgültigen **Strukturen unseres größer gewordenen Gemeinwesens** gemeinsam schaffen oder ob wir so tun, als ob unsere Landsleute in den neuen Bundesländern eben doch nur zu etwas ganz und gar Fertigem und zu etwas Unveränderlichem hinzugetreten seien.

(Beifall bei Abgeordneten der SPD, der CDU/CSU, der FDP und des Bündnisses 90/GRÜNE)

Deshalb frage ich: Wollen wir wirklich beschließen, daß unsere Mitbürgerinnen und Mitbürger in den neuen Bundesländern die **Änderung nahezu aller Lebensverhältnisse** bewältigen müssen, während wir in den alten Bundesländern noch nicht einmal die Rückverlegung des Parlaments und der Regierung in die Hauptstadt hinnehmen?

(Beifall bei Abgeordneten der SPD, der CDU/CSU, der FDP und des Bündnisses 90/GRÜNE)

Haben wir, Bonn-Befürworter genauso wie Berlin-Befürworter, nicht oft gesagt, wir müßten in den alten und in den neuen Bundesländern aufeinander zugehen? Und jetzt wollen wir noch nicht einmal die lang versprochene Wegstrecke bis nach Berlin zurücklegen, um aufeinander zuzugehen?

(Beifall bei Abgeordneten der SPD, der CDU/CSU, der FDP und des Bündnisses 90/GRÜNE)

Ist uns wirklich klar, wie diese Weigerung auf unsere östlichen Nachbarn und darüber hinaus auf unsere Nachbarn insgesamt wirken würde? Was die östlichen Nachbarn und den **östlichen Teil Europas** angeht, stimme ich ausdrücklich dem zu, was der Bundeskanzler als Abgeordneter hier gesagt hat.

Meine Damen und Herren, weil der **Föderalismus** eine solche Rolle spielt: Ich bitte gerade auch die Bonn-Befürworter, zur Kenntnis zu nehmen: Die Mehrheit der Landtage will, daß wir nach Berlin gehen.

(Beifall bei Abgeordneten der SPD, der CDU/CSU, der FDP und des Bündnisses 90/GRÜNE)

10 von 16 Landtagen

(Jochen Feilcke [CDU/CSU]: 12!)

— Entschuldigung, Sie kennen meine Neigung zur Pendanterie; ich erläutere es gleich, weil ich völlig korrekt sein möchte —, nämlich die Landtage von Baden-Württemberg, von Brandenburg, von Bremen, von Hamburg, von Mecklenburg-Vorpommern, von Sachsen, von Sachsen-Anhalt, von Schleswig-Holstein und von Thüringen und selbstverständlich das Abgeordnetenhaus von Berlin, haben entsprechende Beschlüsse gefaßt. Für Niedersachsen und für Hessen haben sich nicht die Landtage, aber die Landesregierungen beschlußmäßig für Berlin ausgesprochen. Von **16 Ländern** haben sich **12 für Berlin** ausgesprochen. Das relativiert, Herr Kollege Glotz, ein bißchen die Sorge, daß hier der Föderalismus zerstört wird.

(Lebhafter Beifall bei Abgeordneten der SPD, der CDU/CSU, der FDP und des Bündnisses 90/GRÜNE)

Manche erfüllt der Gedanke, Berlin könnte das verweigert werden, was über den Titel hinaus die **Hauptstadt** ausmacht, mit Zorn. Ich kann das verstehen. Mich erfüllt der Gedanke, es könnte so beschlossen werden, mit Trauer; mit Trauer darüber, daß wir uns als verzagt erweisen könnten, wo wir in umfassenden Perspektiven denken und handeln müssen.

Das ist kein Wort gegen die **Menschen in Bonn.** Wir haben die selbstverständliche Verpflichtung, ihnen genauso zu helfen wie den Werftstandorten und den Montanstandorten, wo wir viele Milliarden aufgewendet haben.

(Beifall bei Abgeordneten der SPD, der CDU/CSU, der FDP und des Bündnisses 90/GRÜNE)

Der erwähnte Gedanke erfüllt mich mit Trauer auch darüber, daß wir Gefahr laufen könnten zu spalten, wo wir versöhnen und die Vereinigung voranbringen sollten, auch daß wir Gefahr laufen könnten — das sage ich leiser; ich will niemandem zu nahe treten und würdige die Bemühungen um Konsens —, daß taktische Überlegungen dominieren könnten, wo unser Volk nach meiner Überzeugung auf eine **klare Entscheidung** über klare Alternativen einen Anspruch hat.

(Beifall bei Abgeordneten der SPD, der CDU/CSU, der FDP und des Bündnisses 90/GRÜNE)

Ich bin nicht in Berlin aufgewachsen — meine Mundart macht es deutlich —, aber ich habe vor zehn

Dr. Hans-Jochen Vogel

(A) Jahren innerhalb weniger Tage mein Leben von Grund auf verändert, weil ich Berlin helfen, weil ich so handeln wollte, wie ich es vorher oft, ohne diese Möglichkeit vorauszusehen, gesagt habe. Das will ich heute wieder tun.

Damit wende ich mich nicht gegen Bonn. Bonn soll erhalten, was die Stadt und ihre Bürgerschaft zu Recht erwarten können und was Bonn als redliche Platzhalterin, als redliche Stellvertreterin weiß Gott beanspruchen kann.

Aber ich spreche für **Berlin,** weil ich mich als Person — dabei spreche ich nur für mich — sonst vor denen schämen würde, die in dieser Stadt die **Blockade** überwunden, der **Teilung** widerstanden, der **Mauer** getrotzt und in einer **friedlichen Revolution** ihre Freiheit errungen haben. Natürlich hat Leipzig eine wichtige Rolle gespielt, aber eben auch Berlin. Ohne den 4. November auf dem Alexanderplatz kann man sich diese friedliche Revolution wohl auch nicht denken.

(Beifall bei Abgeordneten der SPD und des Bündnisses 90/GRÜNE)

Ich müßte mich vor der Stadt schämen, die wie keine andere die **deutsche Geschichte** in ihren dunklen, aber auch in ihren hellen Abschnitten repräsentiert und ohne die es — dem stimme ich ausdrücklich zu — die deutsche Einheit wohl nicht gegeben hätte. Ich möchte, daß Parlament und Regierung dort ihren Sitz haben, wo wir nicht nur an einen guten und besonnten Abschnitt der deutschen Geschichte, sondern an unsere ganze Geschichte mit all ihren Höhen und Tiefen erinnert werden.

Ich danke Ihnen.

(B)

(Lebhafter Beifall bei Abgeordneten der SPD, der CDU/CSU, der FDP und des Bündnisses 90/GRÜNE)

Vizepräsident Dieter-Julius Cronenberg: Das Wort hat die Abgeordnete Frau Anke Fuchs.

Anke Fuchs (Köln) (SPD): Herr Präsident! Meine Damen und Herren! Die Entscheidung, die wir heute zu treffen haben, können wir treffen, lieber Hans-Jochen Vogel, weil der Einigungsvertrag dazu die Möglichkeit gibt. Deswegen werden wir uns heute nach einer langen Debatte zu einer Entscheidung durchzuringen haben. Ich stimme all denen zu, die sagen: In den vergangenen Wochen ist diese Debatte nicht gut gelaufen. Ich glaube, wir können heute nach Abwägung eine **klare Entscheidung** treffen.

Je mehr Abschiedspathos ich heute für die Stadt Bonn höre, desto trauriger werde ich. Bonn hat seine Schuldigkeit nicht getan. Bonn muß Regierungssitz und Parlamentssitz bleiben.

(Beifall bei Abgeordneten der SPD, der CDU/CSU und der FDP)

Wer sich für **Bonn als Regierungssitz und Parlamentssitz** entscheidet, ist nicht gegen Berlin, sondern für **Berlin als Hauptstadt,** als Metropole, als ökonomische und kulturelle Brücke zwischen Ost und West. Ich sage Ihnen voraus: Berlin kann diese Funktion einer Metropole dann besonders gut übernehmen,

(C) wenn es nicht auch noch die Last von Regierungssitz und Parlamentssitz tragen muß.

(Beifall bei Abgeordneten der SPD, der CDU/CSU und der FDP)

Daß Hilfe erforderlich ist, wissen wir alle. Seit Jahrzehnten helfen wir Berlin, niemand hat Berlin alleingelassen, und deswegen muß niemand befürchten, daß die Hilfe für diese Metropole nicht kommen wird.

Wer für Bonn eintritt, meine Damen und Herren, ist für die **soziale Gestaltung der Einheit,** nämlich für die **Hilfe für die Menschen** in den fünf neuen Ländern. Diese Menschen brauchen keine symbolischen Zeichen der Zuneigung, sondern eine solidarische Politik für Arbeitsplätze, für Kindergärten und für Wohnungen.

(Beifall bei Abgeordneten der SPD und der FDP)

Was solidarische Politik für die Menschen in den fünf neuen Ländern bedeutet, haben heute nacht die Sozialpolitiker Rudolf Dreßler und Norbert Blüm, beide Bonn-Befürworter, bewiesen: Sie haben einen Rentenüberleitungskompromiß gefunden, der den Frauen in den fünf neuen Ländern mehr hilft als die Verlagerung des Regierungssitzes nach Berlin. Das ist praktische Politik!

(Beifall bei Abgeordneten der SPD, der CDU/CSU und der FDP)

Das Geld, das ein **Umzug nach Berlin** zusätzlich verschlingen würde, fehlt für die Hilfe in den neuen Ländern. Wir kennen die Expertengutachten zu (D) Raumordnung, Infrastruktur und Umweltschutz. Sie sind bemerkenswert; denn sie beweisen, daß eine **Machtkonzentration** in Berlin die Entwicklung in den fünf neuen Ländern behindern und eben nicht fördern wird. Die Menschen in Sachsen, Thüringen, Sachsen-Anhalt und Mecklenburg-Vorpommern wissen doch aus 40jähriger eigener Erfahrung, wie benachteiligt Regionen werden, wenn die Zentrale alles an sich zieht. Dies müssen wir mit den Menschen dort drüben auch besprechen.

Ich bin, meine Damen und Herren, aus Solidarität mit den Menschen in den fünf neuen Ländern, aber auch aus eigener Überzeugung für Bonn.

(Beifall bei Abgeordneten der SPD und der CDU/CSU)

Das ist etwas erstaunlich. Aber als Hamburgerin, gegen das Adenauersche Rheinland erzogen, weiß ich jetzt, was es heißt, in Bonn zu leben, in einer sozialdemokratisch regierten Region zu leben. Von dieser Region geht soviel Positives aus — so will ich das begründen —, daß ich aus Überzeugung dafür bin, daß Bonn Regierungssitz und Parlamentssitz bleibt.

(Beifall bei Abgeordneten der SPD)

Von Bonn aus sind wir in den Westen eingebunden. Von Bonn aus ist die Rolle der größer gewordenen Bundesrepublik definiert worden. Die **Bonner Demokratie** ist — darauf ist schon hingewiesen worden — Symbol des demokratischen Neuanfangs. Sie steht für die Aussöhnung mit unseren Nachbarn. Diese Bonner Demokratie steht für mich für die **Entspannungs- und**

Anke Fuchs (Köln)

Aussöhnungspolitik, die mit Willy Brandt von Bonn aus gestaltet wurde. Diese junge Bundesrepublik hat er zu einem verläßlichen, friedlichen Partner gemacht.

Übrigens, auch die Menschen im Osten haben 40 Jahre in dieses Bonn Vertrauen gehabt. Deshalb ist Bonn **Kontinuität und Zukunftsorientierung.** Die Entscheidung für Bonn ist aus meiner Sicht die angemessene Antwort auf die Rolle der größer gewordenen Bundesrepublik, auch die Antwort des **Föderalismus.** Das heißt immer auch Teilung von Macht, das heißt auch Macht an verschiedenen Orten, und es heißt eben nicht Rezentralisierung, wie die Berlin-Befürworter es wollen.

Theo Sommer schrieb vor einigen Wochen von der „stillen Effizienz Bonns". Mir gefällt dieser Ausdruck als ein Zeichen einer Politik des Augenmaßes.

Nun zu der angeblichen Ferne von den wirklichen Problemen: Müssen wir uns in den Trubel Berlins stürzen, um Probleme kennenzulernen?

(Dr. Wolfgang Ullmann [Bündnis 90/ GRÜNE]: Ja!)

Könnten wir das eigentlich tun, wenn wir gut abgeschirmt im feinen Parlaments- und Regierungsviertel arbeiteten? — Die Probleme, meine Damen und Herren, erleben wir doch wohl in unseren Wahlkreisen, bei den Menschen vor Ort, in den fünf neuen Ländern.

(Beifall bei Abgeordneten der SPD, der CDU/ CSU und der FDP)

Aufgabe der Parlamentarier ist es, die Probleme anzupacken. Unsere Aufgabe ist es, zu Lösungen zu kommen. Unsere Aufgabe ist es, effektiv zu arbeiten. Das kann am besten von Bonn aus geschehen.

Leider ist es uns nicht gelungen, in dieser Frage einen **Volksentscheid** herbeizuführen. Ich bedaure das, weil mir die vielen Gespräche, die wir alle in den letzten Wochen geführt haben, klargemacht haben: Dies ist eine Angelegenheit, bei der wir die Menschen in unserem Lande hätten fragen sollen, wie sie dazu denn eigentlich stehen.

(Beifall bei Abgeordneten der SPD)

Nach meiner Beobachtung identifizieren sich die Menschen mit dieser **Bonner Demokratie.** Dabei spreche ich nun auch einmal für die Westdeutschen: Sie haben einen Anspruch darauf, in dieser Frage auch ihre Interessen und ihre Meinung einzubringen. Und sie sagen mir: Wir identifizieren uns mit dieser Bonner Demokratie. Wir identifizieren uns mit diesem **föderativen Deutschland,** mit dem Land, das seinen partnerschaftlichen Platz erarbeitet hat.

Deswegen ist es nicht Bequemlichkeit, sondern Ausdruck von Vertrauen und Zuversicht, wenn diese Menschen sagen: Wir wollen nicht rezentralisiert nach Berlin, sondern wollen, daß Bundestag und Regierung in Bonn bleiben.

(Beifall bei Abgeordneten der SPD, der CDU/ CSU und der FDP)

Es ist kein Rückblick, und es ist auch kein Stillstand, wenn die Menschen so reden. Es ist der Blick in die Zukunft unseres Landes, das von Europa und den Regionen geprägt wird und nichts von Machtkonzentration aufweist. Ich sage deswegen: Gegen die großen Worte von der großen Geschichte, gegen die Machtkonzentration in Berlin setze ich auf die Zukunft unseres Landes, geprägt von 40 Jahren guter Bonner Demokratie, geprägt von dem Vertrauen in föderative Strukturen, in **effektives Arbeiten** und Augenmaß. Deswegen bitte ich Sie sehr herzlich, mit dafür zu stimmen, daß Bonn Regierungs- und Parlamentssitz bleibt.

(Beifall bei Abgeordneten der SPD, der CDU/ CSU und der FDP)

Vizepräsident Dieter-Julius Cronenberg: Das Wort hat der Abgeordnete Wolfgang Lüder.

Wolfgang Lüder (FDP): Herr Präsident! Meine sehr geehrten Damen und Herren! Die Bemühungen um einen Konsens, die bis gestern abend anhielten, waren meines Erachtens vor allem deswegen so schwierig, weil es hier nicht um eine Frage von zwei Regionen, von zwei Städten oder gar darum geht, wer welche Region vor welcher Belastung schützen soll. Es geht um **verantwortliches Handeln für unsere Republik;** es geht um die Dimension der deutschen Einheit, nicht regional, sondern historisch, politisch und menschlich.

Meine Damen und Herren, wir sollten uns dessen bewußt sein, daß es auch manche **Gemeinsamkeit zwischen Bonn und Berlin** gibt. Gerade wenn wir an die deutsche Vergangenheit denken, sollten wir uns dessen bewußt bleiben, daß die Nazis weder in Bonn noch in Berlin in parlamentarischen Wahlen jemals die Mehrheit bekommen haben. Es geht um zwei Städte, die sich als demokratisch erwiesen, als seinerzeit andere deutsche Städte versagt hatten.

Wir haben die deutsche Einheit nicht deswegen erreicht, weil Bonn der westdeutsche Arbeitsplatz der Politik war, sondern deswegen, weil die Demokraten der damaligen DDR die Revolution friedlich durchgesetzt haben. Dabei ist mehr geschehen als der Sturz eines Unrechtsregimes. Die **Vollendung der Einheit Deutschlands,** wie sie die alte Präambel des Grundgesetzes schlicht und zwingend forderte, kann sich aber nicht darin erschöpfen, daß ein Drittel Deutschlands am 3. Oktober letzten Jahres der westdeutschen Republik schlicht beigetreten wäre wie das Saarland zu Adenauers Regierungszeit. Hier ist doch etwas Neues entstanden; hier kann man doch nicht einfach westdeutsch weitermachen wie bisher.

(Beifall bei Abgeordneten der FDP und der SPD sowie vereinzelt bei der CDU/CSU)

Der Bundeskanzler hat vorhin mit Recht darauf hingewiesen, daß sich das Zentrum Deutschlands und das Zentrum Europas mit der deutschen Einheit und der **Öffnung Europas** verlagert hat. Nicht mehr ausschließlich die Westorientierung darf dominieren. Deutsche Politik muß aus dem Zentrum des neuen Europa gestaltet werden, und sie muß für die Staaten Ost- und Mitteleuropas, für die **Erweiterung der Europäischen Gemeinschaft** Zeichen setzen. Berlin ist dafür wie kein anderer Ort geeignet.

Wolfgang Lüder

(A) Es ist viel über die Stadt gesprochen worden. Ich möchte an etwas erinnern, was noch nicht gesagt worden ist: Der Westteil Berlins wuchs durch die **Integration** in die Bundesrepublik, und der Ostteil trug mit an der **Last der Teilung** Deutschlands und Europas.

(Dr. Hans-Jochen Vogel [SPD]: Richtig!)

Nur in Berlin verschmelzen beide Teile zu einem neuen Ganzen.

(Beifall bei Abgeordneten der FDP und der SPD)

Deswegen ist **Berlin** wie keine andere Stadt berufen und geeignet dazu, die **Hauptstadtfunktion** des geeinten Deutschlands in der Mitte Europas zu erfüllen.

Wer sich jemals mit Megastädten in der Welt beschäftigt hat und sie mit der 3,5-Millionen-Stadt Berlin vergleich, der weiß, daß die Drohung mit der **Megastadt** hier absolut fehl am Platze ist. Der Blick, Herr Blüm, geht schief. Wer die Probleme in den Megastädten Europas und der Dritten Welt beobachtet, weiß, daß es absolut falsch wäre, die Stadt Berlin als Megastadt zu diffamieren.

(Beifall bei Abgeordneten der FDP, der CDU/ CSU und der SPD)

Meine Damen und Herren, mit der Herstellung der staatlichen Einheit Deutschlands endete die **Nachkriegszeit.** Die Nachkriegszeit begann nicht erst mit der Gründung der Bundesrepublik. Sie begann 1945 mit den ersten Wiederaufbaubemühungen der Demokratie. Es waren die Berliner, und es war **Berlin,** die der Welt zeigten, daß sie den materiellen Versuchungen widerstanden, weil nur so **Freiheit** zu bewahren war.

(B) Der Kollege Schäuble hat vorhin daran erinnert, was die **Luftbrücke** bedeutete. Ich möchte daran erinnern, daß der Luftbrücke das freiwillige Ja der Berliner zu Hunger und Not, wenn nur so **Freiheit und Recht** zu wahren waren, vorausging. Der Ostsektor hatte Lebensmittelkarten angeboten; der Ostsektor hatte Brot und Spiele und Wärme angeboten, und die Berliner haben gesagt: Nein, wir wollen Freiheit und Recht haben. So wurde die **Westbindung der Bundesrepublik** begründet. Das wird auch in einem treffenden Zitat gesagt: „In Berlin ist die Bundesrepublik gewissermaßen moralisch gegründet worden."

(Beifall bei Abgeordneten der FDP, der CDU/ CSU und der SPD)

Berlin und die Berliner verkörperten in den 45 Jahren der Nachkriegszeit die Werte, denen die Bundesrepublik in den 40 Jahren der Teilung verpflichtet blieb: Einheit, Recht und Freiheit. Es ist an den 17. Juni erinnert worden, es ist an den Mauerbau erinnert worden.

Der **Einigungsvertrag** gibt uns das Recht, jetzt im 12. Deutschen Bundestag anders zu entscheiden. Allen Bonn-Befürwortern sage ich: Es ist nicht die Rechtsfrage, um die es hier geht. Sie haben das Recht, entgegen dem zu entscheiden, was in 40jähriger Kontinuität hier gesagt wurde. Aber jeder von uns, der an diesen Bekundungen bis in die letzte Legislaturperiode hinein mitgewirkt hat, der hat nicht nur das Recht, sein Versprechen nicht zu halten, er steht dann auch in der Verantwortung, zu begründen, warum er

sich jetzt von seinem Wort löst, das er Berlin und (C) zugleich allen Bürgern dieses Landes gegeben hat.

Da reicht mir die Begründung vom Kollegen Pflüger eben nicht aus, wenn er sagt: Nur weil jetzt möglich ist, was wir erwartet hatten, deswegen wollen wir das nicht mehr erfüllen. — Es hat sich nichts verändert außer einem: Die Situation ist da, die Einheit ist da, und nun können wir das tun, was wir immer gesagt haben.

(Beifall bei Abgeordneten der FDP, der CDU/ CSU und der SPD)

Das gilt insbesondere für Sie, Kollege Blüm und auch Kollege Baum, die Sie hier in diesem Hause waren, als in Anwesenheit des Bundespräsidenten Karl Carstens und des Altbundespräsidenten Walter Scheel am 12. September 1979 anläßlich des 30jährigen Bestehens des Bundestages und im Hinblick auf die Neubauten, die gestern einige von uns zum erstenmal sehen durften, der Präsident des Deutschen Bundestages erklärt hat — das Protokoll weist aus: Beifall aller Seiten —:

. . . Berlin wird eines Tages auch wieder voll seine alte Hauptstadtfunktion erfüllen.

Wer damals Beifall geklatscht hat, der muß heute begründen, warum er jetzt sein Wort zurückzieht.

(Beifall bei Abgeordneten der FDP, der CDU/ CSU und der SPD — Anke Fuchs [Köln] [SPD]: Der Einigungsvertrag macht es möglich, Herr Kollege!)

— Liebe Frau Kollegin Fuchs, der Einheitsvertrag (D) macht es möglich, der Einheitsvertrag macht es nicht nötig.

(Beifall bei Abgeordneten der FDP sowie des Abg. Dr. Hans-Jochen Vogel [SPD] — Anke Fuchs [Köln] [SPD]: Doch!)

Ich habe Ärger in meiner Fraktion dadurch bekommen, daß ich überspitzt formuliert habe, was ich jetzt hier wiederhole: Sie haben das Recht zum **Wortbruch,** aber Sie haben die Möglichkeit, Wort zu halten — politisch gesprochen.

(Beifall bei Abgeordneten der FDP, der CDU/ CSU und der SPD — Anke Fuchs [Köln] [SPD]: Dann war der Einigungsvertrag ein Wortbruch!)

Hier geht es nicht um Rezentralisierung

(Anke Fuchs [Köln] [SPD]: Doch!)

— nein —, hier geht es darum, das zu tun, was gerade die Föderalisten wollen.

Herr Kollege Glotz, Sie konnten damals hier im Bundestag nicht mitstimmen,

(Dr. Peter Glotz [SPD]: Weil wir beide in Berlin waren!)

weil wir beide zusammen in Berlin uns um Stärkung des Landes bemüht haben. Sie als Wissenschaftssenator wußten zur gleichen Zeit, als der Bundestag sagte: Wir kommen nach Berlin, wenn die Einheit da ist, daß wir auf diese Einheit hinarbeiten und daß wir die Länder stärken wollen, mit der Zentrale in Berlin und

Wolfgang Lüder

nicht mit dem Absterben irgendwelcher Föderalismusideen.

Nein, wir sollten auch nicht Vormund für 12 Landtage oder Landesregierungen sein wollen. Wenn wir **Föderalismus** ernst nehmen, dann haben wir zu respektieren, was die Föderalisten in den Ländern sagen, und nicht zu sagen: Wir wissen es besser, nur weil wir hier im Ersatzplenarsaal in Bonn darüber diskutieren.

(Beifall bei Abgeordneten der FDP, der CDU/CSU und der SPD)

Heute tagt im Reichstag die erste **Konferenz des Außenministerrats der KSZE.**

Übrigens habe nicht nur ich erstaunt festgestellt, daß man im Reichstag richtig tagen kann und daß der Service offenbar auch richtig läuft, wenn es andere machen. Aber dies nur am Rande.

(Beifall bei Abgeordneten der FDP und der CDU/CSU — Heribert Scharrenbroich [CDU/CSU]: Aber erstaunt waren Sie? — Dr. Franz Möller [CDU/CSU]: Es ist aber auch ein Unterschied, ob es 30 Außenminister oder 662 Abgeordnete sind!)

Es liegt offenbar nicht an der Baulichkeit.

Ich sagte, heute tagt die Außenministerkonferenz der KSZE. Der Kalte Krieg ist überwunden, der Frieden in Europa gesichert; die Freiheit hat in ganz Europa wieder eine Chance. Über Sicherheit und Zusammenarbeit in Europa — lassen Sie mich das deutlich sagen — wird heute im Plenarsaal des Deutschen Bundestages in der Bundeshauptstadt gesprochen, während wir hier im Ersatzplenarsaal darüber diskutieren, ob wir unseren Sitz in die Hauptstadt unseres Staates verlegen.

Meine Damen und Herren, die politische Dimension der Einheit Deutschlands muß uns veranlassen, diesem Beispiel Europas zu folgen. Der **Reichstag** wurde durch Bundestagsbeschluß für das deutsche Parlament wieder aufgebaut, für 680 Abgeordnete. Jetzt sind wir 662.

(Dr. Wolfgang Bötsch [CDU/CSU]: Das langt!)

Wir sollten rübergehen nach Berlin.

(Beifall bei Abgeordneten der FDP, der CDU/CSU und der SPD)

Vizepräsident Helmuth Becker: Meine sehr verehrten Damen und Herren, die nächste Rednerin ist Frau Abgeordnete Ingrid Roitzsch.

Ingrid Roitzsch (Quickborn) (CDU/CSU): Herr Präsident! Meine Damen und Herren! Die CDU in Schleswig-Holstein hat sich auf ihrem Parteitag fast einstimmig für Berlin ausgesprochen. Auch mein Herz schlägt für Berlin. Doch mit dem Herzen allein kann keine verantwortliche Politik gemacht werden. Die Vernunft gebietet mir, mich für Bonn als Parlaments- und Regierungssitz auszusprechen.

(Beifall bei Abgeordneten der CDU/CSU, der FDP und der SPD)

Daß ich mir diese Entscheidung angesichts des Votums meiner Partei nicht leichtgemacht habe, kann sich wohl jeder vorstellen. Deshalb muß ich ausdrücklich betonen, daß ich bei meinem Votum für Bonn keinerlei persönliche Interessen verfolge und daß ich kein Eigentum in Bonn habe oder keine andere Verflechtungen mit dieser Stadt habe. Für mich persönlich wäre Berlin näher und schneller zu erreichen. Meine Entscheidung für Bonn ist ausschließlich von der **Sorge um die Menschen in den neuen Bundesländern,** aber auch um die **Menschen in Bonn und Umgebung** getragen.

(Dr. Franz Möller [CDU/CSU]: Sehr gut!)

Wir alle haben in diesen Wochen unendlich viele Briefe von Bürgern, nicht nur aus dem Wahlkreis, sondern aus ganz Deutschland erhalten. Der häufigste Vorwurf, der mir gemacht wurde, war der des Wortbruchs und der Unehrlichkeit, sollte ich mich gegen Berlin entscheiden. Am meisten aber wird wieder einmal die Glaubwürdigkeit der Politiker in Frage gestellt.

Dieser Vorwurf macht mich betroffen; aber er trifft nicht zu. Niemand konnte 1949 absehen, wann die deutsche Einheit zu gewinnen sei.

(Günther Friedrich Nolting [FDP]: Das haben wir alles nicht so gemeint?)

— Herr Kollege Nolting, wahrscheinlich sind Sie nachher noch dran; dann dürfen auch Sie hier noch etwas sagen.

Die Einheit, über die ich sehr glücklich bin, hat Kosten verursacht und wird weitere Kosten verursachen, deren Höhe uns zu Beginn des Einigungsprozesses nicht klar war und deren Höhe auch zur Zeit noch nicht wirklich absehbar ist. Das kommunistische Regime in der ehemaligen DDR hat das Land in einem Zustand hinterlassen, der so desolat ist, daß es sich zur damaligen Zeit einfach kein Mensch vorstellen konnte.

Aufgrund dieser für uns **neuen Tatsachen,** die 1949 noch nicht geschaffen und auch nicht absehbar waren, muß es verantwortungsbewußten Politikern auch gestattet sein, 1991 neu zu überlegen. Wir können nicht ohne Rücksicht auf Finanzierbarkeiten Entscheidungen treffen. Die Lebensverhältnisse der Menschen in den neuen Bundesländern, die dortige Verkehrsinfrastruktur, die Wohnverhältnisse und die Arbeitsmarktsituation sind derzeit noch so schlecht, daß es einfach unverantwortlich wäre, hier nicht helfend einzugreifen und statt dessen neue Regierungs- und Parlamentsgebäude in Berlin zu errichten.

(Beifall der Abg. Anke Fuchs [Köln] [SPD] und der Abg. Editha Limbach [CDU/CSU])

Unsere Brüder und Schwestern in den neuen Bundesländern haben 40 Jahre lang auf der Schattenseite des Lebens gestanden, weil sie zufällig im Osten Deutschlands und somit unter sowjetischer Besatzung und kommunistischer Unterdrückung leben mußten. Deshalb sehe ich es als unsere wichtigste Aufgabe an, diese Menschen zu entschädigen, ihnen zu helfen.

Ingrid Roitzsch (Quickborn)

Weil ich für die Menschen in den neuen Bundesländern bin, bin ich für Bonn.

(Zuruf von der SPD: Fragen Sie mal die Menschen!)

— Oh, ich habe die Menschen gefragt, Herr Kollege, ich habe viel Verwandtschaft. Ich habe sie nicht erst nach der Einigung entdeckt, sondern ich habe die Bande arg gepflegt. Ich weiß, was die Menschen denken.

(Beifall bei Abgeordneten der CDU/CSU und der SPD)

Schon **Konrad Adenauer** sagte — wörtlich —: „Als wir 1949 wieder mit dem Aufbau anfingen in Deutschland, da habe ich mir extra zur Hauptstadt eine kleine Stadt genommen, nämlich Bonn, und nicht nur, weil Berlin unerreichbar war, sondern weil politische Entscheidungen immer besser reifen in der ruhigen Atmosphäre einer Kleinstadt als in der Hektik einer Großstadt." Adenauer hat mit dieser Entscheidung recht gehabt.

40 Jahre lang haben wir von **Bonn** aus politische Entscheidungen getroffen, die uns Deutschen die beste, dauerhafteste und stabilste Demokratie gebracht hat. Dazu aber haben auch ganz entscheidend die Menschen in Bonn und den umliegenden Regionen beigetragen. Diesen 35 000 **Bediensteten mit ihren Familien** schulden wir Dank und Dankbarkeit, der Putzfrau, dem Pförtner, dem Fahrer, dem Angestellten und dem Beamten.

(Dr. Franz Möller [CDU/CSU]: An die sollte man auch denken! — Zuruf von der SPD: Die gab es auch damals!)

Weil ich mich auch für diese Menschen entschieden habe, entscheide ich mich für Bonn.

Die mutigen Männer und Frauen in der ehemaligen DDR sind nicht auf die Straße gegangen, um für Berlin als deutsche Hauptstadt und als Sitz von Parlament und Regierung zu demonstrieren.

(Konrad Weiß [Berlin] [Bündnis 90/GRÜNE]: Woher wollen Sie das wissen?)

Diese Menschen haben die friedlichste aller Revolutionen begonnen und durchgestanden, weil sie für Freiheit, Demokratie und Menschenrechte eingetreten sind.

(Beifall bei Abgeordneten der CDU/CSU und der SPD)

Ihr Beispiel für diese Ziele war die Politik, die von Bonn ausgegangen ist.

(Beifall bei Abgeordneten der CDU/CSU, der FDP und der SPD)

Vizepräsident Helmuth Becker: Nunmehr hat der Regierende Bürgermeister von Berlin, Herr Eberhard Diepgen, das Wort.

Regierender Bürgermeister **Eberhard Diepgen** (Berlin): Herr Präsident! Meine sehr verehrten Damen und Herren! „Berlin war einst das Symbol des Kalten Krieges. Nach dem Fall der Mauer ist Berlin zum Symbol der Hoffnungen geworden, die sich mit dem Aufbruch eines freien und demokratischen Europa in eine gemeinsame friedliche Zukunft verbinden." — Mit diesen Worten hat Bundesaußenminister Hans-Dietrich Genscher gestern die Tagung des Außenministerrats der KSZE im Reichstag in Berlin eröffnet. Ich glaube, daß ist die Einordnung, die wir für die Debatte und für die Entscheidung, die heute im Deutschen Bundestag getroffen werden muß, vornehmen müssen.

Es geht nicht um die Frage, welche Stadt welche Standortvorteile im einzelnen hat. Bei der Bestimmung des Parlaments- und Regierungssitzes geht es um die **Verwirklichung der Einheit**, und es geht um die Zukunft unseres Landes und damit um die weitere Entwicklung in Europa. Welche Entscheidung weist hier den richtigen Weg? Es geht um die Frage, ob die Deutschen die innere Vereinigung beider Teile ihres Landes oder nur eine vergrößerte Bundesrepublik Deutschland wollen.

(Beifall bei Abgeordneten der CDU/CSU, der FDP und der SPD)

Mich bewegt dabei die Frage: Soll es eine neue deutsche Ungleichheit geben; soll sie festgeschrieben werden? Jedenfalls für die **Menschen im Osten Deutschlands** stellt sich die gegenwärtige Situation doch wie folgt dar: Von uns im Osten wird eine Umstellung in fast allen Lebensbereichen erwartet. Bei uns wird „abgewickelt", dieser fürchterliche neue deutsche Begriff!

(Beifall des Abg. Peter Conradi [SPD])

1 Million Arbeitslose suchen Beschäftigung; 2 Millionen stehen in Kurzarbeit, und sehr viele bangen um ihren Arbeitsplatz.

In Bonn, hier im deutschen Westen, aber bildet man Menschenketten als Protest gegen die scheinbare Zumutung, in fünf oder zehn Jahren eventuell mit seinem sicheren Arbeitsplatz nach Berlin umziehen zu sollen.

(Anke Fuchs [Köln] [SPD]: Darum geht es nicht!)

Was soll der Mensch, was sollen die Bürgerinnen und Bürger in Berlin und in den neuen Bundesländern von dieser Situation halten? Das ist die Frage, die ich mir stelle.

(Beifall bei Abgeordneten der CDU/CSU, der FDP, der SPD und des Bündnisses 90/ GRÜNE)

Wie sollen die Menschen, die in Berlin geblieben sind und sich über vierzig Jahre lang weder durch die Blockade — die Luftbrücke war übrigens Ausgangspunkt der Westbindung, Ausgangspunkt der Versöhnung des Nachkriegsdeutschland mit der westlichen Wertegemeinschaft — noch durch das Chruschtschow-Ultimatum, noch durch den Mauerbau oder die täglichen Schikanen durch die DDR-Organe davon haben abbringen lassen, jetzt begreifen, daß das mit der Hauptstadtfunktion mit all dem, was in der Vergangenheit gesagt worden ist, was ihnen als Selbstverständnis deutscher Politik auch für ihr eigenes Überleben gesagt worden ist, nicht mehr wahr sein soll?

Ich glaube, meine Damen und Herren, wenn Berlin jetzt plötzlich die Hauptstadtfunktion aberkannt und

Regierender Bürgermeister Eberhard Diepgen (Berlin)

in einem Akt der Geschichtsverkürzung aus dem Provisorium Bonn eine echte Hauptstadt werden soll, ist das wenig verständlich. Es ist die Verlagerung des Selbstverständnisses deutscher Politik aus der Mitte Europas in den Westen Europas, aus dem Osten Deutschlands in den Westen Deutschlands mit all den sozialen Fragen, die ich eben beschrieben habe. Mit dem Beharren auf Bonn wird ein westdeutsches Selbstverständnis auf das ganze Deutschland übertragen.

(Beifall bei Abgeordneten der CDU/CSU, der FDP, der SPD und des Bündnisses 90/ GRÜNE)

Meine Damen und Herren, bei der Diskussion um Regierungs- und Parlamentssitz handelt es sich eben nicht um einen Städtewettbewerb im rivalisierenden Sinne, wo Eigennutz und Präsentation den Ausschlag geben können. Auch regionalpolitische Sorgen, so ernst man sie nehmen muß, können letztlich nicht entscheidend sein. Denn sie sind immer, insbesondere in einer zeitlichen Staffelung, aufzufangen.

Hier in der Debatte ist schon deutlich geworden, daß die **Befürchtungen vor der Megastadt** falsch sind, daß die **Behauptungen über einen neuen Zentralismus** falsch sind, daß diese Diskussion bei den Vergleichen zwischen Paris, Madrid und Berlin beispielsweise nicht aufnimmt, daß es in der Bundesrepublik Deutschland funktionsfähige Länder gibt. Die gibt es in Frankreich nicht.

(Beifall bei Abgeordneten der CDU/CSU, der FDP, der SPD und dem Bündnis 90/ GRÜNE)

Deswegen meine Bitte: Bleiben Sie bei intellektuell redlichen Vergleichen, wenn es um Zentralismus geht!

Ich bin ausgesprochen dankbar, daß übrigens in beiden Anträgen, sowohl für Bonn als auch Berlin — ich verkürze das so —, die Vorstellung des Berliner Senats aufgenommen worden ist, eine **Föderalismuskommission** einzusetzen, um sich darum zu bemühen, daß in alle neuen Bundesländer Funktionen bundesstaatlicher Ordnung verlagert werden, im Sinne eines wirklich lebendigen Föderalismus.

Das ist die Frage, die sich stellt, und nicht die Frage, ob im Rahmen eines Föderalismus die Funktion des Bundesstaates, der Regierung, die Fragen der notwendigen Kooperation zwischen Verfassungsorganen unbedingt neu entschieden werden müssen. Meine Damen und Herren, das ist eine Verkürzung der Föderalismusdiskussion.

Bei den Argumenten, die für Berlin sprechen, steht für mich das Thema **Glaubwürdigkeit** an oberster Stelle. Hier ist schon viel dazu gesagt worden. Ich finde, politische Bekenntnisse über vierzig Jahre dürfen nicht durch ein Ereignis, das man angestrebt hat, zu Wegwerfartikeln werden. Natürlich — das sage ich insbesondere den Jüngeren, die immer so argumentieren — muß man Politik auch überprüfen können. Jedermann kann seine Meinung ändern, aber eben nicht dann, wenn sich der Wind dreht, sondern nur dann, wenn sich entscheidende Fakten ändern, und

nicht wenn die entscheidenden Fakten eintreten. Das ist der Punkt der Glaubwürdigkeit.

(Beifall bei Abgeordneten der CDU/CSU, der FDP, der SPD und des Bündnisses 90/ GRÜNE)

Zu den Fragen der **Verwirklichung der inneren Einheit** — das ist für mich das zweite Argument — ist hier schon viel gesagt worden. Ich will nur noch auf eines hinweisen. In Berlin erlebt man nun wirklich die Probleme. Auf tausend Quadratkilometern erlebt man die Probleme, die es ansonsten in Europa zwischen Frankreich und Polen gibt und in der Bundesrepublik Deutschland zwischen Aachen und Görlitz. Mir kommt es aber noch auf einen anderen Punkt an, und ich bitte, daß Sie ihn bei Ihrer Entscheidung wirklich beachten.

Die bundesdeutsche Wirklichkeit sieht doch so aus: Im Westen konzentrieren sich kraftvolle Zentren von Verwaltung, Wirtschaft, Finanzen und Wissenschaft, und im Osten wird „abgewickelt", und er soll sich mit Titeln und Filialen begnügen. Das ist Ungewichtigkeit in Deutschland — das ist Ungewichtigkeit.

(Beifall bei Abgeordneten der CDU/CSU, der FDP, der SPD und des Bündnisses 90/ GRÜNE)

Ich will hier nicht zu den Behauptungen einer Verelendung der Bonner Region etwas sagen. Ich empfehle nur allen, die Werbeschriften der Landesregierung von Nordrhein-Westfalen zu lesen und die Hälfte davon zu glauben. Dann werden Sie dort das entscheidende Problem nicht sehen.

(Widerspruch des Abg. Dr. Hans-Jochen Vogel [SPD])

Meine Damen und Herren, das dritte Argument ist für mich die europäische Entwicklung: Der Bundeskanzler hat hier schon darauf hingewiesen, daß wir diese Entscheidung natürlich im Rahmen der Gesamtentwicklung nach Europa zu treffen haben. Für dieses Europa hat sich mit dem Ende des Ost-West-Konfliktes eine neue Ära der Gemeinsamkeit herausgebildet; sie hat begonnen. Berlin ist schon durch seine Lage für diese gesamteuropäische Zusammenarbeit prädestiniert. In den vergangenen 40 Jahren hat Berlin seine politische Bedeutung als Hauptstadt unterstrichen, und es hat seine geographische Lage, die beide Teile Deutschlands zusammengehalten hat. Es war mehr denn je der Balancepunkt deutscher Politik. Mit einer Entscheidung für Bonn aber würde dieser Balancepunkt nach Westen an die Rheinschiene verlagert werden. Meine Damen und Herren, eine solche Verlagerung würde den derzeitigen **Entwicklungen in Europa** widersprechen. Gerade jetzt in dieser Entwicklung wäre es in einer hoffnungsvollen Phase der Öffnung nach Mittel- und Osteuropa wirklich ein falsches Signal.

Die Entscheidung gegen Berlin würde die Entwicklung der Stadt sicherlich erschweren. Für mich ist das, trotz meiner Funktion als Regierender Bürgermeister dieser Stadt, nicht das allein Entscheidende. Wichtig ist: Die Entscheidung des Bundestages muß eine einigende und dabei befriedende Wirkung haben. Sie muß für die Zukunft tragfähig sein.

Regierender Bürgermeister Eberhard Diepgen (Berlin)

Ich werbe hier für Berlin. Ich möchte mich aber auch bei denjenigen bedanken, die sich um einen **Konsens** bemüht haben. Ich weiß, wie schwierig das war. Ich glaube, es ist wichtig, gerade hier auch noch einmal darauf hinzuweisen, daß eine tragfähige Lösung von möglichst vielen wirklich innerlich akzeptiert werden muß.

Ich möchte Sie, meine Damen und Herren, aus den Argumenten — ich habe nur drei genannt — einladen, auffordern, sich für Berlin zu entscheiden. Diese Stadt Berlin ist sicher voller Gegensätze, voller Spannungen und Widersprüchlichkeiten; aber, meine Damen und Herren, gerade deswegen ist sie nicht der Hort von Zentralismus, gerade deswegen, durch ihre Vielfalt, ist sie nicht das Beispiel einer Megastadt. Aber, meine Damen und Herren, diese Gegensätze, Spannungen und Widersprüchlichkeiten sind der Stoff, aus dem politische Kreativität entsteht. Das ist für Regierungs- und Parlamentssitz auch etwas Gutes.

Vielen Dank.

(Beifall bei Abgeordneten der CDU/CSU, der FDP, der SPD und des Bündnisses 90/ GRÜNE)

Vizepräsident Helmuth Becker: Meine sehr verehrten Damen und Herren, ich erteile nunmehr das Wort dem Ministerpräsidenten des Landes Nordrhein-Westfalen, Herrn Johannes Rau.

Ministerpräsident Dr. hc. Johannes Rau (Nordrhein-Westfalen): Herr Präsident! Meine Damen und Herren! Ich gestehe, daß ich lange gezögert habe, ob ich hier das Wort ergreifen sollte. Es ist eine Debatte, die schon ihre merkwürdigen Akzente hat. Seit Tagen haben wir gelesen, was für ein schwieriger Tag für das Parlament das sein werde. Wir haben die Argumente, die ausgetauscht worden sind, alle vorher in vielen Gesprächen schon hin- und hergewendet, und es ist auch für einen selber merkwürdig. Ich weiß nicht, wem von Ihnen es auch so geht wie mir: Da sitzt man da und schüttelt den Kopf bei Rednern, die man seit Jahren und Jahrzehnten verehrt und mit denen man befreundet ist.

(Heiterkeit)

Da gibt man Leuten Beifall, bei denen man früher keine Hand gerührt hätte.

(Heiterkeit und Beifall im ganzen Hause)

Da ist man beeindruckt von Argumenten für die Position Berlins. Dann hört man jemanden, der für Bonn wirbt, und man denkt: Na, wenn er es doch ein bißchen anders sagte! —

(Heiterkeit und Beifall im ganzen Hause)

Dann kommt man auch in die Situation, in der ich gerade war, als der Regierende Bürgermeister hier so eindrucksvoll vortrug, als er die Stärken Nordrhein-Westfalens, die er den Werbeschriften entnommen hat,

(Heiterkeit)

noch sehr viel deutlicher dargestellt hat als vor unserer letzten Landtagswahl.

(Heiterkeit)

Da denkt man: Wie komme ich hier zu einem Diskussionsbeitrag, der der eigenen Linie treu bleibt?

Ich gestehe: Was mich an Berlin-Befürwortern am stärksten beeindruckt und verunsichert, ist die Sicherheit ihrer Argumente.

(Beifall bei Abgeordneten der FDP und des Bündnisses 90/GRÜNE)

Ich bin oft viel unsicherer in dem, was mich bei dieser Abwägung bestimmt. Ich sage das hier freimütig.

Ich will Ihnen sagen, warum ich für den Standort Bonn werbe: Nicht, weil ich es für selbstverständlich halte, daß Diepgen für Berlin und Rau für Bonn ist, sondern weil ich eine Reihe von Überlegungen angestellt habe, die in der Tat auch mit meiner eigenen **Lebensgeschichte** zusammenhängen. Hier haben viele — auch der Bundeskanzler hat das getan — Daten und Fakten genannt, die Motive für die Art der jetzigen Entscheidung geworden sind. Mir ist das am stärksten bei Folgendem zum Bewußtsein gekommen. Sie sind, Herr Kollege Kohl, heute als Enkel Adenauers bezeichnet worden. Ich habe gestern das Glück gehabt, zum Sohn Gustav Heinemanns erklärt zu werden,

(Zuruf von der FDP: Zwangsadoptiert!)

dabei ist er nur der Urgroßvater meiner Kinder. Ich wurde gefragt, wie mein Ziehvater angesichts dessen, was ich da sagte, wohl dächte. Ich habe darauf nicht geantwortet. Ich habe darauf nicht geantwortet, weil ich es nicht wußte, weil ich nicht weiß, wie ein Mann wie **Gustav Heinemann**, mit dem ich nun wirklich viele Jahrzehnte meines Lebens in enger Verbindung gestanden habe und dem ich viel zu verdanken habe, in dieser Situation entschieden hätte.

Ich sage das, damit wir uns der außergewöhnlichen Situation bewußt sind, in der wir hier entscheiden. Man kann ja begrüßen, daß es einmal quer durch die Parteien geht.

(Beifall bei Abgeordneten der SPD)

Man kann aber auch besorgt sein, daß die Art, wie wir miteinander umgehen und wie dann die Entscheidung getroffen wird, hernach doch beiden schadet, denen, die für Bonn, und denen, die für Berlin eintreten.

(Beifall bei Abgeordneten der SPD)

Darum meine ich, wir sollten uns über ein paar Sachverhalte einig werden.

Der eine Sachverhalt ist für mich, daß wir sagen: Nun hat der Bundestag zu entscheiden. Er hat die Argumente zu wägen, und er hat dann seine Entscheidung zu treffen. — Deshalb habe ich gezögert, ob hier Regierungschefs der Länder reden sollten. — Diese **Entscheidung des Bundestages** muß dann gelten. Ich fände es gut, wenn jede der beiden Seiten dann sagte: Ja, das nehmen wir hin und an, und wir versuchen, der anderen Region zu helfen. Wenn wir zu diesem Konsens nicht kommen, dann wird das hier eine Episode und nicht der Beginn einer Epoche, dann kommen wir nicht voran, bei dem, was doch die eigentliche Aufgabe ist, auf die sich Bonn- und Berlin-Vertreter jeweils berufen, daß es nämlich um die Angleichung der Lebensverhältnisse in ganz Deutschland geht. Darum

Ministerpräsident Dr. hc. Johannes Rau (Nordrhein-Westfalen)

meine ich, wir dürfen jetzt nicht den Dauerkonflikt dadurch anlegen, daß wir die Entscheidung, die getroffen werden könnte, im vorhinein als vorläufig erklären; von keiner Seite dürfen wir das tun. Wie die Geschichte später entscheidet, das ist nicht unsere Aufgabe. Unsere Aufgabe ist, jetzt verantwortlich zu entscheiden.

(Beifall im ganzen Hause)

Darum komme ich noch einmal auf das gestrige Ansprechen von Gustav Heinemann zu sprechen. Ich habe Ihnen eben gesagt: Ich weiß nicht, wie er sich entschieden hätte. Aber ich habe das als Anlaß genommen, mir noch einmal deutlich zu machen: Um so wichtiger ist, daß ich jetzt meine Entscheidung treffe, nicht unter Berufung auf Heinemann oder Weizsäcker oder Wehner oder Brandt, sondern ich, meine Entscheidung jetzt.

Ich will Ihnen den Grund sagen. Ich würde ihn gerne in einem persönlichen Dialog dem Regierenden Bürgermeister sagen. Er hat davon gesprochen — er hat ja recht —, das wäre doch wohl zu bewältigen. Die scheinbare Zumutung, so haben Sie gesagt, wenn ich es mir richtig notiert habe, eventuell in fünf oder zehn Jahren mit Arbeitsplatz nach Berlin ziehen zu sollen, sei doch wohl denkbar und durchstehbar. So habe ich den Satz in Erinnerung.

Dann sage ich: Dieser Satz ist für mich ein Schlüsselsatz für meine Entscheidung für Bonn, nicht weil ich glaube, daß Sie die **sozialen Probleme** hier in der Region gering achten; das gewiß nicht. Die sozialen Probleme hier wären groß. Aber wir würden diese Krise durchstehen; wir würden sie bewältigen; wir würden uns auf die Hilfe anderer stützen und verlassen. Wir würden das bewältigen; das glaube ich.

(Beifall bei Abgeordneten der SPD, der CDU/CSU und des Bündnisses 90/GRÜNE)

Aber schwer würde das.

Ich sage: Der Satz „die scheinbare Zumutung eventuell in fünf oder zehn Jahren" macht deutlich, daß wir in der Gefahr sind, eine **Symbolentscheidung** zu treffen, eine bloße Geste. Denn in fünf oder zehn Jahren ist es nicht mehr die Frage, jetzt ist die Frage, wie wir den fünf neuen Ländern helfen. Das muß jetzt geschehen, indem wir jetzt mit unseren Mitteln unseren Menschen in Leipzig, in Dresden, auch in Berlin unsere Hilfe angedeihen lassen.

(Beifall bei Abgeordneten der SPD, der CDU/CSU und der FDP)

Nicht die symbolische Wirkung der Geste, daß eventuell in fünf oder zehn Jahren etwas komme, hilft in den fünf neuen Ländern, sondern es hilft, was wir jetzt tun.

Darum habe ich vor einem Jahr Vorschläge gemacht. Ich habe vor einem Jahr einen Vorschlag gemacht, eine Einrichtung von Bonn nach Weimar zu legen. Ich habe die Reden von Willy Brandt in Erinnerung, auch die Rede, in der er in Berlin Vorschläge gemacht hat, wir sollten uns doch jetzt über die **bundesstaatliche Ordnung** Gedanken machen: Was kommt wohin? Was wird denn aus Rostock, aus Greifswald, aus Schwerin, aus Leipzig, aus Dresden, aus Magdeburg, aus Erfurt?

All diese Fragen stehen jetzt für uns alle an. Aus diesen Fragen kommen wir nach meiner Überzeugung eben nicht heraus, indem wir jetzt eine Entscheidung treffen, die Berlin noch nicht nützt und der Rheinschiene jetzt schon schadet.

(Beifall bei Abgeordneten der SPD, der CDU/CSU, der FDP und des Abg. Dr. Klaus-Dieter Feige [Bündnis 90/GRÜNE])

Ich weiß nicht, was es bedeutet, wenn es links rot aufleuchtet. Aber das ist gefährlich.

(Heiterkeit)

Lassen Sie mich noch zwei kurze Sätze sagen: Hier sind die zehn Landtage und die zwei Landesregierungen zitiert worden. Auch mein Freund Jochen Vogel hat sie zitiert.

(Zuruf von der CDU/CSU)

— Den nordrhein-westfälischen hat er nicht zitiert, weil der nicht bei den zehn ist.

Ich finde, die Landtage und die Landesregierungen haben eine hervorragende Möglichkeit, ihrer Meinung Ausdruck zu verleihen, nämlich am 5. Juli im Bundesrat. Es ist Sache des Bundesrates, was die Landtage und die Landesregierungen sagen.

(Beifall bei Abgeordneten der SPD)

Hier hat jetzt der Bundestag zu entscheiden, und er wird nicht durch **Entscheidungen von Landtagen und Landesregierungen** präjudiziert.

(Beifall bei Abgeordneten der SPD, der CDU/CSU und des Bündnisses 90/GRÜNE)

Das letzte, was ich sagen möchte, ist: Meine Damen und Herren, ich habe zu denen gehört, die sich wochen- und monate-, tage- und nächtelang um Kompromisse bemüht haben, weil sie keine Spaltung wollten. Man kann 1986 als Kanzlerkandidat nicht „Versöhnen statt Spalten" rufen und dann hernach sehen, wie die Züge aufeinanderfahren. Nur, wenn jeder Kompromißvorschlag daran gemessen wird, ob er denn auch alles erfüllt, was der andere will, ist das Wesen des Kompromisses verbraucht. Deshalb ist es nicht zu einem **Kompromiß** gekommen. Darum ist jetzt zu entscheiden.

Ich bitte: Entscheiden Sie so, daß die bundesstaatliche Ordnung gewinnt und daß wir die Kräfte und die Sinne wieder freibekommen für die Hilfe in den neuen Ländern!

(Anhaltender Beifall bei der SPD — Beifall bei Abgeordneten der CDU/CSU, der FDP und des Bündnisses 90/GRÜNE)

Vizepräsident Helmuth Becker: Meine Damen und Herren, das Wort hat nun der Abgeordnete Dietmar Keller.

Dr. Dietmar Keller (PDS/Linke Liste): Herr Präsident! Meine Damen und Herren! Für unser neuestes Theaterstück, vermeldete jüngst Wolf Biermann, habe er einen pathetischen, einen sarkastischen und einen Hegelschen Satz im Angebot. „So wie es ist, bleibt es nicht", schrieb Bertold Brecht in „Revolutionäre Zeiten". „So wie es bleibt, ist es nicht", äffte Heiner Müller in Zeiten der Stagnation Brecht nach. „Nichts ist,

Dr. Dietmar Keller

(A) wie es ist", schrieb Shakespeare, „und darauf ist Verlaß".

Mit diesen drei Zauberworten, so Biermann, kommen wir allemal durch die Welt. Obzwar er dabei das moderne deutsche Theater gemeint hat, könnte er diesen Spruch auch darauf anwenden, was in den letzten Wochen und Monaten in den Medien und in manchen Aussagen von Politikern kundgetan wurde. Mit scheint, daß diese vorbereitende Diskussion nicht immer von der Verantwortung getragen war, die wir heute mit einer Entscheidung zu treffen haben.

Ich habe jetzt sechs Jahre Berlin-Aufenthalt hinter mir. Ich wohne in Berlin. Ich gestehe ehrlich, ich kenne schönere Städte. Ich wohne ein Dreivierteljahr in Bonn. Ich wohne hier gut und habe gute Arbeitsverhältnisse. Mir scheint aber, daß diese persönliche Befindlichkeit nicht unsere persönliche Entscheidung beeinflussen darf.

Wir haben heute eine **politische Entscheidung** zu treffen, eine Entscheidung nicht für die nächsten vier oder fünf Jahre, sondern eine Entscheidung, die weit über die Jahrhundertwende hinausgeht. Der Gordische Knoten des Pro und Kontra für Berlin oder Bonn läßt sich nach meinem Selbstverständnis in der insgesamt doch etwas verwirrenden Diskussion nicht dadurch entwirren, daß man zwischen dem Entweder-Oder auf kompromißbereite Lösungssuche geht, so ehrenhaft und so notwendig das auch war und ist.

Eine Entscheidung ist und bleibt nun einmal eine Entscheidung für etwas und zugleich gegen etwas. Wir haben uns heute für etwas und gegen etwas zu (B) entscheiden. Jede andere Entscheidung wäre eine halbherzige Entscheidung und würde die Debatte um Parlaments- und Regierungssitz nicht beenden.

Ein sachlicher Exkurs in die Geschichte des 19. und 20. Jahrhunderts im allgemeinen belegt zudem sowieso, daß Hauptstädte in der Regel durch politische Entscheidungen im jeweiligen Staat als solche etabliert wurden, so im übrigen 1949 auch Berlin und Bonn. In den meisten Fällen — um in der Geschichte zu bleiben — mußten die politische Funktion sowie die zentrale Verwaltung ebenso auf- bzw. ausgebaut werden wie das wirtschaftliche und kulturelle Gewicht und Ansehen. Nebenbei bemerkt — auch das ist in der europäischen Geschichte ja belegt —: Bildungs-, Kultur-, Verwaltungs- und Wirtschaftsmetropolen sind seit vielen Jahrhunderten in zahlreichen Ländern neben der jeweiligen Hauptstadt als Regierungssitz und Parlamentssitz als vollkommen normal empfunden worden.

Ich entscheide mich in der Abstimmung für **Berlin** und habe dafür drei Gründe:

Erstens. Ich halte es für angebracht, ein vor über vierzig Jahren gegebenes und danach beständig im öffentlichen Bewußtsein gehaltenes Wort auch einzulösen. Mir scheint, es spricht nicht für politische **Glaubwürdigkeit,** wenn man elf Legislaturperioden über Berlin als Hauptstadt und künftigen Regierungs- und Parlamentssitz spricht,

(Dr. Wolfgang Bötsch [CDU/CSU]: Aber Sie haben davon nichts gesagt in den vergangenen vierzig Jahren!)

und zu Beginn der zwölften Legislaturperiode eine (C) andere Entscheidung trifft.

(Gerhard O. Pfeffermann [CDU/CSU]: Herr Bezirkssekretär, ich würde mich an Ihner Stelle zurückhalten!)

— Ich werde micht nicht zurückhalten, weil ich ein demokratisches Mandat wie Sie habe, und ich werde reden, so wie ich denke, und ich werde machen, was ich will, weil ich allein meinen Wählern verantwortlich bin und nicht Ihren Zwischenrufen.

(Beifall bei der PDS/Linke Liste und bei Abgeordneten der SPD — Dr. Wolfgang Bötsch [CDU/CSU]: Aber Sie sollten sich überlegen, was Sie sagen!)

Und es ist gut für eine deutsche Demokratie, daß es unterschiedliche Meinungen gibt, und es wäre für eine parlamentarische Demokratie sehr gut, wenn diese unterschiedlichen Meinungen kultiviert ausgetragen würden und nicht durch Zwischenrufe. Herr Bötsch, es ist doch bekannt, daß Sie Weltmeister im Zwischenrufen sind. Daran werden Sie nicht gemessen.

(Gerhard O. Pfeffermann [CDU/CSU]: Als ehemaliges SED-Mitglied wäre ich an Ihrer Stelle ganz bescheiden!)

— Ich rede, wie ich will, ob ich in der SED gewesen bin oder ob ich früher in der CDU gewesen bin. Ich habe ein Mandat in diesem Deutschen Bundestag, und ich werde es wahrnehmen.

(Beifall bei der PDS/Linke Liste und bei Abgeordneten der SPD)

Dieses Wahrnehmen schließt auch ein, daß es mir in der Diskussion nicht gefällt, daß man in den letzten Wochen und Monaten von einem Provisorium Bonn gesprochen hat. Für mich ist Bonn nie ein Provisorium gewesen. Für mich ist Bonn eine Stadt gewesen, von der die **neue Ostpolitik** ausgegangen ist. Und die neue Ostpolitik hat einen Gorbatschow erst ermöglicht. Wenn wir heute auf ein vereinigtes, wirklich **vereinigtes Europa** zugehen, da hat Bonn eine historisch bedeutsame Rolle gespielt. Das bitte ich gleichermaßen in der künftigen Entscheidungsfindung mit zu berücksichtigen.

Zweitens. Ich gehe davon aus, daß die Entscheidung für Berlin im Zusammenhang mit der Ausarbeitung einer neuen Verfassung von erheblicher Symbolkraft sein könnte, nicht nur für das vereinigte Deutschland, sondern auch für die Völker Europas und der Welt. Diese Entscheidung eröffnete die Möglichkeit, für jedermann erkennbar ein Verständnis für die deutsche Einigung als im weitesten Sinne **kulturellen Erneuerungsprozeß** anzuzeigen und glaubhaft zu bedeuten, daß in der deutschen Politik mit mehr zu rechnen sein wird denn mit einer größeren alles beim alten lassenden quantitativen Potenz.

Und drittens entscheide ich mich für Berlin, weil ich darin eine große historische Chance sehe für ein modernes, bisher nicht erprobtes Modell — auch der Sozialplanung — nicht nur für Berlin und Nordrhein-Westfalen, sondern in der Dimension für mehrere Länder.

49

Dr. Dietmar Keller

(A) Meine Entscheidung für Berlin ist auch mein persönlicher Wille, dafür einzutreten, daß Bonn und die Region Bonn lebt und nicht, wie manches in Berlin, abgewickelt wird.

(Beifall bei der PDS/Linke Liste)

Vizepräsident Helmuth Becker: Meine Damen und Herren, der nächste Redner ist der Abgeordnete Paul Laufs.

Dr. Paul Laufs (CDU/CSU): Herr Präsident! Meine Damen und Herren! Die Gefühle, die einen Schwaben wie mich, der in großer Entfernung von Bonn und Berlin zu Hause ist, in dieser Stunde bewegen sind zunächst mit seiner Leidenschaft für Effizienz und Sparsamkeit eng verbunden, auch mit seiner Neigung zu einer bescheidenen Lebensführung.

Mich bedrückt der Gedanke an alle unsere ungeheuren Aufgaben im Osten, im zusammenwachsenden Europa, in der Weltwirtschaft und nicht zuletzt in der Dritten Welt. Sind wir noch in der Lage, zusätzliche immense Lasten zu schultern, wie sie mit einem beispiellosen Umzug verbunden wären?

(Beifall bei Abgeordneten der SPD sowie Zustimmung des Abg. Dr. Klaus-Dieter Feige [Bündnis 90/GRÜNE])

Ich sehe natürlich auch, daß dies nicht der erste und nicht der einzige Aspekt ist. **Berlin** ist die **deutsche Hauptstadt** und hat als Stadt der deutschen Einheit Anspruch auf die Anwesenheit höchster Verfassungsorgane, in denen sich die Bundesrepublik Deutschland repräsentiert. **Bonn** hat den Anspruch darauf, in (B) der **Kontinuität der jüngsten**, höchst erfolgreichen und glücklichen **Geschichte der Deutschen** zu bleiben. Es geht also um eine Lösung, die beiden bedeutenden Städten deutscher Geschichte gerecht wird.

(Beifall bei Abgeordneten der CDU/CSU)

Mit einer Alles-oder-nichts-Entscheidung werden wir eine Befriedung und einen gemeinsamen Weg in die Zukunft nur schwer erreichen.

Meine Damen und Herren, die Staatsgewalt sollte nicht nur funktional geteilt sein, damit sie zur gegenseitigen Kontrolle in der Lage ist, sie sollte auch regional, landesweit verteilt sein.

Der Gedanke der funktionalen und der regionalen Gewaltenteilung hat die Verfassungsväter und -mütter und die Politiker der ersten Stunde zutiefst beeinflußt. Wir sind sehr gut damit gefahren, z. B. mit dem Bundesverfassungsgericht in Karlsruhe, mit der Bundesbank in Frankfurt, dem Verfassungsschutzamt in Köln usw., mit den Bundesländern als eigenständigen Zentren politischer Macht. Der Gedanke der **funktionalen und regionalen Gewaltenteilung** ist grundlegend für die Bundesrepublik Deutschland und sollte auch in der Hauptstadtdebatte bewußt sein. Unser Staat ist nicht zentralistisch angelegt, und dies hat sich bewährt. Die Frage der Praktikabilität hat dabei nie im Vordergrund gestanden.

Ich möchte eine weitere Überlegung hinzufügen. Die wirtschaftliche Stärke unseres Landes ist nicht zuletzt darin begründet, daß es in ihm eine Vielzahl regionaler Ballungs- und Wachstumszentren gibt. Es zeichnet sich bereits ab, daß diese **Ballungsräume** wegen ihrer zunehmenden Probleme des Verkehrs, des Wohnungsmarktes, der Umwelt und der Lebenshaltungskosten unattraktiv werden. (C)

Die **Wachstumsträger der Zukunft** werden **mittelgroße Städte** sein, die unbelastete Spielräume anbieten können. Und eine ausgebaute Infrastruktur bis hin zur Universität besitzen.

Es wäre deshalb verkehrt, die wichtigsten Funktionen gebündelt in einen riesigen Verdichtungsraum zu verlagern, mit all seinen vielfältigen Erstickungssymptomen. Ich bin deshalb der Auffassung, daß wir einen Umzug der Regierung, einschließlich der Ministerien, von Bonn nach Berlin nicht verantworten können.

Muß dies auch für den Deutschen Bundestag gelten? Gefühlsmäßig wird jeder sagen: Das gilt auch für den Deutschen Bundestag. So sind wir es gewohnt, und so haben wir gute Erfahrungen gemacht. Können wir aber weiter so Berlin gerecht werden? Berlin ist Hauptstadt und muß im vereinten Deutschland einen wirklich herausgehobenen Platz erhalten. Die Teilung überwinden durch Teilung von Parlaments- und Regierungssitz, ist dies praktikabel?

Die **räumliche Trennung von Regierung und Parlament** würde die Effizienz ihrer Zusammenarbeit schwächen; das ist nicht zu bestreiten. Die Bundesregierung wäre stärker davon betroffen als der Deutsche Bundestag. Ich bin aber davon überzeugt, daß die Nachteile der unterschiedlichen Standorte durch die Mittel der Kommunikations- und Verkehrstechnik auf ein geringes Maß eingeschränkt und insgesamt erträglich gestaltet werden könnten.

Die räumliche Distanz des Bundestages von der Regierung müßte dem deutschen Parlamentarismus (D) nicht abträglich sein. Die gewohnte, überaus enge Verzahnung zwischen Regierungs- und Parlamentstätigkeit legt ja mitunter die Frage nahe, wer eigentlich wen kontrolliert und an der Hand führt. Montesquieu hätte gewiß wenig Freude mit uns. Die Exekutive ist in Wahrheit übermächtig geworden. Mehr bewußte **Eigenständigkeit** würde dem **Parlament** guttun. Und das Bild von den zwei Fußballmannschaften ist gänzlich falsch: Keine Parlamentsmehrheit stürmt gegen das eigene, d. h. das Regierungstor. Eigentore kommen zwar bisweilen vor, sind aber meistens nicht beabsichtigt.

Meine Damen und Herren, ein Umzug des Bundestages könnte vollständig erst in einigen Jahren geschehen. Bis dahin wünsche ich mir viele Sitzungen des Deutschen Bundestages im Berliner Reichstag, nicht nur zu feierlichen Anlässen, auch für große Debatten und wichtige Entscheidungen.

Ich bitte Sie um Zustimmung zum „Konsensantrag".

(Beifall bei Abgeordneten der CDU/CSU)

Vizepräsident Helmuth Becker: Meine sehr verehrten Damen und Herren, wir sind jetzt an dem Punkt, an dem die beiden ersten Runden, die vereinbart waren, zu Ende gegangen sind.

Wir haben heute morgen beschlossen, daß wir dann nach den Regeln der Aktuellen Stunde vorgehen wol-

Vizepräsident Helmuth Becker

len. In diesen Regeln steht — ich darf Sie bitte alle daran erinnern —: Kein Beitrag darf länger als fünf Minuten dauern.

Als nächster Redner hat nun unser Kollege Hans Bury das Wort.

Hans-Martin Bury (SPD): Herr Präsident! Liebe Kolleginnen und Kollegen! Lassen Sie mich eine Frage aufgreifen, die Willy Brandt am 20. Dezember 1990 im Berliner Reichstagsgebäude an uns gerichtet hat. Lassen Sie sie mich sinngemäß umformulieren: Ist jemand in diesem Hohen Haus, der nach dem 5. April 1966 geboren worden ist? — Da das offensichtlich nicht der Fall ist, möchte ich als jüngstes Mitglied des Deutschen Bundestages

(Heiterkeit — Beifall bei Abgeordneten der SPD und des Bündnisses 90/GRÜNE)

unsere Debatte aus der Perspektive der jungen Generation konkretisieren.

Welches sind die entscheidenden Argumente der Berlin-Befürworter? — Glaubwürdigkeit und Symbolik. Beide Gedanken greifen zu kurz, weil sie nur vergangenheitsgerichtet sind. Berlin ist Hauptstadt des geeinten Deutschland. Die Entscheidung über den Sitz von Parlament und Regierung hat der **Einigungsvertrag** — auch mit Zustimmung fast aller Berlin-Befürworter — ausdrücklich offengehalten.

(Beifall bei Abgeordneten der SPD)

Wir sind also in unserer Entscheidung in jeder Hinsicht wirklich frei, und zwar nicht nur formal, sondern auch auf Grund unserer **geschichtlichen Entwicklung.** Denn Geschichte ist nicht statisch, sondern dynamisch. Und die Vorstellung von der Funktion Berlins, die manche hier konservieren, stand im Verbund mit einem Deutschland in den Grenzen von 1937.

(Anke Fuchs [Köln] [SPD]: Sehr wahr! — Widerspruch des Abg. Peter Kittelmann [CDU/CSU])

In der Grenzfrage haben wir geschichtliche Entwicklungen akzeptiert. Das hat unserer Glaubwürdigkeit nicht geschadet, im Gegenteil!

(Beifall bei Abgeordneten der SPD, der FDP und des Bündnisses 90/GRÜNE)

Die jungen Generationen verbinden mit der parlamentarischen Demokratie Bonn, das vom westdeutschen Provisorium zur gesamtdeutschen Politikwerkstatt geworden ist, und zwar mit europäischer Perspektive. Diese Perspektive kommt mir in unserer Diskussion zu kurz.

Alle haben begrüßt, daß die deutsch-deutsche Grenze gefallen ist. Wir dürfen aber jetzt nicht stehenbleiben und uns selbstgerecht zurücklehnen. Die deutsche Einigung ist für mich nur ein Zwischenschritt auf dem Weg zur **europäischen Integration.** Und ein grenzenloses Europa, ein Europa der Regionen, braucht keine nationalstaatlichen Machtzentren alter Prägung.

(Beifall bei Abgeordneten der SPD, der FDP und des Bündnisses 90/GRÜNE)

Entgegen allen Beteuerungen laufen wir heute Gefahr, auf das Auslaufmodell „Nationalstaat" zu setzen und den europäischen Zug der Zeit zu verpassen.

Einige wenden zu Recht ein, daß wir uns nicht allein auf Westeuropa konzentrieren dürfen. Auch ich messe einer Osteuropapolitik große Bedeutung bei. Doch die Lokomotive wird in Straßburg und Brüssel aufs Gleis gesetzt und nicht in Berlin. Deutschland kann und Deutschland soll hier nicht im Alleingang agieren, sondern im europäischen Verbund.

Ein weiterer Aspekt, um den wir uns wenigstens heute nicht herummogeln dürfen, sind die **Kosten eines Umzugs.** Ich bin immer wieder mit dem Vorwurf konfrontiert worden: „Wer die Kosten in den Vordergrund stellt, hat keine Grundsätze." — Liebe Kolleginnen und Kollegen, wir alle haben in den letzten Tagen von Vertretern großer Jugendverbände einen Brief bekommen, in dem die deutschen Beiträge zur Linderung von Hunger und Elend in der Welt aufgelistet worden sind. Der Vergleich der Kosten eines Umzugs mit diesen Zahlen ist für uns alle beschämend.

(Beifall bei Abgeordneten der SPD sowie des Abg. Dr. Klaus-Dieter Feige [Bündnis 90/GRÜNE])

Wer die Kosten in die Diskussion einbezieht, hat vielleicht andere Grundsätze, aber sicher keine schlechteren.

(Beifall bei Abgeordneten der SPD)

Denn egal, ob der Umzug 50 oder 100 Milliarden DM kostet: Wir reden über Geld, das wir gar nicht haben. Niemand hier hat im Verlauf der ganzen Debatte gesagt, wie wir es aufbringen wollen. Wieder wird ein ungedeckter Wechsel auf die Zukunft gezogen. Es ist unverantwortlich, wie hier mit einer Politik für die Vergangenheit die Handlungsspielräume der Zukunft eingeengt werden sollen. Die finanzielle und psychologische Belastbarkeit der Menschen in der Bundesrepublik ist nicht unbegrenzt. Ich bitte Sie, diesen Punkt angesichts wachsender Wohnungsnot, fehlender Kinderbetreuungsmöglichkeiten und struktureller Probleme auch in den alten Ländern nicht zu unterschätzen.

Lassen Sie uns auf die wesentlichen Herausforderungen der Politik zurückkommen! Wir brauchen keinen neuen Parlaments- und Regierungssitz. Die **junge Generation** entwickelt ein **Selbstbewußtsein,** das ohne den Hang zu Symbolen nationaler Größe und Repräsentanz auskommt. Eine Entscheidung für Bonn ist eine Entscheidung für die Zukunft.

Danke schön.

(Beifall bei Abgeordneten der SPD, der CDU/CSU und der FDP sowie des Abg. Dr. Klaus-Dieter Feige [Bündnis 90/GRÜNE])

Vizepräsident Helmuth Becker: Ich erteile nunmehr unserem Kollegen Wolfgang Mischnick das Wort.

Wolfgang Mischnick (FDP): Herr Präsident! Meine verehrten Kolleginnen und Kollegen! Ich gehöre zu den drei Ältesten des Hauses, und ich weiß, daß in der jungen Generation viele ähnlich wie der Kollege denken, der soeben gesprochen hat. Ich habe allerdings in

Wolfgang Mischnick

vielen Diskussionen leider auch feststellen müssen, wie viele dieser jungen Generation von Fakten ausgehen, die keine Fakten sind, und die tatsächliche **geschichtliche Entwicklung** vor 1933, bis 1945 und danach nicht vollständig wissen

(Beifall des Abg. Helmut Schäfer [Mainz] [FDP] und bei Abgeordneten der SPD)

und deshalb zu Fehlschlüssen gekommen sind.

Daher ein paar kurze Bemerkungen zur Entwicklung.

1949 entschied man sich für Bonn und gegen Frankfurt mit der Begründung, Frankfurt wäre eine Festlegung auf Dauer, Bonn sei das Provisorium. Gut, man kann 40 Jahre später zu neuen Überlegungen kommen.

Ende der **50er Jahre** haben wir gemeinsam knirschend hingenommen, daß wir nicht mehr in Berlin tagen durften, weil die Alliierten das so wollten.

(Karl Stockhausen [CDU/CSU]: Sehr richtig!)

Man kann 20 Jahre, 30 Jahre später neue Überlegungen anstellen.

Wir haben die Vier-Mächte-Vereinbarung zur Kenntnis genommen und mußten wiederum feststellen, daß wir nicht in Berlin tagen durften. Wir haben bestätigt, daß das für uns eine vorübergehende Erscheinung ist.

Sodann, meine verehrten Kolleginnen und Kollegen, erinnere ich an einen Tag, der nicht lange zurückliegt. Am 9. November **1989,** als hier nach kurzen Redebeiträgen dieser Bundestag spontan aufstand und unsere Nationalhymne sang, war das einer der bewegendsten Augenblicke meiner parlamentarischen Tätigkeit.

(Dr. Franz Möller [CDU/CSU]: Sehr richtig!)

Wer mir an diesem Abend gesagt hätte, es sei zweifelhaft, daß dieser Bundestag in Zukunft in Berlin tagen werde, dem hätte ich erklärt: Das halte ich nicht für möglich.

(Beifall bei Abgeordneten der FDP, der CDU/ CSU, der SPD und des Bündnisses 90/ GRÜNE)

Heute muß ich feststellen, wie schnell dies vergangen ist, was damals an innerer Einstellung vorhanden war.

Nun wird, wie soeben, behauptet: Aber die **Kostenfrage!** — Das war auch 1949 so. Da wurde Bonn billig und Frankfurt teuer gerechnet; hinterher war es genau umgekehrt. Das kann nicht die Entscheidungsfrage sein. Denn jeder muß wissen: Was kurzfristig billig ist, wird mittelfristig und langfristig teuer, wenn man es ernst meint, daß Berlin nicht nur ein Etikett ist, sondern eine Hauptstadt sein soll. Wenn man beides nebeneinander haben will, wird es nicht billiger, wird es teurer werden.

(Beifall bei Abgeordneten der FDP)

Deshalb, meine verehrten Kolleginnen und Kollegen, kann dieses Argument nicht das entscheidende sein.

Ein weiterer Gesichtspunkt ist für mich von großer Bedeutung. In dieser Stadt, wo beide Teile Deutschlands jetzt zusammenwachsen, ist es natürlich von Bedeutung, ob wir uns an die Entscheidungen, die wir in der Vergangenheit getroffen haben, halten oder nicht. Hier wird das Zusammenwachsen täglich für jedermann sichtbar. Hier wird das **Zusammenwachsen** auch für das **Gesamtdeutschland** von Bedeutung sein.

Wenn wir uns heute für Berlin entscheiden, heißt das, daß eben nicht nur wir Bundesbürger mit allen unseren Kräften für Berlin eintreten. Dann werden auch Dritte bereit sein, nach Berlin zu gehen. Und dann wird sich die Kostenfrage in einer ganz anderen Weise, als es heute dargestellt wird, stellen,

(Beifall des Abg. Peter Kittelmann [CDU/ CSU])

als wenn wir uns umgekehrt entscheiden. Denn viele werden nicht nach Berlin gehen, wenn wir hierbleiben.

Für Bonn ist die europäische Komponente entscheidend. Wenn Bundesparlament und Regierung hierbleiben, wird Bonn nicht ein Pfeiler des künftigen Dreiecks Brüssel–Luxemburg–Bonn werden können. Hier ist die Zukunft für Bonn, dieses Dreieck zu bilden, damit innerhalb der Europäischen Gemeinschaft davon die entsprechenden Impulse ausgehen.

(Vorsitz: Vizepräsidentin Renate Schmidt)

Berlin aber sollte für Deutschland die Brücke zu den östlichen Ländern bilden. Diese **Doppelfunktion Bonn und Berlin,** das ist wirklich die Zukunft. Deshalb bin ich für Berlin.

(Beifall bei Abgeordneten der FDP, der CDU/ CSU, der SPD und des Bündnisses 90/ GRÜNE)

Vizepräsidentin Renate Schmidt: Das Wort hat der Kollege Clemens Schwalbe.

Clemens Schwalbe (CDU/CSU): Frau Präsidentin! Meine Damen und Herren! Die Diskussionen in der letzten Zeit um den Sitz von Parlament und Regierung wurden so geführt, als sei die heutige Entscheidung die Schicksalsentscheidung für die deutsche Nation. Dieser Eindruck wird noch verstärkt durch den Berlin-Antrag „Vollendung der Einheit Deutschlands", so, als ginge es darum, einen neuen Einigungsvertrag auszuarbeiten.

(Dr. Franz Möller [CDU/CSU]: Sehr richtig!)

Das Schicksal der Nation entscheidet sich nicht durch die heutige Entscheidung, sondern dadurch, wie in allen neuen Ländern der Aufschwung vorangeht,

(Beifall bei Abgeordneten der CDU/CSU und der FDP)

und dies nicht nur am heutigen Tag, sondern Tag für Tag.

Clemens Schwalbe

Wir wägen das Für und Wider für eine Region ab, in der wir neue Arbeitsplätze schaffen wollen, in der wir überhaupt keine wegzunehmen bräuchten. Hätten wir so intensiv, wie wir in letzter Zeit um Bonn und Berlin gestritten und Kompromisse gesucht haben, um Leuna und Buna gestritten, ich sage Ihnen, wir hätten bereits eine Lösung gefunden, wie wir in dieser Region 50 000 Arbeitsplätze retten könnten. Diese Diskussion, meine Damen und Herren, hätten die Menschen dort vor Ort auch verstanden.

(Hans Peter Schmitz [Baesweiler] [CDU/
CSU]: Sehr richtig!)

Nein, wir streiten statt dessen darüber, welche Arbeitsplätze wir einer Region anbieten können, weil wir meinen, aus der Geschichte ableiten zu können, daß die vorhandenen Arbeitsplätze dieser Region nicht zustehen.

Der Sitz des Parlaments und der Regierung ist für die Zukunft Deutschlands nicht das Entscheidende, meine ich, wie uns mancher glauben machen will. So werden wir mit Schlagworten bombardiert: „Wer nicht für Berlin ist, macht sich zum Gespött der Welt", „Welch erbärmliches Schauspiel geben die Bonn-Provinzler ab"; das geht hin bis zu „Verrat am Vaterland und an den neuen Bundesländern".

(Peter Kittelmann [CDU/CSU]: Das hat doch
keiner gesagt! Bringen Sie hier keinen
Popanz in die Diskussion!)

— Mein lieber Herr Kittelmann, schlagen Sie mal die heutigen Zeitungen auf; dann können Sie das wortwörtlich nachlesen.

Das gipfelt darin, daß man heute in einer großen deutschen Tageszeitung nachlesen kann: Alles geht von Berlin aus.

Aber genau das ist der Punkt, warum ich als Vertreter der neuen Bundesländer für einen Vorschlag eintrete, der eine Ausgewogenheit für alle unsere Länder vorsieht. Die Zukunft unseres Vaterlands ist nun einmal von der Entwicklung in ganz Deutschland abhängig und nicht nur von Berlin. Wir brauchen kein übermächtiges politisches und wirtschaftliches Machtzentrum,

(Anke Fuchs [Köln] [SPD]: Sehr richtig!)

dessen Umfeld von Anfang an zu Wettbewerbsnachteilen verurteilt ist.

(Beifall bei Abgeordneten der CDU/CSU, der
FDP und der SPD)

Wenn ich einer wahrhaft umstrittenen und unpopulären Steuererhöhung meine Zustimmung gegeben habe, so habe ich das mit gutem Gewissen für den Aufbau der neuen Länder getan. Aber ich habe es nicht dafür getan, daß der größte Teil dieses Geldes für einen neuen Parlaments- und Regierungssitz ausgegeben wird.

(Beifall bei Abgeordneten der CDU/CSU, der
FDP und der SPD)

Das, meine Damen und Herren, überstiege mein Solidarverständnis.

Ich füge noch etwas hinzu: Berlin sollte doch endlich einmal mit sich selbst ehrlich sein. Die Probleme, die mit der Einheit dieser Stadt verbunden sind, der prognostizierte Zuwachs dieser Stadt können heute noch gar nicht bewältigt werden. Wenn wir davon ausgehen, daß diese Stadt innerhalb der nächsten fünf bis sechs Jahre einen Zuwachs von über einer Million Menschen haben wird, frage ich mich, wie wir diese Probleme lösen wollen. Und zusätzlich wollen wir dort einen Regierungs- und Parlamentssitz errichten? Wie soll das gehen? Das geht nur, indem wir dafür eine Vorrangstellung einräumen, und dann schaffen wir neue Privilegien; denn wir müssen Parlament und Regierung bevorteilen, weil wir für die sozial Schwächeren dann kein Geld mehr haben, da wir erst repräsentative Bauten errichten müssen. Diese Problematik habe ich 40 Jahre erlebt und kann dem deshalb nicht zustimmen.

Fazit — das rote Lämpchen leuchtet —: Wir haben eine Hauptstadt; so steht es im Einigungsvertrag. Sie soll Deutschland für Deutschland und Europa repräsentieren. Wir haben Bonn, von dem über 40 Jahre eine gute Politik für Deutschland und für Europa ausgestrahlt hat und das auch für den DDR-Bürger ein Symbol für Frieden und Freiheit gewesen ist,

(Beifall bei Abgeordneten der CDU/CSU, der
FDP und der SPD)

nämlich zu der Zeit, als wir nur aus unserem Kämmerlein heraus die Bundestagsdebatten am Fernseher verfolgen konnten.

Vizepräsidentin Renate Schmidt: Herr Kollege Schwalbe, kommen Sie bitte zum Schluß!

Clemens Schwalbe (CDU/CSU): Ja. — Darüber hinaus haben wir fünf neue Bundesländer, die auf eine Signalwirkung warten. Und die Signalwirkung heißt: Oberste Bundesbehörden in alle Länder und nicht nur nach Berlin. Deshalb der Vorschlag: Stimmen Sie der Bundeslösung zu.

Danke schön.

(Beifall bei Abgeordneten der CDU/CSU, der
FDP und der SPD)

Vizepräsidentin Renate Schmidt: Als nächster hat der Kollege Konrad Weiß das Wort.

Konrad Weiß (Berlin) (Bündnis 90/GRÜNE): Frau Präsidentin! Meine Damen und Herren! Wir Deutschen sind ein seltsames Volk: Erst leben wir als ein Volk in zwei Staaten und hegen jahrzehntelang eine maßlose Haßliebe aufeinander. Dann vereinigen wir die beiden Staaten hastig wieder und stellen nach der Hochzeitsnacht erschrocken und ernüchtert fest, daß in dem einen deutschen Land zwei deutsche Völker wohnen, die sich so fremd sind, wie sich nur Verwandte fremd sein können.

(Heiterkeit)

Mit unserer Hauptstadt halten wir es nicht besser. Wie haben Sie alle hier in Westdeutschland dem amputierten Berlin nachgetrauert, und wie widerstrebend haben Sie sich an die Hauptstadtprothese Bonn gewöhnt! Wie haben sie das gequälte, geschundene, zerrissene Berlin umhegt und es 40 Jahre lang für eine bessere Zukunft am Tropf gehalten!

Konrad Weiß (Berlin)

Nun ist das Wunder geschehen: Was Sie im Westen und wir im Osten für die Zukunft erhofft hatten, könnte Gegenwart sein. Doch nun auf einmal fällt es schwer, sich von der Vergangenheit zu trennen.

Ich habe mein halbes Leben lang in Ostberlin gelebt, der anderen Hälfte der Hoffnungsstadt. Überall, wohin ich kam, stieß ich auf Mauern. Meine Kinder sind im Schatten der Mauer großgeworden. Berlin war für mich immer mehr als der Ort, in dem ich wohne. Es war eine offene, schmerzende Wunde. Es war das **Symbol der Teilung.** Nirgends sonst in Deutschland war die Trennung so augenfällig wie dort, nirgends sonst wurde die Mauer so gehaßt wie in Berlin, wo sie allgegenwärtig war.

Berlin ist auch **Symbol deutscher Schuld.** Der brennende Reichstag steht für die tiefste Niederlage der Menschlichkeit und Demokratie in Deutschland. Die rote Siegesfahne auf seinem Dach erinnert mahnend an die Opfer, die von der Völkergemeinschaft und von wenigen mutigen Deutschen erbracht worden sind, damit Deutschland wieder ein demokratisches und menschliches Land werden konnte.

Nun, seit der Vereinigung, hat der **Reichstag** seine Würde wieder. Gibt es einen Ort, der geeigneter sein könnte für ein Parlament?

(Anke Fuchs [Köln] [SPD]: Ja, Bonn!)

Berlin ist eine **Weltstadt.** Für keine andere Stadt hat das Weltgewissen so laut und vernehmlich gesprochen. Für keine andere Stadt wurden mehr Opfer gebracht. Meine Freunde in Warschau, in Paris, in Moskau und in New York, ja selbst in Jerusalem verfolgen fassungslos die deutsche Debatte. Niemand im Ausland versteht auch nur die Fragestellung. Es ist ein gleicherweise romantisches wie komisches Duell, dem wir als Abgeordnete nun sekundieren sollen.

Man stelle sich vor, Ernst Reuter hätte mit Blick auf das nationale Wasserwerk gerufen: Schaut auf diese Stadt! Oder ein amerikanischer Präsident hätte gesagt: Ich bin ein Bonner.

(Heiterkeit)

Ich habe mein halbes Leben in Berlin, der Hoffnungsstadt, gewohnt. Bonn habe ich immer mit Respekt als Hauptstadt der Bundesrepublik Deutschland betrachtet, jener Bundesrepublik, mit der ein demokratischer und freiheitlicher deutscher Staat geschaffen worden ist. Diese **alte Bundesrepublik** aber ist, nicht anders als die DDR, am 3. Oktober 1990 untergegangen. Deutschland, dessen Souverän uns gewählt hat, dieses Deutschland ist ein neues Land. Bonn gehört der alten Bundesrepublik; für uns aus dem Osten ist und bleibt es fremd.

(Zuruf von der CDU/CSU: Das ist schade!)

Ich gestehe gern ein: Bonn ist eine hübsche, verträumte, gemütliche Stadt. Es ist bequem und sanft und eine gefällige Residenz — eine Stadt für Leute, die alles hinter sich haben.

(Widerspruch bei Abgeordneten der CDU/
CSU, der FDP und der SPD)

Berlin ist Zukunft, ist Leben, ist Spannung und Streß, Unruhe und Bewegung. Berlin ist widerspenstig und widersprüchlich und geht grobschlächtig mit den Mächtigen um.

Bonn ist das Zimmermädchen der Politik; hier dreht sich alles um die Macht. Berlin dreht sich um sich selbst; es kennt keinen Respekt vor Titel und Namen.

In Bonn lebt's sich angenehm und rheinisch leicht; Weinhügel umgeben es, und Paris ist nah.

40 Jahre lang haben wir Ruhe gehabt, beklagte sich gestern ein Bonner. Berlin wird uns nicht in Ruhe lassen. Berlin atmet und stinkt und dröhnt. — Über die alten Weinberge ist längst Beton gegossen, doch Warschau und Prag sind nah, und Paris ist nicht weit. Berlin ist eine europäische Stadt.

Für Bonn, meine Damen und Herren, spricht viel, aber für Berlin spricht alles. Es gibt keine Alternative für Deutschlands schlagendes Herz.

(Beifall beim Bündnis 90/GRÜNE — Beifall
bei Abgeordneten der CDU/CSU, der FDP,
der SPD und der PDS/Linke Liste)

Vizepräsidentin Renate Schmidt: Wenn mir die Bemerkung gestattet ist: Auch in Bonn dürften viele noch einiges vor sich haben, z. B. die Kollegin Ingrid Matthäus-Maier, die jetzt das Wort hat.

(Beifall bei Abgeordneten der CDU/CSU, der
FDP und der SPD)

Ingrid Matthäus-Maier (SPD): Frau Präsidentin! Meine Damen und Herren! Grundlage der heutigen Debatte ist der **Einigungsvertrag.** Dort heißt es:

Hauptstadt Deutschlands ist Berlin. Die Frage des Sitzes von Parlament und Regierung wird nach der Herstellung der Einheit Deutschlands entschieden.

Damit ist die Möglichkeit einer Trennung zwischen Hauptstadt einerseits und Sitz von Parlament und Regierung andererseits ausdrücklich eröffnet worden.

(Beifall bei Abgeordneten der SPD, der CDU/
CSU und der FDP)

Vor diesem Hintergrund sollten wir fair miteinander umgehen und gemeinsam feststellen: Jedermann hat das Recht, sich für Berlin einzusetzen. Jeder von uns hat aber genauso das Recht, sich für Bonn einzusetzen.

(Beifall bei Abgeordneten der SPD)

Die Berlin-Befürworter stützen sich auf den Bundestagsbeschluß von 1949. Wir Bonn-Befürworter stützen uns auf den Bundestagsbeschluß von 1990, und deswegen kann von Wortbruch keine Rede sein, meine Damen und Herren.

(Beifall bei Abgeordneten der SPD, der CDU/
CSU und der FDP)

Ich bin für eine **Aufgabenteilung:** Berlin als deutsche Hauptstadt mit wichtigen Funktionen,

(Jochen Feilcke [CDU/CSU]: Zum Beispiel?)

Ingrid Matthäus-Maier

und Bonn als Sitz von Parlament und Regierung.

(Zuruf von der CDU/CSU: Das ist eine wunderbare Aufteilung!)

Zu unserer deutschen Identität gehört eben das doppelte Symbol: Berlin als Symbol für 40 Jahre Freiheitskampf und als Brücke zum Osten; Bonn als Verbindung zum Westen und als Symbol für die besten 40 Jahre, die die Deutschen historisch auf die Beine gebracht haben, meine Damen und Herren.

(Beifall bei Abgeordneten der SPD, der CDU/CSU und der FDP)

Ich habe die Sorge, daß wir bei der ganzen Debatte zuviel von historischen Erinnerungen und geschichtlichen Argumenten reden, und zuwenig von den **Menschen und ihren tatsächlichen Problemen.** Was nützt es eigentlich dem arbeitslosen Werftarbeiter in Rostock, wenn neue Regierungsbauten in Berlin entstehen?

(Widerspruch bei Abgeordneten der SPD)

Was hilft es der alleinstehenden Mutter in Dresden und dem Automobilarbeiter in Zwickau, wenn der Bundestag nach Berlin umzieht?

Lieber Wolfgang Thierse, du hast gesagt, eine Entscheidung für Berlin wäre ein wunderbarer Anlaß zur Hoffnung. Solche Worte wecken in mir die Furcht, daß schon wieder neue Illusionen genährt werden,

(Beifall bei Abgeordneten der SPD, der CDU/CSU und der FDP)

und das ist gefährlich; denn daß unerfüllbare Illusionen genährt worden sind, ist doch heute schon die schwerste Hypothek der deutschen Einheit, meine Damen und Herren.

(Beifall bei Abgeordneten der SPD)

Ein Umzug würde in der Bonner Region große **Strukturprobleme** schaffen und Zigtausenden Menschen schaden. Vergessen wir nicht: Auch hier geht es um Menschen. Hier geht es nicht um den Umzug von Aktenschränken und Schreibtischen; es geht um Männer, Frauen und Kinder, meine Damen und Herren.

(Beifall bei Abgeordneten der SPD)

Ich möchte diejenigen, die meinen, sie könnten Strukturprobleme in Berlin mit einem Umzug lösen, daran erinnern: Es gehörte noch nie zur Politik dieser Republik, daß man ein Strukturproblem in einer Region durch das Schaffen eines Strukturproblems in einer anderen Region lösen wollte.

(Beifall bei Abgeordneten der SPD, der CDU/CSU und der FDP)

Die **Kosten eines Umzugs** wären enorm. Keiner kann die Summe genau nennen. Der Bundesfinanzminister hat erschreckende Größenordnungen genannt. Einige zig Milliarden wären es auf jeden Fall. Wir müssen für die Verwirklichung der deutschen Einheit sehr viel Geld aufbringen, und das wollen wir auch. Ich will jedoch, daß wir diese Mittel in Investitionen und Arbeitsplätze, in Beschäftigungsgesellschaften

und Kindergartenplätze, aber nicht in einen Umzug stecken.

(Beifall bei Abgeordneten der SPD)

Der Bundespräsident hat einmal gesagt: Wer die Finanzierbarkeit seiner Politik nicht ernst nimmt, der handelt verantwortungslos.

(Zuruf von der CDU/CSU: Was hat er denn noch gesagt?)

Deshalb ist es kein Krämergeist, sondern Verantwortungsbewußtsein, wenn wir warnen: Jede Mark, die in einen Umzug geht, steht für den Aufbau in Rostock, Halle und Chemnitz eben nicht mehr zur Verfügung.

(Beifall bei Abgeordneten der SPD und der FDP — Zuruf von der CDU/CSU: Das sind aber auch Investitionen!)

Müssen wir denn nicht befürchten, daß die Bereitschaft der Bürger zu Solidarität abnimmt, wenn ihre mühsam verdienten Steuergelder in einen Umzug statt in den Aufbau der neuen Bundesländer gehen?

(Zuruf von der FDP: Wohl wahr!)

Mein letzter Satz: Ich appelliere an Sie: Wir haben doch so viele Probleme zu lösen. Packen wir sie mit Mut, mit Kraft und mit Energie an, aber schaffen wir uns nicht durch einen Umzug ein zusätzliches neues Problem! Wir sind ein reiches und leistungsstarkes Land, aber auch der Stärkste kann zusammenbrechen, wenn man ihm zuviel aufbürdet. Deswegen: Wählen wir den Weg der praktischen Vernunft! Entscheiden wir für Bonn!

(Beifall bei Abgeordneten der SPD und der FDP)

Vizepräsidentin Renate Schmidt: Das Wort hat Herr Abgeordneter Lothar de Maizière.

Lothar de Maizière (CDU/CSU): Frau Präsidentin! Meine Damen und Herren! Es ist noch nicht ein Jahr her, da hat die letzte frei gewählte Volkskammer der DDR in der Nacht vom 22. zum 23. August 1990, um 2.57 Uhr den Beitritt der DDR zur Bundesrepublik Deutschland gemäß Artikel 23 des Grundgesetzes mit Wirkung zum 3. Oktober 1990 beschlossen. Wer diese dramatische Sitzung erlebte oder verfolgte, wird sich daran erinnern, wie heftig die Auseinandersetzung über das Wann und über das Wie war. Einig war sich jedoch die Mehrheit des Hauses über das Ziel, nämlich die Einheit in Freiheit und Frieden zu erreichen.

Wir haben unser Herz über die Hürde geworfen und die Entscheidung vor Abschluß des Einigungsvertrages getroffen, weil wir auf die **Fairneß und Grundsatztreue** unserer Vertragspartner vertrauen durften. Damals wurden wir nicht enttäuscht. Es war eine historische Sitzung.

Auch heute haben wir eine historische Sitzung, die jedoch das gemeinsame Ziel und den Willen zum Kompromiß kaum erkennen läßt. Die in den letzten Wochen geführten Diskussionen, die Presseerklärungen und Medienverlautbarungen, die Postwurfsendungen und die nicht seltenen wechselseitigen Bezichtigungen bergen die Gefahr in sich, daß wir das

Lothar de Maizière

am 3. Oktober Erreichte klein und häßlich reden und uns erneut, aber dieses Mal selbstbestimmt, in eine Teilung hineinmanövrieren.

(Beifall bei Abgeordneten der CDU/CSU und der SPD)

In der Bevölkerung verstärkt sich der Eindruck, daß sich die Politiker nicht von Grundüberzeugungen, sondern von Gruppen oder regionalen Egoismen leiten ließen.

(Zuruf von der CDU/CSU: Sehr richtig!)

Die von uns im Prozeß der inneren Einheit Deutschlands zu bewerkstelligenden Aufgaben sind so gewaltig, daß wir genau diesen Eindruck bei den Bürgern vermeiden müssen und daß wir uns nicht durch Streit dauerhaft lähmen lassen dürfen.

Ich gehöre zum Lager der Berlin-Befürworter; dennoch spreche ich mich für einen Konsens aus oder für einen Kompromiß oder, wie der Jurist sagt, für den im Wege gegenseitigen Nachgebens gefundenen Vergleich. Um die **Möglichkeit des Vergleichs** nicht zu verspielen, will ich nicht alle sattsam bekannten Argumente für Berlin wiederholen. Lassen Sie mich aber als einen seit 1949 in Ost-Berlin Lebenden nur eine Reminiszenz vortragen! In den Zeiten, als man auf sowjetischer Seite davon ausging, daß West-Berlin nicht zur westlichen Welt, nicht zur Bundesrepublik Deutschland gehöre und nicht die legitime Hauptstadt Deutschlands sei, ließen es sich der Deutsche Bundestag, dem anzugehören ich jetzt die Ehre habe, und die Bundesversammlung nicht nehmen, in Berlin zu tagen. Die in einhundert Meter Höhe die Schallmauer durchbrechenden Mig 21 konnten mit ihrem ohrenbetäubenden und beängstigenden Knall nicht die Reden der Bundestagsmitglieder übertönen, die überzeugend darlegten, daß es das legitime Recht des Bundestags wäre, in Berlin zu tagen und dermaleinst, wenn es die politischen Verhältnisse erlaubten, dort seinen Sitz zu nehmen.

Meine Damen und Herren, Sie und wir alle, meine ich, stehen im Wort. Wir stehen im Wort derer, die diesen Worten vertrauten, und wir stehen im Wort derer in der ganzen Welt, die den Deutschen Bundestag in seiner Haltung bestärkten und unterstützten.

Will man den Konsens, ist es klug, sich über den Umfang des Streitstoffes zu verständigen und abzuklären, was bereits erledigt ist. Der Deutsche Bundestag, der Bundesrat und die Volkskammer haben jeweils mit verfassungsändernder Mehrheit den **Einigungsvertrag** vom 31. August 1990 verabschiedet. Dies war der Vertrag, der uns damaligen DDR-Bürgern den Beitritt gemäß Art. 23 des Grundgesetzes ermöglichen sollte.

Art. 2 sagt eindeutig — wie eben bereits zitiert —: Hauptstadt Deutschlands ist Berlin. Bei Vertragsschluß hatte aber keiner von uns einen sinnentleerten, ja fast schizophrenen Hauptstadtbegriff im Sinn, sondern wir meinten Berlin als Hauptstadt Deutschlands mit **Hauptstadtfunktionen,** d. h. auch den Funktionen, die Bonn-Befürworter jetzt als Bestandteil ihres allzu mageren Kompromisses anbieten.

Eine von uns damals angestrebte endgültige und vollinhaltliche Regelung scheiterte am Widerstand sehr mächtiger Bundesländer, insbesondere am Widerstand von Nordrhein-Westfalen. Wir wollten damals den Einigungsvertrag nicht im Ganzen gefährden und ließen uns auf diesen Kompromiß, den der Vertrag darstellt, ein. Heute haben wir diese Lücke zu schließen.

Meine Damen und Herren Bonn-Befürworter, der Sitz des Bundespräsidenten, der Ort der Bundesversammlung usw. stehen heute zur Entscheidungsfindung nicht mehr an.

(Beifall bei Abgeordneten der CDU/CSU)

Dies in Frage zu stellen heißt, die Vertragstreue in Frage zu stellen. Diese Probleme sind mit dem Vertrag entschieden.

Vizepräsidentin Renate Schmidt: Herr Kollege de Maizière, kommen Sie bitte zum Ende!

Lothar de Maizière (CDU/CSU): Ja, ich gebe mir Mühe.

(Heiterkeit)

Wir haben in den letzten Tagen viel über **Kompromisse** nachgedacht. Wir haben überlegt, wie horizontal, wie vertikal geteilt werden könnte. Wir haben auch überlegt, wie die Nachteile für die unterlegene Region ausgeglichen werden könnten.

Vizepräsidentin Renate Schmidt: Herr Kollege de Maizière, kommen Sie bitte jetzt zum Ende!

Lothar de Maizière (CDU/CSU): Jawohl. — Der Berliner Antrag und der Kompromißantrag enthalten solche Elemente. Im Jahr 1990 haben wir ja zur Deutschen Einigung gesagt und diese durch Mut und Entschlußkraft gewonnen. Meine Damen und Herren, seien sie konsequent in diesem Prozeß: Wer A sagt, muß auch Berlin sagen!

(Beifall bei Abgeordneten der CDU/CSU, der FDP, der SPD und des Bündnisses 90/ GRÜNE)

Vizepräsidentin Renate Schmidt: Das Wort hat der Kollege Gerd Wartenberg — für fünf Minuten.

Gerd Wartenberg (Berlin) (SPD): Ich werde mich bemühen. — Frau Präsidentin! Meine Damen und Herren! Einige Kolleginnen und Kollegen, die Bonn-Befürworter sind, haben hier ausgeführt, daß dieses Deutschland, diese Bundesrepublik, keine nationale Repräsentation im Sinne einer Hauptstadt mehr braucht, daß das Europa der Regionen gefragt ist, daß Nüchternheit und Sachlichkeit gefragt sind.

(Beifall bei Abgeordneten der SPD)

Dann frage ich aber: Warum wird im Bonn-Antrag ausdrücklich festgeschrieben, daß Berlin **nationale Repräsentation** darstellen soll? Warum ist dann Berlin für nationale Repräsentation, Bundespräsident und Sondersitzungen mit Lorbeerbaum gedacht?

(Dr. Horst Ehmke [Bonn] [SPD]: Wenn ihr das nicht wollt, dann lassen wir das hier!)

Gerd Wartenberg (Berlin)

(A) Ich möchte, daß Berlin Arbeitssitz dieses Parlamentes und dieses Staates wird.

(Beifall bei Abgeordneten der SPD, der CDU/CSU, der FDP, der PDS/Linke Liste und des Bündnisses 90/GRÜNE)

Wer keine hohle Repräsentation in unserer Gesellschaft möchte, muß seiner Hauptstadt auch die **Alltagsarbeit der Politik** zubilligen.

(Beifall bei Abgeordneten der SPD, der CDU/CSU, der FDP, der PDS/Linke Liste und des Bündnisses 90/GRÜNE)

Das ist der entscheidende Punkt. Denn sonst kommen wir in den Widerspruch, daß wir hier den Arbeitssitz haben und dort nicht ernstgemeinte Repräsentation. Das ist keine gute Entwicklung.

Der zweite Punkt. Einige Jüngere haben fast mit Stolz auf ihre **Nachkriegsgeschichte** hingewiesen. — Der Ursprung der demokratischen Anfänge in Deutschland wird mit dem Beginn in Bonn 1949 festgelegt. Das ist eine Verkürzung; das ist Geschichtslosigkeit; das geht nicht.

Bonn hat 40 gute Jahre für die Bundesrepublik Deutschland gebracht.

(Beifall des Abg. Dr. Wolfgang Weng [Gerlingen] [FDP])

Aber nach dem 9. November zu meinen, diese 40 Jahre einfach nur so fortführen zu können, reicht nicht aus. Die Zukunftsentwicklung dieses Landes, die kompliziert genug sein wird, wird den Politikern neue Entwürfe abfordern. Für diese Herausforderung (B) ist Berlin ein Symbol. Das geht nicht einfach nach dem Motto: 40 Jahre war es so, und so bleibt es. Das ist gerade für junge Leute ein extrem konservatives Argument, auch für Peter Glotz.

(Anke Fuchs [Köln] [SPD]: Rezentralisieren ist konservativ!)

Es wundert mich, daß Leute, die sich sonst immer für Veränderungen als das Salz in der Suppe stark machen und auch so sein wollen, die vergangenen 40 Jahre einfach nur zum alleinigen Maßstab machen. Das ist kein ehrliches Argument, gerade für solche Leute.

Ein weiterer Punkt, die **Kostenfrage**. Das ist eine wichtige Frage. Aber dazu gibt es eine Gegenrechnung. Es wird gesagt, der Umzug koste 60 Milliarden DM. Das mag richtig sein. Hat eigentlich einmal jemand darüber nachgedacht, daß Berlin im Augenblick — nicht für Investitionen, sondern nur für Leistungen — in jedem Jahr 30 Milliarden DM Subventionen bekommt?

(Anke Fuchs [Köln] [SPD]: Die kriegen sie ja auch noch weiter! Das andere kommt noch dazu!)

Jeder sagt: Das ist zu wenig; das muß mehr werden. Andererseits wird gesagt: Wenn die Hauptstadt dorthin kommt, gibt es einen Investitionsboom, den die Stadt nicht verkraften kann; das bedeutet jedoch erhöhtes Steueraufkommen.

Diese Stadt wird sich erst in dem Augenblick selber tragen können, in dem eine Funktionsänderung für die Stadt beschlossen wird. Ansonsten wird sie auf (C) ganz, ganz lange Zeit ein Bittsteller sein. Auch das ist keine gute Lage für Berlin. Übrigens ist das eine Lage der Nachkriegszeit, die Berlin manchmal für die Bonner so unbequem und unbeliebt gemacht hat, weil es immer als Bittsteller auftreten mußte. Wenn ihm die Bittstellerhaltung auf Dauer zugewiesen wird, ist das für Berlin ebenfalls nicht sehr angenehm.

Der letzte Punkt. In Berlin hat der Bund enorme Verpflichtungen über die erwähnten Subventionen hinaus. Fast die gesamte Innenstadt gehört dem Bund oder ausländischen Botschaften. Diese müssen unterhalten werden; dafür muß eine Verwendung gefunden werden. Berlin-Mitte steht de facto im Moment leer. Die Stadt ist, was ihr Zentrum angeht, in einer ganz schwierigen Situation. Ich muß sagen, es ist fast zynisch, wenn mir einige Kolleginnen und Kollegen sagen: Verkauft das alles; werft das auf den freien Markt!

Das ist eine Argumentation, die, glaube ich, der Bedeutung dieser Stadt und der Festlegung im Einigungsvertrag, daß Berlin Hauptstadt ist, nicht gerecht wird. Man hat dieser Stadt den Titel gegeben, und man kann diesen Titel nicht auf Dauer sinnentleert, verbunden mit einer finanziellen Bittstellerposition, halten.

Berlin muß der Arbeitssitz der deutschen Demokratie werden. Nur das hat eine Perpektive für die Entwicklung in Deutschland.

Vielen Dank.

(Beifall bei Abgeordneten der SPD, der CDU/CSU, der FDP und des Bündnisses 90/GRÜNE)

Vizepräsidentin Renate Schmidt: Das Wort hat die Kollegin Irmgard Adam-Schwaetzer.

Dr. Irmgard Adam-Schwaetzer (FDP): Frau Präsidentin! Meine sehr geehrten Damen und Herren! Ich denke, die Diskussion wird heute — und nicht nur heute — hier im Parlament, aber auch in der Öffentlichkeit deshalb so heftig geführt, weil es darum geht, welches Bild wir eigentlich von der Rolle und vom Anspruch der Bundesrepublik Deutschland in der Welt selber haben.

Für mich ist die Antwort auf diese Frage ganz klar. Ich möchte, daß wir unsere Aufgabe und unsere Verantwortung mit Selbstbewußtsein und Bescheidenheit wahrnehmen. Deswegen, denke ich, ist der richtige Ort für einen Parlaments- und Regierungssitz für einen Staat, der sich in dieser Rolle sieht und sich so versteht, hier in Bonn.

(Beifall bei Abgeordneten der FDP, der CDU/CSU und der SPD)

Das ist für mich der Ausdruck des Maßvollen, und das erwartet in der Tat die Welt von der Bundesrepublik Deutschland.

Ich habe einen Teil der Reaktionen erleben können, als am Montag in Paris angekündigt wurde, daß die nächste und mit Sicherheit die größte Luftfahrtschau, die es je gegeben hat, im nächsten Jahr in Berlin stattfinden wird. Diese Reaktionen zeigten durchaus nicht

Dr. Irmgard Adam-Schwaetzer

nur freudige Zustimmung zur deutschen Einheit, sondern ein Stück Sorge über die zukünftige Entwicklung, die wir, denke ich, in unserer internationalen Verantwortung ernst nehmen müssen.

Aber ich bin auch davon überzeugt — viele Gespräche in den vergangenen 20 Jahren in der ehemaligen DDR haben mir das gezeigt —, daß die Bundesrepublik auch deshalb für viele in der ehemaligen DDR so attraktiv war, weil es dort eine Kulturstadt, eine Handelsstadt Hamburg gab, weil es dort einen Bankenplatz Frankfurt gab, weil es dort eine High-Tech-Region Stuttgart und eine heimliche Hauptstadt München gab.

(Dr. Dionys Jobst [CDU/CSU]: Sehr gut!)

Alle diese Zentren konnten ihre Enwicklungschancen neben der Hauptstadt Bonn phantastisch und wunderbar wahrnehmen. Hier ist nichts dominiert. Das ist in der Tat die **Konzeption von Föderalismus,** die ich im Deutschland der Zukunft ebenfalls wünsche.

(Beifall bei Abgeordneten der FDP, der CDU/ CSU und der SPD)

Natürlich braucht Berlin die Hilfe, auf die es angewiesen ist, und die Solidarität, die es auch beanspruchen kann, um die wirklich schwerwiegenden Auswirkungen der Teilung der vergangenen 40 Jahre überwinden zu können. Das bedeutet natürlich, lieber Kollege, der Sie vor mir gesprochen haben, daß Berlin nicht Bittsteller ist, sondern ganz selbstverständlich einen Anspruch auf diese Hilfe und diese Solidarität hat. Ich bin davon nicht nur überzeugt, sondern man muß einfach seriöserweise festhalten, daß, egal ob Berlin Regierungssitz wird oder nicht, diese finanziellen Zuwendungen über einen sehr, sehr langen Zeitraum hinweg völlig zu Recht werden fließen müssen.

(Beifall der Abg. Anke Fuchs [Köln] [SPD])

Meine Damen und Herren, es bedrückt mich, daß hier so ein bißchen die Kontroverse Ost gegen West hochgebracht wird. Deswegen frage ich mich: Von wo können wir das Zusammenwachsen eigentlich am besten fördern? Ist es tatsächlich von der symbolischen Bedeutung einer Entscheidung pro Berlin abhängig, oder sollten wir uns sinnvollerweise nicht ansehen, wie diese Frage wirtschaftlich und historisch betrachtet werden kann? Ich gebe zu — ich glaube, das ist übrigens auch typisch für Bonn-Befürworter —, daß wir das Irren, die unterschiedlichen Meinungen immer mit einbeziehen. Deswegen sage ich: Es ist meine Einschätzung der Lage.

Was mich besonders bewegt, ist die Diskussion über die **historische Dimension** einer Entscheidung für Berlin. Ich habe die Debatte sorgfältig verfolgt. Ich denke, sie hat ungeheuer viele rückwärtsgewandte Argumente für Berlin beinhaltet.

(Beifall bei Abgeordneten der FDP, der CDU/ CSU und der SPD — Dr. Wolfgang Bötsch [CDU/CSU]: Sehr richtig!)

Ich glaube, daß auch deshalb eine Trennungslinie in der öffentlichen Konzeption zwischen jung und alt deutlich wird. Während die Jüngeren in einem sehr

viel größeren Umfang in Bonn ihre Zukunft sehen, ist das bei den Älteren anders.

(Zuruf von der CDU/CSU: Richtig!)

Für mich ist auch nicht klargeworden, wo Kontinuität für Berlin denn nun tatsächlich anknüpft. Bei Bonn hingegen ist klar, meine Damen und Herren: Hier ist ein wirklicher Neuanfang der deutschen Geschichte gemacht worden, ohne die Geschichte auszuklammern. Wer wollte bestreiten, daß die Westintegration, die Ostverträge, die Förderung des KSZE-Prozesses und die Aussöhnung mit Israel nicht das Zeugnis dafür sind, daß in dieser Bonner Konzeption eben kein Stück deutscher Geschichte ausgeklammert worden ist, sondern daß — im Gegenteil — zum erstenmal eine friedensfördernde und friedenserhaltende Antwort gefunden worden ist!

(Beifall bei Abgeordneten der FDP, der CDU/ CSU und der SPD)

Von hier aus ist nicht nur die deutsche Frage offengehalten, sondern auch die deutsche Einheit gefördert worden; die deutsche Vereinigung ist von hier aus vorbereitet worden. Natürlich hätte es die deutsche Einheit nicht ohne den Freiheitskampf der Berlinerinnen und Berliner gegeben, aber es ist genauso richtig, meine Damen und Herren, daß es die deutsche Einheit auch nicht ohne Bonn und die Bonner Republik und die Bonner Politik gegeben hätte.

Deswegen sage ich, lieber Willy Brandt: der Vergleich zwischen Paris und Vichy, den Sie hier gebracht haben, diskreditiert nicht nur, sondern beleidigt geradezu Ihren eigenen Anteil an der deutschen Geschichte.

(Beifall bei Abgeordneten der FDP, der CDU/CSU und der SPD)

Ich bin mit Bundeskanzler Kohl und vielen hier im Hause der Meinung, daß die europäische Zukunft die osteuropäischen Staaten umfaßt. Aber wo ist das denn vorbereitet worden, wenn nicht hier, durch die Europapolitik der Bundesregierung, die in Bonn angesiedelt ist? Sollte das anders sein, wenn der Parlaments- und Regierungssitz auch in Zukunft in Bonn ist? Meine Damen und Herren, das kann im Ernst ja wohl nicht sein.

Deswegen ist mir wohl klar, daß viele Menschen in den fünf neuen Bundesländern erwarten, daß eine Entscheidung für Berlin getroffen wird. Aber ich möchte ihnen auch sagen: Ein funktionsfähiges Parlament und eine funktionsfähige Regierung in Berlin ist unter zehn Jahren nicht zu haben, ein funktionsfähiges Parlament nicht unter vier Jahren.

(Peter Conradi [SPD]: Mit Ihrer Verwaltung 20 Jahre!)

— Deswegen bin ich der Meinung, daß es gut wäre, wenn es uns gelingen würde, dies anders zu gestalten, Herr Kollege Conradi. — Aber es ist eben auch völlig klar: Wenn es uns nicht gelingt, den Prozeß des deutschen Zusammenwachsens in einer kürzeren Zeit als drei Jahren zu bewältigen, dann verspielen wir die deutsche Einheit in der Tat.

Deswegen bitte ich auch alle Menschen in den fünf neuen Bundesländern, sich das sorgfältig zu überle-

Dr. Irmgard Adam-Schwaetzer

ben. Ich bin sicher, sie werden sehr bald sehen, daß Politik aus Bonn, Politik in einer menschlichen Dimension in ihrem Interesse liegt.

Ich danke Ihnen.

(Beifall bei Abgeordneten der FDP, der CDU/CSU, der SPD und des Bündnisses 90/GRÜNE)

Vizepräsidentin Renate Schmidt: Das Wort hat der Kollege Heribert Scharrenbroich.

Heribert Scharrenbroich (CDU/CSU): Frau Präsidentin! Meine sehr verehrten Damen und Herren! Der Kollege Mischnick hat eben unsere Empfindungen vom 9. November dargestellt und dann seine Traurigkeit darüber ausgedrückt, daß wir jetzt so um dieses Thema streiten.

Ich glaube, es ist sehr verständlich, daß die Lage so ist. Mich erinnert die deutsche Einheit an die Geburt eines Kindes. Bei der Geburt eines Kindes spricht man zu Recht von dem freudigen Ereignis, weiß aber, daß nachher sehr viele Lasten auf die Familie zukommen. Wir sind jetzt dabei, die Lasten, die mit dem freudigen Ereignis verbunden sind, gleichmäßig zu verteilen; heute heißt das Thema: die Lasten gleichmäßig auf **Berlin und Bonn** zu verteilen, auf Westdeutschland und Ostdeutschland.

(Beifall bei Abgeordneten der CDU/CSU)

Deswegen meine ich, daß wir den Kompromißvorschlag sehr wohl noch einmal überdenken müssen. Denn er ist ein Angebot, beide Städte, beide Regionen an den Lasten zu beteiligen. Ich sage ganz offen: Ich bedaure, daß in der Hektik der letzten Tage nicht genügend Gespräche mit den Sozialdemokraten, mit den Freien Demokraten geführt worden sind.

(Dr. Hans-Jochen Vogel [SPD]: Mit den CDU-Leuten unter sich!)

— Jawohl, nicht mit beiden Fraktionen, Herr Dr. Vogel. Ich weiß allerdings, daß es in beiden Fraktionen Anhänger für diesen Konsensvorschlag gibt. Aber sie sind nicht von vornherein eingebunden worden. Aber ich meine, das sollte jetzt bei dieser wirklich historischen Entscheidung kein Hindernis sein, einen Weg zu suchen, daß sich beide in diese Lasten teilen.

Als Volksvertreter haben wir die Aufgabe, die **Empfindungen** zu berücksichtigen, die die Menschen z. B. im Osten haben. Sollte die Entscheidung gegen Berlin ausgehen, dann müssen wir schon jetzt wissen, wie traurig viele Menschen in Ostdeutschland ob dieser Entscheidung sein werden. Das kann uns allerdings nicht daran hindern, das Richtige zu tun. Wir werden aber auch feststellen, daß es im Osten viele Menschen gibt, die ihr Heil nicht unbedingt in Berlin sehen, die schon wissen, daß in der Vergangenheit zuviel nach Ost-Berlin gezahlt worden ist.

Wir Volksvertreter werden die Empfindungen von Menschen in West und Ost berücksichtigen müssen, die — ich sage das ganz offen — eine Entscheidung gegen Berlin aus historischen Gründen, aus ihrer Überzeugung heraus als einen Wortbruch betrachten. Wir werden Schwierigkeiten haben, das argumentativ abzubauen. — Ich habe allerdings eine andere Position. Denn ich glaube, der Bonn-Antrag gibt sich redlich Mühe, die Hauptstadtfunktion von Berlin auszufüllen.

(Peter Kittelmann [CDU/CSU]: Mehr als redlich ist das nicht!)

Wir werden die Empfindungen berücksichtigen müssen, die vor allen Dingen junge Menschen haben, die mit der Bonner Republik groß geworden sind, die diesem föderalen Staat Vertrauen schenken.

(Dr. Franz Möller [CDU/CSU]: Das ist richtig!)

Das sind Menschen, die wissen, daß von der Bonner Republik die Freiheitssicherung ausging und daß von der Bonner Republik auch die Freiheitsdurchsetzung ausging. Diese Empfindungen werden wir zu berücksichtigen haben.

Wir werden aber auch die Empfindungen der Menschen in Berlin und in Bonn, im Westen wie im Osten zu berücksichtigen haben, die durchaus zu Recht die Frage nach den **Arbeitsplätzen** stellen, nach den Familien, die durch Zwangsversetzungen eventuell auseinandergerissen werden.

Da ist es wichtig, daß wir deutlich machen: Gleichgültig, wie die Entscheidung ausfällt, auch wenn sie für Bonn ausfällt, wird es eine wesentliche stärkere Industrialisierung im Berliner Raum geben. Wenn der Geißler-Vorschlag angenommen wird, wonach Bonn und Berlin an der Machtteilung und der Lastentragung beteiligt sind, wird es Infrastrukturinvestitionen in den neuen Bundesländern geben.

Dieser Vorschlag ist auch durch die Arbeitsplatzsituation gerechtfertigt. Man braucht sich nur daran zu erinnern, daß 4 500 Menschen beim Bundestag und 30 000 bei den Ministerien beschäftigt sind. Das heißt, wenn der Bundestag nach Berlin geht, werden diejenigen, die jetzt beim Bundestag beschäftigt sind und nicht nach Berlin mitgehen wollen, bei den Ministerien ihre Arbeitsplätze finden können. Auch von daher ist dieser Vorschlag richtig.

Letzter Punkt: Ich sehe in der Tatsache, daß der Bundestag nach Berlin geht, in die Hauptstadt, so wie es der Geißler-Vorschlag vorsieht, und die Administration, die Regierung, in Bonn bleibt, eine wesentliche Aufwertung des Parlaments, des parlamentarischen Gedankens.

Ich bitte Sie auch von daher: Stimmen Sie diesem Vorschlag zu, der auch eine Emanzipation des Parlaments gegenüber der Bundesregierung zum Ziel hat.

Danke schön.

(Beifall bei Abgeordneten der CDU/CSU und der FDP)

Vizepräsidentin Renate Schmidt: Das Wort hat der Kollege Peter Conradi.

Peter Conradi (SPD): Frau Präsidentin! Meine Damen und Herren! In der Ablehnung der **Trennung von Parlament und Regierung** habe ich nicht die leisesten Zweifel. Aber ich muß gestehen, die Entscheidung über **Bonn oder Berlin** fällt mir schwer. Ich habe große Sympathien für Bonn und war lange der Meinung, wir

Peter Conradi

sollten in Bonn bleiben. Dann habe ich meine Meinung allmählich geändert. Meine Entscheidung für Berlin fiel mit etwa 55:45.

Bonn war für uns, die alte Bundesrepublik, eine gute Hauptstadt, freundlich, liberal und bescheiden. Ich mag Bonn gerne. Ich habe mich um die Parlamentsbauten hier bemüht.

(Dr. Wolfgang Bötsch [CDU/CSU]: Das ist allerdings richtig! Deswegen wundert es mich!)

Deswegen fällt es mir nicht leicht, jetzt für Berlin zu stimmen.

Ich nehme die Menschen, die hier mit uns gearbeitet haben, und ihre Sorgen ernst. Wir sollten ihnen gemeinsam versprechen: Wir werden sie mit ihren Problemen nicht allein lassen.

(Dr. Franz Möller [CDU/CSU]: Aber wie denn?)

Doch ich glaube, Berlin ist für uns, für die neue, größere Republik, die Chance eines Neubeginns. Wir brauchen einen neuen Anfang; denn wir, auch ich, vor allem die Medien, denken und reden noch so, als wäre das immer noch die alte Bundesrepublik Deutschland, zu der jetzt 16 Millionen Menschen dazugekommen sind. Aber das ist falsch.

(Beifall bei Abgeordneten der SPD, der CDU/CSU und der FDP)

Wir sind nicht mehr die alte Bundesrepublik, sondern wir werden ein anderes Land.

(Zuruf von der CDU/CSU: Eben nicht!)

Die Entscheidung für Bonn als Hauptstadt wäre ein „Weiter so", eine Fortsetzung der alten BRD in größeren Grenzen,

(Dr. Wolfgang Bötsch [CDU/CSU]: Erst haben Sie schon den alten Plenarsaal abgerissen, jetzt reißen Sie ganz Bonn ab!)

letztlich eine Bestätigung der Eingemeindung Ostdeutschlands nach dem Motto: Alle Gewalt geht vom Westen aus.

Bonn als Hauptstadt wäre eine Bestätigung der zufriedenen westdeutschen Selbstbezogenheit, die Fortsetzung der Teilung in uns, die besseren, erfolgreichen Deutschen im Westen und die armen Brüder und Schwestern drüben in Ostdeutschland.

(Beifall des Abg. Markus Meckel [SPD])

Und schließlich: Bonn als Hauptstadt wäre für uns wohl bequem — alles bleibt, wie es war —, aber die Verschweizerung der Bundesrepublik ist doch mit Händen zu greifen, diese wachsende Wohlstandsangst vor dem Teilen, diese Angst vor jeder Veränderung. Da wäre Berlin nicht nur ein Zeichen der Zuwendung an Ostdeutschland, nicht nur ein Zeichen unserer neuen Gemeinsamkeit, Berlin würde uns zwingen umzudenken. Berlin wird als Hauptstadt rauher, härter und unbequemer. Doch die Menschen in Ostdeutschland müssen ganz andere Härten auf sich nehmen.

(Beifall bei Abgeordneten der SPD, der CDU/CSU und der FDP)

Ist das, was uns mit dem Umzug nach Berlin abverlangt würde, wirklich unzumutbar?

Berlin ist für uns schließlich — und das hat für mich den Ausschlag gegeben — eine Chance, daß wir uns ändern, daß sich nicht nur die Menschen in Ostdeutschland ändern, sondern daß auch wir im Westen uns ändern müssen, auch das Parlament. Wenn wir nach der politischen auch die gesellschaftliche Einheit gewinnen wollen, dann müssen wir uns alle ändern. Dafür ist Berlin der richtige Ort.

(Beifall bei Abgeordneten der SPD, der CDU/CSU, der FDP, der PDS/Linke Liste und des Bündnisses 90/GRÜNE)

Vizepräsidentin Renate Schmidt: Das Wort hat der Kollege Klaus-Dieter Feige.

Dr. Klaus-Dieter Feige (Bündnis 90/GRÜNE): Frau Präsidentin! Meine sehr verehrten Damen und Herren! Es ist nicht ganz leicht, am Tag der Abstimmung über den zukünftigen Sitz der Hauptstadt von Deutschland die eigene Position ganz emotionsfrei zu vermitteln. Pro und Kontra wechseln seit Monaten wie Angriffswellen in einem Stellungskrieg durch die Medien. Die Abgeordneten des Deutschen Bundestages waren ihrerseits wälderfressenden Papierfluten an Überzeugungs- und Informationsmaterial ausgesetzt. Ich glaube, vieles blieb gerade deshalb ungelesen, es war einfach des Guten zuviel.

Doch es blieb nicht nur beim Guten. Das Werben der beiden Städte nahm in den letzten Tagen auch unangenehme Züge an. Da werden Plakate mit Gegenplakaten überklebt oder einfach sofort abgerissen. Der Gipfel der Geschmacklosigkeit ist sicher der Versuch, mittels des ehemaligen SED-Symbols die Bonn-Befürworter zu diskreditieren.

Als Bürger aus einem der fünf neuen Bundesländer war mir das Ausufern der Diskussion in dieser Frage zunächst sowieso unerklärlich; als ob es nichts Wichtigeres gäbe. Da bricht in einer großen Region Deutschlands die Wirtschaft zusammen, klettert die Arbeitslosenquote auf für unser Land ungeahnte Werte, aber die Politiker streiten sich um ein insgesamt und für mich zweitrangiges Problem.

Dennoch hat diese Problemlawine für die im Umgang mit freien Medien unerfahrenen Bürger in der ehemaligen DDR etwas sehr Lehrreiches. Nach dem Prinzip „Schlagzeile, Reaktion, neue Schlagzeile" wurde aus einem anfänglich regional betriebenen Wettbewerb das Thema des Jahres. Kein Parteitag, keine Talk-Show, keine Taxifahrt in Bonn oder Berlin, die nicht dieses Thema berührte und die Nation teilt. Dabei sollten doch Parlament und Regierung gerade alles tun, um die wirkliche, die **menschliche Einheit** zu vollziehen.

(Dr. Wolfgang Weng [Gerlingen] [FDP]: Auch Medien!)

Berlin ist und bleibt die **Hauptstadt Deutschlands.** Für mich ist jedoch nicht nachvollziehbar, welchen Einfluß gerade der **Sitz von Parlament und Regierung** auf diesen Status hat. Ich habe in den letzten Jahren eine starke Abneigung gegen jedes zentralistische Repräsentieren gehabt, und die 750-Jahr-Feier in Berlin liegt mir noch in den Knochen. So sind für mich die

Dr. Klaus-Dieter Feige

(A) Arbeitsbedingungen für den Bundestag und auch die Regierung von größerem Gewicht als Repräsentation. Ich habe meine Entscheidung deshalb vor allem aus pragmatischen Erwägungen getroffen, und sie ist mir nicht leichtgefallen.

Bei der Bewertung von Standortfragen hat man ja auch das wertvolle Instrument der Umweltverträglichkeitsprüfung. Ich glaube, eine Beurteilung aus ökologischer Sicht würde dann keineswegs für Berlin stehen. Bereits jetzt steht diese Stadt in weiten Teilen vor dem Zusammenbruch der Reste von regenerierbarer Umwelt. Jedes Dazugeben würde dieser Ballung von Häusern, Autobahnen und Autos in den engsten Citylagen den ökologischen Garaus machen. Ich mag Berlin, und gerade deswegen wünsche ich mir, daß die Menschen dort saubere Luft bekommen und keinen Smog mehr haben, daß sie in einer gesunden Umwelt leben können. Nach der Entscheidung des Bundestages für Bonn sollte man die zig Milliarden, die der Umzug nach Berlin kosten würde, trotzdem einplanen, nämlich für den **Ausbau der Verkehrsstruktur** und den Ausbau des öffentlichen Nahverkehrs in vielen Problemgebieten unseres Landes,

(Beifall bei Abgeordneten der CDU/CSU und der SPD)

ganz besonders auch im Osten und natürlich auch in Berlin.

Der **Bonn-Antrag,** meine Damen und Herren, ist bereits der ehrliche Konsens, von dem Herr Rau gesprochen hat. Wer das übersieht, ist überhaupt nicht konsensbereit, sondern will einfach nur alles für sich. Ja, Berlin ist das Herz von Deutschland, da stimme ich (B) mit meinem Kollegen Konrad Weiß überein, aber gedacht werden soll mit dem Kopf. Eben weil ich dieses Herz der Menschen von Berlin schätze, werde ich bei der Wahl des Sitzes von Regierung und Parlament für Bonn stimmen.

(Beifall bei Abgeordneten der CDU/CSU, der SPD und der FDP)

Vizepräsidentin Renate Schmidt: Das Wort hat Frau Abgeordnete Dr. Dagmar Enkelmann.

Dr. Dagmar Enkelmann (PDS/Linke Liste): Frau Präsidentin! Meine Damen und Herren! Einst kam ein Mann zu einem Weisen und beklagte sich über einen Nachbarn. Der Weise sprach: „Du hast recht." Kurze Zeit nach dem Gehen kam der Nachbar und legte seine Meinung dar. Da sprach der Weise: „Du hast recht." Darauf sagte die Frau des Weisen: „Mann, du kannst doch nicht beiden recht geben." Darauf der Weise: „Da hast du auch wieder recht."

(Dr. Wolfgang Weng [Gerlingen] [FDP]: Ganz schön weise!)

In ähnlicher Situation scheinen sich die Abgeordneten des Deutschen Bundestages zu befinden.

(Zuruf von der SPD: Sie haben recht! — Heiterkeit — Dr. Dionys Jobst [CDU/CSU]: Einige sind weise!)

— Danke.

Bei allen stapeln sich Briefe, Gutachten, Stellungnahmen, Drohungen und Bitten, inzwischen auch CDs

und Videos, alles mit dem Ziel, jeweils eine Meinung (C) zu unterstützen. An jedem Argument ist auch etwas dran. Jeder hat irgendwie recht. Mehr noch: Von der Entscheidung über den **Sitz von Regierung und Parlament** sind auf jeden Fall Menschen betroffen. Ich glaube aber nicht, daß ein wie eingangs geschildertes Beiden-Bewerbern-recht-Geben dem Anliegen gerecht wird. Eine eindeutige Entscheidung tut not. Zwei Hauptstädte oder zwei halbe, das ist letztlich für alle unbefriedigend.

Die Teilung der Funktionen, um keinem weh zu tun, könnte auch zu einem Zuschlag für Göttingen führen, da es geographisch, so gesehen, ziemlich in der Mitte liegt. Auch die kürzlich vorgeschlagene Variante, Bonn einfach in Berlin umzubenennen, löst das Problem nicht.

Obwohl mir die Entscheidung schwerfällt, spreche ich mich eindeutig für Berlin aus.

Erstens. Viele Jahre wurde Berlin diese Funktion versprochen, wurden Millionen auch unter diesem Gesichtspunkt ausgegeben.

(Zuruf von der CDU/CSU: Bei der SED nicht!)

Bonn wurde immer als Provisorium angesehen. Das aber ist für mich nicht das Entscheidende; denn hier ist in den letzten Monaten viel versprochen und nicht gehalten worden. Das wäre also nichts Neues.

Wichtiger aber ist mir zweitens: So angenehm die Arbeit in Bonn dank fleißiger Menschen der Bundestags- und der Stadtverwaltung auch sein mag, ich wünsche uns, daß Parlament und Regierung näher an (D) die Probleme in Deutschland herankommen. Die größten Probleme gibt es aber in den neuen Bundesländern. Vielleicht hilft das, gegebene Versprechen etwas länger im Gedächtnis zu behalten.

Ich möchte hier auch an eine Aussage von Herrn Kohl erinnern, der in der „Welt" 1982 formulierte:

Meine These, daß die zwei Quadratkilometer um Bundeshaus und Kanzleramt nicht typisch sind für die Bundesrepublik Deutschland, hat sich für mich eindeutig bestätigt.

Hier stimme ich ausnahmsweise — ich betone: ausnahmsweise — mit Herrn Kohl überein.

(Dr.-Ing. Dietmar Kansy [CDU/CSU]: Meinen Sie Bundeskanzler Kohl?)

— Ja, natürlich.

Bonn ist nicht typisch für diese neue Bundesrepublik, die heute aus 16 Ländern besteht und 16 Millionen neue Einwohner hat. Berlin ist viel eher typisch für die Probleme dieser neuen Republik.

Drittens. Berlin als Kultur-, Wirtschafts-, Wissenschafts- und Politikmetropole wird maßgeblich das Umland der Stadt beeinflussen. Sie werden mir als Abgeordneter des Landes Brandenburg sicher nicht verübeln, daß ich auch unter diesem Aspekt entscheide. Ich erwarte wichtige Impulse für wirtschaftsstrukturelle Veränderungen aus dieser Entscheidung und damit möglichst viele neue Arbeitsplätze in einer Region, in der solche gegenwärtig in starkem Maße abgebaut werden.

Dr. Dagmar Enkelmann

Viertens. Nicht zuletzt ist eine Entscheidung für Berlin ein deutliches Zeichen dafür, daß wir es mit dem Zusammenwachsen Ost- und Westeuropas und mit der Gestaltung eines einheitlichen Europa ohne neue Mauern wirtschaftlicher Gegensätzlichkeiten ernst meinen.

Um es dem anfangs zitierten Weisen etwas nachzumachen, möchte ich meinen Ausführungen hinzufügen, daß eine Entscheidung für Berlin unbedingt mit einem Programm für Bonn einhergehen muß. Das Schicksal, das Millionen von ehemaligen DDR-Bürgern tragen müssen, nämlich den Zusammenbruch von Strukturen, Abwicklung, Massenarbeitslosigkeit

(Dr.-Ing. Dietmar Kansy [CDU/CSU]: Die Last der SED, Frau Kollegin!)

und Stagnation, sollte den Menschen in der Region Bonn erspart bleiben.

Ich danke Ihnen.

(Beifall bei der PDS/Linke Liste)

Vizepräsidentin Renate Schmidt: Das Wort hat der Kollege Dr. Oscar Schneider.

Dr. Oscar Schneider (Nürnberg) (CDU/CSU): Frau Präsidentin! Meine sehr geehrten Damen und Herren! Was zum Lobe und zur Anerkennung Bonns gesagt worden ist, brauche ich nicht zu wiederholen. Auch ich empfinde für Bonn Gefühle herzlicher Verbundenheit und dankbarer Erinnerung.

Ich wende mich aber gegen die immer wieder vertretene Behauptung, ein Weg von **Bonn** nach **Berlin** sei der Anfang eines neuen Irrwegs, der preußische Zentralismus werde Urständ feiern, Verfassungsartikel seien außerstande, auf Dauer elementaren politischen Strömungen, die sich aus der millionenstädtischen Atmosphäre entwickeln würden, Einhalt zu gebieten.

Niemand kann ernsthaft behaupten, daß der Geist der neuen deutschen Politik seit 1949 wesenhaft mit dem Ort verbunden wäre, an dem die Organe des Bundes ihren Verfassungsauftrag erfüllt haben. Hier kann man sich weder auf Adenauer, Schumacher, Dehler noch auf die Verfassungsväter des Parlamentarischen Rats berufen. Diese kamen aus allen Teilen Deutschlands. Alle waren sie den Ideen und Idealen eines freien, demokratischen, sozialen und föderativen Rechtsstaats verpflichtet. Alle wollten sie aus den Fehlern und Erfahrungen der Weimarer Zeit Konsequenzen ziehen.

Die erste deutsche Demokratie ist nicht an Berlin, die erste deutsche Demokratie ist in Berlin gescheitert.

(Beifall bei Abgeordneten der CDU/CSU und der SPD)

Berlin hat nicht einen einzigen Ehrentitel des NS-Bewegung getragen. In Berlin wurde nur vollstreckt, was sich zuvor in allen Reichsteilen politisch vorbereitet hatte. In Berlin hatte sich in den Jahren der Weimarer Republik ein Kunst-, Kultur- und Geistesleben entfaltet, das weltweit Beachtung, Aufsehen und Anerkennung gefunden hat. Die Reichshauptstadt an der Spree faszinierte durch ihr liberales, weltoffenes Le-

ben. Viele Vertreter der deutschen Literatur, die sich in anderen Reichsteilen verloren oder isoliert sahen, fanden in Berlin den Ort ihres literarischen Erfolges, ihrer künstlerischen Beachtung und ihrer gesellschaftlichen Einbindung.

Es geht nicht nur um Bonn oder Berlin. Es geht um mehr. Beide Städte tragen unverwechselbare Züge einer liebenswürdigen Stadtpersönlichkeit. Es geht um die **deutsche Hauptstadt.** Heute darf nur gelten, was für ganz Deutschland gut ist, was den geistigen Abmessungen unserer Geschichte gerecht wird.

Über die Auseinandersetzungen des Tages hinaus muß die Erkenntnis lebendig bleiben, daß sich im neuen und vereinten Europa die einzelnen Völker und Nationen eine gegliederte, eine föderalistische Staatsordnung mit gemeindlicher Selbstverwaltung und kultureller Vielfalt erhalten müssen.

Diese Vielfalt schließt nicht aus, daß wir auf eine Hauptstadt von Rang und Ansehen, von Klang und Namen, eine Hauptstadt höchster kultureller und urbaner Selbstentfaltung bestehen müssen. Die deutsche Hauptstadt muß die neue politische Weltlage ebenso berücksichtigen, wie sie ihren Standort zwischen den romanischen und slawischen Völkern in Europa finden muß.

Ich bin überzeugt, daß wir in Berlin nicht in die alten Fehler der deutschen Politik zurückfallen werden. Wir müssen und werden die Fenster und Türen des deutschen Hauses weit öffnen, nach Westen und Osten gleichermaßen. Daß die europäische Aufklärung von einem preußischen Professor in Königsberg wesentlich angestoßen und beeinflußt wurde, sollte uns mit dem Geiste Preußens versöhnen.

(Beifall bei Abgeordneten der CDU/CSU und der SPD)

Immanuel Kant hat uns den kategorischen Imperativ gelehrt. Graf Hardenberg und Freiherr vom Stein haben für ganz Deutschland vorbildliche Reformen durchgeführt. Der Widerstand gegen Hitler wurde von vielen Offizieren und Beamten, die sich der preußischen Tradition verpflichtet sahen, mitgetragen. Berlin hat die Hungerblockade überstanden. In Berlin erhoben sich die Arbeiter gegen die stalinistische Tyrannis. In Berlin haben wir am sichtbarsten die deutsche und europäische Teilung erlebt und überwunden.

Meine Damen und Herren, unsere Entscheidung muß **deutscher Geschichte** nicht minder verpflichtet sein und gerecht werden wie der Notwendigkeit, neue Wege in die Zukunft zu öffnen, zu einer europäischen Zukunft im guten Einvernehmen mit unseren westlichen und östlichen Nachbarn. Berlin liegt im geographischen und historischen Schnittpunkt dieser neuen europäischen Chancen und Realitäten.

(Beifall bei Abgeordneten der CDU/CSU, der FDP und der SPD)

Vizepräsidentin Renate Schmidt: Nun hat der Kollege Günter Verheugen das Wort.

Günter Verheugen (SPD): Frau Präsidentin! Meine sehr verehrten Damen und Herren! Ich finde es interessant, einmal der Frage nachzugehen, warum dieses

Günter Verheugen

(A) Thema eigentlich auch so viele nicht unmittelbar Betroffene so tief aufwühlt. Das kann nicht nur sportliches Interesse am Tauziehen zwischen zwei Städten sein, wir wir es gelegentlich erleben, wenn man sich über Industrieansiedlungen oder den Sitz eines Finanzamts streitet. Es kann nicht um strukturpolitische oder regionalpolitische Fragen allein gehen. Es kann auch nicht darum gehen, daß ein Investitionsschub östlich der Elbe dringend gebraucht wird. Da muß noch etwas mehr sein.

Keiner der bisherigen Redner ist ausgekommen, ohne den Begriff „Symbol" in Anspruch nehmen zu müssen. Ich glaube, genau das ist es. Wir diskutieren über ein Sinnbild für das, was unser Staat ist, bzw. für das, was er werden will.

Auch Demokratien brauchen **Staatssymbole**. Diese Staatssymbole sind Sinnbilder ihres Selbstverständnisses und ihrer Selbstdarstellung. Ihr Zweck ist es, **Identität** zu stiften. Genau hier liegt unser Problem. Das Provisorium Bundesrepublik Deutschland und die vorläufige Hauptstadt Bonn haben für viele, viele Menschen in den westlichen Bundesländern Identität gestiftet.

(Beifall bei Abgeordneten der SPD)

Mir gefällt es, wenn junge Leute, für die der Begriff „Bonn" bis vor kurzem eigentlich nur ein Synonym für einen schlechten Witz gewesen ist, von Bonn plötzlich als von „unserer" Hauptstadt reden, weil sie sich mit etwas identifizieren, was ich gut finde. Sie identifizieren sich nicht mit der Stadt als Stadt, sondern mit dem, wofür sie steht, meine Damen und Herren.

(B) Wir Deutsche tun uns mit **Staatssymbolen** sehr schwer. Das hat einen guten Grund: historische Verspätung des Nationalstaates. Der totale Mißbrauch nationaler Symbole durch den Nationalsozialismus hat dazu geführt, daß wir Heutigen im Umgang mit nationalen Symbolen vorsichtig und auch unsicher geworden sind.

(Vorsitz: Vizepräsident Hans Klein)

Ich meine, die Hauptstadt als echte Hauptstadt, d. h. im Klartext als Zentrum der Macht, ist ein starkes nationales Symbol. Wir sollten die Gelegenheit nutzen, unser Verständnis von diesem nationalen Symbol zu klären und auf die tiefgreifenden Fragen, die der Hauptstadtstreit aufgeworfen hat, eine Antwort zu geben, in der wir unsere historischen Erfahrungen in Übereinstimmung bringen mit unserem heutigen Staatsverständnis.

Mehr als ein solches **Staatsverständnis** symbolisiert der Hauptstadtbegriff allerdings nicht. Deshalb — Verzeihung, lieber Wolfgang Thierse — fand ich den Begriff „Erniedrigung aller Ostdeutschen" — wobei hinter „alle" schon einmal ein Fragezeichen gemacht werden muß — in diesem Zusammenhang ganz und gar unangemessen. Im Mittelalter kam es vor, daß Fürsten bestimmte Städte erhöhen oder erniedrigen wollten.

(Beifall bei Abgeordneten der SPD, der CDU/ CSU und der FDP)

Wir haben keine Fürsten mehr. Wir erhöhen nicht, und wir erniedrigen auch nicht.

(C) Der Unterschied zwischen Berlin und Bonn als nationale Symbole könnte größer kaum sein, als er ist: im Äußeren als auch im Inneren, auch was die Geschichte angeht, die sich in den Städten widerspiegelt. Man darf Berlin nicht anlasten, was in seinen Mauern alles geschehen ist. Ich füge leise hinzu: Bonn übrigens auch nicht. Man darf Berlin nicht mit der unglücklichen **Geschichte des Reiches** identifizieren.

(Beifall bei Abgeordneten der SPD)

Auch für mich war und ist Berlin ein **Symbol des Freiheitswillens** der Deutschen. Aber Bonn ist es für mich auch, meine Damen und Herren.

(Beifall bei Abgeordneten der SPD — Peter Kittelmann [CDU/CSU]: Daran zweifelt ja auch gar keiner!)

Heute geht es nicht mehr darum, Identität unter den Bedingungen des Jahres 1949 zu stiften, sondern unter den Bedingungen von heute. In den Jahrzehnten seitdem haben wir ja einen in der Geschichte beispiellosen **sozialen und kulturellen Wandel** erlebt. Wir können die Haupstadtfrage aus diesem Wandel nicht herausnehmen.

Ich gehöre schon zu der Generation, die Bekenntnisse zu einer alten und künftigen Hauptstadt nicht mehr abgelegt hat. Nicht, weil ich es abgelehnt hätte, sondern weil ich mir die deutsche Einheit nicht als Wiederherstellung eines größeren deutschen Nationalstaates vorstellen konnte, wie die meisten hier doch auch nicht.

(Beifall bei Abgeordneten der SPD)

(D) Für mich gab es eine Hauptstadtfrage überhaupt nicht. So haben die meisten in der alten Bundesrepublik das auch gesehen.

Ich möchte an die Adresse der Kolleginnen und Kollegen aus den ostdeutschen Ländern eine Frage stellen: Meinen Sie nicht, daß die durch die Teilung herbeigeführte Wirklichkeit auch in den Köpfen und Herzen der Menschen im Westen Deutschlands Folgen hinterlassen hat und daß eine davon die **Identifizierung** mit den Grundwerten des Staates ist, der in **Bonn** seinen vorläufigen Regierungssitz genommen hatte? Ist das Zusammenwachsen wirklich eine Frage des Ortes oder ist es eine Frage, was für Entscheidungen fallen, was ihre Qualität ist?

(Beifall bei Abgeordneten der SPD)

Meine Frage ist, ob die Entscheidung für Bonn den Menschen in den neuen Bundesländern etwas wegnimmt, ob sie das Zusammenwachsen wirklich erschwert. Oder könnte man nicht auch sagen, daß Bonn gerade das Symbol für die Erfüllung des Lebenstraumes gerade vieler Menschen in den neuen Bundesländern ist?

(Beifall bei Abgeordneten der SPD)

Wir sind am **Ende der Vorläufigkeit** angekommen. Wir haben zu entscheiden, was wir jetzt sein wollen. Da liegt die Bedeutung des Staatssymbols Hauptstadt. Ich bin dafür, daß wir das sein wollen, was uns das in Bonn geschaffene Grundgesetz, das jetzt für ganz Deutschland gilt, vorgegeben hat. Ich bin dafür, daß

Günter Verheugen

(A) wir das dazu passende Symbol wählen, nämlich Bonn.

(Beifall bei Abgeordneten der SPD und der CDU/CSU — Zuruf von der CDU/CSU: Das war die beste Rede für Berlin!)

Vizepräsident Hans Klein: Das Wort hat der Kollege Dr. Burkhard Hirsch.

Dr. Burkhard Hirsch (FDP): Herr Präsident! Meine Damen und Herren! Ich möchte, daß wir das dafür passende Symbol wählen. Und das ist Berlin.

(Beifall bei Abgeordneten der FDP, der CDU/CSU und der SPD)

Der Kollege Conradi hat ja schon die Antwort auf die Fragen gegeben, die Herr Verheugen nachgereicht hat, nämlich daß Berlin nicht nur eine Anknüpfung an die Vergangenheit ist und sein kann, sondern daß Berlin bedeutet, daß wir uns bei Bejahung der **Kontinuität der deutschen Geschichte** gleichzeitig zu einem neuen Anfang bekennen. Wir können nicht sagen, in der Bundesrepublik hat die Wiedervereinigung nichts bewirkt. Wir machen so weiter, als ob nur ein paar Quadratkilometer Land und ein paar Millionen arme Verwandte dazugekommen sind, und sonst hat sich nichts verändert. Das ist nicht so.

(Beifall bei Abgeordneten der FDP, der CDU/CSU und der SPD)

Wer dem anhängt, wer diesen Glauben verbreitet, der täuscht sich, täuscht sein Publikum und verkennt die politische Aufgabe, die wir vor uns haben.

(B) Es kommt darauf an, die vielen falschen Argumente wegzubekommen. Ich habe mich gewundert, mit welcher Intensität wirtschaftliche Gedanken in den Vordergrund gestellt worden sind. Jede politische Frage hat gravierende **wirtschaftliche Konsequenzen,** Konsequenzen für Bonn, Konsequenzen für Berlin. Jede andere politische Frage, die wir zu entscheiden haben, hat wirtschaftliche Konsequenzen. Dadurch wird sie aber nicht zu einer wirtschaftlichen Frage, sondern sie muß weiter unter politischen Gesichtspunkten entschieden werden. Wir müssen uns darum bemühen die wirtschaftlichen Folgen tragbar zu machen.

Es denkt auch niemand daran, aus Bonn eine Wüste werden zu lassen. Die **Aufgabenteilung** ist als Notwendigkeit von allen akzeptiert. Aber wer sich allein auf die wirtschaftlichen Folgen beruft, verweigert im Grunde genommen die politische Antwort auf die eigentliche Hauptstadtfrage.

Es gibt auch Argumente, die einfach ärgerlich sind. Wenn der Bonner Oberbürgermeister, der dauernd davon geredet hat, Bonn übe nur provisorisch eine Hauptstadtfunktion aus — Herr Pflüger hat das nachgeholt —, das nun zu einem symbolischen Bekenntnis, zu einer Art Nullbuchung umdeutet, die nicht kassenwirksam werden darf,

(Heiterkeit und Beifall bei Abgeordneten der FDP, der CDU/CSU und der SPD)

dann verkennt er, daß er damit nicht nur die politische **Glaubwürdigkeit** von Aussagen in Frage stellt, sondern daß er und wir alle natürlich dazu beigetragen haben, Wünsche, Hoffnungen, ein bestimmtes Bild

unseres Staates zu erhalten. Ist das nicht mehr wahr? (C) Wie viele Menschen enttäuschen wir in ihrem ernsthaften Glauben an politische Grundaussagen, wenn wir achselzuckend erklären, wir hätten nie geglaubt, beim Wort genommen zu werden? Das kann nicht wahr sein.

(Beifall bei Abgeordneten der FDP, der CDU/CSU und der SPD)

Es gibt auch andere Argumente, die politisch und historisch offenkundig falsch sind. Die Entscheidung, den Parlamentssitz nach Berlin zu verlegen, ist keine Entscheidung für einen **Zentralismus.** Die alte Reichsverfassung war ein Ausbund an Föderalismus, wie ihn heute niemand mehr wagen würde.

Berlin hat die kulturelle Identität der Städte Hamburg, München, Düsseldorf, Köln, Stuttgart in keiner Weise beeinträchtigt. Wie hätten sie denn unmittelbar nach dem Zusammenbruch mit eigener kultureller Identität ihre Aufgaben wahrnehmen können?

(Beifall bei Abgeordneten der FDP, der CDU/CSU und der SPD)

Wahr ist doch aber auch, daß in den 40 Jahren der Bonner Republik die Länder in zunehmendem Maße beklagt haben, in ihren Funktionen eingeschränkt zu werden, weil die Ursache **unitarischer Entwicklungen** nicht in der Größe der Hauptstadt, sondern in der Tatsache liegt, daß in einem Parteienstaat, in dem wir leben, die Parteien in Bund und Ländern dieselben sind. Darum ist ein Zug zu einer einheitlichen politischen Willensbildung durch Bund und Länder festzustellen. Wir dürfen die eigentlich politisch Verantwortlichen doch nicht durch ein solches Argument aus (D) der Verantwortung entlassen und darauf verzichten, in unserer Verfassung föderale Argumente fest zu verankern.

Nein, die Frage, vor der wir stehen, ist die der **historischen Identität** und der Wahrheit, nach der wir selbst angetreten sind.

(Beifall bei Abgeordneten der FDP, der CDU/CSU und der SPD)

Es ist nicht die Stadt Bonn oder die Stadt Berlin allein, die demokratische Strukturen nach 1945 aufgebaut hat. Es ist die Bevölkerung in allen Städten und in allen Dörfern unseres Landes gemeinsam gewesen.

Zur Identität Bonns, die Herr Verheugen beschworen hat, gehört in der Bundesrepublik auch das Bewußtsein, daß **Bonn** ein **Provisorium** ist. Kern des Selbstverständnisses unseres Staates und vieler Menschen, die sich an ihn gebunden fühlen, war und ist die historische Kontinuität, war und ist der Wunsch, daß dieses Deutschland wieder zu einer staatlichen demokratischen Selbständigkeit gelangt, die von den Machthabern des Dritten Reiches zerschlagen worden war.

Meine Damen und Herren, die Entscheidung, die wir zu treffen haben, sollen und wollen wir nicht auf dem Rücken der Bürger und der Bevölkerung in Bonn treffen. Wir sind ihnen gegenüber und für ihre wirtschaftliche Zukunft verantwortlich. Das ist der Dank, den wir Bonn schulden, nicht aber die Aufgabe des historischen und politischen Zusammenhangs, in dem unser Staat entstanden ist.

Dr. Burkhard Hirsch

Darum sollte das Parlament dorthin zurückkehren, wo es hingehört: in die Hauptstadt Berlin.

(Beifall bei Abgeordneten der FDP, der CDU/CSU und der SPD)

Vizepräsident Hans Klein: Das Wort hat der Herr Abgeordnete Ortwin Lowack.

Ortwin Lowack (fraktionslos): Meine sehr verehrten Damen und Herren! Liebe Kolleginnen und Kollegen! Mit Berlin verbindet mich sehr viel. Mütterlicherseits kam meine Familie schon mit den ersten Hugenottenströmen aus dem südlichen Frankreich, um in dem damals liberalen und religionstoleranten Berlin und Preußen zu leben. Ich habe an der Freien Universität Berlin studiert, war Vorsitzender des Internationalen Studentenverbandes, habe Chruschtschow und Kennedy in Berlin erlebt. Ein gewisser Diepgen wurde damals gerade als Konventsprecher abgewählt, weil ihm vorgeworfen wurde, er habe seine Mitgliedschaft in einer schlagenden Verbindung nicht eingestanden. Meiner Meinung nach, lieber Herr Diepgen, hätten Sie ruhig Konventsprecher bleiben können.

(Lachen bei der SPD)

Berlin ist, **Berlin** wird eine der ganz großen **Metropolen** Europas, aber auch weltweit. Berlin wird eine besondere Attraktivität für Ost- und Südosteuropa entwickeln. Es wird schon in wenigen Jahren ca. 8 bis 10 Millionen Einwohner haben. Der Bundespräsident gehört ebenso dorthin wie große Institutionen von internationalem Rang. Wir werden noch sehr viel Platz in Berlin brauchen.

Aber Berlin ist kein moderner Parlaments- und Regierungssitz.

(Beifall des Abg. Rudolf Bindig [SPD] — Anke Fuchs [Köln] [SPD]: Sehr gut!)

Metropolen — das zeigen alle Zeichen der Zeit — stehen gegen Föderalismus und Regionalismus, die für die Entwicklung der Bundesrepublik Deutschland und ihre unnachahmlichen Erfolge in der Nachkriegszeit so wichtig waren. Auch Leipzig beklagt sich heute, aber nicht über Bonn, sondern über Berlin und die **Sogwirkung,** die bereits heute von Berlin ausgeht.

Berlins Geschichte ist belastet. Glanzvolle preußische Hauptstadt war die eine Seite. Gleichwohl residierte schon Friedrich II. von Preußen, der Große, lieber in Potsdam, weil ihm das Getriebe und Geschiebe in Berlin auf den Wecker ging.

Als deutsche Hauptstadt trägt Berlin viele **Hypotheken** unserer Geschichte: Stalin ließ seine Flagge auf dem Reichstag hissen. Berliner Kleingeist sorgte dafür, daß die Fundamente für die Kuppel des Reichstages herausgerissen wurden und das Gebäude damit zu einem Torso mit einer völlig unübersichtlichen inneren Ordnung — oder vielleicht besser: Unordnung — verkümmerte. Das Zentrum und der Osten Berlins waren zugleich als Zentrum der kommunistischen Herrschaft in Deutschland Symbol für viereinhalb Jahrzehnte eines unsäglichen Leids für viele Millionen Menschen.

Bonn steht für Übersichtlichkeit — auch wenn wir vom morgendlichen Berufsverkehr nicht besonders angetan sind —, für einen modernen Staat, für das **föderalistische Prinzip,** für Dezentralisierung der politischen Entscheidungsprozesse und damit auch für eine breite Verteilung der Macht.

Karl der Große — er ist heute schon einmal erwähnt worden —, dessen Frankenreich gedanklich am Anfang der neuen, für Europa so wichtigen deutsch-französischen Zusammenarbeit nach dem Zweiten Weltkrieg stand, hat nicht unweit von Bonn residiert. Vielleicht war seine Idee, überall in seinem Reich Pfalzen zu errichten und Regierungsgewalt von dort aus auszuüben, schon eine Vorform des modernen europäischen Föderalismus.

Um erfolgreich parlamentarisch arbeiten und regieren zu können, brauchen wir kein zweites Moskau, Tokio, Paris, London oder ähnliches als Parlaments- oder Regierungssitz. Wir gehören zum Westen, zum Europa der freiheitlichen Werte und Traditionen.

Ich sage deshalb ja zu Berlin als europäischer und als Weltmetropole, und ich sage ja zu **Bonn** für eine konstruktive, gut **funktionierende parlamentarische Arbeit** und Regierung. Ich sage ja zum modernen, erfolgreichen Deutschland, wenn ich mich heute für Bonn entscheide, und setze voraus, daß ich mich damit auch für Berlin, für Deutschland — für das ich Mitverantwortung trage — und für eine europäische Lösung entscheide.

Kollege Dr. Vogel, Sie haben vorhin von der „Rückkehr des Parlaments nach Berlin" gesprochen. Ich frage Sie: Welches Parlament haben Sie damit gemeint:

(Dr. Hans-Jochen Vogel [SPD]: Dieses hier!)

das bis 1918,

(Dr. Hans-Jochen Vogel [SPD]: Nein!)

das von 1920 bis 1934

(Dr. Hans-Jochen Vogel [SPD]: Nein, das von 1991!)

oder vielleicht sogar die Volkskammer in Ost-Berlin?

Lassen Sie mich mit einem Satz schließen, der mich sehr überzeugt hat. Er stammt von einem großen Freund der Deutschen, dem Deutschlandkorrespondenten des „Figaro". Picaper hat das so formuliert:

Deutschland soll als Modell für die Europäische Union bundesstaatlich bleiben. Bonn steht für 40 Jahre solidarischer Außenpolitik. Bescheidenheit ist eine Zier, wenn man wirklich stark ist.

Danke schön.

(Beifall des Abg. Peter Harald Rauen [CDU/CSU])

Vizepräsident Hans Klein: Herr Abgeordneter Reinhard Freiherr von Schorlemer, Sie haben das Wort.

Reinhard Freiherr von Schorlemer (CDU/CSU): Herr Präsident! Meine sehr verehrten Damen und Herren! Der Lebensnerv der parlamentarischen Demokratie ist das Parlament.

(Beifall bei Abgeordneten der CDU/CSU)

Reinhard Freiherr von Schorlemer

(A) Die Nazi-Schergen wußten dies und ließen am 28. Februar 1933 den Reichstag und damit den Parlamentarismus und die Demokratie gleichsam in Flammen untergehen.

Jetzt, 1991, 58 Jahre danach, entscheiden wir, wo in Zukunft das Parlament des endlich wiedervereinigten Deutschlands tagen soll.

Seit es möglich war, haben die Fraktionen des Bundestages des geteilten Deutschlands in Berlin getagt, getagt im wieder aufgebauten Parlamentsgebäude, getagt vor allem mit dem wiederholten Bekenntnis: Wenn wir wiedervereint sind, ist hier unser Platz.

(Beifall bei Abgeordneten der CDU/CSU, der FDP und der SPD)

Verbunden mit den Sitzungen war ein Gedenken an den Kreuzen an der Spree für jene, deren Flucht in die Freiheit mit dem Tod endete. Wollten jene etwa in große Urbanität, in preußische Restauration oder in das Neonlicht einer Millionenstadt fliehen? Nein, für sie war ihr tödlicher Versuch der Flucht in den freien Teil **Berlins,** der für **Freiheit,** der für **Demokratie,** der für **Gerechtigkeit** steht und stand, ein Versuch, wie wir in Freiheit und in Demokratie zu leben.

(Beifall bei Abgeordneten der CDU/CSU)

Heute ist der Tag, an dem wir zu entscheiden haben: Kehren wir als Parlament nach Berlin zurück, oder haben unsere Bekenntnisse von über 40 Jahren nur noch Makulaturwert?

(Peter Kittelmann [CDU/CSU]: Sehr gut!)

(B) Der **Vorschlag** von Heiner **Geißler,** den ich unterstütze und den ich in unserer modernen Kommunikationsgesellschaft für machbar halte,

(Widerspruch des Abg. Peter Conradi [SPD])

gibt meines Erachtens auch die Möglichkeit, den Arbeitsplatzverlustsorgen von Bonn und dessen Umland Rechnung zu tragen.

Herr Baum, Sie haben davon gesprochen: Dies ist die Stunde der **Aufgabenteilung.** Für mich gibt es nur eine wirklich echte und ehrliche Aufgabenteilung, wenn in Berlin das Parlament und hier die Regierung ist. Dieser Vorschlag läßt uns vor der Geschichte glaubwürdig erscheinen und nimmt Bonn die Sorge um seine Zukunft in dem ohnehin zukunftsträchtigen Rheinschienengebiet. Für mich ist eine Trennung von Parlament und Regierung bzw. Ministerialbürokratie möglich. Sie ist eben jener Kompromiß.

1989 sind unsere Landsleute in den neuen Ländern auf die Straße gegangen. Früher gingen von Ost-Berlin Gängelung und systembedingte Unterdrückung aus. In Zukunft werden von ganz Berlin, das mitten in den neuen Bundesländern liegt, Hoffnung, Zuversicht und positive Entwicklungen ausgehen, weil wir das dann als in Berlin tagender Bundestag so wollen. Deshalb bin ich für den **Kompromiß,** der hier durch Heiner Geißler eingebracht worden ist und den auch viele Kollegen unterschreiben.

Ich glaube, auch der Beitrag des Kollegen Scharrenbroich hat dies deutlich gemacht. Er hat sich mehr von der Bonn-Seite auf diesen Kompromiß hin zubewegt,

während ich von der Berlin-Seite her das gleiche getan habe. (C)

Deshalb bitte ich zum Schluß die Nur-Berliner — deren Herzensanhänger und Überzeugungsanhänger ich bin —, gerade die freidemokratischen und die sozialdemokratischen Kollegen: Sorgen Sie auch und gerade um unserer Glaubwürdigkeit willen dafür, daß das Parlament nach Berlin zurückkehrt.

(Beifall bei Abgeordneten der CDU/CSU und der FDP)

Vizepräsident Hans Klein: Das Wort hat Frau Abgeordnete Gabriele Iwersen.

Gabriele Iwersen (SPD): Herr Präsident! Meine Damen und Herren! Liebe Kolleginnen und Kollegen! Die **Glaubwürdigkeit** dieses Parlaments steht auf dem Spiel: für die Deutschen, von denen wir hoffen, daß sie auch nach dem heutigen Tag noch zu Wahlen gehen und damit ihr Vertrauen in die parlamentarische Demokratie beweisen, aber auch für das Ausland, dem gegenüber wir bis jetzt als zuverlässige Vertragspartner gelten.

Heute gilt es durch eine verbindliche Entscheidung klarzustellen, daß der Satz „Die Hauptstadt ist Berlin" eine zuverlässige politische Aussage und kein Werbeslogan der Touristenbranche war.

(Beifall bei Abgeordneten der SPD sowie des Abg. Peter Kittelmann [CDU/CSU])

Die **Amerikaner,** die durch ihre mehr als 40jährige (D) **Berlin-Präsenz** den selbstverständlichen, aber auch demonstrativen Beistand der freien Welt für die geteilte und eingemauerte Stadt verkörperten, haben kein Verständnis dafür, daß die von ihnen so lange gehütete Stadt plötzlich nicht einmal mehr die ungeteilte Solidarität des Deutschen Bundestages genießt. Sollte es wirklich möglich sein, daß dieses Parlament, das die internationale Hilfe für Berlin immer wieder gefordert und auch bekommen hat, jetzt nicht bereit ist, seine eigene Verantwortung zu übernehmen?

Für die Alliierten war es immer klar, daß ihre Aufgabe in Berlin dann erfüllt sein wird, wenn diese Stadt wieder ihre festgeschriebene Aufgabe als Hauptstadt eines geeinten, freien und demokratischen Deutschlands übernehmen wird.

(Beifall des Abgeordneten Jochen Feilcke [CDU/CSU])

Lassen Sie uns international zuverlässig und glaubwürdig bleiben. Dieses Ansehen, das die Bundesrepublik Deutschland auszeichnet, steht heute auf dem Spiel.

Daß **wirtschaftliche Hilfe** für die **Region Bonn** selbstverständlich ist, braucht genauso wenig betont zu werden, wie die Tatsache, daß Berlin, diese verletzte Stadt, die die Wunden der Teilung noch lange spüren wird, in jedem Fall die Hilfe dieses Staates braucht.

Aber lassen Sie uns heute die Grundlage legen für eine neue, **vollwertige Hauptstadt Berlin,** die sorgfältig geplant und gebaut werden muß, damit die Folgen von Diktatur, Krieg und Teilung vom deutschen Volk

Gabriele Iwersen

endlich aus eigener Kraft überwunden werden können.

Schönen Dank.

(Beifall bei Abgeordneten der SPD, der CDU/CSU und der FDP)

Vizepräsident Hans Klein: Das Wort hat die Abgeordnete Dr. Sigrid Semper.

Dr. Sigrid Semper (FDP): Sehr geehrter Herr Präsident! Meine Damen und Herren! Gerade als Abgeordnete aus einem der neuen Bundesländer bewegt mich die Debatte um den Regierungssitz Berlin sehr stark. Trotzdem möchte ich heute keine gefühlsbetonte Rede halten, sondern vielmehr Sachargumente nennen, die leider in den vergangenen Wochen und Monaten oftmals so stark in den Hintergrund gedrängt wurden.

Unbestritten würde eine **Verlagerung von Regierung und Parlament nach Berlin** ein **Signal für Wirtschaft, Kultur und Gesellschaft** in der Bundesrepublik setzen, sich langfristig in Richtung Berlin zu orientieren. Aber nicht nur Regierung und Parlament würden dann ihren Standort nach Berlin verlagern, sondern auch diejenigen, die aus den verschiedensten Gründen nahe bei den politischen Entscheidungsträgern, also in Berlin, sein müßten.

In den vergangenen 45 Jahren war gerade dies wegen der guten Erreichbarkeit Bonns nicht vonnöten gewesen. Bonn teilte sich politische Funktionen — wie schon gesagt wurde — z. B. mit Frankfurt, Köln oder Düsseldorf und beließ andere in Hamburg, München oder Stuttgart. Ein künftiger Sitz von Parlament und Regierung in Berlin würde die politischen Funktionen dieser Städte auf lange Sicht abziehen.

(Dr. Franz Möller [CDU/CSU]: Sehr richtig!)

Ähnlich wie London oder noch stärker Paris würde Berlin ein **Zentrum der Macht,** das den Rest des Landes zweit- oder drittrangig erscheinen läßt.

(Jochen Feilcke [CDU/CSU]: Das hängt doch von den Menschen ab!)

Die zentrale Machtposition Berlins als Hauptstadt und Sitz von Parlament und Regierung würde zu einer hierarchischen Struktur zwischen Berlin auf der einen Seite und den Landeshauptstädten auf der anderen Seite führen.

(Beifall bei Abgeordneten der FDP, der CDU/CSU und der SPD)

Berlin ist zum jetzigen Zeitpunkt die Stadt in Deutschland mit den größten **Spannungen.** Wird Berlin noch größer — sagen wir: eine **Fünfmillionenstadt** —, so sind diese sozialen Probleme nie mehr in den Griff zu bekommen. Die Preise in Berlin, z. B. die Grundstückspreise, würden auf Höhen schnellen, die denen von London, Paris oder gar Tokio ähneln. Auch dies führt — neben anderem — zu sozialen Problemen.

Wie schon angedeutet ist eine Entscheidung für Berlin nicht nur eine Entscheidung gegen Bonn, sondern gegen alle Großstädte der Republik.

(Dr.-Ing. Dietmar Kansy [CDU/CSU]: So ein Quatsch!)

Neben der Politik würden auch Wirtschaft, Kultur, Wissenschaft und Technik langfristig nach Berlin abziehen und große Lücken auch in den ostdeutschen Städten hinterlassen.

(Beifall bei Abgeordneten der FDP, der CDU/CSU und der SPD — Peter Kittelmann [CDU/CSU]: Das ist doch alles Spekulation, die durch nichts begründet ist! Wir sind hier doch nicht beim Märchen!)

— Hören Sie zu.

Die Bundesrepublik hat in den vergangen Jahren gezeigt, daß es von großem Vorteil ist, mehrere Wirtschaftszentren im ganzen Land verteilt zu haben. Es waren höhere Wachstumsraten vorzuweisen als in den Ländern, die lediglich ein Großwirtschaftszentrum haben.

Im Hinblick auf ein föderatives Europa hat das stark ausgeprägte **föderative Deutschland** geradezu **Modellcharakter** für ein gemeinsames Europa. Es wäre kontraproduktiv, wollte man in Deutschland einen Schritt zurück in Richtung Zentralstaat machen.

(Beifall bei Abgeordneten der FDP, der CDU/CSU und der SPD)

Die Liste von Sachargumenten ließe sich weit über meine Redezeit hinweg fortsetzen.

(Zuruf von der CDU/CSU: Kaum! — Dr. Norbert Blüm [CDU/CSU]: Doch!)

Lassen Sie mich zum Schluß nur beispielhaft eine Frage an die Berlin-Befürworter stellen: Wie soll ich 800 000 Menschen im Großraum Halle und Leipzig, die wegen vorhandener Rüstungsaltlasten stark vergiftetes Wasser trinken müssen, erklären, daß sie dies auch deshalb tun müssen, weil es zur Zeit ein Problem bereitet, die ca. 10 oder 20 Millionen DM freizumachen, die eine Sanierung des Geländes kosten würde, wir aber heute abend über ein Projekt sprechen, das zwischen mindestens 20 und 76 Milliarden DM gehandelt wird?

Meine Damen und Herren, ich hoffe von ganzem Herzen, daß auch zukünftige Generationen für unsere heutige Entscheidung, wie immer sie ausfallen wird, Verständnis aufbringen werden.

Ich bin für Bonn.

Danke.

(Beifall bei Abgeordneten der FDP, der CDU/CSU und der SPD)

Vizepräsident Hans Klein: Das Wort hat der Abgeordnete Dr. Wolfgang Bötsch, der vom Platz aus sprechen will.

Dr. Wolfgang Bötsch (CDU/CSU): Herr Präsident! Meine sehr verehrten Damen und Herren Kollegen! Ich beabsichtige, nur wenige Bemerkungen zu ma-

Dr. Wolfgang Bötsch

chen; denn die Argumente sind, wie ich glaube, zu dieser Stunde schon weitgehend ausgetauscht.

(Beifall im ganzen Hause)

Deshalb möchte ich von § 34 der Geschäftsordnung Gebrauch machen, in dem die Saalmikrophone sogar als erster Ort genannt sind, von dem aus man Ausführungen machen kann.

Ich möchte mir erlauben, einiges zum Verlauf der heutigen Debatte zu sagen. Wenn die Vorfelddebatte, d. h. was in der Vorbereitung auf die heutige Debatte gesagt wurde, in der gleichen Art und Weise geführt worden wäre wie die heutige Diskussion — das war leider nicht immer der Fall —, könnte das insgesamt ein Beispiel sein, wie wir in einer solchen Frage die Auseinandersetzung führen könnten.

(Beifall bei der CDU/CSU, der FDP und der SPD)

Ich möchte auch sagen: Ich bin froh, daß wir uns dazu entschieden haben, die **Abstimmung** offen durchzuführen, und allen Versuchungen, die an uns herangetragen wurden und die wir im Innern vielleicht sogar etwas gehegt haben, nämlich geheim abzustimmen und dafür die Geschäftsordnung zu ändern, widerstanden haben.

(Zustimmung bei der CDU)

Ich glaube nämlich, es ist nicht nur das Recht, sondern auch die Pflicht eines jeden Kollegen im Hause, seine Meinung offen zu sagen und sie dann auch in der Abstimmung kundzutun.

Wir haben die heutige Debatte fair geführt. Im Vorfeld war das leider nicht immer der Fall. Das ging bis hin zu einer Anzeige, in der heute Graf Lambsdorff wegen seiner Entscheidung für Bonn, die er im Vorfeld bekanntgegeben hat, in einer für mich inakzeptablen Weise angesprochen wird.

Heute hat sich auch gezeigt, wie richtig es war, daß wir uns zu einem sehr frühen Zeitpunkt darauf verständigt haben, daß die heutige Abstimmung keiner Fraktions-, Partei- oder Koalitionsdisziplin zugänglich sein kann. Ich glaube, das war eine gute Entscheidung. Auch das müssen wir, die wir in der Öffentlichkeit nicht immer mit so guten Noten — mit schlechteren Noten, als wir es eigentlich verdient haben — dargestellt werden, einmal vor der Öffentlichkeit sagen.

(Beifall bei Abgeordneten der CDU/CSU, der FDP und der SPD)

Zur Sache: Ich hege große Bedenken und große Skepsis dagegen, Bundesregierung und Bundestag räumlich zu trennen;

(Beifall bei Abgeordneten der SPD)

ich will das nicht verhehlen. Die **Bundesregierung** ist — ich bitte, das nicht mißzuverstehen, Herr Bundeskanzler — auch „**Dienstleistungsunternehmen**" nicht nur **für das Parlament** insgesamt als Kontrollorgan, sondern auch für viele einzelne Abgeordnete. Das gilt sowohl für die Regierungsfraktionen als auch für die Opposition. Ich halte das für ganz wichtig; das hat für mich einen großen Stellenwert.

Ich sage das als einer, der sich in den vergangenen Wochen öffentlich als Befürworter des Parlaments- und Regierungssitzes Bonn bekannt hat und dies auch heute wiederholen will.

Es ist hier viel von Symbolen geredet worden. Ich meine, wir sollten die Frage nicht nur symbolisch betrachten; ich habe mich vielmehr aus politisch-historischen, aus praktischen, aber auch aus finanziellen Gründen entschieden. Man kann Entscheidungen aus der Geschichte begründen, ich glaube aber, nicht nur aus der Geschichte der Vergangenheit, sondern auch aus dem, was Geschichte sein wird. Ich stimme denen zu, die dieser Auffassung sind.

Aus der **europäischen Zukunft** heraus, die einmal Geschichte sein wird, halte ich es für nicht akzeptabel, zumindest jedenfalls für nicht sinnvoll, jetzt einen kompletten Parlaments- und Regierungssitz neu aufzubauen, wenn wir in wenigen Jahren die Politische Union — das ist das Ziel wohl aller hier im Hause — geschaffen haben werden.

Es war keine **Symbolik**, meine Damen und Herren Kollegen, daß wir gewaltige **Anstrengungen für benachteiligte Regionen** schon in der Bundesrepublik Deutschland unternommen haben. Nein, nicht mit Symbolik, sondern mit täglicher Arbeit haben wir das bewältigt. Die tägliche Arbeit heißt heute: Arbeit für Dresden, für Leipzig, für Rostock, für Schwerin, für Güstrow und die Regionen, auch für Berlin — jawohl. Das kann aber nicht darin bestehen, daß wir dort nur Symbolhandlungen aufbauen und gleichzeitig — ich sage das als einer, der nicht in Bonn beheimatet ist — in der Bonn-Region ohne Not neue, auch soziale Probleme dadurch schaffen, daß wir die Probleme jetzt in den neuen Ländern lösen wollen.

Vizepräsident Hans Klein: Herr Kollege Bötsch, der Nachteil des Saalmikrophons ist, daß Sie das rote Licht nicht sehen können.

(Heiterkeit — Zurufe von Abgeordneten der CDU/CSU, der FDP und der SPD)

Dr. Wolfgang Bötsch (CDU/CSU): Insofern mein Schlußwort: Herr Präsident! Meine Damen und Herren! Ich bitte Sie, bei Abwägung all der Argumente, die heute vorgetragen worden sind, Ihre Entscheidung für die bundesstaatliche Lösung, wie sie genannt wird, zu fällen und für den Regierungs- und Parlamentssitz Bonn Ihre Stimme abzugeben.

Vielen Dank.

(Beifall bei Abgeordneten der CDU/CSU, der FDP und der SPD)

Vizepräsident Hans Klein: Frau Kollegin, die Sie gerade den Zwischenruf gemacht haben: Zu Ihrer Beruhigung, die kleine Überziehung des Kollegen Bötsch hielt sich etwa in dem Rahmen, in dem seine Vorredner überzogen haben.

Was die Benotung — auch da gab es Zeichen — anbetrifft: Der sicherste Weg zu guten Noten ist immer, sie sich selbst zu erteilen.

(Heiterkeit bei der CDU/CSU)

Als nächste hat unsere Kollegin Dr. Christine Lucyga das Wort.

Dr. Christine Lucyga (SPD): Herr Präsident! Meine Damen und Herren! Ein Beitrag kommt zum jetzigen Zeitpunkt schon nicht mehr so ganz ohne Redundanzen aus; das ist verständlich. Die Argumente sind ausgetauscht; einige davon haben sich verbraucht, einige sind dementierbar, andere sind austauschbar.

Das wurde mir heute früh sehr deutlich bewußt, als unser Kollege Norbert Blüm seinen Antrag begründete. Es geht also jetzt darum, uns zu entscheiden und das Zeichen zu setzen, das politisch am allerwichtigsten ist, das Zeichen, wie und — vor allen Dingen — daß es in ganz Deutschland vorangehen soll. Einen sichtbaren Schritt dazu sollten Regierung und Parlament tun, den Schritt nach Berlin.

(Beifall bei Abgeordneten der SPD, der CDU/CSU und der FDP)

Mein Bekenntnis zu Berlin ist auch das meiner Kollegen aus Mecklenburg-Vorpommern. Ich möchte diese Entscheidung jetzt vor allen Dingen für die Menschen aus **Bonn** begründen, die sich in den letzten Tagen aus Sorge um ihre Zukunft an mich gewandt haben. Ich kann gut nachvollziehen, daß es hier jetzt Zukunftsängste gibt, zumal sie zu einem großen Teil auf dem Boden der in letzter Zeit geführten Kampagne erwachsen, in der auch Ängste mobilisiert wurden. Wenn die von der Entscheidung abhängigen Arbeitsplatzprobleme angesprochen werden oder umfangreiche Kostenaufrechnungen die **billige Lösung** naheliegen, in Bonn zu bleiben, dann möchte ich sagen: Die Ängste der Menschen sind ernst zu nehmen. Ich kenne sie aus dem Osten Deutschlands, wo im Moment Existenzängste im großen Maße umgehen. Wir sehen, daß die Argumente austauschbar sind. Vieles trifft sowohl für die eine als auch für die andere Stadt zu.

Ich möchte noch etwas sagen. Das, was uns jetzt als die billigste Lösung erscheint, nämlich in Bonn zu bleiben, wird uns wohl teuer zu stehen kommen,

(Beifall bei Abgeordneten der SPD und der FDP)

nämlich dann, wenn das Ausbleiben eines sichtbaren politischen Signals dafür, daß die **Integration des Ostens** auch wirklich gewollt ist, die Chancen für eine wirkliche Integration — hier denke ich über den Osten Deutschlands hinaus auch an Osteuropa — noch länger hinausschiebt und damit auf längere Sicht eine soziale Instabilität festschreibt, deren sichtbarste Konsequenz immer noch Wanderungsströme von Ost nach West sind.

(Zuruf von der SPD: Richtig!)

Bei diesen Argumentationen, so muß ich hinzusetzen, fehlen ganz einfach **Alternativvorschläge**, die **für die Region Bonn** auf den Tisch gekommen sind und die für die künftige Entwicklung auch dann Chancen aufzeigen, wenn Berlin alle Funktionen einer Hauptstadt übernimmt. Die Auseinandersetzungen, die wir im Interesse Bonns erleben, orientieren sich ganz einfach am Status quo und leugnen die Eigendynamik von Entwicklungen, auf die im Osten Deutschlands in anderen Zusammehängen oft verwiesen wird.

(Beifall bei Abgeordneten der SPD, der CDU/CSU und der FDP)

Wir erleben jetzt in Bonn hautnah, daß ein Gegenstand, aus unmittelbarer Nähe betrachtet, sehr viel größer erscheint als aus distanzierter Sicht. So erscheinen nach dem Gesetz der Perspektive die enormen Probleme der ostdeutschen Länder und die Sorgen Berlins vergleichsweise klein, betrachtet man sie lediglich aus der Optik der idyllischen und liebenswerten Stadt am Rhein, die bis zum Zeitpunkt der deutschen Wiedervereinigung die „provisorische Hauptstadt Deutschlands" und „Stellvertreterin Berlins" hieß und weit weg von Ostdeutschland liegt.

Die Einheit Deutschlands ist wiederhergestellt. Kaum jemand, der die deutsche Entwicklung aus angemessener Distanz — hier meine ich vor allen Dingen das Ausland — betrachtet, kann so recht verstehen, warum denn nun an die Stelle der Rückführung von Parlament und Regierung in die Hauptstadt so eine Art Kleinkrieg mit vertauschten Proportionen und Gewichten tritt.

Die jetzige Auseinandersetzung offenbart etwas von den Schwierigkeiten, gemeinsam nun aus zwei ungleichen Teilen ein gemeinsames Ganzes zu formen und Regionales aus der gesamtdeutschen Perspektive zu betrachten. Sie geht an der simplen Tatsache vorbei, daß sich mit dem Zeitpunkt der staatlichen Einigung ganz Deutschland verändert hat. Das heißt für uns alle, daß nichts so bleibt, wie es war. Es ist an der Zeit, nicht regional, sondern gesamtdeutsch zu denken. Berlin ist in diesem Sinne mehr als die bloße Kulisse der Wiedervereinigung.

(Beifall bei Abgeordneten der SPD, der CDU/CSU und der FDP)

Wir alle sind uns doch darin einig, welch große geschichtliche Herausforderung die Vollendung der Einheit durch **Herstellung einheitlicher Lebensbedingungen** für ganz Deutschland ist. Wie könnte dieser Prozeß denn sinnvoller vorangebracht werden als von Berlin aus, der Stadt, die wohl am meisten unter der Teilung gelitten hat, welche die ganze Last der Geschichte auf beiden Schultern getragen hat? West-Berlin war für uns die ganze Zeit das Fenster nach draußen in der Mauer. Dort geschieht nun auch das Zusammenwachsen am unmittelbarsten.

Ich weiß, Bonn steht für den glücklicheren Teil der deutschen Nachkriegsgeschichte. Berlin steht für unsere gemeinsame Geschichte ganz, mit den Licht- und Schattenseiten.

(Beifall bei Abgeordneten der SPD, der CDU/CSU und der FDP)

In der Zeit, in der es üblich war, vom **Provisorium Bonn** zu sprechen und Berlin als „Frontstadt" für nationales Pathos und Legendenbildung zu bemühen, hätte niemand daran geglaubt, daß dies vielleicht nur Requisiten unverbindlicher politischer Rhetorik seien. Es wäre fatal, wenn durch eine **Hauptstadtlüge** der mittlerweile geflügelte Satz „Was schert mich mein Geschwätz von gestern" zum Markenzeichen politischer Glaubwürdigkeit in diesem Lande würde.

(Zuruf von der CDU/CSU: Wer spricht denn da schon wieder von Lüge?)

Dr. Christine Lucyga

(A) Wir müssen wissen, die heutige Entscheidung ist eine geschichtliche Chance. Wir dürfen sie nicht versäumen. Ich bitte Sie um Ihre Stimme für Berlin.

(Beifall bei Abgeordneten der SPD, der CDU/CSU, der FDP und des Bündnisses 90/GRÜNE)

Vizepräsident Hans Klein: Das Wort hat der Abgeordnete Professor Dr. Horst Ehmke.

Dr. Horst Ehmke (Bonn) (SPD): Meine sehr verehrten Damen und Herren! Wir tauschen hier Argumente auf zwei Ebenen aus, einmal **praktische Argumente**. Ich glaube, in diesen Argumenten — Sozialpolitik, Wohnungspolitik, Strukturpolitik, Finanzpolitik — spricht alles für **Bonn**. Das hat diese Debatte noch einmal gezeigt.

(Beifall bei Abgeordneten der SPD und der CDU/CSU — Jochen Feilcke [CDU/CSU]: Nichts da! Bei der Sozialpolitik schon gar nicht!)

Ich halte es auch geradezu für aberwitzig, in der kritischen Situation, in der wir heute in Deutschland mit der Krise in den fünf neuen Ländern stehen, einen zehn- bis zwölfjährigen Umzug zu planen, der die Effektivität von Parlament und Regierung schwer beeinträchtigen muß. Ich halte das nicht für vertretbar.

(Beifall bei Abgeordneten der SPD und der CDU/CSU)

(B) Aber ich will mich zwei Argumenten auf der anderen Ebene widmen, zunächst dem Argument der **Glaubwürdigkeit**. Peter Glotz hat mit Recht gesagt, daß die Berlin-Befürworter da leicht ins Moralisieren kommen, weil, wie ich glaube, dieses Argument auf sehr schwachen Füßen steht.

Zunächst einmal ist Glaubwürdigkeit eine personale Kategorie. Es gibt aber kaum noch jemanden hier im Hause, der am 49er Beschluß mitgewirkt hat. In unserer Fraktion ist es allein Willy Brandt.

(Zuruf von der CDU/CSU: Ist der nicht glaubwürdig?)

Die Mehrheit der Kollegen in diesem Hause ist in den 80er Jahren gekommen. Wenn sie sich mit Berlin zu beschäftigen hatte, dann nicht mit der Hauptstadtfrage, sondern mit der Finanzierung West-Berlins und mit der Sicherung des Viermächtestatus von ganz Berlin.

Nun gebe ich gerne zu, es gibt auch einen institutionellen Aspekt: Wie ist es mit dem Parlament? Ganz sicher gilt auch hier — ich hoffe, die Berliner stimmen mir da zu —, daß, wenn wir heute abend entscheiden, jeder diese Entscheidung zu respektieren hat. Nur, niemand entscheidet für die Ewigkeit.

Das Glaubwürdigkeitsargument ist darum so schwach, weil zwei Fragen eng zusammenhängen. Wir, alle Parteien gemeinsam, waren damals der Meinung, es sollte das Ziel deutscher Politik sein, **Deutschland in den Grenzen von 1937** wiederherzustellen, mit **Berlin** als Hauptstadt in der Mitte.

Dann haben wir in einem schmerzlichen Prozeß, der erst jetzt zu Ende gegangen ist, erkennen müssen, daß es keinen Frieden in Europa und keine Einheit der

Deutschen ohne die Anerkennung der **polnischen** (C) **Westgrenze** geben kann.

Nun soll mir keiner sagen, es sei glaubwürdig, in dieser schwierigen Frage, die einen großen Teil des Territoriums des früheren deutschen Reiches betrifft, die Meinung zu ändern, aber in der Hauptstadtfrage sei es das nicht, obwohl doch die Hauptstadt heute nicht mehr in der Mitte Deutschlands, sondern 60 km von der polnischen Westgrenze entfernt liegt.

(Beifall bei Abgeordneten der SPD und der CDU/CSU — Zuruf von der CDU/CSU: Aber die Hauptstadt ist dort möglich! — Weitere Zurufe von der CDU/CSU)

Vizepräsident Hans Klein: Herr Kollege Ehmke, darf ich Sie einen Moment unterbrechen. — Meine sehr verehrten Damen und Herren, in dieser Debatte kommen sehr viele Kolleginnen und Kollegen zu Wort. Das bedeutet auch, daß fast jeder, der sich gemeldet hat, die Möglichkeit hat, seine Meinung am Rednerpult oder vom Saalmikrofon aus zu äußern. Deshalb finde ich es in dieser Debatte auch mit Blick auf den Gegenstand nicht so gut, wenn die Zwischenrufe allzu heftig und allzu laut werden.

(Beifall bei Abgeordneten der CDU/CSU und der SPD)

Dr. Horst Ehmke (Bonn) (SPD): Das zweite, was sich seit 1949 geändert hat, ist die **europäische Entwicklung**. Sie hatte damals noch gar nicht begonnen. Wenn wir im nächsten Jahr den Binnenmarkt bekommen, werden über 75 % der Wirtschaftsgesetzgebung (D) in der Hand von Europa liegen. Von Nationalstaat und nationaler Hauptstadt kann da kaum noch gesprochen werden. Wir befinden uns in dem Prozeß einer großen europäischen Wandlung.

Darum sage ich noch einmal: Wer jetzt glaubt, uns trotz der völlig geänderten Situation vorwerfen zu dürfen, daß wir auch in dieser Frage unsere Meinung geändert haben, der hat nur sehr schwache Argumente auf seiner Seite.

(Heinz Koschnick [SPD]: Aber Herr Professor!)

Ich sage als zweites: Der **Einigungsvertrag** hat die Konsequenzen daraus gezogen. Er sagt aus: So wie die Lage ist, kann es eine Teilung zwischen der Hauptstadt einerseits und dem Parlaments- und Regierungssitz andererseits geben.

Ich muß sagen — das richte ich auch an meinen väterlichen Freund Willy Brandt —: Wer vor noch nicht einem Jahr für den Einigungsvertrag gestimmt hat und jetzt sagt, der sei mit heißer Nadel genäht oder man sei über den Tisch gezogen worden, der ist für mich nicht sehr glaubwürdig. Ich stehe zu dem, was wir im Einigungsvertrag beschlossen haben.

(Beifall bei Abgeordneten der SPD, der CDU/CSU und der FDP)

Zum zweiten Problem der **deutschen Identität**. Ich liebe dieses Wort nicht besonders, weil es auf die Kategorien von Vergangenheit und Geschlossenheit rekurriert. Ich rede lieber von Selbstverständnis. Die Deutschen sind ja nicht seit Hermann dem Cherusker

Dr. Horst Ehmke (Bonn)

(A) ein- und dieselben geblieben. Es kommt vielmehr darauf an, um das politische Selbstverständnis eines Volkes immer neu zu ringen. Das müssen wir auch im vereinten Deutschland tun. Dabei haben wir das Problem — das hat uns Herr Kollege Thierse immer wieder vorgeführt —, daß wir zwei sehr verschiedene Befindlichkeiten hüben und drüben haben.

Ich respektiere das, was über die zum Teil verzweifelte Situation der Menschen in den neuen Ländern gesagt wird. Aber ich möchte den Kollegen aus den neuen Ländern auch sagen: Es gibt ebenfalls eine Befindlichkeit der Menschen in Westdeutschland, und diese Befindlichkeit darf man nicht mißachten; denn man braucht diese Menschen, wenn die deutsche Einheit klappen soll.

(Beifall bei Abgeordneten der SPD, der CDU/CSU, der FDP und des Bündnisses 90/GRÜNE)

Die Menschen in Westdeutschland sind zu Opfern bereit, obgleich man mit ihrer Opferbereitschaft nicht gut umgegangen ist. Aber sie sind nicht bereit, Opfer für den Ausbau von zwei Hauptstädten und für den Umzug von einer in die andere zu erbringen. Ferner sind sie stolz auf das, was wir in den 40 Jahren Bonner Demokratie geleistet haben.

Darum sage ich Ihnen zum Schluß: Unser Maßstab ist der gleiche, nämlich: Wie können wir die deutsche Einheit fördern? Aber wer Bonn aus der politischen Geographie und Geschichte dieses Landes streicht, der wird nicht neue Einheit gewinnen, sondern alte Zwietracht wecken. Darum bitte ich Sie sehr herzlich, (B) unserem Antrag auf eine bundesstaatliche Aufgabenteilung zwischen Bonn und Berlin zuzustimmen.

(Beifall bei Abgeordneten der SPD, der CDU/CSU, der FDP und des Bündnisses 90/GRÜNE)

Vizepräsident Hans Klein: Herr Abgeordneter Peter Kittelmann, Sie haben das Wort.

Peter Kittelmann (CDU/CSU): Herr Präsident! Meine Damen und Herren! Herr Ehmke, um der Redlichkeit willen müssen Sie zugestehen, daß wir bis in die letzten Jahre hinein im Bundestag **Beschlüsse über die Hauptstadtgestaltung Berlins** gefaßt haben.

(Beifall bei Abgeordneten der CDU/CSU, der FDP, der SPD und des Bündnisses 90/GRÜNE)

Sie haben den Eindruck erweckt, als wenn Herr Brandt der einzige Lebende unter denjenigen sei, die das mitgestaltet haben. Herr Ehmke, Sie sollten sich, bevor Sie etwas Falsches behaupten, die Haushaltsausschußunterlagen ansehen.

Ich habe in meiner Zeit als Bezirkspolitiker in Berlin und in den 15 Jahren, die ich jetzt hier im Deutschen Bundestag bin, immer angemahnt, daß wir die großen Flächen in der Innenstadt Berlins freihalten sollen. Diese sind alle freigehalten worden, obwohl Berlin viele Gelegenheiten gehabt hätte, diese zu bebauen. Dies geschah im Hinblick auf das Versprechen, daß dies die Flächen für die zukünftige Hauptstadt

(C) Deutschlands, für Parlaments- und Regierungssitz seien.

(Beifall bei Abgeordneten der CDU/CSU — Zuruf von der CDU/CSU: Sehr weitsichtig!)

Dies alles, Herr Ehmke, wollen Sie nicht wahrhaben. Wem nutzen Sie damit?

(Dr. Horst Ehmke [Bonn] [SPD]: Haben Sie dem Einigungsvertrag zugestimmt oder nicht?)

Meine Damen und Herren, ich habe mich ernsthaft mit dem Gedanken auseinandergesetzt, den gerade junge Menschen immer wieder vorbringen, indem sie sagen — ich habe das von Kollegen aus dem Hause vernommen —, daß sie als in der Nachkriegszeit Geborene echt und fest mit der Bonner Demokratie verbunden sind. Dafür habe ich Verständnis. Aber **Bonner Demokratie** heißt eben auch Berlin. Ich erinnere daran, die Nachkriegsdemokratie war das große Verdienst vieler, vieler Berliner Politiker. Ich erinnere an Ernst Reuter; ich erinnere an den hier sitzenden Willy Brandt und an Herrn Vogel, die in Berlin und in Bonn gewirkt haben; ich erinnere an Johann Baptist Gradl, an Jakob Kaiser, Ernst Lemmer, Hermann Ehlers, Franz Amrehn. Das sind alles Menschen, die das Grundgesetz ausgefüllt haben, die mitgearbeitet haben und in deren Kopf nie der Gedanke aufgekommen wäre, daß sie angesichts der Tatsache, daß sie in Bonn gearbeitet haben, nachher als Zeuge dafür benannt werden, daß sie in der Nachkriegszeit an der Bonner Demokratie mitgearbeitet haben. Nein, Sie haben an der deutschen Nachkriegsdemokratie mitgearbeitet. (D)

(Beifall bei Abgeordneten der CDU/CSU und der FDP)

Ich darf auch etwas zur Befindlichkeit sagen. Ich glaube, Herr Ehmke, ich habe niemanden aus den neuen Bundesländern hier reden hören, der nicht auch auf die Befindlichkeit aller Menschen in Deutschland, also auch auf die Menschen in Westdeutschland, Bezug genommen hat. Ich würde mich freuen, wenn Sie nicht den Versuch machten, zwischen den Menschen in den neuen Bundesländern und den Menschen in Westdeutschland zu differenzieren oder diese zu spalten.

(Beifall bei Abgeordneten der CDU/CSU, der FDP, der SPD und des Bündnisses 90/GRÜNE)

Ich habe noch eine Bitte. Die Bonner Bürger haben diese Stadt mitgestaltet und auch die Demokratie miterlebt. Wir Politiker, die wir seit langer Zeit hier sind, haben durch die unmittelbare Kontaktaufnahme zu den Bürgern durchaus eine breite Diskussionsgrundlage. Nur, die **Demokratie in Deutschland** unter persönlichen Opfern haben vor allen Dingen die **Menschen in Berlin (West)** mitgestaltet, indem sie standgehalten haben bei der Blockade, beim Chruschtschow-Ultimatum. Sie sind nach dem Bau der Mauer nicht aus Berlin „geflohen" oder „ausgewandert". Sie haben also durch ihren persönlichen Einsatz dafür gesorgt, daß uns Berlin erhalten geblieben ist, daß dieses Berlin, wie der Bundeskanzler, wie Willy Brandt und viele andere es heute gesagt haben, die

Peter Kittelmann

Voraussetzung dafür war, daß wir heute die Wiedervereinigung Deutschlands erlangt haben.

(Zustimmung bei Abgeordneten der CDU/CSU und des Abg. Dr. Wolfgang Ullmann [Bündnis 90/GRÜNE])

Deshalb möchte ich auch etwas zu den Kollegen aus den neuen Bundesländern — speziell denen in meiner Fraktion — sagen. Ich habe Verständnis dafür, daß Sie mit Bitterkeit und teilweise auch mit Haß an die Zeit der kommunistischen Willkür, die in der ehemaligen DDR auf der Tagesordnung war, zurückdenken. Wir wissen auch, daß diese Willkür von Ost-Berlin ausging; bloß, meine Damen und Herren, es sind nicht Honecker oder Walter Ulbricht, über die wir heute sprechen, sondern wir sprechen gemeinsam über das große Beispiel, das uns die Berliner Bevölkerung im westlichen Teil der Stadt und — leidend — all die Menschen in der ehemaligen DDR gegeben haben. Sie haben auf den Tag der deutschen Einheit hingearbeitet. Ich als Westberliner bitte herzlich, uns nicht zu nahe zu treten, uns, die wir Jahrzehnte in dieser Stadt gearbeitet haben, indem Sie uns heute sagen: Von Berlin ging für uns immer etwas Schlechtes aus. — Das war nicht das Berlin, über das wir hier sprechen!

(Beifall bei Abgeordneten der CDU/CSU, der SPD, der FDP und des Abg. Dr. Wolfang Ullmann [Bündnis 90/GRÜNE])

Ich habe auch Verständnis für den Antrag von Heiner Geißler — ich bitte, auch darüber nachzudenken —, der ja im wesentlichen ein Stück Versöhnung anbietet. Wenn ich als Berliner Sie hier heute bitte, für Berlin zu stimmen, wenn Heiner Geißler mit seinem Antrag keinen Erfolg hat, dann deshalb — hier appelliere ich vor allem an die jüngeren Abgeordneten, egal ob sie sich festgelegt haben oder nicht —, weil diese Entscheidung ein wichtiger Beitrag zur **Glaubwürdigkeit vor der Geschichte** ist. Wer heute so tut, als hätten wir uns nicht verpflichtet, beleidigt diejenigen, die Deutschland in der Nachkriegszeit im wesentlichen aufgebaut haben. Das sind die großen deutschen Kanzler von Adenauer über Kiesinger, Erhard, auch über Willy Brandt und Helmut Schmidt vor allem bis Helmut Kohl.

Ich danke Ihnen.

(Beifall bei der CDU/CSU)

Vizepräsident Hans Klein: Das Wort hat der Abgeordnete Peter Harald Rauen.

Peter Harald Rauen (CDU/CSU): Herr Präsident! Verehrte Kolleginnen und Kollegen! Ich möchte zunächst ein Wort des Dankes loswerden. Ich danke dafür, daß die Diskussion hier so fair verläuft. Das Thema, das in den letzten Wochen und Monaten überhöht, überzogen dargestellt wurde, wird heute auf das zurückgeführt, was es ist: eine wichtige Entscheidung für Deutschland, aber nicht d i e lebenswichtige Entscheidung für die Zukunft.

Es wird auch deutlich, meine Damen und Herren: Jeder von uns muß selbst entscheiden. Er muß im Kern entscheiden, ob in der Zukunft Regierungs- und Parlamentssitz in Bonn oder in Berlin sein soll. Alle Kon-

sensbemühungen bis in die letzten Stunden hinein, zwischen den konkurrierenden Interessen einen Kompromiß zu finden, der die von mir erwähnte **Grundentscheidung** nicht erforderlich gemacht hätte, bleiben erfolglos, und ich finde, das ist gut so. Sowohl die Trennung von Regierungs- und Parlamentssitz als auch eine Verschiebung der Grundentscheidung auf eine spätere Legislaturperiode wäre für beide Städte, sowohl für Berlin als auch für Bonn, aber insbesondere, so finde ich, für Deutschland und die parlamentarische Demokratie eine unbefriedigende Lösung gewesen.

Nachdem die Entscheidung getroffen ist — egal wie sie ausgeht —, muß die unterlegene Stadt, ihren wechselseitigen unbestrittenen Verdiensten für unser Volk und unser Land entsprechend, herausragende repräsentative bzw. bedeutende Einrichtungen bekommen. Deshalb sind für mich weder der Geißler-Antrag noch die Anträge der Herren Schily und Gysi annehmbar. Bei den dann verbleibenden zwei Anträgen werde ich mich mit Überzeugung und gutem Gewissen für Bonn entscheiden.

(Beifall bei Abgeordneten der CDU/CSU, der FDP und der SPD)

Ich lasse mir von niemandem ein schlechtes Gewissen einreden.

Ich hatte wie viele hier im Saal das Glück, in den freiheitlichsten Rechtsstaat, den es je auf deutschem Boden gab, hineingeboren und in ihm aufgewachsen zu sein, in einem Bundesstaat, dem nach freien Wahlen die neuen Bundesländer beigetreten sind, einem **Bundesstaat** mit einer bewährten **föderativen Grundordnung**. Diese gehört zur demokratischen Erneuerung nach dem Zweiten Weltkrieg genauso wie die Unterscheidung zwischen Maximum und Optimum zur Sozialen Marktwirtschaft und sozialen Partnerschaft. Oder kürzer ausgedrückt: Dezentralisierung statt Gigantomanie war das moderne Erfolgsrezept, mit dem die Bundesrepublik Deutschland wieder zu großem Ansehen in der Welt kam. In Konsequenz dieser erlebten Erfahrung bin ich auch zukünftig für den Sitz von Regierung und Parlament im kleinen und überschaubaren Bonn, von dem — hiervon bin ich überzeugt — auch in ferner Zukunft keine zentralistischen Bestrebungen ausgehen werden, gegen eine Übersiedlung ins jetzt schon völlig überfüllte Berlin, das nach realistischen Einschätzungen in wenigen Jahren mehr Einwohner haben wird als viele deutsche Großstädte zusammen.

Darüber hinaus bin ich ein sehr praktisch denkender Mensch, der dazu erzogen wurde, die Mark zweimal umzudrehen, bevor sie ausgegeben wird. Das Geld, das wir für den Umzug nach Berlin ausgeben müßten, stecken wir viel sinnvoller, schnell und gezielt in den **Ausbau der Infrastruktur in den neuen Bundesländern.** Das kommt allen Menschen dort viel mehr zugute als ein Regierungs- und Parlamentssitz in Berlin und führt darüber hinaus für Berlin zu dem Ergebnis, wenn schnell gleiche Lebensverhältnisse in ganz Deutschland erreicht werden, daß Berlin zu einem Wirtschafts- und Kulturzentrum werden wird, wie es ohnehin kein zweites gibt. Dazu bedarf es nicht noch zusätzlich des Sitzes von Parlament und Regierung.

Peter Harald Rauen

Viel wichtiger erscheint es mir, daß **oberste Bundesbehörden** möglichst rasch in Erfurt, Leipzig, Magdeburg und Rostock und in anderen Städten der **neuen Bundesländer** ihre Arbeit aufnehmen.

(Beifall bei Abgeordneten der SPD)

Berlin war und bleibt **Symbol der Freiheit** und Beständigkeit. Berlin ist und bleibt die Hauptstadt der Deutschen und repräsentiert zukünftig Deutschland als Ganzes. Bonn bleibt Sitzung von Parlament und Regierung und damit Zentrum einer stabilen Demokratie, die sich nach dem Zweiten Weltkrieg mit Bonn als provisorischer Hauptstadt entwickelt hat.

Wir alle hier im Parlament sollten uns vor der bösen Unterstellung hüten, daß die Diskussion nach der heute zu treffenden Entscheidung, insbesondere wenn es eine knappe Entscheidung würde, dennoch weiterginge. Wir Parlamentarier würden uns damit selbst das schlechteste Zeugnis ausstellen. Wir sollten uns vielmehr in Erinnerung rufen, daß es viele wichtige Entscheidungen hier im Bundestag gegeben hat, die, wenn auch mit knapper Mehrheit gefaßt, dennoch von allen Demokraten mitgetragen wurden.

Ich habe mich deshalb in meinem Beitrag und meinem Werben für Bonn bewußt davor gehütet, überzogene Formulierungen zu gebrauchen.

Vizepräsident Hans Klein: Herr Kollege, Ihre Redezeit ist abgelaufen.

Peter Harald Rauen (CDU/CSU): Ich komme sofort zum Ende.

Denn egal, wie die Entscheidung ausgeht, müssen wir, die wir heute mit der Mehrheit stimmen, morgen mit denen, die bei der Minderheit waren, zurechtkommen und umgekehrt. Die Worte „Sieger" und „Besiegte" sollten bei dieser Entscheidung aus diesem Grunde nicht verwandt werden. Die Entscheidung, egal, wie sie ausfällt, soll ein Sieg für die Demokratie und die Demokraten sein.

Schönen Dank.

(Beifall bei Abgeordneten der CDU/CSU, der FDP und der SPD)

Vizepräsident Hans Klein: Das Wort hat der Abgeordnete Dr. Jürgen Schmude.

Dr. Jürgen Schmude (SPD): Herr Präsident! Sehr geehrte Damen und Herren! Die Entscheidung, die wir heute zu treffen haben, treffen wir in einer wichtigen Beziehung über die künftige Gestaltung Deutschlands. Wir haben sie vor allen unseren Wählern zu verantworten.

Aber natürlich empfinden wir dabei Loyalitätsverpflichtungen und einen Pflichtenkonflikt gegenüber den beiden Städten, um die es geht. Keine dieser Städte soll zu untragbarem Schaden kommen. Ein Ausweg freilich, der einen **Kompromiß** darin sieht, daß Bundesorgane aufgesplittert werden, würde unsere Arbeitsfähigkeit als Parlament auf Dauer in unerträglicher Weise belasten. Es wäre ein Schaden für die Funktionsfähigkeit der Demokratie.

(Beifall bei Abgeordneten der SPD und des Bündnisses 90/GRÜNE)

Deshalb sind wir gehalten, eine **eindeutige Entscheidung** zu treffen. Für mich ist es die Entscheidung **für Berlin,** bei der ich in dem Antrag der Berlin-Befürworter die Belange Bonns weitestmöglich beachtet sehe, so daß auch diese Entscheidung für Bonn erträglich sein kann.

Diese Entscheidung für Berlin ist für mich nicht eine Entscheidung für eine neue **Machtmetropole.** Die anderen großen Städte der Bundesrepublik, die hier genannt worden sind, haben einen starken Vorlauf; sie brauchen um ihr Gewicht wahrlich nicht zu fürchten.

(Beifall bei Abgeordneten der SPD, der CDU/CSU, der FDP und des Bündnisses 90/GRÜNE)

Es ist keine Entscheidung für eine erneuerte Reichshauptstadt. Die wollen wir nicht, die will Berlin selbst nicht. Berlin war bisher nicht Hauptstadt im Wartestand, sondern hat einen eigenständigen Weg genommen. Sonst hätte es nicht überlebt.

(Beifall bei Abgeordneten der SPD und der CDU/CSU)

Insofern ist es, positiv gesprochen, eine Entscheidung für das **moderne Berlin,** das in Jahren demokratischer Entwicklung nach dem Krieg gereift ist. Dieses Berlin hat in seinem Westen unter größtem äußeren Druck seine innere und äußere Freiheit behauptet. Es hat Liberalität und Weltoffenheit mit Festigkeit und Sicherheit verbunden, und es hat exemplarisch immer wieder Konflikte und Entwicklungen vorweggenommen, die danach in der alten Bundesrepublik ausgetragen wurden und stattfanden. Wir alle haben in dieser Weise in der Vergangenheit von Berlin gelernt. Berlin hat die Entwicklung der ganzen Bundesrepublik mit geprägt.

Es ist auch eine Entscheidung für ein Berlin, das in seinem Osten für uns aus der früheren Bundesrepublik die offene Tür zu den Menschen in der DDR gewesen ist, das der **Ort der Begegnung** gewesen ist, an dem wir die **Einheit Deutschlands** auch in der Zeit der Trennung erhalten und pflegen konnten.

(Beifall bei Abgeordneten der SPD, der CDU/CSU, der FDP und des Bündnisses 90/GRÜNE)

Diese Entscheidung für Berlin ist nicht die Wahl des einfacheren Weges, wahrlich nicht. Wir gehen in eine Stadt mit Problemen und Sorgen, eine Stadt mit Unruhe und Herausforderungen, Herausforderungen zumal durch die **Sorgen und Bedürfnisse der neuen Länder,** die dort nicht weit entfernt sind, sondern vor der Tür liegen. Aber trotz des Zeitbedarfs der Umsetzung: Unsere Entscheidung bereits wäre ein Signal der Zuwendung, das mit der getroffenen Entscheidung wirksam würde.

(Beifall bei Abgeordneten der SPD, der CDU/CSU, der FDP und des Bündnisses 90/GRÜNE)

Und schließlich: Diese Entscheidung für Berlin ist nicht vergangenheitsorientiert, sie bezieht sich auf unsere Zukunft. Im Fall einer Ablehnung würden wir das an dem Eindruck erkennen, den die Bürger behalten würden, wenn Einzelbegründungen, die wir heute

Dr. Jürgen Schmude

vortragen, schon lange vergessen wären, wenn wir für unvorhergesehene Zwecke bereits ein Mehrfaches der Ausgaben getätigt haben würden, von denen heute im Zusammenhang mit den Umzugskosten die Rede ist, einem Eindruck, der auch nicht durch noch so intelligentes Bezweifeln der Geschäftsgrundlage ausgeräumt werden kann, nämlich daß diese Politiker in Bonn anders handeln, als sie jahrzehntelang geredet haben.

(Beifall bei Abgeordneten der SPD, der CDU/
CSU, der FDP und des Bündnisses 90/
GRÜNE)

So groß ist unser Konto an **Glaubwürdigkeit** nicht, daß wir es in dieser schweren Weise zusätzlich belasten sollten. Bedenken wir bitte auch diesen Schaden, der uns da droht.

(Beifall bei Abgeordneten der SPD, der CDU/
CSU, der FDP und des Bündnisses 90/
GRÜNE)

Vizepräsident Hans Klein: Das Wort hat die Frau Abgeordnete Professor Dr. Rita Süssmuth.

Dr. Rita Süssmuth (CDU/CSU): Herr Präsident! Liebe Kolleginnen und Kollegen! Unserem heutigen Tag der Entscheidung sind schwierige Wochen der Vorbereitung dieser Entscheidung vorausgegangen. Es ist heute morgen von der Arbeit des Präsidiums, von der Arbeit derjenigen, die sich um einen **Konsens** bemüht haben, die Rede gewesen. Ich gehörte zu diesen und möchte auch hier klar sagen: Wenn wir einen tragfähigen Konsens gefunden hätten, der beiden Städten in einem föderativen Deutschland gerecht wird, dann hätte ich ihm gern zugestimmt. Wir haben ihn nicht gefunden. Jetzt oder später, heute ist die Stunde der Entscheidung. Entscheidungen, die mit Mehrheit gefällt werden, sind zu respektieren. Die heutige Debatte zeigt, daß wir die Argumente fair miteinander austragen.

Auf alle Fragen, Kollege Brandt, sind sicherlich keine Antworten zu geben. Wir haben uns in den vergangenen Wochen, zum Teil in Tag- und Nachtarbeit, gerade auch unter Beteiligung der Regierung, bemüht, die **Informationen** verfügbar zu machen, die verfügbar sind. Aussagen über die **Verteilung von Bundesbehörden in die neuen Bundesländer** brauchen mehr Zeit. Deshalb enthalten alle Anträge die Einsetzung einer Kommission, um dies sehr bald tun zu können. **Kosten** sind angegeben. Es sind Schätzkosten. Ob sie nüchtern oder überzogen sind, werden wir merken, wenn wir sie umsetzen. Ich glaube übrigens nicht, daß das Kostenargument für die Entscheidung das Zentrale ist.

(Beifall bei Abgeordneten der CDU/CSU, der
FDP, der SPD und des Bündnisses 90/
GRÜNE)

Ich habe mich intensiv mit dem **Vorschlag des Kollegen Geißler** auseinandergesetzt und sage hier ganz offen: Ich bin eben nicht überzeugt, daß er unserer parlamentarischen Demokratie dient,

(Beifall bei Abgeordneten der CDU/CSU, der
FDP, der SPD und des Bündnisses 90/
GRÜNE)

und kann deswegen, so gern ich es tun würde, diesem Vorschlag nicht zustimmen. Es mag sein, daß es mir an Vorstellungskraft fehlt. Vielleicht bin ich in zehn Jahren klüger als heute. Ich kann nur vom heutigen Tag aus entscheiden.

Ich möchte Ihnen sagen, daß ich für mich und für viele Kollegen in Anspruch nehme, daß wir heute durchaus die Pflicht und das Recht haben, zu entscheiden. Der Einigungsvertrag hat dazu die Grundlage gegeben, und wir sollten das nicht in Frage stellen.

(Beifall bei der CDU/CSU, der FDP und der
SPD)

Ich möchte hier auch offen erklären: Ich werde mich für Bonn entscheiden.

(Beifall bei Abgeordneten der CDU/CSU, der
FDP und der SPD)

Daß dies nicht nur Zustimmung findet, ist klar — deswegen sage ich es ja —; aber ich möchte es auch noch einmal kurz begründen.

Für mich hat die **politische Zukunft Deutschlands** in **Bonn** nicht nur mit der ersten, sondern auch mit der zweiten wichtigen Etappe 1989/90 längst begonnen. Es ist nicht eine Zäsur, die wir in der Geschichte vornehmen. Ich muß Ihnen sagen: Wo wären denn die Menschen in den neuen Ländern, wenn nicht hier Parlament und Regierung zukunftsweisende Entscheidungen für ganz Deutschland getroffen hätten?

(Beifall bei Abgeordneten der CDU/CSU, der
FDP und der SPD)

Ich bin sehr dafür, daß wir dort hingehen, wo die Probleme sind. Ich bin froh, daß viele unserer Ausschüsse das tun. Ich bin auch der Meinung, daß das Parlament viel und nicht nur selten in Berlin tagen muß. Das sind wir den Menschen und ihren Problemen schuldig. Aber wenn wir jedesmal da hingehen wollten, wo die Probleme sind, dann müßten wir über unsere Hauptstadtfrage ständig neu entscheiden.

(Beifall bei Abgeordneten der CDU/CSU, der
FDP und der SPD)

Ich denke vor allen Dingen, daß mehr als die symbolischen Zeichen — wir entscheiden über einen Zeitraum von acht bis zehn Jahren — wichtig ist, daß wir jetzt zusammenwachsen und daß wir den Menschen vor Ort zeigen, daß wir für und mit ihnen handeln.

(Beifall bei Abgeordneten der CDU/CSU und
der SPD)

Ich möchte noch ein letztes Argument nennen. Es wird gesagt, **Berlin** ist der **Ort der europäischen Integration.** Ich möchte doch noch einmal unterstreichen, daß von Bonn nicht nur westeuropäische Politik gemacht worden ist, sondern seit den 50er Jahren der Blick kontinuierlich auch nach Osteuropa gerichtet worden ist.

(Beifall bei Abgeordneten der CDU/CSU, der
FDP und der SPD)

Ich möchte das, was in der letzten Zeit geschehen ist, nicht in irgendeiner Weise schmälern: Der deutsch-sowjetische Vertrag, der deutsch-polnische Vertrag, die Unterstützung für Polen, die Tschechoslowakei und Ungarn, dies alles ist von Bonn aus ge-

Dr. Rita Süssmuth

schehen. Ich denke, dies ist eine weltoffene, europäische und internationale Politik. Ich hoffe, daß sich die Frage nach Metropolen im Rahmen der politischen Union gänzlich neu stellt.

Ich danke Ihnen.

(Beifall bei Abgeordneten der CDU/CSU, der
FDP und der SPD)

Vizepräsident Hans Klein: Frau Abgeordnete Dr. Cornelia von Teichman, Sie haben das Wort.

Dr. Cornelia von Teichman (FDP): Herr Präsident! Meine Damen! Meine Herren! Ein Ja zu **Berlin** ist gleichzeitig auch ein Ja zu dem neuen demokratischen freiheitlichen Gesamteuropa, das die deutsche Einigung erst ermöglicht hat, ein Ja zu dem **Zusammenwachsen von Ost und West,** zu Europa als gesamteuropäischer Wertegemeinschaft, das sich nicht mehr nur als westeuropäische Wirtschaftsgemeinschaft versteht.

Mit unserem Ja zu Berlin setzen wir ein Zeichen, das gerade für die jungen Demokratien Osteuropas von Wichtigkeit ist und ihnen Mut gibt.

(Beifall bei Abgeordneten der FDP und der
CDU/CSU)

Berlin liegt in der Mitte Gesamteuropas. Ein Osteuropäer assoziiert mit Deutschland eher Berlin als Bonn.

Vizepräsident Hans Klein: Frau Kollegin, darf ich Sie einen Moment unterbrechen.

Meine Damen und Herren, ich darf Sie doch herzlich bitten, der Rednerin Aufmerksamkeit zu schenken. Wenn Sie Gespräche führen wollen: Das Foyer ist groß genug dazu.

Dr. Cornelia von Teichman (FDP): Meine Damen und Herren, es ist auch eine Frage der **Glaubwürdigkeit,** Berlin nicht nur zur nominellen, sondern zur tatsächlichen Hauptstadt mit Regierungsfunktionen zu wählen. Jahrelang haben wir die Hauptstadt Bonn als Provisorium betont und uns zu Berlin als eigentlicher Hauptstadt bekannt.

(Dr. Hans-Jochen Vogel [SPD]: Richtig!)

Kein ausländisches Staatsoberhaupt, gegenüber dem wir dies nicht ausdrücklich betont haben. Soll denn dies alles jetzt gar nicht mehr wahr sein?

(Beifall bei Abgeordneten der FDP, der CDU/
CSU, der SPD und des Bündnisses 90/
GRÜNE)

Keine andere Stadt ist symbolhafter für das Zusammenwachsen von Ost und West. An keiner anderen Stelle Europas wird dieses Zusammenwachsen von Ost und West derartig sichtbar. Die Stadt Berlin wird uns täglich neu mit der deutschen Geschichte konfrontieren, so daß wir uns täglich neu unserer gewachsenen Verantwortung für das neue, für das zusammengewachsene Deutschland, für Gesamteuropa bewußt werden.

In einer Business-as-usual-Manier könnten wir uns in Bonn eigentlich ganz gemütlich einrichten und den Dingen ihren Lauf lassen. Ein Ja zu Berlin ist aber auch ein Ja zur **Solidarität mit den neuen Bundesländern.** Ich glaube nicht, daß wir unser Solidaritätsgefühl gegenüber den neuen Bundesländern schon gänzlich erschöpft haben. Vielmehr meine ich, daß wir als Politiker angehalten sind, dieses Gefühl in allen Deutschen zu wecken. Die Vereinigung auch menschlich zu vollziehen ist eine der größten Aufgaben, wenn nicht sogar die größte, die uns Deutschen je gestellt wurde.

(Beifall bei Abgeordneten der FDP, der SPD
und des Bündnisses 90/GRÜNE)

Ein Schritt hin zur Erfüllung dieser Aufgabe ist unser klares Bekenntnis zu Berlin als Parlaments- und Regierungssitz. Das heißt doch aber nicht, daß wir ein wirtschaftliches Austrocknen der Bonner Region wollen. Wir müssen **Abfederungsmaßnahmen für Bonn** vornehmen. Diese Region darf nicht zurückfallen. Ich bin sehr froh, daß Herr Ministerpräsident Rau der Meinung ist, daß man das auch kann, daß das möglich und machbar ist.

Eine Hauptstadt ohne Regierung macht überhaupt keinen Sinn. Die **Hauptstadt Berlin** bleibt eine Leerformel, solange sie nicht die dazugehörigen **Hauptstadtfunktionen** hat.

(Beifall bei Abgeordneten der FDP, der CDU/
CSU, der SPD und des Bündnisses 90/
GRÜNE)

So glaube ich, daß die momentane Diskussion, selbst wenn sich die Mehrheit heute für Bonn entscheidet, nicht eher zur Ruhe kommt, bis wir nicht Berlin deutliche Hauptstadtfunktionen zuerkannt haben. Wer will denn auch verhindern, daß sich der nächste Bundestag ganz anders als dieser Bundestag entscheidet, der die Entscheidungen der letzten 40 Jahre vielleicht ignoriert und sich darüber hinwegsetzt, was wir 40 Jahre lang immer gesagt haben?

Es ist nötig, daß jetzt eine endgültige Entscheidung getroffen wird, die für jeden klar und deutlich ist, daß jeder weiß, woran er ist, damit sich die Menschen in beiden Regionen darauf einrichten können.

Ein Ja zu Berlin bedeutet auch keine Absage an den **Förderalismus,** wie immer wieder behauptet wird. In einem traditionell förderativen Deutschland, in dem in 40 Jahren Demokratie gewachsen ist und in dem politisch, wirtschaftlich und kulturell starke Bundesländer entstanden sind, haben wir starke Garanten gegen die Aushöhlung des Föderalismus. Ihre Souveränität haben die Bundesländer gezeigt, indem sie ein klares mehrheitliches Votum für Berlin abgegeben haben.

(Dr. Hans-Jochen Vogel [SPD]: Das muß man
immer wieder sagen!)

Zuletzt noch eines, meine Damen und Herren: Über allem Rechnen und allen **finanziellen Überlegungen** sollte man die **Bedeutung von Symbolen** nicht unterschätzen, von Symbolen, die Hoffnung machen oder Hoffnung zerstören können. Wir haben heute die Chance, ein Symbol der Hoffnung für das Zusammenwachsen des vereinten Deutschlands, des Zusammenwachsens von West und Ost zu setzen.

(Beifall bei Abgeordneten der FDP, der CDU/
CSU, der SPD und des Bündnisses 90/
GRÜNE)

Vizepräsident Hans Klein: Das Wort hat der Abgeordnete Klaus Reichenbach.

Klaus Reichenbach (CDU/CSU): Herr Präsident! Meine Damen und Herren! Meine Rede steckt hier. Die Argumente sind fast alle genannt; ich möchte sie nicht wiederholen.

(Beifall bei Abgeordneten der CDU/CSU und der SPD)

Ich möchte als Sachse ganz einfach und ganz deutlich sagen, daß es mir nicht leichtfällt, für **Berlin** zu stimmen, weil die Sachsen alle Kriege gegen Berlin oder Preußen verloren haben. Aber ich muß natürlich dazu sagen: Es gibt für mich **persönliche Argumente.** Diese persönlichen Argumente möchte ich einfach ganz kurz nennen und vortragen.

Als ein im Jahrgang 1945 Geborener habe ich nur eines kennengelernt: ein geteiltes Deutschland. Es war in der ganzen Zeit immer ein Traum, daß dieses Deutschland eines Tages wieder geeint ist. Über Nacht zum Minister geworden und bei diesem Traum dabei mittun, war das Schönste, was ich mir in meinem Leben vorstellen kann. Deswegen muß ich Ihnen hier ganz deutlich sagen, daß ich der Meinung bin: Wenn wir Berlin als Hauptstadt benennen, dann gehören dazu auch der Regierungssitz und das Parlament.

(Beifall bei Abgeordneten der CDU/CSU, der FDP, der SPD, der PDS/Linke Liste und des Bündnisses 90/GRÜNE)

Wenn wir in Ost und West gemeinsam daran geglaubt haben, daß sich diese Einheit Deutschlands eines Tages realisieren läßt, dann ist zu sagen: Dieses geeinte Deutschland ist ein neues Deutschland. Das ist nicht mehr die Bundesrepublik (alt) mit der Hauptstadt Bonn, sondern es ist ein geeintes neues Deutschland, eine neue Bundesrepublik. Diese **Einheit des neuen Deutschlands** sollte sich durch Berlin als Parlaments- und Regierungssitz dokumentieren.

Ich bin der Meinung, daß vieles für Berlin und vieles für Bonn spricht. Aber ich bin auch der Meinung, daß noch einige Empfindlichkeiten der Leute aus dem Osten gegenüber Berlin hier erklärt werden müssen. Es tut weh, wenn die **Anwürfe,** die **gegenüber Berlin** aus der **Vergangenheit des 40jährigen SED-Regimes** hergeleitet werden, als Argument gegen Berlin genutzt werden.

(Beifall bei Abgeordneten der CDU/CSU, der FDP, der SPD und des Bündnisses 90/ GRÜNE)

Ich möchte Ihnen ganz deutlich sagen, daß es nicht in Ordnung sein kann, eine Aversion gegen Berlin zu entwickeln, weil die SED 40 Jahre lang mit dem Ausbau Berlins und der Traumvorstellung Honeckers, diese Stadt als Musterbeispiel darzustellen und sie Hauptstadt der DDR zu nennen, eine Situation herbeigeführt hat, in der Berlin wie ein Blutegel in den restlichen Gebieten der ehemaligen DDR gewirkt hat. Ich bin der Meinung — das müssen wir ganz deutlich sagen —: Das kann kein Argument sein. Das neue Berlin ist ein geeintes Berlin. Es ist ein neues Berlin, das sich niemals wie das alte darstellen wird.

Ich bin auch der Meinung, daß ganz deutlich etwas zu den **Kosten** gesagt werden muß. Wer angesichts von etwas Neuem zu rechnen anfängt und die Kosten zu kalkulieren beginnt, der hätte damals auch zur Einheit Deutschlands nein sagen müssen, weil die Kosten nicht überschaubar waren und weil sie riesengroß sind.

(Ingrid Matthäus-Maier [SPD]: Das ist dummes Zeug!)

Ich stimme für Berlin und möchte alle auffordern, dies in ähnlicher Weise zu tun.

Ich danke Ihnen.

(Beifall bei Abgeordneten der CDU/CSU, der FDP, der SPD, der PDS/Linke Liste und des Bündnisses 90/GRÜNE)

Vizepräsident Hans Klein: Meine Damen und Herren, nehmen Sie doch Platz. Es sind noch Sitzplätze im Raum.

Das Wort hat der Abgeordnete Ernst Waltemathe.

Ernst Waltemathe (SPD): Herr Präsident! Meine Damen und Herren! Das Wohltuende an dieser Debatte ist, daß hier wirklich Argumente ausgetauscht werden. Ich sage einmal vorweg: wie immer die Entscheidung heute abend ausfällt, sie ist eine glaubwürdige; denn uns ist durch den Einheitsvertrag die Aufgabe übertragen worden zu entscheiden. Wenn nur eine bestimmte Entscheidung eine glaubwürdige, also die andere eine unglaubwürdige wäre, dann hätten wir gar keine Möglichkeit zur Entscheidung.

Wir haben heute nicht über die Vorliebe für Städte und ihre jeweilige Bevölkerung und schon gar nicht über die Bequemlichkeiten für Parlamentsglieder und Regierungsbeamte zu entscheiden, sondern über politische Vernunft.

(Reinhard Freiherr von Schorlemer [CDU/ CSU]: Sehr wahr! Sehr wahr!)

Aber was heißt schon **politische Vernunft,** wenn auch emotionale Empfindungen eine Rolle spielen, von denen auch ich überhaupt nicht frei bin. Es mag ja sein, daß bei der Entscheidungsfindung zu berücksichtigen sind: wirtschaftliche, finanzielle Fakten und Argumente, soziale Fragen, organisatorische Probleme ebenso wie historische Erfahrungen und historische Symbolwirkungen — und alles zusammen unter kurzfristigen und auch langfristigen Gesichtspunkten. Aber — ich sage das ausdrücklich, weil ich Mitglied des Haushaltsausschusses bin — ich beabsichtige hier nicht, über irgendwelche Zahlen oder Zahlungen zu sprechen. Das steht nicht im Vordergrund der politischen Entscheidung, sondern ist allenfalls eine Folge.

(Beifall bei Abgeordneten der SPD)

Im Vordergrund steht vielmehr die Frage, ob es politisch geboten oder klug ist, die größte Metropole zum nationalen Regierungssitz zu machen oder bei einer Lösung zu bleiben, die inzwischen auch eine Tradition hat. Denn obwohl die Berliner Bevölkerung weder den Nationalsozialisten noch den Kommunisten zur Mehrheit und zur Macht verholfen hat — dies ist die geschichtliche Wahrheit —, so bleibt andererseits auch die Tatsache bestehen — und das ist nicht ein Verdienst, sondern es mag ein Zufall sein; es ist aber

Ernst Waltemathe

(A) eine Tatsache —, daß inzwischen die verhältnismäßig unbedeutende Stadt **Bonn** als Sitz von Parlament und Regierung in 42 Jahren zu einem **Symbol der funktionierenden und stabilen Demokratie** mit Verteilung, Kontrolle und Balance staatlicher Macht geworden ist.

(Beifall bei Abgeordneten der SPD)

Bonn hat sich insoweit gerade deshalb bewährt, weil weder kulturell noch industriell noch machtpolitisch irgendeine **Gefahr von Zentralisierung** von hier ausgeht. Jede große Metropole würde zwangsläufig einen Hang zu größerer Zentralität und zu Gigantonomie fördern.

Nun weiß ich, daß ich oft belächelt werde, wenn ich darauf hinweise, daß die Niederländer sehr zufrieden mit ihrer Hauptstadt Amsterdam und ihrem Regierungs- und Parlamentssitz Den Haag sind.

(Zuruf von der CDU/CSU: Kein Vergleich!)

Amsterdam ist die bedeutendste Metropole der Niederlande. Kein Niederländer würde daran zweifeln, daß Amsterdam Hauptstadt ist. In der Stadt Amsterdam habe ich Toleranz, Freiheitswillen und europäische Gesinnung kennengelernt.

(Beifall bei Abgeordneten der SPD)

Insofern ist es überhaupt keine ausgemachte Sache, daß eine Hauptstadt nur dann Hauptstadt ist, wenn dort auch Regierung und Parlament ihren Sitz haben.

Wenn nun der Bundespräsident meint, in der Hauptstadt Berlin müsse auch die politisch verant-
(B) wortliche Führung künftig angesiedelt werden, so bereitet mir — ich sage das offen — schon allein das Wort Führung erhebliches Unbehagen.

(Beifall bei Abgeordneten der SPD)

Ich bin für die **Aufteilung von Funktionen zwischen Hauptstadt und Regierungssitz.** Ich bin dafür, daß Berlin sich zu einem Symbol internationaler Einbindung der Deutschen und zu einem Symbol der Einigung Europas entwickeln kann. Ich bin dafür, daß die politische Vertretung unserer bundesstaatlich organisierten parlamentarischen Demokratie dort verbleibt, wo keine Gefahr von Vorherrschaft besteht, sondern die Tugend von Bescheidenheit und Integration vorherrscht. Eine Weltstadt als Hauptstadt, eine im guten Sinne provinzielle und wenig machtvolle Stadt als Sitz von Regierung und Parlament.

(Beifall bei Abgeordneten der SPD, der CDU/
CSU und der FDP)

Vizepräsident Hans Klein: Das Wort hat der Abgeordnete Dr. Wolfgang Weng.

Dr. Wolfgang Weng (Gerlingen) (FDP): Herr Präsident! Meine sehr verehrten Damen und Herren! Die im politischen Raum wegen ihrer bekannten Sachkompetenz besonders geschätzten Presseerzeugnisse sind heute wenig hilfreich. Der „Expreß" schreibt mit großer Schlagzeile: Die Deutschen wollen Bonn. — „Bild" weiß in gleicher Aufmachung: Das Volk will Berlin. — Dies paßt zu dem fast lustig zu nennenden Phänomen der letzten Tage: Die Menschen im Land, aber vor allem auch die Medien, beklagen, daß es

(C) doch viel Wichtigeres gebe als die heutige Entscheidung, um sich dann aber unendlich über genau dieses Thema auszulassen.

Mir als Bonn-Befürworter fällt der Versuch auf, nicht mehr allein sachliche Argumente gelten zu lassen und in den Mittelpunkt zu stellen. Da werden manchmal fast hysterisch **historische Dimensionen** beschworen. Meine Erinnerung an den allerdings schon lange zurückliegenden Geschichtsunterricht sagt mir: Wenn es keine Parteien gab, sondern nur noch Deutsche, wenn also historische Dimensionen beschworen wurden, war Deutschland meist nicht auf dem besten Weg.

Deshalb halte ich es auch für unwürdig, wenn der Versuch gemacht wird, Bürgern im Lande aufzureden, die eine oder andere Entscheidung sei gegen sie gerichtet. Ich halte, liebe Kolleginnen und Kollegen, dies vor allem mit Blick auf die Mitbürger in Ostdeutschland für falsch und rufe diesen Mitbürgern zu: Glauben Sie solchen Scheinargumenten nicht!

(Beifall bei Abgeordneten der FDP, der CDU/
CSU und der SPD)

Drei Aspekte bestimmen meine persönliche Entscheidung: Erstens. Ein **Umzug** würde lange **Jahre verminderter Handlungsfähigkeit** der in sich verflochtenen rechtsstaatlichen Einrichtungen bedeuten und vor allem zu Lasten der Mitwirkung des Parlaments gehen.

Zweitens. Natürlich spielen auch die **Kosten** eine Rolle. Von einem Haushälter wird man vielleicht eine härtere Position in der Frage der Kosten erwarten, die ich nicht einnehme. Ich halte die Rolle der Kosten nicht für entscheidend, aber ich halte es für entschei- (D) dend, daß viele Menschen der Region Bonn existentiell betroffen wären, während die Vorteile für Berlin zunächst nur psychologischen Charakter hätten.

Zum dritten. Ich frage auch die Bürger, die **Berlin** seit über 40 Jahren so lieben, wie es ist: Wollen Sie wirklich die **einschneidenden Veränderungen** Ihrer Stadt, die der Zuzug von Parlament und Regierung zwangsläufig mit sich bringen würde? Ich kann das nicht glauben. Ich frage mich: Wenn eine Stadt, wenn das Umfeld des Parlaments- und Regierungssitzes Einfluß auf die Politik hat — hiervon gehen ja alle aus —, welchen Grund gibt es dann, eine Veränderung anzustreben? Über 40 Jahre einer vielleicht provinziellen, aber im Ergebnis guten Politik für die Menschen in Deutschland, das fordert Fortsetzung, nicht Änderung.

Meine Damen und Herren, in der Demokratie entscheidet die Mehrheit. Demokratie heißt aber auch Hinnehmen der Entscheidung der Mehrheit, wenn man selbst anderer Meinung war. Ich werde jede getroffene Entscheidung akzeptieren und hoffe, daß dies bei allen, zum Teil mit so hohem Engagement Befaßten der Fall sein wird. Meine Entscheidung fällt in Abwägung aller bekannten Argumente: Weng für Bonn!

(Beifall bei Abgeordneten der FDP, der CDU/
CSU und der SPD)

Vizepräsident Hans Klein: Frau Kollegin Brigitte Baumeister, Sie haben das Wort.

(A)

Brigitte Baumeister (CDU/CSU): Herr Präsident! Meine sehr verehrten Damen und Herren! Wir sind heute zusammengekommen, um in gemeinsamer Verantwortung den Beschluß über den Sitz von Regierung und Parlament zu fassen. Für mich ist ganz klar, daß dies ein Beschluß sein muß, in dem sich die Interessen aller Deutschen wiederfinden, und es muß auch ein Beschluß sein, der es uns ermöglicht, glaubwürdig zu sein und der sozialen Verantwortung gerecht zu werden. Wir wollen und können es uns nicht leisten, die tiefen Gräben noch tiefer zu machen. Wir haben die staatliche Einheit vollendet; Ost und West bringen sich in das vereinte Deutschland ein. Dem muß auch unsere Entscheidung am heutigen Tag gerecht werden.

Mir ist unwohl bei dem Gedanken, daß es auf der einen oder anderen Seite am Ende des heutigen Tages Sieger oder Verlierer gibt. Das Modell, das uns hier am meisten weiterhilft, ist das Geißler-Modell oder das **Kompromißmodell,**

(Beifall bei Abgeordneten der CDU/CSU)

in dem sich beide Städte, sowohl Berlin als auch Bonn, in ihren Stärken wiederfinden: Berlin steht für durchlittene und überwundene Teilung, Bonn steht für das freiheitliche Modell unserer Demokratie. Beide Städte bieten Möglichkeiten des Arbeitens. Wer sollte uns daran hindern, die Vorteile beider Städte miteinander zu verbinden?

Fragwürdig ist für mich, ob die komplette **Verlagerung aller Bundesorgane von Bonn nach Berlin** tatsächlich die Förderung darstellt, die sich die Berlin-Befürworter davon versprechen, ob allein davon der wirtschaftliche Aufbau in Berlin und um Berlin abhängt. Berlin wird — das ist meine Überzeugung — unabhängig davon gewinnen.

(B)

Es ist auch nicht richtig, daß eine räumliche Trennung zwischen Regierung und Parlament die **Funktionsfähigkeit der parlamentarischen Demokratie** verhindert und eine **Kontrolle der Regierung** nicht zuläßt. Im Gegenteil: Ich denke, es bietet sich uns die Chance der Stärkung des Selbstbewußtseins des Parlaments, eine Chance, Legislative und Exekutive im Sinne unserer Verfassung zur jeweiligen Eigenständigkeit zu verhelfen, ja, hier eine Verflechtung aufzulockern.

Wir können mit diesem **Konsens** die Vorgaben zur Vollendung der deutschen Einheit erfüllen. In der **Aufgabenteilung,** meine sehr verehrten Damen und Herren, spiegelt sich das Teilen, mit dem wir die Teilung überwinden wollen, wider.

Es ist auch ein Teil unserer Verantwortung, wenn wir heute daran denken, was wir mit dem Geld der Bürgerinnen und der Bürger machen, Herr Kollege Hirsch. Wir werden zu Recht immer wieder danach gefragt. Jede Variante, die die **Verlagerung der kompletten Regierung nach Berlin** vorsieht — unabhängig davon, innerhalb welchen Zeitraumes —, führt zu **Folgekosten** in unübersehbarer Größenordnung.

Der Überschwang emotionaler Anwandlung darf keinen von uns heute zu einer Entscheidung verführen, die sich im Lichte genauer Betrachtung als unverantwortlich herausstellt. Keine der beiden Städte darf

(C)

alles an sich reißen, gerade im Interesse der neuen Bundesländer nicht.

Bonn war nie — so habe ich es als Neuling in diesem Parlament empfunden — eine dominierende Zentralstadt. Berlin sollte es nicht werden. Berlin kann aber, wenn wir den Kompromißantrag annehmen, die selbständige Kraft des Parlaments stärken, ohne die Bundesregierung zu beeinträchtigen, die auf Jahrzehnte hinaus — jetzt mehr denn je — funktionsfähig arbeiten muß, ohne die **Reibungsverluste** eines Umzugs und einer Neuansiedlung.

Bonn ist gewachsener Schwerpunkt unserer parlamentarischen Demokratie. Es ist **Geburtsort des Grundgesetzes** und Arbeitsplatz der Bundesregierung. Dies können und dürfen wir nicht aufgeben, ohne die **Wurzeln unserer Demokratie** zu verlieren.

Meine sehr verehrten Kolleginnen und Kollegen, ich bitte Sie, das bei Ihrer Entscheidung am heutigen Tage zu bedenken. Deshalb gilt meine Entscheidung vorrangig dem Geißler-Vorschlag.

(Beifall bei Abgeordneten der CDU/CSU)

Vizepräsident Hans Klein: Das Wort hat der Abgeordnete Markus Meckel.

Markus Meckel (SPD): Herr Präsident! Verehrte Kolleginnen und Kollegen! Die Tatsache, daß wir heute über diese Frage hier diskutieren müssen, ist für mich selbst schon ein Skandal im Prozeß der deutschen Einigung. Auch der Verlauf dieser Debatte offenbart, wie fremd die **deutsche Einheit** vielen hier im Westen in den letzten 40 Jahren geworden ist und noch ist — trotz mancher Bekenntnisse und Ergebnisse der letzten zwei Jahre. Das ging nicht nur ihnen so, und das geht über Parteigrenzen hinweg.

(D)

Als mein Freund Martin Gutzeit und ich vor zwei Jahren die Initiative zur Gründung einer sozialdemokratischen Partei in der DDR ergriffen haben, war das erste Ziel, wie Sie wissen, nicht die Einheit Deutschlands, sondern der **Sturz der Diktatur,** der Aufbau einer parlamentarischen Demokratie, der Aufbau von Selbstbestimmung, Rechtsstaatlichkeit und sozialer Marktwirtschaft.

(Beifall bei Abgeordneten der SPD sowie des
Abg. Dr. Wolfgang Weng [Gerlingen]
[FDP])

Wir glaubten damals nicht, daß die deutsche Einheit so schnell möglich werden würde, und stellten den **Frieden** und den **europäischen Einigungsprozeß** vor die deutsche Einheit. Doch bekannten wir uns damals gleich am Anfang ebenso zur Einheit der deutschen Nation, zur **gemeinsamen deutschen Geschichte** und zu der daraus erwachsenden Verantwortung für die Zukunft dieses Volkes und Europas.

Dann wurde die deutsche Einheit wie ein Geschenk möglich. Wir wollten, daß es eine wirkliche Vereinigung wird, in der die Deutschen aus Ost und West als Partner zusammenkommen.

Es war für mich neben manchem anderen ein Schock, als ich dann mitbekam, daß für viele West-

Markus Meckel

(A) deutsche plötzlich nicht mehr das gelten sollte, was mit dem Bekenntnis zur deutschen Einheit unwiderruflich schien und mehrfach in diesem Hohen Hause beschlossen worden war: Plötzlich sollte **Berlin** nicht mehr die wirkliche **Hauptstadt** des geeinten Deutschland sein.

Das verriet und verrät viel. Die unschuldige Formulierung eines Schülers für die deutsche Einigung beschreibt einen weitverbreiteten Bewußtseinsstand. Er sagte: Als die DDR zu Deutschland kam . . . — Das heißt doch: Wir im Westen sind schon das Ganze; ihr könnt euch anschließen, mehr nicht.

Das ist der wahre und für viele von uns Ostdeutschen erschütternde Hintergrund dafür, daß diese heutige Diskussion stattfinden muß. Das geeinte Deutschland soll nur die vergrößerte alte Bundesrepublik sein.

Ich denke, mit der Entscheidung heute geht es mit weitreichenden Folgen darum, ob das Parlament das bekräftigt, was ohnehin das Erleben vieler ist, die die Einigung Deutschlands nicht nur verfassungsrechtlich, sondern auch praktisch nur noch als **Anschluß** erfahren, als einen großen Akt bürokratischer Eingliederung. Was nicht paßt, wird ausgesondert. Was es im Westen schon gibt, wird im Osten abgewickelt. Was 40 Jahre klar war, gilt nicht mehr.

Die **Besitzstandswahrung** im Westen scheint oft die Hauptsorge zu sein — und Besitzergreifung ein angenehmer und erhoffter Nebeneffekt. An der einzigen Stelle, wo es im Westen wirklich wehtut — das leugnet ja niemand —, weigert man sich einfach, für die Einheit (B) das zu tun, was jahrelang Bekenntnis war.

(Vereinzelt Beifall bei der SPD und der CDU/CSU)

Diese — wie es sich für viele von uns darstellt — Ignoranz und dann — ich muß es so sagen — auch der **Egoismus** angesichts dessen, was sich bei uns mit vielen Menschen abspielt, sind schwer verkraftbar.

Andererseits muß ich gestehen: Irgendwie kann ich auch diese Haltung ganz gut verstehen. Im Grunde haben Sie hier im Westen bis auf wenige wichtige Ausnahmen die deutsche Einheit nicht mehr für möglich gehalten

(Dr. Jürgen Rüttgers [CDU/CSU]: Das ist Geschichtsklitterung!)

und trotz des Gebots des Grundgesetzes vielfach auch nicht mehr als wirkliches Ziel angesehen. Dabei kann ich durchaus auch nach rechts bis in die Regierungsbank sehen.

(Dr. Jürgen Rüttgers [CDU/CSU]: Das ist Geschichtsklitterung!)

Ich will das auch keinem zum Vorwurf machen. Doch müßte man es einmal ehrlich zugeben; man dürfte sich nicht nur auf Sonntagsreden berufen und heute dann etwas anderes tun.

Sie sind im Westen in der Gesamtgesellschaft, glaube ich, von dem massiven **Willen zur Einheit** im Osten überrascht und aufgerüttelt worden. Das betrifft auch nicht wenige von uns, die wir schon vorher gegen den Staat in der DDR eingetreten sind. Auch wir waren davon überrascht, daß es so schnell ging.

(C) Sie im Westen sind ja im Grunde nicht gefragt worden. Sie haben die Einheit akzeptieren müssen. Jetzt ist sie da, und wir sind alle dankbar dafür. Wir haben jetzt die Aufgabe, die Einheit zu vollenden und den **Prozeß des Zusammenwachsens** zu fördern. Das ist nicht nur wirtschaftlich, sondern mehr noch in den Köpfen und Herzen der Menschen ein langer und schwieriger Weg.

Ich bin sicher: Mit einer **Entscheidung für Berlin** wird keines der wirtschaftlichen Probleme Berlins und des Ostens automatisch gelöst.

(Zuruf von der CDU/CSU: Richtig!)

Doch wäre diese Entscheidung ein Akt der Anerkennung der Einigung Deutschlands und ein Akt der Bereitschaft, dafür etwas auf sich zu nehmen.

Vizepräsident Hans Klein: Herr Kollege Meckel, Ihre Redezeit ist abgelaufen.

Markus Meckel (SPD): Die **Entscheidung für Bonn** aber wäre — ich bin gleich fertig —, wie ich denke, ein erneuter Verrat — jedenfalls würde es so aufgefaßt werden — und eine Mißachtung derer,

(Widerspruch bei Abgeordneten der CDU/CSU)

die im Osten die Einheit wollten und erkämpft haben. Sie würde das Vertrauen in die **Glaubwürdigkeit** von Politik schwer beschädigen, was gerade jetzt, wo das **Vertrauen** in frei gewählte Politiker und in die Demokratie wachsen muß, verheerende Folgen hätte.

Berlin war das Symbol der Trennung Deutschlands. (D)

Vizepräsident Hans Klein: Herr Kollege Meckel, Sie sind jetzt weit über Ihre Redezeit!

Markus Meckel (SPD): In der Haltung zu Berlin entscheidet sich heute die Bereitschaft zu einer wirklichen, Neues gestaltenden Einheit.

Ich danke Ihnen.

(Beifall bei Abgeordneten der SPD, der CDU/CSU und des Bündnisses 90/GRÜNE)

Vizepräsident Hans Klein: Meine Damen und Herren, die Fünf-Minuten-Runden machen das Geschäft der Sitzungsleitung natürlich nicht leicht. Wenn jemand bei fünf Minuten weit über eine Minute überzieht, dann überzieht er um 25 %. Wenn jeder das tut, kommen wir in eine sehr späte Stunde, und das ist nicht fair gegenüber jenen Kollegen, die sich an die Regeln halten.

Die zweite Bemerkung, Herr Meckel: Zu dem ernsten parlamentarischen Bemühen um eine zugegebenermaßen weitreichende Entscheidung passen Ausdrücke wie „Skandal" oder „Verrat" nicht.

(Beifall bei Abgeordneten der CDU/CSU, der SPD und der FDP)

Das Wort hat die Abgeordnete Frau Michaela Geiger.

Michaela Geiger (CDU/CSU): Herr Präsident! Meine sehr verehrten Damen und Herren! Wie vielen Kollegen hier im Hause fällt mir meine Entscheidung

Michaela Geiger

(A) heute nicht leicht. Jede der beiden Städte hat sehr gute Argumente, die wir ganz genau abwägen müssen. Jeder für sich muß dann entscheiden, welches das Argument ist, das für ihn persönlich am schwersten wiegt.

Für mich wiegt die Frage der **Glaubwürdigkeit** am schwersten. Deshalb werde ich heute für **Berlin** stimmen.

(Beifall bei Abgeordneten der CDU/CSU, der FDP, der SPD und des Bündnisses 90/ GRÜNE)

— Jetzt noch ein kleiner Nachsatz: wenn es nicht doch noch in letzter Minute zu einem sinnvollen **Kompromiß** kommt, der allerdings das Parlament nach Berlin bringen müßte.

(Beifall bei Abgeordneten der CDU/CSU, der FDP und der SPD)

Bonn ist eine sehr liebenswerte Stadt, in der ich nun schon seit über zehn Jahren ausgesprochen gern meine Arbeit als Abgeordnete eines oberbayerischen Wahlkreises tue. Bonn ist eine Stadt der kurzen Wege, der Bescheidenheit, ganz ohne großstädtische Aufgeregtheiten. Bonn ist darüber hinaus das **Symbol für unsere junge Demokratie,** für unser neues demokratisches Deutschland, das aus den Trümmern des Zweiten Weltkriegs entstanden ist. Für Bonn spricht auch, daß es vermutlich weniger **Kosten** verursacht, wenn Regierung und Parlament hierbleiben.

Die Mehrheit der Bürger meines Wahlkreises hält diese Gründe für die stichhaltigsten. Aber ich glaube,
(B) daß ich diese Argumente der Bürger meines Wahlkreises zwar sehr ernst nehmen muß, daß diese Mehrheitsmeinung mir meine ganz persönliche Entscheidung jedoch nicht abnehmen kann.

(Beifall bei Abgeordneten der CDU/CSU, der FDP, der SPD und des Bündnisses 90/ GRÜNE)

Wolfgang Schäuble hat heute morgen ganz richtig gesagt: Wir sind Abgeordnete des ganzen Deutschland, nicht nur unseres Wahlkreises.

Wir haben über Jahrzehnte hinweg immer wieder betont, daß **Berlin** unsere **Hauptstadt** ist. Wir haben immer an ihr festgehalten, und wir haben damit selbstverständlich auch den **Regierungssitz** gemeint. Wer heute etwas anderes sagt, ist, glaube ich, nicht ganz aufrichtig.

(Beifall bei Abgeordneten der CDU/CSU, der FDP, der SPD und des Bündnisses 90/ GRÜNE)

Für uns Deutsche, aber auch für unsere Freunde und Verbündeten war Berlin immer das **Symbol für den Freiheitswillen der Deutschen.** Den Fall der Mauer hat die ganze Welt an den Fernsehschirmen verfolgt. Die Menschen haben sich mit uns darüber gefreut, daß die Deutschen wieder vereint sind und daß die geteilte Hauptstadt endlich wieder zusammengehört und ihre alten Funktionen zurückerhalten kann. Würden wir heute gegen Berlin entscheiden, würde dies unsere Glaubwürdigkeit schwer erschüttern.

(C) Allen, die um unsere föderale Ordnung fürchten, möchte ich folgendes sagen: Unsere **Demokratie** und unser **Föderalismus** sind so stark verankert, daß dies auch der Parlaments- und Regierungssitz in Berlin nicht ändern würde.

(Beifall bei Abgeordneten der CDU/CSU, der FDP und des Bündnisses 90/GRÜNE sowie vereinzelt bei der SPD)

Die **Rechte der Bundesländer** sind unbestritten. Unsere selbstbewußten Ministerpräsidenten, ganz gleich, ob sie nun von der CDU, der SPD oder der CSU kommen, beweisen dies ganz deutlich. Auch unsere Landtage denken wohl nicht anders darüber. Es wird weder im Bundestag noch im Bundesrat eine Mehrheit für die Beschneidung der Rechte oder für eine Schlechterstellung der Länder geben. Insofern scheint mir diese Sorge unberechtigt.

(Beifall bei Abgeordneten der CDU/CSU und des Bündnisses 90/GRÜNE)

Andererseits fällt besonders den Bürgern in den neuen Bundesländern das Zusammenwachsen mit der alten Bundesrepublik oft sehr schwer. Eine Entscheidung für Berlin könnte den entscheidenden Anstoß für eine positive Wendung in dem Sinne geben, daß dieses Zusammenwachsen etwas leichter fällt. Auch das ist ein Grund, der mich heute für Berlin eintreten läßt. Ich glaube, daß dies ganz gewiß nicht der schlechteste Grund ist.

Ich danke Ihnen.

(Beifall bei Abgeordneten der CDU/CSU, der FDP, der SPD und des Bündnisses 90/ GRÜNE)

(D) **Vizepräsident Hans Klein:** Frau Kollegin Uta Titze, Sie haben das Wort.

Uta Titze (SPD): Herr Präsident! Meine Damen und Herren! Als ich heute morgen in Bonn-Röttgen aufstand und das Wetter bemerkte — es regnete —, war mir klar, daß alles gut wird; denn alle schweren Prüfungen meines Lebens, als da waren Abitur, Hochzeit,

(Heiterkeit)

Führerscheinerwerb — bei der Hochzeit heißt es ja: drum prüfe wer sich ewig bindet —, fanden bei sehr schlechtem Wetter statt, und es ist immer gutgegangen.

(Heiterkeit)

Insofern habe ich, da ich mich sehr früh und eindeutig auf Bonn festgelegt habe, die Hoffnung, daß es für die Bonner gut ausgeht.

Nun zur Sache: Den **Vorschlag, Regierung und Parlament zu trennen,** halte ich für falsch, Herr Kollege Geißler, und zwar nicht nur aus der Sicht eines Mitglieds des Haushaltsausschusses. Sosehr ich als langjährige Kommunalpolitikerin Kompromisse geübt habe, muß ich in diesem Fall sagen: Dieser Kompromiß ist für mich schlicht Schwachsinn. — Entschuldigung, ich bekomme gleich eine Rüge; ich nehme das zurück und sage: Der Kompromiß ist für mich nicht akzeptabel.

(Beifall bei Abgeordneten der SPD)

Uta Titze

Nächster Punkt: Bonn oder Berlin? Die intellektuell glänzenden Argumente sind um diese Zeit längst ausgetauscht. Also beschränke ich mich auf ein Bild; vielleicht wird Ihnen dann klar, weshalb ich mich für Bonn entschieden habe.

Wir Abgeordnete sind nur für eine bestimmte Zeit hier, wir kommen und wir gehen. Unser Leben und unser Arbeiten hier ist begrenzt. Die **Bonner Bevölkerung** und die Bevölkerung in der Region Bonn dagegen hat sich hier eine Perspektive aufgebaut. Das heißt — nun komme ich zu dem Bild —, ich mache hier wie ein Chirurg einen operativen Eingriff, ohne daß ich sagen kann, daß dieser Eingriff nachher zu einer Besserung führt. Dazu bin ich nicht bereit!

(Beifall bei Abgeordneten der SPD)

Bevor an einen Patient Hand angelegt wird, wird er gefragt, ob er einverstanden ist, und er erklärt sich nur dann damit einverstanden, wenn er eine Perspektive hat.

Ich sehe die Entscheidung für Berlin als eine für Bonn eminent nachteilige an, als eine Art zweite **Strukturkrise.** Lassen Sie es sich sagen: Nordrhein-Westfalen hat beileibe genug geleistet, um mit seiner ersten Strukturkrise, nämlich der eines alten Industriestandorts, fertigzuwerden. Deshalb würde ich es mir aus Jux und Tollerei — und seien die Gründe noch so ehrenhaft — als Abgeordnete nicht gestatten, dies einer Region nochmals zuzumuten.

Was die Geschichte betrifft, gebe ich dir, Willy

(Heiterkeit)

in einem recht: Als leidgeprüfte Dachauer Bürgerin habe ich viel Verständnis dafür, daß Willy Brandt die Koppelung von Berlin mit dem, was im **Dritten Reich** geschehen ist, zurückgewiesen hat. Dafür kann eine Stadt nichts,

(Beifall bei Abgeordneten der SPD)

genau wie Dachau nichts dafür kann, daß es Standort des ersten Konzentrationslagers war.

Was du, Hans-Jochen Vogel,

(Heiterkeit)

gesagt hast, hat mich gestört. Ich bin — du hast es mir einmal bestätigt — der zweite Oberlehrer der Fraktion.

(Dr. Hans-Jochen Vogel [SPD]: Also, Frau Kollegin, bitte!)

— Jochen, ich habe das Mikrophon, ich kann noch lauter;

(Dr. Hans-Jochen Vogel [SPD]: Das probieren wir erst einmal aus!)

—ja, das probieren wir jetzt —, du hast gesagt, Bonn habe Anspruch auf umfassende Hilfe. Das klingt schon so, als wüßtest du, daß hier nachher ein Leichnam zu begraben ist, der mit künstlichen Infusionen aufgepäppelt werden muß.

(Heiterkeit)

Ich mache das erst gar nicht mit, nämlich jemanden abzustechen und ihm dann eine Infusion geben zu müssen!

(Heiterkeit)

Zum Schluß — und jetzt wieder ernsthaft — zu zwei Argumenten, die mich wahnsinnig ärgern: Ein so reiches Land, über dessen Diskussion über die Hauptstadtfrage das ganze Ausland leicht verstört ist, sollte nicht über **Geld** reden, wenn es um eine so wichtige **historische Entscheidung** geht. Wir managen hier nicht die Finanzen eines Fußballvereins.

(Zurufe: Nein! — Eben!)

Das zweite Argument: **Glaubwürdigkeit.**

(Zuruf von der CDU/CSU: Ja, das tut weh!)

Ich kann es nicht mehr hören! Ich muß Ihnen sagen — bevor ich als Abgeordnete nach Bonn kam, wo ja jeder so seinen Vorlauf hat, hörte ich: Du mußt schon 20 Jahre auf dem Buckel haben, bis du es da schaffst —: Wenn ein jeder von Ihnen hier mit der Elle der Glaubwürdigkeit gemessen würde, wäre dieser Raum fast leer.

Ich danke Ihnen.

(Heiterkeit — Beifall bei Abgeordneten der SPD)

Vizepräsident Hans Klein: Das Wort hat die Frau Abgeordnete Editha Limbach.

Editha Limbach (CDU/CSU): Herr Präsident! Liebe Kolleginnen und Kollegen! Ich muß Sie enttäuschen; ich rede, genau wie Sie erwartet haben, für die **Bundesstaatslösung**; ich rede für **Bonn.**

Bei der Entscheidung, die wir heute zu treffen haben, müssen wir die Antwort auf die Frage finden, wie wir die **Aufgabenteilung** zwischen der Bundeshauptstadt Berlin, dem Regierungs- und Parlamentssitz Bonn und den Bundesländern, insbesondere den neuen Bundesländern, wahrnehmen.

Das wissen wir alle: Die bundesstaatliche Ordnung und Struktur bei uns entsteht und schöpft ihre Kraft aus der Kraft der **Regionen.** Deshalb brauchen wir starke Regionen.

(Beifall bei Abgeordneten der SPD und vereinzelt bei der CDU/CSU)

Hier im Westen haben wir sie bereits; in unseren neuen Bundesländern müssen wir sie noch schaffen. Weil wir dort starke Regionen schaffen müssen, müssen wir die Regionen stärken, nicht nur eine Region und nicht nur eine **Metropole.**

(Beifall bei Abgeordneten der CDU/CSU, der FDP und der SPD)

Ich unterstelle niemandem — damit auch das klar ist; als Michaela Geiger hier eben sprach, ist mir klargeworden, daß man dies doch noch einmal sagen muß —, daß er etwa die Verfassung ändern wollte, um Zentrales an Stelle von Dezentralem zu bekommen. Nein, aber die **Verfassungswirklichkeit** spielt eine Rolle. All die vielen Gutachten, die wir bekommen haben — ich weiß nicht, ob sie alle gelesen werden konnten; ich habe mir die Mühe gemacht —, sagen jedenfalls eines: Die **Sogwirkung** einer großen Stadt

Editha Limbach

wie Berlin wird sich auf den Kranz um Berlin herum noch positiv auswirken, auf alle anderen Regionen bis in die Regionen Osteuropas hinein, von denen hier soviel die Rede war, aber negativ.

(Dr.-Ing. Dietmar Kansy [CDU/CSU]: Stimmt doch überhaupt nicht! — Gegenruf von der CDU/CSU: Natürlich stimmt's!)

Ich meine, das sollten wir im zusammenwachsenden Deutschland nicht tun.

(Beifall bei Abgeordneten der CDU/CSU, der FDP und der SPD)

Bonn hat sich in mehr als 40 Jahren als Sitz von Parlament und Regierung bewährt. In dieser Zeit ist hier übrigens mit hohem **Finanzaufwand** — es ist ja nicht so, als ginge es jetzt nur um noch auszugebende Gelder; es geht auch um die Gelder, die wir bereits investiert haben — eine funktionsfähige und **effiziente Struktur für die Arbeit von Parlament und Regierung** geschaffen worden.

Ich versichere Ihnen: Kein Unternehmen, das vor einer komplizierten Problemlösung steht, verlagert ausgerechnet in dem Moment, wo diese schwierigen Probleme anstehen, seine Zentrale. Auch wir sollten das nicht tun. Gerade für das Zusammenwachsen der Länder, gerade wegen der vielen Probleme, die zu lösen sind, gerade deshalb brauchen wir einen voll funktionsfähigen Sitz von Parlament und Regierung. Den haben wir in Bonn!

(Beifall bei Abgeordneten der CDU/CSU, der FDP und der SPD)

Weil ich sehe, daß einige bei dieser eigentümlichen Organbank, die es da gab, skeptisch sind: Roman Herzog hat auf die Frage, ob denn auch das Bundesverfassungsgericht zu verlagern wäre — ich bin bereit, darüber zu reden —, gesagt: Das bedeutet ein Jahr Stillstand der Rechtspflege. — Wenn das schon bei einer solchen Behörde der Fall ist, dann frage ich mich: Wie wäre es erst, wenn wir das für alle machten?

(Dr. Wolfgang Bötsch [CDU/CSU]: Regierungslos!)

Die Struktur, die sich hier entwickelt hat, ist ganz ausgerichtet auf Parlament und Regierung; deshalb sind so viele **Menschen** betroffen. Sie werden mir als Bonner Wahlkreisabgeordneter erlauben, daß ich auch dazu ein Wort sage. Wir müssen an diese Menschen denken, an ihre Familien, an ihre Strukturen, an die Eltern, die sie mit sich hierhin gebracht haben, ältere Menschen, die auf ihre Pflege, ihre Zuwendung, ihre Betreuung angewiesen sind, und an vieles mehr.

Ich weiß, daß gerade die Kolleginnen und Kollegen aus den neuen Bundesländern mit schweren **Strukturkrisen** zu kämpfen haben; das ist hier auch häufig gesagt worden. Nur, meine Damen und Herren, nicht einem einzigen Bürger, nicht einer einzigen Bürgerin in den neuen Bundesländern fällt die Überwindung der Strukturkrise und der Veränderungen leichter, wenn wir dieses Problem in dieser Gegend durch Be-

schluß des Bundestages auch noch künstlich schaffen.

(Beifall bei Abgeordneten der CDU/CSU und der SPD)

Ich denke, die Frage ist nicht, ob so etwas zumutbar ist, sondern ob es notwendig ist. Ich glaube nicht, daß es notwendig ist.

(Vereinzelt Zustimmung bei der SPD)

Meine Damen und Herren, ich glaube, das Wichtigste heute ist, daß wir daran denken, wie wir unsere Zukunft richtig gestalten. Ich meine, das tun wir am besten mit einer Aufgabenteilung zwischen Berlin, unserer Hauptstadt, und Bonn, unserem Sitz von Parlament und Regierung, und mit vielen Funktionen, Behörden und Aktivitäten in den neuen Bundesländern.

(Beifall bei Abgeordneten der CDU/CSU und der SPD)

Vizepräsident Hans Klein: Das Wort hat der Abgeordnete Gert Weisskirchen.

Gert Weisskirchen (Wiesloch) (SPD): Herr Präsident! Meine sehr verehrten Damen und Herren! Das ist eine gute Debatte. Sie ist und wird spannend, wie wir sehen, weil sie sich von den Verwirrungen derjenigen befreit, die in der Organbank gesessen haben. Ich bin froh darüber, daß wir zeigen: Dieses Parlament ist in der Lage, über die Frage der Hauptstadt mit politischer Kultur zu streiten. Vielen Dank schon einmal dafür!

(Zustimmung bei Abgeordneten der SPD)

Bonn, unsere kleine Stadt, liebenswert in die Flußlandschaft geschmiegt, castrum bon(n)um, ein Zeichen der Dauer. Sie sieht gut aus; sie sieht heil aus. Man kann eine lange Weile gut in ihr leben. Das ist viel auf der Folie dieses Jahrhunderts. Hier konnte im Wechselspiel von Regierung und Opposition unsere Republik aus ihren Häutungen erwachsen — mit festem Blick nach Westen, über ihre Grenzen hinweg. Anders als wir sind unsere benachbarten westlichen Nationen aus Revolutionen geboren. Unsere demokratischen Anfänge waren spät. Demokratie wurde uns verliehen. Die **parlamentarische Demokratie** trägt bis heute die Angst vor dem Volk.

Bonn, schön anzusehen, **Adenauer** hatte es sich ausersehen. Es ist nahe genug an Köln, das einmal ein geistlicher Herrscher hat fliehen müssen, weil sein Bürgertum aufbegehrte. So wurde Bonn zum ersten Male Residenz. Was bleibt? Die Demokratie! Hier hat sie eine Hauptstadt gefunden, geboren im Kopf des Alten aus Rhöndorf. Die Geschichte hat es gut gemeint mit Bonn, der Zufälligen — brav erzogenen Tochter, artig und adrett.

Was will da noch **Berlin,** die freche Göre? Harpprecht sagt: „Berlin ist keine Stadt des Westens." Das ist die Unglückliche, explodiert im Taumel der Modernisierungsschübe, immerfort zu werden und niemals zu sein. Berlin war nie feste Burg, wie Herrscher ihre Hauptstadt wollen. Sie blieb zahm und un-

Gert Weisskirchen (Wiesloch)

(A) berechenbar, aufnahmebereit gegen die Verängstigten.

(Zurufe von der CDU/CSU: Was soll denn das? — Allgemeine Unruhe)

Berlin, das war auch die Stadt der **Reform**, des widersprüchlichen Versuches der Versöhnung zwischen Aufklärung, Bürgertum und Arbeiterbewegung, der erstickten **Revolution** von 1848. Stadt der **Ungleichzeitigkeit:** Von der Dahlemer Villa im grünen Westen zur Marzahner graubetonierten Wüste quert sie Kiez, das Ausländerghetto — Asphaltorgie, Sprung von Marx zu Madonna, schrill, zart und unbarmherzig. Berlin, das schroffe Gegeneinander der unerhörten Solitäre: die Museumsinsel, die Oper, steinerne Zeugen. Die neuen Solitäre im Westen, die Staatsbibliothek, die Philharmonie, erhoben sich zum Trotz gegen den planen Aufmarschplatz, der den Namen Alexander tragen muß. Von dort, auf dem Alexanderplatz, nahm das Volk in der DDR diesen öffentlichen Raum in seinen Besitz und zerbrach mit friedvoller Gewalt die Mauer.

(Beifall bei Abgeordneten der SPD, der CDU/CSU und der FDP)

Es lebte seine Tradition des Umbruchs, knüpfte an seine revolutionären Kräfte wieder an.

Wer vom Reichstag zu Fuß geht, am Brandenburger Tor vorbei, der betritt märkischen Sand. Da stand die Mauer, suchte Alfred Döblin nach Spuren von Glück in der Verzweiflung des Biberkopf; hier vergrub sich Hitler, schrien Soldaten, deutsche und russische, nach ihrer Mutter. Hier blicken wir auf die Wüste, die sie uns hinterlassen haben. Sie ruft nach neuem Leben.

(B) Dort wird es gebraucht, das **Parlament**, um ein besseres, ein **europäisches Deutschland** zu bauen.

(Beifall bei Abgeordneten der SPD, der CDU/CSU und der FDP)

Vizepräsident Hans Klein: Das Wort hat der Abgeordnete Dr. Harald Schreiber.

Dr. Harald Schreiber (CDU/CSU): Herr Präsident! Meine Damen und Herren! Heute vormittag wurden die Abgeordneten zu Recht aufgefordert, sich nicht davon leiten zu lassen, was für sie persönlich hier in Bonn angenehm und bequem ist. Man kann das aber auch anders sehen. Ich gehöre nämlich zu denen, für die ein Parlamentssitz in Berlin bequemer wäre, schon wegen der kürzeren Entfernung vom Wahlkreis dorthin.

Auch ich will jedoch meiner Entscheidung keine so simplen Motive zugrunde legen. Ich möchte mich aber auch nicht von Leidenschaft, vom Pathos großer Reden beeindrucken lassen. Es geht nicht um bewegende rhetorische Leistungen. Es geht für mich angesichts der schwierigen Lage in den neuen Bundesländern auch nicht vorrangig um historische Betrachtungen und schon gar nicht um Symbole oder Mythen. Es geht vielmehr darum, wie wir am schnellsten und wirkungsvollsten zu weiteren spürbaren Verbesserungen gelangen.

Wenn ich mit großer Entschiedenheit für den Verbleib von Bundestag und Regierung in Bonn eintrete, dann bewegt mich dazu vor allem die **Sorge um die**

Entwicklung in den neuen Bundesländern, ja, auch in (C) Berlin.

In der schlimmen DDR-Vergangenheit wurde Berlin in eine übermächtige Hauptstadtrolle hineinkommandiert, so daß der Name der Stadt zum Reizwort für viele Bürger wurde und heute noch vielfach ist. Gewiß, das kann sich in unserer Demokratie nicht wiederholen,

(Beifall bei Abgeordneten der CDU/CSU)

aber Berlin würde durch die Konzentration aller Institutionen und Aktivitäten zu einem Super-Ballungszentrum mit einer eigenen immanenten Dynamik.

Wenn die Entscheidung für Berlin fiele, dann wäre ich schon dafür, sie konsequent zu fällen und Parlament und Regierung nicht auseinanderzureißen.

(Beifall bei Abgeordneten der CDU/CSU, der SPD und des Bündnisses 90/GRÜNE)

Ich sehe keinen Sinn in einer solchen Teilung.

Berlin-Vertreter haben in der Debatte angeführt, Berlin sei nicht die Megastadt, von der heute zuerst Norbert Blüm gesprochen hat. Das stimmt, aber es stimmt eben nur für die Gegenwart. Wenn wir alles, was politisch, wirtschaftlich und kulturell bedeutsam ist, nach **Berlin** schicken, wenn wir in Berlin alles das tun, was dann getan werden müßte, dann entwickelt sich dort ein **Ballungszentrum,** eine Megastadt, deren Einwohnerzahl weit über die heute 3,5 Millionen hinausgehen wird, mit einer Sogwirkung — von ihr war schon die Rede —, deren Effekt die **neuen Bundesländer** wieder zum **Hinterland** degradieren würde, nun (D) nicht auf Grund eines volksfremden Regimes, sondern dank der Eigendynamik der zu erwartenden Entwicklung. Die Wirkung aber wäre, wie gesagt, dieselbe.

(Vorsitz: Präsidentin Dr. Rita Süssmuth)

Eine Regierung in Berlin, so sagen manche, könnte der Entwicklung in den neuen Bundesländern Impulse verleihen. Das ist nach meiner Auffassung ein Trugschluß. Wir können nicht warten, bis die Funktionsfähigkeit einer Regierung in Berlin in einigen Jahren solche Impulse ermöglichte; sie kämen zu spät, viel zu spät.

Wir brauchen in den neuen Bundesländern heute und nicht erst morgen noch deutlicher sichtbare Zeichen des Aufschwungs. Wir brauchen eine eigenständige Entwicklung in unseren Ländern, in den absolut nächsten Jahren. Um diese Entwicklung sollten wir uns gemeinsam über Parteien hinweg mit allen verfügbaren Mitteln und mit aller Kraft mühen.

Wir können überall an der Lösung dieser Probleme arbeiten, hier in Bonn wie anderswo, aber wenn wir hier Arbeitsbedingungen und Möglichkeiten haben, die wir anderswo — auch in Berlin — erst schaffen müssen, ist es für mich unverantwortlich, Zeit und Geld jetzt, ausgerechnet jetzt dafür zu vertun.

(Beifall bei Abgeordneten der CDU/CSU, der FDP und der SPD)

Ich kann in einer Entscheidung für Berlin absolut auch keine Solidarität mit den neuen Bundesländern sehen. Ich halte es deshalb aus Sorge um die neuen Länder für vernünftiger, mit Bundestag und Regie-

Dr. Harald Schreiber

rung in Bonn zu bleiben. Ich bitte Sie, meine Damen und Herren, mit mir für den Bonn-Vorschlag, für die Bundesstaatslösung, zu stimmen.

Danke.

(Beifall bei Abgeordneten der CDU/CSU, der FDP und der SPD)

Präsidentin Dr. Rita Süssmuth: Als nächster hat der Abgeordnete Helmut Schäfer das Wort.

Helmut Schäfer (Mainz) (FDP): Frau Präsidentin! Meine Damen und Herren! Dies ist sicher eine große Debatte gewesen, die auch dem widerspricht, was wir in den letzten Tagen wieder, wie üblich, über die Politiker in der deutschen Presse lasen,

(Dr. Hans-Jochen Vogel [SPD]: Richtig!)

die ja immer pauschal verurteilt werden als nicht in der Lage, Entscheidungen zu treffen. Ich glaube, die Debatte hat bewiesen, wie entschieden wir hier, sei es für Bonn, sei es für Berlin oder sei es für den Geißler-Vorschlag, sind.

(Beifall bei Abgeordneten der FDP, der CDU/CSU und der SPD)

Meine Damen und Herren, mich stört aber an dieser Debatte ein Zug, der heute nachmittag aufgekommen ist und den ich für sehr bedenklich halte. Nun wird plötzlich an dem Wort **Glaubwürdigkeit** Kritik geübt. Es kommen Leute und sagen, das Wort Glaubwürdigkeit könnten sie fast schon nicht mehr hören. Ich halte das allerdings für eine sehr bedenkliche Aussage.

(Beifall bei Abgeordneten der FDP, der CDU/CSU, der SPD und des Bündnisses 90/GRÜNE)

Meine Damen und Herren, wenn das alles so schnell vergessen ist, dann hätten wir uns hier die vielen Stunden am 17. Juni eines jeden Jahres sparen können, in denen wir mit großem Pathos gemeinsam unser patriotisches Verständnis beschworen und den Arbeiteraufstand in Berlin gewürdigt haben. All das ist so schnell gar nicht mehr da und ist Makulatur geworden. Es überrascht mich doch, wie man hier plötzlich mit dem Wort Glaubwürdigkeit umgeht.

Ich möchte als Außenpolitiker etwas zur **Glaubwürdigkeit nach außen hin** sagen. In vielen Gesprächen in der ganzen Welt, die immer wieder zu führen sind, und auch in Gesprächen hier in Deutschland mit vielen, vielen Besuchern, die wir täglich haben, sind wir gefragt worden: Was spielt sich eigentlich bei euch ab? Warum habt ihr uns jahrelang gezwungen, bei Besuchen der Bundesrepublik und des Regierungssitzes Bonn unbedingt nach Berlin zu gehen?

(Dr. Horst Ehmke [Bonn] [SPD]: Weil es da noch den Kommunismus gab!)

Jemand, der sich weigerte, hatte eigentlich schon eine sehr negative Note. Denn der Blick über den Potsdamer Platz war Pflicht bei allen Staatsbesuchen, meine Damen und Herren.

(Beifall bei Abgeordneten der FDP, der CDU/CSU, der SPD und des Bündnisses 90/GRÜNE)

Heute erfahren die erstaunten Politiker aus der ganzen Welt, die immer der Meinung waren, natürlich würden die Deutschen wiedervereinigt, natürlich werde Berlin wieder ihre Hauptstadt und selbstverständlich ihr Regierungssitz, daß die Deutschen selber angefangen haben zu zweifeln. Ein europäischer Außenminister hat mir schon vor Monaten bei einer Diskussion im Europarat auf die Frage, wie sie es denn in den westlichen Hauptstädten in Europa aufnähmen, es werde ja behauptet, es könne Sorgen in Paris, in London und sonstwo hervorrufen, geantwortet: Wenn Sie Berlin zu einem Problem in Deutschland machen, dann allerdings werden auch wir nachdenklich und müssen sagen, wenn die Deutschen vor der Entwicklung Angst haben, müssen vielleicht auch wir im Ausland Angst vor der Entwicklung bekommen. So ist es doch gelaufen.

(Beifall bei Abgeordneten der FDP, der CDU/CSU, der SPD und des Bündnisses 90/GRÜNE)

Meine Damen und Herren, hier wird so hehr vom **Föderalismus** dahergeredet, der angeblich kaputtgehe, wenn wir nach Berlin gingen. Dazu kann ich nur sagen: Herr Rau hat heute ein interessantes Beispiel für den echten Föderalismus geliefert. Er hat nämlich bei seiner Rede gesagt, die ja sehr erheiternd und munter war: Die zwölf Landtage mögen ja entschieden haben; aber wir, der Bundesrat, entscheiden nächste Woche, und, meine Damen und Herren, Sie werden sehen, ganz anders. Also, das ist ein interessantes Föderalismus- und Demokratieverständnis.

(Beifall bei Abgeordneten der FDP, der CDU/CSU, der SPD und des Bündnisses 90/GRÜNE)

Der gleiche Herr Rau, der mit so vielen hier die Angst vor der Megastadt beschwört, vor dieser grauenhaften, monströsen Stadt, die uns alle noch das Fürchten lehren will, hat in seiner Regierungserklärung 1990 in Düsseldorf gesagt, angesichts des Europas der Regionen, bei denen ja die Nationalstaaten alle verschwinden — ich halte das für eine sehr verfrühte Bemerkung; das muß ich Ihnen sagen; er muß sich einmal in Paris und in London umhören —,

(Dr. Peter Glotz [SPD]: Manchmal muß man in die Zukunft schauen, Herr Schäfer!)

müsse Nordrhein-Westfalen in allen Metropolen der Welt durch große Vertretungen präsent sein. — Es ist hochinteressant, daß man offensichtlich die Angst vor der Megastadt in Nordrhein-Westfalen verloren hat.

Hier wird gesagt, meine Damen und Herren, die **junge Generation** denke ganz anders; sie habe kein Verhältnis zu Berlin mehr. Herr Pflüger, ich schätze Sie sehr. Aber ich muß Sie fragen: Welche junge Generation meinen Sie? Meinen Sie die Generation, die ihren Urlaub inzwischen im wesentlichen auf den Seychellen verbringt? Meinen Sie die Generation, die mit 25 Jahren schon so arriviert ist, daß sie natürlich über Hauptstädte gar nicht mehr nachdenkt? Meinen Sie eine Generation, die Herr von Dohnanyi, ein Vorgänger im Amt des Staatsministers, einmal die Tos-

Helmut Schäfer (Mainz)

(A) kana-Fraktion der Hedonisten genannt hat? Diese Frage darf ich mir hier auch einmal erlauben.

(Beifall bei Abgeordneten der FDP, der CDU/CSU, der SPD und des Bündnisses 90/GRÜNE — Dr. Jürgen Rüttgers [CDU/CSU]: Warum greifen Sie die SPD so an?)

Meine Damen und Herren, lassen Sie mich zum Schluß nur eines sagen: Ist nicht die hier beschworene Angst vor der Megastadt Berlin in Wahrheit **Angst vor der Moderne,** Angst vor einer Stadt, in der wie nirgends in Deutschland die Probleme kulminieren, in der aber auch die Kultur da ist?

Herr Verheugen, Sie sprechen vom **Zentrum der Macht** und sagen, das sei entsetzlich. Lassen Sie doch endlich einmal das Zentrum der Macht, nämlich den Regierungs- und Parlamentssitz, mit dem **Zentrum der Kultur** konfrontiert werden! Es wäre eine glänzende Herausforderung für uns alle, die wir seit langem hier in Bonn diese Begegnung vergeblich suchen.

Vielen Dank.

(Lebhafter Beifall bei Abgeordneten der FDP, der CDU/CSU, der SPD und des Bündnisses 90/GRÜNE)

Präsidentin Dr. Rita Süssmuth: Das Wort hat der Herr Abgeordnete Horst Eylmann.

Horst Eylmann (CDU/CSU): Frau Präsidentin! Meine sehr verehrten Damen und Herren! Es geht
(B) hier nicht um die bloße Auswahl zwischen zwei Städten. Es geht nicht vorrangig um Bonner oder Berliner Interessen. Es geht auch nicht ums Geld. Diejenigen, die so viel vom Geld geredet haben, werden sich noch wundern, wieviel Geld wir aufwenden werden, um die unterlegene Stadt zu entschädigen und die Enttäuschung und den Zorn ihrer Einwohner zu besänftigen.

(Beifall bei Abgeordneten der CDU/CSU)

Es geht, auch wenn einige das nicht mehr hören wollen, um **Glaubwürdigkeit.**

(Peter Kittelmann [CDU/CSU]: So ist es!)

Am meisten hat mich berührt, daß das jüngste Mitglied dieses Parlaments heute mittag gesagt hat, Glaubwürdigkeit sei ein rückwärtsgewandter Begriff, der in die Geschichte weise.

(Peter Kittelmann [CDU/CSU]: Das war hoffentlich nicht repräsentativ für die Jugend!)

Ich kenne keinen Begriff, der für die Zukunft wichtiger ist als der Begriff der Glaubwürdigkeit.

(Beifall bei Abgeordneten der CDU/CSU, der FDP, der SPD und des Bündnisses 90/GRÜNE)

Glaubwürdigkeit ist eines der höchsten Güter des Parlaments. Darüber sollten wir uns alle im klaren sein.

Jetzt gibt es manche, die sich damit trösten, daß es ja auch die anderen Fraktionen treffe. Ich sage: um so schlimmer. Ich weiß, wovon ich rede, aus vielen Gesprächen mit den Bürgern und Bürgerinnen in meinem Wahlkreis. Viele Tausend in unserem Land wer-

(C) den der Auffassung sein, daß dieses Parlament in seiner Glaubwürdigkeit schwerwiegend gelitten hat, wenn es Berlin mit einem Etikett abfindet. Das ist die Tatsache.

(Beifall bei Abgeordneten der CDU/CSU, der FDP und der SPD und des Bündnisses 90/GRÜNE)

Das, meine Damen und Herren, sind vornehmlich Angehörige derjenigen Generation, die diesen Staat aufgebaut hat und sich mit diesem Staat identifiziert

(Peter Kittelmann [CDU/CSU]: Sehr gut!)

und deren Hoffnung mit der Wiedervereinigung in Erfüllung gegangen ist.

Es geht weiter um die **innere Einheit unseres Volkes.** Zur Zeit sind wir Ossis und Wessis. Die größte politische Aufgabe, vor der wir stehen, ist, wieder e i n Volk zu werden. Berlin und Bonn — das ist wahr —, beide Städte sind Symbole der freiheitlichen Demokratie in Deutschland. Berlin ist aber das Symbol der Trennung und das Symbol der Wiedervereinigung. Berlin ist das Symbol der Einheit. Der Name Berlin ist für viele Bürger eine unauflösbare Verbindung mit dem Gefühl eingegangen, wieder ein Volk zu sein.

Was die Entscheidung Bonn und Berlin wirklich bedeutet, sehen Sie doch an den Trennungslinien hier in diesem Parlament. Die Trennungslinien gehen quer durch die Fraktionen. Ich hätte ja noch Verständnis dafür, wenn es nur um die Parlamentarier aus dem Bereich Bonn oder Berlin ginge, aber so ist es doch nicht. (D)

(Freimut Duve [SPD]: Wir versöhnen uns alle wieder!)

Ministerpräsident Rau hat doch diesen Tatbestand hier schon eher wohlmeinend, bagatellisierend kommentiert. Wer weiß, wie stark die parteipolitischen Bindungen in diesem Hause sind, der muß doch auch realisieren, auf welche **Grundüberzeugungen** wir hier stoßen, wenn es um die heutige Entscheidung geht;

(Dr. Hans-Jochen Vogel [SPD]: Richtig!)

Grundüberzeugungen, die tiefer reichen als die reine parteipolitische Bindung.

Mit einer Entscheidung für oder gegen Berlin oder Bonn reißen wir Gräben auf, die lange offen bleiben werden. Wenn viele in der alten Bundesrepublik für Bonn sind, so ist das ein Ausdruck unserer Schwierigkeiten, uns bewußt zu machen, daß wir nicht mehr ein Teilstaat sind, der sich längst über das Provisorium, das er zunächst sein wollte, hinaus entwickelt hat. Wir alle denken und fühlen noch mehr in diesen Kategorien, als wir es vor uns selber wahrhaben wollen.

Die Kollegen aus den neuen Bundesländern, die heute gegen Berlin votieren, weil für sie Ost-Berlin das materiell bevorzugte Zentrum kommunistischer Diktatur war, geben damit unbewußt, aber überdeutlich zu erkennen, daß auch sie noch in diesen alten Gedankengängen befangen sind. Ich sage das ohne Vorwurf; ich stehe doch selbst in diesen Schwierigkeiten. Aber die Stunde erfordert es, daß wir uns über die

Horst Eylmann

wahren Gründe, weshalb wir so oder so votieren, im klaren sind

(Beifall des Abg. Peter Kittelmann [CDU/CSU])

und daß wir uns nicht hinter Schein- und Zweckargumenten verstecken.

(Beifall bei Abgeordneten der CDU/CSU)

Berlin soll mit Regierung und Parlament das föderale System gefährden. Zwei Drittel der Länder sehen das anders. Berlin soll doch ohnehin, so sagen die Bonn-Befürworter, das geistige und kulturelle Zentrum werden.

(Jochen Feilcke [CDU/CSU]: Ist es schon lange!)

Welche groteske Selbstüberhebung ist es dann, daß ausgerechnet wir Abgeordnete etwa den geistigen oder kulturellen Rang Münchens oder Hamburgs gefährden sollten!

(Beifall bei Abgeordneten der CDU/CSU, der FDP und der SPD)

Die Wahrheit ist: Man sagt Metropole oder Moloch Berlin und meint preußischen Zentralismus und vergißt, daß Preußen tot und Berlin heute eine Stadt in einem wirtschaftlich schwachen und mit großen Problemen konfrontierten Bundesland Brandenburg ist.

Ich bin Berlin-Anhänger und trotzdem für Heiner Geißlers **Kompromiß**, weil ich in einer Zeit, in der es darauf ankommt, zu versöhnen und zu teilen, ein hartes Ja oder Nein fürchte.

(Beifall bei Abgeordneten der CDU/CSU)

Ich will dieses harte Ja oder Nein vermeiden. Wenn man einen Kompromiß will, meine Damen und Herren, dann kann man ihn erreichen. Noch vor vierzehn Tagen waren viele Bonn-Befürworter für diesen Kompromiß. Dann haben sie gezählt. Heute meinen sie, sie könnten es sich erlauben, nicht mehr dafür zu sein.

(Dr. Renate Hellwig [CDU/CSU]: Sie werden sich täuschen!)

Ich warne vor solchen taktischen Spielen.

(Beifall bei Abgeordneten der CDU/CSU)

Ich bin für die Doppelspitze als Kompromiß, um der inneren deutschen Einheit willen.

(Beifall bei Abgeordneten der CDU/CSU und der SPD)

Präsidentin Dr. Rita Süssmuth: Als nächster hat das Wort der Abgeordnete Bernd Reuter.

Bernd Reuter (SPD): Frau Präsidentin! Meine sehr verehrten Damen und Herren! Ich darf zunächst dem Kollegen Schäfer sagen, daß er sich irrt, wenn er die Toskana-Fraktion anspricht. Auch hier gibt es keine klaren Verhältnisse. Auch die Toskana-Fraktion ist in dieser Frage gespalten, meine Damen und Herren.

(Heiterkeit und Beifall bei der SPD, der CDU/CSU und der FDP)

Die Entscheidung des Parlamentarischen Rates, Bonn als Bundeshauptstadt festzulegen, vor allem jedoch die Entscheidung des Deutschen Bundestages am 3. November 1949 gegen Frankfurt/Main als Bundeshauptstadt habe ich als Neunjähriger mit großer Aufmerksamkeit verfolgt. Ich will nicht verschweigen, daß ich damals über diese Entscheidung als vor den Toren Frankfurts Geborener und Wohnender traurig war.

Wir haben als Deutscher Bundestag heute eine Entscheidung im Lichte der Erkenntnis von mehr als vierzig Jahren Nachkriegsgeschichte zu treffen. Wer kann denn heute leugnen, meine Damen und Herren, daß wir eine völlig andere Situation als 1949 haben? Was die heute schon vielfach angesprochene **Glaubwürdigkeit** in der Politik anlangt, kann ich auch für viele Jüngere hier im Hause erklären, daß wir doch zu keiner Zeit irgendwelche Versprechungen abgegeben haben, die wir jetzt einzulösen hätten. Politik zeichnet sich auch dadurch aus, meine sehr verehrten Damen und Herren, daß man bei **besseren Einsichten** zu einer Änderung der einmal eingenommenen Haltung kommen kann, in Situationen wie dieser ja sogar kommen muß.

Gerade in der heute zu entscheidenden Frage sollten wir uns aber auch um **Ehrlichkeit** bemühen. Es ist doch sicher richtig, daß bis zum Fall der Mauer am 9. November 1989 kaum ein verantwortlich handelnder Politiker in der Bundesrepublik daran geglaubt hätte, daß er die Vereinigung der Bundesrepublik mit der DDR und West-Berlin noch erleben würde. Geglaubt hat es sicher kaum jemand. Einige haben es mit Sicherheit gehofft. Ich will aber auch erwähnen, daß es einige gibt, die damals andere Überlegungen hatten.

(Unruhe)

Präsidentin Dr. Rita Süssmuth: Herr Abgeordneter Reuter, darf ich kurz unterbrechen. Es ist sehr laut im Saal. Im Hintergrund finden kleine Stehrunden statt. Würden Sie bitte Platz nehmen, so daß sich der Redner verständlich machen kann.

Bernd Reuter (SPD): Hieraus, meine sehr verehrten Damen und Herren, folgt die Tatsache, daß das Provisorium Bonn im Laufe der Jahre immer mehr zu einem endgültigen Parlaments- und Regierungssitz ausgebaut wurde. Ich kritisiere das nicht. Ich muß hier jedoch feststellen, daß viele, die sich heute so vehement für eine Verlegung des Parlaments- und Regierungssitzes nach Berlin aussprechen, hierfür in hohem Maße Verantwortung tragen.

Ich nehme das Argument sehr ernst, daß wir den Menschen in den fünf neuen Bundesländern und auch in der ehemals geteilten Stadt Berlin bei der Bewältigung der Probleme helfen müssen. Was mir nur nicht einleuchten will, ist die Argumentation, daß eine Entscheidung heute, Bundesregierung und Bundestag in acht bis zehn Jahren nach Berlin zu verlegen, eine Signalwirkung zur Hilfe haben soll.

(Beifall des Abg. Rudi Walther [Zierenberg] [SPD] sowie des Abg. Dr. Wolfgang Weng [Gerlingen] [FDP])

Ich habe kein Verständnis dafür, daß wir **Milliardenbeträge** für einen solchen **Umzug** ausgeben, die wir für diese Hilfe viel besser verwenden könnten. Über die Höhe dieser Summe möchte ich überhaupt

Bernd Reuter

(A) nicht streiten. Nur habe ich während meiner Bonner Zeit eines erfahren: daß alles viel teurer wird als ursprünglich geplant und kalkuliert.

(Beifall bei Abgeordneten der SPD und der CDU/CSU)

Wer nachrechnen will, der soll sich einmal den Faktor Pi zu Gemüte führen: dann wird in Bonn alles 3,14 mal teurer, als uns vorher erklärt wurde.

Als Anhänger eines föderalen Aufbaus unserer Republik habe ich Angst vor einer riesigen **Metropole,** die, wie heute schon einige Male ausgeführt wurde, zu einer enormen Sogwirkung führen könnte, mit einer **negativen Auswirkung auf die Regionen** in unserem Land.

Selbstverständlich nehme ich die Entscheidung der zwölf Bundesländer, die sich für Berlin ausgesprochen haben, ernst. Sie paßt allerdings nicht in allen Fällen zusammen mit der ständigen Klage dieser Länder über die von ihnen mitzutragenden Kosten der Einheit. Ihre Entscheidung für Berlin wäre glaubwürdiger, wenn sie auch beschlossen hätten, daß sie willens und bereit sind, dann dafür einen Kostenanteil für den Umzug zu übernehmen.

(Beifall bei Abgeordneten der SPD und der CDU/CSU)

Meine Damen und Herren, wer eine funktionierende Demokratie in unserem Lande will, muß sich heute zu einer Entscheidung durchringen, und zwar nicht zu einem faulen Kompromiß wie dem des Kollegen Geißler, der das Parlament auf eine schiefe Ebene bringt.

(B)   (Zuruf von der CDU/CSU: Quatsch!)

Ich will noch einmal den **Art. 2 des Einigungsvertrages** in Erinnerung rufen:

Hauptstadt Deutschlands ist Berlin. Die Frage des Sitzes von Parlament und Regierung wird nach der Herstellung der Einheit Deutschlands entschieden.

Diese Formulierung, meine Damen und Herren, habe ich damals so verstanden, daß ich mich heute in der Tat sowohl für Berlin als auch für Bonn aussprechen kann. Wer dabei von Verrat spricht, verläßt eigentlich die Basis unserer demokratischen Auseinandersetzung.

(Beifall bei Abgeordneten der SPD, der CDU/CSU und der FDP)

Meine Damen und Herren, ich mache daraus kein Geheimnis. Ich spreche mich eindeutig für die Beibehaltung des Sitzes von Regierung und Parlament hier in Bonn aus.

(Beifall bei Abgeordneten der SPD, der CDU/CSU und der FDP)

Präsidentin Dr. Rita Süssmuth: Als nächster hat das Wort der Abgeordnete Uwe-Bernd Lühr.

Uwe Lühr (FDP): Frau Präsidentin! Meine sehr verehrten Damen und Herren! In vielen Diskussionsbeiträgen heute ist darauf Bezug genommen worden, daß mit der Entscheidung für Berlin oder gegen Bonn im

wesentlichen auch die Interessen der Menschen in (C) den fünf neuen Ländern berührt werden.

Meine Damen und Herren, ich muß Ihnen sagen: Das, was wir hier heute veranstalten, verstehen die **Menschen in den fünf neuen Ländern** zum großen Teil nicht. Menschen, die sich um ihre Existenz kümmern, die Probleme mit den täglichen Abläufen und mit dem nächsten Tag haben, haben kein Verständnis dafür, daß wir hier eine so ausufernde Debatte zu diesem Thema führen. Insofern ist die Interessenlage sehr differenziert.

Ich war eigentlich sehr stolz darauf, als Angehöriger dieses Hohen Hauses das Gefühl zu haben, daß bei allen Unterschieden in der politischen Argumentation im wesentlichen alle Mitglieder dieses Hauses die höchste Priorität unseres politischen Handelns darin sehen, daß wir sobald als möglich den **Ausgleich im sozialen Gefälle** zwischen den beiden zusammengewachsenen Teilen Deutschlands zustande bringen. Insofern ist die Frage: Bonn oder Berlin? zum jetzigen Zeitpunkt eine völlig unnötige Frage.

Ich habe hier das Problem, in meinem kurzen Beitrag den politischen Spagat zu machen als einer, der im Innersten davon überzeugt ist, daß auf lange Sicht Berlin als Hauptstadt natürlich auch Sitz von Regierung und Parlament sein wird.

(Beifall des Abg. Dr. Wolfgang Freiherr von Stetten [CDU/CSU])

Aber ich sage in aller Deutlichkeit auch: nicht zum gegenwärtigen Zeitpunkt. Denn wir alle haben hier (D) erst jüngst die Debatte über den Bundeshaushalt geführt. Wir alle wissen, wie angespannt die **finanzielle Situation des Bundes** ist. Ich bin nicht bereit, zum gegenwärtigen Zeitpunkt auch nur eine einzige Mark dafür auszugeben, daß ein funktionierendes System, wie es hier in Bonn existiert, nur aus Prestigegründen nach Berlin umgelenkt wird.

(Beifall des Abg. Dr. Wolfgang Weng [Gerlingen] [FDP])

Insofern wäre ich sehr froh gewesen, wenn der Kompromißvorschlag von Herrn Innenminister Schäuble hier heute auch auf der Tagesordnung gestanden hätte. Er ist leider nicht zur Abstimmung vorgesehen.

Es ist heute auch gesagt worden, die Abgeordneten seien in ihrer Entscheidung frei und sollten sich nicht von den Interessen ihres Wahlkreises leiten lassen. Meine Damen und Herren, ich muß das für mich verneinen. Ich muß mich wohl für die **Interessen der Menschen in meinem Wahlkreis,** egal ob sie mich gewählt haben oder nicht gewählt haben, einsetzen. Ich bin für die Bürger dort hier in diesem Parlament, und insofern muß ich mich nach meinem besten Wissen und Gewissen auch für ihre Interessen einsetzen.

(Beifall bei Abgeordneten der FDP und der CDU/CSU)

Ich will Ihnen ganz kurz die Situation schildern, in der sich die Bürger in meinem Wahlkreis — mein Wahlkreis ist Halle — befinden. Monatlich verlassen mehrere hundert Bürger diese Stadt in Richtung We-

Uwe Lühr

(A) sten. Wenn wir heute hier die Entscheidung für Berlin fällen, dann wird auf Grund des einsetzenden Booms, der übrigens schon stattfindet und nicht erst von dieser Entscheidung abhängt, ein zusätzliches Potential an Menschen aus meiner Region in Richtung Berlin abwandern; eine Erscheinung, die ich in der Tat die letzten 15 Jahre erleben mußte und die für die Region, aus der ich komme, nicht segensreich war.

(Zuruf von der CDU/CSU: Sehr richtig!)

Da das alles Menschen sind, die im besten Schaffensalter stehen — das sind nicht Alte, und das sind nicht Kinder —, frage ich Sie: Wer soll dann bitte den notwendigen Aufbau in der Region, aus der ich komme, bewältigen?

Es ist heute viel von **Föderalismus** die Rede gewesen. Der Föderalismus hat in der alten Bundesrepublik starke, hervorragende Städte hervorgebracht, **Städte**, die auch davon gelebt haben, daß sich Bonn auf den Regierungssitz beschränkt hat.

(Jochen Feilcke [CDU/CSU]: Deswegen soll das Parlament ja nach Berlin!)

— Das Parlament vergesse ich natürlich nicht. — Es sind — das ist heute schon mehrfach erwähnt worden — viele Hauptstädte verschiedenen Charakters entstanden. Ich bin eigentlich nicht bereit, den großen Städten im Osten Deutschlands diese Chance zu ihrer eigenen Entwicklung zu nehmen, indem diese große Zentrale Berlin entsteht.

(Beifall bei Abgeordneten der FDP, der CDU/CSU und der SPD)

(B) Es ist schon ein wenig kurios. In meinem politischen Werdegang nach der Wende habe ich es im übrigen immer mit Hauptstadtentscheidungen zu tun. Ich habe als Bürgermeister der Stadt Halle — glauben Sie mir, wir haben darum genauso verbissen und vielleicht noch härter gekämpft — die Entscheidung zwischen Halle und Magdeburg miterlebt.

(Jochen Feilcke [CDU/CSU]: Und verloren!
— Dr. Hans-Jochen Vogel [SPD]: Dessau nicht zu vergessen!)

Ich habe damals mit allem Einsatz natürlich für Halle gekämpft, aber ich habe, als die Entscheidung durch den Landtag Sachsen-Anhalts für Magdeburg gefallen war — die war sehr, sehr knapp, sicherlich so knapp wie die heutige Entscheidung werden wird —,

(Jochen Feilcke [CDU/CSU]: Ihr werdet auch heute verlieren!)

sofort gesagt, daß ich als Demokrat dieses Ergebnis respektiere. Mein großer Wunsch und meine Bitte ist, daß wir alle, die wir aus meiner Sicht heute in großer Sachlichkeit um dieses Problem gestritten haben und Argumente ausgetauscht haben, auch morgen noch miteinander reden können, egal ob wir zu den Gewinnern oder zu den Unterlegenen gehören.

Ich danke für Ihre Aufmerksamkeit.

(Beifall bei Abgeordneten der FDP, der CDU/CSU und der SPD)

Präsidentin Dr. Rita Süssmuth: Als nächster hat das Wort der Abgeordnete Wolfgang Börnsen.

(C) **Wolfgang Börnsen** (Bönstrup) (CDU/CSU): Frau Präsidentin! Verehrte Kolleginnen und Kollegen! „Berlin, über dieser Stadt ist kein Himmel", schrieb Kurt Tucholsky, und doch hat er sich an ihr ständig gerieben, von ihr fühlte sich Tucholsky herausgefordert. Diese Stadt zwingt zur Auseinandersetzung, sie ist unbequem, sie wird es auch für uns Abgeordnete sein. Aber gerade Widerstand und politische Phantasie sind Auslöser zur Weiterentwicklung unserer Demokratie, ein ständiger Auftrag an uns. Vergessen wir diese Mahnung in dieser Debatte nicht!

(Beifall bei Abgeordneten der CDU/CSU)

Unsere Entscheidung heute, neun Monate nach der Vollendung der deutschen Einheit, muß vor der Geschichte bestehen. Unsere Entscheidung muß die **Funktionsfähigkeit von Parlament und Regierung** gewährleisten, und unsere Entscheidung muß sich in der **Tradition der neuen deutschen Demokratie nach 1945** wiederfinden lassen. Wir können doch nicht vergessen machen, was elf Parlamente vor uns, getragen von dem Willen der Menschen unseres Landes, einstimmig erklärt haben: Fällt die Teilung, kehren wir nach Berlin zurück.

(Beifall bei Abgeordneten der CDU/CSU und der SPD und beim Bündnis 90/GRÜNE)

Mit Herz und Leidenschaft haben Konrad Adenauer und Kurt Schumacher, Carlo Schmid und Karl Carstens, Walter Scheel, Willy Brandt, Annemarie Renger, Jochen Vogel, Helmut Kohl und viele andere diese Position bezogen. Ihr Bekenntnis hat einer eingemauerten Stadt den Rücken gestählt. Ihr Wille ist für mich heute Verpflichtung. Ich käme mir schäbig (D) vor, würde ich nicht heute das vollziehen, was sie gewünscht, gehofft, herbeigesehnt und wofür sie gekämpft haben.

Das Herz unseres Landes schlägt in dieser Stadt. Vor 28 Jahren, auch im Monat Juni, hat **John F. Kennedy** diese Stadt kennzeichnend vor dem Schöneberger Rathaus charakterisiert. In den Kernsätzen sagte er:

Heute ist der stolzeste Satz, den jemand in der freien Welt sagen kann: Ich bin ein Berliner. Denn ich weiß nicht, ob jemals eine Stadt so lange belagert wurde und dennoch lebt mit ungebrochener Vitalität, unerschütterlicher Hoffnung, mit gleicher Entschlossenheit und gleicher Stärke wie Berlin.

Und dann:

Wenn der Tag gekommen sein wird, an dem alle die Freiheit haben, wenn Ihre Stadt und Ihr Land wiedervereinigt sind, wenn Europa geeinigt ist, dann können Sie mit Befriedigung sagen, daß die Berliner jahrzehntelang die Front gehalten haben. Alle freien Menschen, wo immer sie leben mögen, sind Bürger dieser Stadt.

Dann sagte Kennedy:

Und deshalb bin ich als freier Mensch stolz darauf, sagen zu können: Ich bin ein Berliner.

(Beifall bei Abgeordneten der CDU/CSU, der FDP, der SPD und des Bündnisses 90/GRÜNE)

Wolfgang Börnsen (Bönstrup)

(A) Wer in der Welt hat das Glück, einen Parlamentssitz in einer Stadt zu errichten, die international als **Symbol der gelebten Freiheit** gilt. Mit Stolz, Würde und Anstand sollten wir in diese Stadt ziehen, nicht mit Kleinmut.

Berlin ist für mich nationale Selbstverständlichkeit. Berlin ist für mich die Einlösung eines festen Versprechens. Berlin ist für mich das Bekenntnis zu einer Stadt, die zur Klammer eines zwischen Ost und West geeinten Europas wird. Das Ja zu Berlin ist für mich der Schlußstein zur deutschen Einheit.

(Beifall bei Abgeordneten der CDU/CSU, der FDP, der SPD und des Bündnisses 90/ GRÜNE)

Präsidentin Dr. Rita Süssmuth: Das Wort nimmt jetzt der Abgeordnete Eckart Kuhlwein.

Eckart Kuhlwein (SPD): Frau Präsidentin! Meine sehr geehrten Damen und Herren! In den letzten Tagen ist oft darüber gespottet worden, ob der Bundestag denn nichts Wichtigeres zu tun hätte, als immer neue Varianten zu dem Thema zu suchen, wo denn der künftige politische Mittelpunkt des vereinigten Deutschlands sein solle. Ich habe auch Verständnis für diese kritischen Bemerkungen; denn die Klimakatastrophe wird sich wenig darum kümmern, ob halbherzige deutsche Initiativen ihren Herkunftsort in Bonn oder in Berlin haben.

Und dennoch: Die Frage nach der wirklichen Hauptstadt ist keine Kleinigkeit. Das **Umfeld,** in dem (B) Politik gemacht wird, bleibt nicht ohne **Einfluß auf die Entscheidungen der Politik.** Konrad Adenauer hat nicht umsonst Bonn zur Hauptstadt einer rheinisch-westeuropäisch orientierten Politik gemacht,

(Jochen Feilcke [CDU/CSU]: Im geteilten Deutschland!)

die zweifellos ihre Verdienste, aber auch ihre Begrenzungen hatte.

(Beifall bei Abgeordneten der SPD, des Bündnisses 90/GRÜNE sowie des Abg. Jochen Feilcke [CDU/CSU])

Ich möchte, weil das heute von vielen Bonn-Befürwortern gesagt worden ist, gegen den neuen **Mythos** angehen, als hätte die deutsche Politik in 40 Jahren in diesem kleinen **Bonn** die beste aller Welten geschaffen, als hätte es hier in dieser Politik niemals Restauration, Reformstau, Skandale, Intoleranz und Spießertum gegeben.

(Beifall bei Abgeordneten der SPD und des Bündnisses 90/GRÜNE)

Bonn war eben nicht nur Adenauers Westpolitik und Willy Brandts Ostpolitik, sondern Bonn war auch „Spiegel"-Affäre, Notstandsgesetze, Radikalen-Erlaß, Kernenergieausbau und Nachrüstung.

Ich will auch nicht in Vergessenheit geraten lassen, was mir gelegentlich widerfahren ist, wenn ich von Studenten gebeten wurde, vom Rektor der Universität die Genehmigung zu erhalten, daß im Hofgarten eine Demonstration stattfinden könne, daß es nämlich langer Bemühungen bedurfte, diesen Rektor zu bewegen, der eben nicht, wie das in Berlin üblich ist, gesagt

hat: Demonstration ist ein Lebenselixir auch für die (C) Demokratie, sondern der gesagt hat: Das stört unseren Bonner Frieden.

(Beifall bei Abgeordneten der SPD, des Bündnisses 90/GRÜNE sowie des Abg. Dr. Franz Möller [CDU/CSU])

Das vereinigte Deutschland — da haben sich die Herausforderungen gegenüber den letzten 40 Jahren verändert — muß eine **Brücke zwischen Westen und Osten** bilden. Es gibt keine Stadt in Deutschland, die besser als Katalysator im Prozeß der europäischen Vereinigung wirken könnte als Berlin. Das, meine Damen und Herren, ist für mich die außenpolitische Begründung, für Berlin zu stimmen.

(Beifall bei Abgeordneten der SPD und des Bündnisses 90/GRÜNE)

An die Adresse der Jüngeren: Dies ist kein rückwärts gewandtes, nur historisches Argument. Dies ist vielmehr ein Argument, das weit in die Zukunft reicht.

(Dr. Jürgen Rüttgers [CDU/CSU]: Aber in die falsche Richtung!)

Innenpolitische Gründe sind heute schon viele genannt worden. Lassen Sie mich eine These noch einmal besonders unterstreichen: Nach der politischen Einheit müssen wir nicht nur die soziale, sondern auch die **kulturelle Einheit** erst wieder herstellen. Das wird vom sicheren Bonner Hafen aus sehr viel schwieriger werden als mitten im Umbruch der neuen Länder in Berlin. Die Menschen in den neuen Ländern werden uns nicht glauben, daß wir sie und ihre Geschichte in die Gestaltung der neuen Gesellschaft einbeziehen (D) wollen, wenn wir nicht bereit sind, dort Politik zu machen, wo die kulturelle Kluft, wo die Irrungen und Widersprüche der jüngeren deutschen Geschichte am schmerzlichsten erfahrbar sind.

(Beifall bei der Abgeordneten der SPD)

Nun gibt es die Sorge, daß der Föderalismus unter einem Parlamentssitz Berlin leiden könnte. Es ist die Rede von der Megastadt gewesen, die angeblich jede **eigenständige Entwicklung in den Regionen** unterdrücken könnte. Meine Damen und Herren, ich kann mir nicht helfen: Die Bundesrepublik hat im Westen eine Fülle von Zentren mit gewaltiger Wirtschaftskraft, die dennoch regionale Zentren mit eigenständiger Entwicklung zulassen.

An die Adresse von Peter Glotz — ich weiß nicht, ob er noch hier sitzt —: München ist Bayerns Hauptstadt geblieben, obwohl es die größte Ballung von Menschen und Industrie in Süddeutschland darstellt. Kein Bayer käme auf die Idee, die Hauptstadt deshalb etwa nach Ingolstadt oder Kötzting zu verlegen.

(Zustimmung bei der CDU/CSU — Dr. Hans-Jochen Vogel [SPD]: Freilassing!)

Das sage ich als einer, der immerhin 15 Jahre in Bayern gelebt hat und die Verhältnisse einigermaßen gut kennt.

(Dr. Wolfgang Bötsch [CDU/CSU]: Davon ist aber nichts übriggeblieben!)

Wenn ich mir am Ende die schmucke Herrenriege der 16 Ministerpräsidenten ansehe, kann ich mir

Eckart Kuhlwein

(A) kaum vorstellen, daß ihr Selbstbewußtsein leiden würde, wenn dieser Bundestag künftig in einer Weltstadt im besten Sinne des Wortes zusammenträte.

(Dr. Hans-Jochen Vogel [SPD]: Die wollen das ja mit Mehrheit!)

Meine Damen und Herren, ich bin **Schleswig-Holsteiner.** Meine Eltern stammen aus Mitteldeutschland und Ostdeutschland. Ich habe immer Vorbehalte gegen eine in erster Linie rheinische Republik gehabt.

(Heiterkeit bei Abgeordneten der SPD)

Wir Schleswig-Holsteiner haben auf der anderen Seite die Preußen nie besonders geliebt. Aber die meisten von uns fühlen sich mit den Menschen dort stärker verbunden, und sie fühlten sich auch in Berlin besser aufgehoben.

Ich kann verstehen, daß nicht alle hier die Freude über die **Ostverschiebung Deutschlands** teilen. Aber sie ist eine Tatsache. Ich erwarte von allen, daß sie bei ihrer Entscheidung über den Parlamentssitz dieser Verschiebung Rechnung tragen. Stimmen Sie mit mir für den vollständigen Umzug von Parlament und Regierung nach Berlin!

(Beifall bei Abgeordneten der SPD, der CDU/CSU, der FDP, der PDS/Linke Liste und des Bündnisses 90/GRÜNE)

Präsidentin Dr. Rita Süssmuth: Als nächster hat der Abgeordnete Wolfgang Zeitlmann das Wort.

(B) **Wolfgang Zeitlmann** (CDU/CSU): Frau Präsidentin! Meine sehr geehrten Damen und Herren! Wir entscheiden heute über den Sitz von Parlament und Regierung, nicht mehr und nicht weniger. Wir entscheiden nicht, wie Herr Schäuble das heute gesagt hat, über die Zukunft Deutschlands, und wir entscheiden auch nicht über das Ende der Teilung.

(Beifall bei Abgeordneten der CDU/CSU, der FDP, der SPD und des Bündnisses 90/GRÜNE)

Symbole will ich nicht leugnen; aber über sie kann man nicht abstimmen. Ich bin nicht bereit, mir Unglaubwürdigkeit vorwerfen zu lassen, wenn ich mich für Bonn entscheide.

(Beifall bei Abgeordneten der CDU/CSU, der FDP und der SPD)

Ich bin sehr wohl bereit, zu teilen und zu helfen; aber ich bin nicht bereit, zu glauben, daß der Sitz von Parlament und Regierung eine glückbringende Funktion hat. Wir sollten kühl und nüchtern über die **Prioritäten** für unser Volk nachdenken. Unser Volk selbst hält in seiner Mehrheit die Frage, wo wir sitzen und tagen, sicher nicht für vorrangig. Alle sind sich hier wahrscheinlich einig, daß in Bonn die äußeren Voraussetzungen für ein vernünftiges Arbeiten von Parlament und Regierung im wesentlichen vorhanden sind, während sie in Berlin mit hohem Geldeinsatz erst geschaffen werden müßten.

Gerade wenn wir alle Kräfte und Mittel brauchen, um gleiche Lebensverhältnisse in Deutschland herzustellen, dann sollten wir uns auf die **Problemlösungen**

(C) konzentrieren, die die **Menschen** betreffen und nicht nur unser Arbeitsumfeld.

(Beifall bei Abgeordneten der CDU/CSU, der FDP und der SPD)

Wenn alle Probleme der Menschen in Deutschland, die teilungsbedingt sind, gelöst sein werden, dann werden unsere Söhne und Enkel prüfen, ob es noch wichtigere Probleme hier und in der Welt gibt, als die Frage, wo Parlament und Regierung ihren Sitz haben. Aus diesen Gründen entscheide ich heute hier für Bonn.

(Beifall bei Abgeordneten der CDU/CSU, der FDP und der SPD)

Präsidentin Dr. Rita Süssmuth: Als nächster Redner hat der Abgeordnete Bernrath das Wort.

Hans Gottfried Bernrath (SPD): Frau Präsidentin! Verehrte Damen, meine Herren! Für einen Angehörigen meiner Generation ist es nicht leicht, sich für den Sitz von Parlament und Regierung in einem vereinigten Deutschland zu entscheiden. Ich wurde in den zwanziger Jahren, in der ersten deutschen Demokratie, der von Weimar, geboren. Meine Jugend wurde von den Nazidiktatoren der dreißiger/Anfang vierziger Jahre mißbraucht und zerstört. Nach dem verheerenden Weltkrieg haben wir den westlichen Teil des geteilten Deutschlands aufgebaut und einem freien Europa verbunden. Die **Vereinigung ganz Deutschlands** dagegen **im freien Europa** danken wir ganz besonders unseren Landsleuten im mittleren und östlichen Deutschland; und das wiegt, meine ich, schwer.   (D)

Die letzten 120 Jahre unserer Geschichte waren in ihren Höhen und auch in ihren abgründigen Tiefen eng mit dem Namen vieler deutscher Städte, aber eben auch mit dem Namen der Städte Berlin und Bonn verbunden.

Blicken wir zurück in diese Spanne unserer Geschichte, so spricht manches für eine erneuerte Hauptstadt Berlin mit Parlament und Regierung.

(Unruhe)

Präsidentin Dr. Rita Süssmuth: Ich bitte erneut um Gehör für den Redner. Es ist ihm kaum möglich, sich Gehör zu verschaffen.

Hans Gottfried Bernrath (SPD): Meine Damen und Herren, mit einer solchen Entscheidung könnten wir **Berlin** für seine großen **kulturellen Leistungen,** für seinen unbändigen **Freiheitswillen** und für sein **Leiden** danken.

Aber unser Blick muß in die Zukunft gerichtet sein, und das macht uns bewußt: Wir entscheiden heute auch für die nachfolgenden Generationen. Diese Generationen denken europäischer. Sie wollen europäisch und in einem dezentral organisierten europäischen Gemeinwesen leben. **Bonn** steht dabei für ein Deutschland des **demokratisch-föderalistischen Alltags,** für ein Deutschland, das aus seiner Geschichte gelernt hat. Bonn steht für die **Integration** der westdeutschen Demokratie, der Demokratie der Frankfurter Verfassung **in die westliche Gemeinschaft freier Länder.** Dieser Weg nach Europa ist noch lange nicht

Hans Gottfried Bernrath

zu Ende gegangen. Das freie vereinigte Europa wächst noch, und es wird noch viel größer werden, als wir es uns noch vor wenigen Jahren erhoffen dürfen.

In dem von uns gewollten Europa haben Nationalstaaten, zentrale Staaten alter Prägung, wie ich einen erlebt habe, keinen Platz. Vor uns liegt das dezentrale Europa der Regionen mit einem politischen Entscheidungszentrum in einem der kleinsten Länder Europas, im belgischen Brüssel. Die regionalpolitischen Entscheidungen fallen künftig noch stärker in den Regionen, auch in unseren Regionen, also nicht in Bonn oder Berlin allein, sondern in Dresden, Düsseldorf, Hamburg, Schwerin, Stuttgart usw. Die exekutiven Verantwortungen werden in sich selbst verwaltenden starken und freien Städten liegen. Diesen Weg des Dreiklangs — **Europa, Regionen und Städte** — können wir gemeinsam und weiterhin mit Bonn als Stadt,

(Beifall bei Abgeordneten der CDU/CSU und der SPD)

in der die Politik der deutschen Bundesstaaten im vereinigten Europa koordiniert wird, gehen.

Dagegen wird die wirtschaftliche, wissenschaftliche, kulturelle **Integration der neuen deutschen Länder und des europäischen Ostens** in das vereinigte Europa hinein die große Aufgabe Berlins sein. Diese historische Aufgabe bedarf der wirtschaftlichen, kulturellen Kraft der größten deutschen Stadt, bedarf der ganzen Kraft Berlins.

Im übrigen, unsere Glaubwürdigkeit hängt ganz überwiegend davon ab, daß wir an Berlin, an die fünf neuen Länder, an den Osten Europas abgeben. Solange wir nicht auf einige Baustellen in unseren reichen westlichen Städten verzichten, werden wir weder Berlin noch den Ländern noch dem Osten helfen können.

Darum: Berlin als Werkstatt der Integration eines um den Osten erweiterten Europas, als Zentrum kultureller und wirtschaftlicher Vielfalt in Deutschland und für Europa. Bonn dagegen in seinen jüngeren Traditionen soll Sitz von Parlament und Regierung bleiben.

Danke schön.

(Beifall bei Abgeordneten der SPD und der CDU/CSU sowie des Abg. Dr. Wolfgang Weng [Gerlingen] [FDP])

Präsidentin Dr. Rita Süssmuth: Als nächster hat der Abgeordnete Christian Schwarz-Schilling das Wort.

Dr. Christian Schwarz-Schilling (CDU/CSU): Frau Präsidentin! Meine lieben Kolleginnen und Kollegen! Ich erinnere mich an diesem Tag an die Debatte, die wir hier über die Verjährung gehabt haben. Es war eine große Debatte, es war eine Sternstunde des Parlaments, und keiner war in einer bestimmten Schublade. Das gibt es selten. Das ist auch heute wieder der Fall, und wir können stolz sein, wie diese Debatte geführt wurde. Es geht nicht um zwei Städte oder um zwei Regionen, sondern es geht um Fragen, die alle Bürger und Bürgerinnen Deutschlands betreffen. Eine solche Entscheidung muß Bestand haben vor der Ver-

gangenheit, vor der Gegenwart und vor der Zukunft.

Was heißt Vergangenheit? Vergangenheit heißt, daß **Berlin** in den letzten 40 Jahren der **Vorposten der freien Welt** geworden ist, das Symbol der Menschenrechte im freien Westen und der Integration Deutschlands, in die Wertegemeinschaft des Westens. Nur so war die Geschichte von der Luftbrücke bis zum Mauerbau und bis zu dem hier oft zitierten Präsidenten Kennedy zu erklären. Noch nie in der Geschichte Deutschlands ist eine Stadt zu einem solchen **Symbol für alle** geworden. Weil dies gelungen ist, möchte ich darum bitten, daß wir nicht ausgerechnet dann, wenn bei einer Stadt, die zunächst einmal das Symbol der Spaltung Deutschlands und Europas war, die blutende Wunde langsam heilt und sie zum Symbol des Friedens wird, nicht mehr an diese Rolle glauben und ihr nicht diese Rolle zurückzugeben, die sie immer gehabt hat.

Wir können über **Bekenntnisse** sprechen, soviel wir wollen, wir haben alle viele Bekenntnisse für Berlin abgegeben, und es ist auch richtig, daß man im Laufe der Geschichte neue Dinge neu entscheiden muß, aber doch nicht dann, wenn genau die Voraussetzung eingetreten ist, für die man das Bekenntnis immer abgegeben hat.

(Jochen Feilcke [CDU/CSU]: Vor allem nicht deshalb!)

Das ist doch der entscheidende Punkt.

(Beifall bei Abgeordneten der CDU/CSU und der SPD)

Das ist nicht die Stunde der Spitzfindigkeiten, das ist die Stunde der Wahrheit, wo Bekenntnisse eingelöst und nicht durch Spitzfindigkeit relativiert werden dürfen.

(Beifall bei Abgeordneten der CDU/CSU, der FDP und der SPD)

Wenn wir in die Zukunft sehen, ist Berlin der Platz, wo beide Teile Deutschlands die beste Möglichkeit haben, geistig, kulturell, aber eben auch politisch zusammenzuwachsen. Meine Damen und Herren, gerade angesichts der Tatsache, daß Berlin — für alle Welt sichtbar — in der Vergangenheit eine politische Bedeutung hatte, können wir es doch nicht in dem Moment, in dem die Einheit hergestellt ist, seines politischen Gehaltes entkleiden. Das ist doch der entscheidende Punkt.

(Beifall bei Abgeordneten der CDU/CSU, der FDP, der SPD und des Bündnisses 90/GRÜNE)

Und da ist es auch kein adäquater Ersatz, wenn wir sagen, daß sich der Deutsche Bundestag zu Fest- und Feiertagen in Berlin einfindet oder bestimmte Institutionen sich dort ansiedeln.

Lassen Sie mich am Schluß eines sagen: Wir alle haben Bonn großen Dank abzustatten. Das sage ich hier gerade als einer, der für Berlin eintritt. Denn in **Bonn** haben wir in diesen 40 Jahren die **Grundlage** geschaffen, die es möglich gemacht hat, daß wir heute ein **wiedervereinigtes Berlin** und ein **wiedervereinigtes Deutschland** haben. Aber in der Geschichte

Dr. Christian Schwarz-Schilling

sind die Rollen zu verschiedenen Zeiten verschieden. Und so ist es unsere Verantwortung, unmittelbar nach der Entscheidung alles zu tun, um die Rolle Bonns in einem überschaubaren Zeitraum so zu verankern, daß beide Städte in der Wahrheit und in der Klarheit ihrer geschichtlichen Rollen glücklich sind.

Ich danke Ihnen.

(Beifall bei Abgeordneten der CDU/CSU, der FDP, der SPD und des Bündnisses 90/ GRÜNE)

Präsidentin Dr. Rita Süssmuth: Als nächster Redner hat der Abgeordnete Wolfgang Roth das Wort.

Wolfgang Roth (SPD): Frau Präsident! Meine Damen und Herren! Man sieht es an dieser Debatte: Die Entscheidung über den Parlaments- und Regierungssitz, Bonn oder Berlin, ist für jeden einzelnen sehr schwierig. Da mischen sich nachprüfbare sachliche Argumente natürlich auch mit subjektiven und persönlichen Motiven. Ich finde, wer das leugnet und eine Scheinobjektivität für sich beansprucht, der ist nicht ganz ehrlich.

(Beifall bei Abgeordneten der SPD)

Ich könnte in dem Zusammenhang auch meine persönliche Geschichte einbringen. Ich bin 1961, unmittelbar nach dem Mauerbau, aus Baden-Württemberg nach Berlin gezogen, komischerweise weil ich dem Aufruf von Herrn Mende folgte: Jetzt müssen die Studenten nach Berlin gehen! Ich habe dort 15 Jahre gelebt und viel erlebt.

(Jochen Feilcke [CDU/CSU]: Jawohl, Studentenunruhen!)

Ich war auch 1968 dabei. Auch das ist ein Teil der Berliner Geschichte, zu der ich jedenfalls stehe.

(Beifall bei Abgeordneten der SPD und des Bündnisses 90/GRÜNE — Eckart Kuhlwein [SPD]: Aber jetzt bist du ruhiger geworden!)

Meine Damen und Herren, ich glaube, daß **Berlin** heute erneut an der Schwelle steht, zum **geistig-politischen und kulturellen Zentrum Deutschlands** zu werden. Da gibt es für mich überhaupt keinen Zweifel. Für mich als Wirtschaftspolitiker gibt es auch keinen Zweifel, daß Berlin wirtschaftlich, als **Dienstleistungsmetropole** zwischen Ost und West das Zentrum dieses neuen Europas, zusammen mit London, Paris und anderen Großstädten, wird. Das heißt: Die wirtschaftliche Hauptaufgabe der Metropole Berlin ist es, Dienstleistungszentrum zu sein.

Die Frage lautet nun: Ist dafür der Parlaments- und Regierungssitz förderlich, vielleicht unabdingbar? Um das Ergebnis meiner Überlegungen vorwegzunehmen: Die Übertragung großer, neuer öffentlicher Aufgaben ist meines Erachtens keine Voraussetzung und Bedingung für die Entwicklung Berlins als Wirtschaftszentrum.

(Beifall bei Abgeordneten der CDU/CSU)

Meine Überlegungen gehen dahin, daß der **Umzug Zehntausender von Verwaltungsbeamten von Bonn nach Berlin**

(Peter Kittelmann [CDU/CSU]: Das will doch keiner! — Jochen Feilcke [CDU/CSU]: Das beantragt doch keiner!)

nicht förderlich, sondern eher hinderlich ist.

(Peter Kittelmann [CDU/CSU]: In welchem Antrag steht denn das drin?)

Meine Damen und Herren, das muß natürlich begründet werden.

(Jochen Feilcke [CDU/CSU]: Sie gehen von falschen Prämissen aus!)

Erster Punkt: Es gibt viele grandiose **Metropolen in der Welt**, die mit Regierung und Parlament überhaupt nichts zu tun haben: New York, San Francisco, Atlanta — jedenfalls in den letzten zehn Jahren —, Rotterdam, Amsterdam, Barcelona, Mailand, in den letzten Jahren vielleicht das expansivere Zentrum in Italien, expansiver als Rom.

Der zweite Punkt. Im Fall von **Tokio** gibt es bereits die Diskussion, die Stadt zu entlasten.

(Dr. Wolfgang Bötsch [CDU/CSU]: So ist es!)

Man will mit Parlament und Regierung zurück nach Kyoto, damit Entzerrung und Funktionstüchtigkeit eintreten.

(Jochen Feilcke [CDU/CSU]: Wann kommt das denn? Wann tritt das denn ein?)

Der dritte Punkt. Wenn heute für Berlin entschieden wird, dann geschieht in den nächsten Jahren ökonomisch außer Renovierungsarbeiten im Zentrum von Berlin, und zwar zwischen Potsdamer Platz und Frankfurter Tor, überhaupt nichts. Es werden **private Nutzungen verdrängt,** denn der Staat kann ja jeden Preis zahlen, aber die privaten Investoren können es nicht.

(Beifall bei Abgeordneten der SPD und der CDU/CSU)

Der vierte Punkt. Wenn morgen früh die Entscheidung für Berlin gefallen ist,

(Peter Kittelmann [CDU/CSU]: Bravo!)

dann bedeutet das, daß die **Mietpreise** und die **Bodenpreise** sofort explodieren. Das heißt, es wird eine **Spekulationswelle** stattfinden. Wir kennen die aus London, wir kennen die aus Paris, und wir kennen die aus Tokio. Ich glaube nicht, daß den Berlinerinnen und Berlinern für ihre künftigen Arbeitsplätze durch eine derartige Entscheidung genutzt wird.

(Beifall bei Abgeordneten der SPD und der CDU/CSU)

Das sind nüchterne ökonomische, aber tragfähige Argumente.

(Jochen Feilcke [CDU/CSU]: Das sind Krokodilstränen!)

Wolfgang Roth

Hier ist viel zuviel von Geschichtsbewußtsein und zuwenig von Finanzierung der Zukunft die Rede. Da wird uns noch vieles aufgetragen sein.

(Beifall bei Abgeordneten der SPD und der CDU/CSU)

Präsidentin Dr. Rita Süssmuth: Es spricht jetzt der Abgeordnete Kersten Wetzel.

Kersten Wetzel (CDU/CSU): Sehr verehrte Frau Präsidentin! Meine Damen und Herren! Mit einem etwas unguten Gefühl stehe ich heute hier vor Ihnen, nicht nur weil es meine erste Rede von dieser Stelle ist, sondern weil ich nun schon seit Wochen ein schlechtes Gewissen mit mir herumtrage.

Nun gehöre ich als junger Abgeordneter nicht zu den Politikern, die in den ersten Reihen dieses Parlaments sitzen und die großen, oft auch wichtigen Reden halten. Dennoch fühle ich mich dem Wohl des gesamten deutschen Volkes mit verpflichtet.

(Dr. Wolfgang Freiherr von Stetten [CDU/CSU]: Bravo!)

Als Thüringer trete ich natürlich vor allem für die Belange der Bürger in den neuen Bundesländern ein.

(Dr. Norbert Blüm [CDU/CSU]: Sehr gut!)

Das ist zur Zeit wahrlich nicht ganz einfach. Vollbeladen mit ungelösten Problemen und mit Hilferufen der Bürger und Kommunen treffe ich allwöchentlich hier in Bonn ein. Nun stehe ich auch noch vor der Frage: Bonn oder Berlin?

Deshalb bin ich sehr froh, daß wir heute endlich und hoffentlich endgültig über den Parlaments- und den Regierungssitz abstimmen können. Es ist keine Lösung, sondern nur der Weg des geringsten Widerstands, wenn wir die endgültige Entscheidung noch länger vor uns herschieben.

(Beifall des Abg. Dr. Franz Möller [CDU/CSU] und des Abg. Otto Schily [SPD])

Heute abend muß deshalb ein ganz klares Zeichen gesetzt werden, wo das Parlament und mit ihm die Regierung künftig den Sitz haben.

(Beifall bei Abgeordneten der CDU/CSU)

Das sind wir unseren Bürgern, gerade denen in den neuen Bundesländern, ganz einfach schuldig.

Unsere Menschen haben andere, schwerere Sorgen. Wir müssen uns diesen Sorgen zuwenden.

(Dr. Norbert Blüm [CDU/CSU]: Richtig!)

Das schafft **Einheit im Sozialen wie im Menschlichen.**

(Beifall bei Abgeordneten der CDU/CSU und der SPD)

Ich denke z. B. an einen aus meinem Heimatdorf, der vor eineinhalb Jahren, von Stasi und SED konkret bedroht, mutig „Wir sind ein Volk!" gerufen hat und heute arbeitslos ist. Zu Hause hat er eine kranke Frau und eine arbeitslose Tochter.

Da denke ich z. B. auch an die nächsten Tage bis zum heißen Sommer, die mir allein in meinem Wahlkreis etwa 40 bis 50 % Arbeitslosigkeit bescheren. Da müssen wir künftig stärker unsere zu lösenden Probleme

(Dr. Norbert Blüm [CDU/CSU]: Richtig!)

hier in diesem gesamtdeutschen Parlament suchen, auf das wir uns so sehr gefreut und das wir uns so schwer erkämpft haben.

Aber auch diejenigen Ministerien und Behörden frage ich kritisch, in denen das Geld für den **Aufschwung Ost** noch liegt und in denen sich gleichzeitig Anträge auf Fördermittel stapeln. Dies zu ändern, schaffen wir nicht durch zusätzliche Unruhe, sondern nur durch gemeinsame Kraftanstrengung.

(Beifall bei Abgeordneten der CDU/CSU)

Das heißt, auch hier muß sich noch einiges ändern.

Aber das, meine Damen und Herren, schaffen wir doch ganz bestimmt nicht, wenn wir Regierung und Parlament einfach verpflanzen und künstlich auseinanderreißen.

(Beifall bei Abgeordneten der CDU/CSU und der SPD)

Das bindet unsere Kraft bei der Bürokratie, aber wir brauchen doch all unsere Kraft für unsere Menschen.

Auch wenn ich als junger Abgeordneter noch keinerlei parlamentarische Routine besitze, so habe ich doch eines hier in Bonn schnell gelernt: Wenn man wirklich für die Menschen in seinem Wahlkreis etwas tun will, dann kann man dies nicht nur im Parlament und im Ausschuß tun, sondern da muß man auch permanent bei den zuständigen Ministerien auf der Matte stehen.

(Beifall bei Abgeordneten der CDU/CSU und der SPD)

So, meine Damen und Herren, ist die Wirklichkeit und nicht anders. Wenn menschlich durchaus verständliche Umzugssorgen die Arbeitsweisen in vielen Büros bestimmen, dann sehe ich uns wirklich machtlos den Problemen in den neuen Bundesländern ausgeliefert.

Von den großen **Kosten,** die uns ein Wechsel von Regierungs- und Parlamentssitz beschert, hat uns der Finanzminister viel besser, als ich das jemals kann, heute schon berichtet. Aber ich spüre zu Hause in Thüringen täglich, wo wir diese Mittel ganz dringend brauchen: für die Bewältigung der großen Probleme der Menschen in den neuen Bundesländern und auch in Berlin.

(Beifall bei Abgeordneten der CDU/CSU, der FDP und der SPD)

Gestatten Sie mir bitte noch ein Wort zu den alten **SED-Seilschaften,** damit diese nicht glauben, wir hätten sie schon ganz vergessen; denn darauf warten sie ja nur. Wir brauchen eine demokratische und verläßliche Verwaltung, und zwar jetzt in diesen schweren Zeiten.

(Beifall bei Abgeordneten der CDU/CSU und der Abg. Ingrid Matthäus-Maier [SPD])

Kersten Wetzel

Wir dürfen das Versprechen, gegen die alten Seilschaften und für die Menschen zu arbeiten, nicht brechen. Ich persönlich fühlte mich dann im Ergebnis der Revolution betrogen, wenn dies nicht so wäre. Ich sage das als ein junger Christ, der wie viele seinesgleichen unter der SED-Diktatur gelitten und deshalb von Anfang an die Friedensgebete und Demonstrationen im Osten mitgetragen hat.

Liebe Kolleginnen und Kollegen, wir haben noch Gewaltiges zu leisten. Die Schwierigkeiten sind groß genug. Die vor uns liegenden Aufgaben — und das auch im Hinblick auf Osteuropa — sind doch so gewaltig, daß wir tunlichst darauf verzichten sollten, uns noch neue Probleme zu schaffen.

(Beifall bei Abgeordneten der SPD und der FDP)

Lassen Sie deshalb Parlament und Regierung in Bonn! Konzentrieren wir unsere Kräfte auf den Aufschwung in den neuen Bundesländern und auf ein Aufblühen unserer gesamtdeutschen Hauptstadt, auf Berlin!

(Beifall bei Abgeordneten der CDU/CSU, der FDP und der SPD)

Ich denke, liebe Kolleginnen und Kollegen, das ist das Beste für die Menschen in den neuen Ländern und auch das Beste für unser Deutschland.

Ich danke Ihnen.

(Beifall bei Abgeordneten der CDU/CSU, der FDP und der SPD)

Präsidentin Dr. Rita Süssmuth: Das Wort hat jetzt der Abgeordnete Burkhard Zurheide.

Burkhard Zurheide (FDP): Frau Präsidentin! Meine Damen und Herren! Die Entscheidung über die Frage, wo der Deutsche Bundestag seinen Sitz nimmt, sei eine Generationenfrage, so hört man, auch heute: Die Alten wollten zurück nach Berlin, um an zweifelhafte Traditionen anzuknüpfen, während die fortschrittlichen jungen Leute für die Lösung der Moderne seien. Jugendlicher Zeitgeist gegen antiquierte Tradition?

Meine Damen und Herren, so einfach darf man es sich nun wirklich nicht machen.

(Beifall bei Abgeordneten der FDP und der CDU/CSU)

Natürlich ist es richtig, daß wir Jungen — jedenfalls in der Bundesrepublik — in und mit der Bonner Republik aufgewachsen sind. Selbstverständlich trifft es zu, daß für uns Jüngere, die wir nie etwas anderes kennengelernt haben als eine faktische Hauptstadt Bonn, diese Stadt ein Synonym für Demokratie ist.

Aber ist es denn nicht auch richtig, daß wir immer wieder daran erinnert worden sind, das Ziel deutscher Politik müsse die Wiederherstellung der deutschen Einheit sein? Gehörte dazu nicht auch immer, daß nach der angestrebten Wiedervereinigung der Sitz des deutschen Parlaments selbstverständlich und unverzüglich nach Berlin zu verlegen sei?

Soll nun heute dies alles, was ja auch in Lehrplänen, nach denen wir ausgebildet wurden, enthalten war, leere Floskel, hohles, nicht ernst gemeintes Gerede gewesen sein? Nein, meine Damen und Herren, die

Bereitschaft und die Fähigkeit der jungen Generation, in historischen Zusammenhängen zu denken, die geschichtliche Dimension wichtiger politischer Fragen zu erkennen und entsprechend zu handeln, sind vorhanden. Genau deswegen ist die heute zu treffende Entscheidung keine Generationenfrage. Ich möchte herzlich darum bitten, mit diesem Argument nicht zu operieren.

(Beifall bei Abgeordneten der FDP, der CDU/CSU und des Bündnisses 90/GRÜNE — Wolfgang Roth [SPD]: Es gibt 31jährige Alte!)

Berlin war die Hauptstadt eines erstmals vereinten Deutschlands, das sich im Laufe der Zeit demokratisierte und das nach 1918 den Versuch unternahm, sich als Republik mit parlamentarischer Demokratie zu organisieren, was im Prinzip gelungen ist.

Es trifft ja zu, daß Berlin auch die Hauptstadt Deutschlands war, als die Nationalsozialisten herrschten. Nur: Spricht das wirklich gegen Berlin? War Berlin, Berlin allein, schuld an der Nazi-Diktatur? Nein, meine Damen und Herren, Berlin ist ein Symbol, ein junges Symbol, für das Streben der Deutschen, in einem einzigen Staat zu leben, friedlich, demokratisch und in sozialer Gerechtigkeit. Berlin ist nicht nur ein Symbol für die Überwindung der Teilung Deutschlands, in Berlin spiegelt sich in gleicher Weise die Beendigung der Teilung Europas wider.

(Beifall bei Abgeordneten der CDU/CSU)

In Europa haben sich die Verhältnisse gewaltig verändert. Und wenn wir es noch so sehr wünschten: Es wird nicht möglich sein, einfach so weiterzumachen wie bisher, zu glauben, unsere liebgewonnene Bonner Republik sei eben nur ein bißchen größer geworden, aber auch nicht mehr.

(Beifall bei Abgeordneten der FDP, der CDU/CSU und des Bündnisses 90/GRÜNE)

Nein, meine Damen und Herren, um uns herum verändert sich die Welt in atemberaubenden Tempo. Europa wächst zusammen. Wo wenn nicht in Berlin ließe sich dies besser erleben? Wo wenn nicht in Berlin, im Schnittpunkt Europas, käme die Idee eines vereinten Europas besser zum Ausdruck?

Insoweit geht es bei der heute zu entscheidenden Frage nicht darum, irgend jemandem irgend etwas nehmen zu wollen. Es handelt sich um eine Frage, die eine tiefe geschichtliche Dimension hat. Sie reicht ebenso in die Vergangenheit wie in die Zukunft. Aus diesem Grunde bitte ich Sie, mit Ihrer Stimmabgabe dafür zu sorgen, daß der Sitz des deutschen Parlamentes in Berlin sein wird.

Vielen Dank.

(Beifall bei Abgeordneten der FDP, der CDU/CSU, der SPD und des Bündnisses 90/GRÜNE)

Präsidentin Dr. Rita Süssmuth: Bevor ich dem nächsten Redner das Wort gebe, sage ich für diejenigen, die vielleicht jetzt schon auf die Abstimmung warten: Zur Zeit stehen noch weitere 20 Redner und Redne-

Präsidentin Dr. Rita Süssmuth

(A) rinnen auf der Liste, so daß Sie sich bitte darauf einstellen, daß wir noch Ruhe im Saal brauchen.

(Zuruf von der SPD)

— Noch 20 sind mir zur Zeit gemeldet.

Es spricht jetzt der Abgeordnete Gernot Erler.

Gernot Erler (SPD): Frau Präsidentin! Meine Damen und Herren! Ich glaube, selten ist in diesem Hause über eine Entscheidung debattiert woren, bei der so viele Beteiligte zunächst im Herzen entschieden und erst nachher im Kopf nach Argumenten gesucht haben.

(Ingrid Matthäus-Maier [SPD]: Das ist unwahr!)

Im Herzen bewahrt man gute Gefühle und Erinnerungen, und jeder von uns hat solche, die sich mit dem Namen Bonn verbinden. Nur ganz wenige von uns können solche positiven Erinnerungen und Empfindungen mit Berlin in Verbindung bringen.

(Anhaltende Unruhe)

Präsidentin Dr. Rita Süssmuth: Herr Erler, ich muß Sie einmal unterbrechen. Es ist zu laut. — So. Bitte sehr!

Gernot Erler (SPD): Insofern sind wir alle befangen — mit schlechten Chancen für Berlin.

Kann man also Klarheit über den Austausch von Argumenten für und gegen eine der beiden Städte finden? Mir scheint das ein willkürliches Unterfangen (B) zu sein.

Der **Föderalismus** als ein Stück Politik auf der Habenseite unserer 40jährigen Republik wird gern als Argument für Bonn bemüht. In Wirklichkeit hat aber nicht der bisher provisorische Parlaments- und Regierungssitz Bonn den Föderalismus garantiert, sondern allein eine in diesem Punkt entschiedene Verfassung und ihre ebenso entschiedene Umsetzung in Bund und Ländern.

(Beifall bei Abgeordneten der SPD und der CDU/CSU)

Insofern kann der Föderalismus bei unserer heutigen Entscheidung Bonn nicht helfen, vielleicht sogar eher noch Berlin; denn alles, was nach einer Bonn-Entscheidung der vorgeblichen Hauptstadt Berlin ab morgen an Kompensation angeboten wird, könnte wirklich eine föderative Verteilung von Bundeseinrichtungen auf alle Bundesländer in Frage stellen.

Auch die immer wieder vorgetragene Behauptung, Bonn stehe für Bescheidenheit und Selbstbeschränkung einer stärker gewordenen europäischen Mittelmacht, während Berlin neue Machtansprüche und ein für die Nachbarn bedrohlich wirkendes Deutschland versinnbildliche, prallt an den Realitäten ab. Amerikas Weltrolle wäre nicht geringer, wenn das Weiße Haus in Ann Arbor stände. Moskaus Einfluß würde uns auch beschäftigen, wenn Gorbatschow seine Zelte in Kaluga aufschlagen würde. Es ist wie bei dem Föderalismus: Nicht die Mauern einer Hauptstadt entscheiden über die Ausstrahlung einer Republik, sondern die Frage, ob die Inhalte der Politik humane Ziele verfolgen oder nicht. Weder Bonn noch Berlin werden

(C) als Städte über diese Frage entscheiden; dafür tragen vielmehr allein wir Abgeordnete des Deutschen Bundestages die Verantwortung.

(Beifall bei Abgeordneten der SPD und der CDU/CSU)

Wenn also Argumente für oder gegen eine Stadt so wenig Auskunft geben über die Richtigkeit einer Entscheidung, dann bleibt die Frage nach den Wirkungen. Als Gesetzgeber muten wir alle in diesen Monaten den Menschen in der ganzen Bundesrepublik, besonders im Osten, aber auch im Westen, erhebliche Opfer zu. Wahrscheinlich werden wir das, um den Prozeß der tatsächlichen Einheit in Deutschland zu vollenden, sogar noch über Jahre hinweg tun müssen. Die Entscheidung für Berlin heißt in diesem Zusammenhang nicht nur einfach, ein tausendmal gegebenes Versprechen einzulösen; diese Entscheidung gibt vielmehr das Signal, daß alle in dieser Zeit zu den notwendigen Opfern bereit sind, auch die Berufspolitiker,

(Beifall bei Abgeordneten der SPD und der CDU/CSU)

die politischen Beamten und Angestellten, denen die Stadt Bonn zu Recht ans Herz gewachsen ist.

(Zustimmung des Abg. Dr. Hans-Jochen Vogel [SPD])

Bei einer Entscheidung für Berlin gibt es keine Gewinner; denn auch danach werden an Spree und Havel und ringsherum diejenigen sitzen, die noch für Jahre die meisten Opfer im Prozeß des deutschen Zusammenwachsens werden bringen müssen. (D)

Eine Entscheidung für Bonn dagegen erweckt den Eindruck, daß diejenigen, die durch das Mandat über die Entscheidung verfügen, für sich in Anspruch nehmen, sich aus der allgemeinen Notwendigkeit, Opfer zu bringen, heraushalten zu können. Es gehört nicht viel Phantasie dazu, sich auszumalen, wie eine solche Verweigerung auf all jene wirken wird, die nicht das Privileg haben, sich verweigern zu können.

Noch eine andere Wirkung verdient unsere Aufmerksamkeit. Jahrzehntelang ist in Berlin der Kampf um die Zusammengehörigkeit ganz Deutschlands ausgetragen worden. Heerscharen von befreundeten Politikern haben wir nach Berlin geschleppt und ihr Bekenntnis zu Berlin immer als Bekenntnis zu dem Wunsch des ganzen Deutschland nach Selbstbestimmung und Freiheit gewertet. Wäre es nicht so gewesen, hätten wir Kennedys hier schon zitierten Ausspruch als nichts anderes als eine Falschaussage in aller Öffentlichkeit betrachten müssen.

Mühsam haben wir den Alliierten abgerungen, wenigstens symbolische parlamentarische Akte in Berlin durchführen zu dürfen. Jetzt steht uns die Tür weit offen, von dieser Stadt aus das angefangene Werk der Freiheit, Selbstbestimmung und tatsächlichen Einheit zu vollenden.

(Beifall bei Abgeordneten der CDU/CSU)

Wenn wir durch diese Tür nicht gehen, entwerten wir nachträglich den jahrzehntelangen Kampf, bei dem wir so viele Freunde mit Erfolg einbezogen haben. Es gibt nicht nur ein Versprechen an Berlin, das zu halten

Gernot Erler

ist, sondern auch eine in Jahrzehnten aufgebaute internationale Gemeinsamkeit für Berlin, der man mit der Verleihung eines bloß symbolischen Hauptstadttitels nicht gerecht werden kann.

(Beifall bei Abgeordneten der SPD, der CDU/CSU und des Bündnisses 90/GRÜNE)

Präsidentin Dr. Rita Süssmuth: Als nächster der Abgeordnete Dietmar Kansy.

Dr.-Ing. Dietmar Kansy (CDU/CSU): Frau Präsidentin! Meine lieben Kolleginnen und Kollegen! In den letzten Wochen und Monaten sind uns in Hunderten von Resolutionen, Erklärungen, Briefen usw. viele Argumente pro und contra Berlin und pro und contra Bonn vorgetragen worden; darunter waren viele ernsthafte, abwägende, leider auch einige anmaßende und rechthaberische wie z. B. die eines Bonner Professors für Römisches Recht, der ernsthaft behauptete, nur von diesseits des Limes könne Deutschland vernünftig regiert werden. Ich glaube, meine Damen und Herren, der Herr ist in der Zeit stehengeblieben, über die er lehrt.

(Heiterkeit — Beifall bei Abgeordneten der CDU/CSU, der FDP, der SPD und des Bündnisses 90/GRÜNE)

Aber, meine Damen und Herren, bei den Stellungnahmen für Bonn stehen neben allen historischen und pragmatischen Überlegungen die Zukunft dieser Region und die Angst Tausender, Zehntausender von Menschen im Mittelpunkt — Angst um ihren Arbeitsplatz, vor einem eventuellen Umzug, vor dem Abstieg der Region.

Die Berlin-Befürworter erinnern zu Recht hauptsächlich daran, daß diese Stadt verbunden ist mit dem Willen des deutschen Volkes zur Einheit in Freiheit, wie es heute morgen Wolfgang Schäuble und Willy Brandt so eindrucksvoll dargestellt haben. Deshalb war es bis zu dem Tag, wo die Einheit plötzlich da war, völlig unbestritten und selbstverständlich, daß Berlin Hauptstadt wird, und zwar nicht als leere Hülse, sondern mit Parlament und Regierung. Meine Damen und Herren, wir Politiker, alle in diesem Haus, haben das über Jahre hinweg gesagt. Ich persönlich kann deswegen heute nichts anderes reden als das, was ich während dreier Jahrzehnte politischer Arbeit geredet habe.

(Zuruf von der SPD: Wunderbar!)

Dennoch bin ich zunächst bereit, wenn auch schweren Herzens, den Versuch zu unterstützen, eine **Aufgabenteilung** herbeizuführen, die keine Mogelpackung zu Lasten Berlins ist. Das ist für mich der Vorschlag Heiner Geißlers, den er heute morgen begründet hat.

Das Parlament ist das Herz dieser Demokratie. Der Bundestag in Berlin im zusammenwachsenden Deutschland und Europa auf der einen Seite, und hier der größte Teil der Arbeitsplätze — die Menschen bangen darum — auf der anderen Seite, das ist unbequem, ist nicht optimal, aber ich sage aus meiner langjährigen Arbeit in diesem Parlament und als Arbeitsgruppenvorsitzender einer großen Fraktion, der viel

mit Ministerien, Behörden und Verbänden zu tun hat: Das ist machbar.

(Beifall bei Abgeordneten der CDU/CSU, der SPD und der FDP)

Weil das machbar ist, sollte das versucht werden, so meine ich, damit wir Wunden vermeiden können, von denen wir heute nicht wissen, ob wir sie jemals schließen können.

Meine Damen und Herren, lassen Sie mich noch wenige Sätze zu einem Problem sagen, zu dem hier wieder etwas vorgetragen wurde, was falsch ist. Norbert Blüm hat damit angefangen, und es hat sich zehnmal wiederholt: Eine Konzentration auf Berlin würde das restliche Deutschland ausbluten.

(Dr. Norbert Blüm [CDU/CSU]: Richtig, siehe Paris!)

Das ist falsch. Die Raumordner — so heißt das — in ganz Europa sind in der großen Mehrheit der Auffassung, daß die prosperierende Zone Europas die Region Südengland, der Beneluxstaaten, von Rhein, Main, Donau, Neckar und Norditalien ist und nicht Berlin, das Schwierigkeiten haben wird, sich im vereinten Deutschland, im vereinten Europa zu behaupten.

(Beifall bei Abgeordneten der CDU/CSU)

Meine Damen und Herren, liebe Kolleginnen und Kollegen aus den neuen Bundesländern! Lassen Sie Ihre Interessen nicht gegen Berlin ausspielen! Das geht zu Ihren Lasten.

(Beifall bei Abgeordneten der CDU/CSU)

Jetzt noch ein versöhnliches Wort. Da wird Angst vor dieser Stadt gepredigt. Wir wissen alle: Berlin ist lauter als Bonn, unbequemer als Bonn, holpriger als Bonn, ist ein Gesicht mit Sommersprossen, wie Hildegard Knef einmal gesungen hat. Ist es deswegen wirklich häßlicher als manches geölte und gepuderte Gesicht in Westdeutschland? Ich meine nicht.

(Beifall bei Abgeordneten der CDU/CSU, der FDP und des Bündnisses 90/GRÜNE)

Präsidentin Dr. Rita Süssmuth: Das Wort hat die Abgeordnete Birgit Homburger.

Birgit Homburger (FDP): Frau Präsidentin! Meine Damen und Herren! Es gibt, objektiv gesehen, sicherlich Gründe für Bonn und für Berlin, aber vor allem gibt es bei diesem Thema viele Emotionen. Wie schwer es vor diesem Hintergrund fällt, eine Entscheidung zu treffen, zeigt die Diskussion der vergangenen Wochen. Dennoch kann ich dem Kollegen Brandt nicht zustimmen, daß dieses Thema unzulänglich vorbereitet sei und keine objektive Information bestehe. Ich mag mich täuschen, aber aus meiner kurzen Zeit als Abgeordnete hier in Bonn habe ich den Eindruck gewonnen, daß keine Entscheidung mit so vielen Gesprächen und so vielen Versuchen, einen Konsens zu finden, vorbereitet wurde.

Deshalb sollten wir heute unbedingt die Entscheidung treffen. Es ist nämlich wichtig, daß endlich wieder Ruhe einkehrt. Ruhe, die wir dringend brauchen. Denn bei aller Bedeutung und Symbolkraft des The-

Birgit Homburger

mas, über das heute zu entscheiden ist, gibt es in unserem Land noch sehr viele andere Probleme — Probleme, die in ihrer direkten Auswirkung für die einzelnen Menschen wichtiger sein können als die Entscheidung, die wir heute treffen.

Dabei erscheint mir vor allem eines wichtig: Die Entscheidung, die heute hier gefällt wird, muß von allen respektiert werden.

(Beifall im ganzen Hause)

Das war nicht immer so. So wurde hier vor allem den Bonn-Befürwortern immer wieder vorgeworfen, sie seien nur deshalb für Bonn, weil sie hier oder in der Umgebung ihren Wahlkreis, ihre Familie oder gar Eigentum hätten. Ich bin der tiefen Überzeugung, daß sich jeder einzelne von uns intensive Gedanken darüber gemacht hat, wie er seine Entscheidung fällt. Jeder von uns ist überzeugt, daß er mit dem Votum, das er abgibt, das für die Allgemeinheit Richtige tut.

In diesem Sinne stimme ich voll und ganz mit Wolfgang Schäuble überein, der heute morgen hier unter starkem Beifall sagte: Wir sind Abgeordnete des ganzen Volkes. Nur, meine Damen und Herren, das gilt für die Berliner genauso wie für die Bonner.

(Beifall des Abg. Dr. Wolfgang Weng [Gerlingen] [FDP])

Ein weiterer Punkt sind die **Kosten,** die entstehen würden, wenn Parlament und Regierung nach Berlin umziehen würden. Von den Berlin-Befürwortern wird ins Feld geführt, daß es sich hier um eine übergeordnete historische Entscheidung handle, bei der Geld keine Rolle spielt.

Wir stehen tatsächlich in einer historischen Situation. Mit der Vereinigung Deutschlands sind große Probleme auf uns zugekommen, und das macht sich auch in unserem Bundeshaushalt bemerkbar.

(Zustimmung des Abg. Dr. Wolfgang Weng [Gerlingen] [FDP])

Er liegt aus meiner Sicht an der Grenze dessen, was wir angesichts der Ausnahmesituation, in der wir stehen, gegenüber der jungen Generation gerade noch verantworten können.

(Beifall bei Abgeordneten der FDP)

Herr Kollege Schäuble hat völlig richtig gesagt: Es geht nicht um Bonn oder Berlin, es geht um die Zukunft. Angesichts der hohen bereits existierenden Haushaltsbelastungen kann zumindest ich die Kosten für einen Umzug von Parlament und Regierung nicht verantworten; denn sie würden die finanzielle Handlungsfähigkeit zukünftiger Generationen noch mehr einschränken.

Wie auch immer heute die Entscheidung ausgehen wird: Die Welt wird deshalb nicht untergehen, und jeder von uns kann mit jeder Entscheidung leben. Nur eines darf nicht passieren: Wir dürfen unter gar keinen Umständen unsere Arbeitsmöglichkeiten und die Kontrollfunktion, die wir gegenüber der Regierung

haben, dadurch einschränken, daß wir Parlament und Regierung trennen.

(Beifall bei Abgeordneten der FDP und der SPD)

Wir werden von den Bürgern unseres Landes nicht daran gemessen, ob wir uns für die eine oder die andere Stadt entscheiden. Wir werden daran gemessen, ob wir diese schwierige Frage in gegenseitigem Respekt und Toleranz bewältigen. Wir werden daran gemessen, ob wir nach dieser Debatte wieder die Kraft und die Ruhe dafür aufbringen, uns voll und ganz anderen wichtigen Fragen zu widmen, ob wir uns nach dieser Entscheidung die Mühe machen, der einen wie der anderen Region zu einem Ausgleich zu verhelfen, um damit Enttäuschungen zu heilen. Außerdem werden wir daran gemessen werden, ob dieses Parlament weiterhin arbeitsfähig ist, seine Aufgaben wahrnehmen kann und die Tür für zukünftige Generationen nicht zuschlägt.

Meine sehr verehrten Kolleginnen und Kollegen, ich entscheide mich für die Zukunft. Deshalb entscheide ich mich für Bonn.

Danke.

(Beifall bei Abgeordneten der FDP, der CDU/ CSU und der SPD)

Präsidentin Dr. Rita Süssmuth: Als nächster hat der Abgeordnete Rupert Scholz das Wort.

Dr. Rupert Scholz (CDU/CSU): Frau Präsidentin! Meine sehr verehrten Damen und Herren! Die meisten Argumente sind ausgetauscht. Gestatten Sie mir einige ergänzende Bemerkungen zu einigen Argumenten.

Wir sind uns einig darüber, daß dieses eine großartige Debatte gewesen ist, eine Sternstunde des Parlaments.

(Zuruf von der SPD: Sie läuft noch!)

— Verzeihung, sie läuft noch, das ist richtig; ich berichtige mich.

Daß ich für Berlin spreche, das weiß jeder. Ich möchte keinen Hehl daraus machen, daß mich etwas erschüttert hat, wie man mit dem Wort **Glaubwürdigkeit** umgeht.

(Beifall bei Abgeordneten der CDU/CSU und der SPD)

Herr Glotz, Ihr Wort von der Moralisierung und Legendenbildung fand ich, offen gestanden, furchtbar, um nicht zu sagen: zynisch. Glaubwürdigkeit ist nicht rückwärts gewendet, sondern vorwärts gewendet. Das ist die Frage der Zukunft. Ich glaube, dies muß man einlösen.

Ich habe darüber hinaus den Eindruck gewonnen, daß viele sich nicht ganz im klaren sind, was **Hauptstadt** bedeutet. Die Entscheidung des Einigungsvertrages ist eindeutig.

Ich nehme einmal den Antrag der Bonn-Befürworter. Wenn Bundestag und Bundesregierung in Bonn bleiben, dann wird auch der Bundesrat in Bonn bleiben. Der Bundesrat entscheidet ohnehin selbst, und man wird es ihm nicht verdenken können, wenn er

Dr. Rupert Scholz

sagt: Ich bleibe im Zentrum der Politik. Der Bundespräsident hat — auch das ist zu respektieren — ebenfalls bereits deutlich gemacht, daß er nicht aus dem Politikzentrum dieses Landes herausgeht, ungeachtet seiner Präferenz für Berlin.

Das heißt, wenn es so kommt, dann haben wir eine Entscheidung im Einigungsvertrag für die Hauptstadt Berlin, und diese Hauptstadt Berlin wird keine politischen Funktionen haben. Deshalb sind wir der Auffassung, daß das Parlament als das Herzstück einer Demokratie nach Berlin muß.

(Beifall bei Abgeordneten der CDU/CSU, der SPD und der FDP)

Wir sind für das Teilen; wir sind wirklich für das Teilen. Deswegen sind wir auch Heiner Geißler dankbar für seinen Kompromißantrag, den ich als Berlin-Befürworter gerne mit unterschrieben habe, um deutlich zu machen: Wir sind auch mit dieser Entscheidung und mit dieser Möglichkeit gerne einverstanden.

Meine Damen und Herren, ein Zweites, was ich ansprechen möchte, ist die Frage des **Föderalismus**. Ich finde es erstaunlich, daß vor allem vom Land Nordrhein-Westfalen, das genauso groß ist wie die neuen Bundesländer zusammen, hier davon gesprochen wird, daß eine Entscheidung zugunsten Bonns bzw., um Herrn Rau zu zitieren, zugunsten der Rheinschiene eine Entscheidung zugunsten des Föderalismus sein soll. Von über 170 Bundeseinrichtungen sind über 70 in Nordrhein-Westfalen.

(Reinhard Freiherr von Schorlemer [CDU/CSU]: Hört! Hört!)

Wir haben in bezug auf den Föderalismus bereits Sünden begangen. Ich erinnere an die Änderung des Art. 51 Abs. 2 des Grundgesetzes im Einigungsvertrag. Wer hat diese denn gefordert? Kurz vor Toresschluß in der alten Bundesrepublik wurden die **Stimmenverhältnisse im Bundesrat** geändert. Wer war denn das? Es waren die Großen; es war Nordrhein-Westfalen. Auch das bitte ich, wenn man von Föderalismus spricht, ernst zu nehmen.

(Beifall bei Abgeordneten der CDU/CSU, der FDP und des Bündnisses 90/GRÜNE)

Meine Damen und Herren, Föderalismus heißt teilen und Einheitlichkeit der Lebensverhältnisse. Ich habe Verständnis für das, was hier von den Vertretern der neuen Länder gesagt worden ist, und kann es aus meiner Sicht nur mit Nachdruck unterstreichen. Aber, meine Damen und Herren, schauen wir uns doch einmal die Realität an! Wer ist eigentlich bereit, in die neuen Länder hinüberzugehen? Wer ist bereit, in der Industrie, bei Messen und politischen Einrichtungen in die neuen Länder zu wechseln und dort mitzuarbeiten?

Wir beschließen im Rechtsausschuß einstimmig: Das **Bundesverfassungsgericht** soll nach Weimar gehen. Was tun sie? Sie denken überhaupt nicht daran.

Der **Bundesgerichtshof** könnte nach Leipzig gehen, wo das Gebäude des Reichsgerichts steht. Er denkt überhaupt nicht daran.

(Beifall bei Abgeordneten der CDU/CSU, der FDP und des Bündnisses 90/GRÜNE)

Meine Damen und Herren, ich bin der Meinung, wenn man Glaubwürdigkeit auch im Sinne des Nach-vorne-Blickens und der Zukunftsgestaltung versteht, dann muß dieser Bundestag das Vorbild sein und die Vorbildentscheidung für dieses Land treffen.

(Beifall bei Abgeordneten der CDU/CSU, der FDP, der SPD und des Bündnisses 90/GRÜNE)

Keiner wird sich in diesem Land mehr dem Ruf, zu gehen und zu teilen, verschließen können, wenn der Deutsche Bundestag nach Berlin geht. Denn auch Berlin ist ein neues Bundesland.

Ich danke Ihnen.

(Beifall bei Abgeordneten der CDU/CSU, der FDP, der SPD und des Bündnisses 90/GRÜNE)

Präsidentin Dr. Rita Süssmuth: Es spricht jetzt die Abgeordnete Gudrun Weyel.

Gudrun Weyel (SPD): Frau Präsidentin! Liebe Kolleginnen und Kollegen! Die öffentlichen Diskussionen der letzten Wochen und die starke Emotionalisierung haben leider zu einigen gedanklichen Schieflagen geführt, die auch heute leise anklangen.

Es ist falsch, daß die Bonn-Befürworter gegen die **deutsche Einheit** sind; wir sind für die deutsche Einheit.

(Beifall bei Abgeordneten der SPD, der CDU/CSU und der FDP)

Es ist der falsche Eindruck entstanden, daß die Bonn-Befürworter kein Verständnis für die Menschen in den neuen Bundesländern und in Berlin und ihre Sorgen haben.

(Zuruf von der CDU/CSU: Im Gegenteil!)

Wir verstehen sehr wohl, daß dort diese Sorgen vorhanden sind und daß viele Leute meinen, mit einer Entscheidung für Berlin werde sich da schnell sehr viel ändern. Aber es stellt sich die Frage: Ist das richtig? Ich habe den Eindruck, daß hier falsche Hoffnungen erweckt worden sind,

(Beifall bei Abgeordneten der SPD, der CDU/CSU und der FDP)

die davon ausgehen: Wenn wir heute für Berlin entscheiden, wird morgen — nicht im wörtlichen Sinne — der wirtschaftliche Aufstieg in Berlin und in den neuen Bundesländern sofort beginnen. Auch dies ist falsch. Denn alle wissen, eine Entscheidung heute bedeutet, daß erst einmal eine Planungsphase erforderlich ist und daß anschließend noch lange Zeit vergeht, bis die Planungen umgesetzt werden und das Parlament wirklich nach Berlin kommen kann.

Ich möchte mich meinem Vorredner anschließen. Warum reden wir eigentlich nur von Berlin, und warum reden wir nicht auch von Leipzig, von Weimar, von Rostock und anderen Städten? In diese Debatte könnte man auch die Verlagerung des **Sitzes anderer Verfassungsorgane**, z. B. höchster Bundesgerichte, durchaus einschließen.

(Zuruf von der CDU/CSU: Sehr wahr!)

Gudrun Weyel

Noch eines: Wir entscheiden hier nicht für die Abgeordneten, die heute hier sitzen. Wir alle wissen, daß das, was wir heute entscheiden, die Abgeordneten dieser Legislaturperiode überhaupt nicht betrifft. Wir entscheiden vielmehr für diejenigen, die im nächsten oder vielleicht auch erst im übernächsten und in folgenden Bundestagen sitzen.

(Beifall der Abg. Ingrid Matthäus-Maier [SPD])

Bis dahin werden die neuen Bundesländer eine positive Entwicklung hoffentlich bereits hinter sich haben. Bis dahin wird auch Berlin eine eigene Entwicklung haben, und da traue ich der Stadt Berlin sehr viel zu.

(Beifall des Abg. Rudi Walther [Zierenberg] [SPD])

Ich traue ihr eine Entwicklung zu, die aus ihrer Brückenlage nach Osteuropa hin vehemente wirtschaftliche Impulse ermöglicht, begleitet von einer guten kulturellen Entwicklung.

(Zustimmung bei Abgeordneten der SPD)

Die Stadt Berlin, die wir als Abgeordnete vielleicht in zehn Jahren betreten, wird eine andere sein als die, über die wir heute reden.

(Beifall bei Abgeordneten der SPD sowie des Abg. Dr. Günther Müller [CDU/CSU])

Dann frage ich mich, welchen Stellenwert haben Parlament und Regierung in einer solchen blühenden Metropole, die auf diese Einrichtungen überhaupt nicht mehr angewiesen ist? Ich frage mich auch: Wie laut müssen wir als Parlament dann eigentlich sein, um in solch einer Stadt mit einer so großen Ausstrahlung überhaupt noch gehört zu werden?

(Beifall bei Abgeordneten der SPD und des Abg. Dr. Günther Müller [CDU/CSU])

Ich befürchte, wir müssen dann auch in manchem überziehen, um überhaupt bemerkt zu werden.

Das Parlament wird — je nach Planung — in einer Situation sein, die seine Arbeitsweise beeinflußt. Die erste Möglichkeit ist, daß wir in einem zusammengehörigen Komplex untergebracht sind. Dann entsteht so etwas wie eine Gettowirkung, und die Behauptung, wir nähmen dort am pulsierenden Leben der Bevölkerung teil, ist schlicht falsch.

(Ingrid Matthäus-Maier [SPD]: Eben!)

Die zweite Möglichkeit ist, daß wir tatsächlich über den gesamten Innenbereich von Berlin verstreut sind; ich erinnere an die Lage der heute in den Ausstellungen gezeigten Gebäude. Dann, muß ich allerdings sagen, bekommen wir ein Parlament der langen Wege, der Verkehrsstaus usw. Angesichts dessen frage ich mich, ob unsere Arbeitsfähigkeit in dem heutigen Umfang noch gewährleistet wäre.

(Beifall bei Abgeordneten der SPD)

Deswegen sind für meine **Entscheidung für Bonn** zwei Punkte ausschlaggebend. Es bedarf guter Arbeitsbedingungen für ein Parlament, das seinen eigenen Stil entwickelt hat und sehr arbeitsintensiv ist. Es braucht die Möglichkeiten dazu, damit es vernünftige Entscheidungen treffen kann.

Ich denke darüber hinaus an die Situation der Menschen, die hier — d. h. für mich: im Umfeld des Parlaments und der Regierung — arbeiten. Ich gebe gerne zu, in diesem Zusammenhang spielt für mich auch eine Rolle, daß der Norden von Rheinland-Pfalz sehr stark davon betroffen wäre.

(Ingrid Matthäus-Maier [SPD]: Das ist etwas Schlimmes!)

Bonn gibt seinen Einwohnern, aber auch einem weiten Umfeld Brot und Arbeit. Ich fürchte, eine Metropole Berlin würde den neuen Ländern eher Menschen und Wirtschaftskraft entziehen.

Deswegen lassen Sie uns gemeinsam von Bonn aus das Zusammenwachsen der neuen Bundesländer fördern.

(Beifall bei Abgeordneten der SPD und der CDU/CSU)

Präsidentin Dr. Rita Süssmuth: Als nächster hat der Abgeordnete Christian Schmidt das Wort.

Christian Schmidt (Fürth) (CDU/CSU): Frau Präsidentin! Liebe Kolleginnen und Kollegen! Die heutige Entscheidung, die nach meiner Ansicht objektiv zu früh kommt und angesichts unserer vielen anderweitigen Probleme noch einige Zeit hätte reifen sollen, wird weit in die Zukunft hineinreichen. Die beiden Städte stehen jeweils für einen Teil der deutschen Geschichte. Der Teil, für den Bonn steht, ist im Vergleich zu anderen Perioden der deutschen Vergangenheit stabil, kontinuierlich und alles in allem sehr erfolgreich verlaufen.

Auch die Berliner Zeit hatte neben den bekannten Tiefen, die man der Stadt nicht anlasten darf, beachtliche Höhen zu sehen bekommen. Ich erinnere nur an den schwierigen und letztendlich an Extremismus gescheiterten Versuch, die Monarchie in ein demokratisches Staatswesen umzuwandeln. Nach dem totalen Niedergang Deutschlands wurde **Berlin** zum **Symbol der Freiheit und Einheit Deutschlands.** Wir alle, Deutsche in den alten und neuen Bundesländern und speziell in Berlin, sind dieser Stadt zu Dank verpflichtet. Dieser Dank wird auch vielfältig einzulösen sein.

Die heute zu treffende politische Entscheidung wird aber, wie gesagt, auch in die Zukunft reichen. Dabei gilt es, ganz nüchtern in der Abwägung zwischen den beiden Möglichkeiten zu bedenken, welche Zukunftsperspektiven wir in der Bundesrepublik Deutschland unterstreichen wollen. Hierzu gehören — für meine Generation besonders stark ausgeprägt — die Bereitschaft und der Wille, das Bonner Grundgesetz und die Bonner Demokratie gemeinsam mit den Deutschen, denen damals mitzuwirken versagt war, fortzusetzen. Aus dem Provisorium Bundesrepublik von damals war aber auch schon vor der Wiedervereinigung ein etablierter Staat geworden. Durch die Zusammenfügung der beiden Teile Deutschlands wird das um so mehr bekräftigt. Aus dem Provisorium Bonn ist in den mehr als 40 Jahren ein Symbol deutscher demokratischer Tradition entstanden, über das man nicht einfach hinweggehen kann.

(Beifall bei Abgeordneten der CDU/CSU, der FDP und der SPD)

Christian Schmidt (Fürth)

(A)

Lassen Sie mich bei dieser Gelegenheit dem Gedankenexperiment, das Willy Brandt in bezug auf Vichy und Paris angestellt hat, ein anderes gegenüberstellen. Hätten die Väter und Mütter der Weimarer Verfassung, nachdem sie 1919 aus Berlin nach Weimar ausgewichen waren, wegen der Händel längere Jahre nicht in diese Stadt zurückkehren können, wäre dann nicht auch die Frage aufgetaucht, ob die Nationalversammlung und später der Reichstag in Weimar hätten bleiben sollen? Und — das sei erlaubt zu fragen — hätte das ruhigere Weimarer Klima in den 20er Jahren der politischen Stabilität dieser krisengeschüttelten Demokratie nicht vielleicht einen größeren Tribut gezollt als das aufgeregte Berlin, das ständig am Brodeln war?

Die Königsidee des 20. Jahrhunderts, wie Konrad Adenauer die Aufgabe der **europäischen Einigung** bezeichnet hat, wird gegenwärtig neu gedacht, nicht mehr als westeuropäische, sondern als gesamteuropäische Konstruktion. Aus dieser Perspektive hat Berlin eine wichtige Drehscheibenfunktion für gesamteuropäische Institutionen. Allerdings ist eine dezentrale Organisation der obersten Bundesbehörden einschließlich der Bundesgerichte — ich schließe mich hier dem Kollegen Professor Scholz ausdrücklich an — der richtige Weg, um unsere wirtschaftliche, soziale und kulturelle Vielfalt zu dokumentieren. Diesbezüglich tritt für mich auch das Kostenargument in den Hintergrund. Wichtig ist die Idee und wie es uns am besten gelingt, deutsche Interessen in Europa und europäische Interessen in der Welt zur Geltung zu bringen und sowohl Geschichte als auch Zukunft zu berücksichtigen. Eine in die Zukunft gerichtete Entscheidung darf deswegen gerade nicht, wie Professor Bosl formuliert, auf die **Symbolik Bonns** und auch nicht auf die **Symbolik Berlins** verzichten.

(B)

Meine Entscheidung gilt deswegen dafür, in Bonn weiterhin den Regierungssitz zu behalten. Der historischen und zukünftigen Bedeutung Berlins ist Rechnung getragen, wenn der Bundestag seinen Sitz in Berlin nimmt. Ich halte den Geißlerschen Vorschlag — —

(Heiterkeit und Beifall bei der FDP, der SPD und dem Bündnis 90/GRÜNE)

— Es wird für uns nicht der bequemste sein. Aber ich meine, daß wir uns nicht nur an Bequemlichkeiten orientieren dürfen, sondern daß wir, wenn wir für das Volk und für uns selbst zu entscheiden haben, auch diese Aspekte berücksichtigen müssen.

Ich halte den Geißlerschen Vorschlag wohl noch nicht als abschließend gedacht, weil er sich noch in der Praxis bewähren muß. Bei aller Abwägung und Notwendigkeit zur praktischen Überprüfung bin ich aber bereit, diesem Kompromiß zuzustimmen.

(Beifall bei Abgeordneten der CDU/CSU)

Findet dieser Antrag keine Mehrheit, dann wird aus meinem föderalen Verständnis heraus und aus der Zukunftsorientierung der deutschen Bundesrepublik nach Bonner Muster wohl die Bundesstaatslösung, ein Verbleiben beider Organe in Bonn, meine Stimme erhalten.

(C)

Vielen Dank.

(Beifall bei Abgeordneten der CDU/CSU, der FDP und der SPD)

Präsidentin Dr. Rita Süssmuth: Als nächster spricht der Abgeordnete Stephan Hilsberg.

Stephan Hilsberg (SPD): Frau Präsidentin! Meine Damen und Herren! Man kann es nicht leugnen! Bonn hat 40 Fieber, und es gibt nur noch die eine Diskussion. Im Grunde genommen stehen wir vor der Trennscheide einer historischen Entscheidung oder historischen Fehlentscheidung. Die Entscheidung, die wir fällen, scheint dem Zufall überlassen.

Ich aber bin parteilich, und ich bin Berliner. Und auf alle jene bezogen, die sich eine endgültige Entscheidung an dem heutigen Tage wünschen, muß ich sagen, daß ich das nicht ändern kann. Denn wenn es heute zu einer Entscheidung gegen Berlin kommt, so ist die Enttäuschung riesengroß. Die kann man nicht wegdiskutieren.

(Beifall bei Abgeordneten der SPD und der CDU/CSU)

Bonn stand jahrzehntelang für Vertrauen und Glaubwürdigkeit einer neuen, gefestigten, selbstbestimmten und deutschen Demokratie. Es ist ihr nämlich gelungen, das Trauma der Vergangenheit zu bewältigen und wieder Ansehen und einen gewissen Stolz zu erlangen, trotz Handicap des geteilten Deutschland, mit dem man eben leben mußte. Jahrzehntelang wurde von hier aus der Anspruch postuliert, für alle Deutschen zu sprechen, extrem formuliert in der Hallstein-Doktrin. Man war sich des Verlustes der Einheit bewußt und machte dennoch reale Politik ohne Sentimentalitäten. Oder etwa nicht?

(D)

Sollen die ganzen Beteuerungen beispielsweise für **Berlin** als Hauptstadt eines dereinst wiedervereinigten Vaterlandes nur sentimentale Reminiszenzen an alte Zeiten gewesen sein, Waffe im kalten Krieg der eigentlichen Bewährungsprobe?

Von diesem Land, von diesem Pult aus, an dem ich nun selber stehe, sind viele Signale in die DDR gesendet worden. Nicht nur mich hat diese **Demokratie** im Durchhalten bestärkt, hat Hoffnung gespendet, auch wenn man sich nur als Zaungast gefühlt hat. Man wirft uns manchmal vor, die wir aus dem Osten kommen, daß wir ein idealistisches Verhältnis zur Demokratie hätten. Da ist gewiß was dran. Ich bekenne mich auch dazu, und ich weiß, wie wichtig es ist für eine Demokratie, daß da Menschen sind, die eine hohe, eine überhöhte Meinung von der Demokratie selber haben. Ich bekenne mich auch dazu, in demokratischer, humanistischer und deutscher Tradition zu stehen. Wir stehen auf den Schultern unserer Vorgänger, wie unsere Nachfolger auf unseren stehen werden. Da darf man nicht Werte fahrlässig aufs Spiel setzen, einfach aus Pragmatismus, aus einer Position der Stärke heraus, wenn auch aus tiefer Besorgnis für die sozialen Probleme. Aber trotz allem: Woran soll man letztlich Politiker messen, wenn nicht an Glaubwürdig-

Stephan Hilsberg

(A) keit? Das ist keine Bagatelle, das ist Substanz der Demokratie.

(Beifall bei Abgeordneten der SPD, der CDU/CSU, der FDP sowie des Abg. Dr. Dietmar Keller [PDS/Linke Liste])

Wie Johannes Rau sage auch ich: Zieht der Bundestag nicht nach Berlin, so ist das kein Todesurteil für meine Region. Die neuen Länder werden damit zurechtkommen, weil sie damit zurechtkommen müssen. Sie sind bis jetzt mit noch viel schlimmeren Dingen zurechtgekommen. Das wird auch noch so bleiben. Aber die Wunde in Berlin wird noch lange, lange spürbar sein. Was, bitte, meine Damen und Herren, soll die Rolle Berlins denn dann sein: ein vergessenes Herz eines undankbaren Landes?

40 Jahre hat es eine eigenständige, zugegebenermaßen erfolgreiche Entwicklung der Bundesrepublik gegeben. 40 Jahre waren aber auch Deutsche in DDR und Bundesrepublik geteilt. Die Menschen aus der DDR können nichts dafür, daß sie in den Meinungsbildungsprozeß nicht einbezogen waren, daß sie nicht eingreifen durften. Sonst gäbe es die Diskussion heute auch nicht. Wollen Sie der 40jährigen Ohnmacht noch eines draufgeben, obwohl zugegebenermaßen die neuen Länder der schwächere Teil der Bundesrepublik sind?

Ich bitte Sie, geben Sie sich einen Stoß; denn Berlin hat ungeheuer viel anzubieten. Die Teilung hat Berlin eher interessanter gemacht. Hier schlägt der Puls der Zeit, auch einer europäischen Zeit. Hier vollzieht sich die Vereinigung mit ihren ganzen Begleiterscheinungen. Berlin, das ist die Stadt der Jugend, und sie zieht (B) ungeheuer viele Leute an. Berlin ist eine internationale Stadt. Hier werden die meisten Sprachen gesprochen. Berlin ist eine tolerante Stadt. Es ist ein Schmelztiegel. Das war es immer, ist es zur Zeit und wird es bleiben. In Berlin melden sich die Menschen zu Wort.

Unser Bundestag, meine Damen und Herren, ist in Berlin näher bei den Menschen. Wo anders gehörte der Bundestag hin als in seine eigene Hauptstadt!

Ich danke Ihnen.

(Beifall bei Abgeordneten der SPD, der CDU/CSU, der FDP, der PDS/Linke Liste und des Bündnisses 90/GRÜNE)

Präsidentin Dr. Rita Süssmuth: Als nächster hat der Abgeordnete Karl-Heinz Hornhues das Wort.

Dr. Karl-Heinz Hornhues (CDU/CSU): Frau Präsidentin! Meine sehr geehrten Damen und Herren! Ich glaube, es ist heute mittag schon einmal gesagt worden, aber ich will es trotzdem wiederholen: Am 3. November 1949 hat der Deutsche Bundestag beschlossen:

Die leitenden Bundesorgane verlegen Ihren Sitz in die Hauptstadt Deutschlands, Berlin. Der Bundestag versammelt sich alsbald in Berlin, sobald allgemeine, freie, gleiche, geheime und direkte Wahlen in ganz Berlin und in der sowjetischen Besatzungszone durchgeführt sind.

(C) Das ist der Kernsatz, mit dem ich, solange ich mich mit Politik beschäftigt habe, aufgewachsen bin. Es war für mich eine Selbstverständlichkeit, daß, wenn die Chance besteht, dieser Beschluß verwirklicht wird. Diese Chance besteht jetzt.

Andererseits bin ich auch schon zu lange Abgeordneter hier in Bonn und kenne hier zu viele Menschen, als daß ich nicht alles das, was hier vorgetragen wird, ganz ernst nähme. Wenn ich die Debatte in all ihren Dimensionen, wie sie heute bisher gelaufen ist, verfolge, dann drängt sich an sich etwas auf, was Kollege Geißler und andere, zu denen auch ich gehöre, vorschlagen, und dafür möchte ich werben. Es ist der Vorschlag, der leider erst in letzter Minute eingebracht werden konnte, weil wir bis zuletzt auf Konsens auf der Organbank oder wo auch immer gehofft haben, und deswegen vielleicht den Makel hat, keine Unterschriften von Kolleginnen und Kollegen der SPD oder der FDP zu tragen.

Dieser Vorschlag hat, wenn man das Ende dessen bedenkt, was wir zu beschließen haben, den großen Vorteil, die vier zentralen Probleme, die hier heute diskutiert wurden, zu lösen. Die vier Probleme waren die **Hauptstadtfrage,** der **Arbeitsmarkt,** die **Finanzpolitik,** und vor allen Dingen das Thema **Glaubwürdigkeit.** Ich wende mich vor allen Dingen an Sie, meine sehr geehrten Damen und Herren von der SPD, weil Sie einen anderslautenden Fraktionsbeschluß haben, der Sie bindet.

(Widerspruch bei der SPD)

— Es ist gut, wenn Sie nicht gebunden sind, prima, (D) hervorragend. Ich nehme es zur Kenntnis. Sie sind daran nicht gebunden, also werbe ich noch einmal. — Unser Vorschlag — bitte bedenken Sie das in den letzten Minuten, die wir noch Zeit haben, in Ruhe — löst die aufgeworfenen Fragen. Die Hauptstadt bekommt Substanz, das Herz der demokratischen Republik, das Parlament, geht nach Berlin.

(Beifall bei Abgeordneten der CDU/CSU)

Der Arbeitsmarkt und alles das, was die Menschen hier vor allen Dingen bewegt, wird berücksichtigt. Der Finanzminister kann sogar relativ ruhig sein. Es ist die auf absehbare Zeit vergleichsweise kostengünstigste Lösung.

Das ausschlagende Motiv für mich — ich hoffe, auch für viele andere — ist jedoch meine Glaubwürdigkeit, nämlich die Glaubwürdigkeit, daß ich trotz vieler Sympathien für Bonn letztlich immer dafür war, daß, wenn die Chance besteht, nach Berlin zu gehen, dies auch eingelöst wird. Wir können den Beschluß vom November 1949 einlösen, und wir können gleichzeitig den Menschen hier, in dieser Region, sagen: Wir haben niemanden vergessen. Wir haben klug gehandelt, wir haben das Edelste in der Demokratie gesucht, nämlich den Kompromiß. Es gibt keinen absoluten Sieger und keinen absoluten Verlierer.

(Dr. Franz Möller [CDU/CSU]: Verlierer sind die Bürger hier!)

Ich möchte Sie alle herzlich bitten, noch einmal genau zu überlegen, wie Sie abstimmen. Stimmen Sie für diesen Vorschlag! Ich kann es Ihnen nur empfeh-

101

Dr. Karl-Heinz Hornhues

(A) len. Ich glaube, es ist das Beste, wofür man heute stimmen kann.

(Beifall bei Abgeordneten der CDU/CSU und der FDP)

Präsidentin Dr. Rita Süssmuth: Als nächster hat das Wort der Abgeordnete Harald Schäfer.

Harald B. Schäfer (Offenburg) (SPD): Frau Präsidentin! Meine sehr geehrten Damen und Herren! Liebe Kolleginnen! Liebe Kollegen! Der Verlauf der heutigen Debatte zeigt: Niemand in diesem Hause macht sich die Entscheidung leicht. Beide Seiten tun sich mit ihrer Entscheidung also schwer. Beide Seiten haben jeweils gute Gründe für sich.

Ich will mich in meinem Beitrag auf einen Gesichtspunkt konzentrieren, der in der Debatte bislang nicht angesprochen worden ist. Als jemand, für den Ökologie Kernstück der Politik ist, ist neben den allgemeinen politischen und historischen Gesichtspunkten auch die Beantwortung der Frage von entscheidender Bedeutung, welche Lösung die umweltverträglichere Lösung ist. Wir müssen die **Entscheidung „Bonn oder Berlin"** auch einer **Umweltverträglichkeitsprüfung** unterziehen.

(Beifall bei Abgeordneten der SPD — Dr. Wolfgang Bötsch [CDU/CSU]: Sehr wahr!)

Dies ist für mich durchaus keine nebensächliche (B) Frage. Im Gegenteil, wir wissen, daß wir bei allen Entscheidungen, die wir zu treffen haben, heute von Anfang an auch die Frage der ökologischen Folgewirkungen mit zur Entscheidungsgrundlage machen müssen, sie in unsere Entscheidung einbeziehen müssen. Dies gebietet uns heute die ökologische Verantwortung.

Bei der Entscheidung muß der ökologische Imperativ gelten, daß jeweils die Lösung zu wählen ist, die mit dem geringsten Verbrauch an Umwelt, an Energie und an Rohstoffen verbunden ist. Wer diese Fragestellung als irrelevant, als nebensächlich bezeichnet, der hat die Dimension der ökologischen Frage, auch die Dimension in historischer Tragweite, nicht verstanden.

Heute kann überhaupt kein Zweifel mehr daran bestehen, daß die großen Zentren, daß die Megastädte Kumulationspunkte unserer ökologischen Probleme sind. Während wie debattieren, leidet z. B. die Bevölkerung Athens unter furchtbarem Sommersmog, der zu erheblichen Gesundheitsgefährdungen führt. Paris, London und Stockholm haben ähnliche Probleme.

(Reinhard Freiherr von Schorlemer [CDU/CSU]: Das Bonner Klima ist aber auch nicht besser!)

Es ist nicht schwer, vorherzusagen, daß auch Berlin schon bald und in wachsendem Maße vor ähnlichen Problemen stehen wird. Wir dürfen diese Probleme nicht ohne Not und sehenden Auges noch weiter verschärfen.

(Beifall bei Abgeordneten der SPD)

Natürlich müssen wir Berlin schon heute bei der Bewältigung seiner immensen Verkehrsprobleme helfen. Aber mit der Verlagerung des **Regierungs- und Parlamentssitzes** nach Berlin tun wir genau das Gegenteil: Wir verschärfen die heute vorhandenen ökologischen Probleme zusätzlich. Zumindest dies müssen wir bei unserer Entscheidung bedenken. (C)

(Beifall bei Abgeordneten der SPD und der CDU/CSU)

Aber es geht im Kern nicht nur um die ökologischen Probleme Berlins. In den neuen Bundesländern haben wir **ökologische Altlasten** gewaltigen Ausmaßes. Zur Zeit reichen die Mittel nicht einmal aus, diese Altlasten zu erfassen, zu bewerten und zu sichern. Von einer Sanierung sind wir weit entfernt, weil dafür kein Geld vorhanden ist. Ein Bruchteil der Mittel, die ein Umzug kostet und die wir dafür aufwenden müßten, genügte, mit dieser zentralen Aufgabe in den neuen Bundesländern sofort effektiv anfangen zu können.

Dies sind Probleme — ich weiß das —, die manchem profan vorkommen. Ich glaube aber, es täte uns allen gut und stünde uns gut an, die anstehende Entscheidung mit etwas mehr Pragmatismus anzugehen.

(Beifall bei Abgeordneten der SPD, der CDU/CSU und der FDP)

Mit **Symbolik,** so wichtig sie sein mag und auch ist, können wir Menschen weder Arbeit geben noch reine Luft zum Atmen verschaffen. Darum lassen Sie uns bitte in Bonn bleiben und mit Hochdruck an den wirklichen Problemen der neuen Länder arbeiten. Bonn ist auch ökologisch die bessere Lösung.

(Beifall bei Abgeordneten der SPD, der CDU/CSU, der FDP und des Bündnisses 90/ GRÜNE) (D)

Präsidentin Dr. Rita Süssmuth: Es spricht jetzt der Abgeordnete Wolfgang Kubicki.

Wolfgang Kubicki (FDP): Frau Präsidentin! Liebe Kolleginnen und Kollegen! Was gibt es eigentlich in einer Debatte noch Neues zu sagen, in der Argumente öffentlich und auch heute hier umfassend ausgetauscht worden sind?

(Zuruf von der FDP: Eine gute Frage!)

Aus schleswig-holsteinischer Sicht kann ich nur sagen: Wir sind langsam reif für die Abstimmung.

(Beifall bei der FDP und der CDU/CSU)

Man kann eine gute Sache auch mit schlechten Argumenten belegen; auch davon haben wir heute einiges gehört. Ich selbst und meine Kollegen aus Schleswig-Holstein sind für **Berlin.**

(Beifall bei der FDP und bei Abgeordneten der CDU/CSU und der SPD)

Die Begründung reiche ich nur zu Protokoll, weil ich denke, daß man die Debatte nicht unsäglich verlängern sollte.

(Beifall bei der FDP und bei Abgeordneten der CDU/CSU)

Präsidentin Dr. Rita Süssmuth: Als nächster spricht der Abgeordnete Peter Hintze.

(A) **Peter Hintze** (CDU/CSU): Frau Präsidentin! Liebe Kolleginnen und Kollegen! Lassen Sie mich zu dieser vorgerückten Stunde

(Widerspruch — Zuruf von der CDU/CSU: Wann gehen Sie schlafen?)

mit einer kurzen Geschichte zum Thema dieses Tages beginnen.

Gestern abend habe ich einem Berliner Kollegen von meinem Erlebnis mit einer Wuppertaler Schülergruppe erzählt. Die große Mehrheit der Jugendlichen hatte sich, bevor ihr Abgeordneter seine eigene Position darlegte, spontan für Bonn entschieden. Wissen Sie, was mir der Berliner Kollege daraufhin gesagt hat? Die kennen eben die **deutsche Geschichte** nicht.

Nein, liebe Kolleginnen und Kollegen. Diese Erklärung wird weder unserer Frage noch den Jugendlichen in ihrer Position gerecht.

(Beifall bei Abgeordneten der CDU/CSU und der SPD)

Ich glaube, die Jungen kennen unsere Geschichte; aber sie ziehen ihre eigenen Schlüsse. Gerade weil sie die deutsche Geschichte kennen, fragen sie: Warum sollen wir von Bonn weggehen, von Bonn, das Demokratie, Freiheit und Einheit gebracht und gelebt hat?

(Peter Kittelmann [CDU/CSU]: Auch Berlin, Herr Hintze!)

(B) Warum sollen wir Bonn verlassen, den Ort, von dem es gut wurde für ganz Deutschland? Auch ich möchte den meisttraktierten Begriff des heutigen Tages ansprechen: Ist das nicht auch eine Frage der **Glaubwürdigkeit**, um die hier heute so viel gestritten wurde?

(Peter Kittelmann [CDU/CSU]: Das ist eine dialektische Trickkiste!)

Wenn wir Glaubwürdigkeit wollen, welchen Maßstab legen wir an? Ich denke, der beste Maßstab ist unser **Grundgesetz**. Übrigens, wir mögen uns daran erinnern: Es war zunächst als Provisorium gedacht, genauso wie der Parlaments- und Regierungssitz Bonn. Beides hat sich für Deutschland in besonderer Weise und nicht zuletzt auch für Berlin glücklich ausgewirkt.

(Beifall bei Abgeordneten der CDU/CSU und der SPD)

Jetzt gehen wir daran, dieses Grundgesetz — das ist jedenfalls meine Meinung —, das so eng mit Bonn verknüpft ist, zu erweitern. Ich möchte es nicht abschaffen, und ich möchte es nicht durch etwas Neues ersetzen. Denn es hat sich ebenso wie unser Parlaments- und Regierungssitz bewährt.

(Beifall bei Abgeordneten der CDU/CSU und der SPD)

Das Grundgesetz als Maßstab der Glaubwürdigkeit, das bedeutet, seinen Gehalt beachten: der Mensch steht im Mittelpunkt, nicht Nationen, Geschichte oder Ideologie, wie es Art. 1 besagt. Art. 20 des Grundgesetzes besagt, daß der Staat ein föderaler und sozialer Rechtsstaat ist, ein Staat für die Menschen, für die

(C) Werftarbeiter in Mecklenburg und Vorpommern, für die Textilarbeiterinnen in Thüringen und Sachsen, für die Menschen in allen Teilen Deutschlands.

Jetzt ist die Zeit, dies umzusetzen und zu leben. Jetzt ist die Zeit, in der für alle Menschen in Deutschland das Wort „Zukunft" wieder einen Sinn hat.

(Dr. Franz Möller [CDU/CSU]: Sehr richtig!)

Jetzt ist die Zeit, in der wir zusammen mit anderen Völkern das europäische Haus bauen. Laßt uns das in dieser Zeit von einem Ort aus tun, der für eine Demokratie steht, die ihre eigentliche Zukunft, die europäische, noch vor sich hat! Laßt uns dies von Bonn aus tun; denn jetzt ist Zeit, in der der Satz von Romain Rolland gilt: Mein Vaterland ist nicht gestern, mein Vaterland ist morgen. — Lassen wir die Hauptstadtehre in Berlin! Lassen wir **Parlament und Regierung** in Bonn!

Ich danke Ihnen.

(Beifall bei Abgeordneten der CDU/CSU, der FDP und der SPD)

Präsidentin Dr. Rita Süssmuth: Es spricht jetzt der Abgeordnete Otto Schily.

Otto Schily (SPD): Frau Präsidentin! Meine Damen und Herren Kollegen! Unsere **Entscheidung für Berlin oder Bonn** sollten wir zwei Prüfungen unterziehen. Zunächst einmal ist die Vergangenheitsprobe zu machen, von der bereits heute vormittag mehrmals die Rede war und mit der wir die Frage beantworten müssen, ob wir uns tatsächlich von den Beteuerungen in den letzten 40 Jahren lösen können. Wolfgang Thierse, Wolfgang Schäuble, Willy Brandt, Hans-Jochen Vogel und Helmut Kohl haben dazu das Notwendige und Richtige gesagt.

(Dr. Willfried Penner [SPD]: Otto Schily kommt jetzt noch hinzu!)

Wichtiger ist vielleicht aber die Zukunftsprobe: Welche Entscheidung kann morgen und übermorgen noch Bestand haben? Ich glaube, daß sich diese zweite Frage genauso eindeutig beantworten läßt, und zwar zugunsten von Berlin.

(Beifall bei Abgeordneten der SPD)

Ich habe großes Verständnis für die Umstellungsschwierigkeiten, die zur Sprache kamen, und ich will sie nicht verharmlosen.

(Dr. Wolfgang Weng [Gerlingen] [FDP]: Sie haben ja Erfahrungen mit Umstellungsschwierigkeiten!)

Aber wir alle leben in sich verändernden Zeiten und müssen Veränderungen annehmen und auf uns nehmen.

Außerdem war es mit Sicherheit schwieriger für die Berlinerinnen und Berliner, während nahezu drei Jahrzehnten in einer **eingemauerten Stadt** zu leben, als es sein wird, die Unannehmlichkeiten und Beschwernisse zu verkraften, die bei einem Umzug innerhalb einer sehr geräumigen Übergangszeit für die eine oder den anderen entstehen.

(Beifall bei Abgeordneten der SPD)

Otto Schily

Ohnehin sollte der Kirchturmshorizont nicht maßgeblich sein.

(Beifall bei Abgeordneten der SPD)

Deshalb können nach meiner Auffassung **regionalpolitische Gründe** weder für Berlin noch für Bonn den Ausschlag geben.

(Dr. Willfried Penner [SPD]: Sondern?)

Manche haben sich im Status quo — vielleicht auch der Kollege Penner — recht behaglich eingerichtet. Sie scheuen die Zugluft.

(Beifall bei Abgeordneten der SPD)

Sie müssen aber begreifen, daß mit Niederreißen der Mauer und des Eisernen Vorhanges ein neues Europa Wirklichkeit zu werden beginnt. Dies fordert von uns ein neues Wahrnehmungsvermögen, das auch die Handlungsfähigkeit der Politik verbessern wird.

Die Entscheidung für Berlin hat insofern nicht nur symbolische Bedeutung, sondern folgt der Erkenntnis, daß viele politische und gesellschaftliche Wirklichkeiten von Berlin aus unmittelbarer erfaßt werden können, als es von Bonn aus möglich ist.

(Beifall des Abg. Dr. Hans-Jochen Vogel [SPD] sowie bei Abgeordneten der CDU/CSU und der FDP)

Die Akustik der deutschen Geschichte ist in Berlin deutlicher und schärfer. Das Gespür für die heraufkommenden **sozialen Konflikte** wird uns in **Berlin** direkter abverlangt werden als in Bonn. Berlin eröffnet aber auch neue europäische Sichtweiten und Blickfelder in die Region **Mittel- und Osteuropas,** die bisher von der europäischen Entwicklung abgeschnitten waren. Schließlich wird sich die Politik in Berlin in einem vitalen **Kulturleben** behaupten müssen, das ihr, so hoffe ich, manche Gemächlichkeit, Behäbigkeit und Indifferenz abgewöhnen wird.

Ich stimme Peter Glotz zu, wenn er beharrlich vor neuen nationalistischen Tendenzen warnt. Wer aber einer explosiven Situation in den neuen Bundesländern entgegenarbeiten will, in der sich soziale Probleme mit nationalistischem Gedröhn mischen könnten, der muß sich für die Intensivierung der Demokratie in Berlin entscheiden; sonst bleibt Bonn die Überhauptstadt, München die heimliche Hauptstadt, und Berlin wird die unheimliche Hauptstadt.

(Vorsitz: Vizepräsident Dieter-Julius Cronenberg)

Bemerkenswerterweise haben die Linken in den europäischen Nachbarländern die Befürchtungen mancher deutscher Linken nicht. Deshalb darf ich als designierter Vorsitzender des SPD-Unterbezirks Toskana meine kurzen Bemerkungen mit einem Zitat aus der italienischen Zeitschrift „Manifesto" schließen,

(Dr. Hans-Jochen Vogel [SPD]: Hört! Hört! — Jochen Feilcke [CDU/CSU]: Expansionsdrang!)

die man heute in der „taz" nachlesen kann, in der es heißt:

Falls die sozialen Argumente, die es verlangen, einer Marginalisierung des Ostens etwas entgegenzusetzen, nicht ausreichen, sollte man wenigstens im Namen der Realpolitik an einen Rat Machiavellis denken, der lautet: „Falls du ein neues Territorium erwirbst, verlege dorthin deine Hauptstadt."

(Heiterkeit und Beifall bei Abgeordneten der SPD, der CDU/CSU und der FDP)

Vizepräsident Dieter-Julius Cronenberg: Nun hat das Wort der Abgeordnete Dr. Olaf Feldmann.

Dr. Olaf Feldmann (FDP): Herr Präsident! Meine sehr verehrten Damen und Herren! Im Gegensatz zu Otto Schily bin ich für Bonn als Sitz von Parlament und Regierung.

(Beifall bei Abgeordneten der CDU/CSU und der SPD)

Aber wichtig für uns ist heute, daß wir entscheiden und daß das öffentliche quälende Gezerre endlich ein Ende hat.

(Beifall bei Abgeordneten der FDP und der SPD)

Ich bin den Repräsentanten unserer Republik dennoch dankbar, daß sie so viele Stunden und Nächte geopfert haben, um einen Kompromiß zu finden, auch wenn er nicht gefunden wurde.

Bei allem Respekt: Es war mir gelegentlich etwas zuviel der Fürsorge. Wir Parlamentarier, meine ich, sind Frau und Manns genug, um selber eine Entscheidung zu treffen und diese heute in Zukunft zu verantworten. Bei allem Respekt vor dem Souverän: Diese Entscheidung haben wir im Deutschen Bundestag, hier im Plenum zu treffen und zu verantworten. So verstehe ich die repräsentative Demokratie.

Ein **Volksentscheid** hätte den falschen Eindruck vermittelt, als ob wir in dieser schwierigen Situation nicht fähig gewesen wären, eine Entscheidung zu fällen. Sicher ist die heutige Entscheidung schwierig; denn es gibt für beide Städte gute Argumente. Aber kein, erst recht kein gutes Argument ist die **Trennung von Regierung und Parlament,** denn wir wollen die **Regierung kontrollieren** können.

(Beifall bei Abgeordneten der SPD)

Es ist auch kein gutes Argument, die Entscheidung auf der Zeitschiene weiter vor uns herzuschieben. Auch das würde nur die Ungewißheit verlängern. Wir wollen heute entscheiden.

Ich glaube, wir können uns gegenseitig nicht mehr überzeugen. Ich gehe davon aus, daß jeder weiß, wie er abstimmen will, und daß jeder seine Entscheidung sorgfältig abgewogen und bedacht hat.

Ich bin für **Bonn,** weil ich für eine **dezentrale und föderative Struktur Deutschlands** bin. Bonn steht für den demokratischen Neuanfang Deutschlands. Bonn steht für die Fortführung des föderativen Modells mit Blick auf die europäische Einigung, also für die Zukunft. Ich will keine historische, nationalstaatliche Anknüpfung. Ich will keine **Megastadt** und keine übermächtige Regierungszentrale. Schon heute hat Berlin eine große Anziehungskraft. Sie wird weiter wachsen. Wenn dazu noch Parlament und Regierung hinzukämen, würde Berlin überfrachtet. Damit wäre auch Deutschland nicht geholfen.

Dr. Olaf Feldmann

Meine Damen und Herren, vor allem aus den neuen Bundesländern, eine Entscheidung für Bonn ist keine Entscheidung gegen die neuen Bundesländer, eher eine Entscheidung für die neuen Bundesländer; denn der Aufschwung Ost hängt nicht vom Sitz des Parlaments ab. Es wird nicht besser regiert, wenn Berlin auch Regierungssitz wird, von den **Kosten** ganz zu schweigen. Die Kosten sind zwar ein wichtiges, aber für mich nicht das entscheidende Argument. Die Gelder wären sicher für den Aufbau in den neuen Bundesländern besser eingesetzt.

Im Interesse von Berlin und im Interesse der neuen Bundesländer bin ich für Bonn.

(Beifall bei Abgeordneten der FDP, der CDU/
CSU und der SPD)

Vizepräsident Dieter-Julius Cronenberg: Das Wort hat der Herr Abgeordnete Böhm (Melsungen).

Wilfried Böhm (Melsungen) (CDU/CSU): Herr Präsident! Meine Damen und Herren! Mich schmerzt es, daß diese Debatte, so gut und interessant sie ist, überhaupt geführt werden muß.

(Beifall bei Abgeordneten der CDU/CSU, der
SPD und des Bündnisses 90/GRÜNE)

Seit über 40 Jahren haben sich doch alle Demokraten zu **Berlin** als der **Hauptstadt eines wiedervereinigten Deutschlands** bekannt und **Bonn** als das **Provisorium** bis zu dem Zeitpunkt bezeichnet, an dem Berlin seine Funktion als Hauptstadt wieder ausfüllen kann.

Voraussetzung der heutigen Debatte hätte darum eigentlich sein müssen, alle entsprechenden Beschlüsse des Deutschen Bundestages aus vier Jahrzehnten aufzuheben und zu bekennen, daß man entweder das früher gegebene Wort zu brechen bereit ist, daß man es früher so ernst nicht gemeint hat, oder — was am schlimmsten wäre — im stillen gar gehofft hat, es nie einlösen zu müssen.

Daher geht es heute nicht um die Frage von Zweckmäßigkeiten und lieben Gewohnheiten, sondern es geht um die **Zuverlässigkeit der deutschen Politik,** die Zuverlässigkeit der Versprechungen des Deutschen Bundestages und die persönliche Glaubwürdigkeit der Politiker. Heute wurde mehrfach behauptet, diese Argumentation sei rückwärtsgewandt. Dem widerspreche ich energisch. Sie richtet vielmehr den Blick nach vorn; denn in der Demokratie ist die Glaubwürdigkeit der handelnden Politiker das Fundament der Zukunftsgestaltung.

Für mich ist die CDU die Partei der deutschen und europäischen Einheit.

(Beifall bei Abgeordneten der CDU/CSU)

Darum gehöre ich ihr an. Unzählige Parteitagsbeschlüsse und Bekenntnisse, klare Aussagen ihrer führenden Politiker haben die **Einheit Deutschlands** in einem Atemzug mit der **Hauptstadt Berlin** als unveräußerliches Ziel der CDU genannt. Das gültige Grundsatzprogramm von 1978 formuliert: „Berlin bleibt die Hauptstadt von ganz Deutschland."

Für unsere Schwesterpartei, die CSU, bekannte Franz Josef Strauß am 25. April 1974 in Berlin, daß diese Stadt für uns die Hauptstadt Deutschlands war, die Hauptstadt Deutschlands ist und nach der politischen Wirklichkeit von morgen wieder die Hauptstadt Deutschlands sein wird. Ich fühle mich im Wort, ich stimme für Berlin.

(Beifall bei Abgeordneten der CDU/CSU, der
FDP und der SPD)

In den Jahrzehnten der Teilung unseres Vaterlandes haben wir unzählige ausländische Gäste nach Berlin an die schreckliche **Mauer** geführt. Wir haben sie gebeten: Helft uns, die Einheit in Frieden und Freiheit zu erreichen, helft uns, daß Berlin als Symbol des **Freiheitswillens der Deutschen** seine Aufgabe als Hauptstadt wieder erfüllen kann. Viele Freunde aus aller Welt haben uns geholfen, dieses Ziel zu erreichen, weil sie uns heute als Europäer akzeptieren und uns das Recht auf unsere nationale Identität selbstverständlich zugestehen, wie sie selbst die ihre für sich in Anspruch nehmen.

Viele von ihnen schauen verständnislos auf die Hauptstadtdebatte, die die Deutschen vom Zaune gebrochen haben. Was wird Michail Gorbatschow über diese Deutschen denken, wenn er sich an die mutigen und klaren Worte des **Oberbürgermeisters der Stadt Bonn** erinnert, der ihm in völliger Übereinstimmung mit der Politik der CDU im Januar 1989 ins Gesicht gesagt hat, die Verantwortlichen im Bonner Rathaus seien sich der Aufgabe bewußt — ich zitiere —, „Hauptstadt eines Staates zu sein, der sich selbst nicht als endgültig empfindet, dessen Ziel die Wiedervereinigung Deutschlands in Frieden und Freiheit mit der Hauptstadt Berlin ist"?

(Beifall bei Abgeordneten der CDU/CSU und
der SPD — Jochen Feilcke [CDU/CSU]: Damit hatte er recht!)

Der Trick, Berlin zwar Hauptstadt zu nennen, die Hauptstadtfunktionen aber von Bonn aus auszuüben, ist absurd. In 155 von 160 Staaten dieser Welt gilt das Normale: Hauptstadt ist da, wo Parlament und Regierung eines Staates ansässig sind. **Hauptstadtfunktion** wird durch die Anwesenheit von Staatsoberhaupt, Parlament und Regierung überhaupt erst begründet. Alles andere ist fauler Zauber, Mogelei, bestenfalls Formelkompromiß. In 95 % aller Staaten dieser Welt gibt es keine Aufgabenteilung. Die Niederlande sind kein Gegenbeispiel. Von Den Haag nach Amsterdam sind es ganze 30 km, so viel wie vom Wannsee in die Berliner City.

Hauptstadt ist eben auch ein **Symbol** wie Fahne und Hymne. Berlin aber ist für mich ein deutsches Symbol in allen Höhen und Tiefen unserer Geschichte, und das gerade dann, wenn wir Deutschen so normal sein wollen wie die anderen auch.

Ich danke Ihnen.

(Beifall bei Abgeordneten der CDU/CSU, der
FDP und der SPD)

Vizepräsident Dieter-Julius Cronenberg: Das Wort hat der Abgeordnete Eich.

Ludwig Eich (SPD): Herr Präsident! Meine Damen und Herren! Es ist sicher wahr, daß diese Entscheidung mehr als sonst unter dem Gesichtspunkt der

Ludwig Eich

Berechenbarkeit und der konkreten Hinwendung zu den betroffenen Menschen geprüft wird.

Die Berliner argumentieren, wie mein Vorredner hier gerade geschildert hat: 40 Jahre wurde gesagt, Berlin ist die Hauptstadt, und das mit allen Konsequenzen. Die Berliner sind in dieser Frage sicher betroffen. Aber ist das die **Betroffenheit** in aller Gänze? Ich frage also: Wer ist hier noch betroffen? Welche Verantwortung ist in 40 Jahren in Richtung Bonn gewachsen, welche Verantwortung tragen wir für diese Menschen?

Meine konkrete Betroffenheit — das gebe ich zu — hat damit zu tun, daß ich Rheinländer bin. Ich werde mich keine Sekunde dafür entschuldigen, wenn ich sage: Ich spreche als Rheinländer, ich spreche für meine Heimat.

Meine Verbandsgemeinde Asbach

(Reinhard Freiherr von Schorlemer [CDU/
CSU]: „Asbach uralt"!)

hatte 1950 etwas mehr als 10 000 Einwohner; sie hat heute etwas mehr als 18 000 Einwohner.

(Reinhard Freiherr von Schorlemer [CDU/
CSU]: Genauso wird es Brandenburg gehen!)

Das ist in diesen 40 Jahren eine **Zunahme der Bevölkerung** um 75 %. Das ist für die Kommunen eine gewaltige Aufgabe,

(Jochen Feilcke [CDU/CSU]: Da hätten Sie
Kommunalpolitiker bleiben sollen!)

die damit zu tun hat, daß es den **Regierungs- und Parlamentssitz Bonn** gab.

Wohnungsprobleme waren zu lösen; Infrastruktur mußte geschaffen werden; vom Krankenhaus bis zum Altenheim mußte viel geschehen. Dabei ging es nicht nur um Kosten, sondern das hat auch etwas mit Landschaftsverbrauch zu tun, wenn hier die Frage der Ökologie auch einmal eine Rolle spielen darf.

(Beifall bei Abgeordneten der SPD und der
CDU/CSU — Reinhard Freiherr von Schorlemer [CDU/CSU]: Rheinschiene!)

Ich erinnere mich an so manchen Konflikt zwischen den Neusiedlern und den Altbürgern. Ich erinnere mich daran, daß die Neusiedler kamen, ihre Häuschen bauten und als erstes eine Hecke, eine Mauer darum zogen. Heute sind sie Mitglieder unserer Dörfer, unserer Gemeinden, unserer Vereine. Ich will damit klar sagen: Hier ist eine Struktur gewachsen, nicht nur ökonomisch, sondern auch kulturell.

Ich denke, dies ist bei der heutigen Entscheidung wichtig. Auch von den Befürwortern Berlins kann nicht ignoriert werden, daß eine Verantwortung für diesen Bereich gewachsen ist. Das Versprechen für Berlin kann nur insoweit tragen, als diese **Verantwortung für Bonn und das Rheinland** nicht entstanden ist.

Nein, wir haben uns in den Gemeinden und Kommunen nicht auf ein Provisorium eingerichtet. Wir haben uns auf Menschen eingerichtet. Ich weiß auch nicht, wie man es machen kann, einen provisorischen

Flächennutzungsplan oder eine provisorische Infrastruktur zu schaffen.

(Dr.-Ing. Dietmar Kansy [CDU/CSU]: Warum
habt ihr dann die ganze Zeit so geredet?)

Ich denke, das ist völlig klar. Ich möchte deswegen auch von den Berlinern einmal hören, daß es hier ein Stück Verantwortung gibt.

Wir haben uns für die Menschen und für die Bewältigung eines Problems entschieden. Wenn hier Berechenbarkeit gefordert ist, dann bitte auch in dieser Richtung.

Wir stehen vor einem Dilemma, weil es zutrifft, daß wir zwei Denkstrukturen, zwei Erfahrungen, zwei Welten mit **zwei Hauptstädten** und natürlich mit **zwei gewachsenen Strukturen** haben. Ich finde es nicht komisch — ich widerspreche dir nicht gern, lieber Hans-Jochen —, wenn hier der Eindruck erweckt wird, daß man Bonn für seine Rolle in der deutschen Geschichte mit einem Programm der Strukturhilfe abfinden kann. Das kann ja wohl nicht wahr sein.

(Reinhard Freiherr von Schorlemer [CDU/
CSU]: Vorschlag Geißler!)

Die Rolle Bonns in der deutschen Geschichte hat etwas mehr verdient. Sie hat vor allem Verantwortung verdient.

Wenn von **Solidarität** die Rede ist — meine Redezeit ist zu Ende —,

(Jochen Feilcke [CDU/CSU]: Zu Recht!)

dann ist es nicht richtig, wenn erwartet wird, ein Stück dieser Infrastruktur in dem Glauben hinüberzutransportieren, man könne dabei irgendetwas gewinnen.

(Reinhard Freiherr von Schorlemer [CDU/
CSU]: Schon zweimal gesagt!)

Nein, wir müssen uns für beide Bereiche entscheiden, weil wir für beide Bereiche Verantwortung tragen.

Ich bin sicher, meine Entscheidung für Bonn wird nicht nur vor der Geschichte, sondern auch und besonders vor den Menschen Bestand haben.

Vielen Dank.

(Beifall bei Abgeordneten der SPD, der CDU/
CSU und des Abg. Dr. Klaus-Dieter Feige
[Bündnis 90/GRÜNE])

Vizepräsident Dieter-Julius Cronenberg: Das Wort hat der Abgeordnete Dr. Schockenhoff.

Dr. Andreas Schockenhoff (CDU/CSU): Herr Präsident! Meine sehr verehrten Damen und Herren! Bevor wir nachher abstimmen, müssen wir uns darüber im klaren sein, was es heißt, wenn es nach der Entscheidung Sieger und Besiegte gibt. Die Besiegten dürfen nicht die Bonner und dürfen auch nicht die Berliner sein. Statt dessen sollten wir die Spaltung unserer Bevölkerung in der Hauptstadtfrage überwinden.

Die Wahl des **Sitzes von Parlament und Regierung** ist ein wichtiger Schritt auf dem Weg zur **inneren Einheit Deutschlands.** Deshalb waren wir uns lange über die Fraktionsgrenzen hinweg einig, diese Entscheidung nicht im K.o.-Verfahren zu treffen, bei dem entweder Bonn oder Berlin auf der Strecke bleibt, son-

Dr. Andreas Schockenhoff

(A) dern wenn irgend möglich, eine Konsenslösung zu finden.

Beide Seiten wollen den Parlaments- und Regierungssitz. Wer es mit dem **Teilen** in dieser Frage ernst meint, muß bereit sein, **Regierung und Parlament räumlich zu trennen.** Das ist in der Substanz der einzige Kompromiß.

(Dr. Wolfgang Weng [Gerlingen] [FDP]: Ein fauler Kompromiß!)

Ich weiß, daß viele im Saal Bedenken gegen eine solche Trennung haben, obwohl erfahrene Parlamentarier, die Bundestagsverwaltung und die Bundesregierung dies für praktikabel halten.

In der Debatte ist aufgezeigt worden, mit welchen Instrumenten die Kommunikation zwischen Regierung und Parlament gewährleistet werden kann. Wir wachsen doch in ein Europa hinein, wir werden doch immer mehr nationale Kompetenzen an die **Europäische Gemeinschaft** abtreten. Wir werden es erleben, daß wir wichtige Entscheidungen, die wir zu treffen haben, mit dem Europäischen Parlament und vielleicht einmal mit einer europäischen Regierung abzustimmen haben. Das darf doch keine Frage der Entfernung sein! Wenn diese Kommunikation nicht möglich wäre, wie sollten wir uns dann die Zukunft Europas vorstellen?

(Beifall bei Abgeordneten der CDU/CSU)

Ich gebe zu, daß es einfacher und bequemer für uns ist, wenn Bundestag und Bundesregierung in einer Stadt sind; aber es wäre auch ein Beitrag zur Überwindung der deutschen Teilung, wenn die Abgeordneten dieses Hauses den Bürgern zeigen würden: Wir (B) sind bereit, die **Nachteile einer Trennung** von Parlament und Regierung in Kauf zu nehmen, wenn wir dadurch die Alternative vermeiden können, entweder den Menschen im Rheinland beides zu nehmen oder den Menschen im Osten unserer Republik keines von beiden zuzugestehen.

(Beifall bei Abgeordneten der CDU/CSU)

Ich bitte Sie, liebe Kolleginnen und Kollegen, der schwierigen deutschen Wirklichkeit gerecht zu werden und dem Konsensantrag zuzustimmen.

Vielen Dank.

(Beifall bei Abgeordneten der CDU/CSU)

Vizepräsident Dieter-Julius Cronenberg: Das Wort hat die Abgeordnete Frau Dr. Hartenstein.

Dr. Liesel Hartenstein (SPD): Herr Präsident! Meine Damen und Herren! Heute wird eine wichtige Entscheidung gefällt, auf die Millionen Menschen in den alten Bundesländern und erst recht in den neuen Bundesländern mit Spannung blicken.

Wir alle wissen, daß es nicht nur ein Tauziehen zwischen zwei Städten ist, sondern daß es um Hunderttausende von Menschen geht, um ihre Arbeitsplätze, um das Wohl und Wehe ganzer Regionen. Weil dies so ist, wäre mir wohler, wenn dem Deutschen Bundestag verläßlichere **Entscheidungsgrundlagen** vorliegen würden, damit wir die Konsequenzen unseres Handelns besser abwägen könnten. Das betrifft z. B. die **Kostenschätzungen,** das betrifft z. B. einen realisti-

(C) schen **Zeitplan,** der besagt, was vor dem Jahre 2000 noch geleistet werden könnte, wenn das Parlament tatsächlich nach Berlin umzöge. Das betrifft auch Entwicklungsprogramme für die betroffenen Regionen, falls sie nicht Parlaments- und Regierungssitz beherbergen werden.

Auch ich mache mir Gedanken darüber, welche Auswirkungen eine **große Metropole** auf die **Umwelt** haben würde. Aber ich komme zu anderen Schlußfolgerungen als mein Kollege Harald Schäfer.

(Beifall bei Abgeordneten der SPD — Dieter Wiefelspütz [SPD]: Unerhört!)

Ich widerspreche ausdrücklich dem Horrorgemälde von der Megastadt. Denn jetzt haben wir die ungeheure Chance, gerade jene Fehler nicht zu wiederholen, die wir bei der Entwicklung der alten Bundesrepublik gemacht haben. Das heißt, wir sollten von vornherein breit gefächerte öffentliche Verkehrssysteme anlegen,

(Beifall bei Abgeordneten der SPD)

verdichtetes Bauen realisieren, die Entfernungen zwischen Wohnungs- und Arbeitsplatz nicht verlängern, sondern verkürzen. Dies alles ist machbar; ich könnte mir vorstellen, daß wir aus dem **Großraum Berlin** ein **Zukunftsmodell** machen, das tatsächlich weiterführt und das uns auch hilft.

(Beifall bei Abgeordneten der SPD, der CDU/ CSU und der FDP)

Lassen Sie mich kurz auf zwei Punkte eingehen, die hier in der Debatte aufgegriffen worden sind. Ich möchte den Einwand korrigieren, den Frau Adam- (D) Schwaetzer vorgebracht hat, nämlich daß die Diskussion zu stark rückwärtsgewandt sei. Ich wehre mich dagegen. Es ist kein rückwärtsgewandtes Argument, wenn die Berlin-Befürworter daran erinnern, daß der Deutsche Bundestag mehrfach beschlossen und bekräftigt hat, daß Berlin Parlaments- und Regierungssitz sein soll, wenn die Chance der Vereinigung kommt, wenn freie Wahlen in ganz Berlin und in der ehemaligen DDR stattfinden können.

Liebe Kolleginnen und Kollegen, der Zeitpunkt ist da. Wenn jetzt nicht mehr wahr sein soll, was **40 Jahre** lang treuherzig verkündet worden ist, dann ist das keine Frage von Vergangenheit und Zukunft, sondern eine Frage der heute schon so oft beschworenen **Glaubwürdigkeit.**

(Beifall bei Abgeordneten der SPD, der CDU/ CSU und der FDP)

Das Parlament — ich bitte um ein bißchen Aufmerksamkeit — läuft Gefahr, als Ganzes Schaden zu nehmen, wenn seine Glaubwürdigkeit ins Wanken gerät;

(Beifall bei Abgeordneten der CDU/CSU — Dr. Hans-Jochen Vogel [SPD]: Das haben wir ja bei der Steuergeschichte gesehen!)

denn die Bürger sind irritiert, sie sind zum Teil sogar empört. In den neuen Ländern sind sie abgrundtief enttäuscht. Sie fürchten, aufs neue ins Abseits zu geraten. Das geht an den Nerv der parlamentarischen Demokratie. Hier müßte das Warnlicht aufblinken.

Dr. Liesel Hartenstein

Bonn steht für eine gute, erfolgreiche Phase der deutschen Geschichte. Ich fühle mich wohl in Bonn; ich mache überhaupt keinen Hehl daraus. Ich denke aber, daß jetzt etwas Neues begonnen hat und daß wir uns den neuen Herausforderungen auch stellen müssen.

In Berlin war die Wunde am deutlichsten spürbar. In Berlin wächst, wie ich meine, am sichtbarsten zusammen, was zusammengehört.

Ich spreche deshalb für Berlin, weil ich an die Zukunft denke. **Europa** ist größer geworden. Wer das größere Europa will, muß sehen, daß **Berlin** eine **Brückenfunktion** einnimmt.

(Beifall bei Abgeordneten der SPD, der CDU/CSU und des Bündnisses 90/GRÜNE)

Europa erweitert sich nach Osten. Polen, die Tschechoslowakei, Ungarn, auch die UdSSR fühlen sich wieder als europäische Länder. Das ist doch eine ungeheuer positive Perspektive. Wer wollte nicht mithelfen, den europäischen Frieden auch auf diese Weise zu sichern? Wir dürfen diesen Ländern nicht den Rücken zukehren, sondern wir müssen offen sein. Wir müssen offenen Herzens auf Osteuropa zugehen; übrigens auch, wie ich hoffe, mit offenen Händen.

(Beifall bei Abgeordneten der SPD)

Berlin liegt künftig im Schnittpunkt dieses europäischen Kräftefeldes. Deswegen sollten wir uns dafür entscheiden.

Ich füge hinzu, daß wir gleichzeitig unsere **Verantwortung für Bonn** nicht vergessen dürfen. Das darf keine Floskel sein. Wenn es heute möglich ist, alte Wunden zu schließen, dann dürfen wir keine neuen aufreißen.

Vizepräsident Dieter-Julius Cronenberg: Frau Abgeordnete Dr. Hartenstein, als erfahrene Parlamentarierin wissen Sie, daß Sie mich wegen der Redezeit in Verlegenheit bringen. Bitte, kommen Sie zum Schluß.

Dr. Liesel Hartenstein (SPD): Ich weiß, Herr Präsident. Ich bin auch am Schluß.

Ich bitte Sie, Berlin seine alte Würde wiederzugeben

(Jochen Feilcke [CDU/CSU]: Seine neue Würde!)

und die Stadt nicht mit einem Trostpreis abzuspeisen, aber Bonn darüber nicht zu vergessen.

(Dr. Wolfgang Bötsch [CDU/CSU]: Da wird ein Gedenkstein aufgestellt!)

Helfen wir gemeinsam.

Danke schön.

(Beifall bei Abgeordneten der SPD, der CDU/CSU und der FDP)

Vizepräsident Dieter-Julius Cronenberg: Das Wort hat der Abgeordnete Dr. Blank.

Dr. Joseph-Theodor Blank (CDU/CSU): Herr Präsident! Meine Damen und Herren! Die heutige Debatte über den Sitz von Regierung und Parlament der Bundesrepublik Deutschland setzt den Schlußpunkt einer in den vergangenen Wochen und Monaten in der Öffentlichkeit und natürlich auch unter uns ausführlich und — wie sollte es anders sein? — kontrovers geführten Diskussion. Die Argumente für und gegen die unterschiedlichen Lösungsvorschläge sind ausgetauscht und, wie ich denke, auch ausdiskutiert worden. Eine Verschiebung der Entscheidung, wie sie noch bis in die letzten Stunden im Gespräch war, hätte keine neuen Argumente gebracht. Deshalb ist es gut, daß wir heute mit einem Beschluß den aus meiner Sicht in den letzten Tagen immer quälender gewordenen Prozeß eines Hin-und-Her-Schiebens unserer obersten Verfassungsorgane ein Ende machen.

Das deutsche Volk, die Städte Bonn und Berlin und deren Menschen haben einen Anspruch auf eine klare Entscheidung: Trennung von Regierung und Parlament ja oder nein, Berlin oder Bonn? Darum geht es heute.

Ich habe meine Entscheidung getroffen und möchte sie begründen. Ich nehme zunächst Stellung zu der Frage einer **Trennung von Regierung und Parlament.** Unsere Verfassung enthält zwar kein ausdrückliches Verbot einer Trennung von Regierung und Parlament. Man könnte, wie dies heute in der Debatte vorgetragen worden ist, in einer solchen Trennung nur ein kommunikations- und verkehrstechnisches Problem sehen. Ich kann mich dieser Auffassung nicht anschließen.

(Beifall bei Abgeordneten der SPD)

Für mich gehört die räumliche Identität von Regierung und Parlament zu einer der elementaren Selbstverständlichkeiten einer demokratischen Verfassung.

(Beifall bei Abgeordneten der CDU/CSU und der SPD)

Der Vorschlag, Regierung und Parlament räumlich zu trennen, gefährdet nach meiner tiefen Überzeugung die parlamentarische Demokratie und widerspricht dem Geist und der Struktur unserer Verfassung.

(Beifall bei Abgeordneten der CDU/CSU und der SPD)

Deswegen werde ich diesem Vorschlag nicht zustimmen. Nach reiflicher Überlegung und Abwägung aller Argumente habe ich mich schließlich entschieden, meine Stimme heute für Bonn als Sitz von Regierung und Parlament abzugeben.

(Beifall bei Abgeordneten der CDU/CSU)

Ich will dies kurz begründen: **Bonn** steht für mich für die erste gelungene Demokratie der Deutschen in ihrer Geschichte, für den gelungenen Anfang der Deutschen nach 1945. Bonn steht für mich für die Einbindung Deutschlands in die Wertegemeinschaft der westlichen Demokratien, in die Europäische Gemeinschaft und in das westliche Sicherheitsbündnis. Bonn steht für eine klare deutsche Friedenspolitik und für die Berechenbarkeit der Deutschen im Verhältnis zu ihren Nachbarn. Bonn steht damit für das, was die Welt und unsere europäischen Nachbarn heute mit dem neuen Deutschland an Positivem verbinden. — Nicht nur das; Bonn steht für den föderalistischen Charakter der Bundesrepublik Deutschland.

Dr. Joseph-Theodor Blank

(A) Meine Damen und Herren, **Berlin** wird im Konzert der deutschen Städte eine herausragende Stimme haben. Es sollte aber nicht als Regierungs- und Parlamentssitz die alles übertönende Stimme werden. Wir brauchen die Hauptstadt eines Bundesstaates, nicht jedoch ein Zentrum, das Macht und Menschen ballt. Berlin ist und wird noch mehr eine pulsierende Metropole. In zehn Jahren, meine lieben Kolleginnen und Kollegen, wird Berlin so viele Einwohner wie Hamburg, München und Köln zusammen haben.

(Jochen Feilcke [CDU/CSU]: Es könnte sein, daß wir das schon einmal gehört haben!)

Meine Damen und Herren, der Regierende Burgermeister von Berlin, Eberhard Diepgen, hatte recht, als er 1987 sagte: Hauptstadt meint nicht ausschließlich Verwaltungs- und Regierungssitz, sondern **Hauptstadt** meint **geistig-kulturelles Zentrum.** Der damalige und jetzige Regierende Bürgermeister von Berlin sprach damit aus, was ich für eine pragmatische, vernünftige Lösung im Streit um den Sitz von Parlament und Regierung halte; denn wir haben in Bonn einen funktionierenden Regierungs- und Parlamentssitz und mit Berlin eine Metropole, die an Attraktivität unabhängig von der heutigen Entscheidung weiter zunehmen wird.

Liebe Kolleginnen und Kollegen, mag auch das Herz vieler für Berlin schlagen, Kopf und Verstand sprechen meiner Meinung nach klar für Bonn.

(Beifall bei Abgeordneten der CDU/CSU, der FDP, der SPD und des Bündnisses 90/ GRÜNE)

(B)

Vizepräsident Dieter-Julius Cronenberg: Das Wort hat der Abgeordnete Huonker.

Gunter Huonker (SPD): Herr Präsident! Meine Damen und Herren! Sachargumente sind viele ausgetauscht. Ich möchte mich auf einen Punkt beschränken, auf das Thema der **Glaubwürdigkeit.**

In der heutigen Debatte wurde häufig gesagt, der Deutsche Bundestag hätte sich in den vergangenen Jahren immer wieder oder ständig durch Beschlüsse zu Berlin als Hauptstadt bekannt. Das Verbleiben von Parlament und Regierung in Bonn zerstöre deshalb Vertrauen in politisches Handeln.

Immer wieder Bekenntnisse zu Berlin als Symbol der Freiheit, zur Wahrung seiner Lebensinteressen — das ist gewiß wahr. Es trifft aber nicht zu, daß der Bundestag in den vergangenen Jahren immer wieder Beschlüsse zur Hauptstadt Berlin gefaßt hat. Abgesehen vom Einigungsvertrag, stammt der letzte Beschluß dieses Hauses zur Hauptstadt Berlin vom 15. März 1962.

Für diese Abstinenz, meine Damen und Herren, gab es jedenfalls seit Beginn der 70er Jahre gute deutschland- und berlinpolitische Gründe. Nur, wer gegen eine Entscheidung für Bonn die Glaubwürdigkeit ins Feld führt, der müßte offen sagen, daß sich dieser Deutsche Bundestag das letzte Mal vor 29 Jahren,

d. h. vor einer Generation, durch Beschluß zur Haupt-　(C) stadt Berlin bekannt hat.

(Jochen Feilcke [CDU/CSU]: Der Ausschuß für innerdeutsche Beziehungen hat dies noch im letzten Jahr einstimmig getan!)

— Ihnen ist bekannt, warum damals das Votum des innerdeutschen Ausschusses, auf das Sie Bezug nehmen, im Einvernehmen aller großen Fraktionen nicht auf die Tagesordnung des Deutschen Bundestages gesetzt worden ist.

(Beifall bei Abgeordneten der CDU/CSU)

Das ist die Wahrheit. Wer etwas Gegenteiliges sagt, der verschweigt die Wahrheit.

(Jochen Feilcke [CDU/CSU]: Um den Streit zu vermeiden!)

Meine Damen und Herren, was hat sich in einer Generation fundamental geändert? Was ist neu? Ich erwähne das Thema Europa. Zur geschichtlichen Kontinuität gehört auch der geschichtliche Wandel.

(Lachen bei Abgeordneten der CDU/CSU)

Die von Willy Brandt eingeleitete Deutschland- und Ostpolitik ist dafür ein schlagender Beweis. Ich bitte die Älteren unter uns, sich einmal an jene dramatische Debatte am 24. Februar 1972 um den Moskauer und Warschauer Vertrag zu erinnern, als der CDU-Abgeordnete Dr. Marx, der außenpolitische Sprecher, mit dem Stichwort Glaubwürdigkeit die Sozialdemokraten und die Freien Demokraten angegriffen hat. Es empfiehlt sich nachzulesen, was die Vertreter der sozial-liberalen Koalition damals entgegnet haben. Ich füge hinzu: Manche Vorwürfe an die Adresse der Bonn-Befürworter, die heute gemacht worden sind, wären wohl relativiert worden, wenn man die damaligen Maßstäbe beim Stichwort Glaubwürdigkeit auch heute gelten lassen würde.

Ich berufe mich nicht darauf, daß ich dem Deutschen Bundestag 1962 nicht angehört habe, aber ich will schlicht und einfach darauf hinweisen, daß es seit jener Zeit keine Gelegenheit gegeben hat, über Hauptstadt und Sitz von Parlament und Regierung zu diskutieren und darüber zu entscheiden. Ich füge gleich hinzu: Ist es eigentlich fair, wenn in dieser Debatte gefragt wird, warum denn die Anhänger Bonns vor dem Fall der Mauer keine Hauptstadtdiskussion geführt hätten, wenn doch jedermann weiß, daß wir in jener Zeit alle Hände voll damit zu tun hatten, das Lebensrecht Berlins zu sichern und seinen Status auszubauen? Das war damals unsere Aufgabe, und nicht die Diskussion um eine Hauptstadt.

Daher glaube ich, wenn wir alle miteinander wahrhaftig diskutieren und wirklich glaubwürdig sein wollen, daß wir mit Vorwürfen, wie sie heute an die Adresse der Befürworter des Bonn-Antrags geäußert worden sind, etwas sorgsamer umgehen sollten. Es könnte sonst sein, daß die Vorwürfe mangelnder Glaubwürdigkeit dazu führen, daß die notwendige Auseinandersetzung mit Sachargumenten, für oder gegen Bonn, für oder gegen Berlin, zu kurz kommt.

Vielen Dank für die Aufmerksamkeit.

(Beifall bei Abgeordneten der SPD, der CDU/ CSU und der FDP)

Vizepräsident Dieter-Julius Cronenberg: Meine Damen und Herren! Ehe ich dem Abgeordneten Spilker das Wort erteilt, fühle ich mich verpflichtet, das Haus zu informieren. Die Zahl derjenigen Kolleginnen und Kollegen, die ihre Rede zu Protokoll geben, steigt, aus meiner Sicht erfreulicherweise.

(Beifall)

Ich bin natürlich weit davon entfernt, irgend jemanden beeinflussen zu wollen, aber es erleichtert die Geschäftslage ungemein, wenn diejenigen, welche die Absicht haben, sich ähnlich zu verhalten, das auch tun, denn dann könnte ich Sie noch besser informieren, als ich dazu jetzt schon in der Lage bin. In diesem Sinne möchte ich also gerne ein wenig Nachdenklichkeit erzeugen.

Herr Abgeordneter Spilker, nun haben Sie das Wort.

Karl-Heinz Spilker (CDU/CSU): Herr Präsident! Meine sehr verehrten Damen und Herren! Ich wollte eigentlich meine Wortmeldung zurückziehen. Da ich aber nicht in der Lage bin, ein Konzept zu Protokoll zu geben, kann ich das leider nicht.

(Heiterkeit)

Am frühen Morgen habe ich mir einige Notizen gemacht, und ich hoffe, daß ich sie jetzt noch lesen kann.

(Dr. Wolfgang Weng [Gerlingen] [FDP]:
Oder einfach darauf verzichten!)

Ich habe einen einzigen Grund, meine Wortmeldung noch aufrechtzuerhalten. Ich möchte noch einmal auf den **Vorschlag von Heiner Geißler** zurückkommen, an dem ich zusammen mit anderen Kollegen mitgearbeitet habe und von dem ich überzeugt bin, daß er uns weiterhelfen würde, weil er auch praktikabel ist.

Meine Damen und Herren, in meiner über 40jährigen politischen Tätigkeit habe ich in der **Hauptstadtfrage** immer eine feste Position gehabt. Mir war immer klar, daß zu einer Hauptstadt ein Parlament und eine Regierung gehören. Das hat sich nicht geändert. Das hat sich durch den Einigungsvertrag nicht geändert, auch nicht durch die Wiedervereinigung. Dieser Grundsatz, möchte ich einmal sagen, hatte seinen Ursprung natürlich in unserem Grundgesetz und auch in der Präambel.

Nun haben wir heute eine besondere, eine andere Situation: hier Bonn mit seinen Verdiensten — sie sind unbestritten —, dort Berlin u. a. auch als Symbol der Freiheit.

Ich frage mich: Was veranlaßt uns, von dieser Grundregel — die übrigens in aller Welt gilt —, nämlich eine Hauptstadt mit einem Parlament und einer Regierung auszufüllen, abzuweichen?

(Dr. Wolfgang Bötsch [CDU/CSU]: Daß wir
den Sitz schon haben!)

Diese Antwort, lieber Wolfgang, habe ich noch nicht gefunden, trotz schwerwiegender Argumente — darüber gibt es keinen Zweifel —, die für Bonn sprechen und die es mir ungeheuer schwer machen, eine Lösung zu akzeptieren, die entweder — oder heißt. Darum haben wir uns bemüht, ein Sowohl-Als-auch zu finden.

Im Mittelpunkt dieses Versuchs stand der Vorschlag, mit dem Parlament nach Berlin zu gehen, die Bundesregierung in Bonn zu belassen, ein Vorschlag, über den wir viele, viele Stunden, Tag und Nacht diskutiert haben.

Um was geht es denn da? Wir wollten einen Versuch machen, einen Weg finden, der nicht spaltet, sondern der eint. Ich meine, dieser Versuch paßt in diese Zeit.

(Beifall bei Abgeordneten der CDU/CSU)

Ich weiß nicht, wie die Abstimmung ausgeht. Sollte mein Freund Heiner Geißler mit seinen Freunden, die unterschrieben haben, keine Mehrheit finden, dann bleibt es bei meiner Grundposition. Ich möchte meine Freunde, die anderer Meinung sind, um Verständnis bitten, erwarte allerdings auch Ihren Respekt.

(Beifall bei Abgeordneten der CDU/CSU, der
FDP und des Bündnisses 90/GRÜNE)

Vizepräsident Dieter-Julius Cronenberg: Das Wort hat der Abgeordnete Karsten Voigt.

Karsten D. Voigt (Frankfurt) (SPD): Herr Präsident! Meine sehr verehrten Damen und Herren! West-Berlin hat sich in den vergangenen 40 Jahren als Hort der Freiheit, der europäischen Gesinnung und auch des Föderalismus bewährt.

Ich bin Frankfurter Abgeordneter. In **Frankfurt** steht die **Paulskirche**. Frankfurt war länger Hauptstadt als Berlin und Bonn zusammengenommen. Ich trete heute gerne meine Rechte als Frankfurter an die Hauptstadt Berlin ab.

(Beifall bei Abgeordneten der SPD, der CDU/
CSU, der FDP und des Bündnisses 90/
GRÜNE)

Ich wünsche, daß der **Reichstag** mit seiner gesamten komplizierten Geschichte — er ist Ausdruck dieser deutschen Geschichte —, mit seinen negativen Seiten und seinen positiven Seiten künftig ein Symbol der deutschen Freiheit, der Freiheit in Deutschland wird, wie es die Paulskirche bereits heute ist.

Bei allem Respekt vor dem Bundespräsidenten und vor dem Bundesrat sage ich: Eine Hauptstadt, in der der Bundespräsident residiert, in der der Bundesrat residiert, kann nicht und sollte nicht das Symbol einer parlamentarischen Demokratie sein. Ich möchte, daß Deutschland in Zukunft durch eine Hauptstadt repräsentiert wird, in der vor allen Dingen das Parlament ist. Wenn dann der Bundesratspräsident ebenfalls da ist und wenn auch der Bundespräsident da ist, habe ich nichts dagegen. Aber ich habe sehr wohl etwas dagegen, wenn das Parlament nicht in Berlin ist, gerade weil man sagt, die **Hauptstadt** Deutschlands muß **Symbol der Freiheit** sein. Dann kann man nicht in die Hauptstadt nur Bürokratie als Ausgleich hineinverlagern wollen. Dann kann man Bürokratie anderswohin verlagern; aber das Parlament muß in Berlin sitzen, tagen und entscheiden.

(Beifall bei Abgeordneten der SPD, der CDU/
CSU und der FDP)

Wir debattieren heute nur deshalb, weil während der Verhandlungen des Einigungsvertrages von west-

Karsten D. Voigt (Frankfurt)

(A) deutschen Ländern auf die DDR Druck ausgeübt wurde. Das Ergebnis des Einigungsvertrages ist nicht Ergebnis des Wunsches der damaligen DDR-Regierung und der DDR-Bevölkerung in diesem Punkt gewesen und auch nicht das Ergebnis der Stärke des westdeutschen Bundestages, sondern Ausdruck der Stärke westdeutscher Bundesländer.

Ich war im Ausschuß Deutsche Einheit und weiß, wie diese Passagen in den **Einigungsvertrag** gekommen sind. Sie sind durch den **Druck westdeutscher Bundesländer,** unter anderem des Bundeslandes, in dem die Stadt Bonn als jetziger Parlamentssitz liegt, hineingekommen. Das ist die Realität.

(Beifall bei Abgeordneten der SPD, der CDU/CSU und der FDP — Jochen Feilcke [CDU/CSU]: Ganz schön viel Druck ausgeübt!)

Nebenbei gesagt: Bei allem Respekt vor meinem Parteifreund Clement empfinde ich es als Problem, wenn ein Landesminister darüber Vorschläge macht, wo der Sitz des Parlaments des Bundes zu sein hat.

(Beifall bei Abgeordneten der SPD, der CDU/CSU und der FDP — Zurufe von der SPD und der CDU/CSU: Hört! Hört!)

— Ich sage, ich empfinde es als persönliches Problem.

Nachdem ich die Schwäche der DDR-Seite gesehen habe, möchte ich nicht, daß jetzt die Mehrheit der bundesdeutschen Abgeordneten aus den westlichen Ländern eine Mehrheit der Abgeordneten aus den östlichen Ländern in dieser Frage überstimmt.

(B)
(Beifall bei Abgeordneten der SPD, der CDU/CSU und der FDP)

Es gibt viele Punkte, bei denen die Westdeutschen etwas besser wissen; es gibt viele Punkte, bei denen sie etwas besser wissen können. Manchmal behaupten sie auch nur, etwas besser zu wissen, obwohl sie es nicht besser wissen.

(Beifall bei Abgeordneten der SPD)

Aber wenn in der Hauptstadtfrage Leute, die in der Umgebung von Bonn beheimatet sind, ostdeutschen Abgeordneten sagen, daß es in ihrem objektiven Interesse sei, Ingrid Matthäus-Maier,

(Ingrid Matthäus-Maier [SPD]: Es ist aber so!)

daß sie für Bonn stimmen, dann sage ich: In einer solchen Frage müssen die Betroffenen entscheiden und nicht irgendwelche Stellvertreter stellvertretend für sie.

(Beifall bei Abgeordneten der SPD, der CDU/CSU und der FDP — Ingrid Matthäus-Maier [SPD]: Auch wir sind betroffen!)

— Reg dich nicht auf.

Damit komme ich zu meinem letzten Punkt.

Ich stimme für Berlin. Aber ich kündige an: Wenn die Entscheidung heute für Bonn fällt, werde ich keine Ruhe geben, bevor diese Entscheidung nicht revidiert wird.

Vielen Dank. (C)

(Beifall bei Abgeordneten der SPD, der CDU/CSU und der FDP — Widerspruch bei Abgeordneten der SPD, der CDU/CSU und der FDP — Dr. Wolfgang Bötsch [CDU/CSU]: Das sind die Superdemokraten, mein Lieber!)

Vizepräsident Dieter-Julius Cronenberg: Das Wort hat der Abgeordnete Graf Schönburg-Glauchau.

Joachim Graf von Schönburg-Glauchau (CDU/CSU): Herr Präsident! Liebe Kolleginnen und Kollegen! Ich habe hier heute von Freunden und von Kolleginnen und Kollegen, vor denen ich große Hochachtung habe, viele beeindruckende Dinge gehört: zum Lob und über die Verdienste von Bonn und Berlin, über die Geschichte, über Geopolitik und über Symbole. Was ich jetzt sagen werde, ist viel bescheidener, vielleicht ein bißchen naiv. Aber ich bin in meinem heimatlichen Wahlkreis angetreten, um den Menschen dort zu dienen und ihnen zu helfen, um dem ganzen Volk zu dienen und zu helfen und um den Menschen in der ehemaligen DDR bei der Lösung ihrer Probleme hilfreich zur Seite zu stehen. Sie haben zur Zeit verdammt schwere Probleme. Ich wollte und will vor allem denen helfen, die kleiner und schwächer sind; denn die Großen und Starken brauchen nicht so viel Hilfe.

Ich habe diese Pflicht tatsächlich aufgetragen bekommen. Ich glaube, die Pflicht besteht jetzt darin, hier fleißig und effektiv in der Gesetzgebung und bei der Kontrolle zu arbeiten und auch darauf zu achten, daß keine Mark ausgegeben wird, die besser zur Hilfe (D) für die Kleinen und Schwachen ausgegeben werden könnte.

(Dr. Wolfgang Bötsch [CDU/CSU]: Sehr wahr!)

Ich bin sehr glücklich darüber, daß ich hier viele Kolleginnen und Kollegen gefunden habe, die ihre Arbeit mit derselben Haltung angehen. Ich habe sie auf allen Seiten des Hauses gefunden.

Aber jetzt erwarten meine Wähler von mir, daß ich entsprechende Einsichten, die ich hier gewonnen habe, in eine Entscheidung über den Sitz von Regierung und Parlament mit einfließen lasse. Als Grundlage dieser Entscheidung wird von mir erwartet, daß ich sie daran bemesse, wo ich meine Pflichten besser und effektiver ausüben kann und wo ich das besser und effektiver erreichen kann, was ich zugesagt habe.

Ich habe das geprüft. Die Lösung, die sich dann anbietet, heißt Bonn für Regierung und Parlament.

Danke schön.

(Beifall bei Abgeordneten der CDU/CSU, der FDP und der SPD)

Vizepräsident Dieter-Julius Cronenberg: Das Wort hat der Abgeordnete Hans-Dietrich Genscher.

Hans-Dietrich Genscher (FDP): Herr Präsident! Meine sehr verehrten Damen und Herren! Nachdem ich mich in der Öffentlichkeit oft für **Berlin als Hauptstadt und als Parlaments- und Regierungssitz** ausge-

Hans-Dietrich Genscher

(A) sprochen habe, möchte ich vor dem Deutschen Bundestag begründen, warum ich diese Haltung einnehme. Wenn ich Argumente wiederhole, bitte ich um Nachsicht. Ich hatte heute eine Konferenz in Berlin zu leiten.

Solange ich nach der deutschen Spaltung auf die deutsche Einheit gewartet und gehofft und für sie gearbeitet habe, so lange habe ich auch darauf gehofft, daß Berlin wieder deutsche Hauptstadt wird.

(Beifall bei Abgeordneten der FDP, der CDU/CSU, der SPD und des Bündnisses 90/GRÜNE)

Ich verstehe Hauptstadt nicht als Aushängeschild, sondern als Sitz des frei gewählten Parlaments und der frei gewählten Regierung aller Deutschen.

(Beifall bei Abgeordneten der FDP, der CDU/CSU, der SPD und des Bündnisses 90/GRÜNE)

Nachdem wir nun unsere Einheit und die Freiheit wiedergewonnen haben, selbst über den Sitz unserer Hauptstadt zu entscheiden, möchte ich nicht von dem abweichen, was ich in der Vergangenheit gedacht, gewünscht, gewollt und versprochen habe.

(Beifall bei Abgeordneten der FDP, der CDU/CSU, der SPD und des Bündnisses 90/GRÜNE)

Als Außenminister habe ich mich für **Berlin als deutsche Hauptstadt** eingesetzt. Ich habe es meinen **Gesprächspartnern aus dem Ausland** gesagt. Ich habe

(B) sie gebeten, als Zeichen ihrer Verbundenheit nach Berlin zu kommen. Ich habe um jeden Zentimeter gerungen, um mehr Bundespräsenz in Berlin zu ermöglichen. Jetzt ist die ganze Bundespräsenz möglich. Dafür möchte ich im Deutschen Bundestag stimmen.

(Beifall bei Abgeordneten der FDP, der CDU/CSU, der SPD, der PDS/Linke Liste und des Bündnisses 90/GRÜNE)

Ich halte es für legitim, nach den **Kosten** zu fragen, aber ich halte es für falsch, den Eindruck zu erwecken, als sei nur die Entscheidung für Berlin kostenwirksam. Soll die Entscheidung gegen Berlin bedeuten, daß dann keine Kosten entstehen, weder in Bonn noch in Berlin?

(Ingrid Matthäus-Maier [SPD]: Aber weniger!)

Könnte es nicht sein, daß bei einer Entscheidung gegen Berlin auch ein Preis entrichtet werden muß, der sich nicht in Mark und Pfennig ausdrücken läßt und der länger nachwirkt?

(Beifall bei Abgeordneten der FDP, der CDU/CSU, der SPD, der PDS/Linke Liste und des Bündnisses 90/GRÜNE)

Die **deutsche Geschichte** ist überall in Deutschland zu Hause, mit ihren guten und ihren schlechten Zeiten. Das taugt nicht als Argument, weder gegen Bonn noch gegen Berlin.

Der deutsche **Föderalismus,** der unserer deutschen Demokratie so viel an Vielfalt, an Kreativität und Stabilität gegeben hat, wird gewiß nicht beschädigt,

(C) wenn wir eine größere Hauptstadt haben. Es gibt übrigens nicht wenige Bundesländer, die sich ganz wohlfühlen mit der größten Stadt als Hauptstadt.

(Beifall bei Abgeordneten der FDP, der CDU/CSU und der SPD)

Ich gehöre zu den wenigen Abgeordneten, die hier in Bonn leben, die hier gerne leben und die hier ein neues Zuhause gefunden haben. Aber meine Entscheidung über den Sitz von Bundestag und Bundesregierung möchte ich davon nicht abhängig machen. Aber weil ich hier lebe, weiß ich, was vielen Menschen abverlangt wird, wenn jetzt das geschieht, was 1949 erklärt und seitdem immer wieder bestätigt wurde. Deshalb ist es richtig und legitim, auch über die **sozialen und** die **regionalen Probleme** und vor allem über die Menschen zu sprechen, die davon betroffen sind, und sie mit ihren Problemen nicht alleinzulassen. Ich sage das nicht nur für viele Mitbürger hier, sondern auch für viele meiner Mitarbeiter. Dieser Verantwortung können auch wir, die wir für Berlin sind, uns nicht entziehen. Aber Berlin dürfen wir auch nicht allein lassen mit seiner Zukunft. Sie wird schwer genug sein, und eine Abwendung von Berlin wird sie noch schwerer machen.

Es ist richtig: Es ist nicht eine Entscheidung zwischen zwei Städten. Es ist gewiß mehr. 1989/90 ist immer wieder davon gesprochen worden: Nichts wird mehr so sein, wie es war, weder im Westen noch im Osten. Wir werden das noch spüren. Eine Entscheidung gegen Berlin wird niemanden davor bewahren. Vereinigung heißt auch: aufeinander zugehen. Mit der Hauptstadtentscheidung können wir hier ein Zeichen setzen.

(D) Es geht übrigens nicht nur um die Entscheidung über die Hauptstadt. Aber wir setzen ein **Signal für andere Entscheidungen.** Ein lebendiger Föderalismus im ganzen Land verlangt doch auch obere **Bundesbehörden in den östlichen Bundesländern.**

(Beifall bei der FDP, der CDU/CSU, der SPD und dem Bündnis 90/GRÜNE)

Das Einen durch Teilen darf nicht auf die Hauptstadtfrage verkürzt werden. In Leipzig fragt man sich besorgt, ob Leipzig als Messeplatz überlebt oder ob nicht die etablierten Messeplätze in Westdeutschland für ausreichend befunden werden. Wird es chemische Standorte nur noch in Westdeutschland geben, oder braucht man die auch im Osten noch? Gibt es in Zukunft Werften nur noch im Westen oder auch im Osten? Natürlich kann das vereinigte Deutschland auch von hier regiert werden. Natürlich kann auch der wirtschaftliche Bedarf für das ganze Deutschland von hier gedeckt werden. Viele Menschen im Osten haben das mit dem Verlust ihres Arbeitsplatzes deutlich erfahren.

(Beifall bei der FDP, der CDU/CSU, der SPD und dem Bündnis 90/GRÜNE)

Ich denke, so haben wir die Einheit nicht gewollt. Wie wollen wir den freiheitlichen Rechtsstaat im Osten aufbauen und trotzdem alle obersten Gerichte im Westen lassen? Wir werden noch viele solcher Fragen zu beantworten haben. Was wir in der Haupt-

Hans-Dietrich Genscher

stadtfrage, was wir für Bundestag und Bundesregierung entscheiden, wird dafür Signalwirkung haben.

Man wende nicht ein, die Entscheidung für Berlin würde unsere Einbindung in die **demokratische Wertegemeinschaft** in Frage stellen. Wir erleben doch gerade, wie sich diese demokratische Wertegemeinschaft immer weiter nach Osten ausdehnt. Europa — das kann nicht oft genug gesagt werden — ist mehr als die Europäische Gemeinschaft.

(Beifall bei Abgeordneten der FDP, der CDU/
CSU, der SPD und des Bündnisses 90/
GRÜNE)

Unsere Nachbarn im Osten bedeuten uns nicht weniger als unsere Nachbarn im Westen.

War nicht **Berlin** über Jahrzehnte das **Symbol der Freiheit?** Es ist schon richtig, daß der Vereinigungsvertrag sagt: Unsere Hauptstadt ist Berlin. Diese Stadt bringt die Erfahrung der Deutschen aus dem Osten und aus dem Westen ein. Diese Stadt ist auch mit dem Volksaufstand vom 17. Juni 1953 und der Öffnung der Mauer verbunden. Jeder von uns muß heute die Frage beantworten, was er mit Hauptstadt meint: nur eine symbolische Hauptstadtbezeichnung oder die Stadt, in der die Entscheidungen über die Zukunft unseres Volkes getroffen werden. Meine Antwort ist: Ich stimme für Berlin.

(Anhaltender Beifall bei der FDP sowie Beifall bei Abgeordneten der CDU/CSU, der SPD, der PDS/Linke Liste und des Bündnisses 90/GRÜNE)

Vizepräsident Dieter-Julius Cronenberg: Nun erteile ich dem Abgeordneten Antretter das Wort.

Robert Antretter (SPD): Herr Präsident! Meine sehr verehrten Kolleginnen und Kollegen! Mich haben die Beiträge am meisten beeindruckt, die von den Kolleginnen und Kollegen aus den fünf neuen Ländern kamen, die ihrer Besorgnis Ausdruck gegeben haben, unsere Aufmerksamkeit könnte durch die Konzentration auf eine große Hauptstadt von den Problemen ihrer Mitbürgerinnen und Mitbürger abgelenkt werden.

(Dr. Wolfgang Bötsch [CDU/CSU]: Das war kein Pathos, das war Praxis!)

Die nüchterne Darstellung der Sorgen des Bürgermeisters von Halle, der hier als Kollege der FDP gesprochen hat, beeindruckt mich mehr als die beschwörenden Verweise auf die Einlösung eines historischen Auftrags.

(Beifall bei Abgeordneten der SPD, des Bündnisses 90/GRÜNE und der CDU/CSU)

Ich halte es sogar für gefährlich, fast keinen Einwand ertragend den Eindruck zu vermitteln, die deutsche Geschichte würde nur in der richtigen Richtung laufen, wenn wir uns heute für Berlin entscheiden.

(Beifall bei Abgeordneten der SPD und der CDU/CSU)

Ich kann mit den Aufgaben nichts anfangen, die unser Kollege Rupert Scholz einer Hauptstadt zuweist, nicht in seinem heutigen Beitrag, sondern in einem Plädoyer, das er jüngst schriftlich gegeben hat:

Hauptstadt . . . ist jene Metropole, in der sich das Schicksal eines Volkes erfüllt, in der sich eine Gesellschaft zum staatlichen Gemeinwesen konstituiert, wo sich der einzelne Bürger am besten mit seinem Gemeinwesen identifiziert beziehungsweise wo er am besten seine auch staatsbürgerliche Sozialisation empfängt.

(Dr. Wolfgang Bötsch [CDU/CSU]: Dann müssen wir alle nach Berlin!)

Verehrte Kolleginnen und Kollegen, ich will nicht, daß politische Fragen, auch nicht die Frage der Hauptstadt, zu einem Naturereignis werden.

(Beifall bei Abgeordneten der SPD, der CDU/CSU und der FDP)

Das, was der Kollege Scholz wohlmeinend einer Hauptstadt zudenkt, das erfüllt sich in unserem föderalen Staat draußen in unseren Wahlkreisen, in den Regionen,

(Dr. Wolfgang Bötsch [CDU/CSU]: So ist es!)

das erfüllt sich am Vorabend der Europäischen Union in den Hauptstädten unserer Länder, in den Vereinen, den Kirchen und Gewerkschaften. Da findet das statt, was er der Hauptstadt zudenkt.

(Beifall bei Abgeordneten der SPD, der CDU/CSU und der FDP)

Das Risiko, verehrte Kolleginnen und Kollegen, ist mir zu groß, jetzt darüber zu philosophieren, ob diese Republik denn nicht eine andere werden müßte. Nein, im Herbst des vorigen Jahres ist unser Land ein anderes geworden, mit neuen Menschen, mit neuen Ländern, ein Land mit neuen Möglichkeiten, neuen Chancen, neuen Sorgen und neuen Hoffnungen. Diese Hoffnungen haben sich zuallererst darauf gerichtet, daß dieses hohe Maß an Freiheit, an Gerechtigkeit, an sozialer Sicherheit und an Wohlstand, das diese freiheitliche Ordnung 40 Jahre lang unseren Mitbürgerinnen und Mitbürgern möglich gemacht hat, auch wirksam werden möge in den neuen Ländern, mit denen wir zusammengekommen sind, weil sie zu uns gehören.

Dazu gehört, daß wir jetzt in dieser Situation, wo ein abgewirtschaftetes Land neu aufgebaut werden muß, nicht alles auf einen Punkt konzentrieren, was uns an Kräften und auch an Mitteln zur Verfügung steht. Das sind wir Leipzig schuldig, das sind wir Dresden schuldig, ebenso Rostock, Schwerin und den vielen anderen Städten in den neuen Ländern.

Da beeindruckt mich nicht die Anrufung der Stunde der Wahrheit, sondern da fühle ich mich herausgefordert durch die Gefahr, daß es zum politischen Unwetter kommen kann, wenn die **soziale Unruhe** weiter wächst.

(Beifall bei Abgeordneten der SPD)

Robert Antretter

Die **Stabilität der Demokratie in den neuen Ländern** ist nicht der Hauptstadtfrage, sondern der Sozialfrage wegen gefährdet.

(Beifall bei Abgeordneten der SPD, der CDU/ CSU und des Bündnisses 90/GRÜNE)

Es kommt darauf an, daß wir denen keine Chance lassen, die anderen Völker wieder mit nationalistischen Tönen das Fürchten lehren, die uns einreden, die Lösung liege in der Parole: Deutschland den Deutschen.

Es kommt darauf an, daß wir die Versprechungen der Bundesregierung einlösen, nach der Währungsunion und nach Herstellung der Deutschen Einheit kämen die Investitionen. Darauf warten die Menschen in den fünf neuen Ländern.

Herr Kollege Schäfer, es mag sein, daß Ihre ausländischen Gesprächspartner manches nicht verstehen, was wir in diesen Tagen diskutieren. Die kommen ja meistens aus den Hauptstädten. Im Elsaß, in Estremadura und in Kalabrien sieht das ganz anders aus. Und was in Ländern wie Frankreich, England oder Italien die glänzende Hauptstadt ist, die alles an sich ziehen darf und das ganze Land zu repräsentieren sich berufen fühlt, das ist in der Bonner Republik die Bestimmung des Art. 72 Abs. 2 Nr. 3 geworden, die den Bund auf die **Herstellung und Wahrung der Einheitlichkeit der Lebensverhältnisse** verpflichtet. Das heißt natürlich nicht, daß diese Verfassung eine Hauptstadt ausschließt, aber ihrem Geist entspricht eine kleine Hauptstadt mehr als eine große Kapitale.

Deshalb stimme ich für Bonn.

(Beifall bei Abgeordneten der SPD, der CDU/ CSU, der FDP sowie des Abg. Dr. Klaus-Dieter Feige [Bündnis 90/GRÜNE])

Vizepräsident Dieter-Julius Cronenberg: Nun erteile ich dem Abgeordneten Klein (München) das Wort.

Hans Klein (München) (CDU/CSU): Herr Präsident! Meine verehrten Kolleginnen und Kollegen! Diese Debatte hat sich, von ein paar wenigen Ausrutschern à la Karsten Voigt abgesehen,

(Dr. Herta Däubler-Gmelin [SPD]: Unglaublich!)

auf einem hohen und würdigen Niveau abgespielt.

(Beifall bei Abgeordneten der CDU/CSU, der SPD, der FDP und des Bündnisses 90/ GRÜNE)

Die Argumente sind jetzt nicht nur alle ausgetauscht, sondern zum Teil schon mehrfach wiederholt worden.

(Beifall bei Abgeordneten der CDU/CSU, der SPD und der FDP)

Ich erlaube mir, meine Rede jetzt zu Protokoll zu geben und die Geschäftsführer zu fragen, ob sie nicht die Kollegen, die noch auf der Liste stehen, wenigstens teilweise bewegen könnten, im Interesse des positiven Bildes, das sich bis jetzt entwickelt hat, auf eine starke Verlängerung der Debatte zu verzichten.

(Dr. Franz Möller [CDU/CSU]: Wir sind dazu bereit!)

Ich bedanke mich.

(Beifall bei Abgeordneten der CDU/CSU, der SPD, der FDP und des Bündnisses 90/ GRÜNE)

Vizepräsident Dieter-Julius Cronenberg: Ich bedanke mich im Namen des Hauses.

Das Wort hat der Abgeordnete Gansel. — Der Abgeordnete Gansel verzichtet.

(Beifall bei Abgeordneten der CDU/CSU und der FDP)

Ich habe hier jetzt laufend Verzichte.

(Beifall bei Abgeordneten der CDU/CSU)

Deswegen wird es etwas komplizierter.

Das Wort hat die Abgeordnete Frau Michalk.

Maria Michalk (CDU/CSU): Sehr geehrter Herr Präsident! Meine Damen und Herren Kollegen! Eigentlich wollte ich meine Rede jetzt auch zu Protokoll geben.

(Beifall bei Abgeordneten der CDU/CSU, der FDP und der SPD)

Aber ich will die Zeit nutzen, bis die anderen Kollegen ihre Reden aus der Tasche gezogen und abgegeben haben, und diese Zeit überbrücken. Also werde ich doch reden.

(Heiterkeit und Beifall bei der CDU/CSU)

Meine Damen und Herren, selbst in dem sogenannten Tal der Ahnungslosen, wie man früher den damaligen Bezirk Dresden bezeichnete, hat uns jedes Jahr mehrmals die Nachricht erreicht, daß Berlin, wenn Deutschland ein einig Vaterland ist, die Hauptstadt des vereinten Deutschlands ist.

(Beifall bei Abgeordneten der CDU/CSU)

Wir haben diese Hartnäckigkeit der Abgeordneten in diesem Parlament mit Bewunderung aufgenommen. Nun ist es soweit, aber jetzt sollen Parlament und Regierung getrennt werden bzw. nicht nach Berlin kommen.

Es wird gesagt, daß die **Bonner Region** ohne Parlament und Regierung eine sterbende Region sei. Ich habe aber um Bonn keine Sorge, genausowenig wie um meine Heimatregion, wo man in einer 2 500 Mann zählenden Kommune einen Betrieb mit 900 Beschäftigten stillgelegt hat, mit Wach- und Schließgesellschaft davor. Wir werden für diese Leute genauso eine Zukunft finden wie für Bonn auch.

(Beifall bei Abgeordneten der CDU/CSU und der FDP)

Was ist geschehen, daß **Berlin** der **Hauptstadtanspruch** heute streitig gemacht wird? Hat Berlin sich dieses Anspruches als unwürdig erwiesen, oder hat es die Nation blamiert? Ist ihm Feigheit oder Materialismus vorzuwerfen? In der Zeit nach dem Zweiten Weltkrieg widerstanden Millionen halbverhungerter Men-

Maria Michalk

schen in Berlin der Einschüchterung und Abschnürung durch die Rote Armee. Man ertrotzte die Aufhebung der Blockade und überstand das Berlin-Ultimatum. Zirka 300 Arbeitsplätze gingen verloren, fast alle relevanten Unternehmen orientierten sich westwärts. Aber die Stadt blieb ein verläßlicher Pfahl im Fleisch der DDR. Sie blieb immer **Symbol der Freiheit**. Sie hätte nicht überleben können, wenn die Bundesrepublik nicht materiell und politisch geholfen hätte.

Der Durchhaltewillen der Berliner wurde immer bekräftigt. An diesem Punkt stehen wir heute und müssen entscheiden. Wir haben Argumente ausgetauscht, wir haben nach Kompromissen gesucht, wir haben diskutiert, haben uns gestritten. Wir sind uns einig, daß wir heute keine neuen Argumente finden.

Deshalb will ich Ihnen — ich will meine Rede gar nicht fortführen — zum Schluß eigentlich das sagen, was mich heute früh bewegt hat. Als ich morgen das Blatt in meinem Kalender, wie ich es jeden Tag tue, abgerissen habe, fand ich einen Spruch, und der hat mich sehr verwundert, denn als die Kalendermacher die Kalender für 1991 druckten, wußten sie nicht, daß am 20. Juni 1991 diese wichtige Frage im Bundestag entschieden wird. Was stand nun heute auf meinem Kalenderblatt?

> Die stärkste Kraft reicht nicht an die Energie heran, mit der manch einer seine Schwäche verteidigt.

Zeigen wir doch heute mit unserer Entscheidung, daß wir als erstes frei gewähltes Parlament kein schwaches sind, sondern die Kraft haben, Unbequemlichkeit in Kauf zu nehmen, aber glaubwürdig zu sein.

Deshalb werde ich für Berlin stimmen.

Ich danke Ihnen.

(Beifall bei Abgeordneten der CDU/CSU, der FDP und der SPD)

Vizepräsident Dieter-Julius Cronenberg: Das Wort hat die Abgeordnete Frau Albowitz.

Ina Albowitz (FDP): Herr Präsident! Meine sehr verehrten Damen und Herren! Wir haben heute über viele Stunden miteinander debattiert. Wir haben viele gute Beiträge gehört. Keiner der Abgeordneten hat sich seine Entscheidung leichtgemacht. Ich meine trotzdem, daß die Argumente ausgetauscht sind, schließe mich dem Votum von Herrn Klein an und werde meine Rede zu Protokoll geben.

(Dr. Wolfgang Bötsch [CDU/CSU]: Sehr gut!)

Ich möchte Sie vorher aber nicht im unklaren darüber lassen, daß ich als Abgeordnete dieser Region für Bonn stimme.

(Beifall bei Abgeordneten der FDP, der CDU/CSU, der SPD und des Abg. Dr. Klaus-Dieter Feige [Bündnis 90/GRÜNE])

Vizepräsident Dieter-Julius Cronenberg: Ich bedanke mich im Namen des Hauses.

Das Wort hat der Abgeordnete Dr. Briefs.

Dr. Ulrich Briefs (PDS/Linke Liste): Herr Präsident! Meine Damen und Herren! Diese Debatte schätze ich etwas anders ein, als viele es hier zum Ausdruck gebracht haben. Die Debatte hat sich insbesondere an dem vorbeibewegt, was das **Bild Berlins und Deutschlands in der Welt** auch heute noch mitbestimmt und was hier und in diesem Zusammenhang entscheidend sein sollte.

Berlin war als **Hauptstadt des** dutzendjährigen **Dritten** deutschen **Reiches** die Hauptstadt des unmenschlichsten politischen Terrorsystems der gesamten Menschheitsgeschichte.

(Zuruf von der CDU/CSU: Brunnenvergifter!)

— Ich wiederhole: Berlin war als Hauptstadt des dutzendjährigen Dritten deutschen Reiches die Hauptstadt des unmenschlichsten politischen Terrors der gesamten Menschheitsgeschichte.

Dieser Terror verbindet sich im Gedächtnis der Menschen in den europäischen Nachbarländern nach wie vor mit Berlin. Berlin war die Stadt des Reichssicherheitshauptamtes, des Gestapo-Hauptquartiers, des Oberkommandos der Wehrmacht, des Volksgerichtshofs. Es war insbesondere die Stadt der Wannsee-Konferenz,

(Dr.-Ing. Dietmar Kansy [CDU/CSU]: Stasi!)

des systematisch geplanten, entschiedenen und organisierten Völkermordes an Juden, auch des Völkermordes an Sinti und Roma, des millionenfachen Mordes an Frauen, Kindern, Männern, sowjetischen Kriegsgefangenen, Zwangsarbeitern und Zwangsarbeiterinnen.

Das wird auch nicht durch den Widerstand von Arbeitern und Krankenschwestern und auch nicht durch den späten Widerstand der Offiziere des 20. Juli aufgewogen.

Berlin war als Hauptstadt — als Hauptstadt eben und nicht zufällig! — die Stadt der Schreibtischtäter und der Schreibtischmittäter des NS-Terrors; das darf nicht vergessen werden.

Deshalb, weil Berlin die Hauptstadt dieses Dritten deutschen Reiches war und weil es als diese Hauptstadt zentraler Ort der Planung und Organisation der Entscheidungen, die zu diesen Verbrechen geführt haben, war, kann es nach meiner Auffassung nicht wieder Hauptstadt sein. Ich schlage deshalb auch vor, das zu einem späteren Zeitpunkt formell zu beschließen.

Der **Respekt vor dem Leid,** das, ausgehend von Berlin, den Menschen in Europa und darüber hinaus zugefügt worden ist, gebietet es zu sagen: Nie wieder Berlin!, so wie wir auch sagen müssen: Es darf nie wieder das aggressive, brutale, autoritäre Deutschland der Vergangenheit geben.

Für mich sind diese Gründe ausschlaggebend. Ich stimme deshalb, anders als die Mehrheit meiner Fraktion, nicht für Berlin.

Vizepräsident Dieter-Julius Cronenberg: Das Wort hat der Abgeordnete Duve.

Freimut Duve (SPD): Herr Präsident! Meine Damen und Herren! Nach diesem Tag und nach dieser Debatte will ich es noch einmal auch für mich ganz persönlich sagen: Ich habe mich selten so sehr in der Minderheit dieses Hauses gefühlt, derjenigen Minderheit nämlich, die nicht sagen kann, sie sei eindeutig für Bonn oder eindeutig für Berlin. Nach einigen Gesprächen und nach den vielen sehr überzeugenden Reden von heute befürchte ich, daß das vielleicht sogar die heimliche Mehrheit ist.

Ich nehme viele Argumente pro Bonn sehr ernst; sie überzeugen mich. Ich nehme viele Argumente für Berlin ernst; auch sie überzeugen mich. Der Vorschlag von Herrn Geißler, alles zu trennen, überzeugt mich überhaupt nicht.

Darum habe ich mir eine andere Frage gestellt: Auf welche Weise werden wir von morgen an am besten unserer parlamentarischen Aufgabe gerecht, etwa die Bundesregierung zu kontrollieren? Auf welche Weise wird unser **Parlament** in der Zukunft seine **verfassungsrechtliche Aufgabe** wahrnehmen?

Wenn wir uns heute abend, meine Damen und Herren, für Bonn entscheiden, dann wird diese Republik auf Jahre hinaus unter einem ständigen **Berlin-Druck** stehen, und zwar zu Recht; denn es gibt eine Verfassungsverpflichtung. Das ist keine Berlin-Drohung; das ist ein Berlin-Druck, der sich aus der Verfassung ergeben wird. Dieser ständige Berlin-Druck, so scheint mir, ist schlecht für unsere zukünftige Aufgabe vor allem im Zusammenhang mit der zu vollziehenden inneren und sozialen Einigung unseres Landes.

Wenn wir uns heute für Berlin entscheiden, wird diese Republik unter einem ständigen **Föderalismusdruck** stehen, gerade weil es Berlin ist.

(Beifall des Abg. Gert Weisskirchen [Wiesloch] [SPD])

Wir haben — das will ich denen, die davor gewarnt haben, sagen — keinen Kaiser, sondern eine Verfassung. Das ist ein entscheidender Unterschied.

(Beifall bei Abgeordneten der SPD sowie des Abg. Dr. Klaus-Dieter Feige [Bündnis 90/ GRÜNE])

Wer aus der ganzen Vergangenheit aller historischen Jahrhunderte unseres vielgliedrigen Landes heraus argumentiert, der sagt in Wahrheit: Bonn. Das ist nämlich für unsere Geschichte viel prägender als die relativ kurze Phase Berlin. Wer aus der Zukunft heraus argumentiert, der sagt: Europa. Wer aus den Ängsten und Risiken, aus den Brüchen und Herausforderungen unserer deutschen Gegenwart heraus argumentiert, der sagt: Berlin.

(Beifall bei Abgeordneten der SPD, der CDU/ CSU und der FDP)

Das ist meine Empfindung, nachdem ich den Debatten heute abend zugehört habe. Ich möchte noch einmal sagen, daß ich den Berlin-Antrag, dem ich zustimmen werde, inhaltlich an einem Punkt für problematisch halte. Ich bitte, dies in der Folge noch zu überdenken.

Ich denke, wir brauchen eine ganz lange Zeit, bis die **Arbeitsfähigkeit in Berlin** hergestellt wird. Ich glaube, das geht nicht in einer und auch nicht in anderthalb Legislaturperioden. Ich meine, wir brauchen eine lange Zeit, bis die **Strukturveränderung in Bonn** hergestellt werden kann. Auch das geht nicht so schnell. Deshalb: Heute die klare Entscheidung und dann den Umzug wirklich ernsthaft und auf lange Frist vorbereiten.

Ich danke Ihnen dafür, daß mir einige zugehört haben.

(Beifall bei Abgeordneten der SPD, der CDU/ CSU und der FDP)

Vizepräsident Dieter-Julius Cronenberg: Meine Damen und Herren, das Haus hat mit beachtlicher Ruhe und Disziplin diese schwierige Debatte bis jetzt gut überstanden. Ich wäre Ihnen sehr, sehr verbunden, wenn Sie auch die letzten Redner — denn es melden immer mehr ihre Redewünsche ab — in Ruhe ertragen würden, und wäre dankbar, wenn die Damen und Herren wieder Platz nehmen würden.

Nachdem dies offensichtlich — jedenfalls in einem gewissen Umfang — geschieht, erteile ich dem Abgeordneten Lamers das Wort.

Karl Lamers (CDU/CSU): Herr Präsident! Verehrte Kolleginnen und Kollegen! Es wird nicht ganz leicht, als voraussichtlich letzter Redner hier zu sprechen, nicht zuletzt deswegen, weil wir eine hervorragende Debatte hatten, während derselben aber die Aufmerksamkeit etwas größer war als jetzt. Deswegen bitte ich aus Gründen der Fairneß, es mir nicht allzu schwer zu machen.

Kollege Thierse hat heute morgen zu Recht als erstes gesagt: Es geht nicht um Bonn oder Berlin. Nein, in der Tat. Darum geht es nicht. Es geht darum, wofür diese beiden Städte stehen. Dazu haben wir heute manch treffliche und manch weniger treffliche Argumente gehört. Das Ergebnis ist, daß natürlich kein Argument logisch zwingend diese oder jene Entscheidung herbeiführen kann. Es gibt keine logische Stringenz für Bonn oder für Berlin. Wenn das so ist, meine Damen und Herren, dann finde ich es allerdings auch unerträglich, wenn sich ein Kollege hier hinstellt und sagt: Ich werde die Entscheidung nicht akzeptieren. — Das geht nicht.

(Beifall bei Abgeordneten der CDU/CSU, der FDP und der SPD)

Ich muß sagen: Ich habe leider, leider von keinem einzigen Berlin-Befürworter gehört, daß er die Entscheidung, wie immer sie ausfallen werde, akzeptieren werde.

(Beifall bei Abgeordneten der SPD — Jochen Feilcke [CDU/CSU]: Der hat nicht hingehört!)

Das ist ein Makel und ein Mangel, den ich feststellen muß.

Wofür stehen nun Bonn und Berlin? Ich will das hier nicht alles wieder aufführen. Ich will jedoch einige Argumente, die mir besonders wichtig erscheinen, zumindest noch einmal in Frage stellen.

Es wird gesagt: Berlin steht für die Einheit.

Vizepräsident Dieter-Julius Cronenberg: Herr Abgeordneter Lamers, entschuldigen Sie, daß ich Sie unterbreche.

Meine Damen und Herren, ich möchte noch einmal sehr eindringlich bitten, die notwendige Ruhe herzustellen. Ich lasse den Redner erst wieder sprechen, wenn wieder Ruhe hergestellt ist.

(Dr. Hans-Jochen Vogel [SPD]: Richtig!)

Meine Damen und Herren, ich bitte, Platz zu nehmen. Wer sich unbedingt unterhalten möchte, möge sich in die Lobby begeben. — Herr Abgeordneter Lamers, ich glaube, jetzt geht es wieder.

Karl Lamers (CDU/CSU): Ich frage: Wie kommt es denn, daß keine Stadt so zwiespältige Gefühle hervorruft wie Berlin? Ist **Berlin** denn wirklich das richtige **Symbol für die Einheit?**

Dann wird gesagt, Berlin stehe für unsere neue **Wendung zum Osten.** Ja, natürlich wollen wir uns dem Osten zuwenden, aber unsere Zukunft liegt nicht im Osten, sondern die Zukunft des Ostens liegt im Westen, und wir müssen den Ländern helfen, daß sie sich dem Westen zuwenden.

(Beifall bei Abgeordneten der CDU/CSU, der FDP und der SPD)

Des weiteren wird gesagt: Berlin steht dafür, daß dieses wiedervereinte Deutschland nicht nur eine Fortsetzung der alten Bundesrepublik ist, sondern daß es auch etwas Neues ist.

Aber, meine Damen und Herren, wenn ich mir hier so manches Pathos, manches mich — zugegebenermaßen — etwas merkwürdig anmutendes Pathos angehört habe, auch aus dem einen oder anderen prominenten Munde, und wenn ich manche Argumentationen in den vergangenen Wochen und Monaten aus berühmten oder sich berühmt dünkenden Gazetten in der Bundesrepublik Deutschland gelesen habe und wenn ich insbesondere das eine oder andere Feuilleton gelesen habe, dann ist mein Eindruck, daß das Neue, was hier gewollt ist, in Wirklichkeit eine Rückkehr des Alten ist.

(Beifall bei Abgeordneten der CDU/CSU)

Genau das möchte ich nicht. Ich weiß auch — und will auch gar nichts anderes —, daß das **neue Deutschland** nichts anderes ist als eine **Fortsetzung der alten Bundesrepublik.** Ich möchte ein besseres Deutschland, aber ich möchte kein anderes Deutschland als die Bundesrepublik Deutschland.

(Beifall bei Abgeordneten der CDU/CSU, der FDP und der SPD)

Vizepräsident Dieter-Julius Cronenberg: Meine Damen und Herren, es sind inzwischen annähernd 100 Reden zu Protokoll gegeben worden.

(Beifall im ganzen Hause)

Das mag vielleicht den einen oder anderen ermutigen. Ebenso viele Reden sind übrigens gehalten worden.

Ich möchte nunmehr der Abgeordneten Frau Dr. Merkel das Wort geben.

Dr. Angela Merkel (CDU/CSU): Herr Präsident! Meine Damen und Herren! Wir entscheiden heute über Parlaments- und Regierungssitz, nicht mehr und nicht weniger. Das ist heute oft gesagt worden. Das sagen viele, die 40 Jahre in einer Demokratie gelebt haben.

Ich habe 35 Jahre in einer Diktatur gelebt. Für mich ist diese **Entscheidung** deshalb vielleicht eine andere; und sie hat sehr wohl etwas mit der **inneren Einheit Deutschlands** zu tun.

(Beifall bei Abgeordneten der CDU/CSU, der FDP und der SPD)

Ich habe im vergangenen Jahr Bonn schätzengelernt, insbesondere auch als Arbeitsort, und ich weiß als ehemalige DDR-Bürgerin sehr wohl, daß es viele Gründe gegen Berlin gibt, gerade gegen Ost-Berlin. Am Anfang habe ich deshalb auch versucht, in der Debatte die Sachargumente zu verstehen. Aber mit fortschreitender Zeit ist mir immer klarer geworden: Neben den Sachargumenten geht es auch darum: Wer in der Bundesrepublik ist an welcher Stelle zu wieviel Änderung bereit? Wer will also wieviel Änderung ertragen?

Meine Damen und Herren, in den neuen Bundesländern hat sich für die Menschen vieles geändert. Diese Menschen haben alle die deutsche Einheit gewollt. Wir müssen auch sagen, es sind Menschen, die mehr Pech im Leben hatten. Ich glaube, niemand kann deshalb die **Ängste der Menschen in der Region** hier in **Bonn** besser verstehen als wir in den neuen Bundesländern. Trotzdem fällt es mir schwer, eines zu begreifen: Es wurde heute davon gesprochen, daß Bonn in den letzten 40 Jahren ein selbstbewußtes Bonn geworden ist. Ich glaube, Bonn hat allen Grund dazu, selbstbewußt zu sein. Aber dann frage ich mich: Wenn Sie in dieser Stadt, eingebettet in eine gute Infrastruktur, für uns in den neuen Bundesländern nicht die Zuversicht ausstrahlen können, daß Sie auch diese Änderung ertragen werden, woher sollen wir dann den Mut in den neuen Bundesländern nehmen?

(Beifall bei Abgeordneten der CDU/CSU, der FDP, der SPD und des Bündnisses 90/ GRÜNE)

Meine Damen und Herren, Teilung kann nur durch Teilen überwunden werden; wir haben das oft gehört. Teilen kann, wie ich glaube, auch schmerzhaft sein. Helfen Sie uns mit, daß durch Ihr Teilen das **geeinte Deutschland** ein **neues Gesicht** erhält. Ich weiß, wir brauchen dazu alle Zuversicht, aber ich glaube, ohne diese Zuversicht wären wir auf dem Weg zum geeinten Deutschland bis hierher nicht gegangen.

Danke schön.

(Beifall bei Abgeordneten der CDU/CSU, der FDP, der SPD und des Bündnisses 90/ GRÜNE)

Vizepräsident Dieter-Julius Cronenberg: Meine Damen und Herren, ich möchte Sie jetzt über die Geschäftslage informieren. Ich habe jetzt auf Grund der Meldungen der Geschäftsführer noch folgende Wortmeldungen vorliegen: Abgeordnete Scheer, Oostergetelo, Möller, Frau Schulte und Wallow. Wer

Vizepräsident Dieter-Julius Cronenberg

(A) darüber hinaus unbedingt noch reden will, möge sich beim Präsidium melden.

Zwischenzeitlich erteile ich dem Abgeordneten Scheer das Wort.

Dr. Hermann Scheer (SPD): Herr Präsident! Meine Damen und Herren! Meine persönlichen Emotionen waren und sind auf Berlin gerichtet, und das wird auch so bleiben. Ich bin in Berlin großgeworden, meine Mutter lebt dort, und ich gehöre noch heute meinem früheren Sportverein in Berlin an.

Meine politischen Beweggründe lassen mich jedoch für Bonn votieren,

(Beifall bei Abgeordneten der SPD, der CDU/
CSU und der FDP)

weil ich nach langer persönlicher Überlegung der Meinung bin, daß psycholgische Beweggründe kein haltbarer Boden für wichtige politische Entscheidungen sind. Nun sind sicherlich die Motive derjenigen, die für Bonn sprechen, sehr unterschiedlich. Das gleiche gilt natürlich für Berlin.

Meine Motive sind die folgenden. Ich halte es zwar für sehr, sehr perfide, wenn versucht wird, Berlin alle Negativseiten der deutschen Geschichte anzulasten, wie das auch bei einigen Rednern heute geschehen ist.

(Beifall bei Abgeordneten der SPD)

Dies könnte ich niemals akzeptieren. Es gibt aber einen politischen Grund historischer Art, der mich für Bonn votieren läßt, und der besteht darin, daß ich mir (B) sehr schwer vorstellen kann, daß der künftige **Versammlungsort des deutschen Parlaments** den Namen „Reichstag" tragen soll.

(Zurufe)

— Ich habe gesagt, es mag unterschiedliche Motive geben, aber dies ist mein Motiv. Ich möchte den Namen Reichstag

(Jochen Feilcke [CDU/CSU]: Das ist doch der
gleiche wie in Stockholm!)

deshalb nicht als Namen der Tagungsstätte für den Deutschen Bundestag — —

(Große Unruhe — Glocke des Präsidenten)

Vizepräsident Dieter-Julius Cronenberg: Herr Abgeordneter, sind Sie bereit, eine Zwischenfrage des Abgeordneten Neumann zu beantworten?

Dr. Hermann Scheer (SPD): Bitte.

Volker Neumann (Bramsche) (SPD): Herr Kollege, wären Sie bereit, für Berlin zu stimmen, wenn wir den Reichstag in Bundestag umbenennen?

(Heiterkeit und Beifall)

Dr. Hermann Scheer (SPD): Ich beanspruche überhaupt nicht, daß mein Motiv für jeden gelten soll; ich habe das vorhin ausdrücklich gesagt.

(Zurufe von der CDU/CSU: Beantworte doch
einmal die Frage! — Frage beantworten!)

(C) Aber man kann ein Gebäude nicht einfach umbenennen. Es tut mir leid, das geht nicht.

(Lachen — Anhaltende Unruhe)

Vizepräsident Dieter-Julius Cronenberg: Herr Abgeordneter, Sie haben das Wort.

Dr. Hermann Scheer (SPD): Ich sage noch einmal: Ich beanspruche nicht, daß das Argument, das mich persönlich bewegt — es ist eine persönliche Entscheidung wie die jedes einzelnen anderen auch —, von jedem getragen wird. Ich jedenfalls kann mir nicht vorstellen, daß der Name des künftigen zentralen Versammlungsortes des Deutschen Bundestages „Reichstag" sein soll, weil der Reichstag mit der Zustimmung zum Ermächtigungsgesetz seine historische Funktion für mich verspielt hat. Das ist mein Beweggrund.

(Dr. Hans-Jochen Vogel [SPD]: Kroll-Oper!
— Weitere Zurufe von der SPD)

Ich weiß sehr wohl, daß diese Entscheidung in der Kroll-Oper getroffen worden ist. Ich beziehe mich auf den Begriff „Reichstag" mit dem gleichen Recht, wie sich viele im letzten Jahr zu Recht dagegen gewehrt haben, daß das wiedervereinigte Deutschland mit dem Etikett „Viertes Reich" versehen wird. Das ist mein politisches Motiv. Ich beanspruche, um es noch einmal zu sagen, nicht, daß es von allen getragen oder übernommen wird.

Ein zweites Motiv ist für mich das folgende — —

(Fortgesetzte große Unruhe)

— Entschuldigung, Herr Präsident, aber vielleicht (D) können Sie für Ruhe sorgen.

Vizepräsident Dieter-Julius Cronenberg: Ich habe viel Verständnis für diesen Wunsch. Aber ich kann nicht jeden einzelnen bitten, ruhig zu sein. Die Damen und Herren Abgeordneten haben ihre Reden in erfreulichem Umfang zu Protokoll gegeben, d. h. sie wollten nicht reden, jedenfalls nicht vom Rednerpult aus.

(Heiterkeit und Beifall)

Ich wäre dankbar, wenn sie sich auch im Saal so verhalten würden.

Herr Abgeordneter Scheer, versuchen Sie es bitte noch einmal.

(Heiterkeit)

Dr. Hermann Scheer (SPD): Herr Präsident, ich habe meine Rede nicht schriftlich vorbereitet, und da es für mich persönlich eine sehr schwierige Entscheidung ist, will ich diese Entscheidung entsprechend dem Recht, das mir als einem Abgeordneten zusteht, hier begründen können.

(Beifall bei Abgeordneten der SPD und des
Bündnisses 90/GRÜNE)

Das ist doch wohl ein selbstverständliches parlamentarisches Recht!

Mein zweiter Beweggrund besteht darin, daß ich mich wiederum sehr mit denen verbunden fühle, insbesondere mit denen in den fünf neuen Ländern, die es als unverhältnismäßig empfinden, daß 100 000 bedrohte **Arbeitsplätze** in der Debatte jetzt scheinbar

Dr. Hermann Scheer

höher bewertet werden als bereits mehrere 100 000 verlorene Arbeitsplätze in verschiedensten Regionen der fünf neuen Länder.

Vizepräsident Dieter-Julius Cronenberg: Herr Abgeordneter Scheer, nun muß ich Sie bitten, langsam zum Schluß zu kommen. Ich bin Ihnen hinsichtlich Ihrer Redezeit schon außerordentlich entgegengekommen. Da Sie frei sprechen, wird es Ihnen ja nicht allzu schwerfallen, langsam zum Ende zu kommen.

Dr. Hermann Scheer (SPD): Herr Präsident, ich rede jetzt vielleicht gerade zwei Minuten.

(Lachen und lebhafter Widerspruch)

Vizepräsident Dieter-Julius Cronenberg: Herr Abgeordneter, wir haben eine Uhr, die ich, soweit erforderlich, immer angehalten habe. Sie haben jetzt um mehr als eine Minute überzogen. Ich wäre wirklich dankbar, wenn Sie zum Schluß kämen.

Dr. Hermann Scheer (SPD): Gut, ich komme zu meinem zweiten Punkt und will den nun abschließen.

(Lachen und Zurufe)

— Es tut mir leid; ich werde mich nicht aus der Ruhe bringen lassen.

Mein zweiter Beweggrund besteht darin: Ich kann das, was ich soeben über die unterschiedliche Bewertung bedrohter Arbeitsplätze ausgeführt habe, sehr wohl nachempfinden. Nur, es geht in Bonn darum, daß es sich um die Arbeitsplätze derer handelt, die im politischen Nervenzentrum der Bundesrepublik arbeiten. Ich halte es für höchst problematisch, wenn — statt daß die Probleme, die wir zu bewältigen haben, gelöst werden — diese Administration inklusive Parlament in den nächsten zehn Jahren ihre innere Orientierung zu einem erheblichen Teil auf einen Umzug richten müßte. Dies würde ich für falsch halten.

Vizepräsident Dieter-Julius Cronenberg: Herr Abgeordneter Scheer, Sie haben mehr als einhundert Vorredner gehabt, und die haben sich an die Zeit gehalten. — Danke schön.

Da der Abgeordnete Oostergetelo seine Rede zu Protokoll gegeben hat,

(Beifall im ganzen Hause)

kann ich den Abgeordneten Möller aufrufen.

Dr. Franz Möller (CDU/CSU): Auch ich gebe meine Rede zu Protokoll.

(Beifall im ganzen Hause)

Vizepräsident Dieter-Julius Cronenberg: Nun erteile ich der Abgeordneten Frau Schulte (Hameln) das Wort.

Brigitte Schulte (Hameln) (SPD): Herr Präsident! Meine Damen und Herren! Wir Deutschen sind schon ein sonderbares Volk.

(Heiterkeit und Beifall bei Abgeordneten der SPD und des Bündnisses 90/GRÜNE — Dr. Wolfgang Bötsch [CDU/CSU]: Mein Gott!)

Unsere Geschichte ist bedeutungsvoll und wechselhaft zugleich; Epochen der Geschlossenheit folgten lange Zeiten der Rivalität unter den Territorialfürsten und des unerfreulichen Glaubensstreits.

Gleich nach der Wiedererlangung der staatlichen Einheit widmen wir uns unserem Lieblingsspiel: dem Kirchturmdenken und dem Glaubensstreit. Nichts Neues scheint uns Deutschen in den über 1 000 Jahren der Geschichte vom Heiligen Römischen Reich Deutscher Nation bis zur heutigen Bundesrepublik Deutschland eingefallen zu sein. Wir bleiben uns treu. Wie gern sehen wir uns als Dichter und Denker! Prüfen wir einmal, ob wir nicht doch am Ende alle mehr die Eignung zum Advokaten, zum Krämer, ja, zum Händler haben!

Meine Damen und Herren, liebe Kolleginnen und Kollegen, ich sage das mit vollem Ernst. Passen wir auf, daß diese Debatten nicht wieder die Chance einer inneren Versöhnnug in Deutschland verspielen. Dieser **Glaubensstreit zwischen Berlin und Bonn** könnte das bewirken.

Ich bin nach meiner 15jährigen Mitarbeit in diesem Parlament außerordentlich traurig, daß wir es nicht fertiggebracht haben, Frau Präsidentin Süssmuth, einen gemeinsamen Vorschlag zu erarbeiten.

(Beifall bei Abgeordneten der SPD und des Bündnisses 90/GRÜNE)

Ich frage mich, warum es über Jahre ein Gremium wie den Ältestenrat gibt, wenn er nicht zusammengerufen wird, um über eine solche Frage zu beraten.

Meine lieben Kolleginnen und Kollegen, mir wäre heute wohler zumute, wenn wir uns für Berlin, aber auch für Bonn aussprächen. Ich will die Debattenargumente nicht wiederholen. Ich sage Ihnen nur, meine lieben Kolleginnen und Kollegen: Wenn wir ehrlich sind, haben wir nach 41 Jahren westdeutschen Parlamentarismus Grund, über die Zukunft unserer Arbeit nachzudenken.

Ersticken wir nicht schon lange in Ritualen und in Papier? Überlasten wir uns nicht selbst mit einer Fülle von Sitzungen und Tagesordnungspunkten, und vergessen wir dabei nicht, daß wir oftmals unsere eigenen Mitarbeiter und auch die Mitarbeiter in den Ministerien überfordern?

Ich habe eindringlich für eine sinnvolle **Aufgabenteilung** zwischen dem Wahlkreis, der Arbeit in den Ausschüssen hier in Bonn und der Arbeit im Parlament in Berlin votiert. Prüfen wir uns, meine lieben Kolleginnen und Kollegen: Wie oft ist dieses Plenum nicht so voll, wie oft fehlen uns die Kolleginnen und Kollegen aber auch in den Fachausschüssen, wenn wir doch angeblich alle dort sind?

Ich glaube, wir haben einen dringenden Bedarf, unsere Aufgaben neu zu regeln. Ich kann mir gut vorstellen, daß wir dies besser als in allen bisherigen Vorschlägen zwischen Berlin und Bonn tun könnten. Warum sollen eigentlich alle unsere Sitzungswochen nach dem gleichen Schema ablaufen? Warum nehmen wir uns nicht die Zeit zum Nachdenken?

Schließlich, meine lieben Kolleginnen und Kollegen: In dieser hübschen Stadt, in der wir Parlamentarier ähnlich wie die hier anwesenden Journalisten und

Brigitte Schulte (Hameln)

Botschafter ein bißchen im Glashaus leben, treffen wir da wirklich allein die Konflikte, die unsere Republik erschüttern? Sollten wir nicht einen neuen Rhythmus finden, der es uns erlaubt, Bonn und Berlin gerecht zu werden?

Ich möchte Ihnen nur eines sagen: Ich glaube, wenn wir keine Alternative haben, werden wir heute in einer Kampfabstimmung eine Stadt verletzen und den Menschen in diesem Land einen großen Schaden zufügen.

Ich werde, wenn wir keine Alternative haben, für Berlin votieren, aber ich biete meine Erfahrung wie hoffentlich die von Ihnen allen an, daß wir noch einmal darüber nachdenken, wie wir eine Arbeitsteilung zwischen Bonn und Berlin herbeiführen können.

Ich danke Ihnen.

(Beifall bei Abgeordneten der SPD)

Vizepräsident Dieter-Julius Cronenberg: Nun hat sich als letzter Redner der Abgeordnete Wallow gemeldet.

Hans Wallow (SPD) (überreicht dem Präsidenten sein Redemanuskript):

(Heiterkeit und Beifall)

Herr Präsident! Meine lieben Kolleginnen und Kollegen! Nicht zu früh klatschen! Die ersten zwei Sätze und den letzten Satz erlaube ich mir zu sagen.

Mein erster Satz ist: Ich glaube, daß diese Debatte dem deutschen Parlamentarismus zur Ehre gereicht hat.

(Beifall bei Abgeordneten der SPD, der CDU/CSU und der FDP)

Wir haben unabhängig von Zwängen, unabhängig von vorher festgeklopften Bestimmungen allein entschieden, und das ist Glaubwürdigkeit.

Mein letzter Satz: Ich bin für Bonn,

(Beifall bei Abgeordneten der SPD, der CDU/CSU, der FDP und des Bündnisses 90/GRÜNE)

weil ich weiß, daß diese Zeit unserem Land einen wahren Wert gegeben hat.

Ich danke Ihnen.

(Beifall bei Abgeordneten der SPD, der CDU/CSU, der FDP und des Bündnisses 90/GRÜNE)

Vizepräsident Dieter-Julius Cronenberg: Meine Damen und Herren, nun kommen wir zu der langersehnten Abstimmung. Wie bereits angekündigt, sind alle Abstimmungen namentlich.

Ich rufe zunächst den Antrag auf Drucksache 12/817 auf. Damit Sie wissen, um was es sich handelt: Es ist der Konsensantrag Berlin/Bonn, den Dr. Geißler und Genossen eingebracht haben.

(Heiterkeit — Zurufe: Genossen?)

Ich mache darauf aufmerksam, daß nach unserer Geschäftsordnung ein Antrag dann angenommen ist, wenn er mehr Ja-Stimmen als Nein-Stimmen erzielt

hat, und betone, daß die Enthaltungen nicht mitgezählt werden.

Nachdem dies klar ist, kann ich die Abstimmung eröffnen. —

Meine Damen und Herren, ich frage, ob sich noch ein Mitglied des Hauses im Saal befindet, das noch nicht abgestimmt hat. — Das ist offensichtlich nicht der Fall. Dann schließe ich die Abstimmung.

Ich bitte die Schriftführer, nunmehr mit der Auszählung zu beginnen, und unterbreche die Sitzung, bis das Ergebnis der namentlichen Abstimmung vorliegt.

(Unterbrechung der Sitzung von 20.50 Uhr bis 21.00 Uhr)

Präsidentin Dr. Rita Süssmuth: Liebe Kolleginnen und Kollegen, ich eröffne die Sitzung wieder und gebe das **Ergebnis der namentlichen Abstimmung über den Konsensantrag Berlin/Bonn** — Drucksache 12/817 — bekannt. Abgegebene Stimmen: 655, ungültige Stimmen: keine, mit Ja haben gestimmt: 148, mit Nein haben gestimmt: 489,

(Beifall bei Abgeordneten der SPD, der PDS/Linke Liste und des Bündnisses 90/GRÜNE)

Enthaltungen: 18.

Endgültiges Ergebnis

Abgegebene Stimmen: 654

ja:	147
nein:	489
enthalten:	18

Ja

CDU/CSU

Dr. Altherr
Frau Augustin
Augustinowitz
Bargfrede
Frau Baumeister
Bayha
Frau Dr. Bergmann-Pohl
Börnsen (Bönstrup)
Bohlsen
Borchert
Büttner (Schönebeck)
Buwitt
Dehnel
Frau Dempwolf
Dörflinger
Doppmeier
Doss
Dr. Dregger
Echternach
Eppelmann
Eylmann
Feilcke
Dr. Fell
Francke (Hamburg)
Dr. Friedrich
Frau Geiger
Dr. Geißler
Gerster (Mainz)
Gibtner

Glos
Günther (Duisburg)
Frhr. von Hammerstein
Haschke (Jena-Ost)
Hauser (Esslingen)
Hedrich
Heise
Frau Dr. Hellwig
Helmrich
Dr. Hornhues
Jagoda
Dr. Jüttner
Junghanns
Dr.-Ing. Kansy
Dr. Kappes
Kiechle
Kittelmann
Klinkert
Dr. Köhler (Wolfsburg)
Kolbe
Frau Kors
Koschyk
Kraus
Dr. Krause (Bonese)
Krause (Dessau)
Kriedner
Kronberg
Krziskewitz
Lattmann
Dr. Laufs
Link (Diepholz)
Dr. sc. Lischewski
Lohmann (Lüdenscheid)
Lummer
Dr. Mahlo
de Maizière
Marschewski
Meinl
Frau Dr. Merkel
Frau Michalk
Dr. Mildner
Müller (Kirchheim)
Müller (Wadern)

Präsidentin Dr. Rita Süssmuth

(A)

Nelle
Dr. Neuling
Nitsch
Frau Nolte
Otto (Erfurt)
Dr. Päselt
Dr. Paziorek
Petzold
Pfeffermann
Pfeifer
Dr. Pfennig
Frau Priebus
Frau Rahardt-Vahldieck
Reddemann
Reichenbach
Dr. Reinartz
Repnik
Rode (Wietzen)
Frau Rönsch (Wiesbaden)
Dr. Rose
Rother
Rühe
Sauer (Salzgitter)
Scharrenbroich
Schemken
Schmidbauer
Schmidt (Fürth)
Dr. Schmidt (Halsbrücke)
von Schmude
Dr. Schneider (Nürnberg)
Dr. Scholz
Frhr. von Schorlemer
Dr. Schroeder (Freiburg)
Dr. Schwörer
Seibel
Frau Sothmann
Spilker
Dr. Sprung
Dr. Frhr. von Stetten
Stockhausen
Dr. Stoltenberg
Strube

(B)

Susset
Tillmann
Dr. Töpfer
Uldall
Vogt (Düren)
Dr. Voigt (Northeim)
Dr. Waigel
Dr. Warnke
Frau Wiechatzek
Frau Dr. Wilms
Wilz
Frau Dr. Wisniewski
Wissmann
Wonneberger
Zierer

SPD

Dr. Diederich (Berlin)
Dr. Elmer
Frau Fuchs (Verl)
Dr. Kübler
Neumann (Bramsche)
Frau Schmidt (Nürnberg)
Dr. Soell
Thierse
Voigt (Frankfurt)
Weisskirchen (Wiesloch)
Wieczorek (Duisburg)

FDP

Frau Albowitz

PDS/LL

Frau Braband
Dr. Gysi

Dr. Heuer
Dr. Riege

Bündnis 90/GRÜNE

Dr. Ullmann
Frau Wollenberger

Nein

CDU/CSU

Adam
Austermann
Dr. Bauer
Bierling
Dr. Blank
Frau Blank
Dr. Blens
Bleser
Dr. Blüm
Böhm (Melsungen)
Frau Dr. Böhmer
Dr. Bötsch
Bohl
Brähmig
Breuer
Frau Brudlewsky
Brunnhuber
Bühler (Bruchsal)
Carstens (Emstek)
Carstensen (Nordstrand)
Clemens
Deres
Deß
Frau Diemers
Ehlers
Ehrbar
Frau Eichhorn
Engelmann
Frau Eymer
Frau Falk
Dr. Faltlhauser
Fischer (Hamburg)
Frau Fischer (Unna)
Fockenberg
Frankenhauser
Fritz
Fuchtel
Ganz (St. Wendel)
Geis
Dr. von Geldern
Dr. Göhner
Göttsching
Götz
Dr. Götzer
Gres
Frau Grochtmann
Gröbl
Grotz
Dr. Grünewald
Harries
Frau Hasselfeldt
Haungs
Hauser (Rednitzhembach)
Dr. Hennig
Dr. h. c. Herkenrath
Hinsken
Hintze
Hörsken
Hörster
Dr. Hoffacker
Hollerith
Hornung
Hüppe
Jäger
Dr. Jahn (Münster)
Janovsky
Frau Jeltsch
Dr. Jobst
Dr.-Ing. Jork

Jung (Limburg)
Dr. Kahl
Kalb
Kampeter
Frau Karwatzki
Kauder
Keller
Klein (Bremen)
Klein (München)
Köhler (Hainspitz)
Kossendey
Dr. Krause (Börgerende)
Krey
Dr.-Ing. Krüger
Lamers
Dr. Lammert
Lamp
Laumann
Frau Dr. Lehr
Lenzer
Dr. Lieberoth
Frau Limbach
Lintner
Dr. Lippold (Offenbach)
Louven
Dr. Luther
Maaß (Wilhelmshaven)
Frau Männle
Magin
Frau Marienfeld
Marten
Dr. Mayer (Siegertsbrunn)
Meckelburg
Frau Dr. Meseke
Michels
Dr. Möller
Molnar
Dr. Müller
Müller (Wesseling)
Neumann (Bremen)
Dr. Olderog
Ost
Oswald
Pesch
Frau Pfeiffer
Dr. Pflüger
Dr. Pinger
Pofalla
Dr. Pohler
Dr. Probst
Dr. Protzner
Pützhofen
Raidel
Dr. Ramsauer
Rauen
Rawe
Regenspurger
Dr. Rieder
Dr. Riedl (München)
Dr. Riesenhuber
Frau Roitzsch (Quickborn)
Romer
Rossmanith
Roth (Gießen)
Dr. Ruck
Dr. Rüttgers
Sauer (Stuttgart)
Frau Schätzle
Schartz (Trier)
Scheu
Schmalz
Schmidt (Mühlheim)
Schmitz (Baesweiler)
Graf von Schönburg-Glauchau
Dr. Schreiber
Schulhoff
Dr. Schulte
  (Schwäbisch Gmünd)
Schulz (Leipzig)
Schwalbe
Schwarz
Dr. Schwarz-Schilling
Seehofer

Seesing
Seiters
Skowron
Dr. Sopart
Spranger
Dr. Stavenhagen
Frau Steinbach-Hermann
Dr. Stercken
Stübgen
Frau Dr. Süssmuth
Dr. Uelhoff
Frau Verhülsdonk
Vogel (Ennepetal)
Dr. Vondran
Dr. Waffenschmidt
Graf von Waldburg-Zeil
Dr. Warrikoff
Werner (Ulm)
Wetzel
Dr. Wieczorek (Auerbach)
Wimmer (Neuss)
Dr. Wittmann
Wittmann (Tännesberg)
Frau Wülfing
Würzbach
Frau Yzer
Zeitlmann
Zöller

(C)

SPD

Frau Adler
Andres
Antretter
Bachmaier
Frau Barbe
Bartsch
Becker (Nienberge)
Frau Becker-Inglau
Berger
Bernrath
Beucher
Bindig
Frau Blunck
Dr. Böhme (Unna)
Börnsen (Ritterhude)
Brandt
Frau Brandt-Elsweier
Dr. Brecht
Büchler (Hof)
Büchner (Speyer)
Dr. von Bülow
Büttner (Ingolstadt)
Frau Bulmahn
Frau Burchardt
Bury
Frau Caspers-Merk
Catenhusen
Conradi
Frau Dr. Däubler-Gmelin
Daubertshäuser
Diller
Frau Dr. Dobberthien
Dreßler
Duve
Ebert
Dr. Eckardt
Dr. Ehmke (Bonn)
Eich
Erler
Esters
Ewen
Frau Ferner
Frau Fischer
  (Gräfenhainichen)
Fischer (Homburg)
Formanski
Frau Fuchs (Köln)
Fuhrmann
Dr. Gautier

(D)

Präsidentin Dr. Rita Süssmuth

Gilges
Frau Gleicke
Dr. Glotz
Graf
Großmann
Haack (Extertal)
Habermann
Frau Hämmerle
Hampel
Frau Hanewinckel
Frau Dr. Hartenstein
Hasenfratz
Dr. Häuchler
Heistermann
Heyenn
Hiller (Lübeck)
Hilsberg
Dr. Holtz
Huonker
Ibrügger
Frau Iwersen
Frau Jäger
Frau Janz
Dr. Janzen
Jaunich
Dr. Jens
Jung (Düsseldorf)
Jungmann (Wittmoldt)
Frau Kastner
Kastning
Kirschner
Frau Klappert
Frau Klemmer
Klose
Dr. sc. Knaape
Körper
Frau Kolbe
Kolbow
Koltzsch
Koschnick
Kretkowski
Kubatschka
Kuessner
Dr. Küster
Lambinus
Frau Lange
von Larcher
Leidinger
Lennartz
Frau Dr. Leonhard-Schmid
Lohmann (Witten)
Maaß (Herne)
Frau Marx
Matschie
Dr. Matterne
Frau Matthäus-Maier
Frau Mattischeck
Meckel
Frau Mehl
Meißner
Dr. Mertens (Bottrop)
Dr. Meyer (Ulm)
Mosdorf
Müller (Düsseldorf)
Müller (Pleisweiler)
Müller (Schweinfurt)
Frau Müller (Völklingen)
Müller (Zittau)
Müntefering
Frau Dr. Niehuis
Dr. Niese
Niggemeier
Frau Odendahl
Oesinghaus
Opel
Ostertag
Frau Dr. Otto
Paterna
Dr. Penner
Peter (Kassel)
Dr. Pfaff
Dr. Pick
Poß

Purps
Rappe (Hildesheim)
Reimann
Rempe
Frau von Renesse
Frau Rennebach
Reschke
Reuschenbach
Reuter
Rixe
Roth
Schäfer (Offenburg)
Frau Schaich-Walch
Schanz
Dr. Scheer
Scheffler
Schily
Schloten
Schluckebier
Schmidbauer (Nürnberg)
Frau Schmidt (Aachen)
Schmidt (Salzgitter)
Frau Schmidt-Zadel
Dr. Schmude
Dr. Schnell
Dr. Schöfberger
Schreiner
Frau Schröter
Schröter
Schütz
Dr. Schuster
Schwanhold
Schwanitz
Seidenthal
Frau Seuster
Sielaff
Frau Simm
Singer
Frau Dr. Skarpelis-Sperk
Frau Dr. Sonntag-Wolgast
Sorge
Dr. Sperling
Frau Steen
Steiner
Stiegler
Dr. Struck
Tappe
Frau Terborg
Dr. Thalheim
Tietjen
Frau Titze
Urbaniak
Vergin
Verheugen
Dr. Vogel
Vosen
Wagner
Wallow
Waltemathe
Walter (Cochem)
Walther (Zierenberg)
Frau Dr. Wegner
Weiermann
Frau Weiler
Weis (Stendal)
Weißgerber
Welt
Dr. Wernitz
Frau Wester
Frau Westrich
Frau Wettig-Danielmeier
Frau Dr. Wetzel
Frau Weyel
Dr. Wieczorek
Frau Wieczorek-Zeul
Wiefelspütz
Wimmer (Neuötting)
Dr. de With
Wittich
Frau Wohlleben
Frau Wolf
Frau Zapf
Dr. Zöpel

FDP

Frau Dr. Adam-Schwaetzer
Frau Dr. Babel
Baum
Beckmann
Bredehorn
Cronenberg (Arnsberg)
Eimer (Fürth)
Engelhard
van Essen
Dr. Feldmann
Friedhoff
Friedrich
Funke
Frau Dr. Funke-Schmitt-Rink
Gallus
Gattermann
Genscher
Gries
Grünbeck
Grüner
Günther (Plauen)
Dr. Guttmacher
Hackel
Hansen
Dr. Haussmann
Heinrich
Dr. Hirsch
Dr. Hitschler
Frau Homburger
Frau Dr. Hoth
Dr. Hoyer
Hübner
Irmer
Kleinert (Hannover)
Kohn
Dr. Kolb
Koppelin
Kubicki
Dr.-Ing. Laermann
Dr. Graf Lambsdorff
Frau Leutheusser-
    Schnarrenberger
Lüder
Lühr
Dr. Menzel
Mischnick
Möllemann
Nolting
Dr. Ortleb
Paintner
Frau Peters
Frau Dr. Pohl
Richter (Bremerhaven)
Rind
Dr. Röhl
Schäfer (Mainz)
Frau Schmalz-Jacobsen
Schmidt (Dresden)
Dr. Schmieder
Schüßler
Schuster
Frau Sehn
Frau Seiler-Albring
Frau Dr. Semper
Dr. Solms
Dr. Starnick
Frau Dr. von Teichman und
    Logischen
Thiele
Dr. Thomae

Timm
Türk
Frau Walz
Dr. Weng (Gerlingen)
Wolfgramm (Göttingen)
Frau Würfel
Zurheide
Zywietz

PDS/LL

Frau Bläss
Dr. Briefs
Frau Dr. Enkelmann
Frau Dr. Fischer
Henn
Frau Dr. Höll
Frau Jelpke
Dr. Keller
Frau Lederer
Dr. Modrow
Dr. Schumann (Kroppenstedt)
Dr. Seifert
Frau Stachowa

Bündnis 90/GRÜNE

Dr. Feige
Frau Köppe
Poppe
Frau Schenk
Schulz (Berlin)
Weiß (Berlin)

Fraktionslos

Lowack

Enthalten

CDU/CSU

Haschke (Großhennersdorf)
Frau Jaffke
Dr. Kohl
Dr. Meyer zu Bentrup
Rau
Dr. Schäuble
Frau Schmidt (Spiesen)

SPD

Frau Ganseforth
Gansel
Hacker
Kuhlwein
Frau Dr. Lucyga
Neumann (Gotha)
Oostergetelo
Frau Schulte (Hameln)
Wartenberg (Berlin)

FDP

Ganschow
Otto (Frankfurt)

Damit ist der Antrag abgelehnt.

Ich rufe jetzt den Antrag auf Drucksache 12/816 auf, Kurzbezeichnung: Erhaltung der Funktionsfähigkeit. Das ist der Antrag von Herrn Schily.

Ich eröffne die Abstimmung.

Ist die Abstimmung beendet? — Nein, das ist nicht der Fall. —

Präsidentin Dr. Rita Süssmuth

(A) Ich schließe die Abstimmung. Ich bitte die Schriftführer mit der Auszählung zu beginnen, und unterbreche die Sitzung bis zur Bekanntgabe des Ergebnisses.

(Unterbrechung
von 21.06 Uhr bis 21.14 Uhr)

Präsidentin Dr. Rita Süssmuth: Liebe Kolleginnen und Kollegen, ich eröffne die Sitzung wieder.

Ich gebe das **Ergebnis der namentlichen Abstimmung über den Antrag auf Drucksache 12/816** bekannt. Abgegebene Stimmen: 657; davon ungültige Stimmen: keine. Mit Ja haben gestimmt: 289. Mit Nein haben gestimmt: 339. Enthaltungen: 29.

Endgültiges Ergebnis

Abgegebene Stimmen: 657

ja:	288
nein:	340
enthalten:	29

Ja

CDU/CSU

(B)
Brähmig
Carstens (Emstek)
Clemens
Francke (Hamburg)
Frau Grochtmann
Dr. h. c. Herkenrath
Dr. Jobst
Jung (Limburg)
Klein (Bremen)
Werner (Ulm)

SPD

Frau Adler
Antretter
Bachmaier
Frau Barbe
Bartsch
Berger
Bernrath
Beucher
Bindig
Frau Blunck
Dr. Böhme (Unna)
Börnsen (Ritterhude)
Brandt
Frau Brandt-Elsweier
Dr. Brecht
Büchler (Hof)
Büchner (Speyer)
Dr. von Bülow
Büttner (Ingolstadt)
Frau Bulmahn
Frau Burchardt
Bury
Frau Caspers-Merk
Catenhusen
Conradi
Frau Dr. Däubler-Gmelin
Diller
Frau Dr. Dobberthien
Dreßler
Duve
Dr. Eckardt
Dr. Ehmke (Bonn)

Erler
Esters
Ewen
Frau Ferner
Frau Fischer
  (Gräfenhainichen)
Fischer (Homburg)
Formanski
Frau Fuchs (Köln)
Fuhrmann
Frau Ganseforth
Dr. Gautier
Gilges
Frau Gleicke
Dr. Glotz
Graf
Großmann
Haack (Extertal)
Habermann
Hacker
Frau Hämmerle
Hampel
Frau Hanewinckel
Frau Dr. Hartenstein
Hasenfratz
Dr. Hauchler
Heistermann
Heyenn
Hiller (Lübeck)
Hilsberg
Dr. Holtz
Huonker
Ibrügger
Frau Iwersen
Frau Jäger
Frau Janz
Dr. Janzen
Jaunich
Dr. Jens
Jung (Düsseldorf)
Jungmann (Wittmoldt)
Frau Kastner
Kastning
Kirschner
Frau Klappert
Frau Klemmer
Klose
Dr. sc. Knaape
Körper
Frau Kolbe
Kolbow
Koltzsch
Koschnick
Kretkowski
Kubatschka
Dr. Kübler
Kuessner
Dr. Küster
Lambinus

Frau Lange
von Larcher
Lennartz
Lohmann (Witten)
Frau Dr. Lucyga
Maaß (Herne)
Frau Marx
Frau Mascher
Matschie
Dr. Matterne
Frau Matthäus-Maier
Frau Mattischeck
Meckel
Frau Mehl
Meißner
Dr. Mertens (Bottrop)
Dr. Meyer (Ulm)
Mosdorf
Müller (Düsseldorf)
Müller (Pleisweiler)
Müller (Schweinfurt)
Frau Müller (Völklingen)
Müller (Zittau)
Neumann (Gotha)
Frau Dr. Niehuis
Dr. Niese
Niggemeier
Frau Odendahl
Oesinghaus
Oostergetelo
Opel
Ostertag
Frau Dr. Otto
Paterna
Dr. Penner
Peter (Kassel)
Dr. Pfaff
Dr. Pick
Poß
Purps
Rappe (Hildesheim)
Reimann
Rempe
Frau von Renesse
Frau Rennebach
Reschke
Reuschenbach
Reuter
Rixe
Roth
Schäfer (Offenburg)
Frau Schaich-Walch
Schanz
Dr. Scheer
Scheffler
Schily
Schloten
Schluckebier
Schmidbauer (Nürnberg)
Frau Schmidt (Aachen)
Schmidt (Salzgitter)
Frau Schmidt-Zadel
Dr. Schmude
Dr. Schnell
Dr. Schöfberger
Schreiner
Frau Schröter
Schröter
Schütz
Frau Schulte (Hameln)
Dr. Schuster
Schwanhold
Schwanitz
Seidenthal
Frau Seuster
Frau Simm
Singer
Frau Dr. Skarpelis-Sperk
Frau Dr. Sonntag-Wolgast
Sorge
Dr. Sperling
Frau Steen
Steiner

(C)
Stiegler
Dr. Struck
Tappe
Frau Terborg
Dr. Thalheim
Tietjen
Frau Titze
Toetemeyer
Urbaniak
Vergin
Verheugen
Dr. Vogel
Vosen
Wagner
Wallow
Walter (Cochem)
Walther (Zierenberg)
Frau Dr. Wegner
Weiermann
Frau Weiler
Weis (Stendal)
Weißgerber
Weisskirchen (Wiesloch)
Welt
Dr. Wernitz
Frau Wester
Frau Westrich
Frau Wettig-Danielmeier
Frau Dr. Wetzel
Frau Weyel
Dr. Wieczorek
Wieczorek (Duisburg)
Frau Wieczorek-Zeul
Wiefelspütz
Wimmer (Neuötting)
Dr. de With
Wittich
Frau Wohlleben
Frau Wolf
Frau Zapf
Dr. Zöpel

(D)

FDP

Frau Dr. Adam-Schwaetzer
Frau Dr. Babel
Bredehorn
Cronenberg (Arnsberg)
Eimer (Fürth)
Engelhard
Dr. Feldmann
Friedhoff
Friedrich
Frau Dr. Funke-Schmitt-Rink
Gattermann
Gries
Grüner
Dr. Guttmacher
Hansen
Dr. Haussmann
Heinrich
Dr. Hitschler
Frau Homburger
Hübner
Kohn
Dr. Kolb
Dr.-Ing. Laermann
Lühr
Dr. Menzel
Mischnick
Möllemann
Nolting
Dr. Ortleb
Paintner
Dr. Röhl
Schäfer (Mainz)
Dr. Schmieder
Schüßler
Schuster
Frau Sehn
Frau Dr. Semper

Präsidentin Dr. Rita Süssmuth

(A)

Dr. Starnick
Thiele
Dr. Thomae
Türk
Frau Walz
Dr. Weng (Gerlingen)
Wolfgramm (Göttingen)

PDS/LL

Frau Bläss
Frau Dr. Enkelmann
Frau Dr. Fischer
Henn
Frau Dr. Höll
Frau Jelpke
Dr. Keller
Frau Lederer
Dr. Riege
Dr. Schumann (Kroppenstedt)
Dr. Seifert
Frau Stachowa

Bündnis 90/GRÜNE

Dr. Feige
Frau Köppe
Poppe
Frau Schenk
Schulz (Berlin)
Dr. Ullmann
Weiß (Berlin)
Frau Wollenberger

Nein

CDU/CSU

(B)

Adam
Dr. Altherr
Augustinowitz
Austermann
Bargfrede
Dr. Bauer
Frau Baumeister
Bayha
Belle
Frau Dr. Bergmann-Pohl
Bierling
Dr. Blank
Frau Blank
Bleser
Dr. Blüm
Frau Dr. Böhmer
Börnsen (Bönstrup)
Dr. Bötsch
Bohl
Bohlsen
Borchert
Breuer
Frau Brudlewsky
Brunnhuber
Bühler (Bruchsal)
Büttner (Schönebeck)
Buwitt
Carstensen (Nordstrand)
Dehnel
Frau Dempwolf
Deres
Deß
Frau Diemers
Dörflinger
Doppmeier
Doss
Dr. Dregger
Echternach
Ehlers
Ehrbar
Frau Eichhorn
Engelmann

Eppelmann
Eylmann
Frau Eymer
Frau Falk
Dr. Faltlhauser
Feilcke
Dr. Fell
Fischer (Hamburg)
Frau Fischer (Unna)
Fockenberg
Frankenhauser
Dr. Friedrich
Fritz
Fuchtel
Ganz (St. Wendel)
Frau Geiger
Geis
Dr. Geißler
Dr. von Geldern
Gerster (Mainz)
Gibtner
Glos
Dr. Göhner
Göttsching
Götz
Dr. Götzer
Gres
Gröbl
Grotz
Dr. Grünewald
Günther (Duisburg)
Frhr. von Hammerstein
Harries
Haschke (Großhennersdorf)
Haschke (Jena-Ost)
Frau Hasselfeldt
Haungs
Hauser (Esslingen)
Hauser (Rednitzhembach)
Hedrich
Heise
Frau Dr. Hellwig
Dr. Hennig
Hinsken
Hintze
Hörsken
Hörster
Dr. Hoffacker
Hollerith
Dr. Hornhues
Hornung
Hüppe
Jagoda
Dr. Jahn (Münster)
Janovsky
Frau Jeltsch
Dr.-Ing. Jork
Dr. Jüttner
Junghanns
Dr. Kahl
Kalb
Kampeter
Dr.-Ing. Kansy
Dr. Kappes
Frau Karwatzki
Kauder
Keller
Kiechle
Kittelmann
Klein (München)
Klinkert
Köhler (Hainspitz)
Dr. Köhler (Wolfsburg)
Dr. Kohl
Kolbe
Frau Kors
Koschyk
Kossendey
Kraus
Dr. Krause (Börgerende)
Dr. Krause (Bonese)
Krause (Dessau)
Krey

Kriedner
Kronberg
Dr.-Ing. Krüger
Krziskewitz
Lamers
Lamp
Lattmann
Dr. Laufs
Laumann
Lenzer
Dr. Lieberoth
Frau Limbach
Link (Diepholz)
Lintner
Dr. Lippold (Offenbach)
Dr. sc. Lischewski
Lohmann (Lüdenscheid)
Louven
Lummer
Dr. Luther
Maaß (Wilhelmshaven)
Frau Männle
Magin
Dr. Mahlo
de Maizière
Frau Marienfeld
Marschewski
Marten
Dr. Mayer (Siegertsbrunn)
Meckelburg
Meinl
Frau Dr. Merkel
Frau Dr. Meseke
Dr. Meyer zu Bentrup
Frau Michalk
Michels
Dr. Mildner
Dr. Möller
Molnar
Dr. Müller
Müller (Kirchheim)
Müller (Wadern)
Müller (Wesseling)
Nelle
Dr. Neuling
Nitsch
Frau Nolte
Ost
Oswald
Otto (Erfurt)
Dr. Päselt
Dr. Paziorek
Petzold
Pfeffermann
Pfeifer
Frau Pfeiffer
Dr. Pfennig
Dr. Pflüger
Dr. Pinger
Pofalla
Dr. Pohler
Frau Priebus
Dr. Probst
Dr. Protzner
Pützhofen
Frau Rahardt-Vahldieck
Raidel
Dr. Ramsauer
Rau
Rauen
Rawe
Reddemann
Regenspurger
Reichenbach
Dr. Reinartz
Frau Reinhardt
Repnik
Dr. Rieder
Dr. Riesenhuber
Rode (Wietzen)
Frau Rönsch (Wiesbaden)
Frau Roitzsch (Quickborn)
Romer

Dr. Rose (C)
Roth (Gießen)
Rother
Dr. Ruck
Rühe
Dr. Rüttgers
Sauer (Salzgitter)
Sauer (Stuttgart)
Scharrenbroich
Frau Schätzle
Dr. Schäuble
Schartz (Trier)
Schemken
Scheu
Schmalz
Schmidbauer
Schmidt (Fürth)
Dr. Schmidt (Halsbrücke)
Schmidt (Mühlheim)
Frau Schmidt (Spiesen)
Schmitz (Baesweiler)
von Schmude
Dr. Schneider (Nürnberg)
Dr. Schockenhoff
Graf von Schönburg-Glauchau
Dr. Scholz
Frhr. von Schorlemer
Dr. Schreiber
Dr. Schroeder (Freiburg)
Schulhoff
Dr. Schulte
  (Schwäbisch Gmünd)
Schulz (Leipzig)
Schwalbe
Schwarz
Dr. Schwarz-Schilling
Dr. Schwörer
Seehofer
Seesing
Seibel
Seiters
Skowron
Dr. Sopart (D)
Frau Sothmann
Spilker
Dr. Sprung
Dr. Stavenhagen
Frau Steinbach-Hermann
Dr. Stercken
Dr. Frhr. von Stetten
Stockhausen
Dr. Stoltenberg
Strube
Stübgen
Frau Dr. Süssmuth
Susset
Tillmann
Dr. Töpfer
Dr. Uelhoff
Uldall
Frau Verhülsdonk
Vogel (Ennepetal)
Vogt (Düren)
Dr. Voigt (Northeim)
Dr. Vondran
Dr. Waffenschmidt
Dr. Waigel
Graf von Waldburg-Zeil
Dr. Warnke
Dr. Warrikoff
Wetzel
Frau Wiechatzek
Dr. Wieczorek (Auerbach)
Frau Dr. Wilms
Wilz
Wimmer (Neuss)
Frau Dr. Wisniewski
Wissmann
Dr. Wittmann
Wittmann (Tännesberg)
Wonneberger
Frau Wülfing
Frau Yzer

Präsidentin Dr. Rita Süssmuth

(A)
Zeitlmann
Zierer
Zöller

SPD

Andres
Becker (Nienberge)
Frau Becker-Inglau
Daubertshäuser
Dr. Diederich (Berlin)
Ebert
Eich
Frau Fuchs (Verl)
Frau Dr. Leonhard-Schmid
Müntefering
Frau Schmidt (Nürnberg)
Sielaff
Voigt (Frankfurt)

FDP

Frau Albowitz
Baum
Beckmann
van Essen
Funke
Gallus
Ganschow
Genscher
Günther (Plauen)
Hackel
Dr. Hirsch
Frau Dr. Hoth
Dr. Hoyer
Irmer
Kleinert (Hannover)
Koppelin
Kubicki
Dr. Graf Lambsdorff
(B)
Frau Leutheusser-
    Schnarrenberger
Lüder
Otto (Frankfurt)
Frau Peters
Frau Dr. Pohl
Richter (Bremerhaven)
Rind
Frau Schmalz-Jacobsen
Schmidt (Dresden)
Frau Seiler-Albring
Dr. Solms
Timm

Frau Würfel
Zurheide
Zywietz

Fraktionslos

Lowack

Enthalten

CDU/CSU

Frau Augustin
Dr. Blens
Böhm (Melsungen)
Helmrich
Jäger
Frau Jaffke
Dr. Lammert
Frau Dr. Lehr
Neumann (Bremen)
Dr. Olderog
Pesch
Dr. Riedl (München)
Rossmanith
Spranger
Würzbach

SPD

Dr. Elmer
Gansel
Kuhlwein
Leidinger
Neumann (Bramsche)
Dr. Soell
Thierse
Waltemathe
Wartenberg (Berlin)

FDP

Grünbeck

PDS/LL

Frau Braband
Dr. Briefs
Dr. Gysi
Dr. Heuer

Der Antrag ist abgelehnt.

Bevor wir in der Abstimmung weiterfahren, erteile ich das Wort zur Geschäftsordnung dem Abgeordneten Gysi.

Dr. Gregor Gysi (PDS/Linke Liste): Frau Präsidentin! Meine Damen und Herren! Sie werden den dritten Antrag, auf Drucksache 12/818, der heute angekündigt worden ist, auf dem Wahlzettel nicht mehr finden. Ich will dazu kurz eine Erklärung abgeben.

Sie ahnen sicherlich, daß wir nach wie vor davon überzeugt sind, daß es eigentlich der konsequenteste Antrag war. Wir haben uns aber überlegt, daß es vielleicht nicht günstig wäre, wenn wir in zwei Wahlrunden gehen, weil nach der ersten auf Grund der Kenntnis der ersten Abstimmung ein breites taktisches Verhalten einsetzen würde. Das Thema war uns zu wichtig und die Sache zu ernst, als daß man sie auf diese Ebene bringt.

(C)
Deshalb haben wir uns entschieden, im Interesse der Sachentscheidung unseren Antrag zurückzuziehen.

Danke schön.

(Beifall bei Abgeordneten der PDS/Linke Liste)

Präsidentin Dr. Rita Süssmuth: Wir kommen jetzt zur Abstimmung über die zwei weiteren Anträge auf den Drucksachen 12/814 und 12/815. Beide Anträge sind auf der Ihnen vorliegenden rosa Stimmkarte aufgeführt. Oben tragen Sie bitte lesbar Ihren Namen einschließlich eines eventuellen Ortszusatzes sowie Ihre Fraktion oder Gruppe ein. Sie können einem der beiden Anträge zustimmen, mit Nein stimmen oder sich der Stimme enthalten. Sie haben nur eine Stimme. Ungültig sind Stimmkarten, die mehr als ein Kreuz aufweisen, gar kein Kreuz aufweisen, andere als die vorgeschlagenen Städtenamen aufführen oder keinen lesbaren Namen enthalten. Bevor Sie die Stimmkarte einwerfen, übergeben Sie bitte Ihren gelben Wahlausweis dem Schriftführer an der Urne.

Ich eröffne die namentliche Abstimmung.

Haben alle ihre Stimmkarten abgegeben? —

Ich schließe die Abstimmung. Ich bitte die Schriftführer, mit der Auszählung zu beginnen. Wir warten auf das Ergebnis. —

Präsidentin Dr. Rita Süssmuth: Meine Damen und Herren, wir fahren in der Sitzung fort. Ich bitte Sie, zunächst einmal Platz zu nehmen, sofern Sie einen Platz haben.

(D)
Wir müssen noch einen Augenblick warten, weil das Ergebnis noch nicht vorliegt.

(Heiterkeit — Norbert Gansel [SPD]: Frau Präsidentin, wir wollen es nicht aus den Nachrichten erfahren!)

— Ich kann auch noch kein Nachrichtensender sein.

(Heiterkeit)

Auch wenn sie ungeduldig sind; die Schriftführer und Schriftführerinnen möchten sicher sein, sich nicht verzählt zu haben. Sie kommen gleich herein.

Die Spannung ist riesengroß. Ich gebe das **Ergebnis** jetzt bekannt: Abgegebene Stimmen 660, davon gültige Stimmen 659. Für den Antrag Bundesstaatslösung — Drucksache 12/814 —, Bonn-Antrag, 320 Stimmen, für den Antrag Vollendung der Einheit Deutschlands — Drucksache 12/815 —, Berlin-Antrag, 337 Stimmen, 2 Enthaltungen.*)

Endgültiges Ergebnis

Abgegebene Stimmen: 660

davon für den Antrag — Bundesstaatslösung, Bonn-Antrag — auf Drucksache 12/814: 320

---

*) Bei der Feststellung des endgültigen Ergebnisses gab es 1 ungültige Stimme.

Präsidentin Dr. Rita Süssmuth

(A) ## Ja

CDU/CSU

Dr. Altherr
Dr. Bauer
Belle
Dr. Blank
Frau Blank
Dr. Blens
Bleser
Dr. Blüm
Frau Dr. Böhmer
Dr. Bötsch
Brähmig
Breuer
Frau Brudlewsky
Brunnhuber
Bühler (Bruchsal)
Carstens (Emstek)
Dehnel
Frau Dempwolf
Deres
Deß
Frau Diemers
Dörflinger
Frau Eichhorn
Engelmann
Frau Falk
Dr. Faltlhauser
Frau Fischer (Unna)
Fockenberg
Frankenhauser
Fritz
Ganz (St. Wendel)
Geis
Gerster (Mainz)
Glos
Dr. Göhner
Göttsching
Götz
Dr. Götzer
(B) Gres
Gröbl
Grotz
Dr. Grünewald
Günther (Duisburg)
Haschke (Großhennersdorf)
Frau Hasselfeldt
Haungs
Hauser (Rednitzhembach)
Dr. h. c. Herkenrath
Hinsken
Hintze
Hörsken
Hörster
Dr. Hoffacker
Hollerith
Hornung
Hüppe
Janovsky
Frau Jeltsch
Dr. Jobst
Dr.-Ing. Jork
Dr. Jüttner
Jung (Limburg)
Dr. Kahl
Kalb
Kampeter
Frau Karwatzki
Kauder
Keller
Klein (München)
Köhler (Hainspitz)
Frau Kors
Kraus
Krey
Kronberg
Lamers
Dr. Lammert
Dr. Laufs
Laumann
Frau Dr. Lehr

Frau Limbach
Lintner
Dr. Lippold (Offenbach)
Louven
Dr. Luther
Frau Männle
Magin
Dr. Mayer (Siegertsbrunn)
Meckelburg
Meinl
Dr. Möller
Dr. Müller
Müller (Kirchheim)
Müller (Wadern)
Müller (Wesseling)
Nelle
Ost
Oswald
Pesch
Dr. Pflüger
Dr. Pinger
Pofalla
Dr. Pohler
Dr. Probst
Dr. Protzner
Pützhofen
Raidel
Rau
Rauen
Rawe
Regenspurger
Dr. Reinartz
Frau Reinhardt
Repnik
Dr. Rieder
Dr. Riedl (München)
Rode (Wietzen)
Frau Roitzsch (Quickborn)
Romer
Rossmanith
Rother
Dr. Ruck
Dr. Rüttgers
Sauer (Salzgitter)
Sauer (Stuttgart)
Scharrenbroich
Frau Schätzle
Schartz (Trier)
Scheu
Schmalz
Schmidt (Fürth)
Schmidt (Mühlheim)
Schmitz (Baesweiler)
Graf von Schönburg-Glauchau
Dr. Schreiber
Schulhoff
Dr. Schulte
   (Schwäbisch Gmünd)
Schulz (Leipzig)
Schwalbe
Schwarz
Seehofer
Seesing
Spranger
Dr. Stercken
Strube
Frau Dr. Süssmuth
Dr. Uelhoff
Frau Verhülsdonk
Vogel (Ennepetal)
Vogt (Düren)
Dr. Waffenschmidt
Dr. Waigel
Graf von Waldburg-Zeil
Dr. Warrikoff
Werner (Ulm)
Wetzel
Frau Dr. Wilms
Wimmer (Neuss)
Dr. Wittmann
Wittmann (Tännesberg)
Frau Wülfing

Frau Yzer
Zeitlmann
Zöller

SPD

Frau Adler
Antretter
Bachmaier
Becker (Nienberge)
Frau Becker-Inglau
Berger
Bernrath
Beucher
Bindig
Frau Blunck
Dr. Böhme (Unna)
Frau Brandt-Elsweier
Dr. von Bülow
Büttner (Ingolstadt)
Frau Burchardt
Bury
Frau Caspers-Merk
Diller
Dreßler
Ebert
Dr. Ehmke (Bonn)
Eich
Frau Ferner
Frau Fischer
   (Gräfenhainichen)
Fischer (Homburg)
Formanski
Frau Fuchs (Köln)
Fuhrmann
Dr. Gautier
Gilges
Dr. Glotz
Graf
Großmann
Habermann
Hasenfratz
Heistermann
Dr. Holtz
Huonker
Ibrügger
Frau Janz
Dr. Jens
Frau Kastner
Kastning
Kirschner
Frau Klappert
Klose
Körper
Kolbow
Koltzsch
Kretkowski
Kubatschka
Lambinus
Leidinger
Lennartz
Frau Dr. Leonhard-Schmid
Lohmann (Witten)
Maaß (Herne)
Frau Matthäus-Maier
Dr. Mertens (Bottrop)
Mosdorf
Müller (Düsseldorf)
Müller (Pleisweiler)
Frau Müller (Völklingen)
Müntefering
Niggemeier
Frau Odendahl
Oesinghaus
Ostertag
Frau Dr. Otto
Dr. Penner
Peter (Kassel)
Dr. Pfaff
Dr. Pick
Poß
Purps

Rappe (Hildesheim)   (C)
Reimann
Rempe
Reschke
Reuter
Rixe
Roth
Schäfer (Offenburg)
Frau Schaich-Walch
Schanz
Dr. Scheer
Schloten
Schluckebier
Frau Schmidt (Aachen)
Frau Schmidt (Nürnberg)
Frau Schmidt-Zadel
Frau Seuster
Sielaff
Frau Simm
Singer
Frau Dr. Skarpelis-Sperk
Dr. Sperling
Steiner
Stiegler
Tietjen
Frau Titze
Toetemeyer
Urbaniak
Verheugen
Vosen
Wagner
Wallow
Waltemathe
Walter (Cochem)
Walther (Zierenberg)
Weiermann
Frau Weiler
Welt
Dr. Wernitz
Frau Wester
Frau Westrich
Frau Weyel
Dr. Wieczorek   (D)
Wieczorek (Duisburg)
Frau Wieczorek-Zeul
Wiefelspütz
Wimmer (Neuötting)
Dr. de With
Frau Wohlleben
Frau Zapf
Dr. Zöpel

FDP

Frau Dr. Adam-Schwaetzer
Frau Albowitz
Baum
Bredehorn
van Essen
Dr. Feldmann
Friedhoff
Gallus
Gattermann
Gries
Grüner
Heinrich
Frau Homburger
Dr. Hoyer
Hübner
Dr.-Ing. Laermann
Dr. Graf Lambsdorff
Lühr
Otto (Frankfurt)
Paintner
Frau Sehn
Frau Seiler-Albring
Frau Dr. Semper
Dr. Thomae
Frau Walz
Dr. Weng (Gerlingen)

Präsidentin Dr. Rita Süssmuth

(A)

PDS/LL

Dr. Briefs

Bündnis 90/GRÜNE

Dr. Feige
Frau Schenk

Fraktionslos

Lowack

Enthalten

SPD

Müller (Zittau)

Endgültiges Ergebnis

Abgegebene Stimmen: 660

davon für den Antrag — Vollendung der Einheit Deutschlands, Berlin-Antrag — auf Drucksache 12/815: 338

Ja

CDU/CSU

Adam
Frau Augustin
Augustinowitz
Austermann
Bargfrede
Frau Baumeister
Bayha
Frau Dr. Bergmann-Pohl
Bierling
Böhm (Melsungen)
Börnsen (Bönstrup)
Bohl
Bohlsen
Borchert

(B)

Büttner (Schönebeck)
Buwitt
Carstensen (Nordstrand)
Clemens
Doppmeier
Doss
Dr. Dregger
Echternach
Ehlers
Ehrbar
Eppelmann
Eylmann
Frau Eymer
Feilcke
Dr. Fell
Fischer (Hamburg)
Francke (Hamburg)
Dr. Friedrich
Fuchtel
Frau Geiger
Dr. Geißler
Dr. von Geldern
Gibtner
Frau Grochtmann
Frhr. von Hammerstein
Harries
Haschke (Jena-Ost)
Hauser (Esslingen)
Hedrich
Heise
Frau Dr. Hellwig
Helmrich
Dr. Hennig
Dr. Hornhues
Jäger
Frau Jaffke
Jagoda
Dr. Jahn (Münster)
Junghanns
Dr.-Ing. Kansy
Dr. Kappes

Kiechle
Kittelmann
Klein (Bremen)
Klinkert
Dr. Köhler (Wolfsburg)
Dr. Kohl
Kolbe
Koschyk
Kossendey
Dr. Krause (Börgerende)
Dr. Krause (Bonese)
Krause (Dessau)
Kriedner
Dr.-Ing. Krüger
Krziskewitz
Lamp
Lattmann
Lenzer
Dr. Lieberoth
Link (Diepholz)
Dr. sc. Lischewski
Lohmann (Lüdenscheid)
Lummer
Maaß (Wilhelmshaven)
Dr. Mahlo
de Maizière
Frau Marienfeld
Marschewski
Marten
Frau Dr. Merkel
Frau Dr. Meseke
Dr. Meyer zu Bentrup
Frau Michalk
Michels
Dr. Mildner
Molnar
Dr. Neuling
Neumann (Bremen)
Nitsch
Frau Nolte
Dr. Olderog
Otto (Erfurt)
Dr. Päselt
Dr. Paziorek
Petzold
Pfeffermann
Pfeifer
Frau Pfeiffer
Dr. Pfennig
Frau Priebus
Frau Rahardt-Vahldieck
Reddemann
Reichenbach
Dr. Riesenhuber
Frau Rönsch (Wiesbaden)
Dr. Rose
Roth (Gießen)
Rühe
Dr. Schäuble
Schemken

Schmidbauer
Dr. Schmidt (Halsbrücke)
Frau Schmidt (Spiesen)
von Schmude
Dr. Schneider (Nürnberg)
Dr. Schockenhoff
Dr. Scholz
Frhr. von Schorlemer
Dr. Schroeder (Freiburg)
Dr. Schwarz-Schilling
Dr. Schwörer
Seibel
Seiters
Skowron
Dr. Sopart
Frau Sothmann
Spilker
Dr. Sprung
Dr. Stavenhagen
Frau Steinbach-Hermann
Dr. Frhr. von Stetten
Stockhausen
Dr. Stoltenberg
Stübgen
Susset
Tillmann
Dr. Töpfer
Uldall
Dr. Voigt (Northeim)
Dr. Vondran
Dr. Warnke
Frau Wiechatzek
Dr. Wieczorek (Auerbach)
Wilz
Frau Dr. Wisniewski
Wissmann
Wonneberger
Würzbach
Zierer

SPD

Andres
Frau Barbe
Bartsch
Börnsen (Ritterhude)
Brandt
Dr. Brecht
Bücher (Speyer)
Büchler (Hof)
Frau Bulmahn
Catenhusen
Conradi
Frau Dr. Däubler-Gmelin
Daubertshäuser
Dr. Diederich (Berlin)
Frau Dr. Dobberthien
Duve
Dr. Eckardt
Dr. Elmer
Erler
Esters
Ewen
Frau Fuchs (Verl)
Frau Ganseforth
Gansel
Frau Gleicke
Haack (Extertal)
Hacker
Frau Hämmerle
Hampel
Frau Hanewinckel
Frau Dr. Hartenstein
Dr. Hauchler
Heyenn
Hiller (Lübeck)
Hilsberg
Frau Iwersen
Frau Jäger
Dr. Janzen

Jaunich   (C)
Jung (Düsseldorf)
Jungmann (Wittmoldt)
Frau Klemmer
Dr. sc. Knaape
Frau Kolbe
Koschnick
Dr. Kübler
Kuessner
Dr. Küster
Kuhlwein
Frau Lange
von Larcher
Frau Dr. Lucyga
Frau Marx
Frau Mascher
Matschie
Dr. Matterne
Frau Mattischeck
Meckel
Frau Mehl
Meißner
Dr. Meyer (Ulm)
Müller (Schweinfurt)
Neumann (Bramsche)
Neumann (Gotha)
Frau Dr. Niehuis
Dr. Niese
Oostergetelo
Opel
Paterna
Frau von Renesse
Frau Rennebach
Reuschenbach
Scheffler
Schily
Schmidbauer (Nürnberg)
Schmidt (Salzgitter)
Dr. Schmude
Dr. Schnell
Dr. Schöfberger
Schreiner
Frau Schröter   (D)
Schröter
Schütz
Frau Schulte (Hameln)
Dr. Schuster
Schwanhold
Schwanitz
Seidenthal
Dr. Soell
Frau Dr. Sonntag-Wolgast
Sorge
Frau Steen
Dr. Struck
Tappe
Frau Terborg
Dr. Thalheim
Thierse
Vergin
Dr. Vogel
Voigt (Frankfurt)
Wartenberg (Berlin)
Frau Dr. Wegner
Weis (Stendal)
Weißgerber
Weisskirchen (Wiesloch)
Frau Wettig-Danielmeier
Frau Dr. Wetzel
Wittich
Frau Wolf
Zumkley

FDP

Frau Dr. Babel
Beckmann
Cronenberg (Arnsberg)
Eimer (Fürth)
Engelhard
Friedrich

127

Präsidentin Dr. Rita Süssmuth

(A)

Funke
Frau Dr. Funke-Schmitt-Rink
Ganschow
Genscher
Grünbeck
Günther (Plauen)
Dr. Guttmacher
Hackel
Hansen
Dr. Haussmann
Dr. Hirsch
Dr. Hitschler
Frau Dr. Hoth
Irmer
Kleinert (Hannover)
Kohn
Dr. Kolb
Koppelin
Kubicki
Frau Leutheusser-
    Schnarrenberger
Lüder
Dr. Menzel
Mischnick
Möllemann
Nolting
Dr. Ortleb
Frau Peters
Frau Dr. Pohl
Richter (Bremerhaven)
Rind
Dr. Röhl
Schäfer (Mainz)
Frau Schmalz-Jacobsen

Schmidt (Dresden)
Dr. Schmieder
Schüßler
Schuster
Dr. Solms
Dr. Starnick
Frau Dr. von Teichman und
    Logischen
Thiele
Timm
Türk
Wolfgramm (Göttingen)
Frau Würfel
Zurheide
Zywietz

PDS/LL

Frau Bläss
Frau Dr. Enkelmann
Frau Dr. Fischer
Dr. Gysi
Henn
Dr. Heuer
Frau Dr. Höll
Frau Jelpke
Dr. Keller
Frau Lederer
Dr. Modrow
Dr. Riege
Dr. Schumann (Kroppenstedt)

Dr. Seifert
Frau Stachowa

Bündnis 90/GRÜNE

Frau Köppe
Poppe
Schulz (Berlin)
Dr. Ullmann

Weiß (Berlin)
Frau Wollenberger   (C)

Enthalten

SPD

Müller (Zittau)

(Lebhafter Beifall bei Abgeordneten aller
Fraktionen und Gruppen)

Liebe Kolleginnen und Kollegen, ich darf von hier
oben aus der Stadt Berlin ganz herzlich gratulieren.
Das ist ein großer Tag für uns gewesen, aber auch für
das Parlament. Es ist allen zu danken, die an dieser
Debatte mitgewirkt haben. Das Ergebnis ist zu respektieren und bindet uns. Ich sage auch allen Dank,
die tagelang und wochenlang im Hintergrund für diesen Entscheidungstag gearbeitet haben.

Ich schließe damit unsere Sitzung und berufe den
Deutschen Bundestag wieder für Freitag, den 21. Juni
1991, 9 Uhr ein.

Und jetzt wird gefeiert!

(Schluß der Sitzung: 21.49 Uhr)

Berichtigung

33. Sitzung, Seite 2640 B: Bei „Enthalten" ist zwischen den Namen „Steiner" und „Frau Homburger"
„FDP" einzufügen.

(B)   (D)

Anlagen zum Stenographischen Bericht   (C)

Anlage 1

Liste der entschuldigten Abgeordneten

Abgeordnete(r)		entschuldigt bis einschließlich
Becker-Inglau, Ingrid	SPD	20. 06. 91
Kolbe, Regina	SPD	20. 06. 91
Dr. Müller, Günther	CDU/CSU	20. 06. 91*
Pfuhl, Albert	SPD	20. 06. 91
Dr. Riedl (München), Erich	CDU/CSU	20. 06. 91
Dr. Schöfberger, Rudolf	SPD	20. 06. 91

* für die Teilnahme an Sitzungen der Parlamentarischen Versammlung des Europarates

Deutscher Bundestag

Nachtrag zum
Stenographischen Bericht

34. Sitzung

Bonn, Donnerstag, den 20. Juni 1991

I n h a l t :

Anlage 3

Erklärung nach § 31 GO des Abgeordneten Jürgen Augustinowitz (CDU/CSU) zur Abstimmung über die Anträge zum Parlaments- und Regierungssitz (Tagesordnungspunkt 15) . . . . 2922* C

Anlage 4

Erklärung nach § 31 GO der Abgeordneten Brigitte Baumeister (CDU/CSU) zur Abstimmung über die Anträge zum Parlaments- und Regierungssitz (Tagesordnungspunkt 15) . 2922* C

Anlage 5

Erklärung nach § 31 GO des Abgeordneten Dr. Heinrich Kolb (FDP) zur Abstimmung über die Anträge zum Parlaments- und Regierungssitz (Tagesordnungspunkt 15) . . 2922* D

Anlage 6

Erklärung nach § 31 GO der Abgeordneten Uwe Lambinus, Walter Kolbow, Susanne Kastner (alle SPD) zur Abstimmung über die Anträge zum Parlaments- und Regierungssitz (Tagesordnungspunkt 15) . . . . . . 2923* C

Anlage 7

Erklärung nach § 31 GO des Abgeordneten Dr. Norbert Lammert (CDU/CSU) zur Abstimmung über die Anträge zum Parlaments- und Regierungssitz (Tagesordnungspunkt 15) . . . . 2923* D

Anlage 8

Erklärung nach § 31 GO des Abgeordneten Dr. Reinhard Meyer zu Bentrup (CDU/CSU) zur Abstimmung über die Anträge zum Parlaments- und Regierungssitz (Tagesordnungspunkt 15) . . . . 2924* C

Anlage 9

Erklärung nach § 31 GO des Abgeordneten Hans-Joachim Otto (Frankfurt) (FDP) zur Abstimmung über die Anträge zum Parlaments- und Regierungssitz (Tagesordnungspunkt 15) . . . . 2924* D

Anlage 2

Zu Protokoll gegebene Reden
zu Tagesordnungspunkt 15
— Anträge zum Parlaments- und Regierungssitz —

Ina Albowitz *(FDP):* Bei der Debatte um den Sitz von Parlament und Regierung fällt heute die Entscheidung, und zwar nach meiner Auffassung für Bonn. Die Menschen in dieser Region brauchen jetzt Sicherheit bezüglich ihrer Zukunftspläne. Wir können doch die Bürger unserer Nation nicht jahrelang im ungewissen lassen.

Bei einem Umzug nach Berlin werden in noch nie gekanntem Ausmaß Familien auseinandergerissen und Menschen ihrer Existenzgrundlage beraubt. Das kann und darf uns doch nicht unberührt lassen, zumal Berlin auch ohne Parlaments- und Regierungssitz als Folge der Einheit einem wirtschaftlichen Boom entgegensieht.

Auch alle Teilungs-Modelle sind unakzeptabel. Ihre Verwirklichung würde die Arbeitsfähigkeit des Parlaments entscheidend beeinträchtigen. Das Parlament würde sich selbst degradieren und freiwillig auf Einfluß und Bedeutung verzichten. Wer anderes behauptet, will nicht sehen, wie stark zahlreiche Abgeordnete auf direkte Kontakte mit Mitgliedern der Ministerien angewiesen sind. Ein Beispiel will ich nur nennen: Der Haushaltsausschuß, dem ich angehöre, wäre nur beschränkt arbeitsfähig.

Eine Teilverlagerung von Kernbereichen der Bundesregierung nach Berlin würde eine Sogwirkung auslösen, die zunächst Verbände, Medien, Botschaften und auf Dauer auch die gesamte Regierung erfassen würde. Auch das kann nicht unsere Absicht sein und ist abzulehnen.

Natürlich muß die Hauptstadtfunktion Berlins in Zukunft verdeutlicht werden. Die Stadt sollte z. B. als bedeutsamer Schwerpunkt von Kultur und Wissenschaft gefördert werden. Aber tun wir Berlin wirklich einen Gefallen, wenn wir Regierung und Parlament verlagern? Bereits heute fehlen in der Region Berlin 170 000 Wohnungen. Dieser Mangel kann in absehbarer Zeit nicht abgebaut werden, weil immer mehr Menschen in die Hauptstadt drängen; der Fehlbestand würde sich durch eine Entscheidung für Berlin dramatisch vergrößern. Darauf haben das Finanz-, das Innen- und das Bauministerium in ihrem Bericht hingewiesen.

Nicht vergessen werden dürfen in dieser Diskussion die Kosten der Verlagerung des Regierungssitzes, vor allem weil die Belastungen des Bundeshaushalts durch die deutsche Einigung ohnehin schon beträchtlich sind. Der Bundesfinanzminister hält es sogar für möglich, daß die Kosten einer Verlagerung von Parlament und Regierung nach Berlin weit über die im Prognos-Gutachten genannten 50 bis 60 Milliarden DM hinausgehen. Die Prognos-Gutachter sprechen ja selbst von Risiken in zweistelliger Milliardenhöhe.

Da uns alle großen öffentlichen Bauvorhaben gelehrt haben, daß Kostenschätzungen in den meisten Fällen sogar übertroffen werden, setzen wir uns mit der Berlin-Entscheidung einem finanzpolitischen Risiko aus, das unverantwortbar ist, weil wir ihm aus dem Weg gehen können.

Berlin-Befürworter behaupten, die Verlagerung nach Berlin fördere den Aufbau der fünf neuen Bundesländer. Das bezweifele ich. Zum einen fehlen die für einen Umzug benötigten Milliarden dann an anderen Stellen, wo sie viel gezielter eingesetzt werden könnten. Zum anderen sind die Menschen in den neuen Ländern auch gar nicht begeistert, wenn erneut eine so starke Zentralisation auf Berlin erfolgt. Die Erfahrungen in der ehemaligen DDR, als die gesamte sonstige DDR unter der Konzentration der Mittel auf die Hauptstadt zu leiden hatte, sind noch in bester Erinnerung. Deshalb glaube ich auch nicht an die viel beschworene psychologische Wirkung.

Vielmehr wünschen sich auch die neuen Bundesbürger einen starken föderalistischen Staat mit vielen regionalen Zentren. Aus diesem Grund befürworte ich, daß zahlreiche zentrale Bundeseinrichtungen in die neuen Länder verlagert werden. Die Wahrscheinlichkeit, solche Einrichtungen zu erhalten, wird bei einer Entscheidung pro Berlin für die neuen Bundesländer erheblich geringer sein. Das sollten auch Abgeordnete aus dem Beitrittsgebiet berücksichtigen.

All diese Argumente können nur eine Entscheidung zur Folge haben: Parlaments- und Regierungssitz muß Bonn bleiben. Ich stehe zu Berlin als Hauptstadt des vereinten Deutschlands, aber dies darf nicht dazu führen, daß wir eine Entscheidung gegen das Wohl der Menschen treffen.

Jürgen Augustinowitz *(CDU/CSU):* Zunächst eine Vorbemerkung: Mir geht es bei dieser Entscheidung nicht darum, mich gegen Bonn oder für Berlin zu entscheiden, sondern hier geht es um Deutschland.

Ich spreche heute bewußt als junger Bundestagsabgeordneter zu Ihnen und möchte widersprechen, daß es sich bei der Angelegenheit des Regierungssitzes in Bonn oder Berlin um eine Generationenfrage handelt. Viele junge Menschen in meinem Alter und jünger sind für Berlin, viele andere sind für Bonn. Genauso wie diese Frage quer durch alle Parteien und Fraktionen geht, geht sie auch durch die Generationen.

„Die leitenden Bundesorgane verlegen ihren Sitz in die Hauptstadt Deutschlands, Berlin, sobald allgemeine, freie, gleiche, geheime und direkte Wahlen in ganz Berlin und in der sowjetischen Besatzungszone durchgeführt sind." Dieser Beschluß des Deutschen Bundestages von 1949 wurde in den letzten 40 Jahren immer wieder bekräftigt, er gilt auch heute noch. Wir können uns doch nicht fast ein halbes Jahrhundert lang immer wieder zu Berlin bekennen und uns dann, wenn die Voraussetzungen geschaffen sind, in dieser Form verweigern. Hier steht die Glaubwürdigkeit deutscher Politik entscheidend auf dem Prüfstand. Haben wir die Berlin-Blockade 1948/49 vergessen, in der die Sowjets diese Stadt aushungern wollten? Was ist mit dem 17. Juni 1953, dem Tag des Volksaufstandes in der DDR, der Vorstufe zur friedlichen Revolution? Haben wir das Chruschtschow-Ultimatum 1958 vergessen? Und dann am 13. August 1961 den Bau der Mauer, die Familien auseinanderriß, Freunde grausam voneinander trennte, ja, ein ganzes Volk gewaltsam auseinanderriß? Auch das Dröhnen sowjetrussischer Kampfflugzeuge konnte den Deutschen Bundestag nicht davon abhalten, in Berlin zu tagen und sich damit auch zu dieser Stadt zu bekennen.

Ich möchte aber auch sagen, daß wir für Bonn und die Region eine Lösung brauchen, die die Interessen dieser Stadt voll berücksichtigt. Bonn hat seine Aufgabe als Hauptstadt der Bundesrepublik gut wahrgenommen. Das darf niemand vergessen, auch nicht die, die sich für Berlin einsetzen.

Noch ein persönliches Wort von mir: Ich bin zur Politik gekommen, weil ich nicht verstanden habe, daß unser Land durch Mauer und Stacheldraht geteilt war — und in der Mitte der freie Teil Berlins als Insel von Freiheit und Demokratie. Was ist eigentlich passiert seit dem 9. November 1989?

Ich bin dafür, in einer Zeit von 10 bis 12 Jahren den Sitz des Deutschen Bundestages und der Bundesregierung nach Berlin zu verlegen. Wenn wir ein Signal in die neuen Bundesländer geben wollen, wenn wir ein Zeichen setzen wollen für die Staaten in Mittel- und Osteuropa, wenn wir glaubwürdig zu unseren Worten aus vier Jahrzehnten stehen wollen, dann müssen wir uns heute für Berlin entscheiden. Die Bundesregierung unter Konrad Adenauer erklärte am 28. November 1956: „Die Bundesregierung ist nach wie vor der Auffassung, daß Berlin die Hauptstadt eines freien vereinten Deutschlands ist."

Das Positive an dieser Debatte war die Entwicklung einer neuen Parlamentserfahrung. Nicht die Parteizugehörigkeit entscheidet, sondern die Sachfrage. Vielleicht können wir uns auch für die Zukunft ein Stück von diesem neuen Parlamentsgefühl bewahren.

Ernst Reuter, der große Regierende Bürgermeister von Berlin, hat in der Zeit der schlimmsten Bedrängnis von Berlin einst die Völker der Welt aufgefordert, auf diese Stadt zu schauen. Bitte schauen wir jetzt nicht weg!

Dr. Gisela Babel (FDP): Liberale haben einen Glaubensgrundsatz: die Meinung Andersdenkender zu achten. Noch nie ist mir aber diese Handlungsmaxime so schwer gefallen wie heute. Daß eine andere Stadt als Berlin Sitz unseres Parlaments sein könnte, ist mir — auch nach den vielen Plädoyers für Bonn in dieser Debatte — nach wie vor unbegreiflich.

Als nach den Montagsdemonstrationen in Leipzig, nach Durchbrechen der Mauer in der Nacht des 9. November 1989 in Berlin, nach den fieberhaft einsetzenden Bemühungen unserer Politiker — an der Spitze Bundeskanzler Kohl und Außenminister Genscher — um die deutsche Einheit, als hier und dort die ersten Stimmen aus Kreisen Bonner Familien oder dem Personalrats laut wurden, wie schlimm es sei, daß nun Bonn seine Funktion als Parlaments- und Regierungssitz

verliere, habe ich dies nicht ernst genommen. Ich hielt es für den Ausdruck von Veränderungsangst und Kleingeisterei. Die Gefahr für die Stadt Berlin habe ich erst allmählich begriffen, als täglich die Schar derer wuchs, die für Bonn eintraten, Kostenvoranschläge auf den Tisch legten, Horrormeldungen verbreiteten, die den Föderalismus bemühten, ohne die Länder zu fragen. Denen mit Respekt zu begegnen kostet mich Mühe.

Auf dem Reißbrett liegt die Karte des vereinigten Deutschland. Mit dem Stift zeichnen wir heute den Ort ein, wo Sitz des deutschen Parlaments, wo Kern und Herz der Demokratie sein sollen.

Hier wird gesagt, Bonn stehe für 40 Jahre beispiellosen Friedens, Jahre, in denen sich Demokratie und Rechtsstaatlichkeit gefestigt haben und ein beispielloser Wohlstand erreicht werden konnte. Wohl wahr, aber vergessen wir nicht: Unser Volk war geteilt, Deutsche lebten in zwei Welten. Dort setzte sich die Diktatur fest, in anderer Farbe, es gab weder Freiheit noch Wohlstand, man zahlte Reparationen. Diese Lasten trugen einseitig die Bürger dieses Willkürstaates.

Ihnen ist heute zu danken, nicht nur für die unblutige Revolution, sondern im Grunde für die deutsche Einheit. Sie haben ihren Teil beigetragen, bewunderungswürdig, unter Gefährdung ihres Lebens. Nun ist es an uns, unseren Beitrag zu leisten. Er besteht nicht nur darin, daß wir Finanzen lockermachen, besteht nicht nur in Geld. Unser Part besteht darin, daß wir Berlin zum Sitz des deutschen Parlaments erklären. Uns muß weniger die Frage umtreiben: Was kostet der Umzug nach Berlin? — die Antwort ist: viel Geld, gewiß —, sondern: Was kostet die Entscheidung gegen Berlin? Sie kostet wesentlich mehr. Wir würden damit unsere Glaubwürdigkeit verspielen und gegen die Verantwortung für alle Deutsche handeln.

Die Entscheidung gegen Berlin ist die bequemere, gerade weil es in Bonn bescheiden und freundlich zugeht.

Die Entscheidung für Berlin ist schwerer zu treffen. Aber sie allein ist meiner Überzeugung nach richtig. Sie setzt das richtige Signal: Berlin, deutsche Hauptstadt, Sitz von Parlament und Regierung.

Dr. Wolf Bauer (CDU/CSU): Während der heutigen Debatte wurde viel von Glaubwürdigkeit gesprochen. Fast alle Redner, die von Glaubwürdigkeit sprachen, haben sie für ihre Argumentation in Anspruch genommen: So oder so. Ich bin davon überzeugt, daß wir vor allem dann glaubwürdig sind, wenn wir jetzt eine Politik betreiben und Entscheidungen treffen, die den aktuellen Herausforderungen und Aufgaben unserer Tage gerecht werden. Denn es hat weder Sinn, daß wir Äußerungen und Vorstellungen vergangener Tage aufarbeiten, noch daß wir eine uferlose Diskussion darüber führen, ob man Parlament und Regierung trennen kann. Parlament und Regierung lassen sich nicht trennen.

Nein, was wir jetzt brauchen — ich komme noch einmal auf Glaubwürdigkeit zurück —, ist, daß wir

(A)

uns vordringlich und mit aller Kraft den anstehenden Herausforderungen hier in unserem Land stellen. Und dazu gehört übrigens auch die heutige Abstimmung.

Womit wir uns allerdings auseinandersetzen müssen, ist das Selbstverständnis von Politik. Machen wir Politik für Menschen, oder machen wir Politik für Ideologien? Da für mich Politik mit Dienen zusammenhängt, steht für mich auch Politik für unsere Mitmenschen an erster Linie.

Daher sind für mein Abstimmungsverhalten vor allem zwei Gründe von entscheidender Bedeutung, weil viele Menschen — vor allem in zwei Regionen unseres Landes — ganz besonders hart davon betroffen sind.

Zum einen handelt es sich um die neuen Bundesländer. Ihre berechtigten Interessen müssen wir berücksichtigen. Gleiche Lebensbedingungen in allen Bundesländern herzustellen muß unser Ziel sein. Ebenso müssen Einrichtungen des Bundes über alle Bundesländer gerecht verteilt werden.

Oft wurde angeführt, daß von 16 Landtagen 12 (zehn Landtage und zwei Landesregierungen) für Berlin seien. Eines steht mit Sicherheit fest: daß die Vorstellungen großer Teile der Bevölkerung — nicht zuletzt in den neuen Bundesländern — mit dieser Aussage nicht übereinstimmen.

Denn auch Ressentiments gegenüber Berlin sind durchaus keine Seltenheit. Vor allem die Angst, daß wie in Jahrzehnten kommunistischer Diktatur wieder alles nach Berlin fließen könnte, ist weit verbreitet.

(B)

So erzählte mir z. B. am letzten Wochenende eine junge Ärztin in Thüringen, in welch äußerst schwieriger Situation das dortige Krankenhaus sei. Für mich symptomatisch war ihre Bemerkung, daß sie überhaupt kein Verständnis für das Bestreben derer habe, die zig Milliarden für einen Umzug nach Berlin ausgeben wollen, während vor Ort kein Geld für einen Ausbau der notwendigsten Infrastruktur vorhanden sei.

Zum anderen handelt es sich um unsere Bonner Region. Auch hier stehen wir den Menschen gegenüber in der Pflicht. Und auch das ist ein Stück Glaubwürdigkeit.

Aber nicht nur Bonn, sondern die gesamte Region wäre durch einen Weggang von Parlament und Regierung hart betroffen. Bis in meinen Wahlkreis — den Kreis Euskirchen und den Erftkreis — hinein wohnt eine große Zahl von Mitbürgern, die hier in Bonn ihren Arbeitsplatz haben. All diesen Arbeitnehmern und ihren Familienangehörigen gegenüber sind wir ebenfalls verantwortlich. Auch viele kleine und mittlere Handwerksbetriebe — z. B. aus der strukturschwachen Eifel — finden Aufträge hier in Bonn.

In diesem Zusammenhang darf nicht unerwähnt bleiben, daß bei einer Entscheidung gegen Bonn hier gewachsene wirtschaftliche Strukturen zerstört würden. Die Folgen sind unabsehbar. Berlin hingegen braucht sich auch ohne Parlaments- und Regierungssitz wegen des zu erwartenden wirtschaftlichen Aufschwunges keine Sorgen machen. Es wird so oder so

(C)

zu einem europäischen Zentrum „erster Klasse" werden.

Eine der großen Herausforderungen für die nächsten Jahre ist der Umweltschutz: Die Koalitionsvereinbarung sieht eine Reduktion der CO_2-Emission um 25 bis 30% bis zum Jahre 2005 vor. Ich frage mich, wie wir dieses hochgesteckte Ziel erreichen wollen, wenn wir nicht selbst mit gutem Beispiel vorangehen. Verkehrsvermeidung ist für die nächsten Jahre angesagt. Ein ständiges Hin- und Herpendeln von Parlamentariern und Ministerialbeamten zwischen Berlin und Bonn würde mit Sicherheit das falsche Signal setzen.

Bedingt durch die Kürze der Redezeit kann ich hier und heute nur auf wirtschaftliche Gründe für meine Entscheidung pro Bonn eingehen. Aber auch mein politisches Verständnis läßt mich ein engagierter „Pro-Bonner" sein.

Nur so viel: Unsere Entscheidung für Bonn oder Berlin wird von vielen unterschiedlichen Faktoren beeinflußt. Nicht beeinflußt werden darf sie von der Frage: Preußens Gloria oder Aufbruch in ein gemeinsames Europa? Hier sind wir uns wohl alle einig, daß unsere Zukunft in einem föderalistisch geprägten Europa liegt.

Bonn stand und steht für eine gute und solide Politik, eine Politik, die auch bisher bei allen Rednern Anerkennung gefunden hat. Da wir im Zuge des Einigungsprozesses vor größten Herausforderungen stehen, sollten wir uns auf deren Bewältigung konzentrieren. Wir sind bisher mit Bonn gut gefahren und tun gut daran, in diesem Sinne von Bonn aus weiter zu arbeiten — zum Wohle von ganz Deutschland.

(D)

Hans-Dirk Bierling (CDU/CSU): Als Sachse habe ich viele persönliche Vorbehalte gegenüber Berlin — Vorbehalte aus der deutschen Geschichte, vor allem aber natürlich aus der 40jährigen Erfahrung des kommunistisch-ostberliner Zentralismus. Dennoch stehe ich für Berlin, stehe ich dafür, daß der Art. 2 des Einigungsvertrages „Berlin ist die Hauptstadt Deutschlands" inhaltlich ausgefüllt wird und nicht durch nur einige Repräsentationsfunktionen zur Farce verkommt.

Ich stehe für Berlin gegen meine persönlichen Emotionen, weil ich meine, daß die für Berlin sprechenden Gründe wichtiger sind; weil ich diese Entscheidung in der Verantwortung für Deutschland und Europa für notwendig halte. Ohne die starke Bindung zum Westen nur im geringsten aufzuweichen, heißt, sich für Berlin zu entscheiden, auch zu akzeptieren und ein wenig zu fördern, daß sich eines Tages der politische Begriff von Europa mit dem geografischen Begriff deckt. Auch Glaubwürdigkeit und Kontinuität deutscher Politik sind für mich wesentliche Argumente in der Entscheidung für Berlin. Es steht der Satz „Was geht mich meine Meinung von gestern an?" der deutschen Politik nicht gut zu Gesicht.

Ich habe nicht die Absicht, über all meine Gründe für Berlin als tatsächliche Hauptstadt zu sprechen. Die

137

(A) Argumente für Berlin und für Bonn wurden in den letzten Wochen und heute noch einmal hinreichend ausgesprochen. Auch habe ich schon vor Monaten meine Argumente für Berlin öffentlich gemacht. Lassen Sie mich nur zu einem der Argumente der totalen Bonnbefürworter etwas sagen: Es wird hin und wieder behauptet, unsere Nachbarn, vor allem im Osten, hätten Sorge wegen Berlin aus historischen Gründen.

Eine der wichtigen Aufgaben im vorigen Jahr war für mich als Mitglied des Ausschusses Deutsche Einheit und des Auswärtigen Ausschusses der Volkskammer, solche Bedenken unserer westlichen und östlichen Nachbarn zerstreuen zu helfen. Ich habe in den letzten Wochen in Budapest, Warschau und Moskau die Frage nach unserem Hauptstadtstreit gestellt. Mir ist ausnahmslos Unverständnis begegnet — alle meine Gesprächspartner hatten Berlin als Sitz der bundesdeutschen Legislative und Exekutive längst akzeptiert.

Wir schulden der Stadt und der Region Bonn Dank und hohen Respekt für ihre Leistungen der Zeit von 1949 bis heute. Es ist wohl auch niemand hier, der das anders sieht. Aber sehen wir uns doch den Antrag zur „Vollendung der Einheit Deutschlands" (Drucksache 12/815) einmal genau an: diesem Antrag wird unterstellt, er nähme der Region Bonn alles, dabei enthält er wichtige Elemente für die Sicherheit von Bonn.

Wir können uns einen kurzfristigen Vollzug des Umzugs von Parlament und Regierung nicht leisten. Es gibt wahrhaftig Wichtigeres in der Vollendung der Deutschen Einheit! Müßte ich erkennen, daß die Berlin-Befürworter den Vollzug für Parlament und Regierung schnell herbeiführen wollten, würde ich eher für (B) Bonn als Sitz von Parlament und Regierung eintreten.

Lassen Sie mich abschließen mit einer Betrachtung des Antrages von Herrn Gysi und Genossen (Drucksache 12/818): die Punkte 1 und 2 (Hauptstadt ist Berlin, Sitz von Parlament und Regierung ist Berlin) sind, so ungern ich Übereinstimmung mit Gysi und Genossen konstatiere, auch meine Meinung. Punkt 3 aber, dieser Beschluß sei sofort in Kraft zu setzen, ist so nicht tragbar. Mit meinem Kollegen Engelmann hätte ich aber einen Vorschlag dazu: Wie wäre es denn, wenn Punkt 3 dieses Antrages geändert würde dahin, daß die PDS (und nur sie!) sofort nach Berlin ginge!? — Dieser Änderung würde ich mit Wonne zustimmen!

Zurück zum Ernst und zur Bedeutung dieser Stunde: Lassen Sie uns das Wort halten, das dem deutschen Volk in diesem Parlament gegeben wurde! Lassen Sie uns für die Vollendung der Einheit Deutschlands und Europas mit unserer Stimme für Berlin einen weiteren wichtigen Schritt gehen!

Renate Blank (CDU/CSU): Regierung und Parlament haben die Aufgabe, zum Wohle von Volk und Nation zu arbeiten.

Wir stehen heute vor der schwierigen Entscheidung über den Regierungs- und Parlamentssitz. Wir haben diese Entscheidung als gewählte Volksvertreter — unserem Gewissen folgend — zu treffen; wir dürfen diese Entscheidung nicht hinausschieben.

(C) Berlin ist und bleibt die Hauptstadt Deutschlands. Berlin ist mit und ohne Regierungssitz ein rapide wachsendes Wirtschaftszentrum. Berlin ist ein Zentrum der Wissenschaft, auch wenn der rot/grüne Senat lange Zeit alles tat, um dies zu beenden. Eine Verlegung des Regierungssitzes nach Berlin würde diese Stadt wieder zu einer die anderen Regionen erdrückenden Zentrale Deutschlands machen. Verkehr und Wohnungsmarkt sind in Berlin schon heute weitgehend zusammengebrochen.

Berlin ist mit seinem hervorragenden Angebot eine europäische Kulturmetropole. Als Kulturmetropole bietet Berlin die besten Voraussetzungen, repräsentative Hauptstadt der Bundesrepublik Deutschland zu sein. Es ist richtig, daß hier der Bundespräsident seinen Sitz hat.

Ich werde mich für Bonn als Regierungs- und Parlamentssitz entscheiden — eine Trennung von Regierung und Parlament halte ich für nicht praktikabel —, und zwar aus folgenden Gründen:

Mit dem Namen der Stadt Bonn verbindet sich für mich und im Bewußtsein vieler, gerade auch jüngerer Bürger, ein Neuanfang des deutschen Volkes, das nach Krieg und totalitärer Herrschaft den Weg in die Gemeinschaft freier Völker suchte und mittlerweile dort einen festen Platz gefunden hat.

Als großer Anhänger unseres föderalistischen Systems möchte ich ausführen, daß Bonn nicht zur alles überragenden Metropole geworden ist und dies auch nicht als Regierungssitz des vergrößerten Deutschlands werden wird. Neben Bonn haben sich in den vergangenen Jahren auch andere Zentren hervorragend entwickeln können. (D)

Von Bonn aus ist in den letzten vierzig Jahren Hervorragendes geleistet worden. Nie zuvor hat es in Deutschland mehr Freiheit, mehr soziale Gerechtigkeit und mehr Wohlstand gegeben. Von Bonn aus wurde 1949 mit einer „neuen Politik" begonnen, die sich bewährt hat. Wer Symbole schätzt, muß sehen, daß Bonn für diese gute Politik, für das heutige Ansehen unserer Nation steht. Bonn steht für ein selbstbewußtes, aber bescheidenes Deutschland.

Eines steht auch gewiß fest: Der Umzug von Bonn nach Berlin würde viel Kraft und Geld erfordern. Geld, das für andere wichtige Aufgaben — nicht zuletzt für den Aufbau der neuen Bundesländer — fehlen würde.

Meine Entscheidung für Bonn bitte ich im vollsten Sinn der Demokratie zu akzeptieren, denn Demokratie ist Mut zur eigenen Meinung und Respekt vor der Meinung des Anderen.

Dr. Ulrich Böhme (Unna) (SPD): Berlin symbolisiert nicht nur 70 Jahre deutschen Nationalstaat, über 40 Jahre politische Trennung, sondern auch die Bürger- und Freiheitsbewegung in der früheren DDR, die zur neuen staatlichen Einheit unseres Volkes geführt hat. Berlin ist die Hauptstadt und repräsentiert das nun vereinte Deutschland. Um dies zu verdeutlichen, sollen der Amtssitz des Bundespräsidenten und der Bundesrat nach Berlin verlegt werden.

Ich freue mich, daß die Brücke zwischen unseren Nachbarn in Ost und West nun endlich geschlagen ist.

(A) Sie ruht zum einen auf Berlin, das nahe an Osteuropa liegt, zum anderen auf dem im Westen liegenden Bonn. Auf Grund ihrer geographischen Lage und ihrer politischen Funktion sind deshalb beide Städte von großer Bedeutung für den Erhalt einer europäischen Friedensordnung, und deshalb müssen beide Städte für Deutschland und Europa partnerschaftlich zusammenarbeiten.

Parlament und Regierung müssen in Bonn bleiben. Effektive politische Arbeit ist meiner Meinung nach nur möglich, wenn beide in ständigem Dialog stehen, wenn Probleme und Fragen ad hoc beraten werden können, wenn räumliche Nähe besteht. Selbst modernste Medien können dies nicht ersetzen. Eine Trennung zwischen beiden Gremien halte ich deshalb für politisch unsinnig, ja sogar für demokratiefeindlich!

Die Bundesrepublik Deutschland ist ein föderalistischer Staat, der mehrere Metropolen braucht. Die Konzentration auf eine Stadt würde diese Struktur zerstören. Wohin politischer Zentralismus führt, ist an Frankreich und Großbritannien zu beobachten. Die Vielfalt regionaler Metropolen mit eigenständigem Gewicht, eigenem Gesicht und die im internationalen Vergleich ausgewogene regionale Wirtschaftsstruktur in den alten Ländern der Bundesrepublik wären durch die Verlagerung von Parlament und Regierung nach Berlin gefährdet.

Der Argumentation, die Entwicklung der neuen Bundesländer würde durch eine Verlegung des Parlaments- und Regierungssitzes nach Berlin gefördert, kann ich nicht folgen. Ich befürchte, daß Berlin, wäre

(B) es nicht nur wirtschaftliches und kulturelles, sondern auch politisches und administratives Machtzentrum, die Entwicklung anderer bedeutender Städte gerade auch in den neuen Bundesländern behindern würde. Nachdem diese Städte über 40 Jahre unter einem undemokratischen Zentralismus gelebt hatten, würden sie erneut durch zentralistische Tendenzen beeinträchtigt. Der Parlaments- und Regierungssitz Bonn neben der Hauptstadt Berlin steht jedoch für die Weiterentwicklung der föderalen Ordnung in Deutschland und in einem künftigen Europa der Regionen.

Seit ich mich in jungen Jahren mit Politik zu beschäftigen begann, war für mich Bonn das Symbol für das neue Deutschland, von dem nie wieder ein Krieg ausgehen darf. Diese Stadt war und ist für mich sowohl nach innen als auch nach außen Symbol für einen friedlichen, demokratischen, wirtschaftlichen und sozialen Bundesstaat. Bonn steht für die Westintegration, für das geeinte Europa, für die Aussöhnung mit dem Osten, für den demokratischen, sozialen und liberalen Verfassungsstaat. Aus zahlreichen Gesprächen mit Schulklassen und Vertretern der jüngeren Generation wurde mir deutlich, welche Integrationskraft Bonn besitzt. Das Bild einer übermächtigen Hauptstadt, welche die Assoziation mit dem Nationalstaat und Nationalstolz vergangener Jahrhunderte herbeiführen könnte, paßt nicht mehr in das Weltbild nach 1945.

Bonn hat sich als Sitz von Parlament und Regierung bewährt. Die hervorragende Infrastruktur fördert effektive, reibungslose Arbeitsabläufe, die Überschaubarkeit ist gewährleistet. Dies ist in einer Metropole

(C) wie Berlin, der größten Stadt unseres Landes, die durch hohe Verkehrsdichte, Wohnungsnot, Arbeitslosigkeit, Umweltverschmutzung — um nur einige Probleme zu nennen — belastet ist, nicht genauso gut gewährleistet.

Nicht aus mangelnder Solidarität mit den neuen Bundesländern entscheide ich mich für Bonn als Sitz von Parlament und Regierung. Gerade weil ich für eine möglichst rasche Angleichung der Lebensverhältnisse in den neuen Bundesländern eintrete, müssen von Bonn aus die entscheidenden politischen Maßnahmen ausgehen. Wir brauchen jetzt eine stabile und funktionierende Parlaments- und Regierungsarbeit, also kein störendes Hin und Her zwischen den beiden Städten. Ein „Wanderzirkus" wäre der Lösung der großen und schwierigen Probleme nur abträglich.

Mit der Entscheidung für Bonn als Sitz von Parlament und Bundesregierung haben wir den Vorteil, daß keine umzugsbedingten Kosten entstehen. Die hohen Summen, die ein Umzug nach Berlin verschlingen würde, sollen meiner Meinung nach lieber in den Ausbau der neuen Bundesländer und besonders auch Berlins einfließen. Ich halte es für ein Unding, eine Stadt wie Bonn zu verlassen, wo die benötigten Bauten bereits weitgehend vorhanden sind, wo sich viele bereits im Bau befinden oder bereits konkrete Planungen getroffen wurden.

Die Strukturprobleme in den alten Bundesländern werden nicht dadurch gelöst, daß man für räumliche Nähe sorgt und dadurch in Bonn und Umgebung eine Strukturkrise schafft. Berlin muß finanzielle Unterstützung erhalten, um seinen Hauptstadtfunktionen (D) gerecht werden zu können, und die fünf neuen Bundesländer sollen sowohl Finanzhilfen erhalten als auch bei der Erstellung von neuen Bundeseinrichtungen vorrangig berücksichtigt werden.

Die Entscheidung für Bonn als den Sitz von Parlament und Regierung muß hier und heute getroffen werden. Und ich stimme für Bonn!

Klaus Brähmig *(CDU/CSU):* Auch ich möchte es nicht versäumen, im Meinungsstreit um den künftigen Regierungs- und Parlamentssitz Stellung zu beziehen, und einige Anmerkungen machen, wobei ich möglichst Wiederholungen zu meinen Vorrednern vermeiden möchte.

Die Berlin-Befürworter versuchen, den Anspruch auf die volle Hauptstadtfunktion von Berlin mit historischen und kulturellen Argumenten zu begründen. Dabei unterstellt man untergründig, daß Berlin schon immer Deutschlands Hauptstadt gewesen sei. Hier wird die Tatsache außer acht gelassen, daß Berlin erst im Jahre 1871 deutsche Hauptstadt war, vorher war Berlin ausschließlich die Hauptstadt Preußens. Sucht man nach historischen Gesichtspunkten, könnten auch andere deutsche Städte einen geschichtlichen Anspruch anmelden. Ich denke hier nur an Aachen, Frankfurt und Weimar. Es sollte auch nicht unerwähnt bleiben, daß von Berlin manchmal leider auch unheilvolle Impulse ausgegangen sind.

Berlin ist seit der Wiedervereinigung Deutschlands die Hauptstadt! Diese Funktion kann es auch ohne einen Regierungs- und Parlamentssitz bestens ausüben. Berlin ist die natürliche Drehscheibe und Bindeglied zum Osten; als eine große Kultur- und Wirtschaftsstadt wird Berlin auf Grund der Öffnung des gesamten Ostens auf natürlichem Wege weiter wachsen und sich fortentwickeln können.

Eine Verlegung des Regierungs- und Parlamentssitzes hingegen würde zu einem überhasteten Infrastrukturaufbau in Berlin führen, wobei Fehler unvermeidlich sind. Die Stadt boomt doch schon jetzt, wie alle wirtschaftlichen Umfragen zeigen. Es muß vermieden werden, daß Berlin zu einem Moloch wie Rom Paris oder Tokio wird; bei letzterer Stadt sind bezeichnenderweise gerade Bestrebungen im Gange, den Parlamentssitz auszulagern. Der Sog nach Berlin für Industrie und Handwerk wäre aus den naheliegenden Bundesländern immens — zum Schaden von Städten wie Dresden, Leipzig oder Magdeburg.

Bonn hingegen steht für 40 Jahre eines modernen, demokratischen und friedlichen Deutschlands. Es verkörpert den gelungenen Neuanfang der Deutschen nach der Katastrophe des Jahres 1945 und gilt als Symbol deutscher Westbindung. Ein Zentralismus, wie er bei einem Umzug von Regierung und Parlament nach Berlin der Fall wäre, ist im Zuge des europäischen Dezentralismus nicht mehr zeitgemäß. Die Infrastruktur im Bundestagsviertel von Bonn ist gewachsen. Der Verwaltungsapparat ist eingespielt und funktioniert. Gerade jetzt brauchen wir einen solchen funktionierenden Apparat, damit die großen Probleme im Zuge der Wiedervereinigung gemeinsam erfolgreich gelöst werden können.

Ein Wort auch zu den Kosten der Verlegung, die eben nicht außen vor bleiben können. Seriös geschätzt betragen sie mindestens 50 Milliarden DM — zum heutigen Zeitpunkt. Wir wissen alle, daß in 10 bis 15 Jahren diese veranschlagten Kosten verdoppelt, wenn nicht gar verdreifacht sein werden. Beispiele für die Diskrepanz zwischen veranschlagten und letztendlich entstandenen Kosten gibt es genug. Ich nenne nur den Petersberg, und auch der jetzt entstehende Plenarsaal hier in Bonn wird nach den letzten Berechnungen doppelt so teuer wie veranschlagt. Ich frage Sie, liebe Kolleginnen und Kollegen: Wer soll in 10 bis 15 Jahren bei einer Verlegung die Kosten von dann ca. 100 Milliarden DM tragen? Das ist eine Zahl, die einem Viertel des jetzigen Bundeshaushaltes entspricht. Hierzu geben die Berlin-Befürworter unter Ihnen bezeichnenderweise keine Antwort. Das Geld wird dringend für den Aufbau der neuen Länder benötigt. Hier müssen so schnell wie möglich gleiche Lebensverhältnisse hergestellt werden, wovon besonders die östlichen strukturschwachen Regionen Deutschlands noch weit entfernt sind.

Ich kann mir nicht vorstellen, bei den Menschen im Osten Deutschlands auf Verständnis zu stoßen, wenn diese gewaltige für einen Umzug erforderliche Summe für eine im Grunde überflüssige Maßnahme, die nur Probleme schafft, ausgegeben wird.

Im Ergebnis möchte ich feststellen: Die Lösung heute muß heißen: Bonn und Berlin. Ich stimme daher für Bonn als Parlaments- und Regierungssitz!

Klaus Bühler *(Bruchsal) (CDU/CSU):* Im Einigungsvertrag steht der Satz: „Berlin ist die deutsche Hauptstadt". Mit der Zustimmung zum Vertrag hat auch dieses Bekenntnis, zu dem wir in den mehr als 40 Jahren unserer jüngsten parlamentarischen Geschichte unverbrüchlich gestanden haben, seine Bestätigung durch den Deutschen Bundestag erfahren.

Die im Einigungsvertrag dem Bundestag übertragene Entscheidung über Sitz der Regierung und des Parlaments steht heute auf der Tagesordnung. In klarer Abwägung und differenzierter Wertung der dem Parlament zu dieser Entscheidung unterbreiteten Vorschläge spreche ich mich für die Bundesstaatslösung aus, die meines Erachtens eine gute und ausgewogene Aufgabenteilung zwischen der Hauptstadt Berlin, dem Parlaments- und Regierungssitz Bonn und auch für die neuen Bundesländer vorsieht.

Gerade weil heute von vielen Rednern gefordert wurde, daß Teilung durch Teilen überwunden werden soll oder — wie ein Kollege es formuliert hat — die gesellschaftlichen Veränderungen miteinander getragen werden müssen, die durch die lange Teilung entstanden sind, sollte in der heutigen Diskussion jede verletzende Schärfe vermieden werden. Um so mehr ist daher zu bedauern, daß der stellvertretende SPD-Vorsitzende Wolfgang Thierse von einer „Erniedrigung der Menschen in Ostdeutschland" spricht, falls die Entscheidung über Sitz von Parlament und Regierung nicht zugunsten von Berlin getroffen wird.

In der parlamentarischen Nachkriegsgeschichte der Bundesrepublik Deutschland hat sich eine dezentrale politische Machtverteilung entwickelt, die sich für unsere Gesellschaft in jeder Beziehung als segensreich herausgestellt hat. Bonn kann für sich mit Recht in Anspruch nehmen, Sinnbild für das gelungene föderale Wechselspiel zwischen den Interessen von Bund und Ländern gewesen zu sein. Ich vermag beim besten Willen nicht zu sehen, weshalb man dann an bewährten politischen Strukturen Entscheidendes ändern sollte.

Als Ausdruck der Dezentralisierung politischer Macht ist auch die Verteilung von obersten Bundesorganen und Bundesbehörden auf Städte wie Berlin, Frankfurt, Kassel, Karlsruhe, Nürnberg und München zu verstehen. Deshalb ist für mich auch die Einbeziehung von Städten der neuen Bundesländer — ich denke hier an Dresden, Leipzig, Erfurt, Magdeburg, Schwerin und Rostock — eine pure Selbstverständlichkeit.

Auch sollte man bei der heute anstehenden Entscheidung nicht vergessen, daß im Zeitalter eines werdenden politischen Europas ein Hauptstadtbild, wie es sich im 19. Jahrhundert entwickelt hat, nicht mehr zeitgemäß ist. Mit dem Installieren einer Machtzentrale und Metropole in Berlin wird der Weg zu einem gemeinsamen Europa meines Erachtens nicht leichter.

Abschließend gestatten Sie mir eine Bemerkung, die ich angesichts der gewaltigen Herausforderungen, denen wir im Hinblick auf den Aufbau in den neuen Bundesländern gegenüberstehen, für wichtig halte: Wer sich persönlich ein Bild vom augenblicklichen Zustand in den neuen Bundesländern gemacht hat, dem muß schon ein wenig bange werden, wenn er

(A) an die Kosten und Anstrengungen denkt, die mit dem Umzug von Bonn nach Berlin verbunden wären. Die Menschen drüben brauchen unsere Hilfe, im investiven wie auch im administrativen Bereich, allemal dringender. Es stünde uns daher gut an, nach pragmatischen politischen Gesichtspunkten eine Entscheidung für die vorliegende bundesstaatliche Lösung, also für Bonn, die im übrigen auch gar nicht gegen Berlin gerichtet ist, zu treffen, eine Entscheidung, die nicht zuletzt dem Wohle des Deutschen Volkes nutzt.

Wolf-Michael Catenhusen *(SPD):* Die Diskussion um Hauptstadt, Regierungssitz und Parlamentssitz im vereinten Deutschland ist einzigartig. Als Folge der Teilung Deutschlands haben Parlamente und Regierungen zweier Teilstaaten, in Bonn und Ost-Berlin gut 40 Jahre lang Traditionen aufgebaut. Gleichzeitig war in der Bundesrepublik Deutschland Bonn immer Provisorium, Ersatz, Verlegenheitslösung, bis wir uns in der Zweistaatlichkeit als Situation, die zu unseren Lebzeiten nicht mehr geändert werden konnte, innerlich eingerichtet hatten.

Nun hat die deutsche Einigung die Frage des Sitzes von Regierung und Parlament neu aufgeworfen. Ich plädiere dafür, daß Berlin nicht nur symbolisch Hauptstadt des vereinten Deutschland wird, sondern auch seine Rolle als Hauptstadt ausfüllt. Das kann dadurch geschehen, daß mittelfristig Regierung und Parlament ihren Sitz in Berlin nehmen.

Die Verlegenheitslösung der ersten Stunde Westdeutschlands muß in einer europäischen Umbruchzeit
(B) nicht ausschlaggebend sein. Berlin ist als Inselstadt auch nach dem Mauerbau weltweit Symbol des Freiheitswillens der Deutschen und Symbol gesamtdeutscher Identität geblieben. Daran können wir auch in die Zukunft anknüpfen.

Die Entscheidung für eine Hauptstadt des vereinten Deutschland ist eine Entscheidung mit langfristiger Perspektive. Sie geht weit über die nächsten 10 bis 15 Jahre hinaus. Sie darf deshalb auch nicht allein von der persönlichen Lebenssituation der von der Entscheidung Betroffenen, der Abgeordneten ebenso wie der Mitarbeiter der Bundestagsverwaltung und Ministerien, getroffen werden.   Die Entscheidung hat eine längerfristige Perspektive, weil ich nicht sehe, daß im Prozeß der europäischen Einigung über kurz oder lang die Bündelung und Ausführung deutscher Politik auf der Ebene des Bundesstaates entbehrlich werden wird.

Aussagen für Bonn oder Berlin leiten sich häufig aus der Kritik des Konkurrenten ab. Berlin steht für mich als zentraler Ort der schwierigen Geschichte Deutschlands als Nationalstaat. Es ist der zentrale Ort des enormen wirtschaftlichen Aufstiegs Deutschlands im 19. Jahrhundert, des Entstehens der sozialen Frage und der Arbeiterbewegung, des deutschen Parlamentarismus nach dem Anfang in der Paulskirche.

Berlin war auch Schauplatz der schrecklichen Verwirrungen des deutschen Nationalismus. Auch Paris und London legen für Phasen des Imperialismus und Kolonialismus Zeugnis ab. Berlin war aber nie die geistige Hochburg dieser Tendenzen. Berlin war, das

(C) vergessen wir leicht, nach 1918 die weltoffenste Stadt in Deutschland, gerade in der Öffnung zur europäischen und amerikanischen Kultur und Zivilisation.

Bonn zeichnet sich dadurch aus, daß es bis 1949 eine Geschichte als Bischofsitz, Behörden- und Universitätsstadt von regionaler Bedeutung besaß. Mir kommt es bisweilen so vor, als ob man in Bonn — Paradebeispiel war dafür die Adenauerzeit — besonders leicht die Aufarbeitung der eigenen Geschichte verdrängen konnte. Mit Bonn ist auch der Vorwurf des Raumschiffes verbunden. Verlieren wir nicht im idyllischen Umfeld des Parlaments die gesellschaftliche Wirklichkeit leichter aus den Augen als an einem zentralen Ort deutscher Geschichte und Kultur?

Bonn, so hört man bisweilen, sei Symbol eines friedfertigen, der Machtpolitik abholden, überschaubaren, föderalen neuen Deutschland geworden. Ich denke, daß in erster Linie das Grundgesetz unseres Landes uns diese historische Entwicklung eröffnet hat, für die wir sicher alle dankbar sind. Eine Weiterentwicklung dieses festen Fundaments ist für mich in Berlin genauso möglich.

Berlin und Bonn liegen in einer Grenzlage, sie öffnen beide unseren Blick nach Europa. Nach Abschluß der Phase der Westintegration ist der Blick ins gesamte Europa für die Zukunft sicher von besonderer Bedeutung.

Albert Deß *(CDU/CSU):* „Berlin ist deutsche Hauptstadt", so steht es im Einigungsvertrag. Dazu bekenne ich mich. Genauso eindeutig bekenne ich mich zu Bonn als Regierungs- und Parlamentssitz.
(D)
Ich gehöre zu der glücklichen Generation derer, die — obwohl bereits jenseits der 40 — nie einen Krieg in Mitteleuropa erleben mußten. Bonn ist und war immer, für mich und die jüngeren Bundesbürger, lebendiges Symbol einer föderalistischen, sozialen und friedensorientierten Politik.

Die Wahl der Stadt Bonn als Sitz der Regierung und des Parlaments signalisiert meines Erachtens unseren Nachbarn in Europa und der Welt die bewußte Abkehr von gefährlicher Großmannssucht, im Gegenteil, sie signalisiert eine Bescheidenheit, die gerade uns Deutschen gut und not tut. Eine Entscheidung für Bonn richtet sich nicht gegen Berlin. Berlin wird durch eine solche Entscheidung nicht bedeutungslos. Ich bin vielmehr der guten Hoffnung, daß Berlin wohl „die" europäische Wirtschaftsmetropole schlechthin werden wird — das Zentrum Europas.

Bei meiner Entscheidung für Bonn geht es mir vor allem um die Menschen, um die Menschen in den neuen Bundesländern, um die Menschen in Bonn, aber auch um die Menschen in Berlin. Ein Bürgermeister aus Sachsen hat mich am Sonntag dringend gebeten, für Bonn zu stimmen. Er sagte — ich zitiere —: „Bei uns geht es deshalb so wenig vorwärts, weil die SED- und Stasi-Leute nach wie vor in einflußreichen Positionen sitzen bzw. schon wieder sitzen. Bei einem Regierungs- und Parlamentssitz Berlin habe ich Angst, daß genau diese Leute dann auch wieder in den Schlüsselpositionen von Parlament und Regierung sitzen." Ich glaube, diese Angst ist nicht unbegründet, wenigstens auf absehbare Zeit. Gibt es nicht

(A) in Berlin einen Wahlkreis, in dem ein PDS-Mann, Gysi, ein Direktmandat erreichen konnte?

Wir sollten von Bonn aus dafür sorgen, daß von Bonn aus konsequent die neuen Bundesländer aufgebaut werden. Wir dürfen daher weder Geld noch Zeit für einen Umzug von Regierung und Parlament vergeuden, sondern müssen die wirklichen Probleme lösen, die dringend gelöst werden müssen. Unser Kollege Schwalbe hat uns diese Probleme eindringlich geschildert und — mit Recht — auf eine Lösung gepocht.

Seit vielen Jahren trage ich Verantwortung in der Kommunalpolitik. Die Sorgen der Bürger sind mir aus vielen Gesprächen vertraut. Als Landwirt kenne ich die Existenzangst eines ganzen Berufsstandes in Ost und West unseres Landes. Als Vater von vier Kindern kenne ich die Sorgen unserer Familien.

Viele berechtigte Wünsche und Anliegen können wir aus finanziellen Gründen in den nächsten Jahren nicht erfüllen. Niemand kann mehr ausgeben, als er hat, auch der Staat nicht. Was sagen wir unseren Wählern, wenn wir daher sogar berechtigte Forderungen ablehnen müssen, für einen nicht notwendigen Umzug aber zig Milliarden ausgeben würden? Diese Hypothek dürfen wir unseren Bürgern in Ost und West, gerade auch der jungen Generation, nicht anlasten. Denn die sind es, die bezahlen müßten.

Bei meiner Entscheidung für Bonn geht es mir aber auch um die Menschen in Bonn, die als Beamte, Arbeiter und Angestellte diese Bundesrepublik mit aufgebaut haben. Ich meine, daß wir diesen Menschen (B) Unrecht tun, wenn wir heute Bonn fallen lassen würden. Gerade die Berliner müßten wissen, was es bedeutet, wenn gewachsene Strukturen auseinandergerissen werden.

Den Vorwurf der Lüge in der Frage des Regierungs- und Parlamentssitzes muß ich schärfstens zurückweisen. Waren denn all die Kollegen Lügner, die mit Rücksicht auf die Wiedervereinigung einer neuen Ostgrenze zustimmen mußten? So können wir nicht miteinander umgehen. Viel schlimmer noch finde ich es, wenn ich Bemerkungen lese wie: „In den Wahlkreisen soll jeder einzelne Abgeordnete vorgeführt werden, der gegen Berlin votiert" oder: „Die Wiederaufstellung auf einer Landesliste wird in Frage gestellt." Für jeden, der auf dem Boden unserer freiheitlich-demokratischen Grundordnung steht, stellt sich hier die Frage, ob wir schon das imperative Mandat haben, auch wenn das grundgesetzwidrig wäre.

Ich appelliere an alle Kolleginnen und Kollegen aus den neuen Bundesländern: Lassen sie sich nicht unter Druck setzen! Sie sind Abgeordnete eines freiheitlichen und demokratischen Staates.

Ich habe mich für Bonn entschieden, damit unser Land nicht langsamer, sondern schneller zusammenwächst.

Dr. Nils Diederich (Berlin) (SPD): Wir Abgeordnete, und das gilt auch für mich als Berliner, sind in den Jahren in Bonn und von den Bonnern stets freundlich begrüßt worden. Aber alle waren sich bis zum Bruch der Mauer einig, daß Bonn eine Statthalterfunktion für die eigentliche Hauptstadt ausübt. Aber es geht heute

(C) bei unserer Entscheidung nicht um die Frage unseres Wohlbefindens. Es geht nicht darum, ob wir uns in Bonn gut aufgehoben und bedient fühlen.

Es geht auch nicht um die Frage, wie die Auswirkungen politischer Entscheidungen sozial und finanziell abgefedert werden. Es sind sich alle einig, daß dies geschehen muß, wie auch immer die Entscheidung fällt. Und der Antrag, der für Berlin spricht, zeigt die Notwendigkeiten auf, die wir damit beschließen. Viele Institutionen werden für lange Zeit und viele für immer in Bonn bleiben.

Aber die Entscheidung ist nicht beschäftigungspolitisch oder regionalpolitisch oder gar unter Kostenaspekten zu treffen. Ich halte es für schäbig, mit Neidkomplexen gegen Berlin zu argumentieren. Ingrid Matthäus-Maier behauptet, der Aufbau in Ostdeutschland werde durch eine Entscheidung für Berlin behindert. Ich frage nur: Haben wir denn auf Bautätigkeit in Bonn verzichtet, oder werden wir es in Zukunft tun, um das Geld für Hilfen zu verwenden? Es geht um eine politische Entscheidung.

Meine Argumente sind: Berlin war und ist Hoffnungsträger für die deutsche Einheit. Wer an der Einheit Deutschlands als einem, wenn auch, wie es manchmal schien, fernen Ziel festgehalten hatte, der war auch überzeugt davon, daß das neue gesamtdeutsche Parlament in Berlin zusammentritt und dort auch tagen wird.

Sollen wir unseren Wählern sagen müssen, eine Mehrheit des Bundestages sei der Meinung, die politischen Bekenntnisse und Aussagen von gestern müßten nicht unbedingt gehalten werden? Herr Kollege (D) Pflüger, ist es nicht zynisch, wenn Sie hier bekennen, man habe sich zu Berlin bekannt, um in schwerer Zeit Trost zuzusprechen? Wie ernst wird man überhaupt noch politische Beschlüsse nehmen können, wenn wir in dieser wichtigen Frage unser Wort nicht halten? Horst Ehmke sagt, Glaubwürdigkeit sei eine personelle Kategorie. Ich sage ihm: Als junger Mensch habe ich für die Einheit Deutschlands gekämpft, ich habe immer geglaubt und gehofft, daß sie kommt, und ich habe auch den Beschlüssen und Bekenntnissen des Bundestages geglaubt, auch an die, an denen Ehmke mitgewirkt hat. Dazu gehörte das Bekenntnis zu Berlin als unserer wirklichen Hauptstadt.

Mit der Vereinigung wird sich das Leben der ganzen Nation ändern. Millionen in der ehemaligen DDR haben das Angebot des Art. 23 Grundgesetz ernst genommen. Zu dem Angebot gehörte auch stets das Bekenntnis zu Berlin als gemeinsamer Hauptstadt, und zwar als wirklicher Hauptstadt — nicht nur symbolisch.

Millionen haben sich für die Freiheit und die Einheit ausgesprochen und dabei bewußt in Kauf genommen, daß sich ihr Leben wird völlig ändern müssen, daß Arbeitsplätze und soziale Strukturen sich ändern.

Soll die Einheit eine bloße Assimilierung dieser Bürger an den Westen sein, oder wollen wir die deutsche Einheit dadurch bekräftigen, daß wir sie gemeinsam tragen?

Eine Absage an Berlin muß bei den ostdeutschen Bürgern, muß bei den Berlinern den Eindruck erwek-

(A) ken, der deutsche Westen kehre der Einheit und damit den Problemen, die sich daraus ergeben, den Rücken. Es ist vom Raumschiff Bonn gesprochen worden. Der deutsche Schriftsteller Koeppen hat ein großes Stück Literatur über Bonn geschrieben, das er „Das Treibhaus" nannte. In Berlin hingegen treten uns die harte Realität der deutschen Einheit, die Nöte, aber auch die Hoffnung der Menschen entgegen. Sollen wir nicht den Mut haben, auch dort in unserer Hauptstadt unsere Entscheidungen zu fällen, so schön es hier am Rhein auch sein mag?

Die Zerschneidung Deutschlands war nicht nur eine innere Trennung, sondern auch eine Trennlinie zwischen zwei Weltsystemen, eben die Trennung Europas.

Bonn ist in diesen Jahren des Widerstandes, in diesen Jahren der Auseinandersetzung zum Symbol der Integration der Bundesrepublik in den Westen geworden. Auf dieser Basis konnte unsere Demokratie wachsen. Aber ist es nicht so, daß Deutschland nun eine ganz andere Aufgabe hat, nach der Vereinigung zwischen Nord und Süd und zwischen Ost und West die Mitte des größeren Europa bildet? Polen, Ungarn, die CSFR, die skandinavischen Länder Schweden, Norwegen und Finnland streben nach Europa. Was kann es Besseres geben, mit einer klaren Willensbekundung an diesem Prozeß der Verbindung und Vereinigung mitzuwirken? Unsere Nation muß den Parlaments- und Regierungssitz in der Hauptstadt nehmen, die zugleich die wirkliche geographische Mitte Europas ist. Der amerikanische Außenminister James Baker hat neulich gesagt, es gelte nun, die Spaltung zwischen dem reichen Westen und dem armen Osten auf-
(B) zuheben. In Berlin stößt er auf der ehemaligen Mauerlinie unmittelbar zusammen. Erfüllen wir also unsere europäische Aufgabe in Berlin.

Der Kollege Glotz hat behauptet, eine Metropole Berlin würde die Landeshauptstädte überstrahlen, wenn auch noch Parlament und Regierung dort seien. Dahinter steckt die Befürchtung vor einem neuen Zentralismus. Nur ist das Argument völlig unhistorisch.

Erstens. Es hat auch zu Zeiten der deutschen Einheit — und davor — starke Metropolen gegeben. München war heimliche Hauptstadt, Hamburg war bedeutender Handelsplatz, Frankfurt hatte stets selbstbewußt seine weltstädtische Stellung bewahrt, Leipzig war Weltmesseplatz, ohne daß Berlin diese Position gestört hätte.

Zweitens. Berlin ist doch nicht mehr Reichshauptstadt, die gleichzeitig Hauptstadt eines starken Preußens war. Preußen ist zerschlagen. Übrigens, das stärkste Land, das aus Preußen hervorgegangen ist, ökonomisch und politisch, ist Nordrhein-Westfalen. Und genau dort liegt die heutige Bundeshauptstadt. Und dennoch ist hiervon nie eine Gefahr ausgegangen. Denn die Frage des Zentralismus oder des Föderalismus wird durch die Verfassung, das Grundgesetz, entschieden. Die Aufteilung der Bundeskompetenzen, die gefestigten Länder werden dafür sorgen, daß, anders als die zentralistischen Staaten wie Frankreich oder Großbritannien, die Regionen in Deutschland mehr zu Geltung kommen als anderswo, und sie werden dafür sorgen, daß auch eine Hauptstadt, ob Bonn

(C) oder Berlin, niemals die Länder beiseite drängen kann, wenn die Länder ihre Aufgabe als föderale Einrichtungen auch wirklich ernst nehmen. Auch eine Entscheidung für Berlin ist eine „bundesstaatliche" Entscheidung. Insoweit ist das Argument des Kollegen Glotz unverständlich und an den Haaren herbeigezogen.

Die Hoffnungen vieler Menschen in Ostdeutschland und in Berlin ruhen auf einer Vollendung der deutschen Einheit mit dem Beschluß, daß Parlament und Regierung ihre Entscheidungen in Berlin fällen. Beschließen wir heute, daß Berlin der Sitz von Parlament und Regierung sein soll, und gehen wir dann an die Arbeit, einen sozial verträglichen und der Arbeit förderlichen Übergang in eine neue Phase unserer Geschichte zu planen!

Hansjürgen Doss *(CDU/CSU):* Wenn in dieser Diskussion von historischer Verpflichtung und von der Anerkennung außerordentlicher Verdienste für Freiheit, Demokratie und Einheit auf beiden Seiten die Rede ist, kann die Antwort auf die Frage, die wir heute zu entscheiden haben, nur Bonn und Berlin heißen. Beide Städte, Bonn und Berlin, beanspruchen gleichermaßen zu Recht, Ausgangspunkt des souveränen, freien und wiedervereinten Deutschlands zu sein. Bonn: Wiege der zweiten deutschen Demokratie, Symbol für Aufbau, Demokratisierung und europäische Integration. Berlin: Insel der Freiheit, Symbol für das unbeugsame Streben der Deutschen nach Einheit, für die Überlegenheit von Demokratie und Sozialer Marktwirtschaft gegenüber Totalitarismus und Kommandowirtschaft.
(D) Der Verlauf der friedlichen Revolution, die unsere Mitbürger in der ehemaligen DDR durchgesetzt haben, die gewaltlose Überwindung von Gräben, Mauern, Minenfeldern und Stacheldraht, die Wiedererlangung des Selbstbestimmungsrechts, all das ist in der Geschichte einmalig und ohne Beispiel. Deshalb ist es nicht erforderlich, historische oder gegenwärtige Beispiele von Hauptstadt-Regierungssitz-Lösungen vergleichsweise heranzuziehen. Die Einmaligkeit des Vorgangs erlaubt eine Lösung dieser Frage, die sich nicht an Vorbildern orientiert, sondern einzig aus den Gegebenheiten der Nachkriegsgeschichte und der infolge der Ereignisse der vergangen 18 Monate entstandenen Situation heraus vom Gesetzgeber zu entscheiden ist.

„Einen durch Teilen" ist zum Leitmotiv des umfassenden Vollzugs der wiedererlangten Einheit Deutschlands geworden. Die Aufteilung von Kompetenzen und Gewalten ist ein zentrales Prinzip des Föderalismus. Die Trennung der staatlichen Gewalten und ihre Verteilung auf Bonn und Berlin folgt dem Motiv der deutschen Einheit wie dem föderalen Prinzip. Die Glaubwürdigkeit unseres Bekenntnisses zur Unteilbarkeit Deutschlands und seiner Hauptstadt Berlin und die Glaubwürdigkeit unseres Bekenntnisses zu Europa, zum Föderalismus und zu unserer gefestigten Demokratie, die sich in Bonn verkörpert, würde Schaden nehmen, wenn wir uns — möglicherweise gar mit knapper Mehrheit — für die Ausschließlichkeit und gegen den Kompromiß entscheiden würden.

(A) Wenn Staatsoberhaupt und gesetzgebende Gewalt ihren Sitz in Berlin nehmen und die exekutive Gewalt in Bonn verbleibt, bedeutet dies die folgerichtige Umsetzung eines Kompromisses und die konsequente Umsetzung des föderalen Prinzips von drei Verfassungsorganen, die sich dann auf Bonn, Berlin und Karlsruhe verteilen. Das Parlament kann seine Kontrollfunktion gegenüber der Regierung ohne Einschränkung auch von Berlin aus vollziehen, weil es sich dabei nicht um eine primär physische, sondern um eine im wesentlichen intellektuelle Kontrolle handelt. Die räumliche Trennung von Legislative und Exekutive kann darüber hinaus zu einer Emanzipation und einer — wie ich meine — erforderlichen Aufwertung des Parlaments führen. Wer dagegen die unmittelbare Nachbarschaft von Regierung und Parlament für zwingend notwendig hält, verkennt, daß die Mitglieder des Parlaments über die Wahrnehmung der Kontrollfunktion hinaus vielfältige vom Regierungssitz losgelöste Aufgaben in der Vertretung der Bürger zu bewältigen haben. Hinsichtlich der Organisierbarkeit und der Praktikabilität der räumlichen Trennung von Parlament und Regierung ist der Bundesrat, dessen Glieder ihren Sitz sowohl in Bonn als auch in den Ländern haben und der dennoch völlig reibungslos seine Aufgabe erfüllt, ein Beispiel.

Die DDR ist an der Schwäche ihres Systems, aber auch am Stehvermögen des freien Teils Deutschlands zugrunde gegangen. Zu diesem Stehvermögen gehörte vor allem auch unser Festhalten an Berlin, und dazu gehört jetzt auch unser Festhalten an Bonn.

Die Entscheidung für Bonn und Berlin ist kein
(B) Zweckkompromiß, sondern das Zusammenführen der Verpflichtung aus der Geschichte mit der Orientierung in Richtung einer gemeinsamen Zukunft.

Rudolf Dreßler (SPD): Wir brauchen einen Regierungs- und Parlamentssitz, nicht deren zwei. Wir brauchen keine Bonner Dependancen in Berlin und auch keine Berliner Zweigstellen in Bonn. Der moderne Parlamentarismus verträgt sich nicht mit den Ritualen und Gesetzmäßigkeiten eines Wanderzirkus.

Geradezu absurd ist der Vorschlag einer Trennung von Regierung und Parlament, die einen in Bonn, die anderen in Berlin. Für jede parlamentarische Opposition, die sich und ihren Wählerauftrag ernst nimmt, muß dies zudem eine Provokation sein. Diskutieren wir also nicht, ob dies machbar ist — denn das ist es natürlich —, sondern diskutieren wir lieber, ob dies mit unserem Auftrag und unserem parlamentarischen Selbstverständnis in Einklang stehen kann, und das kann es nicht. Regierung und Parlament gehören an einen Ort, in eine Stadt. Entscheiden wir uns, und seien wir fair in unserer Argumentation!

Die Debatte über Bonn/Berlin hat Kränkendes enthalten. Als kränkend haben viele mit mir zusammen empfunden, daß Bonn mit satt, zufrieden, selbst- und pflichtvergessen gleichgesetzt wurde. Demgegenüber nahmen Berlin-Befürworter für sich in Anspruch, die Geschichte der Deutschen in wesentlichen Abschnitten und die Zukunft der Deutschen sowieso zu repräsentieren. Es wurde suggeriert, nur in Berlin könnten politische Macht und Kultur zusammenge-

(C) führt werden. Wer sich dagegen sträube, sei ein Banause, lautete die Folgerung.

Wenn etwa die Kollegen Ehmke und Frau Limbach als Bonner für Bonn und die Kollegen Thierse und Lüder als Berliner für Berlin werben, dann kann nicht das Motiv der einen als regionales Eigeninteresse denunziert und das Motiv der anderen als der gemeinsamen deutschen Sache dienend gelobt werden. Regionale Eigeninteressen und die gemeinsame deutsche Sache sind in Bonn wie in Berlin beheimatet. Meine Bitte: Man kann auch für eine Sache werben, ohne Andersdenkenden in ihrer Motivation zu nahe zu treten.

Bei allem, was auch kritisch zu den vergangenen 40 Jahren gesagt werden muß, eines ist gewiß: Das neue Deutschland hat eine politische Identität in Bonn gefunden. Wir sind stolz darauf, daß unser Experiment Bundesrepublik Deutschland gelungen ist. Unsere Einladung gilt den neuen Mitbürgern, am weiteren Aus- und Aufbau dieses bisher gelungenen Versuches mitzuwirken, ihre Gedanken und Ideen, ihre Erfahrungen einzubringen. Dafür war und ist Bonn eine gute Adresse. An einer Entscheidung für Berlin messe sich die Bereitschaft und Ernsthaftigkeit der Westdeutschen, der staatsrechtlichen Einheit nun die tatsächliche Vereinigung folgen zu lassen, sagen einige Vertreter Berlins. Ich will nicht hoffen, daß dieses Argument wirklich ernst gemeint ist. Über die Bereitschaft zur tatsächlichen, zur gesellschaftspolitischen Einheit, entscheidet unser politisches Tun, unsere Bereitschaft zum Teilen, zum Mitwirken am Wiederaufbau und Umbau der ostdeutschen Bundesländer.

(D) Niemand soll mir einreden in Plauen und Stralsund, in Dresden und Wismar würde auch nur ein Licht heller leuchten, weil und wenn Berlin Regierungssitz wird. Wieso denn? Das angeschlagene Selbstbewußtsein stützen, konkrete wirtschaftliche und soziale Hilfe leisten, das kann man von jedem Winkel dieser Republik. Nein, wer so redet, offenbart die alte, typisch deutsche Schwäche, von der wir meinten, sie sei überwunden: Der Griff zur Mystifizierung, wenn die Anwendung der Regeln der Logik nicht zum gewünschten Ergebnis führt. Kann es nicht sein, daß wir die Bürgerinnen und Bürger mit einem Streit überziehen, den sie für wenig sinnvoll halten, da sie mit anderen Themen und Problemen genug zu tun haben? Erwarten die Menschen von uns nicht viel eher, daß wir uns Zeit nehmen, um darüber zu debattieren, warum große Teile der Bevölkerung, vor allem die Jungen, in ein beliebiges vor sich Hinleben rutschen? Wollen sie nicht von uns hören, wie wir die Kluft zwischen gebotener Friedfertigkeit und zunehmender Gewalt schließen?

Hüten wir uns davor, über die Köpfe der Menschen hinweg eine an bloßer Symbolik orientierte Entscheidung zu treffen. Da werden wirklich merkwürdige Argumente für Berlin ins Feld geführt. Bonn sei eine kleine Provinzstadt, Berlin aber eine Metropole. Und zur Schlußfolgerung, die die Vertreter dieses Argumentes so gerne nahelegen wollen, sage ich: Provinzialität hängt nicht vom Ort ab, wo ein Gedanke gefaßt wird, sondern offenbart sich im Denken selbst. Die Liste der Weltbürger aus Provinzstädten ist so

(A) lang, wie die der politisch Provinziellen aus Metropolen. Was soll das Argument also?

Die zweite deutsche Demokratie, über deren Parlamentssitz wir heute entscheiden, ist gelungen. Warum sich also für einen anderen Sitz entscheiden? Gemessen an den Maßstäben, an denen wir unser staatliches Gemeinwesen heute orientieren, waren die 150 Jahre deutscher Geschichte zuvor nur selten eine geeignete demokratische Adresse. Deshalb: Weitergehen auf dem seither eingeschlagenen Weg, mit neuen gemeinsamen Weggefährten, ist meine Devise.

Unser neues Deutschland ordnet sich ein, will nicht der Nabel Europas sein, will statt dessen am gemeinsamen Europa mitwirken. Wir müssen zur Geschichte unseres Volkes stehen, können sie nicht selektieren in Epochen, auf die wir stolz sein können und deren wir uns rühmen, und Epochen, deren wir uns schämen und sie deshalb verschweigen. Wir müssen auf den neuen deutschen Anfang setzen. Der ging von Bonn aus. Auch dafür steht diese Region.

Dr. Konrad Elmer *(SPD):* Als ich 1949 in Thüringen geboren wurde, war die deutsche Teilung besiegelt. Meine Eltern blieben im Osten, weil mein Vater als Forstmeister den Thüringer Wald nicht dem Raubbau überlassen wollte und weil sie beide hofften, daß Stalins Diktatur nicht lange überdauern würde.

19 Jahre später war ich begeisterter Anhänger des Prager Frühlings, und als der Warschauer Pakt einmarschierte, stellte sich für mich auch die Frage, ob ich nicht besser über die offene tschechische Grenze nach Bayern statt nach Hause ziehen sollte.

(B) Aber wir hatten wiederum die Hoffnung, daß der Prager Frühling irgendwann doch auch in Moskau Einzug hält. Wer sollte dann in der DDR den Durchbruch wagen, wenn die wenigen kritischen Leute dieses Land verlassen? Also ging ich statt nach Bayern noch einmal zurück.

Wir versuchten, einander bei der Stange zu halten, versuchten, die Freiräume, vor allem in der Kirche aufrechtzuerhalten, versuchten, dem einen oder anderen Jugendlichen andere Gedanken als die der SED-Erziehung zu vermitteln. Wir machten Pläne für eine friedliche Revolution, sobald aus Moskau bessere Zeiten kämen.

Es dauerte lange, verdammt lange, 20 Jahre, und wir haben uns nicht selten gefragt: Warum müssen wir um soviel mehr als die anderen Deutschen die schlimme Sache mit dem Hitler ausbaden? Es haben damals doch alle seinen Aufstieg nicht verhindert, wenn nicht gar befördert. Was uns aufrechterhielt, war die Hoffnung, daß die Sache mit dem falschen Sozialismus nicht mehr lange dauern könnte. Wir hofften, daß uns mit der Wende und der deutschen Einheit ein gerechter Ausgleich für die vielen Jahre Unterdrückung widerfahren würde. 89 war es dann soweit, daß wir den Aufstand proben und gewinnen konnten.

Doch je länger, je mehr fragen wir uns: Was ist das eigentlich, was bleibt, wofür wir 40 Jahre ausgeharrt haben? Die Wirtschaft geht den Bach hinunter. Die Jugend zieht erst recht gen Westen. Warum sind wir eigentlich noch dort im Osten? Nun, wir wollten so ein

(C) Stück von Deutschland über diese schweren Zeiten retten: die neuen alten Länder und vor allem auch Berlin als unsere Hauptstadt — Berlin, die wie keine andere Stadt unter den Folgen des gemeinsam zu verantwortenden Krieges zu leiden hatte, sie, die den Funken der Revolution von Leipzig ans Ziel brachte, sie, die wie keine andere deutsche Stadt geeignet ist, die Einheit zwischen Ost und West voranzubringen. In ihr hätte jeder seinen Platz und auch sein Hinterland, die Westler in Westberlin, die Ostler in Ostberlin. Und jeder kann dort dem anderen vor Ort seine Probleme zeigen. Ein wahrer Glücksfall für die Einheit, daß wir eine solche Stadt in Deutschland haben!

Warum wollen hier so viele nicht verstehen, daß sich die durch Zufall Stärkeren zu den Schwächeren bewegen müssen? Wollt ihr uns das Wenige denn auch noch nehmen, was wir an Gewicht in diese Einheit bringen könnten? Wir in Ostberlin hatten, wie ihr in Bonn, all die Jahre den Regierungssitz mit allem drum und dran. Wir haben über Nacht zusätzlich die riesigen Probleme bekommen, die euch in Bonn behutsam, auf viele Jahre verteilt, aufgeladen wurden.

Warum wollt ihr uns nicht ein Stück entgegenkommen und begreifen, daß auch ihr euch verändern müßt? Dabei habt ihr doch in Berlin, dem westlichen, noch immer ein Stück Identität. Wir aber sind hier gänzlich in der Fremde. Als ich letztes Wochenende in der Frankfurter Paulskirche war, hingen dort die Fahnen eurer Bundesländer, aber nicht eine Fahne von den unsrigen — wohlbemerkt, 33 Wochen nach der Einheit. Das ist kein Zufall, das ist das Schicksal des Ostens im Westen. Ihr geht doch in Berlin nicht unter, aber wir in Bonn. Und eben darum, um der Einheit willen, müssen wir gemeinsam nach Berlin.

Jochen Feilcke *(CDU/CSU):* In den vergangenen Wochen erreichte uns Abgeordnete eine unendliche Flut von Briefen aus Bonn und dem Umland, insbesondere aus dem Bereich des öffentlichen Dienstes, in denen vor den sozialen Folgen eines Parlamentssitzes Berlin für die Region Bonn gewarnt wird. Das unbeschreibliche Elend, das in die Familien einkehren werde, wurde beschrieben.

Wenn die Formulierungen im Einzelfall auch nicht nachzuvollziehen sind, müssen die Argumente doch ernst genommen werden.

Diesen Ängsten kommt der „Geißler-Antrag" umfassend entgegen. Die Frage der Machbarkeit einer Trennung von Parlament und Regierung ist positiv beantwortet worden. Wir haben politisch zu entscheiden, ob wir das wollen.

Ich spreche für den Berliner Antrag. Auch dieser Antrag berücksichtigt umfassend die berechtigten Sorgen der Arbeitnehmer in Bonn und im Umland. Wir wollen, daß die Leistungsebenen der Ministerien beim Parlament in Berlin sind, und erwarten von der Bundesregierung, daß sie selbst organisiert, welche Teile der Verwaltungen in Bonn verbleiben können und welche zusätzlichen Einrichtungen des Bundes hier in Bonn angesiedelt werden können.

Das alles darf aber über eines nicht hinwegtäuschen: Die Verelendung des Bonner Raumes wird nicht stattfinden. Wir befinden uns hier in der reichsten

(D)

Region Europas — nach den Selbstdarstellungen von Nordrhein-Westfalen und Rheinland-Pfalz. Wir alle müssen uns darüber freuen, daß es gerade diesen beiden Bundesländern so gut geht und daß die Wirtschaftskraft hier einen großen Beitrag dazu leisten kann, die gewaltigen Anstrengungen des Einigungsprozesses zu finanzieren.

Unser gemeinsames Ziel ist es doch wohl: Welche Entscheidung fördert den Einigungsprozeß am ehesten?

Es muß doch unser gemeinsamer Wunsch und Wille sein, daß die Länder Berlin, Brandenburg, Mecklenburg-Vorpommern, Sachsen, Sachsen-Anhalt und Thüringen möglichst bald in der Lage sind, sich ebenfalls in ganzseitigen Anzeigen als Kraftregionen Europas zu präsentieren.

Natürlich ist es bisher schon möglich und wird es auch in der Zukunft möglich sein, den Einigungsprozeß von Bonn aus zu gestalten, besser geht es jedoch von Berlin aus!

Frau Kollegin Professor Süssmuth hat auf die Entscheidungen, die gerade in letzter Zeit in Bonn für Deutschlands Einigung und für die Einigung Europas getroffen worden sind, verwiesen. Nur: Diese Entscheidungen verdanken wir nicht Bonn, sondern der Politik der hier handelnden Personen. Die gleichen Ergebnisse wären in jeder anderen Stadt, die die Würde und die Bürde der provisorischen Hauptstadt zu tragen hätte, getroffen worden.

Es ist immer wieder geäußert worden: Was nützt es den neuen Ländern heute, wenn wir erst morgen oder übermorgen umziehen? Für mich ist die Antwort einfach: Mit einer Grundsatzentscheidung, die wir heute zugunsten Berlins treffen, entscheiden wir uns für eine Hinwendung zu den neuen Ländern und damit zu Gesamtdeutschland. Die östlichen Länder brauchen Zuwendung und nicht nur Zuwendungen. Ein sehr glaubwürdiger Zeuge ist der Abteilungsleiter des BMA, der die Außenstelle Berlin über mehrere Monate geleitet hat. Er sagte mir: „Ohne Präsenz vor Ort dauert die innere Vereinigung zu lange."

Ein heutiger Beschluß zugunsten Berlins führt aber auch dazu, daß Investoren des In- und Auslandes wissen, „wo es in der Zukunft lang geht". Die Entwicklung Berlins und Brandenburgs wird erheblich beschleunigt und muß nicht ausschließlich aus Bundesmitteln finanziert werden. Das private Engagement wird erheblich erleichtert, wenn wir bereits heute die Entscheidung für morgen treffen.

Nach dem Verlust der Funktionen Berlins — im Osten „Hauptstadt der DDR", im Westen Schaufenster, Leuchtfeuer der Freiheit, Insel im Roten Meer, Offenhalten der deutschen Frage — braucht die Stadt, brauchen die Menschen in Berlin Orientierung und Verbindendes. Es darf nicht wild zusammenwuchern, was zusammenwachsen kann und zusammenwachsen muß.

Immer wieder wird darauf hingewiesen, daß der Einigungsvertrag, der ja mit Zweidrittelmehrheit von Bundestag und Bundesrat verabschiedet worden ist, ausdrücklich eine neue Ausgangslage geschaffen habe. Tatsache ist jedoch, daß mit dem Satz „Berlin ist die Hauptstadt Deutschlands" eigentlich geregelt worden ist, daß Berlin Hauptstadt mit allen Hauptstadtfunktionen in der Zukunft sein wird.

Die einzige Einschränkung ist in Art. 2 Satz 2 formuliert: Über die Frage des Sitzes von Parlament und Regierung wird nach Herstellung der deutschen Einheit entschieden, aber auch nur über die Frage des Sitzes von Parlament und Regierung. Alle diejenigen, die einen Kompromiß darin sehen, gerade Parlament und Regierung nicht nach Berlin zu geben, sondern alles andere, was bereits geregelt ist, verteilen bereits Verteiltes. Der wahre Kompromißvorschlag ist deshalb der Vorschlag von Heiner Geißler, der Parlament und Regierung auf Bonn und Berlin aufteilen will.

Das Argument, bei den Bekenntnissen zur Hauptstadt Berlin sei man in der Vergangenheit von einem Deutschland in den Grenzen von 1937 ausgegangen, ist fadenscheinig. Gerade bei Meinungsführern des Bonn-Antrages — Ehmke, Blüm, Baum — ist mir keine Äußerung bekannt, daß sie sich für ein Deutschland in den Grenzen von 1937 ausgesprochen hätten. Die Behauptung also, daß eine Meinungsänderung in dieser Frage zwangsläufig eine Meinungsänderung in der Hauptstadtfrage rechtfertige, ist unglaubwürdig, wenn man berücksichtigt, daß wesentliche Bonn-Streiter seit eh und je die Vorkämpfer der Anerkennung der polnischen Westgrenze waren.

Ich bitte Sie eindringlich: Stimmen Sie für Berlin, damit wir die Einheit Deutschlands auch nach innen vollenden!

Dr. Karl H. Fell (CDU/CSU): Bonn habe ich im Laufe meines politischen Wirkens liebgewonnen. Bonn steht für 40 Jahre Freiheit, Demokratie, Föderalismus und europäische Zusammenarbeit. Region und Menschen hier haben dem Bundestag und der Regierung eine großartige Basis für ihre Arbeit gegeben. Dies wiegt schwer.

Berlin war und ist immer noch Symbol für die Freiheit und den Widerstand gegen die kommunistische Unrechtsherrschaft. Wir haben seit Gründung der Bundesrepublik politisch für die Wiedervereinigung gekämpft. Wir haben sie jetzt erreicht.

Berlin war als Hauptstadt des zentralistischen Preußens und des noch straffer zentralistischen Nazisystems ein gegen die Interessen der anderen Regionen und Menschen gerichtetes Zentrum. Dies war aber nicht die Stadt, dies waren Auswirkungen der Handlungen der politischen Machthaber. Jetzt jedoch ist Berlin der Ort, an dem mit dem Fall der Mauer die Spaltung unseres Vaterlandes und Europas überwunden worden ist.

Auf diese Elemente gilt es bei der Entscheidung über den Sitz von Parlament und Regierung Rücksicht zu nehmen.

Erstens. Wir können nach der Herstellung der deutschen Einheit unsere früheren Erklärungen zur vorläufigen Hauptstadt Bonn und zu Berlin nicht beiseite schieben. Wir wollten Berlin wieder in vollem Umfang, also mit Sitz von Parlament und Regierung, zur Hauptstadt machen, wenn dies möglich sein sollte. Wir können diese unsere früheren Aussagen nicht

(A) einfach übergehen, wenn wir nicht unglaubwürdig werden wollen.

Zweitens. Nach der staatsrechtlichen Einheit muß die innere Einheit im Vaterland noch hergestellt werden. Die Menschen in der ehemaligen DDR sehen in Berlin als funktionstüchtige Hauptstadt auch das uneingeschränkte Ja zur deutschen Einheit.

Drittens. Deutschland muß für die osteuropäischen Staaten die Funktion einer Brücke zum Westen wahrnehmen. Berlin liegt bei dem sich jetzt über die EG hinaus vergrößernden Europa im Zentrum der Zukunftsentwicklung, wenn man die Beitrittsbemühungen Österreichs, Schwedens, Polens, Ungarns und der CSFR bedenkt.

Viertens. Das einige Vaterland muß — wie übrigens auch Europa — föderalistisch strukturiert werden. Westbindung einerseits — Bonn — Öffnung für die Staaten Osteuropas andererseits — Berlin —, Entwicklung der neuen Bundesländer und Herstellung gleichwertiger Lebensverhältnisse ist das Ziel.

Dieser Zukunftsperspektive wird am ehesten der „Konsensantrag Berlin/Bonn" gerecht: Das Parlament hat seinen Sitz in der Hauptstadt Berlin, das Verwaltungszentrum bleibt Bonn.

Trotz der damit natürlich gegebenen Probleme für die Zusammenarbeit von Parlament und Regierung — die gelöst werden können, wenn wir wollen — werde ich daher diesem Konsensantrag zustimmen.

(B) Sollte dieser Antrag keine Mehrheit finden, werde ich für den Antrag „Vollendung der Einheit Deutschlands" stimmen, weil dieser Antrag auch die Interessen Bonns berücksichtigt. Es geht nicht um ein neues zentralistisches Deutschland, es geht vielmehr um die förderalistische Organisation Deutschlands mit einer funktionsfähigen Hauptstadt Berlin.

Klaus Francke (Hamburg) (CDU/CSU): Seit mehr als 40 Jahren haben wir alle immer wieder hervorgehoben, daß es Ziel unserer Politik ist, das Selbstbestimmungsrecht für alle Deutschen zu verwirklichen. Dafür haben wir bei Wahlen Mehrheiten bekommen. Für dieses Ziel haben wir im Ausland um Verständnis und Zustimmung geworben. Innerhalb und außerhalb unserer Grenzen haben wir den freien Teil Berlins als Symbol für diese Politik der Einheit in Freiheit herausgestellt.

Wir haben uns dabei keineswegs auf schöne Worte beschränkt. Jahr für Jahr haben wir beträchtliche Mittel aufgebracht, um dem freien Teil Berlins in seiner bedrückenden Insellage zu helfen. Bei Begegnungen mit ausländischen Repräsentanten haben wir nie versäumt, um Solidarität mit der geteilten Stadt zu bitten. Wir haben dies alles stets im Geiste der immer wieder bekräftigten Entschlossenheit getan, Berlin zum Sitz des frei gewählten Parlaments und der frei gewählten Regierung zu machen, sobald die Teilung Deutschlands überwunden ist.

Wenn unsere Glaubwürdigkeit nicht Schaden nehmen soll, muß die Entscheidung über den Sitz von Bundestag und Bundesregierung heute zugunsten Berlins ausfallen.

(C) Mit Berlin als ehemaliger Reichshauptstadt verbinden sich gewiß Erinnerungen an das dunkelste Kapitel deutscher Geschichte. Diese Erinnerungen aber ausschließlich auf Berlin zu projizieren und daraus die Untauglichkeit dieser Stadt als Sitz von Parlament und Regierung abzuleiten ist historisch in höchstem Maße ungerecht. Die Verantwortung für die Folgen dessen, was damals in Berlin an verbrecherischer Politik geplant und ausgeführt wurde, darf heute nicht Berlin allein aufgebürdet werden. Dies um so weniger, als sich das freie Berlin nach 1945 seinen geschichtlichen Rang als Ort des Überlebenskampfes gegen die unmittelbar drohende kommunistische Zwangsherrschaft verdient hat.

Für Berlin spricht aber nicht nur der Hinweis auf die seit Jahrzehnten immer wieder beschworene Beschlußlage. Mit dem Tag der Wiedervereinigung am 3. Oktober 1990 muß in Deutschland politisch manches neu gedacht werden. Es ist ein in der alten Bundesrepublik verbreiteter Irrtum zu glauben, hier im Westen könne alles so bleiben, wie es sei, nur im Osten müsse sich alles wandeln. Die Herstellung der inneren Einheit ist eine gesamtdeutsche Aufgabe, die wir nur bewältigen können, wenn wir uns von der Idee lösen, hier ginge es um eine zeitlich befristete, einseitige materielle Hilfsaktion des reichen Westens zugunsten des armen Ostens. Solange dieses Denken vorherrscht, kann das Werk der inneren Einheit nicht gelingen. Das neue, gesamtdeutsche Denken wird — dessen bin ich sicher — in Berlin ungleich mehr gefördert als in Bonn.

(D) Es geht aber nicht nur um gesamtdeutsches, sondern um gesamteuropäisches Denken. Europa ist mehr als die EG. Zu Europa gehören auch Warschau, Prag und Budapest. Die Überwindung der Teilung Europas wäre ohne die Freiheits- und Demokratiebewegungen in den mittelosteuropäischen Ländern nicht möglich gewesen. Mit der Verlegung des Parlaments- und Regierungssitzes nach Berlin würde augenfällig, daß wir den europäischen Einigungsgedanken nicht auf die westeuropäische Integration reduzieren, sondern daß wir uns den Wunsch der Mittel- und Osteuropäer nach Teilhabe am europäischen Frieden in Freiheit und Wohlstand zu eigen machen.

Bonn hat sich als Bundeshauptstadt der alten Bundesrepublik Deutschland große Verdienste erworben. Und wer die Sorgen in dieser Stadt über ihre Zukunft bei einem Weggang der Institutionen nach Berlin nicht versteht, übersieht die berechtigten Interessen vieler Betroffener. Deshalb muß dieser Umzug so gestaltet werden, daß Härten in einem zumutbaren Rahmen bleiben. Daraus folgt, daß die Verlagerung der Institutionen schrittweise und auf mehrere Jahre verteilt erfolgen muß. Es gilt, nach dem Grundsatzbeschluß, den wir heute zu fällen haben, ein vertretbares Zeit- und Finanzkonzept für den Umzug zu entwickeln.

Ich bin davon überzeugt, daß dieser Grundsatzbeschluß die Verlegung des Parlaments- und Regierungssitzes nach Berlin enthalten muß. Eine andere Entscheidung hätte vor der Geschichte keinen Bestand.

Hans-Joachim Fuchtel *(CDU/CSU):* Für mich ist diese Entscheidung eine Frage der Glaubwürdigkeit der deutschen Politik. Berlin ist das Symbol der deutschen Teilung gewesen. Berlin muß auch das Symbol der deutschen Einheit sein.

Eine Entscheidung für Berlin ist zweifellos mit Kosten verbunden. Dessen müssen wir uns natürlich bewußt sein. Darum geht es zunächst einmal um einen Grundsatzbeschluß, damit die Städte wissen, woran sie sind. Ich werde für Berlin stimmen. Es geht nicht darum, von heute auf morgen die Umverlagerung von Regierung und Parlament vorzunehmen; es muß aber langfristig geschehen. Die Übergangsphase kann durchaus 10 bis 20 Jahre dauern. Wir Deutsche müssen uns in dieser Frage eben auch einmal Zeit nehmen und nicht unserer Angewohnheit frönen, alles sofort erledigen zu wollen. Ich sehe auch keine Gefahr, daß nun alles überhastet nach Berlin verlagert wird. Schließlich haben wir als Abgeordnete jedes Jahr bei den Haushaltsberatungen den Daumen drauf.

Eine künstliche Teilung der Hauptstadtfunktion halte ich zwar im Blick auf eine Interessenwahrung beider Seiten für eine theoretisch gute Möglichkeit, jedoch nicht für die Praxis! Nach dem Parkinsonschen Gesetz würde dies auf Dauer zu einer Doppelausstattung der Bürokratie führen, was meinen Vorstellungen vom Abbau von Bürokratie vollständig entgegenlaufen würde.

Wir alle wollen, daß die Olympiade im Jahr 2000 nach Berlin kommt. Wenn dies geschieht, werden sowieso erhebliche Investitionen in die Infrastruktur notwendig werden. Ich rege an, diese Investitionen so zu tätigen, daß sie anschließend für die Funktion des Regierungs- und Parlamentssitzes gut nutzbar gemacht werden können.

Unterbewerten sollten wir auch nicht das Signal an die neuen Länder. Bonn hat zweifellos für uns Abgeordnete wegen seiner Überschaubarkeit große Annehmlichkeiten und ist ein Ort, wo viele gute Entscheidungen getroffen worden sind. Angesichts der historischen Tragweite des Beschlusses kann dies aber genausowenig ausschlaggebend sein wie der Hinweis auf die Notwendigkeit der Stärkung der Länder!

Wenn ich all die verschiedenen Gesichtspunkte abwäge, gebührt Berlin auch die Funktion des Regierungs- und Parlamentssitzes.

Dr. Margret Funke-Schmitt-Rink *(FDP):* Diese Regierungssitzdebatte wird als Negativbeispiel für politische Streitkultur in die Annalen des Jahres 1 nach der Einheit eingehen. Bonn wie Berlin haben es nicht verdient, so mit Dreck — sprich: Vorurteilen — beworfen zu werden.

Machen wir doch damit Schluß, Berlin die Verantwortung für unselige Kapitel der deutschen Geschichte anzulasten. Berlin als preußische Hauptstadt des Militarismus, Reichshauptstadt der Nazis und ehemaligen Sitz des Unrechtsregimes der SED sehen zu wollen ist eine unzulässige Verkürzung der Geschichte. Im Gegenteil: Seit 1945 gilt Berlin als „Insel der Freiheit" in der „stürmischen Brandung" des Kalten Krieges. Sind denn die Reden zum 17. Juni von 1953 bis 1989 vergessen?

Es ist ebenso einseitig, Bonn mit „Rechnungshofarchitektur" und „Kantinenmentalität" gleichzusetzen, Bonn vorzuwerfen, es habe dem politischen Zentrum Unterkunft, aber kein Image verschafft. Bonn wie Berlin sind hervorragend — wenn auch unterschiedliche — Symbole für die einzigartige deutsche Geschichte.

Aber weil eben diese deutsche Geschichte von 1933 bis 1991 unvergleichbar ist mit der anderer Völker, können wir unsere Probleme nicht so lösen wie z. D. die Niederlande oder Australien.

Es geht hier und heute um die Identität Deutschlands. Wir hier müssen eine Entscheidung für alle Deutschen treffen. Das Ziel heißt: Zusammenwachsen von zwei heterogenen deutschen Teilen zu einem einheitlichen Gesamtdeutschland. Für mich kann diese Aufgabe nur mit Berlin als Hauptstadt und Regierungssitz erfüllt werden. Berlin ist die Nahtstelle zwischen Ost und West. Wie in einem Brennglas werden hier die Probleme schonungslos deutlich — und zwar für viele Jahre. Diese Probleme müssen schnell gelöst werden. Deshalb muß die Entscheidung jetzt gefällt werden.

Die Konsens-/Kompromißmodelle, mit denen man uns behelligt, sowie der Ruf nach einem Plebiszit haben die gleiche Qualität: Flucht aus der Verantwortung, die zu übernehmen wir vom deutschen Volk am 2. Dezember 1990 gewählt wurden.

Ein wie auch immer geartetes Kompromißmodell vernebelt den grundlegenden Sachverhalt, daß auch in einem Bundesstaat nur eine Stadt die politische Zentrale sein kann, und die Folge einer Trennung von Bundesregierung und Bundestag würde eine Dominanz der Exekutive gegenüber dem Parlament sein. Leisten wir bitte nicht einer weiteren Selbstentleibung des Parlaments Vorschub.

Ein Stück Glaubwürdigkeit hat die Politik durch die Debatte, wie sie bisher geführt wurde, schon verloren: Mit der Hauptstadtlüge wird der Graben des Mißtrauens zwischen Ost und West noch größer werden. Die Menschen in den neuen Ländern sehen sich dann erst recht auf der Verliererseite und vom Westen vereinnahmt. Sie haben Angst, nur als Anhängsel der bisherigen Bundesrepublik bewertet zu werden.

Wird das Zusammenwachsen wirklich gelingen, wenn wir Westdeutschen verlangen, daß die ehemaligen DDR-Bürgerinnen und -Bürger ihr Leben dramatisch ändern, wir aber auf Besitzstandsdenken beharren? Nur eine Verlagerung der wichtigsten Verfassungsorgane nach Berlin wird die Rede vom „Anschluß" unhaltbar machen. Eine Entscheidung für Berlin ist eine Investition des Vertrauens in die Entwicklung der neuen Länder.

Die Wahl Berlins wird auch unter europäischen Aspekten ein Signal sein. Der bisherige „West-Akzent" wird auf europäischer Ebene durch den „Ost-Akzent" ergänzt. Erkennen wir die heutige Identität Berlins an als moderne europäische Metropole in einem geeinten Deutschland, das nach der Vereinigung Europas strebt. Berlin als Hauptstadt und Regierungssitz wäre ein wichtiger und wirksamer Transmissionsriemen, ein idealer Vermittler zwischen West- und Ost-Europa.

Jörg Ganschow *(FDP):* Als Abgeordneter aus Brandenburg fiel es mir in den letzten Monaten oft schwer, an den anstehenden großen Aufgaben in Ostdeutschland hinreichend zu arbeiten; denn vieles wurde von dieser unseligen Diskussion überschattet, und dies nur deshalb, weil man bei der Ausarbeitung des Einigungsvertrags in Art. 2 die Frage über Parlament- und Regierungssitz und die Entscheidung darüber offenließ, nicht damit rechnete, was einige, durchaus charmante Bonner Politiker so alles in Frage stellen können, was vorher unmißverständlich klar schien.

Auch das Ausland reagiert mit Unverständnis. Insbesondere Amerikaner, Franzosen und Briten haben bei jeder Gelegenheit zu dem gestanden, was sie gesagt haben, sonst hätte ein Teil Berlins niemals vierzig Jahre in Freiheit existieren können.

Die Betrachtung mußte immer auch unter dem Gesichtspunkt der Einheit Deutschlands mit einer ungeteilten Hauptstadt Berlin erfolgen. Wir sollten darüber nachdenken, ob wir in Zukunft nicht auch eindeutige Aussagen zu bestimmten Entscheidungen beziehen, und wir sollten nicht, wie man meinen könnte, bei jeder heiklen Frage in eine Selbstzerfleischungsmentalität verfallen.

Vorrangig in den alten Bundesländern wurde in den vierzig Jahren auch viel geredet und bekundet: Man kann sogar in vielen Städten plastisch Anteil nehmen; denn man findet einen Kilometerstein mit dem Berliner Bären, so auch in Bonn.

Was mich in der letzten Zeit jedoch verwundert: Dieses Symbol soll den Bürgern wahrscheinlich nicht nur die Entfernung der jeweiligen Stadt kundbringen. Sollte mit diesem Wahrzeichen nicht vielmehr auch die Erinnerung an Blockade, Teilung und Mauerbau und die fehlende Freiheit auch meiner Generation, Herr Bury, wachgehalten werden? Es ist hoffentlich unstrittig, daß die Berliner und 16 Millionen Menschen in der ehemaligen DDR in der Vergangenheit unter dieser Geschichte leiden mußten.

Sollen diese Menschen jetzt weiterhin für diese Geschichte büßen? Man kann, wenn wir uns heute nicht für Berlin aussprechen, davon ausgehen, daß diese dann staatlich verordnete Ignorierung der legitimen Ansprüche einer Stadt auf unabsehbare Zeit eine neue, nicht kalkulierbare Dimension schafft, die direkte Auswirkungen auf den einzelnen Bürger vor Ort haben wird, und dies nicht nur in Berlin und seinem engeren Umland, sondern in allen neuen Bundesländern. Warum wohl, glauben Sie, haben sich alle Landtage in Ostdeutschland für Berlin entschieden? Doch wohl bestimmt nicht, weil sie Nachteile für ihre Länder wünschen!

Berlin ist auch nicht wie von den Bonn-Befürwortern desöfteren zu hören war, eine Monster- und Megastadt mit Straßenkriminalität, Wohnungsnot und Verkehrschaos, sondern diese Stadt mit ihren vielen Menschen zeigt eindrucksvoll in ihrer neuen Gesamtheit alle Schwierigkeiten und Chancen eines ehemals geteilten Landes, was einer bedarfsorientierten, volksnahen und zukunftsweisenden Politik vor Ort, in Berlin, sicher dienlich wäre und damit als Katalysator für ganz Ostdeutschland wirken könnte. Berlin braucht nicht länger die mittlerweile unglaubwürdigen Mitleidsbekundungen einiger, sondern kann jetzt endlich, nach Vollzug der Einheit, das ihr von diesem Hause so oft ausgesprochene und protokollierte Recht als Hauptstadt mit Regierung und Parlament einfordern und dann zukünftige Pflichten wahrnehmen.

Es wird Zeit, daß wir endlich Gemeinsamkeit, aber insbesondere auch Glaubwürdigkeit demonstrieren und Nägel mit Köpfen machen, also Berlin, auch im Hinblick auf ein geeintes Europa, seine Rechte und Pflichten durch die Verlegung von Regierung und Parlament unwiderruflich zukommen lassen.

Dies ist heute keine Entscheidung für oder gegen eine Stadt oder Region, es soll eine Entscheidung für Deutschland sein; denn dieses Deutschland ist mehr als eine größer gewordene Republik.

Norbert Gansel *(SPD):* Mehr als 40 Jahre lang ist Berlin versprochen worden, die Hauptstadt des wiedervereinigten Deutschland zu werden. Ich habe dieses Versprechen nie abgegeben. Ich habe es nicht abgegeben, weil ich es nicht für einlösbar hielt. Und ich habe es als Heuchelei empfunden, wenn so oft von so vielen Berlin als zukünftige Hauptstadt Deutschlands beschworen wurde, die doch die Hoffnung auf einen deutschen Gesamtstaat aufgegeben hatten. Bonn ist voll von Baudenkmälern für diese Haltung. Ich gehöre zu der Generation, die in der Bundesrepublik mit dem Widerspruch aufgewachsen ist, daß mit westdeutscher Realpolitik Fakten geschaffen und mit gesamtdeutschen Sonntagsreden Illusionen in den Grenzen von 1937 genährt wurden.

1990 hat Deutschland zur Einheit gefunden in den Grenzen von 1990. Das ist für mich keine Wieder-Vereinigung. Und es ist für mich auch keine Folge unseres unbeirrbaren Glaubens und unserer planmäßigen Politik. Das zusammenwachsen kann, was zusammengehört, ist die Chance einer glücklichen politischen Konstellation, die wir dem Sieg der Freiheit im Osten und dem Vertrauen im Westen zu verdanken haben, die wir genutzt haben und die wir weiter nutzen müssen. Die deutsche Einheit ist ein Geschenk. Ein Geschenk zu nutzen, um ein Versprechen einzuhalten, auch wenn es andere gegeben haben, ist aber auch eine glückliche Chance.

Der Antrag, den ich mit unterschrieben habe, und der Berlin als Sitz des Deutschen Bundestages bestimmen will, der den Kernbereich der Regierungsfunktionen nach Berlin verlegen und zwischen Berlin und Bonn eine faire Arbeitsteilung vereinbaren will, trägt die Überschrift „Vollendung der Einheit Deutschlands".

Vollendung? Ich liebe diesen Begriff nicht. Alle großen politischen Aufgaben sind dauernde Aufgaben, und die Einheit wird eine dauernde Aufgabe bleiben. Weil sie so lange dauern wird, weil wir nach der völker- und staatsrechtlichen Einheit aber auf dem Weg zur wirtschaftlichen und sozialen und — ich zögere nicht, es so zu nennen — zur seelischen Einheit der Deutschen vorankommen müssen, müssen wir den nächsten großen Schritt wagen und nach Berlin gehen. Zur Wirtschafts- und Sozialpolitik ist einiges gesagt worden und auch dazu, daß wir aus wirtschaftlichen und sozialen Gründen — und wohl auch aus moralischen — Bonn und den Bonnern gegenüber in der Pflicht bleiben.

Entscheidend ist es, daß eine Verlegung des Bundestages und der Regierungsfunktionen nach Berlin unserer Verpflichtung gegenüber den 17 Millionen Deutschen entsprechen würde, denen wir keinen Anschluß, sondern eine Vereinigung versprochen haben. Daß wir uns wirklich als ein Volk fühlen werden, wird nicht nur von Wirtschafts- und Sozialpolitik abhängen, sondern vor allen Dingen davon, wie wir eine gemeinsame politische Kultur und Identität entwickeln, wie wir unser Zusammengehörigkeitsgefühl stärken. Es ist nun einmal so, daß die übergroße Mehrheit der Menschen im Osten Deutschlands unseren Schritt nach Berlin mit dem Gefühl verbinden würden, daß wir ihnen nicht nur Hilfe „gewähren", sondern daß wir ihnen entgegenkommen, wir, das Parlament als Vertreter des ganzen deutschen Volkes.

Und die Kosten? Jede Hauptstadt wird teuer. Am teuersten werden aber falsche Entscheidungen, die in der Hauptstadt getroffen werden. Ich will nicht behaupten, daß Berlin die Gewähr dafür bietet, eine richtige Politik zu machen. Aber daß wir auf die deutschen Realitäten, auf die west- und auf die ostdeutsche Wirklichkeit in Berlin mehr gestoßen werden als in Bonn, wer wollte das bestreiten?

Wolfgang Schäuble hat in seiner respektablen Rede gesagt: Berlin, das ist die Entscheidung für die Zukunft Deutschlands: Mir ist wichtiger, daß Berlin die Entscheidung für die deutsche Gegenwart ist.

Die Probleme Westdeutschlands sind in West-Berlin zugespitzt — so wie die Probleme Ostdeutschlands in Ost-Berlin.

Aber das Wichtigste: Nur in ganz Berlin sind wir mit der anhaltenden wirtschaftlichen, sozialen und kulturellen Widersprüchlichkeit und Ungleichheit des sich einigenden Deutschland täglich konfrontiert, und zwar in zugespitzter Form. Wir Parlamentarier brauchen diese Zuspitzung. Wer von uns hat nicht die dicke Haut, die uns im Laufe der Zeit wächst.

Berlin wird nie die Behaglichkeit und die Bequemlichkeit für uns haben, die Bonn uns bietet und manchmal auch aufzwingt. Die Floskel von den „Menschen draußen im Lande" wird in Berlin keiner mehr gebrauchen können. Berlin ist die unbequeme Alternative und für den Bundestag wie für die Regierung deshalb die richtige.

Das gemütliche Bonn und die angsteinflößende Metropole Berlin? Dieses Parlament und diese Regierung müssen sich auch den Herausforderungen der Metropolen stellen. Eine Flucht in die Idylle darf es nicht geben, und wo wir uns in der Idylle schon sicher fühlen, müssen wir uns herauswagen.

Die ehrwürdige Stadt Bonn hat eine lange Geschichte. Ihre historische Bedeutung für Deutschland liegt — so oder so — in der relativ kurzen Geschichte seit 1949. Eigentlich eine ziemlich glückliche Geschichte — für uns Westdeutsche.

Kann Berlin bei seiner Geschichte, vor allen Dingen bei jener Geschichte von 1933 bis 1945, noch einmal Hauptstadt werden, Hauptstadt, die doch auch symbolische Bedeutung hat? Ich bin überzeugt, daß wir

diese Geschichte — auch wenn sie nur zwölf Jahre dauerte und viel kürzer als die nach 1945 war — nie verdrängen dürfen. Deutsche Politik — die Innen- wie die Außenpolitik — braucht auch in Zukunft Elemente der Selbstbeobachtung und der Selbstkontrolle. Und sie braucht deshalb das ständige Element der Erinnerung. In Bonn wird allzu leicht vergessen. In Berlin wiegt die Erinnerung schwerer, wir werden täglich auf sie gestoßen werden und uns an ihr stoßen.

Ich bin nicht für Berlin wegen der Geschichte, aber daß Berlin wegen seiner Geschichte, die uns ja übrigens nicht erst seit heute bekannt ist, als Hauptstadt weniger als Bonn in Frage kommt, scheint mir doch ein Beweis eines Verdrängungsmechanismus zu sein. Der preußische Militarismus war ja nicht auf Preußen, noch nicht einmal auf das preußische Militär beschränkt.

Und der Nationalsozialismus wurde ja nicht in Berlin gezeugt. Wer hätte München je die Qualifikation als Landeshauptstadt abgesprochen? Nein, für die deutsche Geschichte gibt es keine Sippenhaft, weil es unsere gemeinsame deutsche Geschichte ist. Es gibt keine Stadthaftung, wohl eine Staatshaftung. —

Mit unserer Vergangenheit haften wir für die Zukunft: Fast auf den Tag genau 50 Jahre nach dem Überfall des Deutschen Reiches auf die Sowjetunion, da sich endlich die Perspektive der Überwindung der Vergangenheit aufzeigt, kann es nicht schaden, auch bei dieser Debatte daran zu erinnern.

Peter Glotz hat heute morgen gesagt: Bonn, das ist das Symbol für den Neubeginn nach 1945. Es war das Symbol für den Neubeginn. Nach 1945 für uns Westdeutsche, die wir nicht die besseren oder die tüchtigeren Deutschen, sondern die glücklicheren waren. Nun steht Bonn schon für das Alte. Für uns Deutsche, für Westdeutsche und Ostdeutsche muß Berlin das Symbol für einen neuen gemeinsamen Anfang 1991 sein. Das gilt für unsere Innenpolitik und das gilt für unsere Außenpolitik.

Ich gebe zu, daß ich vor einem Jahr noch der Hauptstadt Bonn zugeneigt habe. Ich habe die innenpolitische Aufgabe größer eingeschätzt als viele von uns, aber nicht groß genug. Ich habe geglaubt, wir könnten sie von Bonn aus lösen. Ich glaube es nicht mehr.

Ich habe in der Außenpolitik die Gefahr für groß gehalten, daß eine Entscheidung für die Hauptstadt Berlin bei unseren Nachbarn und Verbündeten, bei unseren einstigen Feinden und Angstgegnern alte Ängste erneuern und die Chance der Vereinigung hätte mindern können. Stand Berlin nicht für alte Großmachtansprüche oder auch für eine Umorientierung des unsicheren deutschen Kantonisten nach Osten? Ist Bonn nicht auch das Symbol unserer europäischen Bestimmung und atlantischen Bindung?

Ich bin überzeugt, daß wir diese Bestimmungen und Bindungen erhalten müssen und daß wir sie einbringen müssen in die deutsche, europäische und atlantische Öffnung nach Osten. Berlin muß auch dafür ein Symbol werden. Eine multikulturelle europäische Stadt ist Berlin schon heute. In keiner deutschen Großstadt ist das nordamerikanische Element so stark wie in Berlin. Und keine deutsche Stadt ist so offen nach Osten wie Berlin.

(A)

Daß wir Deutsche uns diese Entscheidung über die Hauptstadt auch aus den Blickwinkeln unserer Nachbarn dennoch schwer machen, schadet uns nicht. Daß aber im Ausland, in Ost und West, eine Entscheidung für Berlin als eine gewissermaßen natürliche Entscheidung akzeptiert wird, das kann uns doch in der Entscheidung freier machen, auch wenn es uns verpflichtet.

Bonn oder Berlin? — Das kann nicht anhand von Parteiprogrammen oder Parteitagsbeschlüssen entschieden werden. Das kann nicht sozialdemokratisch und nicht christdemokratisch entschieden werden. Es kann nur demokratisch entschieden werden: durch Abstimmung. Wir Sozialdemokraten hätten es vorgezogen, wenn man das Volk hätte abstimmen können. Die Mehrheit des Bundestages hat eine solche Volksabstimmung abgelehnt. Nun sind wir verurteilt, selbst zu entscheiden. Für Kompromisse ist wenig Raum. Für Vertagung ist keine Zeit. Hoffen wir, wie immer die Entscheidung ausfallen wird, daß sie vor unserem Volk und vor unseren Nachbarn und vor der Geschichte Bestand haben wird.

Gattermann, Hans H. *(FDP):* Natürlich sind Fragen der Funktionalität von Parlamentsentscheidungen und Regierungsabläufen Sekundärargumente. Aber man würde wohl gröblichst seine Verantwortung verletzen, wenn man solche Argumente in einer Zeit auf die leichte Schulter nähme, in der es gerade im Hinblick auf den Aufbau der neuen Bundesländer auf Effektivität von Parlament und Regierung ankommt und in der die finanzielle Situation und die Verschuldungslage des Staates in einem Maße angespannt ist,

(B)

das wir in der alten Bundesrepublik Deutschland bisher nicht gekannt haben. Wer finanzpolitische Solidität einfordert, offenbart keine Krämerseele.

Natürlich ist die persönliche Betroffenheit derer, die sich an vielfache Erklärungen aus den letzten vierzig Jahren erinnern und die Glaubwürdigkeit der Politik insgesamt in Gefahr sehen, ein gewichtiger Gesichtspunkt. Man kann nicht einfach wegschieben, daß zumindest mehrheitlich in den Landtagen der neuen Länder in einer Entscheidung für Berlin als Regierungs- und Parlamentssitz ein hoffnungsspendendes Zeichen gesehen wird. Aber kann solche Betroffenheit das zentrale Entscheidungsargument sein? Nicht jeder Abgeordnete ist in dem beschriebenen Sinne betroffen, und nicht jeder Bürger in den neuen Ländern teilt die Mehrheitssicht der Landtage.

Persönliche Betroffenheit gibt es natürlich umgekehrt auch bei den vielen Menschen in der Region Bonn, deren soziale und berufliche Welt bei einer Entscheidung für Berlin ins Wanken geriete — und das sind, um es im Beamtenjargon zu sagen, nicht die mit der B-Besoldung, sondern vor allem die kleinen Leute.

Natürlich sind Fragen der geschichtlichen Entwicklung von Bedeutung. Und es mag sein, daß sich daraus für den einen oder anderen oder sogar die Mehrheit bessere Antworten für Berlin ergeben könnten. Daß es die Mehrheit ist, bezweifle ich. Aber die geschichtliche Betrachtung hat überhaupt nur Bedeutung, soweit sie Hilfestellung bei der Beantwortung der Zukunftsfragen gibt.

(C)

Natürlich haben städtebauliche, raumordnungspolitische, verkehrspolitische, umweltpolitische Erwägungen und ihre Einordnung in die föderalistische Struktur Deutschlands ihre Bedeutung. Natürlich kann man nicht übersehen, daß große Ballungsräume mit Regierungs- und Parlamentssitz offenbar kaum beherrschbar sind. Es kommt ja nicht von ungefähr, daß Tokio über die Verlagerung von Regierung und Parlament nachdenkt, daß neuerdings Madrid mit einem Kostenaufwand von 10 Milliarden DM die Verlagerung von Regierung und Parlament an seine Peripherie prüft.

Nein, die entscheidende Frage ist die der Bedeutung von Hauptstadt, Regierungs- und Parlamentssitz für den Aufbau der neuen deutschen Identifikation, für die deutsche Rolle in der Welt, für den besten deutschen Beitrag zum Aufbau Europas und zur Sicherung von Frieden und sozialer Gerechtigkeit in der Welt. Dazu müssen wir heute unseren Beitrag leisten. Aber den Löwenanteil an der Meisterung dieser Zukunftsaufgaben wird nicht mehr die Mehrheit derer zu erbringen haben, die heute hier streiten. Und deshalb hat es hier entscheidendes Gewicht, daß es in allen Fraktionen und in der Bevölkerung aller Bundesländer überwiegend die Jungen sind, die eindeutig Bonn präferieren. Wenn auch ich heute für Bonn plädiere und entscheide, dann deshalb, weil der 13., der 14. oder der 15. Deutsche Bundestag eine Entscheidung für Bonn leichter revidieren könnte als eine Entscheidung für Berlin. Und wenn dereinst die Generation, die die beschriebenen Aufgaben vollenden muß, ihre Entscheidung an die ihrer Großväter für Berlin anknüpft, dann muß uns das ebenso recht sein wie ein Festhalten an Bonn, das dann die Entscheidung der Väter ist.

(D)

Dr. Wolfgang Götzer *(CDU/CSU):* Von Beginn meiner politischen Tätigkeit an habe ich gekämpft und demonstriert für die deutsche Einheit in Freiheit. Das Recht und die Möglichkeit für unsere Landsleute in der ehemaligen DDR, ihre Lebensform selbst zu bestimmen, war für mich immer eines der wichtigsten Anliegen und wesentlicher Grund für mein politisches Engagement überhaupt.

Die Frage, wo nach einer wieder hergestellten Einheit Deutschlands Parlament und Regierung ihren Sitz haben sollten, spielte für mich dabei eine völlig untergeordnete Rolle. Nicht anders ging es, so glaube ich, den Landsleuten in der ehemaligen DDR bei ihren Demonstrationen im Herbst 1989: Sie wollten Freiheit, Demokratie, Rechtsstaatlichkeit und deutsche Einheit.

Die Menschen drüben haben sich über ihre Länder für den Beitritt und somit für den Staat des Bonner Grundgesetzes entschieden. Damit war keine Automatik hinsichtlich des Sitzes von Parlament und Regierung verbunden, und schon gar nicht gibt es hier eine historische oder moralische Zwangsläufigkeit. Wir haben in der neuen Bundesrepublik Deutschland diese Sachentscheidung zu treffen, und diese Entscheidung, so wichtig sie ist, sollte nicht hochstilisiert werden zu einer Abstimmung über Wohl und Wehe und die Zukunft Deutschlands.

Im Gegensatz zu manchen, die uns Angst machen wollen vor den Folgen der heutigen Entscheidung — gleich wie sie ausgeht —, kann ich diese Befürchtungen nicht teilen und schon gar nicht Verständnis dafür aufbringen: Es macht das Wesen parlamentarischer Demokratie aus, daß das Parlament Entscheidungen trifft, auch wenn diese mit knappen Mehrheiten fallen sollten. Wer in diesem Zusammenhang von „Siegern" und „Besiegten" spricht, offenbart ein merkwürdiges Verständnis von parlamentarischer Demokratie.

Ich habe auch das Gefühl, in einem anderen Land zu leben, wenn jetzt von tiefen Gräben und der Gefährdung des inneren Friedens in unserem Land gesprochen wird. Die Menschen sind an vielen anderen Themen mindestens so stark interessiert wie an der Frage, wo Parlament und Regierung ihren Sitz haben, und ich bin sicher, daß die heute zu fällende Entscheidung auch von denen, die unterliegen werden, akzeptiert werden wird. Wenn es Unmut gibt bei den Bürgern, dann höchstens deswegen, weil sie es langsam für an der Zeit halten, sich auch wieder anderen Themen zuzuwenden.

Zum Inhaltlichen: Ich bin — und da weiß ich mich mit der großen Mehrheit der CSU im Deutschen Bundestag einig — gegen eine räumliche Trennung von Parlament und Regierung. Diese ist auf Dauer nicht praktikabel und weder den Betroffenen noch den Steuerzahlern zumutbar. Im übrigen ist Gewaltenteilung nicht geographisch zu verstehen. Die räumliche Trennung würde eher die Gefahr einer weiteren Verselbständigung der Exekutive mit sich bringen.

Unstreitig gehört das Staatsoberhaupt in die Hauptstadt. Und auch die Verlegung des Bundesrates nach Berlin dokumentiert gerade die Bedeutung des Föderalismus in dieser Bundesrepublik.

Für den Bonn-Antrag sprechen darüber hinaus sowohl historische als auch zukunftsweisende Gesichtspunkte. Dabei will ich ganz bewußt nicht immer wieder geäußerte Bedenken gegen Berlin ins Feld führen, wie etwa seine angebliche historische Belastung, die reltiv nur sehr kurze Zeit, in der Berlin Hauptstadt Deutschlands ist oder auch das Problem, dort innere Sicherheit zu gewährleisten.

Ich habe den Bonn-Antrag unterschrieben, weil Bonn für das gelungenste demokratische Experiment und Modell in der deutschen Geschichte steht. Diesem Staat anzugehören, war der größte Wunsch unserer Landsleute in der ehemaligen DDR und die entscheidende Triebfeder für die friedliche Revolution von 1989.

Ein weiterer Grund: Föderalismus und Dezentralisierung passen zusammen — Föderalismus und Metropole nicht. Im übrigen ist die Zeit der Metropolen vorbei und die Stunde der Regionen gekommen. Auch die Menschen in den neuen Ländern, die nicht unmittelbar in Berlin leben, hätten mehr Nachteile als Vorteile von einer Zentrierung der wirtschaftlichen und politischen Macht in Berlin zu erwarten; das zeigen alle Erfahrungen im Umland von Metropolen.

Außerdem: Die Kosten einer Verlegung des Parlamentssitzes und damit über kurz oder lang auch des Regierungssitzes nach Berlin sind m. E. nicht zu rechtfertigen. Wir brauchen jede Mark für die neuen Länder, und die Menschen in meinem Wahlkreis jedenfalls haben wenig Verständnis dafür, daß in Berlin all das noch einmal gebaut werden sollte, was in Bonn bereits vorhanden, im Bau oder jedenfalls vergeben ist.

Und wir haben Verantwortung für die Menschen in Bonn und Umgebung, für die eine Verlagerung nach Berlin mit Sicherheit erheblich größere Probleme bringen würde als für die Berliner eine Entscheidung des Deutschen Bundestages, in Bonn zu bleiben. Ja, ich bin der Meinung, wir tun den Berlinern gar nicht einmal soviel Gutes mit einer Ansiedelung von Parlament und Regierung dort, wenn ich etwa an die Verkehrs- und Wohnungsprobleme in Berlin denke.

Aus all diesen Gründen und gerade auch wegen der Menschen in den neuen Ländern bitte ich Sie für die Bundesstaatslösung, also den Bonn-Antrag zu stimmen.

Joachim Gres *(CDU/CSU):* Ich stehe heute wie sehr viele der anderen Abgeordneten vor einer sehr schwierigen Entscheidung. Ich gehöre zu den jüngeren Abgeordneten, die nach dem Kriege geboren sind und deren Staats- und Politikverständnis von den Konstituanten der Bundesrepublik Deutschland — als da sind das Grundgesetz mit seinen Grundentscheidungen für strikte Gewaltenteilung und Föderalismus, die Westbindung und die Integration in ein freies, geeintes Europa — geprägt ist. Teil dieser Grundprägung war das unbeirrbare Festhalten an der deutschen Einheit, und Symbol der offenen deutschen Frage war 45 Jahre das geteilte Berlin in seiner Insellage.

Es ist wahr: Politik lebt nicht nur von Daten und Fakten, sondern mindestens ebenso von Gefühlen und Symbolen. Deshalb war Berlin für viele aus meiner Generation ein wichtiges, ja ein notwendiges, immer wieder aufrüttelndes Beispiel für das mutige Eintreten für die Sache der Freiheit, eine Stadt, in der für jedermann sichtbar durch die Mauer eben auch die Grenze zwischen Recht und Unrecht, Freiheit und Unfreiheit markiert war. In diesem Sinne haben wir uns zu Berlin bekannt. Deshalb war die Öffnung des Brandenburger Tors der symbolische Schlußakt eines langen Weges zur Einheit in Recht und Freiheit, nicht aber ein Bekenntnis zur Widerherstellung der historischen Rolle Berlins als Sitz der deutschen Zentralregierung.

Ich verkenne dabei nicht, daß viele Bürger, vor allem die ältere Generation, diese historische Rolle Berlins anders gesehen haben und anders sehen und daß jetzt viele aus geschichtlichen Gründen und auf Grund des Bekenntnisses zu Berlin als unserer Hauptstadt die Verlegung der zentralen Staatsorgane nach Berlin fordern. Wenn man diesen aus der Vergangenheit abgeleiteten Forderungen nicht nachkommen will, muß man gute Gründe dafür haben. Welche können das sein?

Die angeführten Kosten der Verlagerung des Regierungssitzes von Bonn nach Berlin sind für meine Entscheidung ebenso wenig ausschlaggebend wie die wirklichen oder vermeintlichen Strukturprobleme des

(A) Bonner Raumes bei einem Wegzug der Bundesbehörden nach Berlin. Alles dies sind wichtige Umstände und Faktoren, die nicht zu gering geachtet werden sollen, die aber, über längere Zeiträume erstreckt, bewältigt werden können.

Für mich sind auch nicht die wirtschaftsstrukturellen Förderungsaspekte für Berlin maßgebend. Wir alle wissen, daß die Umsiedlung nach Berlin einen längeren Zeitraum benötigen würde. Wachstumsimpulse werden aber jetzt und in den nächsten vier Jahren vor allem in den neuen Bundesländern und den dort entstehenden regionalen Zentren benötigt. Dort muß vor allem investiert werden. Die Wirtschaftsmetropole Berlin wird ihren Weg auch ohne die Übernahme aller wesentlichen zentralen Regierungsfunktionen gehen können. Die Wirtschaftsindikatoren für Berlin sprechen bereits jetzt eine deutliche Sprache.

Ausschlaggebend für meine Entscheidung ist letztlich das Argument, daß Berlin auf Grund seiner schieren Größe auf lange Sicht als alles überragende deutsche Wirtschafts- und Kulturmetropole sowieso eine Gefährdung unserer sorgsam austarierten Föderalstruktur bedeutet. Berlin wird insbesondere dann, wenn es die wesentlichen zentralen Staatsorgane Bundestag und Bundesregierung mit allen Institutionen, die damit direkt und indirekt zusammenhängen, übernimmt, eine derartige Sogwirkung entfalten, daß am Ende alle dort sein werden: die großen Industrieverwaltungen bis zu den Bankenverwaltungen — also von Mercedes-Benz bis zur Deutschen Bank —, die Verbände bis zu den Gewerkschaften — also vom Arbeitgeberverband bis zur IG-Metall —, die Institutio-

(B) nen bis hin zu den Messen, die tertiären Dienstleistungsbereiche bis hin zu den innovativen neuen Technologien. Am Anfang werden es wohl nur Repräsentanzen und Niederlassungen sein, am Ende werden es die Hauptverwaltungen bzw. die Zentralinstitutionen sein.

Städte wie Hamburg und München mögen Zentren aus eigenem Recht bleiben, Frankfurt und Düsseldorf z. B. werden aber ihre heutige Bedeutung verlieren, und Dresden und Magdeburg kommen aus den Startlöchern gar nicht richtig heraus. Wer glaubt, daß Städte wie Frankfurt, Düsseldorf, Stuttgart oder Dresden ganz selbstverständlich als große Banken-Dienstleistungs- und Verkehrsmetropolen erhalten bleiben oder sich entwickeln können, der irrt sich. Berlin wird sich wieder zu der alles dominierenden Metropole in Deutschland entwickeln. Die europäischen Beispiele London und Paris mit ihrer Auswirkung auf ihr regionales Umfeld sind für diese Entwicklung warnende Beispiele.

Wir werden in Europa um dieses in den letzten 40 Jahren gewachsene föderale und polyzentrische System beneidet. Der Föderalismus in Deutschland war eine der entscheidenden Voraussetzungen für die Stabilität und Prosperität unseres Landes. Dies wiederum ist die Voraussetzung dafür, daß wir die Herstellung einheitlicher Lebensbedingungen in ganz Deutschland in diesem Jahrzehnt finanziell und wirtschaftlich meistern können.

Nach reiflicher Abwägung aller Daten, Fakten, Symbole und Prognosen werde ich mich daher in Anerkennung der in den letzten 40 Jahren gewachsenen

(C) Geschichte unseres Landes, die mit dem Symbol Bonn verbunden ist, für eine Aufgabenteilung zwischen der Hauptstadt Berlin, dem Parlaments- und Regierungssitz Bonn und den neuen Bundesländern in dem Sinne entscheiden, daß der Bundesrat und der Bundespräsident nach Berlin gehen, der Deutsche Bundestag und die Bundesregierung ihren Sitz in Bonn beibehalten und eine Reihe von nationalen und internationalen Institutionen auf die neuen Bundesländer aufgeteilt werden. Nachdem eine einvernehmliche Konsenslösung zwischen den Parteien nicht gefunden worden ist — was ich bedaure — und uns die Entscheidung heute abverlangt wird — was nach meiner Meinung nicht notwendig war —, halte ich nach meinem besten Wissen und Gewissen diese Entscheidung für die Zukunft unseres Landes für die richtige.

Claus-Peter Grotz (CDU/CSU): Wir müssen heute den Mut aufbringen, zu einer klaren Entscheidung zu kommen. Wenn ich deshalb eine Trennung von Parlament und Regierung ablehne, so ist dies nicht gegen eine der beiden Städte gerichtet. Vielmehr gebietet gerade die Logik parlamentarischer Regierungsweise eine — auch lokale — enge Anbindung von Parlament und Regierung.

Natürlich ragt die uns mit dem Einigungsvertrag aufgegebene Entscheidung über den Regierungs- und Parlamentssitz aus der parlamentarischen Routine heraus. Aber lassen Sie es mich auf den Punkt bringen: Nicht die Hauptstadt, nicht äußerliche Prachtbauten sind entscheidend für die Zukunft des geeinten Deutschland, sondern Politik und Politiker.

(D) Gerade deshalb spricht heute so viel für Bonn, die kleine, „unscheinbare" deutsche Stadt, von der aus unser Land vierzig Jahre lang ohne Glanz und Gloria, aber vernünftig, praktisch und mit glücklicher Hand regiert wurde. Nicht so sehr diese Stadt, sondern das ganze Land zwischen Flensburg und dem Bodensee hat von dieser starken Politik aus einer bescheidenen Zentrale profitiert. Diesem sympathischen Zug Bonns sind wir es heute schuldig, die Frage nach dem künftigen Regierungssitz ohne falsches Pathos und überkommene Dogmen zu entscheiden, sondern mit nüchternem Blick in Vergangenheit und Zukunft Deutschlands.

Erstens: Bonn ist Symbol für deutschen Föderalismus. Ganz Europa beneidet die Deutschen heute um die Früchte seines föderalen Systems, um die Stärke und Vielfalt der regionalen Kraftfelder. München, Düsseldorf, Hamburg, Frankfurt, Stuttgart, Mainz — die Abwesenheit der Metropole ließ in allen Bundesländern kulturelle und wirtschaftliche Kristallisationskerne wachsen und gedeihen. Hat das den Schwaben geschadet, den Hessen, den Pfälzern? Berlin, ein Ballungsraum mit über fünf Millionen Menschen, würde als Hauptstadt einen unüberwindbaren zentralistischen Sog auf die Nation ausüben, wo doch der Zentralismus nicht nur unter dem Vorzeichen des Sozialismus gerade in der DDR versagt hat, sondern auch in der westlichen Welt: Was unternimmt die französische Politik nicht alles, um den Moloch Paris einen Teil seiner Kraft zu entreißen und auf die geschwächten Regionen der „Grande Nation" zu verteilen! Paris hat erkannt: Ein Europa ohne Grenzen braucht keine mächtigen nationalen Hauptstädte als Relikte des Absolutismus mehr, sondern gesunde regionale Strukturen. Gerade eine Hauptstadt darf den Weg in die wirtschaftliche Zukunft auch der Deutschen in Europa nicht blockieren — sie muß ihn ebnen.

Zweitens: Bonn steht für Europa. Das Kräftezentrum Europas und damit eines der wenigen der Welt ist das Dreieck Paris, Brüssel, Bonn. Nicht erst 1992, wenn die Verwirklichung des Binnenmarktes Europa Konrad Adenauers Politik der Westbindung krönt, sondern seit 1949: Bonn hat die Nachkriegswelt geprägt, an Europa gebaut, Freundschaft mit der Welt geschlossen. Im Ausland spricht man anerkennend von der Bundesrepublik als der erfolgreichen „Bonner Demokratie". Von Bonn aus hat deutsche Politik ihre Schrecken in West und Ost verloren, von hier aus wurde in enger Partnerschaft mit Frankreich die Vision Europa verwirklicht, von hier aus entwickelte Europa seine Anziehungskraft, der letztendlich die Diktatur im Ostblock, der Kalte Krieg erlag. Die stille Effektivtät „Bonner Politik" leistete einen wichtigen Beitrag dafür, daß die Menschen in Europa heute bereit sind, die östlichen Nachbarländer in das „Gemeinsame Haus Europa" einziehen zu lassen. Und Bonn steht auch dafür, daß Deutschland für seine Nachbarländer „das Problematische verloren hat", wie es kürzlich der polnische Botschafter in Bonn formulierte — und nur diesem Deutschland als verläßlichem Partner der Welt galt die Sympathie dieser Welt, als am 9. November 1989 die Mauer fiel.

Drittens: Bonn steht für den Aufschwung im Osten. Und nicht Berlin, obwohl viele behaupten, es hänge von der Wahl des Regierungssitzes ab, ob die Deutschen in Cottbus eines Tages die gleichen Lebensqualitäten haben wie jene in Aachen. Berlin aber wäre alles andere als ein Vorteil für das Wiedererstarken der fünf neuen Länder, von denen vier allein an Bevölkerungszahl, von der wirtschaftlichen Kapazität ganz zu schweigen, kleiner sind als Groß-Berlin. In den Jahren des rigorosen SED-Dirigismus wuchs Berlin überproportional auf Kosten zahlreicher ostdeutscher Städte und fast aller der insgesamt 15 Bezirke. Zu den großen Verlierern des kommunistischen Zentralismus zählen vor allem die ehemals blühenden sächsischen Zentren. Wenn hier etwas geändert werden muß, dann müssen im Zuge einer Re-Föderalisierung der ehemaligen DDR zentrale Behörden wieder nach Leipzig, Dresden, Halle oder Rostock verlagert werden, anstatt das Ausbluten der Länder unter anderen Vorzeichen fortzusetzen. Ein Blick in die bundesdeutsche Geschichte bestätigt: Der Aufbau nach dem Krieg begann auf kommunaler Ebene und führte dann zu nationalem Wohlstand. Die starke Selbstverwaltung der Gemeinden, auf die die Besatzungsmächte nach dem Krieg setzten, war der erste Glücksfall für die westlichen Zonen, die Entscheidung der Amerikaner, in der Bundesrepublik ein Modell einer föderativen Ordnung nachzuzeichnen, der zweite. Warum können wir aus dieser wirtschaftlichen Erfolgsstory nicht lernen und den neuen Ländern die Chance geben, endlich aus dem alles überlagernden Schatten Berlins herauszutreten?

Viertens: Bonn steht für deutsche Geschichte. Es entspricht viel stärker der einzigen Kontinuität in der deutschen Vergangenheit: dem jahrhundertelangen Ringen um Für und Wider eines Nationalstaates, dem Kampf der Fürstentümer, der Länder und Städte, um Unabhängigkeit um kulturelle, politische, ökonomische Eigenständigkeit. Wie es in Deutschland keine lange nationalstaatliche Tradition gibt, gibt es auch keine Hauptstadt-Tradition. Die Berliner Hauptstadtgeschichte im engeren Sinne — also nicht jene lange als Sitz der Hohenzollern-Dynastie — war eine Episode von gut 70 Jahren, die unrühmlich begann und ebenso endete. Niemand lastet dies den Berlinerinnen und Berlinern von heute an, aber sie können deshalb auch keine „demokratische Hauptstadttradition" bemühen. 1866 erzwang Bismark mit Gewalt die Demontierung der damals anerkannten und mit ehrwürdigen Traditionen und demokratischem Erbe ausgestattete Kaiser- und Hauptstadt Frankfurt; danach war Berlin Metropole eines Nationalstaates mit Weltmachtanspruch, Symbol für dramatische deutsche Politik mit wenigen Höhen und schrecklichen Tiefen. Berlin — eine kurze und schlimme Phase deutscher Geschichte, die mit Aachen, Bonn, Nürnberg, Frankfurt, Regensburg, Mainz und anderen Haupstädten unserer Vergangenheit eines gemein hat: Sie alle zeugen von Vielfalt und Wechsel der Hauptstädte als einem der wichtigsten Charateristika deutscher Geschichte auf der Suche nach dem rechten Verständnis von Staat und Nation.

Meine Damen und Herren, ich fasse zusammen: Eine Hauptstadt Berlin gab es nur in der DDR-Verfassung — weder in der alten Reichsverfassung noch in der Weimarer Verfassung noch im Grundgesetz findet sich ein Hinweis darauf, daß Berlin die Hauptstadt Deutschlands sei. Im deutschen Einigungsvertrag wurde das Kernproblem der Hauptstadtfrage ausgeklammert: Die Entscheidung der Frage des Sitzes von Parlament und Regierung wird der freien und souveränen Beschlußfassung des gesamtdeutschen Parlamentes vorbehalten. Sicher brauchen wir Berlin, das zweifelsohne derzeit ein soziales Laboratorium im Zusammenwachsen des vereinten Deutschlands ist. Wir brauchen Berlin als europäische Drehscheibe nach Osten, als Tor zu Mitteleuropa, als kulturellen und wirtschaftlichen Pulsierpunkt in den fünf neuen Ländern Deutschlands. Aber die Politik der Bundesrepublik Deutschland in einer europäischen Zukunft muß in Bonn gemacht werden. Deshalb werde ich für Bonn stimmen — für das Sinnbild des zweiten deutschen Anlaufs zur Demokratie, für den deutschen Beitrag zu Frieden und Freiheit in unserer Welt, für blühende deutsche Länder in einem Europa ohne Grenzen.

Gerlinde Hämmerle (SPD): Aus Süddeutschland kommend, am Rhein wohnend, dem deutschen Südwesten von Herkunft, Charakter und Umfeld verbunden, stimme ich für Berlin.

Wir haben heute schon viel gehört über die Bedeutung der Stadt Bonn für die Entwicklung der deutschen Demokratie und für die westeuropäische Integration. Dies unterschreibe ich voll und ganz, und ich habe auch in den Diskussionen der vergangenen Wochen niemanden gehört, der dies ernsthaft bestritten hätte. Auch ich achte die Sorgen der Menschen in Bonn und der Region keineswegs gering.

Die Auseinandersetzung der vergangenen Wochen war ein Gemisch aus Emotionen und Vernunft. Dabei überwogen die Emotionen. Das ist auch völlig normal; denn jeder Mensch entscheidet zuerst aus seiner eigenen Befindlichkeit, auch ich. Deshalb nenne ich einige Gründe für meine Entscheidung.

Als junger Mensch habe ich mit leidenschaftlichem Herzen das silberne Brandenburger Tor am Revers getragen. Und die Forderung „Macht das Tor auf", war für mich nie ein Lippenbekenntnis, nie eine Worthülse. Nun ist das Tor offen, nun müssen wir entscheiden.

Als ich angefangen habe, politisch zu arbeiten habe ich immer vertreten, daß Berlin dann „wieder Hauptstadt und Regierungssitz werden soll, wenn allgemeine, freie, gleiche, geheime und direkte Wahlen in ganz Berlin und in der sowjetischen Besatzungszone (so hieß das damals) durchgeführt sind". Dies ist geschehen, und nun müssen wir entscheiden.

Wir sagen so gern in politischen Reden, daß es keine Kluft geben darf zwischen Worten und Taten und wir verlangen von den Menschen, daß sie uns das glauben. Wenn ich mich heute gegen Berlin entscheiden würde, dann würde ich für mich selbst eben diese Kluft aufreißen.

Die wiedererlangte Einheit Deutschlands ist eine noch nie dagewesene, nicht wiederholbare, also einmalige Situation. Sie ist in allem ein Neuanfang ohne Beispiel, täglich für mich wieder packend und faszinierend. Dieser Neuanfang verpflichtet uns aber auch dazu, nicht nur von der einen Seite etwas zu verlangen und selbst wenig dazu beizutragen.

Mir genügt es dabei nicht, die Zustimmung für immer mehr Geld für den Aufschwung im Osten zu geben. Für mich gehört dazu auch, heute für Berlin zu stimmen. Man kann es drehen und wenden wie man will, diese Entscheidung hat einen hohen Symbolwert für oder gegen die Annahme, ja, die Anerkennung der östlichen Bundesländer. Und man kann es weiter drehen und wenden wie man will, eine überwältigende Mehrheit der Menschen in den östlichen Bundesländern verbindet die Entscheidung für Berlin mit ihrem eigenen Akzeptiertwerden.

Das Kostenargument wurde heute schon vielfach beleuchtet, und niemand leugnet die Tatsache, daß das alles viel Geld kostet, und zwar ganz gleichgültig, wie die Entscheidung heute ausfällt. Trotzdem sage ich, daß die Frage Bonn oder Berlin eben nicht nur mit Ökonomie beantwortet werden kann, sondern vielmehr mit allergrößter Sensibilität und der eigenen Glaubwürdigkeit.

Zu Beginn sagte ich, daß Bonn unverzichtbar zusammenhängt mit der westeuropäischen Integration. Wir alle aber wünschen uns ein Europa, das nicht mehr in einen westlichen und einen östlichen Teil zerfällt. Das Ziel ist ein Europa mit den osteuropäischen Ländern. Und für ein solches Europa ist Berlin wichtig und richtig.

Berlin hat eine Geschichte, die vielen kritischen Wertungen unterzogen wurde und wird, auch heute. Viele sagen, daß deswegen das Parlament nicht nach Berlin gehen könne. Ich denke anders und sage, daß Parlament und Regierung inmitten der Geschichte ih-

res Landes arbeiten sollen, in ständiger Berührung und ständiger Auseinandersetzung mit ihr.

Auch endet die Geschichte Berlins nicht 1945. Sie ist vielmehr seit 1945 ein Symbol der Freiheit und Berlin die Stadt mit einer tapferen Bevölkerung. Ich kann mich der Wirkung der Worte nicht entziehen, die Willy Brandt bei der Eröffnung der 12. Wahlperiode des Bundestages im Reichstag in Berlin gesagt hat:

> Wenn zwischen 1946 und 1962, ich könnte auch sagen 1971, Berlin nicht standgehalten hätte, wären wir heute nicht hier versammelt.

Die Entscheidung für Berlin ist für mich ein Bekenntnis zur ganzen deutschen Geschichte und zugleich ein Neuanfang, der mit der deutschen Einigung eröffnet worden ist.

Dirk Hansen (FDP): Berlin oder Bonn? Für mich, einen neuen Abgeordneten und einen Westdeutschen aus Niedersachsen, ist das keine Frage. Die Hauptstadt Deutschlands heißt Berlin, und damit ist es auch Sitz von Parlament und Regierung.

Der Deutsche Bundestag gehört auf jeden Fall dorthin.

Die Grundsatzentscheidung ist heute zu fällen. Einzelheiten der konkreten Umsetzung stehen heute nicht an. Meine Devise dazu heißt „Berlin 2000". Politik und Verwaltung haben so genügend Zeit — mehr als zwei Legislaturperioden —, den vielfach verteufelten Umzug vorzubereiten und zu organisieren.

Niemanden braucht zu verwundern, daß die Meinungen in diesem Hause zu dieser Frage gespalten sind, denn sie sind es auch in der Bevölkerung. Welch schöner Einklang zwischen dem Volk und seinen Repräsentanten! Daher wäre es auch ein Trugschluß, daß ein eventueller Volksentscheid Konsens stiften bzw. Streit beilegen könnte — wohl eher im Gegenteil. Die Erfahrung zeigt vielmehr, daß die Emotionalität dann einen höheren Stellenwert einnähme. Politik aber sollte möglichst rational begründet werden.

Warum also entscheide ich mich für Berlin? Neben manchem anderen — und es gibt viele gute oder schlechte Gründe sowohl für Berlin wie für Bonn oder jede andere Stadt — hier meine vorrangigen Gesichtspunkte:

Erstens das Argument der Glaubwürdigkeit oder: Die historische Lüge als Staatsfundament. 40 Jahre lebt die Bundesrepublik Deutschland, Bürgerschaft wie Politik, unter der „raison d'être", unter dem Auftrag des Grundgesetzes, „in freier Selbstbestimmung die Einheit und Freiheit Deutschlands zu vollenden", unter der Devise, Berlin ist die Hauptstadt aller Deutschen, unter dem Druck, eben diese vor allen anderen herausgehobene Stadt zu stützen, zu subventionieren, ja überhaupt lebensfähig zu halten, nach der Maxime, dieses „Schaufenster" der Freiheit eines Tages wieder frei zu bekommen von Bedrohung, Erpressung und Fremdbestimmung. 40 Jahre bekennen sich alle, aber auch fast alle dazu, Bonn sei Provisorium oder ein Transitorium, denn am Tage der Einheit werde es wieder abgelöst von Berlin. Und jetzt, da die Einheit wieder da ist, da so tun, als ob die Bekenntnisse von gestern nichts wert seien? Nein, das kann und will ich

155

(A) nicht mitmachen. Eine solche historische Lüge unterzeichne ich nicht. Auf ein solches Fundament von Unernst, Unglaubwürdigkeit, Traditionslosigkeit, ja geradezu Unmoral will ich das neue, geeinte Deutschland nicht stellen. Und es ist keineswegs eine Frage von — wie vielfach in diesen Wochen behauptet — Symbolik, wenn die Politik in dieser Frage der Bürgerschaft deutlich macht, wie sie heute mit ihren Aussagen von gestern umgeht. Es ist eine tiefgehende, nicht nur mental, sondern psychologisch zu bewertende Kategorie, wenn die bekannte, uns Politikern vielfach vorgeworfene These „Was kümmert mich mein Geschwätz von gestern?" zum Kernsatz politischen Handelns wird. Nein, eine solche Selbstverleugnung will ich nicht für mich in Anspruch nehmen.

Zweitens das Argument der Fakten: die Einheit akzeptieren und Europa öffnen.

Innerlich wie äußerlich — wir müssen uns entscheiden: Wollen wir die Einheit, das größere Deutschland, eine veränderte Bundesrepublik, akzeptieren oder nicht?

Mich erschreckt die geistige und materielle Behäbigkeit — gerade auch in der jüngeren Generation —, sich doch 40 Jahre lang so schön im Westen eingerichtet zu haben und jetzt keine Paradigmenwechsel vornehmen zu wollen. Teilen und das Ganze sehen ist angesagt. Den Westen konservieren und dem Osten Almosen — allerdings in Milliardenhöhe — geben, das geht wohl auf Dauer nicht. Berlin jahrzehntelang zu subventionieren kann für die neuen Bundesländer insgesamt kein Muster sein. Die Strukturen haben sich verändert. Der Osten ist nicht nur „angeschlossen" und will es auch nicht sein. Der „reiche Onkel" aus dem Westen und der „Besserwessi" trifft zu Recht auf erhebliche Skepsis. „Teilen" heißt auch für uns, uns selbst zu befragen — d. h. durchaus nicht, sich in Frage zu stellen — und bereit zu sein, die realen Veränderungen in Deutschland, in Europa, im Ost-West-Verhältnis in Betracht zu ziehen. Die Volten von Habermas möchte ich nicht mitmachen. Plötzlich die „Westorientierung" über alles zu stellen, heißt doch, eine eigene neue „Lebenslüge" zu formulieren.

(B) Es geht dabei nicht um idealistische oder metamaterielle Gründe, sondern sehr wohl um handfeste Interessen und reale politische Beziehungen. Weimar bliebe eine von Almosen abhängige, jedoch mit Lippenbekenntnissen verseuchte Stadt; Görlitz bliebe am „Ende der Welt", wenn wir nicht den Osten der neuen Bundesrepublik als Teil Mitteleuropas begriffen. „The trade follows the flag": die politische Entscheidung für Berlin hat Signalwirkung — und zwar keineswegs nur für die betroffene Stadt. Es ist ein rationales Kriterium, die auch materielle Überlebensfähigkeit von 16 Millionen (Ost)Deutschen strukturell zu sichern und die Haushaltspolitik der anderen 60 Millionen auch langfristig von den — dem Konsum bestimmten — Subventionen zu befreien. Das sogenannte Kostenargument gegen einen Umzug läßt sich also auch umdrehen. Denn ein östlicher „Dauertropf" würde am Ende auch finanzielle, soziale und politische Schwierigkeiten bereiten. Berlin ist keine Insel mehr, es ist Teil eines Ganzen, eines Umlandes, das — wenn es entwickelt wird — anders als bisher rückstrahlen wird auf diese Stadt.

(C) Leider sehe ich noch viele Leute hier im Westen, die meines Erachtens noch immer nicht begriffen haben, daß wir in eine neue Etappe deutscher Geschichte eingetreten sind. Auch die Geographie bestimmt die Politik. So wie die Entscheidung für Berlin eben auch die Wahrnehmung der Interessen für die fünf neuen Bundesländer bedeutet, so verschiebt sich auch die nach Osten gerückte Bundesrepublik mehr von West- nach Osten, von West- nach Mitteleuropa. Und Berlin liegt mitten drin. Oder will jemand behaupten, die Polen verstünden sich als Osteuropäer? Nehmen wir unsere gewachsene Verantwortung wahr! Deutsche Politik von Berlin aus zu formulieren heißt dann auch, die Grenzen im Geist und bei der menschlichen Begegnung mit Polen, Tschechen oder Ungarn zu öffnen. Es gilt, die Einheit Europas in freier Selbstbestimmung nunmehr zu erreichen.

Klaus-Jürgen Hedrich (CDU/CSU): Immer wieder sind die sozialen Aspekte der Sitzfrage berührt worden. Zu Recht. Es wäre unnatürlich, wenn die Menschen nicht nach den Auswirkungen von politischen Entscheidungen auf ihr persönliches Leben fragen würden. Aber dies gilt für alle Betroffenen. Wie sollen jedoch 10 Millionen Bürger in den neuen Bundesländern vertrauen und hoffen, wenn nicht einmal 100 000 in der Bonner Region auf positive Entwicklung vertrauen?

Meine Familie sind Flüchtlinge aus Pommern, die mit tiefer Enttäuschung die Endgültigkeit der Grenzziehung an Oder und Neiße zur Kenntnis genommen haben. Wir tun das in der Hoffnung, daß die Grenzen ihren trennenden Charakter verlieren.

(D) Unsere Familie und mit ihr viele Bürger unseres Landes wissen, daß wir diesen Preis zahlen mußten, um den Gewinn der Freiheit willen für unser ganzes Volk. Es gab und gibt wohl keine Alternative.

Und es ist auch ein Beitrag zur Versöhnung mit den östlichen Nachbarn.

In der hier zu entscheidenden Frage sind die Voraussetzungen aber andere. Wir haben jetzt die Möglichkeit, jenes umzusetzen, was wir immer gesagt haben. Millionen von Bürgern haben mit Trauer und Enttäuschung den Verlust von Heimat empfunden.

Aber es ist für die Bürger etwas anderes, ob wir das Unabänderliche akzeptieren oder ob wir eine Entscheidung aus eigenem Recht treffen.

Mit großer Betroffenheit habe ich Beiträge zur Kenntnis nehmen müssen, in denen die Frage der Glaubwürdigkeit als unwichtig erachtet wurde. Für mich war die Frage, ob ich zu dem stehe, was ich immer vertreten, gesagt und gehofft habe, und ob das auch wirklich umgesetzt wird, das entscheidende Kriterium für meine Entscheidung für Berlin. Und täuschen wir uns nicht: Ein Verstoß gegen diesen Grundsatz würde uns auf Dauer begleiten.

Dennoch oder vielleicht gerade deshalb möchte ich für einen Kompromiß werben. Aber ein Kompromiß muß wehtun, allen Beteiligten. Das heißt, Bonn darf nicht alles behalten, und Berlin darf nicht alles bekommen. Noch haben wir die Chance aufeinander zuzugehen. Wir sollten Sie nutzen.

Ernst Hinsken *(CDU/CSU):* Die heute zu treffende Entscheidung bewegt die ganze Nation. Nach langer Beschäftigung mit dieser Frage werde ich mich wohlüberlegt für Bonn als Regierungs- und Parlamentssitz entscheiden. Nachfolgende Gründe sind für mich ausschlaggebend:

Mit Bonn verbindet sich die bleibende Erinnerung an die freiheitlichste Verfassung Deutschlands, an föderalistische Vielfalt und Gewaltenteilung, an den demokratischen Neubeginn unserer Geschichte und an die Westintegration. Bonn ist im In- und Ausland zum Wahrzeichen schlechthin geworden für die neue deutsche Demokratie nach dem 2. Weltkrieg, aber auch für Loyalität innerhalb des Bündnisses der demokratischen Wertegemeinschaft.

Das Europa der Regionen läßt übermächtige Hauptstädte als überholte Symbole erscheinen. Die Stärkung der Regionen und damit der föderalistischen Strukturen erscheint mir wichtiger.

Hauptstadt ist und bleibt Berlin, aber nicht immer hat die größte Stadt eines Landes auch den Regierungssitz wie z. B. in Holland nicht Amsterdam, sondern Den Haag oder in den USA nicht New York, sondern Washington bzw. in Kanada nicht Montreal, sondern Ottawa. Die überwiegenden Teile Frankreichs haben mit dem Zentrum Paris, in dessen Großraum sich alles konzentriert, nicht die besten Erfahrungen gemacht.

Berlin hat heute mit 40 500 bereits mehr Bundesbedienstete aufzuweisen als Bonn mit 34 200. Im Großraum Berlin gibt es zudem zwei Landesregierungen, nämlich die des Landes Berlin und in Potsdam die des Landes Brandenburg. Gerade auch als Bayer möchte ich kein übermächtiges Berlin, das allen anderen Zentren, wie z. B. Nürnberg oder München, die Luft zum Atmen nehmen würde.

Nicht unerwähnt bleiben darf auch die Kostenfrage; es ist nach allen Erfahrungen davon auszugehen, daß die geschätzten „Umzugskosten" höher sein werden als jetzt angenommen wird. Viele Milliarden DM müßten investiert werden, und in Bonn sind die neu erbauten Ministerien und Parlamentsgebäude leer.

Berlin ist aber auch die Stadt mit der größten Wohnungsnot und den größten Verkehrsproblemen. Wo sollen also in Berlin weitere 200 000 Menschen untergebracht werden?

Es gibt zur Zeit wichtigere Probleme als die Frage der Verlagerung des Regierungssitzes, und es gibt die Devise, daß mit Steuergeldern sorgsam umgegangen werden muß.

Zuwenig Gewicht wird auch dem ökologischen Argument beigemessen. Gerade auch aus umweltpolitischen Gründen müssen solche großen Zentren wie Berlin nicht noch größer gemacht werden, sondern im Gegenteil, Wasserköpfe sind zugunsten der strukturschwächeren Regionen zu entlasten.

Die Region Bonn künftig an den Subventionstropf zu hängen, um den Moloch Berlin noch undurchschaubarer zu machen, wäre keine an der Sache orientierte Entscheidung. Gerade die Beiträge von führenden ehemaligen deutschen Politikern wie Altbundespräsident Karl Carstens und Altbundestagspräsident Rainer Barzel in einer Fraktionssitzung der CDU/CSU zu diesem Thema haben mich in meiner Meinung bestärkt. Es muß rational, nicht emotional, entschieden werden. Deshalb stimme ich für Bonn.

Dr. Paul Hoffacker *(CDU/CSU):* Berlin ist die Hauptstadt Deutschlands. Dies ist im Einigungsvertrag so festgelegt worden. Die Entscheidung, wo Parlament und Regierung ihren Sitz nehmen, ist bewußt offengehalten worden. Es ist nicht sinnvoll, Parlament und Regierung örtlich zu trennen. Beide Institutionen sollten deshalb in Bonn verbleiben.

Wenn der Deutsche Bundestag diese Frage nun heute zu entscheiden hat, wird er die politische Leistung, die sich mit Bonn in den letzten 40 Jahren verbindet, sehr genau bedenken. Von Bonn ist die beste Verfassung ausgegangen, die Deutschland jemals hatte. Hier stand die Wiege, in der die Begriffe von Freiheit und Demokratie mit neuem Leben erfüllt wurden.

Unsere freiheitlich-demokratische Rechtsordnung hat Deutschland zu dem gemacht, was wir heute sind: ein politisch weltweit anerkanntes Land und eine der führenden Wirtschaftsnationen auf dieser Erde. Die Bürger aus den neuen Bundesländern sind nicht zuletzt deswegen auf die Straße gegangen, um ebenfalls an dieser freiheitlichen Rechts- und Wirtschaftsordnung zu partizipieren. Folgerichtig ist am 3. Oktober 1990 der Beitritt zum Grundgesetz der Bundesrepublik Deutschland vollzogen worden.

Bonn ist gewissermaßen das Symbol für diese gute und vor allem den Menschen achtende Gesellschaftsordnung. Deshalb stimme ich für Bonn.

Dr. Uwe Holtz *(SPD):* Ich stimme für Bonn als Sitz von Bundestag und Bundesregierung.

Erstens. Bonn steht für ein anderes Deutschland als jenes, das 1945 bezwungen wurde. Es ist schon längst kein Provisorium mehr. Seit Jahrzehnten ist es Sinnbild für ein friedliches, freiheitliches, demokratisches, föderales und wohlständiges Deutschland, das auf Freundschaft mit den europäischen Partnern und denen in der Welt hin angelegt ist und mit dem Ziel einer Einigung Europas eng verbunden ist. Bonn ist auch ein Symbol für den Verzicht auf hegemoniale und nationalistische Ansprüche in Deutschland, wie der Ministerpräsident des Landes Nordrhein-Westfalen, Johannes Rau, zu Recht festgestellt hat.

Zweitens. In einem vereinten Europa aber — dessen Schaffung ich rascher vorangetrieben sehen möchte — ist es geradezu anachronistisch, mit einem Riesenaufwand eine neue große nationalstaatliche Hauptstadt herzurichten. London, Paris, Madrid, Rom platzen aus den Nähten. Warum sollte man diese besonders durch die Machtkonzentration verursachten Fehler hier wiederholen? Die mit Bonn verbundene Bescheidenheit und Zuverlässigkeit der deutschen Politik hat weltweit ihre hohe Anerkennung gefunden. Was spricht eigentlich dagegen, hier weiter Kontinuität zu wahren und Bonn in seiner erfolgreichen Rolle zu belassen, statt in den noch immer sogenannten Reichstag umzuziehen?

Drittens. Die Entscheidung für Bonn stellt keine „Hauptstadt-Lüge" dar. Der Bundestag hat nur zwei-

(A) mal, und zwar 1949 und 1957, einen Beschluß zugunsten Berlins gefaßt — zu einer Zeit, als die große Mehrheit des Bundestages von der Anerkennung der Oder-Neiße-Grenze noch nichts wissen wollte und sich die westeuropäische Integration erst andeutete. Im übrigen sind die jeweils gewählten Bundestage nicht die politischen Rechtsnachfolger ihrer Vorgänger. Sie sind jeweils frei, neu zu entscheiden. Seit der sozialliberalen Koalition bis zu den Reformereignissen in Deutschland hat es im Bundestag keine Äußerung verantwortlicher SPD-Bundestagsmitglieder zugunsten einer Hauptstadt Berlin mehr gegeben. Insofern lasse ich mich, der ich seit 1972 dem Deutschen Bundestag angehöre, nicht für Äußerungen oder Abstimmungen Dritter, aus denen ein „Versprechen" für Berlin — das ja seit letztem Jahr Hauptstadt ist! — konstruiert wird, in Anspruch nehmen. Bereits bei der Abstimmung zum Einigungsvertrag hatte ich nur unter Bedenken mit Ja gestimmt — auch wegen der dort schon erfolgten Festlegung Berlins als nomineller Hauptstadt der Bundesrepublik Deutschland. Ich meine, jetzt sollte Bonn wenigstens Arbeitshauptstadt bleiben.

Viertens. Der Argumentation, Bundestag und Regierung müßten auch deshalb nach Berlin verlegt werden, weil bei der sich abzeichnenden Erweiterung der EG um osteuropäische Staaten Berlin eine Brückenfunktion zukomme, vermag ich nicht zu folgen, weil nach meinem Urteil, das von vielen Westeuropäern geteilt wird, keine von Deutschland dominierte Mission mehr für eine europäische Ostpolitik besteht, sondern dies vor allem eine europäische Aufgabe ist.

(B) Fünftens. Ich bin nicht der Auffassung, daß die „Verantwortung vor der Geschichte" einen Wechsel von Parlament und Regierung nach Berlin gebietet. Die historische Verantwortung der Deutschen macht vielmehr einen besonnenen Umgang mit der Symbolkraft der alten Reichshauptstadt nötig. Es stünde der Bundesrepublik Deutschland gut an, beiden Städten eine Chance zu geben: Berlin repräsentiert das erneuerte, vereinte Deutschland, und Bonn macht die Kärrnerarbeit wie bisher.

Sechstens. Eine Trennung von Parlament und Regierung halte ich nicht für sinnvoll, weil das möglicherweise zu einer Verselbständigung der Regierung führt und die parlamentarische Kontrolle schwächt. Völlig an der politischen Arbeitswirklichkeit vorbei geht der Vorschlag, regelmäßig per Videokonferenzen miteinander zu kommunizieren. Die Folge wäre vermutlich eine Entpersönlichung der politischen Auseinandersetzung und auf längere Sicht eine Degradierung der Abgeordneten zu Vidioten. Auch ein teuer hin- und herreisendes Parlament wäre weder dem Steuerzahler noch den Beteiligten zuzumuten. Den Bonn-Befürwortern allerdings „Eigeninteressen" zu unterstellen ist unseriös, polemisch, heuchlerisch und zuletzt sinnlos, weil dieser Vorwurf umgekehrt auch die Berlin-Befürworter treffen würde.

Siebtens. Ein Umzug des Parlaments und der Ministerien an die Spree ist auch finanzpolitisch nicht zu verantworten. Den von den Einheitskosten gebeutelten Bundesbürgern kann man nicht auch noch die Kosten eines fragwürdigen Umzugs nach Berlin zu-

(C) muten. Der finanzielle Aspekt darf auf dem Hintergrund zukünftiger Entwicklungen in Deutschland nicht außer acht gelassen werden. Ich halte es für falsch, auf dem Altar der Erfüllung einer politisch-historischen Symbolik den Pragmatismus finanzpolitischer Solidität und Verantwortung zu opfern. Auch wäre es viel eher ein Zeichen der Solidarität mit den Menschen in den neuen Bundesländern, wenn nicht zig Milliarden Mark in den Umzug, in neue Parlaments- und Regierungsbauten u. a. gesteckt würden, um das schon jetzt riesengroße Berlin zu einem Megalopolis aufzublähen, sondern statt dessen mehr Geld für den Aufbau der bitter notwendigen Infrastruktur im Osten Deutschlands zur Verfügung gestellt würde.

Lothar Ibrügger (SPD): „Hauptstadt Deutschlands ist Berlin!" So heißt es im Einigungsvertrag, dem ich mit Freude zugestimmt habe, einmal wegen der glücklichen Überwindung der Teilung unseres Landes und zum anderen für Berlin als Hauptstadt, gerade auch als Symbol der Standhaftigkeit Berlins in schwerster Zeit der Blockade.

Zu den Aufgaben Berlins als Hauptstadt gehören nach meiner Auffassung:

Erstens. Die Bestimmung Berlins zum ersten Amtssitz des Bundespräsidenten.

Zweitens. Das Zusammentreten der Bundesversammlung und die Wahl des Bundespräsidenten in Berlin.

Drittens. Der Sitz des Bundesrates in Berlin.

Viertens. Die Konstituierung des Deutschen Bundestages in Berlin.

Fünftens. Die Wahl des Bundeskanzlers durch den Deutschen Bundestag in Berlin.

Sechstens. Das Zusammentreten des Deutschen Bundestages zum Tag der Deutschen Einheit und zu weiteren besonders bedeutsamen Anlässen in Berlin.

Damit würde in ganz besonderer Weise die deutsche Einheit durch Tagungen in Berlin symbolisiert, Deutschland als Ganzes durch die Hauptstadt Berlin repräsentiert.

Über ein Jahrzehnt habe ich in meiner Arbeit für die Belange des Wahlkreises Minden-Lübbecke Erfahrungen nicht nur in der Kontrolle des Regierungshandelns gewonnen, sondern auch, wie Parlament und Ministerien Entscheidungen für die heimische Region oder Hilfe für den einzelnen Mitbürger bewirken. Meine sichere Erkenntnis: Parlament und Regierung haben als Verfassungsorgane selbständig und unabhängig ihren Aufgaben nachzukommen, aber gemeinsam an einem Ort!

Wo soll dies künftig geschehen? Als Abgeordneter habe ich die Pflicht, die Folgen einer Entscheidung aufzuzeigen und abzuwägen: Warum sollen 25 000 Lebenszeitbeamte und rund 75 000 in zugeordneten Bereichen Beschäftigte Bonn verlassen, um nach milliardenschweren Investitionen in neuen Räumen an anderer Stelle lediglich das Gleiche zu tun, was sie gegenwärtig bereits in mit Milliardenaufwand errich-

(A) teten Ministerien in Bonn leisten? Wird Berlin und den neuen Bundesländern damit wirklich gedient? Ist die Schwächung einer Region zur Stärkung einer anderen die angemessene Antwort auf unsere eigentliche Herausforderung im östlichen Teil unseres Landes, dort möglichst rasch für gleichwertige Lebensverhältnisse zu sorgen?

Viele sagen mir: „Wenn schon die Staatsverschuldung explodiert mit immer weiter wachsenden Zins- und Tilgungsbelastungen und der Staat immer mehr zu Steuererhöhungen und Leistungskürzungen greift, warum streitet Ihr Euch dann um funktionierende Parlamentseinrichtungen und Ministerien? Wir haben sie mit Steuergeldern finanziert und erwarten zweckmäßige und wirtschaftliche Entscheidungen!" Mit der Verlagerung des Sitzes von Parlament und Bundesregierung nach Berlin steht weit mehr auf dem Spiel als der Umzug von Beamten, Angestellten und Arbeitern. Die Vielfalt regionaler Metropolen in Deutschland mit eigenständigem Gewicht, eigenem Gesicht und die im internationalen Vergleich ausgewogene regionale Wirtschaftsstruktur in den elf alten Ländern der Bundesrepublik Deutschland wäre eher gefährdet. Angesichts der bedrängenden Arbeitslosigkeit unserer Mitbürger in Leipzig und Dresden, in Rostock und Schwerin, in Magdeburg und Frankfurt/Oder, der Umweltzerstörung und der verrotteten Infrastruktur diskutieren wir gegenwärtig über mindestens 20 Mrd. DM Kosten für einen reinen Umzug von Einrichtungen und Personen nach Berlin. Ausgleichsmaßnahmen für den aufgegebenen Sitz mit dem Verlust von 100 000 Arbeitsplätzen noch gar nicht mitgerechnet.

(B) Die Frage ist, ob diese Milliarden nicht weit wirkungsvoller für neue Arbeitsplätze und Investitionen in den fünf neuen Ländern einschließlich Berlin eingesetzt werden können. Gerade auch der Steuerzahler fragt mich als Abgeordneten zu Recht, ob die dem Staat anvertrauten Gelder zweckmäßig ausgegeben werden. Aus Briefen und Stellungnahmen, die mich erreicht haben, weiß ich: Eine wachsende Mehrheit ist nicht mehr gewillt, weitere Steuererhöhungen und Leistungskürzungen nur zugunsten eines Umzuges von über 100 000 Beschäftigten und ihren Familien hinzunehmen. Jede Mark, die dafür ausgegeben werden müßte, fehlt nicht nur an anderer Stelle in den neuen Bundesländern, sie fehlt auch für dringende Aufgaben, die vom Bund im Kreis Minden-Lübbecke zu erfüllen sind.

Bonn ist seit der Gründung der Bundesrepublik Deutschland auch zum Träger gesamtstaatlicher deutscher Tradition geworden, ähnlich wie früher schon Frankfurt als die Stadt der Kaiserwahlen des Deutschen Bundes und der Paulskirche. Die in Bonn getroffenen Schicksalsentscheidungen der Nachkriegszeit sind im Zeitraum von zwei Generationen ebenfalls ein wesentlicher Bestandteil unserer nationalen Geschichte. Bonn steht seit 40 Jahren in besonderer Weise für den föderativen Aufbau der staatlichen Ordnung der Bundesrepublik Deutschland. Die Stadt konkurriert nicht mit regionalen Metropolen, auch nicht mit Berlin als der größten Stadt Deutschlands.

Ich komme daher zu dem Ergebnis: Parlamentseinrichtungen und Ministerien in Bonn bewahren allen

(C) Metropolen Deutschlands ihr Eigengewicht und ihre Entfaltungsmöglichkeiten. Die Leistungsfähigkeit Deutschlands erwächst aus der Stärke seiner einzelnen Regionen. Dies gilt künftig erst recht im europäischen Rahmen.

Folgt man der traditionellen Vorstellung, was alles zu einer Hauptstadt gehört, dann müßten auch die Standorte anderer bundesstaatlicher Einrichtungen überprüft werden. Dazu gehören die Bundesanstalt für Arbeit in Nürnberg, die Bundesbank in Frankfurt (früher Reichsbank in Berlin), das Kraftfahrt-Bundesamt in Flensburg, das Bundesarbeitsgericht in Kassel, das Bundespatentamt in München (früher Reichspatentamt in Berlin) und die Bundesbahnzentralämter in Minden und München. Diese Einrichtungen wirken in der Erfüllung ihrer Aufgaben in ihrer Region und für ganz Deutschland.

Mit dem Bundespräsidenten und dem Bundesrat in Berlin und Tagungen von Parlament und Regierung wird Berlin als Hauptstadt des wiedervereinigten Deutschlands lebendig, Bonn als bescheiden bleibender Arbeitssitz von Parlament und Bundesregierung, Berlin, befreit von den Lasten der Teilung, als wirtschaftliche und kulturelle europäische Metropole in einem zusammenwachsenden Kontinent: Dies bedeutet keinen Gegensatz, sondern ist Ausdruck der gewollten, lebendigen Vielfalt unserer Region in Deutschland. Deshalb stimme ich im Sinne der praktischen Vernunft für die Beibehaltung unseres Arbeitsortes in Bonn.

Ulrich Irmer *(FDP):* Als Bonn Bundeshauptstadt wurde, war ich zehn Jahre alt. Seit ich fähig war, politische Dinge zu erfassen, hat die Bundesrepublik Deutschland mein Bewußtsein geprägt. Ich bin ein Kind dieser Republik und dadurch auch zum überzeugten, ja leidenschaftlichen Europäer geworden.

Den großen politischen Gestalten der Nachkriegszeit bin ich persönlich nicht mehr begegnet, aber sie stehen mir deutlich vor Augen, die Theodor Heuß, Konrad Adenauer, Kurt Schumacher, Ernst Reuter und Thomas Dehler, um nur einige zu nennen. Über alle Parteigrenzen hinweg hatten sie eines gemeinsam: ihren unerschütterlichen Glauben daran, daß Deutschland eines Tages vereint und seine Hauptstadt wieder Berlin sein würde. Alle ihre politischen Nachfahren bis zum heutigen Tag, nein, teilweise leider nur bis zum Fall der Mauer, wurden nicht müde, sich immer und immer wieder zu Berlin zu bekennen. Da gab es fast keine Ausnahme. Und heute soll das alles nicht wahr gewesen sein?

Ich bin nicht dazu bereit, alle Repräsentanten unseres Staates von Anfang an, alle diejenigen, die in der Bundesrepublik und für die Bundesrepublik über die Jahrzehnte hinweg Politik gestaltet haben, im nachhinein zu Lügnern zu stempeln. Ich will Reinhold Maier nicht wortbrüchig machen, nicht Ludwig Erhard, nicht Herbert Wehner und auch nicht all die anderen. Gerade weil ich ein Kind der alten Bundesrepublik Deutschland bin, muß ich mich für Berlin entscheiden. Denn nach den verbrecherischen Lügen der Nazi-Zeit kam es uns doch auch darauf entscheidend an, wieder ehrlich zu werden und vertrauenswürdig zu sein. Können wir wirklich das Leben im vereinigten

Deutschland damit beginnen, daß wir in einem wesentlichen Element die Staatsraison der alten Bundesrepublik auf den Müllhaufen der Geschichte werfen? Ich meine: Nein.

Unsere Bürger sind skeptisch geworden. Schon bei geringfügigerem Anlaß ist man mit dem Vorwurf der Lüge schnell bei der Hand. Da hatten wir die Rentenlüge und unlängst die Steuerlüge. Wollen wir die gesamte Geschichte dieser Republik jetzt unter den Makel der Hauptstadtlüge stellen?

Wer soll denn irgendeinem Politiker irgend etwas überhaupt noch glauben, wenn wir die Schwüre von gestern mit leichter Hand brechen und heute erklären, das sei ja alles nur Symbolik gewesen, wir hätten halt heute die bessere Einsicht? Gilt dann später einmal das gleiche für das, was wir heute beteuern? Für unsere Bekenntnisse zum Frieden und zu Europa zum Beispiel, für unseren Willen zur Aussöhnung mit den polnischen Nachbarn und zur Solidarität mit der Dritten Welt?

Und dann das listige Argument, Berlin sei ja schon Hauptstadt, das Parlament könne getrost woanders sein. Was ist denn die Hauptstadt ohne Funktion?

Nein, meine Kollegen, man wird uns nicht mehr glauben, wenn wir jetzt die Bekenntnisse von Jahrzehnten verraten. Gerade als Kind der alten Bundesrepublik, gerade als Kind dieses Bonner Staates kann ich nur für die eine Hauptstadt sein, und die heißt Berlin.

Claus Jäger (CDU/CSU): Die Entscheidung, die wir heute zu treffen haben, ist die wichtigste Organisations-Entscheidung dieser Legislaturperiode, aber es ist keine Entscheidung über Frieden oder Unfrieden in unserem Land. Wir alle, ob wir den Sitz des Deutschen Bundestages lieber in Berlin oder lieber in Bonn haben wollen, müssen die Entscheidung, die heute fällt, respektieren. Auch Berlin und Bonn müssen diese Entscheidung respektieren, freilich in der berechtigten Erwartung, daß die jeweils unterliegende Stadt einen angemessenen Ausgleich für den Verlust von Parlament und Regierung erhält.

Eine örtliche Trennung von Bundestag und Bundesregierung kann ich Ihnen, liebe Kolleginnen und Kollegen, nicht empfehlen. Sie wäre widersinnig im Hinblick auf das Funktionieren beider Staatsorgane, ja unserer gesamten bundesstaatlichen Ordnung. Und in der gegenwärtigen Lage kommt es auf einen voll funktionsfähigen Bundesstaat Bundesrepublik Deutschland innenpolitisch wie außenpolitisch in besonderem Maße an.

Ich trete für Berlin als Sitz des Deutschen Bundestages und der Bundesregierung ein. Dies gehört für mich zur Glaubwürdigkeit unserer Deutschlandpolitik. Man kann nicht jahrelang Bonn als Provisorium bezeichnen und verkünden, nach Erringung der Einheit werde Berlin wieder Sitz der wichtigsten Staatsorgane, und es dann nicht verwirklichen, wenn Deutschland wiedervereinigt ist.

Daß Berlin Hauptstadt und Parlamentssitz wird, ist auch ein Stück europäischer Normalität. Außer den Niederlanden und der Schweiz gibt es keinen europäischen Staat, der nicht von seiner größten und bedeutendsten Stadt aus regiert wird. Anders ist es in den USA. Aber wir wollen ja Mitglied eines europäischen Bundesstaates sein, nicht eines amerikanischen Commonwealth.

Eine Übermacht Berlins im Bundesstaat Deutschland ist nicht zu befürchten. Es gibt kein dominierendes Preußen mehr, und eine starke Stellung unserer Länder verhindert jede Hegemonie eines noch so großen hauptstädtischen Zentrums.

Für einen schnellen Umzug nach Berlin trete ich nicht ein. Die Stadt braucht Zeit, um die Unterbringung von Parlament und Regierung räumlich und organisatorisch vorzubereiten. Die Bundesbediensteten müssen ihre persönliche Zukunft längerfristig planen können.

Vor dem Jahr 2000 sollte der Umzug nicht vollzogen werden. Jetzt brauchen wir die Finanzmittel, um die neuen Bundesländer zu unterstützen und die wirtschaftliche und soziale Einheit Deutschlands zu vollenden. In zehn Jahren wird diese Aufgabe gelöst sein. Dann können wir uns der Hauptstadt Berlin zuwenden.

Heute aber muß entschieden werden. Entscheiden wir uns für Berlin.

Dr. Friedrich-Adolf Jahn (Münster) (CDU/CSU): Berlin ist die Stadt, in der das nicht mehr geteilte Land und der wieder zusammenwachsende Kontinent sich am nachhaltigsten begegnen. Berlin ist Werkstatt der Einheit. Deshalb bedeutet das Votum für Berlin als Sitz von Parlament und Regierung eine in die Zukunft weisende und nicht nur an der Vergangenheit orientierte Entscheidung für Deutschland und Europa.

Sie ist ein Zeichen für das Verständnis der Deutschen, daß in beiden Teilen ihres einen Staates nicht alles so bleiben kann wie es vordem war, wenn sie ein Volk sein wollen. Die Verweigerung der Hauptstadtfunktion gegenüber Berlin käme mir vor wie die Verweigerung der veränderten Realität in Deutschland und Europa. Es wird Geld kosten, die Wirklichkeit zu erkennen und entsprechend zu handeln. Sie aber nicht zur Kenntnis zu nehmen und ihre Herausforderungen zu verweigern, wird uns am Ende viel teurer zu stehen kommen.

Deshalb werde ich für Berlin als Sitz von Parlament und Regierung stimmen. Die gesamtdeutsche und die gesamteuropäische Perspektive behalten wir von Berlin aus am besten im Auge. Hier wächst national und kontinental am ehesten zusammen, was zusammengehört.

Die Entscheidung für Berlin ist keine Undankarkeit gegenüber Bonn, das mit den Folgeproblemen selbstverständlich nicht alleingelassen werden darf. Aber all die regionalen Argumente gelten sowohl für Bonn als auch für Berlin, erfüllen also nicht die Maßstäbe der anstehenden Entscheidung. Bonn symbolisiert 40 gute Jahre für einen Teil der Deutschen. Diese Tradition wird in Berlin aber nicht aufgehoben, dessen freier Teil für die jüngste deutsche Geschichte gewiß keine geringere Bedeutung als Bonn gehabt hat. Der Einwand, daß der föderative Aufbau unseres Bundesstaates oder die demokratische Zuverlässigkeit Deutschlands mit einem Parlaments- und Regierungs-

(A) sitz Berlin zu erschüttern drohten, wird nicht als ernsthaftes Argument anzuführen sein.

Zudem ist es nicht gerechtfertigt, Berlin historisch zu disqualifizieren. Preußen existiert nicht mehr, und davon übrig geblieben sind bessere Werte als ein vergangener Militarismus. Nationalsozialismus und Kommunismus sind nicht in Berlin erfunden, wohl aber hier beseitigt worden.

Im übrigen habe ich die in 40 Jahren immer wieder einmütig bekräftigte Entscheidung für Berlin so ernst genommen, daß ich sie auch erfüllen will, wenn jetzt dafür die Voraussetzungen bestehen.

Karin Jeltsch (CDU/CSU): Bonn ist ein Symbol für Demokratie und Frieden unserer Politik im In- und Ausland. Über vierzig Jahre hat diese Stadt am Rhein den „politschen Hintergrund" für wichtige Entscheidungen dargestellt; so soll es meiner Meinung nach auch weiterhin bleiben.

Berlin ist jetzt schon ein Wirtschaftszentrum für Deutschland und wird im Zuge der osteuropäischen Entwicklungen die Drehscheibe in die ehemaligen Ostblockstaaten werden. Ich halte es für sehr demokratisch, wenn ein Land wie Deutschland bedeutende Städte mit bedeutenden Funktionen vorzuzeigen hat. Berlin ist die Hauptstadt Deutschlands, eines der Kulturzentren Europas und wird die Drehscheibe für den gesamten Handel mit dem Osten.

Berlin ist genausowenig in der Mitte wie Bonn; die eine Stadt im Osten, die andere Stadt im Westen. Wir sind nicht nur Deutsche, sondern auch Europäer. 1992 (B) wird ein weiterer Stein für das „Europäische Haus" gelegt. Auch die europäische Politik hat den „Sitz in verschiedenen Städten" — liegt hier nicht die Bonn-Berlin-Frage in kleinster Einheit im großen Europa sehr europäisch?

Obwohl vieles schon gesagt ist, möchte ich noch ansprechen, was viel mehr bedrückt: Da wird immer rückwärts gerichtet von den vierzig Jahren gesprochen, in denen für Berlin plädiert wurde. Man müsse schließlich dazu stehen. Wird bei dieser Argumentation nicht Berlin zu einem bloßen geographischen Begriff degradiert? War statt dessen Berlin nicht ein Symbol, Synonym für den Begriff Freiheit für uns alle?

Und noch etwas: Vierzig Jahre lang mußten wir junge Bundeswehrsoldaten notgedrungen auf die Verteidigung gegen den Osten einschwören, ihnen — hart gesagt — den Warschauer Pakt als Feindbild vermitteln. Heute verlangen wir von diesen jungen Menschen, daß sie sich in ihrem Denken von heute auf morgen umstellen. Und wir sind jetzt nicht bereit, vierzig Jahre Beteuerungen für das Symbol Berlin zu überdenken und Bewährtes in Bonn zu bewahren? Besteht denn Politik wirklich nur aus dem Vollzug verbaler Bekundungen? Ist dann nicht der Zeitpunkt absehbar, an dem wir kein Parlament mehr brauchen, weil nur noch Gesagtes vollzogen zu werden hat?

Meine sehr geehrten Damen und Herren, bringen wir die Diskussion zu einem Abschluß! Es ist doch alles gesagt. Entscheiden wir uns ohne Wenn und Aber für Bonn oder Berlin! Alles andere wären wirklich nur Kompromisse, allerdings schlechte!

Und noch eines: Respektieren wir in dieser Frage (C) endlich auch die Meinung des Andersdenkenden, und sprechen wir niemandem eine verantwortungsbewußte Entscheidung ab!

Dr. Uwe Jens (SPD): Eigentlich wollte ich zum Thema „Kompromiß oder Zeitschiene" — „Bonn oder Berlin" nicht reden. Überzeugen läßt sich jetzt von den Entscheidungsträgern keiner mehr. Die Alternative, die Entscheidung über die Hauptstadtfrage durch Volksentscheid auf eine breitere Basis zu stellen, ist durch die Ablehnung der Konservativen im Bundestag gescheitert.

Meine Wortmeldung hat damit zu tun, daß einige Journalisten und viele Politiker wieder alles ganz genau wissen. Diese Sprache der absoluten Bestimmtheit ist im deutschen Sprachraum kaum auszurotten. Da wurde in einem Kommentar in den Tagesthemen vor zwei Tagen deutlich gemacht: Alle Politiker, die für Bonn stimmen, können nicht mehr glaubwürdig sein. Schließlich hätten die Politiker vierzig Jahre lang davon gesprochen, daß Berlin die Hauptstadt eines vereinten Deutschlands sein müsse. Ich will keinem das Recht auf eine eigene Meinung beschneiden. Nur die Art, Andersdenkenden auf diese Weise die Glaubwürdigkeit abzusprechen, ist völlig unakzeptabel und auch undemokratisch.

Ich persönlich gehöre seit 1972 bereits dem Deutschen Bundestag an und habe vehement für die Durchsetzung der Ostverträge von Willy Brandt gekämpft. Ich war davon überzeugt: Dies war der einzige sinnvolle Weg zur Wiedervereinigung! Ich habe aber nie behauptet, daß am Ende des langen und (D) erfolgreichen Weges Berlin Hauptstadt oder Sitz von Regierung und Parlament werden muß. Und sowenig es Schuld für eine Gruppe und für eine Generation geben kann, so wenig gibt es eine kollektive Glaubwürdigkeit. Deshalb ist das Argument der Glaubwürdigkeit falsch und beleidigend zugleich.

Wer mit offenen Augen seit Mitte der siebziger Jahre durch Bonn gegangen ist, muß wissen, daß Bonn kein Provisorium mehr sein wird. Das Kanzleramt, der Lange Eugen, die Ministerien an der Gustav-Heinemann-Straße sind stille Zeugen für die Umgestaltung Bonns zum endgültigen Regierungs- und Parlamentssitz des vergrößerten Deutschlands. Helmut Schmidt hatte für den Kauf seiner „large two forms" von Henry Moore heftig gestritten, um auch Bonn ein wenig modernen kulturellen Glanz zu verleihen.

Wir treffen heute im Bundestag eine Entscheidung für die Zukunft Deutschlands. Eine rationale, quantifizierbare Entscheidung ist nicht möglich. Dafür gibt es zu viele persönliche Erfahrungen, Interessen und Wertungen. Ich verstehe aber nicht, wie die Kenntnisse der Vergangenheit von vielen einfach in die Zukunft prognostiziert werden. Was einmal war, sagt nichts, aber überhaupt nichts darüber aus, wie es sein wird. Die Geschichte ist und bleibt nach vorne offen.

Die Bonn-Befürworter verweisen gern darauf, daß die Demokratie in den vergangenen 40 Jahren eine gute Zeit für die Deutschen war. Das ist richtig, aber ob es so bleiben muß, hängt nicht vom zukünftigen

(A) Sitz von Parlament und Regierung ab. In Berlin wurde von 1871 bis heute — in den 70 Jahren, in der es deutsche Hauptstadt war — immer von Soldaten marschiert. So war es auch in den letzten 40 Jahren, als Berlin Hauptstadt der DDR war. Aber auch hieraus läßt sich nicht schließen, daß dies so bleiben muß. Ich weiß nur und werde mich energisch dafür engagieren: Es darf niemals wieder so werden!

Wer etwas Logik will, muß versuchen, die Entwicklungstendenzen der Zukunft zu beachten:

Da gibt es zunächst bei uns Entwicklungen, weg vom Nationalstaat und hin zu einer europäischen oder gar weltweiten Gesellschaft. Gekennzeichnet ist diese Entwicklung durch bestimmte Grundtatbestände der Wirtschaft, des Verkehrs, der Telekommunikation. Die Folge wird sein, daß die Regionen in ihrer kulturellen Eigenart gewinnen. Das föderale Element kommt verstärkt zum Tragen. London und Paris sind keine Beispiele; die Niederlande mit einer Hauptstadt Amsterdam, dem Regierungs- und Parlamentssitz in Den Haag liegen eher im Trend der Zeit.

In Zukunft geht es um die Bewältigung der ökologischen Herausforderungen. Ein Umdenken ist auf vielen Politikfeldern angesagt. Die Stichworte lauten „umweltverträgliche Produktion", „Dezentralität und Entballung". Die Schaffung einer dominierenden Großstadt in Deutschland mit über fünf Millionen Einwohnern in Berlin ist mit dieser Idee nicht vereinbar.

(B) Schließlich — und dieses Argument will ich nicht besonders strapazieren — geht es für Deutschland auch um die Sicherung der wirtschaftlichen Leistungsfähigkeit und der Währung. Die Verschuldung des Staates hat jedoch unerträgliche Dimensionen angenommen. Heute müssen wir alles tun, um Ausgaben zu kürzen; auf keinen Fall dürfen wir neue vermeidbare Ausgaben produzieren. Den einzelnen Menschen in Berlin ist nicht damit geholfen, daß wir dort schnell und in erster Linie Wohnungen und Büros für Beamte und Politiker bauen.

Es gibt zweifellos auch Argumente, die für Berlin sprechen. Ich komme jedoch zu der Überzeugung: Wer nach vorne blickt und die Aufgaben der Zukunft im Auge behält, muß dafür plädieren, daß die neuen Bundesländer über Jahre erhebliche finanzielle Mittel aus dem Westen bekommen und daß deshalb der Regierungs- und Parlamentssitz in Bonn bleiben sollte.

Dr. Egon Jüttner *(CDU/CSU):* In den vergangenen Wochen sind wir alle mit Briefen über den künftigen Regierungs- und Parlamentssitz überhäuft worden. Für die meisten von uns haben diese Briefe nicht mehr zur Entscheidungsfindung beitragen können. Zum einen steht die Meinung der meisten Abgeordneten schon seit längerem fest, zum anderen ergaben sich keine neuen Argumente mehr.

Wir wissen alle, daß beide Städte — Berlin und Bonn — gute Argumente haben. 40 Jahre lang gab es bei uns keine Zweifel, daß bei einer Wiedervereinigung Berlin wieder die Hauptstadt Deutschlands mit allen Konsequenzen, was Regierungs- und Parlamentssitz betrifft, werden sollte. Im Herbst 1949 erklärte der Bundestag, daß nach einer Wiedervereini-

(C) gung die leitenden Bundesorgane ihren Sitz nach Berlin verlagern würden. Würde man dies jetzt nicht einlösen, ginge sicher ein gehöriges Stück Glaubwürdigkeit verloren.

Andererseits gibt es heute, nach 40 Jahren, auch gewichtige Argumente dafür, daß Bonn Regierungs- und Parlamentssitz bleibt. Es sind nicht nur soziale und wirtschaftliche Argumente. Nicht nur, daß in Bonn Zigtausende von Menschen als Arbeitnehmer persönlich betroffen sind, daß bei einer Verlagung nach Berlin Milliarden erforderlich sind, die wir jetzt dringend zum Aufbau der neuen Bundesländer brauchen.

Es gibt auch politische Argumente für Bonn. Auch Bonn spiegelt deutsche Geschichte wider. Vor allem repräsentiert es 45 Jahre Föderalismus und Demokratie. Bonn repräsentiert ein Deutschland, in dem es nie zuvor soviel Wohlstand, Freiheit und soziale Gerechtigkeit gegeben hat.

Für uns Parlamentarier ist die heutige Entscheidung eine schwere Entscheidung. Eine Entscheidung gegen Bonn trifft viele Menschen in ihrer Existenz, eine Entscheidung gegen Berlin trifft unsere Glaubwürdigkeit. Eine Entscheidung für die eine oder für die andere Stadt würde auch zu Folgeproblemen für die unterlegene Stadt führen. Deshalb darf es heute keine Entscheidung für Bonn und gegen Berlin oder gegen Bonn und für Berlin geben, sondern eine Entscheidung für Bonn und Berlin.

Viele von uns spüren ein großes Unbehagen, wenn sie sich allein für die eine oder andere Stadt entscheiden sollen. Für einen Konsens sprechen deshalb eine (D) Reihe guter Gründe. Warum soll es nicht möglich sein, was auch andernorts möglich ist, nämlich die Regierung in Bonn zu belassen und das Parlament nach Berlin zu verlegen? Eine Realisierung des Parlamentssitzes in Berlin ist ohnehin erst um die Jahrtausendwende möglich. Bis dahin sind die modernen Kommunikationsmöglichkeiten so verbessert und ausgereift, daß die Verbindung Berlin–Bonn und Bonn–Berlin dann kein Problem sein wird.

Berlin oder Bonn dürfen keine Alternativen sein, sie gehören zusammen, und deshalb muß es eine gemeinsame Lösung geben: Bonn als Symbol eines Neuanfangs dieser Republik, Berlin als Symbol der deutschen Einheit und der europäischen Einigung. Deshalb bitte ich Sie, für den Antrag zu stimmen: Regierung in Bonn, Parlament in Berlin.

Volker Kauder *(CDU/CSU):* Berlin ist Bundeshauptstadt. Und dies ist richtig. Berlin wird deshalb auch das wiedervereinigte Deutschland in aller Welt repräsentieren. Der Einigungsvertrag hat aber ausdrücklich offen gelassen, wo Parlament und Regierung ihren Sitz haben sollen. Man ist also davon ausgegangen, daß nicht automatisch Regierungssitz und Parlament in der Bundeshauptstadt sein müssen. Es gibt — und dies will ich gerne zugeben — gute Gründe für Berlin. Es gibt aber auch gute Gründe, daß wir in Bonn bleiben. Die knappe Redezeit läßt nur wenige Argumente zu. Das föderalistische Prinzip hat sich in der Bundesrepublik Deutschland bestens bewährt. Nach meiner Auffassung gilt es auch unter den großen Städ-

(A) ten. Es hat der Entwicklung unseres Landes und der Demokratie gutgetan, daß wir nicht nur eine große Zentrale, sondern viele große Städte mit unterschiedlichen Aufgaben haben. Bonn ist für mich aber auch die Stadt, die in besonderer Weise die Westbindung, das demokratische Deutschland des Grundgesetzes und die soziale Marktwirtschaft repräsentiert. Die Bescheidenheit, mit der sich die Nachkriegsdemokratie eingerichtet hat, hat uns allen gutgetan. Ich hatte mir meine Entscheidung lange überlegt. Es ist keine Entscheidung der Bequemlichkeit. Dies habe ich begründet. Ich entscheide mich nicht gegen Berlin. Berlin ist Hauptstadt. Ich entscheide mich dafür, daß Regierung und Parlament in Bonn bleiben.

Hans Klein (CDU/CSU): Der Verlauf dieser Debatte, insonderheit der ersten Stunden, widerlegt alle, die den Deutschen Bundestag in den letzten Wochen gescholten oder der Entscheidungsscheu geziehen haben. Die Kolleginnen und Kollegen, die bisher das Wort ergriffen, traten ungeachtet ihrer Parteinahme für eine der Entscheidungsmöglichkeiten und ungeachtet der häufig so unüberwindbar scheinenden Fraktions- oder Gruppenbarrieren als Vertreter des ganzen Volkes auf. Und in ihrer Mehrzahl haben sie sich auch der Verantwortung für die jeweilige Gegenseite gestellt.

Ich habe mir meine eigene Entscheidung nicht leicht gemacht, und ich stehe nicht an zuzugeben, daß ich viele politische Erwägungen und persönliche Empfindungen dabei aufarbeiten mußte. Das überzeugende Bekenntnis des Bundeskanzlers zu Berlin,
(B) die schwergewichtige Begründung des Bundesfinanzministers für eine Kompromißlösung, also räumliche Trennung von Parlament und Regierung, die im stillen gestellte Frage, wie wohl Franz Josef Strauß entscheiden würde, die Erinnerung an ein halbes Jahrhundert Leid und Tod, Mut und Optimismus der Berliner und schließlich die Selbstverständlichkeit, mit der wir fast alle in den Jahren der Teilung Berlin als die ehemalige und künftige Hauptstadt Deutschlands betrachteten, haben mich bewegt.

Da es den meisten von Ihnen, meine verehrten Kolleginnen und Kollegen, sicherlich ähnlich ergangen ist, finde ich die Unterstellung, es gehe den Abgeordneten um ihre Bequemlichkeit, nicht nur unwürdig, sondern auch wirklichkeitsfremd. Mein Münchner Wahlkreis ist genauso weit von Bonn entfernt wie von Berlin. Kaum einer von uns — und das schließt die Mehrzahl sogar der Kabinettsmitglieder ein — hat seinen Lebensmittelpunkt nach Bonn verlegt. Wir leben in den Sitzungswochen getrennt von unseren Familien. Das wird durch Bleiben oder Gehen nicht verändert.

Ich stimme der Feststellung des Kollegen Thierse zu, es gehe um die zukünftige politische und gesellschaftliche Entwicklung Deutschlands. Wenn diese Entwicklung aber keine Abkehr von der freiheitlichsten Verfassungswirklichkeit sein soll, in der je Deutsche gelebt haben, keine Aushöhlung unserer Bundesstaatlichkeit zugunsten eines — im Blick auf die Föderalisierungsbestrebungen bei vielen unserer europäischen Nachbarn anachronistischen — Föderalismus und keine Rückkehr zu der geopolitischen Janus-

(C) köpfigkeit Deutschlands, aus der so viel Tragik für unseren Kontinent erwachsen ist, dann müssen wir in dieser Debatte, in der immer wieder von Symbolwirkungen die Rede ist, auch die national wie international positive Symbolkraft Bonns anerkennen.

Damit ich nicht falsch verstanden werde: Mit dieser Feststellung versuche ich nicht etwa, Gefahren im Falle einer Entscheidung für Berlin zu beschwören, sondern lediglich zu kennzeichnen, wofür Bonn auch in einem historischen Sinne steht.

Wenn Herr Gysi fordert, die deutsche Geschichte in ihrer Gesamtheit anzunehmen, dann drängt sich mir als geborenem Sudetendeutschen und als bayerischem Abgeordneten natürlich der Gedanke auf, daß die deutsche Geschichte bald tausend Jahre älter ist als der 1871 gegründete deutsche Teilstaat mit der Hauptstadt Berlin.

Das Jahr 2000 ist heute mehrfach erwähnt worden. Unterstellt, daß der europäische Integrationsprozeß um die Jahrtausendwende sich bereits weit nach Norden und Osten unseres Kontinents erstreckt, kann es dann nicht notwendig werden, wichtige europäische Institutionen nach Berlin zu verlagern, weil es näher liegt an Prag, Budapest, Warschau oder Helsinki? Wären — bei nüchterner Einschätzung der Gefühle unserer Nachbarn — Berlins Chancen für eine solche europäische Rolle größer oder kleiner, wenn es zugleich das politische Zentrum des vereinigten Deutschlands wäre?

Einige meiner Vorrednerinnen und Vorredner haben die Meinung des Auslands strapaziert. Haben Sie
(D) auch einmal daran gedacht, was die Menschen in der Dritten Welt — die sich ehrlich mit uns gefreut haben über die Vereinigung Deutschlands — dabei empfinden würden, wenn wir einen fast komplett ausgebauten und funktionsfähigen Sitz von Regierung und Parlament stehen und liegen ließen, um für viele Milliarden das gleiche woanders zu errichten?

Ich werde für Bonn stimmen. Dennoch tue ich dies nicht in totaler Selbstgewißheit. Ich bekunde allen Kolleginnen und Kollegen Respekt, die aus guten Gründen anders entscheiden wollen. Ich danke auch allen, die mit großem Einsatz einen Konsens gesucht, aber nur einen offenkundig nicht konsensfähigen Kompromiß gefunden haben. Die Entscheidung, die wir heute treffen, wird eine demokratische Entscheidung sein. Sie sollte nicht durch Radikalformulierungen abgewertet werden. Und ich erkläre, daß ich als Demokrat jede Entscheidung dieses Hohen Hauses akzeptieren werde.

Siegrun Klemmer (SPD): Die Bonner Demokratie ist seit dem 3. Oktober 1990 nicht mehr dieselbe. Die alte Bundesrepublik hat aufgehört zu existieren, obwohl man gerade aus etwas östlicherer Sicht häufig den Eindruck gewinnt, daß das noch nicht immer ausreichend wahrgenommen wird. Wir sind unumstößlich ein anderes Land geworden, und wenn die Einigung nicht doch nur ein Anschluß sein soll, müssen wir für alle Bewohner dieses Landes einen sichtbaren Neuanfang wollen. Dieser Neuanfang soll mit Blick auf die Neuen Länder, aber auch mit Blick auf die Menschen in Osteuropa unseren Willen deutlich machen, der auf

(A) dem Papier vollzogenen Einigung eine Politik folgen zu lassen, die eine neue Schwerpunktsetzung auch durch örtliche veränderte Schwerpunktsetzung unterstreicht. Die deutsche Einigung zu wollen, gleichzeitig aber auf der Unveränderbarkeit der Zustände in der alten Bundesrepublik zu beharren, wo sich für 16 Millionen so gut wie alles ändert, das geht nicht zusammen.

Die von Bonn aus hervorragend bewältigte Westintegration ist abgeschlossen. Unsere Beziehungen zu unseren westlichen Partnern ruhen sozusagen auf einer tragfähigen, breiten Brücke, die das trennende Wasser überwunden hat. Davon kann in Richtung auf unsere östlichen Nachbarn noch lange nicht die Rede sein.

Die Brücke nach Osten ist erst ein Steg, den es zu stabilisieren und auszubauen gilt. Nicht als Bedrohung, sondern als deutliches Signal unseres guten Willens, die veränderten Realitäten in Europa zur Kenntnis zu nehmen, werden die Menschen in Polen, Ungarn, der Tschechoslowakei und auch der Sowjetunion die Verschiebung unseres politischen Zentrums in ihre Richtung zu werten wissen.

Eine Verlagerung der westeuropäischen Wohlstands-Vertikale, die von London bis Nord-Italien reicht, nach Osten, mit entsprechender Ausfütterung der Linie Berlin, Prag, Wien, Budapest würde unsere Bereitschaft unter Beweis stellen, unserer angemessenen Rolle im Prozeß der gesamteuropäischen Einigung, auch eingedenk unserer Vergangenheit, gerecht zu werden.

(B) Glaubwürdigkeit: Nicht zuletzt mit Blick auf Menschen, die 40 Jahre und länger ohne demokratische Erfahrungen gelebt haben, sollten wir das Thema nicht auf die leichte Schulter nehmen. Ihre ersten Erfahrungen mit dem neuen politischen System der neuen Republik sind für viele nicht unbedingt ermutigend: das offizielle Kanzlerversprechen, daß es niemandem schlechter gehen werde, hat sich leider nicht bewahrheitet. Die Erfahrung, daß die von ihnen mehrheitlich gewünschte Einigung gerade in dem Punkt nicht vollzogen wird, dessen Bestätigung 40 Jahre lang stets proklamiert wurde, stellt zu Beginn der demokratischen Biographie der einen Hälfte unseres neuen Landes eine schwere Hypothek an die politisch Handelnden dar, und ich fürchte, daß es nicht gelingen wird, diese Hypothek ohne zusätzlichen Glaubwürdigkeitsverlust abzutragen.

Nicht nur z. B. Aufbaupläne und Abwicklung, die Arbeit der Treuhand und Betriebsstillegungen dürfen den Einigungsverlauf kennzeichnen: verlorengegangen ist den neuen Bundesbürgern schon zu viel — ein Rest von Identität mit Berlin als wirklicher Hauptstadt könnte durch unsere Entscheidung gerettet werden.

Aber auch in den alten Bundesländern klagen wir über Parteien- und Politikverdrossenheit. Lassen Sie uns nicht den Fehler machen, daß wir als politische Klasse den fatalen Eindruck erwecken, als ob es etwas Normales sei, daß politisch Handelnden nicht geglaubt wird!

Gestatten Sie mir als Berliner Abgeordneten ein persönliches Wort: Wir haben den Bekundungen für unsere Stadt Glauben geschenkt und sind ganz ausdrücklich dankbar für die ideelle und materielle Unterstützung, ohne die wir im West-Teil nicht hätten überleben können. Was aber die Menschen in Berlin, die ausgewiesen kritisch und realistisch sind, nicht verstehen, ist der Zeitpunkt des Sinneswandels, der justament eingetreten ist, als ihrer Stadt übertragen werden konnte, was bis gestern von niemandem in Zweifel gezogen wurde. Hier in Zukunft noch politisch überzeugen zu wollen wird uns schwerfallen: quer durch alle Parteien.

Gerade in den letzten Tagen hat die Öffentlichkeit uns kräftig gescholten wegen der teilweise unwürdigen Auseinandersetzungen. Mit der heutigen Debatte machen wir, denke ich, deutlich, daß wir uns die Entscheidung nicht leicht gemacht haben. Lassen wir diesem teilweise quälenden Diskussionsprozeß ein wegweisendes verantwortliches Ergebnis folgen, das gerade unter den veränderten europäischen Bedingungen weit über das Jahr 2000 hinaus auch für nachfolgende Generationen Bestand hat und das zeigt, daß die Abgeordneten des 12. Deutschen Bundestages mit der kompletten Ausgestaltung der Einigung Ernst machen!

Bitte stimmen Sie für Berlin ohne Wenn und Aber!

Roland Kohn (FDP): Warum meldet sich in dieser Debatte, in der doch alles schon gesagt ist, ein Liberaler aus Baden-Württemberg zu Wort?

Einmal will ich meine ganz persönliche Entscheidung in dieser Frage hier vor dem Forum des ganzen Deutschen Volkes begründen. Und dann: daß über Parlaments- und Regierungssitz kontrovers diskutiert, ja leidenschaftlich gerungen wird, kritisiere ich nicht — im Gegenteil. Aber manches an dieser Debatte hat mich gestört.

Es hat mich gestört, mit welcher Nonchalance faule Kompromisse als „Konsensmodelle" auf dem Markt der öffentlichen Eitelkeiten feilgeboten wurden, z. B. der Mißbrauch des Bundesverfassungsgerichts als Manövriermasse.

Es hat mich gestört, mit welcher Gedankenlosigkeit man bereit war, das Parlament als Herzstück der repräsentativen Demokratie von den Entscheidungsprozessen unseres politisch-administrativen Systems abzukoppeln.

Es hat mich gestört, wie begierig manche Volksvertreter nach einem Schlupfloch suchten, um nur ja keine klare Entscheidung treffen zu müssen, und dies in einer Angelegenheit, die nun wirklich die ureigenste Sache des Parlaments ist!

Es hat mich gestört, daß manche noch nicht einmal vor Manipulationen an unserer Geschäftsordnung zurückschreckten, um ihre Entscheidung nicht vor den Bürgern rechtfertigen zu müssen. Welches Mißverständnis von repräsentativer Demokratie, die ja auf der Kontrolle der Gewählten durch die Wähler beruht!

Es hat mich gestört, wie manche Politiker — ohne rot zu werden und ohne die kleinste Schamfrist einzuhalten — ihre feierlichen Gelöbnisse aufgekündigt,

(A) ihre festlichen Bekenntnisse von gestern als hohles Geschwätz decouvriert haben.

Es hat mich gestört, wie leicht es war, Ressentiments der „Provinz" gegen die „Metropole" wiederzubeleben. Als könnten etwa wir in Baden-Württemberg, wir Schwaben, Badener, Kurpfälzer, Alemannen und Franken nicht selbstbewußt und souverän unsere Eigenart und unsere Interessen auch gegenüber einer richtigen Hauptstadt wahren!

Es hat mich gestört, mit welch kühlem Gleichmut unser Gemeinwesen in dieser Debatte seinen materiell-egoistischen Grundcharakter herausgekehrt hat. Es ist klar, daß die Interessen der von unserer Entscheidung tangierten Mitbürger eingebracht und sozial verträgliche Lösungen angestrebt werden. Doch können wir selbst bei Entscheidungen über das Zusammenwachsen der Deutschen bloß noch in ökonomischen Kategorien denken?

Vor allem aber hat mich gestört, mit welcher Bedenkenlosigkeit manche in diesem Land die Nachtseiten der deutschen Geschichte zu Lasten einer Stadt entsorgen wollen, die nie „Hauptstadt der Bewegung", die nie „Stadt der Reichsparteitage" war.

Vor 22 Jahren wurde ich Mitglied der FDP. Ein wesentlicher Grund dafür war ihre bedeutende Tradition in der Deutschland- und Entspannungspolitik. Von Pfleiderer bis Dehler, von Schollwer bis Rubin, von Flach bis Mischnick und von Scheel bis Genscher haben freie Demokraten für dieses große Ziel gearbeitet und gewirkt: Freiheit und Einheit für alle Deutschen in einem zusammenwachsenden Europa. Nie stand in (B) Frage, daß Berlin deutsche Hauptstadt mit Sitz von Parlament und Regierung sei, sobald die geschichtliche Entwicklung die Tür zur Einheit aufstoßen würde.

Ich hatte die ehrenvolle Aufgabe, in den letzten Jahren meine Fraktion im innerdeutschen Ausschuß zu vertreten. Deshalb ist es eine Frage meiner Glaubwürdigkeit als liberaler Politiker: Ich bin für Berlin!

So sehr ich die Argumente, die für die attraktive Stadt Bonn sprechen, respektiere: Die Debatte Berlin oder Bonn ist in Wahrheit nur Ausdruck eines dahinterliegenden grundsätzlicheren Konflikts. Der Liberale Reinhold Maier, Baumeister und erster Ministerpräsident von Baden-Württemberg, hat im Januar 1958 im Deutschen Bundestag hellsichtig betont: „Die Bundesrepublik hat sich allzusehr und allzufrüh mit den schimmernden Gewändern eines perfekten Staates umkleidet. Sie ist aber kein perfekter Staat, sie ist nur ein Teilstaat."

In diesem Teilstaat jedoch haben sich viele auf Dauer eingerichtet. So ist die Diskussion Berlin — Bonn eigentlich eine Stellvertreter-Debatte. In Wahrheit geht es darum, ob wir das Jahr 1990 als Zeitenwende akzeptieren, ob wir begreifen, daß mit der Herstellung der staatlichen Einheit Deutschlands ein neuer Abschnitt unserer Geschichte begonnen hat, ob wir den Mut und die Kraft haben, die darin liegende Chance für eine bessere, eine innovative Politik zu ergreifen.

Eine Entscheidung für Bonn wäre ein Symbol für dieses „Weiter wie bisher" und damit gegen den ge-

(C) meinsamen Neuanfang aller Deutschen. Jeder muß wissen: Nur der wird das Bewährte aus vier Jahrzehnten der zweiten deutschen Demokratie erhalten können, der sich jetzt auf den Wandel einläßt. In diesem ganz präzisen Sinne ist mein Eintreten für Berlin kein „Zurück nach Berlin", sondern ein Plädoyer für einen gemeinsamen Neubeginn aller Deutschen in einem sich nach Osten hin öffnenden Europa.

Lassen Sie mich schließen mit einem Wort des ersten Bundespräsidenten, des großen Liberalen Theodor Heuss, der am 12. September 1949 nach seiner Vereidigung hier im Bundeshaus sagte: „Ich muß von Berlin sprechen. Mehr als die Hälfte meines Lebens habe ich in dieser Stadt gelebt . . . Es ist mir eine Herzenssache und nicht bloß rationale Überlegung, dies auszusprechen: Berlin ist heute an das Schicksal Westdeutschlands gebunden, aber das Schicksal von Gesamtdeutschland bleibt an Berlin gebunden."

Treffen wir heute deshalb mit Herz und Verstand die Entscheidung, die vor der Geschichte bestand haben wird: für Berlin!

Manfred Kolbe (CDU/CSU): Mit der Entscheidung über den Sitz von Parlament und Regierung treffen wir heute eine der wesentlichen Entscheidungen auf dem Weg zur inneren Einheit Deutschlands.

Nach einem mittlerweile berühmten Wort Lothar de Maizières kann die Teilung nur durch Teilen überwunden werden. Das gilt gerade auch für den Sitz von Bundestag und Bundesregierung. Deshalb appelliere ich an alle Mitglieder dieses Hauses: Lassen Sie uns im Interesse der inneren Einheit Deutschlands zu einer Lösung kommen, die beiden Städten gerecht (D) wird!

Denn eins steht doch schon fest: Das Ergebnis einer Kampfabstimmung wird denkbar knapp sein.

Niemand wird glücklich sein, wenn in der kommenden Nacht eine der beiden Städte knapp verliert. Der komplexen deutschen Wirklichkeit und auch dieser heutigen ausgewogenen Debatte entspricht doch alleine eine Konsenslösung.

Heiner Geißler gebührt daher Dank für seinen unermüdlichen Einsatz, und ich bitte Sie, seinem Antrag zuzustimmen.

Sollte es bedauerlicherweise zur Kampfabstimmung kommen, werde ich als Abgeordneter aus Sachsen für Berlin stimmen.

Der Parlaments- und Regierungssitz Berlin liegt gerade auch im Interesse Sachsens. Oder warum, glauben Sie, hat sich der sächsische Landtag am 24. Mai 1991 mit 96:34 Stimmen für Berlin ausgesprochen?

Frau Fuchs und Herr Baum, wir brauchen keine Belehrungen, was im Interesse Sachsens liegt.

Frau Roitzsch, nichts gegen ihre Verwandten, aber entscheidend ist doch wohl das Votum des frei gewählten Landesparlaments.

Und zu Ihnen, Herr Ministerpräsident Rau, gewandt: Wenn Sie den neuen Ländern wirklich helfen wollen, dann hätten Sie im letzten Jahr nicht den Länderfinanzausgleich vollkommen ausschließen dürfen.

Sachsen und die neuen Länder brauchen struktur-politisch den Parlaments- und Regierungssitz Berlin.

Die Banken werden in Frankfurt bleiben, die Unternehmensleitungen in Düsseldorf und Stuttgart, die wissenschaftlichen Institute in München. Warum sollten sie auch aus dem wohlhabenden Westen nach Berlin oder sonst in den Osten gehen?

Berlin wird nicht zur Megastadt werden, eher droht Berlin und der ganze Osten Deutschlands zum Hinterland zu werden. Das wirtschaftliche Schwergewicht Deutschlands wird als Folge des Zweiten Weltkriegs auf unabsehbare Zeit im Westen liegen.

Die Verlagerung des Parlaments- und Regierungssitzes nach Berlin ist daher die einzige Möglichkeit, einen wirklichen Anziehungspunkt auch für international gewichtige Funktionen im Osten Deutschlands zu schaffen.

Dresden und Leipzig werden davon profitieren, denn erst dann liegen sie wieder in der Mitte Deutschlands, zwischen den wirtschaftlichen Zentren des Westens und dem politischen Zentrum in Berlin.

Und lassen Sie mich als Mitglied des Haushaltsausschusses noch sagen:

Dagegen sprechen auch nicht die Kosten. Die reinen Umzugskosten werden vergleichsweise gering sein. Der größte Teil der Kosten betrifft Infrastrukturmaßnahmen — etwa die Verkehrswege über Magdeburg und Leipzig nach Berlin — und das sind Investitionen für die neuen Länder. Unterlassen wir diese Investitionen, werden die Kosten einer verfehlten gesamtdeutschen Strukturpolitik um ein Vielfaches höher sein. Und jedes Kostenargument reduziert sich angesichts der Tatsache, daß wir derzeit Berlin Jahr für Jahr mit 30 Milliarden DM subventionieren oder allein für ein diskutables Rüstungsprojekt wie den Jäger 90 über 100 Milliarden D-Mark ausgeben wollen.

Lassen Sie uns deshalb auf dem Weg zur inneren Einheit Deutschlands voranschreiten und stimmen wir für Berlin! Lassen Sie es nicht zu dem Wortbruch in der Geschichte der Bundesrepublik Deutschland kommen!

Wolfgang Kubicki (FDP): Was gibt es eigentlich noch Neues zu sagen in einer Debatte, in der die Argumente öffentlich und auch heute hier bereits umfassend ausgetauscht wurden? Aus schleswig-holsteinischer Sicht kann ich nur sagen: Wir sind langsam reif — für die Abstimmung.

Bonn oder Berlin, kann dies überhaupt die Frage sein? Für einen jungen, nach dem Krieg geborenen Abgeordneten aus dem kühlen Norden ist es schon etwas verwunderlich, mit welch emotionaler Beteiligung die Debatte geführt wird. Hier sind uns vor allem die Rheinländer um einiges voraus.

Ich möchte mich auf drei Punkte konzentrieren, die nach meiner Einschätzung für Berlin streiten, wobei Bonn für die vergangenen 40 Jahre eines hervorragenden Provisoriums zu danken ist.

Erstens. Der Sitz eines Parlaments oder der Regierung hat keinen Einfluß auf die Qualität der Arbeit, die föderale Struktur eines Landes, das Demokratie-

oder Rechtsstaatsverständnis. Wäre es anders, ich müßte auch gegen Bonn und nicht nur für Berlin streiten. Der Sitz müßte sich dann außerhalb Nordrhein-Westfalens befinden, dieses in den letzten 40 Jahren Bundesrepublik West doch alles in allem beherrschenden Gebildes. Wir sollten aufhören, mit Ressentiments in dieser Frage zu argumentieren. Es kommt immer und auch nur auf die Menschen an, die politisch Handelnden in Parlamenten und Regierungen.

Ich habe keine Zweifel, daß zum Beispiel Ingrid Matthäus-Maier ebenso schnellzüngig wie scharf auch im Berliner Bundestag das Wort führen wird.

Berlin ist nach dem Einigungsvertrag Hauptstadt. Parlament und Regierung sind das Haupt unserer Demokratie. Was soll eine Hauptstadt ohne Haupt?

Zweitens. Wir fordern beständig westdeutsche und europäische Unternehmen auf, sich in Ostdeutschland zu engagieren, um die Einheitlichkeit der Lebensverhältnisse in ganz Deutschland möglichst schnell herstellen zu können. Sie sollen vor allen Dingen auch ihre Headquarters, ihre Verwaltungszentralen dorthin verlegen. Dies tun wir, weil wir wissen, daß von solchen Verwaltungszentralen eine ungeheure Wirkung in die Region und auf die Region ausgeht.

Welch ein Bild bieten Bundestag und Bundesregierung, jedenfalls in ihren wesentlichen Teilen, wenn sie selbst sich einer solchen Maßnahme enthielten, wenn sie selbst nicht mit gutem Beispiel vorangingen. Go east für Unternehmen, stay west für uns? Sämtliche Argumente, die die Bonn-Befürworter ins Feld führen, gelten in vergleichbarer Weise für die Verwaltungszentralen der bundesdeutschen Unternehmen, deren Umsiedlung wir doch befürworten.

Drittens. Ich gehöre nicht zu einer Generation, die die Teilung Deutschlands als schmerzlich empfunden hat, weil ich geboren wurde, als diese Teilung bereits bestand. Ich kann mich aber noch gut — und dies bis in die letzte Zeit der real existierenden DDR hinein — daran erinnern, daß Politiker aller Parteien — insbesondere aber solche der Union und dies Unisono — uns zum Tag der Einheit mahnten. Ich erinnere mich an die Fackelzüge, die zur deutsch-deutschen Grenze organisiert wurden — übrigens von der Jungen Union und nicht von den schwarzen Panthern. Ich erinnere mich an die Reden, in denen die Wiedervereinigung nicht nur als Verfassungsziel proklamiert wurde, sondern zur Aufgabe eines jeden Politikers. Ich erinnere mich daran, daß Berlin nicht nur Symbol der Freiheit war, sondern vor allen Dingen deutsche Hauptstadt, an der nach der Wiedervereinigung Regierung und Parlament ihren Sitz nehmen würden.

Ich erinnere mich noch gut an die Debatten um den Grundlagenvertrag, an die Debatten um die Einrichtung eines Umweltbundesamtes in Berlin, an die Notwendigkeit von Fraktions- und Ausschußsitzungen im Reichstag und vieles mehr. Soll dies alles wirklich nicht ernst gemeint gewesen sein? Wollen allen Ernstes gerade die Kolleginnen und Kollegen der Union, denen man insoweit wenigstens glaubte, auch wenn man sie belächelte, erklären, nachdem der Wille zur Einheit Deutschlands sich erfüllt habe, bedürfe es nicht mehr der Dokumentation dieses Willens durch Rückkehr von Parlament und Regierung nach Berlin, um damit die Deutsche Einheit wirklich zu vollenden?

Die sozialen Fragen, die menschlichen Probleme, die durch eine Verlagerung entstehen, sie sind gewichtig und ernst zu nehmen. Ebenso aber auch die Enttäuschung vieler, die wenigstens in dieser Frage den Politikern vertrauen wollten.

Die Kostendebatte erinnert mich — und dies bitte ich nicht polemisch zu verstehen — fatal an die Diskussion des letzten Jahres über die Kosten der Einheit, die einen psychologischen Flurschaden ungeahnten Ausmaßes angerichtet hat. Sie ist auch wirtschaftlich unsinnig, weil statisch und nicht dynamisch. Die Kosten eines Umzuges, sie wären Kosten der Vergangenheit, eines verlorenen Krieges, der Teilung Deutschlands und ihrer Überwindung. Sie wären aber zugleich auch Investitionen in eine neue Zukunft, nicht nur Berlins, sondern des vereinten Deutschlands.

Dr. Klaus Kübler (SPD): Schon einmal ist eine Hauptstadtentscheidung letztlich dadurch entschieden worden, daß das persönliche Interesse eines Abgeordneten den Ausschlag gegeben hat. Konrad Adenauer, der in Rhöndorf bei Bonn wohnte, entschied 1949 mit seiner Stimme für Bonn. Gleichwohl: Bonn hat maßgeblich mitgewirkt am demokratischen Aufbau der Bundesrepublik Deutschland und sich damit große politische und historisch bleibende Verdienste erworben. Andererseits verstand es sich — wie es bisher immer selbst ausdrückte — als Provisorium bis zur deutschen Einheit. Die Hauptstadtfunktion sollte — jedenfalls unbestritten noch bis vor einem Jahr — nach der Einheit Berlin wieder übernehmen. Die politische Kontinuität und nationale und internationale Glaubwürdigkeit sind verletzt, wenn jetzt, ohne daß neue Gründe hinzugekommen sind, dies alles nicht mehr gültig sein soll.

Für die Zukunft gesprochen: Die soziale und politische Einheit verlangt in ihrer Konsequenz auch, daß in Berlin die politischen Bundesorgane arbeiten. Die Ausgewogenheit innerhalb Gesamtdeutschlands spricht ebenfalls zwangsläufig für Berlin. Berlin war und ist die politischste Stadt Deutschlands. Alle sozialen und neuen politischen Bewegungen gingen überwiegend von Berlin aus. Die Hauptstadt der braunen Bewegung war Berlin letztlich niemals. Bonn stand für Freiheit, Berlin aber immer noch etwas mehr. Bonn steht für die alte Bundesrepublik, Berlin steht für die neue geeinte Bundesrepublik. Bonn steht für die Westintegration, Berlin steht dafür, daß die Deutschen ihr Interesse, ihre Kooperation, ihre Zusammenarbeit mit dem gesamten Europa suchen. Zwölf der 16 Bundesländer haben sich für Berlin ausgesprochen. Sie sehen den Föderalismus in Berlin also genauso gewährleistet wie in Bonn.

Gleichwohl: Wir Deutsche haben wegen Berlin und Bonn eine komplexe Situation. Es spricht fast alles für Berlin. Aber in Bonn leben viele Menschen, die für die alte Bundesrepublik und auch für die Einheit erfolgreich gearbeitet haben, die bei einem Umzug nach Berlin tief betroffen würden. Deshalb sollten nur die politischen Organe, also Bundespräsident, Bundestag und Bundesrat nach Berlin umziehen und die ganz

große Mehrzahl der Bundesministerien und der anderen Bundesbehörden auf unbestimmte Zeit in Bonn bleiben. Die Arbeitsfähigkeit des Parlaments würde dadurch nicht relevant beeinträchtigt werden. Bei einer solchen Lösung könnte die große Mehrzahl der Menschen in Bonn bleiben, würde die Wirtschaftskraft des Bonner Raumes erhalten bleiben und würden die Umzugskosten dann letztlich keine relevante Rolle mehr spielen.

Ich spreche mich deshalb für Berlin aus und bin sicher, daß wir mit einer solchen Lösung auch den Menschen in Bonn gerecht werden könnten.

Dr. Norbert Lammert (CDU/CSU): Es gehört für mich zu den schmerzlichen Erfahrungen der jüngsten, besonders glücklichen deutschen Geschichte, daß kurz nach Überwindung der Teilung Deutschlands die notwendige Entscheidung über den Sitz von Parlament und Regierung neue Trennungen, neue Enttäuschungen, neue Verletzungen zu verursachen scheint. Mich hat betroffen gemacht, welche Leidenschaft und welche Verbitterung, welche Gräben gelegentlich auch diese unvermeidliche Auseinandersetzung in den vergangenen Monaten hat entstehen lassen. Ich hätte es deshalb begrüßt — wie viele andere auch —, wenn es gelungen wäre, eine einvernehmliche Lösung über den Sitz der Verfassungsorgane innerhalb und außerhalb der Hauptstadt Berlin zu finden, die eine breite Mehrheit mit friedenstiftender Wirkung gehabt hätte. Diese Bemühungen, für die es offensichtlich überall große Sympathien gab, sind gescheitert.

Ich selbst gehöre zu denen, die gegen den respektablen Versuch gestimmt haben, durch Aufteilung von Bundesregierung und Bundestag auf Bonn und Berlin einen Kompromiß zu finden und damit vielleicht einen solchen Konsens zu ermöglichen. Dabei hatte und hat für mich die Sicherung der Funktionsfähigkeit unseres parlamentarischen Regierungssystems Vorrang vor der vergleichsweise weniger bedeutsamen Frage des Standortes politischer Entscheidungsorgane und auch vor einem noch so wünschenswerten Konsens.

Eine Fehleinschätzung bei der Standortfrage können wir allemal eher verkraften als einen Irrtum über die Funktionsbedingungen unseres demokratischen Systems. Der eine Irrtum wäre bedauerlich, der andere verhängnisvoll. Ich behaupte nicht, daß eine räumliche Trennung von Parlament und Regierung notwendigerweise scheitern muß; aber niemand kann verläßlich und verbindlich die großen Risiken ausschließen, die mit einer solchen Lösung offensichtlich verbunden sind. Dies schließt nach meiner Beurteilung die Wahrnehmung einzelner Aufgaben und Sitzungen von Bundesregierung und Bundestag außerhalb ihres Sitzes nicht aus, wohl aber die prinzipielle Aufteilung dieser beiden unmittelbar einander zugeordneten Verfassungsorgane auf unterschiedliche Standorte.

Bei der Abwägung der vielfältigen politischen und historischen Aspekte von sehr grundsätzlicher Bedeutung und mancher sehr pragmatischer, gleichwohl beachtlicher Gesichtspunkte sozialer und finanzieller Folgewirkungen werde ich daher für Bonn als Sitz von

Parlament und Regierung stimmen. Nach meinem Verständnis, das ich von Deutschland und von Europa habe, bin ich überzeugt, daß Bonn als eine Stadt, die sich als Metropole nicht eignet, gerade deshalb als Sitz von Regierung und Parlament für die Zukunft des wiedervereinigten Deutschland in einem freien und ungeteilten Europa eine ebenso glückliche Lösung ist, wie sie es in der Vergangenheit, in mehr als 40 Jahren funktionierender Demokratie, unbestritten war.

Und wenn die Mehrheit des Bundestages anders entscheidet, dann werde ich ganz selbstverständlich, ohne Vorwürfe und ohne Enttäuschung, gerne und mit ungebrochenem Engagement meine politische Arbeit in Berlin fortsetzen — wenn mir die Wähler dazu Gelegenheit geben.

Helmut Lamp (CDU/CSU): Auf die nationalistischen Exzesse des „1000jährigen Reiches" reagierten wir Deutschen nach dem Krieg unter anderen Vorzeichen „radikal". Wohl gestanden wir unseren Nachbarn und anderen Völkern ein praktiziertes, gesundes Nationalgefühl zu, selbst aber entwickelten wir zu unserer Nation ein sehr eigenartiges Verhältnis.

Schon geringe Bekenntnisse nationalen Selbstwertgefühls wurden verhöhnt und beschimpft. Wir Deutschen sind auf dem Weg, zu einer wirtschaftlichen Interessengemeinschaft zu verkümmern, konturenlos, ohne Bezug zur eigenen Geschichte und Kultur.

Wir sind wahrscheinlich nicht das einzige Volk, das sich in Verirrungen verstrickte und Schuld auf sich lud. Aber wir können — wie auch andere Völker — unserer Geschichte nicht entfliehen, sie nicht ablegen, ohne damit unsere Identität, unsere Nationalität aufzugeben.

Für alle Deutschen, die sich nach wie vor zu ihrer Nation bekennen, ohne damit auch nur ansatzweise die bewährte föderalistische Struktur unseres Staates aufgeben zu wollen, war die Diskussion der letzten Monate um die „Hauptstadtfrage" beschämend. In Frankreich, Dänemark, England oder einem anderen Land wäre sie undenkbar gewesen.

Selbstverständlich kann zur Zeit kein Umzug von Bonn nach Berlin — aus finanziellen Gründen — stattfinden, die aktuellen Aufgaben lassen dies nicht zu. Selbstverständlich muß Bonn mit nachrückenden Funktionen und Aufgaben — evtl. durch europäische Institutionen — bedacht werden. Selbstverständlich haben wir alle Mitgefühl mit den hier ansässigen Mitarbeitern der Regierung und des Parlaments; ein Zeitrahmen der Umsetzung von 10 bis 15 Jahren, begleitet von sozialen Hilfestellungen, könnte diese Probleme erheblich mindern.

Wir haben aber trotz der momentanen großen Aufgaben und Schwierigkeiten den Zeitpunkt zu fixieren, an dem Berlin wieder unsere voll funktionsfähige Hauptstadt ist.

Mit der deutschen Einigung muß der feste Wille hierzu bekundet und festgeschrieben werden.

Bis vor kurzem haben wir alle dies gemeinsam beschworen, immer wieder, Jahr für Jahr.

Wir haben heute über den Tag hinaus zu entscheiden, und als Deutscher, der sich nicht schämt, Deutschland sein Vaterland zu nennen, gibt es nur eine Entscheidung: Berlin ist die deutsche Hauptstadt!

Dr. Ursula Lehr (CDU/CSU): Wir stehen heute alle vor einer schweren Entscheidung, einer Entscheidung, die sich gewiß keiner leicht macht, einer Entscheidung, die jeder von uns frei und in Verantwortung gegenüber seinem Gewissen und der Gesellschaft (und nicht nur in Verantwortung gegenüber den Städten Berlin und Bonn und ihres jeweiligen Umlandes) treffen muß.

Eine Entscheidung fällt um so schwerer, je gleichwertiger die beiden Ziele sind, zwischen denen es zu entscheiden gilt. Eine Entscheidung fällt um so schwerer, je mehr Gründe sowohl für die eine oder andere Stadt, wie auch gegen die eine oder andere Stadt sprechen.

Die Argumente für und gegen Berlin, wie auch für und gegen Bonn sind hier sehr ausgiebig — mehr oder minder sachlich oder auch emotional — ausgetauscht worden. Dabei wurden historische, finanzielle und soziale Argumente ins Feld geführt.

Historische Momente sprechen für Berlin — sie sprechen aber erst recht für Bonn. Bonn steht für Demokratie. Bonn steht für Föderalismus. Bonn steht für über 40 Jahre internationale Zusammenarbeit, die den Frieden in unserer Welt sicherer machte. Alle Verträge, die in Bonn geschlossen worden sind, können sich sehen lassen. Darauf können wir stolz sein.

Bonn steht für ein gutes Grundgesetz, für eine Verfassung, die wir eben nicht grundlegend ändern wollen.

Berlin steht für den Kampf um Freiheit, für den Kampf um die deutsche Einheit. Doch daß dieses Ziel erreicht wurde, verdanken wir nicht nur den Bürgern von Berlin, Leipzig und Dresden, denen wir alle zu Dank verpflichtet sind, sondern das verdanken wir doch auch der Politik, die von Bonn aus gemacht wurde. Von Bonn aus sind wir in den Westen eingebunden, und nur auf Grund dieser Einbindung konnte das große Werk gelingen.

Und ich bin sicher, die Vollendung der Einheit Deutschlands ist von Bonn aus nicht langsamer, sondern sogar schneller möglich als von Berlin aus.

In Berlin die Situation, mit denen sich die fünf neuen Länder auseinandersetzen, „hautnah" zu erleben ist kein Argument. Denn Berlin, der östliche Teil Berlins, ist nur sehr bedingt repräsentativ für andere mitteldeutsche Städte. Hier wäre es wichtiger, wenn möglichst viele von uns möglichst oft in die fünf neuen Länder fahren.

Bei der Argumentation für oder gegen Bonn oder Berlin werden sodann finanzielle Aspekte genannt. Die Theorie des Aufschwungs der fünf neuen Länder, die durch einen Regierungs- und Parlamentssitz in Berlin gegeben wäre, ist angreifbar, ist sicher nicht ohne weiteres haltbar.

Ist es nicht sinnvoller, die für eine solche Verlegung vorgesehenen Gelder direkt zum Aufbau der fünf neuen Länder zu verwenden? Wer — wie ich — fast 40 Alten- und Pflegeheime in den fünf neuen Ländern besichtigt hat, weiß, wo es brennt; wer dort die Krankenhäuser gesehen hat, weiß, wo direkt Hilfe nötig ist.

Schließlich die sozialen Argumente: Glauben Sie wirklich, daß es den Menschen in Berlin besser gehen wird, wenn die Entscheidung heute für Berlin fällt? Vielen Menschen in Bonn ginge es aber viel schlechter. Hier würden Familien auseinandergerissen — und dabei geht es wahrlich um mehr als um „Kinder, die sich neue Spielkameraden suchen müssen"!

Würde Berlin, unsere Hauptstadt, wirklich gewinnen, wenn Berlin zudem noch Regierungs- und Parlamentssitz wäre? Ist Berlin, die Stadt der Kunst, die Stadt der Wissenschaft, die Stadt, der ich viel Sympathie entgegenbringe, nicht heute schon überfordert? Man denke nur an die Situation auf dem Wohnungsmarkt, die Verkehrssituation, man denke aber auch an die Unruheherde, die die Stadt in sich birgt.

Ich bin für Bonn aber nicht gegen Berlin! Wer sich für Bonn entscheidet, ist nicht gegen, sondern für Berlin, ist verantwortungsbewußt und will den schnellen Aufbau der fünf neuen Länder, will damit die deutsche Einheit nicht nur de jure, sondern auch de facto schnell vollenden. Deswegen stimme ich für die Bundesstaatslösung!

Heinrich Lummer (CDU/CSU): Die Unterscheidung zwischen Hauptstadt und Regierungssitz im Einigungsvertrag war gewiß ein dilatorischer Formelkompromiß. Damit wollte man eine Frage wieder zu einer offenen Frage erklären, die 40 Jahre lang eindeutig beantwortet worden war. Nun läuft die Diskussion über den Regierungssitz auf eine Entscheidung zu. In der Diskussion werden eine ganze Reihe von Argumenten genannt, die offenbar nicht die eigentliche Entscheidung begründen, sondern eher kaschieren. So hat die Diskussion über die Umzugskosten sicher eine begrenzte öffentliche Bedeutung, aber niemand wird dieses Argument als entscheidend betrachten. Eine ganze Reihe von Gründen, die tief im Bereich des Emotionalen liegen, werden überhaupt nicht genannt. Dennoch gibt es keinen Zweifel, daß die alte (links-)rheinische Abneigung gegen alles Preußische eine Rolle spielt. Man war zum Teil Muß-Preuße. Aus Berlin kam der Kulturkampf. Ostelbien war ohnehin verdächtig und im Grunde auch zu protestantisch.

Nachdem die Bayern in den Jahrzehnten der Teilung sogar bereit waren, die letzten Preußen zu sein, finden sie nach der Einheit, daß die Preußen eben „Sau-Preußen" sind und Berlin immerhin preußische Hauptstadt war. Bei einem geteilten Berlin ohne Regierungssitz konnte man München bequem zur heimlichen Hauptstadt avancieren lassen. Ein ungeteiltes Berlin mit Regierungssitz macht einem diesen Anspruch vielleicht streitig.

Auch in Sachsen ist die Neigung zu Berlin nicht besonders groß. Dies galt oft vice versa, denn viele Berliner empfanden in den letzten Jahrzehnten die Sachsen als fünfte Besatzungsmacht. Derartig gefühlsbetonte Haltungen finden in der gegenwärtigen Diskussion keinen Widerhall. Nichtsdestoweniger sind sie von beachtlicher Relevanz. Die erzwungene Teilung hat das Denken und Fühlen des deutschen Volkes in Stämmen überlagert. Man war Deutscher und war für die Einheit. Es ist nur zu natürlich, daß das Volk in seinen Stämmen nach vollendeter Einheit wieder lebendig wird. Gerade auch in den Gebieten der ehemaligen DDR zeigte sich bei der Wiederherstellung der Länder dieser Sachverhalt.

Es könnte sein, daß diejenigen, die nun aus Abneigung gegen Berlin für Bonn stimmen, sich später wundern, wenn es zu Bonn als Regierungssitz gekommen sein sollte. Schließlich wäre Nordrhein-Westfalen das mit Abstand größte Land, das sich auch noch den Regierungssitz beschafft. Dies wäre eine Dominanz, die nun wirklich die föderale Struktur in Frage stellen würde.

Mehr als 40 Jahre hat es an der Hauptstadt Berlin keinen Zweifel gegeben. Alle wollten sie, alle legten ihre Bekenntnisse ab. Jetzt, da dieser Wille sich erfüllen kann, beginnen die Zweifel und der Aufstand gegen das Selbstverständliche. Nicht, daß Berlin als Hauptstadt ein Tabu wäre, aber eben doch das Naheliegende, Normale, Unbezweifelte, eben das Selbstverständliche. Nur in diesem Sinne kann man verstehen, wenn Egon Bahr sagt: „Wer gegen Berlin ist, den bestraft die Geschichte." Wer sich gegen die Selbstverständlichkeit Berlin auflehnt, handelt gegen geschichtliche Kräfte — und nicht zuletzt gegen sich selbst. Man nehme den Bonner Oberbürgermeister Daniels. Jahrelang hat er wacker das Provisorium Bonn vertreten und sich zur Hauptstadt Berlin bekannt. Noch im Angesichte Gorbatschows 1989 wies er auf die Vorläufigkeit Bonns hin. Im Januar 1989 meinte er, die Verantwortlichen im Bonner Rathaus seien sich der Aufgabe bewußt, „Hauptstadt eines Staates zu sein, der sich selbst als nicht endgültig empfindet, dessen Ziel die Wiedervereinigung Deutschlands in Frieden und Freiheit mit der Hauptstadt Berlin ist".

So war denn auch die Wiedervereinigung Deutschlands mit der Hauptstadt Berlin 40 Jahre lang das selbstverständliche Ziel Bonner Politik. Will man nun 40 Jahre lang die Deutschen beschwindelt haben? Man muß sich die ganze Chuzpe und Ironie der Geschichte vorstellen, wenn man 40 Jahre lang Berlin als Hauptstadt gepredigt hat, den Reichstag für das deutsche Parlament wieder aufbaute, erst unter sowjetischem Druck die Bundestagssitzungen dort aufgab, die Berliner mit Hinweis auf ihre künftige Rolle Blockade, Ultimatum und Mauer hat erleiden und tragen lassen; und nun, da das Ziel winkt und die Krone für das Ausharren vergeben werden soll, da geht es nicht mehr um die Wiedervereinigung mit der Hauptstadt Berlin, sondern da melden sich andere zu Wort. Die Berliner müssen sich da wohl an Schillers Räuber erinnern: Der Mohr hat seine Schuldigkeit getan, der Mohr kann gehen. Man muß sich angesichts der gegenwärtigen Diskussion benutzt und zum Wegschmeißen vorkommen. Das ist unsagbar peinlich. Es legt den Verdacht nahe, man habe nur so lange und deshalb für Berlin Bekenntnis abgelegt, als es keine Chance gab und keine Befürchtung, der Fall könne auch wirklich eintreten.

Ich will nicht anderen einen Wortbruch vorwerfen. Aber ich käme mir als Wortbrüchiger vor, wenn ich nicht mit Entschiedenheit für Berlin einträte. Eine Ent-

(A) scheidung für Berlin ist eine Entscheidung für das Selbstverständliche. Wer sich gegen diese Selbstverständlichkeit auflehnt, der lehnt sich auch gegen eine tiefe geschichtliche Symbolik auf, der man mit dem Argument der Umzugskosten ebensowenig begegnen kann wie mit dem Prinzip der Besitzstandswahrung und anderen Zweckmäßigkeitsüberlegungen.

Berlin ist zum Symbol für die Einheit geworden. Dies hat Tränen, Tod und Geld gekostet. Und nun kommen Krämerseelen und wollen die Symbolik kommerziell bewerten. Das eben geht nicht, und das würde die Geschichte bestrafen.

Gewiß hat die Geschichte alle von uns irgendwie erwischt und uns ein Schnippchen geschlagen. Sie hat sich in der Produktion von Wendehälsen als außerordentlich fruchtbar erwiesen, weil sie entlarvt hat. Die Zeit der Sprüche hat sie beendet. Jetzt will sie Taten sehen. Die Sprücheklopfer sehen sich nun in des Kaisers neuen Kleidern. Stünden sie zu ihren Sprüchen und Worten von gestern, hätten sie das alle nicht nötig.

Dr. Dietrich Mahlo (CDU/CSU): Was ich zu sagen habe, ist nicht das Wichtigste zu unserem heutigen Thema. Nach sechs Stunden Diskussion ist das Wichtigste schon gesagt.

Mit dem Fall der Mauer erfüllte sich eine deutsche Sehnsucht. Berlin war wiedervereinigt. Ein Wunschkind war geboren. Aber nun soll es im Heim abgegeben werden.

(B) Bonn steht für die Lebensleistung der ersten Nachkriegsgeneration. Aber reicht das? Bonn, sagen seine Befürworter, habe sich uneingeschränkt bewährt. Ist das so? Gibt es in dieser Stadt Stilgefühl, gibt es geschichtliches Bewußtsein? Vermag es die Nation zu repräsentieren? Ich stelle nur die Frage.

Wo ist der angemessene Ort für das Parlament der Deutschen? Wo Rathenau gebahrt war? Wo Stresemann seine erste Europa-Rede hielt? Wo Scheidemann die Republik ausrief? Wo die Nationalversammlung 1933 vertrieben wurde? In dem Haus, in dem Hitler stellvertretend für das Reich Feuer legen ließ und Stalins Truppen die rote Fahne hißten? Oder hier, in der durchgrünten Funktionalität unseres heutigen Regierungsviertels, in dem das einzige wirklich historische Haus, der erste Deutsche Bundestag, mit Zustimmung der Stadtväter inzwischen abgerissen wurde?

Kann Deutschland in einem europäischen Konzert auf London und Paris, auf Rom und Budapest mit Bonn antworten?

Das Berlin des ersten Drittels dieses Jahrhunderts, von seinen preußischen Ursprüngen, die ich nicht geringschätze, längst emanzipiert, war ein Weltereignis oder — um mit Benn zu sprechen — ein Stück des großen Abendlandes. Davon ist vieles verschwunden, aber vieles ist auch noch da. Trotz aller Katastrophen noch immer eine bauhistorisch bedeutende Gestalt, Architekturreste einer einstigen Weltstadt, die darauf warten, in ein neu entstehendes Ganzes einbezogen zu werden. In Berlin steht ein deutscher Louvre, Kunst der Welt in einzigartiger Dichte und Qualität, die darauf wartet, neu geordnet und neu präsentiert zu wer-

(C) den. In Berlin ist neuere deutsche Geschichte in ihren deprimierenden, aber auch in ihren glänzenden Momenten präsent und will wieder einbezogen werden in unser politisches Leben.

Berlin ist ein vergessener Konzertflügel. Er war für diejenigen, die darauf nach dem Kriege nur klimpern konnten, eine Nummer zu groß. Er wartet darauf, einst wieder richtig bespielt zu werden.

Berlin war vierzig Jahre lang für Millionen von Menschen — auch solchen, die nicht wußten, wo es liegt — Symbol für den Selbstbehauptungswillen der westlichen Welt.

Was wird diese Welt sagen, wenn wir heute anfangen, unsere Schwüre von gestern rabulistisch zu verleugnen?

Erwin Marschewski (CDU/CSU): Der 9. November 1989 war der ergreifendste Moment in meinem politischen Leben: Es stand fest, daß eine friedliche Revolution die unselige, uns teilende Mauer zum Einsturz brachte.

Der Deutsche Bundestag erhob sich — bewegt, überwältigt, glücklich: Er sang das Deutschlandlied.

Wenig mehr als ein Jahr ist vergangen, da scheint eine andere Frage uns erneut zu spalten — weniger das Volk als die Politiker: die Frage nach der wahren deutschen Hauptstadt — nach Bonn oder nach Berlin.

Als ob wir nicht vierzig Jahr lang ununterbrochen und ohne jeden Zweifel uns einig waren, daß nach Herstellung der Einheit Deutschlands Berlin wieder die Hauptstadt würde, und dies nicht nur dem Namen nach!

Als hätten wir vergessen, wo Deutschlands Einigung begann, wo Teilung unerträglichst war und wo sie fühlbarst endete.

Berlin steht symbolhaft für die Geschichte unseres Volkes, für Höhen und auch Tiefen: Im Berliner Kongreß für langen Frieden in Europa; danach für Leid; für die Republik, die Scheidemann verkündete; für Nazi-Diktatur und Nazi-Terror; für SED; für Freiheit u n d für Einheit.

Berlin, es steht symbolhaft und auch wirklich für ein einiges Europa: Nicht endend an der alten Grenze, auch Rußland, Polen, Ungarn mit umfassend: Berlin als Ost des Westens, als West vom Osten.

Der Blick nach Westen, unser Blick bisher, hat Freiheit uns beschert, und der nach Osten, er wird neue Wege weisen: Zu Montesquieu gehört auch Kant — und umgekehrt — zu Goethe/Schiller Dostojewski.

Und Föderalismus, Konsequenz des (östlich) Steinschen Denkens — er wird nun keines gefährdet:

Er hat den Weg gewiesen aus der Not, der Krise: Nicht zu verhindern die gemeinsam deutsche Sache — sie mitzubestimmen, sie mitzutragen nach Europa hin. Und dessen Metropolen, sie liegen bisher nur im Westen. Dies wird sich ändern, weil Europa anders wird. Straßburg und Brüssel, sie werden auf Berlin

(A) niemals verzichten können — wie Mecklenburg und Sachsen, die Alt-Neu-Bundesländer.

Wie wir, die gern hier waren, in Bonn als Provisorium. Was schließlich viel mehr wurde. Woran wir denken werden, gehn wir denn nach Berlin: An Bonner Politik und Menschen, die uns halfen, vielfach unterstützten, dienten.

Zumutbarkeit — so haben andere es genannt. Menschlichkeit klingt älter, aber besser.

Nur: Ganz-Berlin muß wirkliche deutsche Hauptstadt werden! Wie Reissmüller es schrieb: „Wenn in Berlin nicht der Kanzler mit seinem Kabinett regiert, wenn dort nicht das Parlament die Gesetze beschließt, ist Berlin nicht die deutsche Hauptstadt, sondern eine — bedeutende — Nebenstadt. Wer das will, der soll es sagen." Ich jedenfalls gehöre nicht dazu. Denn nur eine Entscheidung für Berlin wird Bestand vor der Geschichte haben.

Dächte ich anders, so hätte ich nicht das getan, was von mir zu verlangen ist: meine „verdammte Pflicht und Schuldigkeit", was man — mit späteren Denkern — auch kategorisch imperatives Handeln nennen kann.

Dr. Martin Mayer *(Siegertsbrunn) (CDU/CSU):* In der Entscheidung über den Sitz des Deutschen Bundestages und der Bundesregierung gibt es für Bonn und für Berlin vielfältige, gute und ehrenwerte Gründe. Sie alle sind bereits gesagt worden. Für mich steht Bonn symbolisch und in der Wirklichkeit beson-
(B) ders für die bundestaatliche Ordnung Deutschlands. Der förderative Aufbau unseres Landes hat aber entscheidende Bedeutung für unsere Zukunft. Das gibt den Ausschlag in meiner Entscheidung für Bonn als Sitz des Deutschen Bundestages und der Bundesregierung.

Dr. Jürgen Meyer *(Ulm) (SPD):* Ich habe mich zu Wort gemeldet, weil ich einen neuen Gedanken in die Diskussion einführen möchte. Dabei schicke ich voraus, daß ich nach meiner Wahl in den Bundestag im Dezember vergangenen Jahres die vielen gewichtigen Argumente für Bonn und für Berlin sorgfältig geprüft und meine Entscheidung bis zuletzt offengehalten habe, um auch für neue Argumente und Gegenargumente offenzubleiben. Dabei gewann ein verfassungspolitisches Argument immer größeres Gewicht, das von einem der Sachverständigen bei der kürzlichen Anhörung im Rechtsausschuß des Bundestages geradezu als verfassungsmoralisch bewertet worden ist.

Würde ich für Bonn stimmen, dann würde — und das wissen Sie alle aus vielen Diskussionen genauso gut wie ich — sogleich der Vorwurf erhoben: Seit 1949 haben Regierung und Parlament immer wieder beteuert, daß Berlin nach der Wiedervereinigung Regierungs- und Parlamentssitz wird.

Und es kann ja auch nicht zweifelhaft sein: Hätten die Alliierten dem wiederholten Drängen verschiedener Bundesregierungen nachgegeben und die Verlagerung von Bundesministerien in die geteilte Stadt

nach West-Berlin zugelassen, dann gäbe es heute (C) überhaupt keine Diskussion über den Parlaments- und Regierungssitz Berlin. Es geht also, so hört man von vielen Seiten, um ein Versprechen, das jetzt einzulösen ist.

Adressat dieses Versprechens war das Volk. Und Parlament und Bundesregierung haben immer großen Wert darauf gelegt, für das Volk in West- und Ostdeutschland zu sprechen. Neue Abgeordnete können sich in dieser Lage wohl kaum auf die Gnade einer späteren Wahl ins Parlament berufen. Wir hören also: Eine „Berlin-Lüge" würde das Vertrauen des Staatsvolkes zu Regierung und Parlament, zu ihrer Redlichkeit und Ehrlichkeit tief und dauerhaft beschädigen.

Nun kann andererseits aber nicht zweifelhaft sein, daß es neue Aspekte und gewichtige ökonomische, historische und föderale Argumente gibt, die für Bonn ins Feld geführt werden. Eine vertiefte Diskussion dieser Argumente ebenso wie der für Berlin sprechenden Gesichtspunkte mit dem Volk als oberstem Souverän unseres demokratischen Gemeinwesens könnte durchaus Wirkung zeigen. Nach meiner Überzeugung ist dieses aber auch der einzige Weg, um dem Vorwurf des Vertrauensbruchs zu entgehen. Das Werben um die Akzeptanz von Sachentscheidungen ist nicht nur ein Integrationsmittel, sondern die Luft, ohne die Demokratie nicht leben kann.

Deshalb gab es gerade für die Bonn-Befürworter in diesem Parlament nur einen Weg, von den vielfach gegebenen Versprechungen entbunden zu werden. Das war der Weg zum Volk und der Versuch, durch die Überzeugungskraft der Argumente einen Volksentscheid in ihrem Sinne herbeizuführen. (D)

Sie, meine Damen und Herren von CDU/CSU und FDP, haben gestern in namentlicher Abstimmung diesen Weg mehrheitlich versperrt. Ich bitte Sie, sehr ernsthaft zu überlegen, ob Sie sich selbst durch diese Entscheidung nicht auch die verfassungspolitische und verfassungsmoralische Legitimation genommen haben, für Bonn zu stimmen. Die Bonn-Anhänger der SPD-Fraktion waren für einen Volksentscheid und damit für den geraden Weg zu der ihnen richtig erscheinenden Entscheidung. Das unterscheidet uns von Ihnen, meine Damen und Herren, in der Regierungskoalition.

Ich fühle mich neben den Argumenten, die heute schon von anderen für Berlin vorgebracht worden sind, vor allem durch diesen verfassungspolitischen Vorgang gebunden und verpflichtet. Vor allem deshalb stimme ich für Berlin als Regierungs- und Parlamentssitz.

Dr. Franz Möller *(CDU/CSU):* Diese Debatte und die öffentlichen Auseinandersetzungen der letzten Wochen über den Sitz von Parlament und Regierung zeigen deutlicher denn je und wohl auch schmerzlicher, daß die Politik in Deutschland nach den Ereignissen im Herbst 1989 anders geworden ist. Die Beratungen über die Währungs-, Wirtschafts- und Sozialunion und über den mit Zweidrittelmehrheit verabschiedeten Einigungsvertrag waren damals weniger offenkundige Einschnitte als die jetzt mit Emotion geführte Auseinandersetzung über den Sitz von Parlament und Regierung.

Die Erwartungen hier und die Vorstellungen dort sind mit Städtenamen verbunden, die in der Welt guten Ruf haben: Bonn und Berlin. Berlin steht als Symbol für den Widerstand gegen das kommunistische Regime, Bonn gilt als Symbol für eine freiheitliche und soziale Ordnung.

Der politische Charakter der Bundesrepublik, die Außen- und Europapolitik, die Wirtschafts- und Sozialpolitik — dies alles ist von Bonn aus geprägt worden. Hier steht die Wiege unserer 40jährigen Demokratie. In Bonn hat sich unser Föderalismus entwickelt: Alle Regionen und Städte konnten sich entfalten. Bonn läßt allen Luft zum Atmen, Berlin jedoch würde sehr vieles aufsaugen.

Wir wollen mit unserer Bundesstaatslösung eine föderalistische Partnerschaft in unserem Land zwischen Bonn und Berlin verwirklichen: Jeder erhält etwas und keiner geht leer aus. Dies entspricht unserer Tradition und der föderalistischen Entwicklung der letzten 40 Jahre.

An dieser in aller Welt anerkannten Entwicklung haben die Bürger der Region Bonn/Rhein-Sieg nicht nur Anteil, sondern grundlegend mitgewirkt. Das hohe Ansehen der Bundesrepublik in der Welt verdanken wir auch den Menschen im Bonner Raum. Diese Hunderttausend dürfen wir bei dieser Entscheidung nicht vergessen und als lästige Bittsteller beiseite schieben.

Ich habe Verständnis für die Wünsche der Berliner. Wir vergessen ihre Hoffnungen nicht. Unsere Bundesstaatslösung ist ein wirkliches Angebot zu teilen und nicht alle politischen Zentralfunktionen an einem Ort zu behalten.

Viele Berliner werden enttäuscht werden. Weitaus schwerer aber wiegen menschliche Schicksale: Im Bonner Raum werden viele Existenzen gefährdet oder gar vernichtet, nicht nur in den Ministerien und Behörden, sondern auch in Handel, Handwerk und in freien Berufen. Das ist die menschliche Dimension unserer heutigen Entscheidung.

Ein Wort zur raumordnerischen Auswirkung. Die Bundeseinrichtungen in Bonn sind über 40 Jahre gewachsen. Ein Abschluß ist erkennbar. Es hat sich aus raumordnerischer Sicht schon zuviel an Behörden in Bonn versammelt.

Auch in Berlin sind schon nahezu 50 000 Bundesbedienstete tätig. Eine Verlagerung der Bonner Einrichtungen nach Berlin erschwert dort die Probleme und reißt hier nicht mehr auszugleichende Lücken. Ausgleichsmaßnahmen sind — wie der Bundesinnenminister und andere Minister festgestellt haben — nicht möglich.

Unser Auftrag ist es, heute eine für die Menschen sehr bedeutsame Entscheidung zu treffen. Denken Sie bitte an all die menschlichen Schicksale, die von ihr betroffen werden, und unterstützen Sie mit Ihrer Stimme unsere Bundesstaatslösung.

Alfons Müller (Wesseling) (CDU/CSU): Um es gleich deutlich zu sagen: Ich bin uneingeschränkt für die ungeteilte Beibehaltung von Regierung und Parlament in Bonn. Mit dem Namen Bonn verbindet sich in der ganzen Welt die Vorstellung von einem friedlichen, der europäischen Integration zugewandten, demokratischen, sozialen und wirtschaftlich erfolgreichen Bundesstaat.

Hier in Bonn ist aus dem Trümmerfeld Deutschland ein neuer demokratischer Staat entstanden, der mit Erfolg auch die Vereinigung unseres Vaterlandes sowie die Aussöhnung mit den Nachbarländern eingeleitet und vollzogen hat.

Mit Erfolg ist ein föderalistisches System geschaffen worden, das in der ganzen Welt als Vorbild gilt. Bonn hat zu jeder Zeit den Landeshauptstädten den entsprechenden Spielraum gelassen, so daß auch diese im neuen Deutschland ihr Gewicht behaupten konnten.

Mit dem Verzicht auf eine repräsentative Hauptstadt und vielmehr der Konzentration auf die tägliche Arbeit des Parlaments und der Regierung haben wir von Anfang an nach innen und außen auf überzogene nationale Selbstdarstellung verzichtet. Und das sollte auch weiterhin so sein.

Ich halte es auch auf Grund meiner Lebenserfahrung nicht für zwingend notwendig, die Hauptstadt Berlin mit dem Parlaments- und Regierungssitz zu koppeln. In anderen Bundesstaaten der westlichen Welt ist diese Trennung ebenfalls gegeben, und die Demokratie funktioniert dort bestens.

Der Bundespräsident und der Bundesrat sollten in Berlin angesiedelt sein, Bundestag und Bundesregierung müssen jedoch in Bonn bleiben. Eine Trennung halte ich für falsch und für nicht praktikabel. Sie verursacht unnötige Kosten, einen nicht vertretbaren Zeitaufwand und erschwert die Zusammenarbeit zwischen Abgeordneten und Ministerien.

Eine Verlegung des Parlaments nach Berlin hat zudem zur Folge, daß sich ein zentralistischer Sog rutschbahnartig entwickelt, der letztlich doch die Regierung nach Berlin führt.

Ich halte eine Verlegung von Parlament und Regierung auch aus finanziellen Gründen für nicht vertretbar. Der jetzt notwendige Milliardenaufwand für den wirtschaftlichen und sozialen Aufbau in den neuen Bundesländern darf und kann nicht für den Umzug nach Berlin reduziert werden. Das aber wäre bei einer Entscheidung für Berlin der Fall. Das Ganze würde sich auf dem Rücken der kleinen Leute vollziehen und zu deren Lasten gehen.

Wir können daher nicht 50 bis 60 Milliarden DM für einen Umzug von Bonn nach Berlin ausgeben. Das werden die Bürger nicht verstehen. Schließlich bin ich auch den Menschen in dieser Region verpflichtet. An den Funktionen von Parlament und Regierung in Bonn hängen rund 100 000 Arbeitsplätze. Davon ist nicht nur die Stadt Bonn betroffen, sondern auch der Erftkreis und meine Stadt Wesseling, in der ich seit 15 Jahren Bürgermeister bin.

Aus den genannten Gründen entscheide ich mich uneingeschränkt für Bonn.

Dr. Günther Müller (CDU/CSU): Die Debatte zu der Frage, wo Bundestag und Bundesregierung in Zukunft ihren Sitz haben soll, ob in Berlin oder Bonn, hat in mir Ängste hervorgerufen. Ganz offensichtlich geht

(A) es nicht um eine Zweckmäßigkeitsentscheidung oder eine Frage, die unter Kostengesichtspunkten gesehen wird; es geht auch um eine neue politische Weichenstellung. Die Ausführungen der Kollegen Thierse (SPD), Gysi (PDS), Weiss (Bündnis 90) und de Maizière (CDU) gehen wieder von einem deutschen Sonderweg aus. Die Argumente, Berlin sei das Maß aller Dinge, wer für die Wiedervereinigung gewesen sei, müsse auch für Berlin sein (de Maizière), „Wer A sagt, muß auch B sagen" oder die ungeheure Arroganz der Bemerkung, Bonn sei ein Dienstmädchen der Macht, in den Ausführungen von Konrad Weiss zeigen, daß der Sonderpfad deutscher Geschichte im europäischen Konsens schon wieder betreten wird. Man blickt nach Warschau und Moskau und verliert Paris und Brüssel aus dem Auge. Man ist nicht, so betont mancher Berlin-Befürworter, nach Art. 23 der Bundesrepublik beigetreten, sondern ein neuer Staat mit neuer Verfassung, dessen Symbol Berlin sein soll, ist ihr Ziel.

Das Drohende ist nicht zu überhören. Wenn die größte deutsche Zeitung in einem Kommentar schreibt, daß Schluß sein muß mit der Quatschbude in Bonn, dann vergißt der Kommentator, daß „Quatschbude" ein Agitationswort des Berliner Gauleiters Joseph Goebbels gegen die Weimarer Demokratie war.

Bonn ist diejenige Regierungs- und Parlamentsstadt Deutschlands, die am längsten demokratische Tradition verkörpert, dreimal so lange — 1949 bis 1991 — war sie das Symbol einer parlamentarischen Demokratie, das Berlin nur von 1919 bis 1933 sein konnte. (B) Also, auch die historischen Argumente sprechen für Bonn.

Es sei mir die Anmerkung erlaubt, daß all diejenigen in der Debatte, die die Abstimmung über den Antrag der KPD, den Bundestag „alsbald in Berlin sich versammeln zu lassen" erwähnen, den historischen Ablauf der Debatte 1949 nicht kennen. Im Protokoll der 14. Sitzung des 1. Deutschen Bundestages ist nachzulesen, daß man bei der Debatte über die Hauptstadt selbstverständlich von einer Hauptstadt Berlin des Deutschen Reiches ausging, wie es in den Grenzen von 1937 bestanden hat. Aus den Ausführungen der einzelnen Redner zu dem KPD-Antrag geht hervor, daß die Frage der „Hauptstadt" recht relativ gesehen wurde. So betonte der Berliner Abgeordnete Dr. Krone (CDU), daß, wenn das deutsche Volk (in den Grenzen von 1937) frei wählen und frei abstimmen kann, dann auch „Berlin wiederum in diesem Reich eine große und entscheidende Rolle spielen wird". Diese „große" und „entscheidende" Rolle bestreitet auch heute niemand Berlin, auch wenn es ein 4. Reich bis jetzt nicht gibt.

Von den großen Männern der Bundesrepublik Deutschland äußerte sich nur Franz-Josef Strauß. Er betonte, daß mit der Entscheidung des Bundestages, den vorläufigen Sitz der Bundeshauptstadt der Bundesrepublik Deutschland nach Bonn zu verlegen, der Tagesordnungspunkt erledigt sei; sein Antrag auf Übergang zur Tagesordnung wurde allerdings mit knapper Mehrheit abgelehnt.

Wenn also selbst historische Argumente nicht für Berlin sprechen, müssen die Argumente der Vernunft

(C) um so mehr Gewicht bekommen. In Tokio und Paris überlegt man sich, wie man Regierung und Parlament verlagern könne, weil die Millionenstädte immer mehr im Chaos versinken. Berlin würde ähnlich wie in den zwanziger Jahren eine Stadt, die für Reiche lebenswert, für den kleinen Mann aber unerschwinglich würde. Aus dem nur 60 km entfernten Polen müßten Hunderttausende angeworben werden, um einfache Dienstleistungsfunktionen aufrechterhalten zu können. Berlin wird nicht nur viertgrößte türkische, sondern auch viertgrößte polnische Stadt werden. Welcher Konfliktstoff hier geschaffen wird, zeigen die Ereignisse in Paris und seinen Vorstädten.

Vier Jahrzehnte Bundesrepublik mit Bonn als Regierungs- und Parlamentssitz haben uns die längste Demokratieperiode in der deutschen Geschichte ermöglicht. Wir brauchen keine neuen Experimente, wie sie von den Herren de Maizière, Thierse, Gysi und Weiss gefordert werden. Wer ein bißchen Politik im Vorfeld des Beitritts der DDR zur Bundesrepublik Deutschland beobachtet hat, konnte ahnen, daß der Vereinigungsvertrag dazu dienen sollte, die Republik von Bonn zu verändern. Dies war für mich übrigens schon damals ein Grund, meine Stimme nicht für den Vereinigungsvertrag abzugeben. Ich bin der festen Überzeugung, daß eine Entscheidung für Berlin als Regierungs- und Parlamentssitz die Bundesrepublik verändern wird. Deutschland wird sich zum dritten Mal in den letzten hundert Jahren auf einen unheilvollen Sonderweg begeben.

Franz Müntefering *(SPD):* Bei aller unvermeidlichen Kontroverse gibt es auch in dieser Sache — der (D) Frage nach Parlaments- und Regierungssitz — wichtige Aspekte, bei denen wir im Parlament Einvernehmlichkeit betonen können und sollten. Drei will ich nennen:

Erstens: das Recht, sich eine Meinung zu bilden und nicht schon immer eine gehabt zu haben, das Recht, Kompromisse zu suchen und nicht kompromißlos zu sein. — Es war richtig, in Gruppen, in den Fraktionen und fraktionsübergreifend zu diskutieren und Wege zur tragfähigen Lösung zu suchen. Bis zur letzten Minute. Die Geschwindigkeit, mit der manche Leitartikler nach wenigen Tagen von uns eine Meinung verlangten und die Suche nach Kompromissen lächerlich zu machen versuchten, spricht nicht für sie. Wir haben uns hier eine komplizierte Aufgabe, für die es kein Lehrbuch gibt, nicht leichtgemacht. Und wir haben uns dazu bekannt, daß Kompromisse zu suchen ein Teil Demokratie ist.

Zweitens. Einig sein können wir uns auch in der Toleranz denen gegenüber, die in der Sache anderer Meinung sind als wir. Dies ist eine Sachentscheidung, keine auf Leben und Tod. Man darf unterschiedlicher Meinung sein. Da bleibt im übrigen viel Arbeit für die kommende Zeit. Man muß ja wohl vermuten, daß morgen manche Blätter und Sendungen mit Trauerrand erscheinen. So oder so. Zeigen wir ihnen gemeinsam, daß dies Unsinn ist!

Dritte mögliche Einvernehmlichkeit. Viele Prominente haben sich zu Wort gemeldet. Das ist ihr gutes Recht; auch Prominente haben in der Sache eine Stimme. Aber nur eine. Die Interessenlage der Nichtprominenten ist existentieller als die der Prominenten, und sie ist zahlreicher. Das ist im Bundestag so, das wäre auch bei einem Volksentscheid so gewesen.

Bei der Entscheidung in der Sache ist mir eines besonders wichtig: die Orientierung am Heute, nicht am Vorgestern und nicht am Übermorgen, die Orientierung nicht an dem was in Geschichtsbüchern stand, und dem was irgendwann in Geschichtsbüchern stehen wird, sondern an der konkreten Betroffenheit der Menschen, die heute und morgen leben, und an der Funktionsfähigkeit des Parlaments.

Der Einigungsvertrag bewegt sich genau auf dieser pragmatischen Ebene. Er stellt fest, daß Berlin Hauptstadt ist, und überläßt es ausdrücklich den gesetzgebenden Körperschaften, Sitz von Parlament und Regierung zu bestimmen.

Und da spricht das meiste für Bonn. Nach Jahrzehnten als Provisorium hat Bonn inzwischen die Qualität eines voll betriebsfähigen Parlaments- und Regierungssitzes. Das klingt nach Routine, und so ist es auch gemeint. Nur Dilettanten halten Routine für eine vernachlässigbare Größe. Die Vorstellung, in dieser Phase des Einigungsprozesses komme es vor allem darauf an, das funktionsfähige System Bonn schnellstmöglich aufzugeben, um in Berlin sich neu einzuüben, ist doch eher eine Mischung aus Pfadfinderdenken und Leichtfertigkeit. Bonn hindert niemanden, zu wissen, was in den neuen Ländern erforderlich ist und was von hier aus mit den Verantwortlichen in Ländern und Gemeinden getan werden muß. Solide Routine ist eben nicht die Alternative zu Kreativität, schon eher ihre Voraussetzung.

Das gilt auch für den Trennungsvorschlag von Herrn Geißler. Die Fühlungsnähe von Parlament und Regierung kann man leicht karikieren. Wenn sie fehlt, macht das für beide Seiten die praktische Arbeit nicht leichter. Wenn man ein Haus gerne in zwei Städten gleichzeitig bauen will, kann man ja wirklich der Meinung sein wie Herr Geißler: Man läßt das Parterre in Bonn und baut das Obergeschoß in Berlin. Ich habe die Sorge, daß das Obergeschoß in Berlin ziemlich in der Luft hängt und daß Geißlers Vision von der Befreiung des Parlaments vom Zugriff der Regierung im Wolkenkuckucksheim landet.

Nun hat sich ja in den vergangenen Wochen die Erkenntnis verfestigt, daß ein Umzug von Parlament und Regierung nach Berlin nicht früher als in acht bis zehn Jahren erfolgen kann. Die Stellungnahmen von Ministerien und der Verwaltung und von fachkundigen Mitgliedern des Bundestages selbst waren da in weitgehender Übereinstimmung. Nur wenige glauben wohl noch an die Realisierbarkeit eines schnellen Umzugs. Auch das spricht für Bonn.

Der Bundestag wird — wie immer heute entschieden wird — die nächsten sechs bis acht Jahre noch in Bonn arbeiten. In dieser wichtigen Phase auf dem Wege zur sozialen Einheit Deutschlands, der Phase des ökonomischen und ökologischen Zusammenwachsens sind Parlament und Regierung in Bonn. Das ist so.

Das heißt: Bonn muß funktionsfähig bleiben. Und das heißt: Eine Entscheidung heute gegen Bonn ist für den Einigungsprozeß kein Vorteil, schlimmstenfalls sogar kontraproduktiv.

Die dringliche Frage des Tages ist eben nicht, ob wir heute entscheiden, daß in 10 Jahren Parlament und Regierung nach Berlin ziehen. Die Frage ist, was wir 1991, 1992, 1993 usw. für die Menschen tun können, die in Suhl leben, in Greifswald, in Rostock, in Dresden, in Leipzig, in Halle, in Magdeburg, auch in Berlin, in der Niederlausitz, in Frankfurt/Oder.

Im nationalen Aufbauplan der Sozialdemokraten und im Gemeinschaftswerk Aufschwung Ost der Koalition sind die Dinge beschrieben, um die es geht: Arbeitsplätze schaffen, Industriestandorte sichern, Qualifizierung fördern, Verwaltungskraft stärken. Von Parlaments- und Regierungssitz steht nichts drin. Das ist auch erklärlich. Denn auch in den Strukturkrisen in der alten BRD kam der Gedanke nie auf, daß der Bundestag nach Emden, Gelsenkirchen, Bremerhaven oder in den Bayerischen Wald ziehen solle, sozusagen als Symbol.

Übrigens kam auch nie der Gedanke auf, die Schwächen und Unzulänglichkeiten der alten Bundesrepublik hätten etwas mit dem Sitz Bonn zu tun. Von Bonn aus kam es zur Westintegration, von Bonn aus wurden die Verträge mit Warschau und Moskau vorbereitet.

Die alte Bundesrepublik wird nicht in die Geschichte eingehen als die Bonner Republik; denn Bonn hat Dominanz nie beansprucht und nie ausgeübt. Aber die schlichte Wahrheit ist: Als dieses Land sich Wohlstand schuf, als es liberaler wurde und sozialer, arbeiteten Parlament und Regierung in Bonn. Bonn ist kein Ersatzteil, das man mal eben beiseite legen kann, wenn die Zeit gekommen ist.

Die Generation der 50jährigen und Jüngeren geht mit Symbolen vorsichtig um. Das gilt auch für den Regierungssitz. Und ich muß gestehen: Ich kann das so schlecht nicht finden.

Ob es gelingt, in unserem Lande mit der Freiheit, der Gerechtigkeit und der Solidarität umzugehen, das hängt nicht vom Sitz von Parlament und Regierung ab. Der Fall der Mauer war das Zeichen der Freiheit. Zu unserer Freiheit gehört es heute, uns frei entscheiden zu können, wo Parlament und Regierung sitzen sollen.

Gerechtigkeit und Solidarität werden sich daran messen lassen müssen, ob nach der staatlichen Einheit die soziale Einheit Deutschlands gelingt. Da geht es um ganz konkrete Dinge des Alltags, nicht um symbolhafte Versprechungen.

Dr. Christian Neuling (CDU/CSU): Zu Recht hat der Bundeskanzler — in diesem Falle, wie er es ausgedrückt hat, als Abgeordneter Dr. Kohl — von der Stunde des Parlaments gesprochen. Für mich gibt es keinen Zweifel, daß in einer parlamentarischen Demokratie das Parlament als Vertretung des Volkes eine herausragende Stellung in unserer freiheitlichen Gesellschaft hat — dies sage ich bei aller Wertschätzung für die anderen Verfassungsorgane. So haben wir heute auch in erster Linie darüber zu entscheiden, wo das deutsche Parlament zukünftig tagen soll — in Bonn oder in Berlin.

Wir alle kennen den Reichstag. In regelmäßigen Abständen haben dort die Fraktionen getagt und dabei nie vergessen, jedenfalls bis vor kurzem, ihr Bekenntnis zum freien Teil Berlins abzulegen. Sie haben dabei den festen Willen zum Ausdruck gebracht, daß Berlin wieder Hauptstadt mit und Parlaments- und Regierungssitz eines geeinten Deutschlands werden soll.

Ich selbst habe eine ganz persönliche Beziehung zu diesem Ort. Der Reichstag liegt in „meinem" Wahlkreis, den ich am 2. Dezember 1990 für die CDU Berlin direkt gewinnen konnte. Wir als Union haben diese Wahl am 2. Dezember in ganz Deutschland auch deshalb erfolgreich bestanden, weil wir die politische Kraft in unserem Lande waren, die in Kontinuität und Glaubwürdigkeit das Ziel, die Einheit Deutschlands herzustellen, standfest und mit Überzeugung gerade auch in den schwierigsten Zeiten hindurch verfolgt haben.

Es ist heute schon viel von historischen Bezügen und auch Vergleichen aus anderen Ländern gesprochen worden. Wenn man als Berliner sich für Berlin als Sitz des Parlaments einsetzt, ist das sicherlich nicht überraschend. Für mich gibt es zwei wesentliche, auch sehr persönliche Gründe: Berlin war in den vergangenen 40 Jahren weltweit das Symbol für Freiheit. Nicht umsonst heißt die Glocke im Schöneberger Rathaus „Freiheitsglocke". Angefangen mit der Blockade haben weitere historische Ereignisse hierzu beigetragen: der Volksaufstand am 17. Juni 1953; das Chruschtschow-Ultimatum mit der unmittelbaren Bedrohung für die Stadt und die Menschen; die unmenschliche Trennung der Stadt am 13. August 1961 — ich selbst stand nur wenige Wochen später selbst auf den amerikanischen Panzern und forderte zusammen mit anderen jungen Berlinern die Amerikaner auf, den vor uns liegenden Stacheldrahtverhau zu zerreißen —; dazu gehört auch der 9. November 1989, der Tag, an dem wir zum erstenmal erahnten, daß unser Ziel, die Einheit Deutschlands zu vollenden, erreichbar sein könnte.

Heute haben wir die — ich füge hinzu: äußere — Einheit Deutschlands vollendet. Ich bin fest davon überzeugt, daß ohne den Durchhaltewillen des freien Berlins unser Vaterland im Jahre 1990 nicht geeint worden wäre. Dieser Durchhaltewillen war erfolgreich, weil die Berliner unbeirrt an die nationale Einheit geglaubt haben, aber auch, weil Berlin und seine Bevölkerung großzügig und freundschaftlich von allen Regionen des freien Teils Deutschlands und den Alliierten Unterstützung erhalten haben.

Diese historischen Ereignisse werden von den Bonn-Befürwortern als nicht bindend für die heutige Entscheidung, die in die Zukunft reichen soll, bezeichnet. Diese historischen Ereignisse und unsere damaligen Bekenntnisse zu Berlin als Hauptstadt sind aber mit Sicherheit ein Gradmesser für unsere eigene politische Glaubwürdigkeit. Soweit die Vergangenheit.

Nun zur Zukunft: Ich bin fest davon überzeugt, daß wir für den Prozeß der inneren Einheit Berlin als Sitz für das Parlament brauchen. Ohne dieses politische Signal insbesondere für unsere Landsleute in den neuen Bundesländern besteht die akute Gefahr, daß

aus dem Prozeß der inneren Einheit der funktionale Prozeß eines Beitritts wird.

Zweites wichtiges Kriterium ist für mich Europa. Aus dem Europa der ehemaligen Sechs ist inzwischen ein Europa der Zwölf geworden. Schweden wird sich ebenfalls offiziell um die Mitgliedschaft in der EG bewerben. So wie die Grenze quer durch Berlin ist auch die Grenze quer durch Europa beseitigt worden — mit friedlichen Mitteln, durch die Menschen selbst.

So ist damit zu rechnen, daß auch Länder wie Polen und die CSFR — zunächst über wirtschaftliche Maßnahmen und Verträge — zunehmend in den gemeinsamen europäischen Markt integriert werden, der sich seinerseits mit rasanten Schritten zu einer politischen Union entwickelt.

Berlin wird somit innerhalb der nächsten 10 bis 15 Jahre — politisch gesehen — im Herzen von Europa liegen. Eine Entscheidung für Berlin heute würde diesen Prozeß sicherlich beschleunigen — zum Wohle der Menschen in ganz Europa.

Die — sicherlich sinnvollerweise — begrenzte Redezeit für uns alle läßt es nicht zu, auf weitere Argumente wie z. B. das Kriterium des Föderalismus einzugehen. Wenn aber zehn Länderparlamente sich für Berlin als Sitz von Parlament und Regierung ausgesprochen haben, so ist das sicherlich ein weiteres Argument zugunsten von Berlin.

Ich hatte eingangs gesagt, dies ist heute die Stunde des Parlaments. Nutzen wir sie, indem wir insbesondere die persönliche Entscheidung eines jeden einzelnen voll akzeptieren und daran denken, daß auch das politische Leben nach dem 20. Juni weitergeht.

Volker Neumann (Bramsche) (SPD): Für mich wie für viele andere ist die Frage nach dem endgültigen Parlamentssitz eine Frage der persönlichen Glaubwürdigkeit in der Politik.

Um dieses gleich vorweg zu sagen: Ich spreche damit keiner der Kolleginnen und keinem der Kollegen, der bzw. die eine andere Meinung hat, seine bzw. ihre Glaubwürdigkeit ab. Jedenfalls dann nicht, wenn er schon immer für Bonn als Regierungs- bzw. Parlamentssitz war oder aber, wenn er zu diesem Thema geschwiegen hat.

Ich persönlich habe mich jedoch in den Jahren meiner politischen Arbeit immer wieder dafür eingesetzt, daß der Wille zur Einheit Deutschlands nicht in Vergessenheit gerät und daß im Falle der Einheit Deutschlands Berlin wieder Hauptstadt und damit selbstverständlich Sitz des Parlaments wird.

Nur acht Monate, nachdem die Einheit Wirklichkeit geworden ist, kann ich keine Gründe erkennen, die mich zu einer anderen Haltung bewegen könnten.

Mein politisches Leben und sicher auch das vieler anderer ist von einer Reihe von Ereignissen geprägt, die eng mit Berlin zusammenhängen.

Ganz persönlich gilt für mich, daß Berlin immer geographisch und politisch im Schnittpunkt meines Lebens lag. Mein Geburtsort, Forst in der Lausitz an der Neiße, liegt am östlichen Rand Deutschlands, mein

Heimatort ist Bramsche in Niedersachsen, am westlichen Rand Deutschlands.

Ich habe seit 1949 meinen Geburtsort im Land Brandenburg z.T. mehrmals im Jahr besucht und den Kontakt zu den Menschen behalten.

Die Ereignisse des 17. Juni 1953 mit der brutalen Niederschlagung des Arbeiteraufstandes, insbesondere auch in Berlin, tief in mein Gedächtnis eingeprägt. Für mich ist der 13. August 1961, als die Mauer gebaut worden ist und wir am Rande eines Krieges standen, ständig präsent und ein auslösender Punkt gewesen, politisch tätig zu werden. Die Zeit um das Jahr 1968 mit Aufbruch zu mehr Demokratie, aber auch mit seinen Irrtümern, haben mich wie viele andere geprägt. Auch diese Zeit ist eng mit Berlin verbunden.

Die neue Ostpolitik, die mit dem Namen Willy Brandt und damit auch mit Berlin verbunden ist, hat mich wie andere dazu geführt, immer wieder die Solidarität mit dieser Stadt zu erklären.

In Berlin und insbesondere nach dem Mauerbau war greifbar und präsent, wie in dem einen Teil die Freiheits- und Menschenrechte den Bürgern vorenthalten wurden. Dieses wurde von mir wie von vielen anderen als eine tiefe Ungerechtigkeit empfunden. Wer sich ständig mit den Lebensverhältnissen in der ehemaligen DDR befaßt hat und wer, wie ich, auch in einer Stadt dort geboren war, mußte empfinden, daß es nur einem Zufall zu verdanken war, daß man nicht unter diesem menschenverachtenden System aufgewachsen war. Es war der Zufall und das Glück, im Westen zu leben.

Diesen Zustand der Ungerechtigkeit zu überwinden war das Ziel aller Kollegen in diesem Haus.

Nachdem wir nun auf dem Weg sind, etwas Gerechtigkeit herzustellen für die Menschen in den neuen Bundesländern, meine ich auch, daß die Menschen in Berlin einen Anspruch auf Gerechtigkeit haben.

Keine Stadt in Deutschland hat so sehr unter der Vergangenheit gelitten. Waren es zuerst die Nazis, die von hier aus Krieg und Vernichtung organisiert haben, so waren es später die Kommunisten, die von Ostberlin aus ein System der Unterdrückung aufgebaut haben.

Die Menschen haben unter der Blockade und der Trennung gelitten. Jedem ist noch der Kampf um die Passierscheine in Erinnerung, und auch die Jüngeren können noch begreifen, was es bedeutet, in einer Insellage wie in Westberlin zu leben.

Ich persönlich glaube auch, daß Parlamentarier, die nach uns kommen werden, in Anbetracht dieser Geschichte sich sehr viel sensibler für Freiheit, Demokratie und Menschenrechte einsetzen werden.

Ich persönlich glaube, daß diese Stadt einen Anspruch darauf hat, mit dem Sitz des Parlaments auch die Hauptstadtfunktion auszufüllen.

Gleichzeitig sage ich aber auch, daß Bonn Gerechtigkeit verdient hat. Ich kenne diese Stadt nun seit 1960 und bin seit 1978 mit Unterbrechungen hier. Wenn wir Glaubwürdigkeit und Gerechtigkeit als wesentliches Argument für die Entscheidung zugrunde legen, dann gilt dieses auch für die Menschen, die für das Parlament und die Regierung arbeiten. Ich bin dafür, einen gerechten Ausgleich für diese Menschen zu schaffen. Ich bin sicher, daß uns dieses gelingen wird.

Schließlich möchte ich noch etwas sagen zu der Diskussion in den letzten Wochen um die Frage des Parlaments- und Regierungssitzes. Mein politisches Leben ist auch geprägt worden durch Leitbilder. Eines davon war Herbert Wehner und ein anderes Kurt Schumacher. Bei der Diskussion um den Parlamentssitz in den letzten Wochen ist mir immer wieder ein Zitat eingefallen, das Herbert Wehner häufig gebracht hat und von Kurt Schumacher stammt: „Die Demokratie beruht auf dem Prinzip der Gegenseitigkeit und der Ehrlichkeit. Sie kann nur leben, wenn die Menschen selbständig sind und den Willen zur Objektivität haben. Aber die technokratische und geradezu kriegswissenschaftliche Handhabung der politischen Mittel führt zum Gegenteil." Die heutige Debatte hat die letzten Wochen korrigiert.

Ich frage mich heute, was hätten Kurt Schumacher und Herbert Wehner gesagt, wenn sie gewußt hätten, daß wir eine Debatte führen, über die uns heute gestellte Frage Bonn oder Berlin, nachdem die deutsche Einheit Wirklichkeit geworden ist?

Johannes Nitsch (CDU/CSU): Wird die heutige Debatte des Deutschen Bundestages eine seiner Sternstunden sein? Sternstunden kommen meist unverhofft, und die Ereignisse, die sich vollziehen, erweisen sich erst im Nachhinein von geschichtlicher Tragweite. An der Tragweite gemessen, kann es heute zu einer Sternstunde kommen. Allerdings ereignet sich nichts Unerwartetes — obwohl das Ergebnis noch nicht feststeht. Kaum eine andere Sitzung ist so kontrovers vorbereitet worden, und zwar nicht zwischen den Fraktionen, sondern innerhalb derselben.

Auch die Teilnahme der Bürger und Bürgerinnen an der Diskussion im Vorfeld war unglaublich hoch. Die Post der Befürworter beider Seiten reißt nicht ab. Die Tragweite der Entscheidung, sowohl für die eine als auch die andere Seite, wird in jedem Brief eindringlich dargelegt.

Ich möchte daher allen Bürgerinnen und Bürgern, die sich so lebhaft in dieser oder jener Richtung geäußert haben, herzlich danken, sie gleichzeitig aber auch bitten, die Entscheidung, die wir heute gemäß unserer Verantwortung treffen werden, voll zu akzeptieren und in der Zukunft mitzutragen. Die breite Akzeptanz der getroffenen Entscheidung ist ein weiterer und wichtiger Schritt zu inneren Einheit unseres Volkes.

Von Bonn aus ist 40 Jahre gute Politik für Deutschland und Europa gemacht worden. In Bonn sind gute Voraussetzungen geschaffen worden, um effektiv arbeiten zu können. Vom Gefühl her sollte ich für Bonn sein.

Die Entscheidung, hineingestellt in unsere Geschichte, läßt mich jedoch zögern. Es geht nicht um die Arbeitsbedingungen der Abgeordneten. Es geht um die Zukunft und die Bewältigung der Vergangenheit.

Von Berlin ist viel Schlimmes ausgegangen. Mit Berlin ist viel Schlimmes geschehen. Berlin war für wenigstens 120 Jahre Kristallisationspunkt deutscher Geschichte. Und Geschichte geht weiter, und noch ist viel aufzuarbeiten.

Das geht nicht ohne den politischen Bezug zu Berlin. In Berlin sollte der Sitz des Deutschen Bundestages sein. Die Regierung muß sich so organisieren, daß sie dem Parlament zur Verfügung steht. Wie sie das im einzelnen tut, ist meiner Meinung nach nicht das Thema.

Mit Berlin als Parlamentssitz spannen wir den Bogen zu unserer Geschichte. Berlin stand immer für das ganze Deutschland.

Berlin war 40 Jahre das Hoffnungszeichen, daß es noch nicht aller Tage abend ist. Es war der Stachel im Fleische eines sich allmächtig gebärdendes Systems. Und Berlin mit der Mauer war auch das Zeichen nach außen, daß es in Deutschland nicht so bleiben kann, wenn Europa in ein gemeinsames Haus einziehen will.

Berlin als Parlamentssitz ist nicht nur das so wichtige Zeichen für die Menschen in den neuen Bundesländern, so sehr wichtig das ist; das wurde heute ja mehrfach unterstrichen. Es ist auch das Zeichen für die Menschen in der alten Bundesrepublik, daß eine geschichtliche Epoche zu Ende gegangen ist und letzten Endes der Kalte Krieg endgültig beendet ist.

Für Bonn wäre diese Entscheidung zunächst schmerzlich. Aber im Vollzug dieser Entscheidung, die sich über viele Jahre hinzieht, wird sich zeigen, daß ohne Bonn nichts geht in einem Europa, das in einem gewaltigen Umbruch steht.

Aber für erstrangig halte ich die Frage, ob künftig gute Politik in Berlin gemacht wird. Ob wir es wollen oder nicht, auch der Standort des Parlaments in Deutschland ist ein wichtiges Zeichen.

Ich sehe den Neuanfang dieser Politik in Berlin, dort muß das Parlament die Weichen für die Zukunft Deutschlands stellen, auf den Trümmern des zerrissenen Stacheldrahtes und der zerbrochenen Mauer, im Angesicht vierzigjähriger Ruinen und vor den Augen ganz Europas und der Welt.

Vielen haben wir zu danken und vielen haben wir zu helfen, wegen Berlin, in Berlin und von Berlin aus.

Günther Friedrich Nolting (FDP): Die Kollegen Thierse (SPD), Schäuble (CDU) und Lüder (FDP) haben heute für mich überzeugend die Argumente aufgezeigt, die für Berlin sprechen. Ich will mich dem ohne Vorbehalt anschließen.

Deshalb gestatten Sie mir noch eine persönliche Anmerkung: Der Bonner Oberbürgermeister Daniels erklärte im Juni 1989, also keine fünf Monate vor Öffnung der Mauer, beim Besuch Gorbatschows in Bonn: „Gerade wir Bonner sind uns bewußt, daß unsere Stadt die Aufgabe als Hauptstadt nur stellvertretend für Berlin so lange wahrnimmt, bis eine Wiedervereinigung Deutschlands in Frieden und Freiheit möglich ist."

Wir alle haben gejubelt, auch ich; denn dies war inhaltlich genau die Meinung, die wir über Jahrzehnte hinweg vertreten und bei jeder Feierstunde zum 17. Juni vorgetragen haben. Heute können wir nun dieses Versprechen einlösen. Ich werde deshalb für Berlin als Parlaments- und Regierungssitz stimmen. Auch dies ist für mich ein Stück Glaubwürdigkeit in der Politik.

Ich stimme für Berlin, obwohl ich Abgeordneter aus Nordrhein-Westfalen bin; dabei bin ich mir aller möglichen Konsequenzen bewußt. Ich stimme für Berlin, weil ich als Abgeordneter des Deutschen Bundestages nicht nur Verantwortung für meinen Wahlkreis und das Land Nordrhein-Westfalen, sondern für unser gesamtes Land, einschließlich der neuen Bundesländer, trage.

Doris Odendahl (SPD): Ich stimme heute für Bonn, weil ich meine, daß es für eine Hauptstadt nicht entscheidend ist, ob Regierung und Parlament dort angesiedelt sind. Im Gegenteil, ich meine, daß die Verlegung von Regierung und Parlament nach Berlin den Menschen in Berlin überhaupt nichts nützt. Sie haben über 40 Jahre lang unter der Teilung am meisten gelitten und haben mit ihrem Inseldasein viele Opfer gebracht. Sie haben heute ein Recht darauf, endlich eine Infrastruktur, also einen Lebensraum zu erhalten, um die Folgen dieses Inseldaseins, dieser Teilung, durch ein Zusammenwachsen mit dem eigenen Umland zu überwinden. Sie brauchen Wohnraum, den sie bezahlen können, Arbeitsplätze und Verkehrsverbindungen, die sich bisher nicht realisieren ließen.

Wenn sich alle dafür notwendigen Kräfte nur darauf konzentrieren, den Parlaments- und Regierungssitz zu errichten, bleiben diese für die Menschen existentiellen Aufgaben auf der Strecke. Hierauf müssen sich unsere Kräfte konzentrieren, unsere Kreativität und auch unsere finanziellen Anstrengungen. Nur so ist Berlin für die Menschen, die dort leben und in Zukunft leben wollen, eine lebenswerte Stadt. Mit Symbolik läßt sich dafür nichts erreichen. Es ist immer von Nachteil gewesen, wenn in der Politik notwendiges Handeln durch Symbolik ersetzt wurde.

Dr. Rolf Olderog (CDU/CSU): Lange Zeit war ich hin- und hergerissen. Doch je länger ich darüber nachdachte, um so bestimmender wurde für mich eine Frage: Bin ich wirklich in dieser Entscheidung noch frei? Habe ich nicht in Reden zur Deutschlandpolitik, zum Tag der Deutschen Einheit stets meine Zuhörer geradezu beschworen, am Willen zur deutschen Einheit unbeirrt und konsequent festzuhalten? Und habe ich nicht immer wieder ein Bekenntnis zu Berlin abgelegt, für diese tapfere und eindrucksvoll um ihre Selbstbehauptung und Freiheit kämpfende Stadt? Habe ich nicht unter dem großen Beifall meiner Zuhörer immer wieder erklärt, daß Berlin eines Tages im vereinten Deutschland wieder die Hauptstadt aller Deutschen sein werde?

Es lohnt sich für jeden einzelnen, einmal genau nachzulesen, was wir in unseren Reden gesagt haben. Sicher, wir wollten den Berlinern Mut machen. Aber wir haben diese Ermutigung doch nicht als psychologischen Trick verstanden. Ich habe das so ernst ge-

(A) meint, wie ich es gesagt habe. Und ich bin sicher, das gilt für fast alle anderen Kolleginnen und Kollegen, die in der Vergangenheit zu diesem Thema gesprochen haben.

Soll ich heute meinen Wählerinnen und Wählern sagen, das damals sei in Wahrheit nicht ernstgemeint gewesen? Sei allein taktisch bedingte Rhetorik gewesen? — Nein, für mich war es ein ernsthaftes Versprechen, gerade für den Fall, daß wir eines Tages wirklich wieder die Einheit Deutschlands erlangen würden! Schämen müßte ich mich, wollte ich das heute nicht mehr wahrhaben. Müßten die damaligen Zuhörer mich heute nicht verachten, wenn ich mit solchen Ausreden vor sie träte? Müssen in Zukunft die Zuhörer meiner Reden und die Leser meiner Pressemitteilungen jedesmal fragen, ob und inwieweit ein von mir gegebenes Wort nur rhetorischer Kunstgriff ist und nicht wirklich ernstgemeint? Wissen wir eigentlich, was wir der Glaubwürdigkeit unserer Politik antun, wenn wir uns bei dieser wichtigen, heute anstehenden Entscheidung mit spitzfindigen Formulierungen aus der Verbindlichkeit eines einmal gegebenen Wortes herauswinden?

Ich möchte nachdrücklich betonen:

In den 10 Jahren meiner Zeit als Bundestagsabgeordneter habe ich hier in Bonn ausgesprochen gern gearbeitet. Ich erkenne ausdrücklich an, die Diskussion um Bonn oder Berlin ist redlich und insgesamt auch fair geführt worden. Niemand hat mich unter Druck gesetzt. Ich verstehe sehr gut die Sorgen und Ängste der Bonner. Ich weiß, welche menschlichen Härten, (B) welche sozialen Probleme es bedeutet, wenn 100 000 Menschen von Bonn nach Berlin ziehen müssen. Und wer will eigentlich leugnen, daß die 50 oder 60 Milliarden DM statt für Parlaments- und Regierungsbauten in Berlin besser für Schulen, Kindergärten, Altenheime, Arbeitsplätze und Betriebe in den neuen Ländern einzusetzen wären? Das sind in der Tat gewichtige Argumente für Bonn. Aber: Dem moralischen Argument, daß wir im Wort stehen, haben die Bonn-Befürworter kein Argument von gleichem Gewicht entgegenzusetzen. Spüren wir nicht ohnehin schon, wie sehr Distanz und auch Mißtrauen vieler Bürgerinnen und Bürger gegenüber Politik, Parlament und Regierung zunehmen? In den letzten Tagen habe ich aus meinem Wahlkreis eine große Zahl von Telefonanrufen und Briefen erhalten. Manche Gesprächspartner konnten es gar nicht fassen, daß ernsthaft an eine Entscheidung für Bonn gedacht sei. Und: Sie und ihre Familien würden nie wieder zur Wahl gehen, wenn es nicht eine Entscheidung für Berlin gäbe.

Ich bitte Sie, meine sehr verehrten Damen und Herren, zu erkennen, wie viele Bürger und Bürgerinnen in ihrem Vertrauen in den demokratischen Staat erschüttert sein werden. Wir alle tragen Verantwortung für die Glaubwürdigkeit unseres Staates. Deshalb bitte ich Sie: Stimmen Sie für Berlin!

Jan Oostergetelo (SPD): Heute geht es nicht nur um Bonn oder Berlin. Es geht um Vertrauen, um Berechenbarkeit in der Politik und um die Zukunft Deutschlands in Europa.

(C) Viele Argumente, die hier für Bonn oder Berlin genannt worden sind, teile ich und respektiere somit die persönliche Entscheidung eines jeden von uns.

Für mich ist jedoch das entscheidende und tragende Argument: Wie ist es um die Berechenbarkeit der Politik bestellt, wie bleiben wir glaubwürdig?

Es gibt sicherlich gute Gründe, den Parlaments- und Regierungssitz in Bonn zu belassen.

Aber ebenso steht auch jeder von uns in der Pflicht zu sagen — nun wo es endlich möglich geworden ist —, warum er heute ein anderes Votum abgeben will als das, was er 40 Jahre mitgetragen hat.

Wie haben wir 40 Jahre um Berlin gerungen. Wir alle sind Jahr für Jahr zu Fraktionssitzungen nach Berlin gefahren. Wir dürfen unser Wort nicht brechen. Wahrheit hat schließlich auch etwas mit Wahrhaftigkeit zu tun.

Auf Deutschland und auf Europa bezogen sage ich: Nur wer sich zur Vergangenheit bekennt, hat die Chance, die Zukunft zu gewinnen.

Zum Selbstbewußtsein dieses Parlaments gehört, daß es seinen Sitz in der Hauptstadt hat, sonst wird das Etikett „Hauptstadt Berlin" zum Etikettenschwindel.

Wir dürfen die Beschlüsse, die wir gemeinsam in den letzten vier Jahrzehnten getroffen haben, jetzt nicht einfach vom Tisch fegen. Wir müssen Wort halten.

Den Unentschlossenen sage ich: Im Zweifel für die Wahrheit!

Manfred Opel (SPD): Wir alle stehen noch im Bann (D) der deutschen Einheit. Stets ist man versucht, sich die Augen zu reiben, wenn man Zeuge der Freizügigkeit und Freiheit in Deutschland wird, wenn der Blick nach Mauer und Stacheldraht Ausschau hält.

Sicher, die Wunden der Teilung sind erst oberflächlich vernarbt. Und allenthalben entdeckt man die Spuren des gegenmenschlichen, autoritären Systems. Ein Symbol hatten die Deutschen. Es gab darum keinen Streit. Wenige Jahre nach dem Krieg sah die Welt gebannt auf die geteilte Stadt Berlin, die von Stalin eine Blockade verordnet bekam. Berlin war der Stachel im Fleisch des Kommunismus. Die Prüfung dieser Stadt dauerte an. Sie wurde zerrissen und gequält. Niemand wäre es in den Sinn gekommen, daran zu zweifeln, daß Berlin in der Sekunde des Wiedergewinnens der deutschen Einheit auch wieder die deutsche Hauptstadt mit allen ihren Funktionen würde. Berlin stand nicht nur für Deutschland, sondern es gab keinen Zweifel daran, daß alle Deutschen auch für Berlin einstehen würden.

Dann kam die Einheit als Folge von Entspannung und Ausgleich. Sie kam überraschend. Die Zeit wurde genutzt. Niemand dachte etwas anderes als nur, dieser geteilten Stadt zu helfen. Noch vor zwei Jahren hätte jeder mit Freuden einen wesentlich höheren Preis für die Einheit bezahlt, als wir es jetzt tun.

Mit dem Wiedergewinn der deutschen Einheit vollzog sich in den Deutschen eine bemerkenswerte Wandlung. Selbst jene, die sich bisher in den Feuilletons der Zeitungen tummelten, entdeckten plötzlich

(A) ihre Krämerseelen. Gutachten jagte Gutachten. Jeder wußte es besser.

Es ging um eine einfache Frage. Die Frage lautete nicht: Wo soll der Bundestag in Zukunft tagen? In Bonn oder Berlin? Die wirkliche Frage war: Was spricht dafür, den Traum der Deutschen nach einer geeinten wiedergewonnenen wirklichen Hauptstadt Berlin so sang- und klanglos aufzugeben? Was veranlaßt eigentlich die Deutschen, sich überhaupt die Frage vorzulegen, ob man jetzt wortbrüchig werden dürfe — und was es dafür an fadenscheinigen Entschuldigungen wohl geben könnte?

Die deutsche Einheit kostet Geld; viel Geld. Doch es gibt wohl niemanden, der dieses Opfer nicht gerne brächte. Was wäre denn die Alternative? Weiterhin weit über 40 Milliarden DM jährlich nur an teilungsbedingten Kosten?

Die Schein- und Pseudo-Argumente jagten einander und wurden Legion. Jene Staatsmänner (solche gibt es tatsächlich in Deutschland), welche in historischen Dimensionen zu denken vermochten, waren samt und sonders für die Erfüllung des deutschen Nachkriegstraumes.

Doch die Krämerseelen fraßen sich immer tiefer ins Gemüt der Deutschen. Scheinbar renommierte Politiker tauchten auf, gelegentlich sogenannte Gutachten in Händen, und verkündeten Horrorzahlen für die Kosten des Ausbaus von Berlin zum Regierungs- und Parlamentssitz.

(B) Natürlich wußten diese Politiker, daß alle diese Zahlen falsch waren. Natürlich wußten diese Politikerinnen und Politiker, daß sie damit nur verschleierten, wie wichtig und auch preisgünstig es für sie war, in der Umgebung Bonns wohnen bleiben zu können. Ich will nicht behaupten, daß jene schwachbrüstigen Gründe die Hauptmotive der Bonn-Befürworter sind. Doch weit liege ich mit meiner Vermutung sicherlich nicht von der Realität entfernt.

Bewegt man sich außerhalb der Bundesrepublik, so gibt es fast niemanden, der diese geisterhafte Diskussion noch versteht.

Da haben die Deutschen die Einheit gewonnen und verspielen zugleich das lebendige Symbol dieses Einheitswillens. Das macht die Deutschen unberechenbar, unkalkulierbar und herausfordernd für das Mißtrauen der Welt. Doch dieses mag man begreifen als historisches oder gar historisierendes emotionales Element. Zwar ist es das nicht; doch das bringe man einem Deutschen bei!

Ich werde mich aus einem zweiten Grund nicht loslösen lassen von Berlin. Ich möchte Antwort geben können, wenn mich meine Enkel in ein oder zwei Generationen fragen, weshalb ich wohl so gestimmt habe, wie ich es tun werde. Ich möchte dann keine Ausflüchte suchen müssen. Ich möchte dann nicht zugeben müssen, daß ich mich geirrt habe. Ich möchte dann ganz einfach sagen können, daß ich jene Entscheidung verfocht, die als einzige Bestand haben kann und den Tag nicht verfluchte, an dem sie entstand.

Man mag das alles abtun als das Gerede eines Traditionalisten. Die Bürger hat man ja schon aufgehetzt

(C) mit dem falschen Kostenargument. Die Frage, die uns unsere Enkel stellen würden, hieße nicht: Warum warst Du für Bonn? Sie würde heißen: Warum warst Du nicht für Berlin?

Wir erleben heute eine wahrhaft historische Stunde. Wir entscheiden nicht nur über den zukünftigen Sitz von Regierung und Parlament. Wir entscheiden darüber, ob wir uns heute und morgen und vor der Geschichte der wiedergewonnenen Einheit in Freiheit als würdig erweisen.

Deutschland ohne sein Herz Berlin wird immer eine seelenlose Wirtschaftsmaschine bleiben. Geben wir daher unserem Volk jene Metropole als wirkliche Hauptstadt, die sich seit langem diesen Platz erworben und erlitten hat!

Man mag heute gegen Berlin entscheiden. Doch Berlin wird stärker sein. Berlin wird sich dann gegen uns selbst kehren, ob wir wollen oder nicht. Davor gilt es, unser Volk zu bewahren.

Friedhelm Ost (CDU/CSU): Unser Herz gehört Berlin: Jeder von uns hat sich gefreut, als im November 1989 die Mauer eingerissen wurde, als Menschen aus Ost- und West-Berlin wieder frei zueinanderkommen konnten. Wir alle freuen uns über die Wiedervereinigung Deutschlands und wollen unseren Beitrag dafür leisten, daß die Landsleute in Ostdeutschland nach über 40 Jahren unter dem Regime einer sozialistischen Diktatur möglichst bald jenen wirtschaftlichen Wohlstand und jene große soziale Sicherheit erreichen, die wir in Westdeutschland seit langem in Freiheit und Sozialer Marktwirtschaft genießen.

(D) Von Bonn aus wurde die Politik betrieben, die darauf ausgerichtet war, „die Einheit in Freiheit zu vollenden". Der Wiederaufbau des östlichen Teils unseres Vaterlandes, der von den Sozialisten und ihren Funktionären ausgepowert und zerstört worden ist, stellt die größte Herausforderung für uns alle in der nächsten Zeit dar. Viele hundert Milliarden DM müssen in die Verbesserung und den Neubau der Infrastruktur in den neuen Bundesländern, in die Renovierung der Städte, in die Rekultivierung der verwüsteten Landschaften, in neue Betriebe und Arbeitsplätze investiert werden. Wir alle wollen doch so schnell wie möglich gleichwertige Lebens- und Arbeitsbedingungen von Dresden bis Aachen, von Schwerin bis München, von Potsdam bis Bonn erreichen.

Deshalb geht es jetzt vor allem darum, Bonn und Berlin ebenso wie West- und Ostdeutschland" bestmöglich zu entwickeln. Der Verstand — vor allem der ökonomische — spricht für eine sinnvolle Arbeitsteilung, für ein Miteinander, für eine kooperative Zukunftsperspektive, Berlin als deutsche Hauptstadt, Bonn als Regierungs- und Parlamentssitz, beide verkehrs- und kommunikationsmäßig optimal verbunden — so bringen wir Herz und Verstand auf einen großen gemeinsamen Nenner, der allen politischen, historischen und insbesondere ökonomischen Aspekten Rechnung trägt.

Diese Lösung mit Doppelherz und Verstand hat im übrigen nichts mit jener kleinkarierten Diskussion zu tun, daß es den Bonnern nur um die Sicherung ökonomischer Werte geht — um Immobilien, Geschäfte,

(A) Betriebe usw. Aber richtig ist, daß es auch um die Zukunftsperspektiven dieser Region geht — einer Region, die weit ausstrahlt in viele Richtungen.

Es geht indessen darüber hinaus um die Sicherung des föderalen Gleichgewichts in Deutschland — und gegen einen Zentralismus, der weder politisch noch wirtschaftlich, weder gesellschaftlich noch kulturell für unser Land insgesamt wünschenswert ist.

Viele Historiker verbinden mit Berlin das Kaiserreich, die Weimarer Republik, das „Dritte Reich" und mit Ost-Berlin den roten DDR-Staat. Von Bonn aus wurde die Demokratie und Soziale Marktwirtschaft für Westdeutschland eingeführt, wurde die Partnerschaft im Atlantischen Bündnis begründet und die europäische Integration vorangetrieben. Bonn steht auch für deutsche Bescheidenheit, für Understatement und — trotz Beethoven — für leise Töne. So gesehen wäre es wohl ein Treppenwitz der Geschichte, wenn nicht nur Bonner Gebäude geräumt, sondern auch dieser gute Geist unserer Republik verändert würde. Föderalismus statt Zentralismus, Arbeitsteilung in Wirtschaft, Kultur und Politik — dies sind Qualitätsmerkmale unserer Demokratie und sollten es auch in Zukunft bleiben. Die volkswirtschaftlichen Kosten, die mit einem Wechsel verbunden wären, würden gewaltig sein; der Strukturwandel hätte negative Konsequenzen für einen weiten Umkreis — für Arbeitnehmer und Unternehmer gleichermaßen. Es wäre im übrigen auch eine Zumutung für die Steuerzahler, deren Milliarden nicht zum Abbruch und Stillegen im Bonner Raum, sondern für den Aufbau und die Mobilisierung wirtschaftlicher Kräfte in den (B) neuen Bundesländern eingesetzt werden sollten.

Die Hauptstadtfrage ist im Einigungsvertrag entschieden worden: Berlin ist die Hauptstadt des wiedervereinigten Deutschlands. Berlin sollte in dieser Funktion gestärkt werden und Amtssitz des Bundespräsidenten, des Bundesrates und zahlreicher Bundesbehörden sein. Außerdem sollten die Bundesversammlung und bei besonders herausragenden Ereignissen bzw. Themen Plenarsitzungen des Bundestages in Berlin stattfinden.

In Bonn sollten das Parlament und die Bundesregierung ihren Sitz behalten. Dies garantiert auf absehbare Zeit volle Arbeitsfähigkeit und entspricht der föderalen Struktur unseres demokratischen Staates.

Eine solche Regelung wäre mit geringen Kosten für die Steuerzahler zu bewältigen, während eine Konzentration aller staatlichen Organe in Berlin dort gewaltige Kosten — zu Lasten aller Steuerzahler und insbesondere auch der neuen Bundesländer — und in Bonn hohe Ausgleichsleistungen und strukturelle Hilfe zur Folge hätte.

Das Herz der meisten Deutschen spricht für Berlin, der Verstand der meisten Deutschen spricht für Bonn. In den nächsten Jahren gilt es, die wirtschaftliche und soziale Einheit Deutschlands so rasch wie möglich zu schaffen und dafür alle verfügbaren Finanzmittel und ökonomischen Kräfte zu mobilisieren. Über 50 Milliarden DM für oder noch mehr für die einseitige Allokation aller Bundesorgane in Berlin zu investieren und gleichzeitig viele Milliarden DM für einen fairen Aus-

(C) gleich in der Bonner Region einzusetzen widerspräche jedem rationalen ökonomischen Vorgehen.

Die westdeutschen Transferzahlungen, die für die neuen Bundesländer in den neunziger Jahren dringend erforderlich sind, sollten für den wirtschaftlichen Aufbau und die sozialen Aufgaben in Ostdeutschland bereitgestellt werden. Mit dieser Herausforderung müssen sich alle Bürger unseres Landes identifizieren. Eine historisch-politisch motivierte Entscheidung für die Konzentration aller Bundesorgane auf Berlin könnte zu einer Schwächung der Solidarität führen, wenn sie Bürger überfordert, ohne Rücksicht auf Regionen und Arbeitsplätze erfolgt und möglicherweise die Gewichte einer bislang wohl austarierten föderalen Struktur einseitig verändert.

Die Bundesstaatslösung stellt eine gute Lösung für eine Aufgabenteilung zwischen der Hauptstadt Berlin, dem Parlaments- und Regierungssitz Bonn sowie den neuen und alten Bundesländern dar.

Dr. Peter Paziorek (CDU/CSU): Die Wiederherstellung der Einheit Deutschlands war für mich immer ein hohes politisches Ziel. Dieses Ziel haben wir im vergangenen Jahr durch die friedliche Revolution der Bürger in der ehemaligen DDR, die Veränderungen in der Sowjetunion und das entschlossene Handeln des Bundeskanzlers erreichen können.

An der deutschlandpolitischen Diskussion der vergangenen Jahre habe ich mich oft beteiligt und dabei immer wieder betont, wie sehr ich hoffe, daß Berlin eines Tages wieder die Hauptstadt eines vereinten Deutschlands sein wird. Für mich war das geteilte Berlin immer die Hauptstadt und Klammer unseres geteilten Landes. Nun ist der Deutsche Bundestag aufgefordert, die politische Frage des Regierungssitzes für das wiedervereinigte Deutschland zu entscheiden. Ich freue mich, daß ich als neu gewählter Abgeordneter an dieser für unser Land äußerst wichtigen Entscheidung mitwirken kann. (D)

Die öffentliche Diskussion im Vorfeld der heutigen Entscheidung hat viele Emotionen geweckt. Sie hat damit deutlich gemacht, wie komplex die deutsche Wirklichkeit nach der Wiedervereinigung noch ist. Wir haben eine Entscheidung zu treffen, die für die politische Zukunft Deutschlands von großer Bedeutung ist, die aber auch struktur- und arbeitsmarktpolitische Auswirkungen auf Bonn und den Nachbarkreis haben kann. Darüber hinaus muß bei der gewaltigen Aufgabe der Herstellung der inneren Einheit Deutschlands die Finanzierbarkeit einer jeden Regierungssitzentscheidung mit berücksichtigt werden. Damit sind bei unserer Entscheidung viele Ebenen berührt. Es geht um die Identität Deutschlands, um die historische Dimension und um die zukünftige Aufgabe unseres Landes in der Mitte eines hoffentlich bald politisch geeinten Europas. Dies spricht für Berlin.

Aber Bonn hat es auf Grund seiner vierzigjährigen Geschichte als Regierungssitz der alten Bundesrepublik Deutschland nicht verdient, vollständig seiner Aufgabenstellung enthoben zu werden. Wir haben Bonn viel zu verdanken. Somit sollte eine Lösung gefunden werden, die unseren bisherigen Aussagen zu

Berlin als der deutschen Hauptstadt gerecht wird und dennoch für Bonn verträglich ist. Ich bin für Berlin, will Bonn aber nicht beschädigen. Somit plädiere ich für eine sinnvolle Arbeitsteilung zwischen Berlin und Bonn. Ich werde daher für den Konsensantrag Berlin/Bonn stimmen, wonach der Bundestag seinen Sitz in Berlin nimmt, die Ministerien aber in Bonn bleiben.

Natürlich wird für uns Abgeordnete eine solche Entscheidung in der Praxis Schwierigkeiten bringen. Warum aber sollen wir in diesem komplexen Feld nicht unseren Teil zur Einheit beitragen? Sollte dieser Antrag keine Mehrheit finden, so werde ich für Berlin stimmen. So wie in den letzten vierzig Jahren Berlin Klammer für die geteilte Nation war, so wird Berlin einen wesentlichen Beitrag, dessen bin ich mir sicher, zum inneren Zusammenwachsen Deutschlands leisten können.

Dr. Willfried Penner (SPD): Aus meiner Sicht gibt es drängendere politische Fragen als die heute anstehende Entscheidung. Gewiß, die Wahl des Regierungs- und Parlamentssitz ist für ein Land ein seltenes, ein wichtiges Ereignis. Trotzdem, so meine ich, sollte die Frage Bonn oder Berlin nicht so hoch eingestuft werden, wie das gelegentlich geschieht. Ich will es ganz offen sagen: Wir Bundestagsabgeordneten der 12. Legislaturperiode haben heute Wichtiges zu entscheiden, aber die Existenz von Volk und Staat hängt davon nicht ab.

Ich bin dafür, daß der Bundestag und die Bundesregierung zusammenbleiben. Der Verzicht darauf ginge eindeutig zu Lasten des Parlaments und der Parlamentarier. Und weil die Trennung von Parlamentssitz und Regierungssitz noch mehr Umstände, noch mehr Bürokratie und noch mehr Tendenzen zu kameralistischer Politik zur Folge hätte, geht es bei unserer Entscheidung auch um mehr oder weniger Öffentlichkeit, um mehr oder weniger Unmittelbarkeit, um mehr oder weniger Lebendigkeit. Nein, so verständlich die Bemühungen um Kompromisse sind: In dieser Frage müssen wir entscheiden. Und deshalb kann man dem Geißler-Antrag nicht folgen.

Ich bin dafür, daß Bundestag und Bundesregierung in Bonn bleiben. Ich bin dagegen, daß Bonn politisch eingemottet wird und Archivaren, Historikern und Archäologen überantwortet wird. Bonn steht für Jahrzehnte solider und wegweisender Politik. Bonn ist Sinnbild für eine deutsche Politik, die sich international eingefügt und auch mit gestiegenem inernationalen Rang wie selbstverständlich zurechtkommt. Bonn steht für Bodenhaftung und Nüchternheit. Das Ambiente rheinischer Lässigkeit mag provinziell sein. Die Stadt Bonn kann und will sich nicht vergleichen mit den Riesenmetropolen dieser Welt. Sie will mit den Vorzügen dieser Städte auch nicht wetteifern. Bonn hat es aber auch nicht nötig, sich zu verstecken. Bonn ist eine gute politische Firma geworden, die weltweit einen guten Ruf genießt. Es ist nicht einsichtig, diese lebendige politische Adresse in die Geschichte zu entlassen.

So gewiß eine Entscheidung für Berlin den politischen Abschied von Bonn bedeutet, so wenig ist das umgekehrt der Fall. Berlin wird immer politisch bedeutsam bleiben. Unabhängig von unserer heutigen Entscheidung werden sich die politischen Gewichte mehr nach Osten verlagern. Berlin ist auf dem Wege, eine der größten Städte der Welt zu werden. Ist es weise, diese Entwicklung noch zu verstärken, indem man Regierungs- und Parlamentssitz dorthin verlagert? Ich meine: Nein. Es widerspricht auch dem wohlverstandenen Interesse des Umkreises von Berlin. Wie bereits in der Vergangenheit, so wird Berlin auch künftig wie ein Staubsauger viele Entwicklungschancen aufnehmen, die gerade die fünf neuen Bundesländer bitter nötig hätten. Ich sage: Die mit einer Entscheidung für Berlin verknüpften Hoffnungen der fünf neuen Bundesländer auf Besserung der Lage sind trügerisch. Viel spricht dafür, daß die geballte Bündelung wirtschaftlicher und finanzieller Ressourcen in Berlin nicht begleitet wird von entsprechenden Impulsen in Leipzig, Dresden, Rostock, Magdeburg oder Erfurt. Wer nach der staatlichen Einheit die wirtschaftliche, die soziale, die gesellschaftliche Einheit des ganzen Deutschlands anstrebt, darf seine Kräfte nicht auf eine Stadt Berlin fokussieren. Auch deshalb bleibe ich dabei: Ich bin für Bonn.

Lisa Peters (FDP): Bonn oder Berlin? Berlin oder Bonn? Berlin und Bonn? So hat sich die Frage in den letzten Tagen, Wochen und Monaten gestellt! Es gab nur ein Thema — jedenfalls hier in Bonn. Wir wurden bedrängt, uns wurde mehr oder weniger deutlich gesagt, daß der Bundestag nur in Bonn verbleiben kann. Eine große Frage, die wichtigste Frage in dieser Wahlperiode wurde sehr einfach abgehandelt. Es ging um die zukünftige Wirtschaftskraft von Bonn, um die Mitarbeiter und Mitarbeiterinnen des Deutschen Bundestages, seiner Institutionen.

Für mich ist diese Fragestellung zu einfach! Hier ist tiefer zu entscheiden, langfristiger, für das nächste Jahrhundert. Meine Entscheidung für Berlin vollzieht das nach, war Jahrzehnte gewollt war.

Ich habe fünfzig Jahre Geschichte erlebt, miterlebt — in dieser Zeit gelebt, gearbeitet, aufgebaut. Jeder Abgeordnete hier im Deutschen Bundestag hat seine eigenen Erfahrungen, eine eigene Betroffenheit. Der Kollege, die Kollegin sollten es respektieren! Meine Kindheit war von einem gnadenlosen Krieg geprägt. Über vier Jahre verbrachten wir — kurz vor Hamburg wohnend — fast jede Nacht bei Fliegeralarm im Luftschutzkeller. Wir hatten Angst auf unserem Schulweg, Tieflieger beschossen uns. Dann, ab 1944, die langen Trecks der Vertriebenen aus Ost- und Westpreußen, Schlesien, Pommern. Menschen mit wenig Hab und Gut auf ihrem Wagen. Elend, Krankheit, Hunger und Tod prägte diese letzte Zeit des Krieges besonders.

Eine Erlösung kam mit dem 21. April 1945 — ich war 12 Jahre alt —, englische Soldaten besetzten unser Dorf. Für mich hat in diesen Tagen das Wort Freiheit, frei reden und denken zu können, eine große Bedeutung bekommen.

Dann der Aufbau, die Währungsreform, die Gründung der Bundesrepublik mit dem freien Zugang zu Westberlin. Dazu der Osten Europas, der sich immer mehr einengte, absetzte, sich in eine Richtung ohne Freiheit entwickelte, Menschen knechtete. Aber Berlin war für uns alle da, standhaft, tapfer, mutig, mit

Bewohnern, die vieles erduldeten, für unsere Freiheit stritten. Der 17. Juni 1953, dann die Blockade, die Versorgung aus der Luft, das Aushalten der Berliner. Jeder, der es miterlebt hat, vergißt diese Monate nicht. Dabei war auch unsere Angst groß, würde es zu einem 3. Weltkrieg kommen, würden die Berliner und unsere Verbündeten es durchhalten? Die Berliner blieben stark und zuversichtlich, sie haben uns hier geholfen, unsere Freiheit erstritten und dadurch bewahrt.

Es spitzte sich weiter zu, viele Menschen verließen die DDR, der Bau der Mauer war die Folge. Auch diese Mauer hielten die Berliner aus, es gab viele Tote und Verletzte, die Mauer trennte, war nicht überwindbar. Berlin aber lebte und arbeitete, schaffte etwas, brachte das, was eigentlich „Freiheit" bedeutet, „rüber". Überall in der Welt war es „unsere Stadt", unsere Hauptstadt. Über 40 Jahre hat man keine andere Stellungnahme/Meinung gehört!

Die Stadt Bonn und die Bonner haben viel zum Aufbau der Bundesrepublik beigetragen. Es ist unverkennbar, der Bundestag und seine Gremien können hier gut arbeiten, dafür sind wir dankbar, auch ich bedanke mich. Finanzielle Erwägungen spielen in diesem Fall für mich nicht die erste Rolle, außerdem kann heute keiner die Kosten ermitteln — so oder so nicht!

Aber der Weg zur Einheit unseres Volkes wurde uns von unseren Mitbürgern und Mitbürgerinnen im Osten vorgezeichnet. Ich habe an diese Einheit geglaubt, dafür gearbeitet. Viele Besuche in den Jahren zwischen 1978 und 1989 galten unseren Freunden in der DDR. Gespräche, Diskussionen, miteinander reden und fühlen, aufeinander zugehen, alles war wichtig, wichtig für die Menschen im Osten. Wer öfter in der alten DDR war, spürte die Veränderung.

Daß es so schnell kommen würde, hat niemand ahnen und vermuten können. Der Sommer 1989 zeigte es jedoch an, mutig demonstrierten unsere Freunde in der damaligen DDR. Unvergeßlich für uns alle die ersten Bilder vom Abend des 9. November 1989, die Trabbis und Wartburgs am 10. November — das Brandenburger Tor zu Silvester 1990!

Dann ging alles sehr schnell, die Bundesregierung, die freigewählte Volkskammer, der Bundestag, alle haben wahnsinnig schnell gearbeitet, die Gunst der Stunde erkannt! Wir haben den Vertrag „über die Herstellung der Einheit Deutschlands", den Einigungsvertrag!

Der 12. Deutsche Bundestag ist frei gewählt. Wir müssen und wollen heute entscheiden. Dabei ist es selbstverständlich, daß es nur eine Verlagerung von Bonn nach Berlin geben kann, die sozial verträglich ist, die die Belange der Mitarbeiter und Mitarbeiterinnen berücksichtigt.

Ich stimme für Berlin, für den Antrag, der von Willy Brandt, Wolfgang Schäuble und Hermann Otto Solms unterschrieben ist! Über 40 Jahre erlebte Geschichte sagen aus, daß Berlin die Hauptstadt sein muß, daß auch das Parlament und die Regierung dort ihren Sitz haben müssen.

Berliner haben unsere Freiheit durch Beharrlichkeit erstritten. Dafür danke ich.

Angelika Pfeiffer (CDU/CSU): Im Mai 1989 fing ich aktiv an, Politik zu machen, Politik zu machen, für die ich damals noch ins Gefängnis gekommen wäre, Politik für ein neues Deutschland, für ein geeintes Deutschland.

Seit September 1989 sprach ich zu den Demonstranten in Leipzig „wir sind ein Volk" ein Volk eine Regierung — ein Gesamtberlin. Ich wäre gar nicht auf den Gedanken gekommen, daß wir lange Zeit später einmal abstimmen müssen: Berlin oder Bonn?

Berlin war für mich immer die Hauptstadt, und zu einer Hauptstadt gehört der Regierungssitz. Was gibt es da zu diskutieren?

Von dem Augenblick an, als wir dort in Leipzig auf der Straße erkannten, daß die Vereinigung der beiden Teile Deutschlands sehr schnell geht, gab es bei uns keine Zweifel darüber, daß Berlin Hauptstadt mit Regierungssitz werden wird.

Die Glaubwürdigkeit unserer Demokratie würde für immer leiden, wenn sich nach 40jähriger Beteuerung, Berlin würde nach der Wiedervereinigung Parlaments- und Regierungssitz werden, diese Beteuerungen als unwahr erweisen.

Das erinnert mich an die Geschichte von der Westverwandtschaft, die 40 Jahre ihre Verwandten im Osten zu Besuchen eingeladen hat — eingeladen in dem Glauben, es nie wahrmachen zu müssen.

Die Entscheidung für Berlin ist keine Frage der Zweckmäßigkeit und der Finanzen, sondern nach allem, was diese Stadt erlebt hat, ein Gebot unserer Selbstachtung.

In den Staaten Europas ist es normal, daß Hauptstadt und Regierungssitz eins sind. Sollte nicht Deutschland ein europäischer Normalfall werden?

Dr. Eckhart Pick (SPD): Heute entscheidet endlich, nach einem eher quälenden Entscheidungsprozeß, derjenige, den es angeht, um eine juristische Metapher zu gebrauchen.

Nach einem Prozeß, der dem Thema weder formell noch inhaltlich gerecht geworden ist, soll heute der sogenannte Souverän entscheiden. Der eigentliche Souverän — das Volk — ist durch die Bundestagsmehrheit davon ausgeschlossen. Deswegen soll wenigstens die dem Volk am nächsten stehende Institution — weil direkt gewählt — entscheiden. Ich sagte „sogenannter Souverän", weil die öffentliche Debatte wenig auf das Parlament Rücksicht genommen hat. Im Gegenteil: Das Verfahren scheint eher von fremden Einflüssen bestimmt zu sein. Es hat der Diskussionsprozeß daran gekrankt, daß alle möglichen Ratschläger — eingeladen oder nicht — sich zu Wort gemeldet haben, die Entscheidungsträger aber nicht. Es hätte unserer Reputation, nämlich als Bundestag, besser angestanden, von vornherein klarzustellen, daß die Frage des Sitzes des Bundestages die originäre und autonome Entscheidung des Parlaments ist.

Souverän und Souveränität gehören zusammen. Souveränität hat jedoch zwei Aspekte: Zum einen die

(A) eigenverantwortliche Fähigkeit, Entscheidungen zu treffen. Zum anderen — und darauf kommt es mir in diesem Zusammenhang an — bedeutet Souveränität auch Überlegenheit in der Führung einer Diskussion. Auch hieran mangelte es. Hierzu gehört der Versuch, mit Hilfe wichtiger, aber nicht dazu legitimierter Verfassungsorgane, eine Lösung zu finden. Und so ist aus einer für den Bestand der Republik eher sekundären Frage für mich deshalb eine erstrangige Frage geworden, weil es jetzt um das Selbstverständnis des Bundestages geht. Ich finde, heute hat der Bundestag wieder aufgeholt.

Es ist wieder einmal Symbolik an Stelle von Sachpolitik getreten. Man überhöht eine wichtige, aber nicht das Schicksal der Republik bestimmende Frage zu einer Kampfentscheidung, die nur noch Sieger und Besiegte kennt. Darüber sind viel wichtigere Fragen zu kurz gekommen, z. B. warten Millionen in den neuen Bundesländern auf die Überleitung ihrer Renten und Anwartschaften oder auf ihre Rehabilitierung von DDR-Unrecht. Ich fürchte, wir sind dabei, die Maßstäbe zu verlieren.

Deswegen folgere ich aus dieser Entwicklung, daß wir heute den Gordischen Knoten durchschlagen müssen. Mir wäre am liebsten ein Beschluß heute ohne Wenn und Aber über den Sitz des Bundestags für Bonn oder Berlin, ohne Garnierung mit weiteren Entscheidungen über den Sitz anderer Bundesorgane.

Ich spreche mich für Bonn aus, weil sich diese Stadt für mich mit der demokratischen Entwicklung im Nachkriegsdeutschland, dem anderen Deutschland (B) verbindet, weil ich an die Hunderttausende von Menschen in dieser Region denke, die mit ihrer Existenz vom Hierbleiben des Bundestags abhängen, unmittelbar und mittelbar, weil man nicht gleichzeitig im Osten aufbauen und im Westen eine Region demontieren kann und schließlich weil Bonn bona fide in vielen Fällen jahrzehntelang eigene Interessen zurückgestellt hat.

Dafür bin ich dankbar.

Renate Rennebach (SPD): Ich bin eine waschechte Berlinerin. Mir wird hier vielfach unterstellt, daß ich genau deshalb für Berlin als Sitz von Regierung und Parlament sein müsse. Das ist völlig daneben, Kolleginnen und Kollegen!

Ich war 13, als die Mauer gebaut wurde, und habe vorher und nachher den Kampf der Berlinerinnen und Berliner um ihre Stadt mitbekommen. Wer wie ich in dieser Stadt lebt, hat auch ihr Hineinwachsen in ein Symbol für die Freiheit der westlichen Welt erlebt und erfahren.

Aber Berlin war und ist nicht nur Symbol, sondern eine Stadt, die mit Herz und Schnauze ihrer Einwohner die Teilung und alle Widrigkeiten, die damit zusammenhingen, gemeistert hat. Wo auch immer wir in Berlin hinkamen, stießen wir auf Mauer und Stacheldraht. Trotzdem haben wir, die wir Insulaner genannt wurden, den Mut nie verloren. Geholfen haben uns sicher die vielen Bekenntnisse von bundesdeutschen Politikern und die Sympathien aus dem Ausland für Berlin, das nach dem Bekunden aller die Hauptstadt

(C) eines vereinigten Deutschlands sein sollte. Mit Recht! Denn in keiner Stadt war die Teilung unseres Landes als Folge der grausamen Herrschaft der Nazis so sehr spürbar.

Die Berlinerinnen und Berliner ließen sich nicht unterkriegen. Ihr erhobener Kopf und ihr Stolz wurden aber leider oft mit Berliner Großschnauze verwechselt. Viele hunderttausend Menschen kamen täglich zu uns mit Bussen, kletterten aufs Treppchen an der Mauer, staunten hinüber, genossen unser Open-end-Nachtleben und haben oft nicht gemerkt, daß es in Berlin auch lebendige Menschen „wie du und ich" gibt, die leben und arbeiten wollen, Menschen mit Sorgen und Nöten, die sich in nichts von denen der übrigen Republik unterscheiden.

Nun ist aus zwei Teilen Berlins einer geworden. Die Menschen, besonders die älteren, haben geglaubt, was die Politiker ihnen erzählt haben. Auf einmal ist aber alles ganz anders. Plötzlich kann moderne Zukunft nur von hier aus, von Bonn aus, gestaltet werden. Aber ich frage Sie, verehrte Kolleginnen und Kollegen, was ist eine Zukunft wert, die von Politikern gestaltet wird, die vergessen haben, was ihnen gestern noch heilig war? Vergeßlichkeit ist in der Politik eine weit verbreitete Krankheit; sie heißt heute Blackout. Ich würde die Krankheit gerne verschwinden sehen.

In diesem Sinne bitte ich Sie um Glaubwürdigkeit in der Politik. Lassen Sie uns die Einheit unseres Landes nicht unvollendet erscheien. Stimmen Sie mit mir für Berlin!

(D) **Otto Reschke** (SPD): Ich stimme für Bonn als Sitz von Bundestag und Regierung. Berlin soll als Hauptstadt Amtssitz des Bundespräsidenten, Tagungsort der Bundesversammlung und Sitz des Bundesrates werden.

Erstens. Zunächst glaube ich, daß wir 40 Jahre sehr gut mit Bonn als Parlaments- und Regierungssitz zurechtgekommen sind. Bonn steht für ein anderes Deutschland als jenes, das 1945 bezwungen wurde. Es ist schon längst kein Provisorium mehr. Seit Jahrzehnten ist es Sinnbild für ein friedliches, freiheitliches, demokratisches, föderales und wohlständiges Deutschland, das auf Freundschaft mit den europäischen Partnern und denen in der Welt hin angelegt ist und mit dem Ziel einer Einigung Europas eng verbunden ist. In einem Europa ohne Grenzen, aber mit einem Riesenaufwand eine neue große nationalstaatliche Hauptstadt auszubauen widerspricht allen Erfahrungen und Entwicklungen im 20. Jahrhundert. Die mit Bonn verbundene deutsche Politik hat weltweit ihre hohe Anerkennung gefunden. Was spricht eigentlich dagegen, hier weiter Kontinuität zu wahren und Bonn in seiner erfolgreichen Rolle zu belassen, statt in das Gebäude des alten preußischen Reichstags umzuziehen?

Zweitens. Die Entscheidung für Bonn bricht kein Versprechen. Auch die Anerkennung der Oder-Neiße-Grenze mit einer großen Mehrheit des Deutschen Bundestages ist wegen der deutschen und europäischen Geschichte richtig. Der Einigungsvertrag ist nach Art. 23 des Grundgesetzes zustandegekommen.

Er legt neben der Bestimmung Berlins als Hauptstadt ausdrücklich fest, daß das jeweilige Parlament (Bundesversammlung, Bundesrat und Bundestag) über seinen Sitz entscheidet. Deshalb ist jetzt nach Beitritt gemäß Art. 23 das Parlament frei von jeder Verpflichtung.

Drittens. Ich bin nicht der Auffassung, daß die „Verantwortung vor der Geschichte" einen Wechsel von Parlament und Regierung nach Berlin gebietet. Die historische Verantwortung der Deutschen macht vielmehr einen besonnenen Umgang mit der Symbolkraft der alten Reichshauptstadt nötig. Durch das Gesetz Nr. 46 des Alliierten Kontrollrats wurde am 25. Februar 1947 beschlossen: „Der Staat Preußen, seine Zentralregierung und alle nachgeordneten Behörden werden hiermit aufgelöst." Bonn hat als Sinnbild des Föderalismus hervorragende Arbeit geleistet und kann das auch weiter tun. Es stünde der Bundesrepublik Deutschland gut an, nicht nur beiden Städten eine Chance zu geben, sondern unsere Verfassungsorgane und die Obersten Bundesbehörden in mehreren Bundesländern vertreten zu halten. Karlsruhe, München, Frankfurt, Kassel, Nürnberg, Braunschweig, Hannover, Bremen, Hamburg und Flensburg und andere Städte sind Beispiele und Vorbilder für Anstrengungen und Aufgaben, die wir in Solidarität gegenüber den Regionen in den neuen Bundesländern angehen sollten. Bonn und Berlin sollten dabei Vorbildlichkeit in praktischer Solidarität ausüben.

Viertens. Eine Trennung von Parlament und Regierung halte ich nicht für sinnvoll, weil das möglicherweise zu einer Verselbständigung der Regierung führt und die parlamentarische Kontrolle schwächt. Auch ein teuer hin- und herreisendes Parlament wäre weder dem Steuerzahler noch den Beteiligten zuzumuten.

Fünftens. Ein Umzug des Parlaments und der Ministerien und auch die Folgen für die Betroffenen sind weder finanzpolitisch zu verantworten noch sozialpolitisch vertretbar. Den von den Einheitskosten gebeutelten Bundesbürgern kann man nicht auch noch die Kosten eines fragwürdigen Umzugs nach Berlin zumuten. Der finanzielle Aspekt darf vor dem Hintergrund zukünftiger Entwicklungen in Deutschland nicht außer acht gelassen werden. Ich halte es für falsch, auf dem Altar der Erfüllung einer politisch-historischen Symbolik den Pragmatismus finanzpolitischer Solidität und Verantwortung zu opfern. Auch wäre es viel eher eine Zeichen der Solidarität mit den Menschen in den neuen Bundesländern, nicht zig Milliarden Mark in den Umzug, in neue Parlaments- und Regierungsbauten u. a. zu stecken, sondern statt dessen mehr Geld für den Aufbau der bitter notwendigen Infrastruktur im Osten Deutschlands zur Verfügung zu stellen. Nicht zuletzt ist für mich die Entscheidung, Parlament und Regierung in Bonn zu lassen, eine strukturpolitische Entscheidung für NRW.

Helmut Rode (Witzen) (CDU/CSU): Jeden Tag in diesen Wochen erhielt ich viele Briefe besorgter Bürgerinnen und Bürger zum Thema Hauptstadt. In der Zuordnung zu einem der beiden Vorschläge Berlin oder Bonn waren die Meinungen zahlenmäßig ziemlich ausgeglichen. Sie reichen von „40 Jahre sollte Berlin Hauptstadt werden" bis hin zum „Bloß kein unnötiges Geld für einen neuen Regierungssitz".

Es gab drei Hauptströmungen, die ich durchgängig verfolgen konnte. Ich halte es für meine Pflicht, diese Meinungen zu bewerten und sie in meine Abstimmung einfließen zu lassen.

Männer mit ehemals hohen Ämtern und die Vorsitzenden von Institutionen und Verbänden sind konsequent für Berlin und lieben eine harte Tonart. Sie erinnern an die „Versprechungen seit 40 Jahren" und sprechen von „Lebenslüge". Bonn würde nie Bestand vor der Geschichte haben, sagen sie. Ein Hauch von Glanz und Gloria spricht aus ihren Worten. Ihnen bedeutet Reichstag mehr als Bundestag, habe ich den Eindruck.

Ich weise den Vorwurf der Lebenslüge zurück. Wir sind auch nicht stehengeblieben bei den Themen Wiederbewaffnung, Ost-Verträge und Oder-Neiße-Grenze. Gott sei Dank darf Politik wichtige Linien fortschreiben, sie den Realitäten anpassen oder einem höheren Ziel unterordnen. Es ist doch keine Lebenslüge, wenn ich meine Erfahrungen prüfe und in meine Entscheidungen einbeziehe. Das Leben ist keine Festung, die vermauert und geschlossen gehalten werden muß. Leben lebt und ist ständiger Weiterentwicklung unterworfen, und Politik bedeutet, das Beste für alle daraus zu machen. Tradition und Fortschritt sind Zwillingsschwestern.

Fast alle Frauen, die mir ihre Meinung sagten oder schrieben, wollen Bonn und lehnen die hohen Umzugskosten ab, weil sie der Dritten Welt, den Familien, den Notleidenden verlorengehen. „Die Milliarden für Berlin bringen doch Magdeburg und Leipzig nicht einen Pfennig." Das ist auch meine Meinung.

Junge Leute kämpfen ganz klar für Bonn und ziemlich konsequent gegen Berlin. Sie haben die 40 Jahre Geschichte Bonns mit der Entwicklung zur Einigung Europas, der Öffnung zum Westen und zum Osten verbunden. Jugend plädiert für Einigkeit durch Vielfalt und mag kein Hipp-Hipp-Hurra. Die regionale Vielfalt in Deutschland ist ihnen mehr wert als eine große Metropole, die alle anderen Städte und Regionen zweitklassig machen würde.

Ich bleibe bei der von mir seit Monaten vertretenen Meinung, wenn es auch dabei schon eine kleine Abweichung gibt. Ich sehe mich dabei bestätigt durch die vorherrschende Meinung der Frauen und besonders der Jugend.

Ich habe den Konsensantrag von Dr. Heiner Geißler unterschrieben. Dieser Vorschlag folgt dem Einigungsvertrag und den symbolischen Aussagen der letzten 40 Jahre. Er stärkt Berlin und läßt Bonn überleben. Er entspricht meinen Vorstellungen und gibt Berlin durchaus den Rang als Hauptstadt mit Sitz des Bundespräsidenten, des Bundestages und des Bundesrates. In diesem Antrag finde ich aber auch weitaus die meisten Meinungen wieder, wie sie mir von Bürgerinnen und Bürgern mitgeteilt wurden. Mit diesen Einrichtungen ziehen etwa 8 000 Mitarbeiter um. 52 000 Bundesbedienstete sind heute schon in Berlin.

Mit den Ministerien bleiben wenigstens 30 000 Mitarbeiter und 60 000 Angehörige im Bonner Raum. Die Zuarbeit der Ministerien ist von einer räumlichen Trennung nicht abhängig. Das kann sogar vorteilhaft sein. Die Zuarbeit müßte zeitlich erheblich eher erfolgen. Diese Zeit käme den Abgeordneten zugute. Sie erhielten mehr Einfluß auf die ansonsten oftmals schon zementierten „Eil-Vorschläge" aus der Verwaltung.

Es hat sich doch auch bewährt, daß die Bundesanstalt für Arbeit in Nürnberg ist, das Bundesverfassungsgericht in Karlsruhe, die Bundesbank in Frankfurt. Der Bundesrat ist in Bonn durchaus arbeitsfähig, obschon man aus weit entfernten Ländern anreisen muß.

Kommt es zum „entweder Bonn oder Berlin", stimme ich für Bonn.

Der Großraum Berlin ist heute schon die größte Baustelle zwischen New York und Tokio. Gerade sind unsere Verkehrskollegen aus Tokio zurückgekommen. Dort sucht man händeringend nach Möglichkeiten, diesen schwerfälligen Koloß zu entzerren.

Und natürlich spielt das Geld eine große Rolle. Was uns Berlin kostet, wird bei Kindergärten, Straßenbau und sozialen Hilfen fehlen. Land und Bund sollen lieber die Wirtschaft weiter fördern, Lehrer einstellen, Kindergeld erhöhen und die Schulden der Städte und Kreise verringern, als ein Mammutprojekt von weit über 100 Milliarden DM anzugehen. Viele Frauen haben mir geschrieben, daß es nunmehr an der Zeit sei, für die Familien, die Kinder und die Menschen etwas zu tun und nicht Geld für Symbole auszugeben; die Zeit sei längst überholt. Man stelle sich das bloß vor: Bevor die Steuern für die deutsche Einheit beschlossen sind, kommt schon die doppelte Summe für einen neuen Regierungssitz dazu. Das muß nicht sein. Die Qualität einer Regierung hat nichts mit dem Standort zu tun.

Berlin würde bei hohen Kosten und dem Zuzug von ca. 100 000 Menschen aus dem Raum Bonn von 4 Millionen Einwohnern auf 6 Millionen explodieren und sozial und ökologisch schweren Schaden nehmen. Das ist ein wichtiger Grund gegen Berlin.

Ich verstehe nicht, wie Menschen die Hauptstadtfrage so stark vergangenheitsfixiert sehen. Schlimm ist es, wenn manche Leute suggerieren wollen, als ob Berlin den neuen Ländern Aufschwung gäbe. Berlin beläßt Magdeburg und Leipzig eher weniger Geld.

Bonn und die falsch geschmähte Provinz-Atmosphäre haben uns die besten 40 Jahre deutscher Geschichte gebracht, die je ein Deutscher erleben durfte. Diese Jahre waren eine Absage an Hipp-Hipp-Hurra und Glanz und Gloria. Berlin ist kein neu erwachtes Spielzeug für Großmannssucht. Unser Platz in Europa und in der Welt ist durch Zurückhaltung, Bescheidenheit, Fleiß, Ehrlichkeit und Geduld erobert worden.

Die Wiedervereinigung ist für mich kein Blick zurück, sondern ein Blick nach vorn in das Europa der Regionen und der Vielfalt. Für mich war die deutsche Einheit keine Lebenslüge, sondern ein Lebensziel, also in die Zukunft gerichtet.

Wir wurden nicht zum Deutschen Reich wiedervereint, sondern die Bundesrepublik Deutschland ist ein Bundesstaat und erhält Ihre Einigkeit aus der Vielfalt der Länder. Die Bundesrepublik lebt aus den Ländern und nicht nur aus der einen Hauptstadt. Die Beispiele Paris und Tokio sind eine Warnung.

Ich kämpfe seit vielen Jahren für den ländlichen Raum, für ein Europa der Regionen und mache mir Sorgen, daß uns die Ballungsräume das Wasser abgraben. Ich will Dezentralisation statt Gigantomanie. Das ist mein Rezept. Die Verwaltungs- und Gebietsreform im kommunalen Bereich hat uns doch eher weniger Demokratie gebracht. Auch aus dieser Erfahrung heraus will ich das Europa der Regionen und das Europa der Bürger, aber nicht das der Megastädte und der Ballungsräume.

Ich stimme der Aussage von Dr. Barzel zu: „Auch Wirtschaftsgiganten haben gelernt, das Optimum statt das Maximum zu erstreben. Und viele Nachbarn schauen fast sehnsüchtig auf das machtverteilende und deshalb zusammenordnende Prinzip unserer demokratischen Ordnung."

Es ist also möglich, für Berlin und Bonn gleichermaßen zu sein. Hauptstadt Berlin und Regierungssitz Bonn — dieser Konsens von Dr. Geißler hat meine Zustimmung.

Dr. Klaus Röhl *(FDP):* Als Ost-Berliner ist es für mich erschütternd und bitter, heute und hier zu erleben, mit welcher Leichtigkeit und welch merkwürdigen Argumenten die bis zum Fall der Mauer klare Aussage „Berlin ist Hauptstadt" in voller Bedeutung des Begriffs zur Seite geschoben wird.

Von den vielen in der Diskussion um Berlin oder Bonn als Parlamentssitz vorgebrachten Argumenten sind bisher für Bonn nur solche vorgetragen worden, die aus regionaler und auch allein persönlicher Befindlichkeit gewachsen sind, d. h. im Grunde alles Argumente der zweiten Ordnung.

Es wurde hier die Historie Berlins aufgeführt. Dazu muß man sagen: An der deutschen Politik der letzten 150 Jahre waren Menschen und Politiker aus allen Regionen Deutschlands beteiligt.

Aber viel wichtiger und viel entscheidender als die Historie ist der Widerstand und Kampf, der, von Berlin ausgehend und von den Berlinern selber geführt, in der jüngsten Zeit gegen die zwei Diktaturen und gegen die Angriffe auf Demokratie und Freiheit geführt und geleistet wurde. Es ist ein langes Band von großen und kleinen Ereignissen: vom 20. Juli 1944, von der Blockade 1948/49 über den 17. Juni 1953 bis hin zum Oktober und November 1989. Berlin ist mit seiner Geschichte das getreue Spiegelbild aller guten und schlechten Stunden und Jahre Deutschlands.

Berlin ist nicht nur das Symbol für die Einheit und Freiheit Deutschlands, sondern Berlin, Ost wie West, hat über Jahrzehnte wie keine andere Stelle in Deutschland für unsere Einheit, für unsere Freiheit gelitten und gestritten.

Berlin ist für Deutschland nach innen und ganz besonders nach außen das Gütesiegel der Glaubwürdigkeit unserer Politik. Wer aus dem Ausland kann uns vertrauen, wenn wir uns selber nicht mehr vertrauen können?

Für Bonn wurden Argumente von regionaler Bedeutung vorgebracht. Diese regionalen Probleme müssen und werden auch einer Lösung zugeführt. Wir sollten — vergleichend — auch sehr beachten, welche Opfer, Leiden und Entbehrungen die Menschen in Berlin und in den neuen Bundesländern auf dem Weg bis zur Einheit Deutschlands bringen mußten und immer noch bringen.

Im Vergleich hierzu sind die durchaus nicht zu leugnenden Probleme Bonns beim Verlust des Regierungs- und Parlamentssitzes erheblich kleiner und lösbar. Wer ehrliche, aufrechte und richtige Politik vertreten will, kann sich nur für Berlin als Parlaments- und Regierungssitz entscheiden.

Ich möchte deshalb alle Kolleginnen und Kollegen dieses Hohen Hauses, die bisher geschwiegen haben oder sich innerlich oder öffentlich gegen Berlin als Parlamentssitz ausgesprochen haben, sehr herzlich bitten, still, jeder vor sich selbst zu prüfen, ob sie nicht in einem, in zwei oder nach mehreren Jahren zu der bitteren Einsicht gelangen könnten, in entscheidender Stunde vor sich selbst, für und um das einheitliche Deutschland versagt zu haben, zugunsten eines regionalen, lösbaren Problems.

Ich selbst werde für Berlin als Parlamentssitz gerade wegen seiner bewegten Geschichte stimmen, die ein getreues Bild der langen — und nicht nur vierzigjährigen — Geschichte des gesamten Deutschlands ist, wegen der eindeutigen Haltung, des bewiesenen Muts, der gebrachten Opfer und Entbehrungen Berlins für die Freiheit, die Demokratie und für die Einheit Deutschlands und vor allem und ganz besonders deshalb, weil die Entscheidung für Berlin die allein richtige Entscheidung für die Zukunft des gesamten Deutschlands und des gesamten Europas ist und nicht nur die Entscheidung für eine einzelne Region Deutschlands.

Ich entscheide mich deshalb für Berlin und bitte Sie, mir darin zu folgen.

Hannelore Rönsch *(CDU/CSU):* Meine Symphatie in dieser Debatte um den zukünftigen Sitz des Deutschen Bundestages und der Bundesregierung gehört der Stadt Berlin. Dies ist für mich eine Frage der politischen Glaubwürdigkeit und der zukünftigen Gestalt Europas.

Während der vergangenen drei Jahrzehnte habe ich mich politisch und zwischenmenschlich für die Wiedervereinigung Deutschlands eingesetzt. Damit verbunden war immer auch die Vorstellung von der Hauptstadt Berlin und dem dortigen Sitz von Parlament und Regierung. Wenn sich heute zwölf von sechzehn Länderparlamenten dafür aussprechen, daß auch der Bundesrat seinen Sitz in Berlin nehmen möge, so sehe ich damit auch das vorgebrachte Argument entkräftet, die Verlagerung unterminiere den föderalistischen Aufbau unseres Staates.

Meine Sympathie gilt, ich wiederhole mich, der Stadt Berlin. Dennoch votiere ich zunächst für das Kompromißmodell Heiner Geißlers, das die Verlegung des Deutschen Bundestages nach Berlin und

den Verbleib der Bundesregierung in Bonn vorsieht. Hierin erkenne ich einen vernünftigen, mittleren Weg. Er erlaubt es, sowohl der Bedeutung Berlins als Hauptstadt des geeinten Deutschlands gerecht zu werden als auch Rücksicht zu nehmen auf die Belange vieler Bonner Familien, deren Angehörige in den Ministerien arbeiten und ihre Existenz mit Bonn verknüpft haben. Ein Umzug nur des Parlaments käme sozial- und familienpolitisch einer insgesamt geringeren Belastung gleich. Die Beschwernisse einer Verlagerung sollten ausgewogen verteilt werden.

Jeder andere Kompromiß, etwa auf der besagten Zeitschiene, scheidet für mich aus. Ich denke, die gegenwärtige Situation der Unsicherheit darf keiner der beiden Städte zugemutet werden. Ab morgen muß im Berliner und im Bonner Rathaus Planungssicherheit für die Zukunft herrschen. Jeder muß wissen, mit welcher Funktion er rechnen kann, welche städtebaulichen und strukturellen Herausforderungen in den kommenden Jahren zu meistern sind.

Helmut Sauer *(Salzgitter) (CDU/CSU):* Es ist für mich bedrückend und schmerzlich zugleich, wie mit der deutschen Sprache und deren viel gepriesener Präzision leichtfertig umgegangen wird.

Es sind die Worte „Wiedervereinigung Deutschlands", „ganz Deutschland", „Wort halten" und „Glaubwürdigkeit" gefallen. Darum aus meiner Sicht:

Wir sollten nicht länger den Begriff „Wiedervereinigung" im Zusammenhang mit dem Einigungsprozeß verwenden, denn es wurden „Westdeutschland" als Bundesrepublik Deutschland und „Mitteldeutschland" als Deutsche Demokratische Republik vereint, während gemäß der Auffassung des Deutschen Bundestages und der Volkskammer auf „Ostdeutschland", also auf die deutschen Gebiete jenseits von Oder und Görlitzer Neiße verzichtet worden ist bzw. nach Aussagen des Bundeskanzlers im Widerspruch zu seinem Außenminister verzichtet werden mußte, ohne daß die betroffenen Ostdeutschen ihr Selbstbestimmungsrecht ausüben durften.

Der mehrfach benutzte Begriff „Hauptstadt für das ganze Deutschland" ist nicht gerechtfertigt auf Grund der Verzichtserklärung des Deutschen Bundestages auf Ostdeutschland. Damit ist das deutsche Parlament von seiner jahrzehntelangen Auffassung über „Deutschland in allen seinen Teilen" abgerückt.

Es ist erschreckend zugleich, wie man skrupellos den Begriff „Ostdeutschland" für die neuen östlichen Bundesländer Thüringen, Sachsen-Anhalt, Mecklenburg-Vorpommern, Brandenburg und Sachsen verwendet; denn diese Regionen sind immer als „Mitteldeutschland" bezeichnet worden.

Wenn ausgerechnet der frühere Außenminister und Altbundeskanzler Brandt von „Wort halten" und „Glaubwürdigkeit" unter Hinweis auf frühere Erklärungen des Bundestages aus den 50er Jahren verweist, erlaube ich mir um der Wahrheit willen als ein in Schlesien geborener und von dort gewaltsam vertriebener Deutscher an die zahlreichen Erklärungen der Bundesregierung und die vielen Stellungnahmen der seit 1949 in diesem Hause wirkenden Fraktionen von CDU/CSU, SPD und FDP zu den Fragen der deutschen Ostgebiete, der in der Heimat ausharrenden deutschen Landsleute und zu den Rechten der Heimatvertriebenen zu verweisen.

Beispielhaft nenne ich die 68. Sitzung des Hauses vom 13. 6. 1950.

Damals erklärte unter „langanhaltendem lebhaften Beifall" mit Ausnahme der Kommunisten der Alterspräsident und ehemalige Reichstagspräsident Paul Löbe (SPD):

> Gemäß Potsdamer Abkommen ist das deutsche Gebiet östlich von Oder und Neiße als Teil der sowjetischen Besatzungszone Deutschlands der Republik Polen nur zur einstweiligen Verwaltung übergeben worden. Das Gebiet bleibt ein Teil Deutschlands. Niemand hat das Recht aus eigener Machtvollkommenheit Land und Leute preiszugeben oder eine Politik des Verzichts zu treiben.

Der von mir zitierte Redner Brandt, der seine damalige Mitgliedschaft in der 1. Legislaturperiode des Bundestages auch noch hervorgehoben hat, sollte daher die Wirkung seiner Worte „Glaubwürdigkeit" und „Wort halten" in deutschlandpolitischen Fragen bedenken.

Deutschland ist seit den 50er Jahren politisch und rechtlich verändert worden, damit die Stellung Berlins auch im Hinblick auf die europäische Entwicklung.

Ich will mich ernsthaft bemühen, wie ich es seit 1972 im Ausschuß für innerdeutsche Beziehungen getan habe, mich für die alte Reichshauptstadt Berlin einzusetzen. Die Hauptstadt Berlin soll und muß auch als Brückenkopf und Zentrum für Begegnungen mit unseren osteuropäischen Nachbarn und als deutsches Kulturzentrum unseres Landes ausgebaut und gestärkt werden.

Auf Grund der neuen deutschlandpolitischen Lage und der europäischen Entwicklung spreche ich mich für den Konsensantrag gemäß Drucksache 12/817 aus.

Ortrun Schätzle *(CDU/CSU):* Wenn ich heute für Bonn meine Stimme abgebe, heißt das nicht, daß ich die Bedeutung und den geschichtlichen Wert Berlins schmälern möchte oder gar negiere. Berlin ist Hauptstadt. Wir haben dies im Einigungsvertrag festgeschrieben. Berlin besitzt seinen geschichtlichen Rang im Hinblick auf Verkörperung von Freiheitswillen, Wiederaufbau und Überwindung der deutschen Teilung. Berlin wird diese Wertigkeit als Beitrag zur Bewältigung des deutschen Nachkriegsprozesses nicht verlieren.

Bonn verkörpert jedoch für mich, die ich den Zusammenbruch des Dritten Reiches und den Aufbau unseres demokratisch-freiheitlichen Rechtsstaates miterlebt habe, ebenso Baustein für das Haus Bundesrepublik Deutschland und für das erweiterte Haus Deutschland.

Von Bonn ging und geht für viele Bürger in den neuen Bundesländern geistige Neuorientierung, Stabilität und Zukunftshoffnung aus. In einer Zeit, in der alle Anstrengungen notwendig sind, zum ersten Mal in der Geschichte die sozialistisch-planwirtschaftliche

Kommandowirtschaft in eine freiheitlich-demokratische und sozialorientierte Marktwirtschaft zu überführen, und in der ein Höchstmaß an Kraft, Ideen und Kapital gefragt sind, um die Lebensbedingungen in Ost und West anzugleichen, darf keine Schwächung parlamentarischer Arbeitsabläufe durch eine Trennung von Parlaments- und Regierungssitz erfolgen, dürfen keine aufgeblähten Verwaltungs- und Parlamentsstrukturen unseren Steuerzahlern zugemutet werden, darf der Lebensraum Bonn für 30 000 Mitarbeiter und deren Familien nicht zum Notstandsgebiet werden.

Siegfried Scheffler *(SPD):* Die späte Stunde meines Redebeitrages bringt es mit sich, daß die Argumente, ob Pro oder Contra, den Reiz des Neuen verloren haben. Ich versuche trotzdem, meine bescheidene Zeit dazu zu nutzen, Ihnen, verehrte Kolleginnen und Kollegen, als Berliner aus dem östlichen Teil unserer Hauptstadt die immer wiederkehrenden Fragen und Argumente der betroffenen Menschen, nicht nur der Berliner, vorzutragen, Fragen, aber Aussagen zugleich, die weder zu leugnen sind noch in Frage gestellt werden dürfen:

Berlin als die Stadt, die über vier Jahrzehnte schmerzendes Symbol der Teilung Deutschlands und zugleich der Teilung unseres europäischen Kontinents war, Berlin, die Stadt, die stets den Willen des deutschen Volkes zur Einheit in Freiheit verkörperte, und Berlin, das heute für die Kraft und den Erfolg der Idee des Selbstbestimmungsrechts der Völker steht, auch stellvertretend für die, die mit einer friedlichen Revolution, begonnen in Leipzig, Dresden und vielen Städten in der damaligen DDR und auch von Anbeginn im östlichen Teil Berlins, dieses Selbstbestimmungsrecht durchgesetzt haben.

Das sind nicht Worte und Sätze historischer Sonntagsreden anläßlich symbolischer und höflicher Akte gegenüber Berlin, so wie Sie, meine verehrten Damen und Herren der Bonn-Befürworter es weiter gerne hätten, nein, es sind die Worte des Kanzlers der Bundesrepublik Deutschland anläßlich der Eröffnung der KSZE-Außenministerkonferenz am gestrigen Tag in Berlin — ein Bekenntnis vor der Welt für Berlin, so wie auch heute vor uns Abgeordneten im Parlament.

Gerade weil auch ich in dieser Stunde bei meiner persönlichen Entscheidung in die Zukunft Deutschlands und Europas blicke, muß ich in dieser Stunde auch auf Berlin blicken, Berlin, das als Stadt mit Blockade, Ultimatum, 17. Juni und, als pervertierter Steigerung eines Unrechtssystems, mit der Berliner Mauer bezahlen mußte, aber insbesondere stellvertretend für alle Regionen der damaligen DDR mit dem Leben von Frauen und Männern und unzähligen zerstörten Zukunftsträumen ganzer Generationen bezahlen mußte.

Wollen wir Gesundheit, Leben und vernichtete Familiengenerationen für die Freiheit des gesamten Deutschland den Kosten und einem Umzug von Parlament und Regierung in eine schon im Einigungsvertrag festgeschriebene Hauptstadt entgegensetzen? War nicht gerade die geschichtliche Entwicklung des geteilten Berlins mit der Widerstandskraft der Berliner Unterpfand dafür, daß in den alten Bundesländern Föderalismus, Liberalismus, Parlamentarismus, Selbstbestimmung und Selbstverwaltung aufgebaut wurden? Nicht nur die Politik von der Stadt Bonn aus war es, es waren auch immer die Menschen Berlins, die durch ihre Standhaftigkeit bei an den Grundfesten der Freiheit rüttelnden Krisen weltweit der Bundesrepublik zu Achtung und Anerkennung verhalfen.

Auch wenn Sie heute wieder vielfach argumentieren, meine Damen und Herren der Bonn-Befürworter — so auch Sie, Herr Waigel —, daß seit 1949 mit einer friedfertigen, leistungsfähigen und zuverlässigen Politik begonnen wurde und deshalb einmal gefaßte und mehrfach wiederholte Beschlüsse keinen Bestand haben dürften, dann stimmen Sie mir doch bitte darin zu, daß jetzt mit der erfolgreichen friedlichen Revolution, mit dem vereinigten Deutschland eine tatsächlich neue welthistorische Entwicklung für Deutschland und Europa begonnen hat. Deutschland ist nicht mehr die alte Bundesrepublik. 16 Millionen Menschen hoffen auf die wirkliche geistige, kulturelle, wirtschaftliche, soziale sowie juristische Einheit.

In Kenntnis dieser Tatsache haben sich deshalb 12 von 16 Ländern, dabei alle neuen Bundesländer, für Berlin als Hauptstadt mit Sitz von Parlament und Regierung ausgesprochen, sicher auch unter dem Gesichtspunkt, Wort zu halten, statt Wort zu brechen. Denn es ist heute schon mehrfach gesagt worden: Das Versprochene hat sich nicht geändert, und auch das heute Wesentliche, der Charakter Bonns als einer provisorischen und deshalb zeitlich begrenzten Hauptstadt, war allen bekannt. Nicht den Berlinern muß man Wortbruch vorwerfen, sondern den Politikern, die permanent von einem Provisorium gesprochen, aber nie für eine Stunde X mit der Vereinigung gehandelt haben. Nein, Herr Blüm, hier haben die Politiker und — da Sie ja die Politik mit Bonn identifizieren — hier hat Bonn, hier hat Nordrhein-Westfalen schon vor dem Fall der Mauer die Menschen in dieser Region im Stich gelassen.

Lassen Sie sich deshalb, meine Damen und Herren, in dieser historischen Stunde nicht von Ihrem persönlichen Interesse leiten, entscheiden Sie nach Ihrem politischen, in die Zukunft gerichteten Sachverstand, damit der wirtschaftliche Aufschwung in den fünf neuen Bundesländern der Politik folgt. Von einem Regierungs- und Parlamentssitz Berlin werden starke Impulse in die neuen Bundesländer ausgehen, die weitere Entvölkerung der östlichen Gebiete in den ohnehin ungleich dichter besiedelten Westteil wird so aufgehalten, und eine entgegengesetzte Bewegung wird einsetzen.

Entscheiden Sie für Berlin!

Cornelia Schmalz-Jacobsen (FDP): Seit Wochen und Monaten tun wir uns ganz offenkundig schwer mit der Frage, wo künftig der Regierungssitz sein soll. Dabei ist diese Entscheidung im Grunde genommen doch ganz einfach! Man darf sich nur den Blick nicht verstellen lassen. Die als Begleitumstände zu lösenden Probleme, das räume ich gerne ein, sind schwierig. Aber ich habe den Eindruck, daß sie sich inzwischen aufgebaut haben zu einer schier undurchdring-

lichen Nebelwand, in der viele — gerade auch die Kompromißsucher — die Orientierung zu verlieren drohten.

Es gibt Fragen, die sind ungeeignet für Kompromisse. In der uns vorliegenden Frage geht es um eine klare Ja- oder Nein-Entscheidung, und wenn wir diese nicht mehr zu treffen imstande sind, dann zeigt sich darin letztlich eine Hilflosigkeit des Parlaments, die wir möglicherweise mit einem Vertrauensschwund bei den Bürgern zu bezahlen haben werden.

Entscheiden wir heute nach 45 Jahren der Treueschwüre für Berlin nicht klar und eindeutig für diese Stadt als den Regierungssitz aller Deutschen, machen wir uns des Wortbruchs schuldig. Täuschen wir uns nicht: Wir haben heute die Antwort zu geben auf eine Frage von weitreichender staatspolitischer Bedeutung. Mit Gewissen hat das überhaupt nichts zu tun! Es geht hier nicht um ein standortpolitisches Streitobjekt, wie manche zu glauben scheinen. Es geht um das Heilen der Deutschen Teilung, es geht um das Zusammenführen durch Teilen, aber beileibe nicht um das Schachern oder das Aufteilen von Funktionen.

Das Wort von der „Bonner Demokratie", das Sie, Frau Kollegin Fuchs, gebraucht haben, erscheint verräterisch. Wem käme es je in den Sinn, etwa von der „Londoner Demokratie" zu sprechen oder der „Pariser" oder der „Römischen Demokratie"? — Wir haben eine parlamentarische Demokratie mit einer bald 42jährigen Tradition in der Bundesrepublik Deutschland. Sie ist in Berlin (West) ebenso zuhause wie in Bonn oder sonstwo in den alten Bundesländern.

Es ist nicht nur üblich, sondern auch berechtigt, die Verdienste Bonns zu würdigen. Ich erspare mir aus Gründen der Zeit hierzu längere Ausführungen. Ich halte es für selbstverständlich, daß wir alle uns Gedanken darüber machen, wie es mit dieser Stadt weitergehen kann. Eines ist doch ganz sicher: Bonn wird nie wieder die verträumte Universitätsstadt von ehedem werden, die Geschichte läßt sich nicht zurückdrehen. Wir wollen und müssen die Probleme dieser Region ernst nehmen, aber wir dürfen sie doch nicht zur Grundlage dieser Jahrhundertentscheidung machen.

Ich finde das auch einigermaßen zynisch angesichts der Probleme, die andere in unserem Land oder jenseits unserer östlichen Grenzen haben. Auch die Fragen der Finanzen, die heute wieder eine große Rolle bei den Bonn-Befürwortern gespielt haben, wirken seltsam vorgeschoben. Es kommt mir so vor, als verberge sich darunter etwas ganz anderes, und ich will das — vielleicht polemisch überspitzt — so formulieren: „Die Einheit, die wollen wir schon, aber bitte so, daß man im Westen möglichst wenig davon merkt." Im Osten soll sich alles, wirklich schlechthin alles ändern, im Westen möglichst alles beim alten bleiben. So kann es ja nicht gehen. Deutschland wird endlich wieder ein normales Land, und in diesem Augenblick wollen wir einen kuriosen Sonderweg einschlagen, der angeblich einer europäischen Befindlichkeit der jungen Generation entgegenkäme? Was für eine Verwirrung der Gemüter! Ich wundere mich auch, wie hier von einigen der jungen Kollegin-

(A) nen und Kollegen die junge Generation pauschal in Anspruch genommen wird.

Es ist eben falsch zu behaupten, daß diejenigen, die Berlin wieder die selbstverständliche Funktion des Regierungssitzes zuordnen wollen, rückwärtsgewandt argumentierten. Das Gegenteil ist der Fall: Es geht um unsere Zukunft und um die Zukunft Europas. Wir müssen heute eine Entscheidung treffen, die Bestand hat.

Es ist bedauerlich, daß der Einheitsvertrag ein Schlupfloch gelassen hat. Schon im vergangenen Herbst wäre es möglich gewesen, hier Klartext zu schreiben. Es zeigt sich, daß es sich immer rächt, wenn man klare, einfache Entscheidungen nicht sofort trifft, sondern sie verschiebt — aus Schwäche, Zaghaftigkeit oder Angst vor Andersdenkenden.

Heute ist häufig das Wort von der Signalwirkung bemüht worden. Ich stimme dem zu. Die Verlegung von Parlament und Regierung nach Berlin würde wie nichts anderes ein Signal sein für den politischen Willen zum tatsächlichen Zusammenwachsen. Es würde unseren Willen deutlich und glaubhaft machen.

Meine Damen und Herren, schieben wir doch die Nebelwände weg! Raffen wir uns doch auf zu einer Entscheidung, die der Würde dieses Parlaments und alles dessen, was hier in Jahrzehnten immer wieder zu Berlin gesagt wurde, gerecht wird.

Michael von Schmude *(CDU/CSU):* Verschiedene Vorredner haben in dieser Debatte heute betont, für sie gebe es außer der Entscheidung Berlin oder Bonn auch noch andere wichtige Probleme, die es in unse-
(B) rem wiedervereinigten Vaterland zu lösen gilt. Die aufgewühlte Stimmung der letzten Tage und Wochen hat jedoch gezeigt, daß das harte Ringen um den künftigen Sitz von Parlament und Regierung mehr ist als eine Sachentscheidung, über die man nach erfolgter Beschlußfassung wieder zur Tagesordnung hinweggehen kann. Wir haben uns nicht nur mit Sachargumenten auseinanderzusetzen, sondern darüber hinaus steht auch die Glaubwürdigkeit unserer Politik und der Mitglieder dieses Hauses auf dem Prüfstand.

Wir haben mehr als 40 Jahre keinen Zweifel daran gelassen, daß Berlin die Hauptstadt aller Deutschen war. Wir haben gemeinsam das Unrecht der Teilung unseres Vaterlandes in dieser Stadt als besonders schmerzlich empfunden. Wir haben mit dem Elend der Teilung dieser Stadt, mit den Bildern von Mauer und Stacheldraht, von Wachtürmen und verschlossenem Brandenburger Tor in aller Welt um Verständnis für den Wunsch der Deutschen nach Einheit geworben. Wir haben die bedrückenden, aber zugleich auch anschaulichen Auswirkungen der Teilung in Berlin benutzt, um das SED-Regime auf die internationale Anklagebank zu setzen. Wir haben Unmenschlichkeit, die Verletzung der Menschenrechte, die Unterdrückung von Freiheit und Gerechtigkeit immer wieder am Beispiel Berlins demonstriert. Wir haben damit die deutsche Frage offengehalten.

Hätten wir unseren Anspruch auf Berlin als Hauptstadt aller Deutschen aufgegeben, hätten wir zugleich auch ein Zeichen der Kapitulation vor Unfreiheit und

(C) Unterdrückung gesetzt und damit die Wiederherstellung der deutschen Einheit gefährdet oder gar unmöglich gemacht. Wir haben mit unserem Bekenntnis zu dieser großartigen Stadt den Menschen in ganz Berlin, der DDR, aber auch in den ebenfalls unterdrückten osteuropäischen Nachbarstaaten gezeigt, daß wir sie nicht im Stich lassen.

Wer jetzt sagt, wir haben eine neue Situation, das alles gilt nicht mehr, vergißt, daß wir eine Verantwortung vor unserer Geschichte haben und es den Menschen in Berlin und in den neuen Bundesländern einfach schuldig sind, in der Hauptstadtfrage nicht umzufallen. Berlin als Hauptstadt mit Parlaments- und Regierungssitz steht als Symbol für Menschenrechte und Freiheit.

Von Konrad Adenauer über John F. Kennedy, Willy Brandt, Ronald Reagan bis zu Bundeskanzler Helmut Kohl haben alle führenden Politiker immer wieder der Welt zugerufen: Schaut auf diese Stadt! Es geht in Wahrheit nicht um eine neue Entscheidung für Berlin, sondern nur um eine Bestätigung dessen, was der Deutsche Bundestag bereits 1949, also vor mehr als vier Jahrzehnten, längst festgelegt hatte.

Wir als Abgeordnete tragen die Verantwortung nicht nur für unsere Wahlkreise, sondern vor allem für das ganze Deutschland. Es geht nicht nur um die Zukunft von zwei miteinander konkurrierenden Städten, sondern um das Vollenden der deutschen Einheit, an der Berlin einen so bedeutenden Anteil hat.

12 von 16 Landtagen haben sich für Berlin entschieden und damit das Argument widerlegt, die Berlin-Lösung führe zum Zentralismus. Stimmen Sie dem Berlin-Vorschlag zu, und setzen Sie damit ein Zeichen (D) für Glaubwürdigkeit und Vertrauen in unsere Politik und in die Zukunft Deutschlands.

Wolfgang Schulhoff *(CDU/CSU):* Das Szenario um die heutige Entscheidung, Berlin oder Bonn, erinnert mich fatal an die heiße Phase der Diskussion um den NATO-Doppelbeschluß, denn damals wie heute findet die Debatte vor einer höchst emotionalisierten Öffentlichkeit statt, wofür ich Verständnis habe.

Kein Verständnis habe ich jedoch dafür, daß man persönlich vorgeführt und angegriffen wird. Gerade die heute anstehende Entscheidung verlangt den Respekt vor dem Andersdenkenden.

Wenn mir die Entscheidung für den Doppelbeschluß leicht fiel, fällt mir die heutige Entscheidung sehr schwer. Schwer, weil die Entscheidung über Regierungs- und Parlamentssitz sowohl die Geschichte unseres wiedervereinigten Landes, seine Gegenwart und auch seine Zukunft reflektieren als auch die geschichtliche Kontinuität bewahren muß.

Es darf keine Geschichtskürzung — wie Herr Diepgen forderte — geben, aber auch keine Geschichtsglättung, auch muß Geschichte fortgeschrieben werden. Zu dieser Betrachtung gehören die Jahre vor und während der Teilung und auch die Gründe, die zur Teilung führten und sie überwinden ließen.

Wenn ich unsere Geschichte so annehme, dann stehen dafür zwei Symbole, Bonn und Berlin, zeitunterschiedlich und auch zeitgleich. Deshalb kann es auch

(A) für mich keine Lösung des „entweder oder" sondern des „sowohl als auch" nur geben. Denn sowohl in Bonn als auch in Berlin wurde Geschichte gleichsam geschrieben.

Eine geschichtliche Aufrechnung, hier die Wilhelminische Zeit, die Weimarer Republik, die kurzen Jahre der Prosperität, dann die furchtbare Zeit des Nationalsozialismus, die Phase des Walter Ulbricht und seiner Genossen und dort die Zeit des Friedens, der längsten Phase in der Deutschen Geschichte, die wirtschaftliche Blüte und die Westintegration, um nur einige wenige Phasen Deutscher Geschichte zu nennen, führt meiner Ansicht nach nicht weiter, denn sie verkürzt nur und wird Berlin nicht gerecht. Wie auch das „Preußische", Herr Kollege Brandt hat es zutreffend formuliert, mehr ist als nur für eine Karikatur gut. Wer diese Phase deutscher Geschichte nur so sieht, der vergißt, was von Kant und anderen prägend für unser Geistesleben ausging — um nur einen Namen für viele zu nennen.

Berlin war in den letzten 40 Jahren Symbol der Freiheit nicht nur für die Menschen in unserem Land, sondern für die nach Freiheit rufenden Menschen in der ganzen Welt. Deshalb bleiben mir die Worte des amerikanischen Präsidenten John F. Kennedy „Ich bin ein Berliner" unvergessen und mahnen mich auch bei meiner heutigen Entscheidung.

Ohne Berlin, ohne den unbändigen Freiheitswillen seiner Bürger hätten wir keine Chance gehabt, die Teilung zu überwinden. Aber auch ohne Bonn, ohne unser Grundgesetz, seine Präambel und dem von dort ausgehenden freiheit- und friedenstiftenden Geist,
(B) hätten wir die Wiedervereinigung nicht erlangen können. Denn auch von Bonn ging der unbändige Willen aus, niemals auf das Selbstbestimmungsrecht der Deutschen zu verzichten.

Für uns war es deshalb selbstverständlich, daß Berlin schon durch den Einigungsvertrag wieder unsere Hauptstadt wurde. Damit haben wir dem einen Teil unserer Geschichte Rechnung getragen.

Was, so frage ich mich, bleibt dann für den anderen übrig? Man kann doch jetzt nicht einfach einen Schlußstrich unter die letzten 40 Jahre ziehen, ganz nach dem Motto „Der Mohr hat seine Schuldigkeit getan". Bonn steht doch auch für eine ganz wichtige Phase unserer Entwicklung. Mit dem Namen dieser Stadt verbindet sich nicht nur die Soziale Marktwirtschaft, eine in der ganzen Welt bewunderte Wirtschaftsordnung, sondern auch das friedliche, um Aussöhnung mit seinen Nachbarn bemühte und die Europäische Integration fördernde Deutschland. Nach 40 Jahren kann man auch hier nicht mehr von einem Provisorium sprechen. Auch hier fühle ich mich verpflichtet.

Gerade unsere wechselvolle Geschichte verpflichtet uns auch zukünftig, auf beide Städte zurückzugreifen. Es geht weder mit Bonn noch mit Berlin alleine; es geht nur mit beiden zusammen.

Lothar de Maizière forderte seinerzeit, die Teilung durch teilen zu überwinden. Wenn dies gelten soll, so gilt das auch für Bonn und Berlin. Auch Föderalismus heißt teilen. Ich bin deshalb für ein Miteinander, wobei für mich eine Trennung von Regierung und Parla-

(C) ment zwar gut gemeint, aber nicht praktikabel erscheint. Trotz moderner Kommunikationsmöglichkeiten gehört die Regierung zum Parlament und umgekehrt.

Egal wie die Entscheidung heute ausfällt, es gibt für jede Stadt wichtige Argumente, die auch zu respektieren sind — mit denen man auch leben kann. Ich persönlich halte bei sorgfältiger Abwägung die Argumente für Bonn als Parlaments- und Regierungssitz für schwerwiegender.

Berlin als Hauptstadt mit Sitz des Bundesrates, des Bundespräsidenten und noch weiterer wichtiger Verfassungsorgane, als kulturelles und geistiges Zentrum Deutschlands, und Bonn als Parlaments- und Verwaltungszentrum: Dieses Modell wird nicht nur unserer Geschichte gerecht, sondern ist zukunftsträchtig und auch friedenstiftend und entspricht dem Geist des Einigungsvertrages.

Obwohl die heutige Abstimmung von großer Symbolkraft ist, gibt es für mich — obwohl ich nicht von Geld sprechen möchte — zur Zeit noch wichtigere Probleme, um die Teilung unseres Vaterlandes zu überwinden.

Dr. R. Werner Schuster *(SPD):* Bei der abschließenden Abstimmung werde ich — wie ich es meinen Wählern und Wählerinnen bereits vor Monaten öffentlich angekündigt habe — für Berlin votieren. Die Gründe hierzu will ich im einzelnen hier nicht darlegen. Ich kann mich da im wesentlichen dem anschließen, was der von mir sehr verehrte Alterspräsident Willy Brandt bereits am 20. Dezember 1990 und heute (D) wieder ausgeführt hat. Nur soviel: Für mich ist Glaubwürdigkeit eine wichtige Sekundärtugend für Politiker.

Nein, ich will einen anderen Gesichtspunkt herausstellen. Mich als nicht mehr ganz jungen Neuling in diesem Bundestag hat die mangelhafte Professionalität bei der Vorbereitung gestört. Wie würden wir als Abgeordnete reagieren, wenn der Vorstand eines Unternehmens aus unseren Wahlkreisen es wagen würde, auf der Basis der uns Abgeordneten zugegangenen Unterlagen eine derart weitreichende Entscheidung zu treffen? Wir wären zu Recht empört.

Ich habe völliges Verständnis dafür, daß die beiden betroffenen Städte Bonn und Berlin uns mit relativ einseitigen Stellungnahmen — auch Gutachten genannt — konfrontieren. Dementsprechend variieren auch die Kostenschätzungen um mehr als den Faktor 2. Ich habe auch Verständnis dafür, daß die betroffenen Personalräte aus der Bonner Region ein flammendes Plädoyer für den Erhalt des Regierungssitzes in Bonn halten. Aber für die „Geschäftsleitung" dieses Großunternehmens Bundestag, Bundesregierung — und in geringerem Umfang Bundesrat — ist es doch beschämend, daß erst in allerletzter Minute der Ansatz zu einem systematischen Vergleich von Pro und Contra unternommen wurde, obwohl das zugrunde liegende Problem seit mehr als 12 Monaten — seit der bewußten Ausklammerung im Einheitsvertrag — allen damals beteiligten Politikern bekannt war. Hier haben nach meinem Verständnis für verantwortungsvolle Politik vor allem der Ältestenrat als „Geschäfts-

(A) leitung" des Unternehmens Bundestag und das Bundeskabinett als „Geschäftsleitung" für den gesamten Regierungsapparat versagt. Mit dieser mangelhaften Entscheidungsvorbereitung in eigener Sache bestätigen wir außerdem die Vorurteile unserer WählerInnen von „denen da oben in Bonn".

Dabei war es wiederum Willy Brandt, der in seiner Rede am 20. Dezember 1990, also vor sechs Monaten, unter anderem den Vorschlag gemacht hat, eine unabhängige Kommission damit zu beauftragen, wie denn eine plausible und funktionierende Kompensation für die beiden Städte aussehen könnte. Mit einer solchen Kommission hätte man auch das Miteinander der beiden Städte leicht organisieren können. Er hatte angeregt, daß der Bundesrechnungshof, der ja bekanntlich in Frankfurt sitzt, den Kostenvergleich überprüfen sollte, und das nicht nur bezogen auf den aktuellen Entscheidungszeitpunkt, sondern über einen, für die betroffenen BürgerInnen viel wichtigeren, längeren Zeitraum. Außerdem hatte er darum gebeten, die Entscheidung nicht ohne Not über das Jahr 1991 hinauszuschieben. Ob er sich damals wirklich die Torschlußpanik der „Organbank" der letzten Wochen — also zur Jahreshälfte — vorgestellt hat?

Was machen wir, wenn die heutige Abstimmung so ähnlich ausgeht wie die der Bundes-SPD auf dem Bremer Parteitag? Glaubt irgend jemand von uns ernsthaft, daß dann die Diskussion zu Ende sei? Darum, meine Damen und Herren, wenn ich ehrlich bin, wünsche ich mir heute ein sattes Patt. Das würde uns zwar zweifelsohne heute kritische Anmerkungen in der Öffentlichkeit einbringen, das böte uns aber andererseits die Gelegenheit, unsere Hausaufgaben in den (B) nächsten sechs Monaten systematisch nachzuholen. Wir alle, die Befürworter von Bonn und die von Berlin, hätten dann die Chance, den Menschen in der primär nicht zum Zuge gekommenen Region mit gutem Gewissen in die Augen zu schauen, da wir ihnen dann, ohne in den Geruch des Kungelns kommen zu müssen, realistischere Alternativen anbieten könnten. Wir müßten dann nicht — wie wohl heute überwiegend — eine Entscheidung vornehmlich aus dem „Bauch" treffen. Sollten wir diesen Anspruch von Professionalität an uns selbst ohne Not opfern?

Arno Schmidt *(Dresden) (FDP):* Für die Zukunft kommt für mich nur Berlin als Hauptstadt inklusive Regierungssitz und Parlamentssitz in Frage, das möchte ich deutlich feststellen.

Aber lassen Sie mich eines ebenso klar aussprechen: Die Parlaments- und Regierungssitzfrage ist doch mit Blick auf die unverändert großen Probleme der neuen Bundesländer nun wirklich alles andere als eine primäre Frage, die im Ad-hoc-Verfahren beantwortet werden müßte. Hier hat sich die Politik, hat sich der Bundestag unter einen Zugzwang gesetzt, der mit nichts, aber auch wirklich nichts zu begründen ist, auch nicht damit, daß angeblich in der Bonner Region nicht mehr und umgekehrt im Berliner Raum erst recht nicht investiert würde.

Ich persönlich hätte eine unbefristete Vertagung der Entscheidung für angezeigt gehalten, bis der Aufbau der neuen Länder soweit vorangeschritten ist, daß eine Entscheidung für Berlin, die ich aus historischer

(C) Sicht für vernünftig halte, guten Gewissens möglich gewesen wäre. Unbefristet hätte für mich ein Zeitraum bedeutet, in dem in beiden Regionen weiterhin Planungssicherheit gewährleistet gewesen wäre, Investitionen und Abschreibungen überschaubar hätten getätigt werden können und in dem sowohl junge Menschen als auch ältere Menschen ihre Zukunft noch immer hätten sicher planen können, besonders hier, aber auch in Berlin.

Was hätte uns gehindert, die Regierungs- und Parlamentssitzfrage in 15, 20 oder auch in 4 Jahren zu entscheiden, aber eben zu einem Zeitpunkt, an dem wir alle wissen, daß der Aufbau der neuen Bundesländer an einem Punkt angelangt ist, wo man sich keine Sorgen mehr zu machen braucht und keine zusätzlichen Aufbaumittel mehr benötigt werden. Das wäre doch der Zeitpunkt gewesen, wo jeder einzelne Abgeordnete ohne äußere Zwänge hätte wirklich frei entscheiden können.

Nicht zu verschweigen ist, daß bei einer heutigen Entscheidung für Berlin dort unkalkulierbare Preisexplosionen zu erwarten sind, die den Bürger dort zusätzlich belasten. Nicht kalkulierbare Schwierigkeiten wird es in diesem Falle auch für die Bonner Region geben, wo dann wohl in der Tat die Investitionen zunächst zurückgehen werden. Ich sage also ganz offen: ich bin nicht recht glücklich mit meiner Entscheidung.

Aber angesichts der vorliegenden Anträge und der offenkundigen Unmöglichkeit, unter Zeitdruck einen (D) gerechten Kompromiß zu finden, spreche ich mich für Berlin aus. Die glaubwürdige Vollendung der deutschen Einheit braucht letztlich den vollwertigen Regierungssitz Berlin.

Ich hätte mir eine Entscheidung mit breiter Mehrheit zu einem späteren Zeitpunkt gewünscht. Aber bei verantwortungsvoller Ausgestaltung einer heutigen Entscheidung für Berlin wird auch sie vor der Geschichte Bestand haben.

Christian Schmidt *(Fürth) (CDU/CSU):* Die heutige Entscheidung, die nach meiner Ansicht objektiv zu früh kommt und durchaus angesichts unserer vielen Probleme noch einige Zeit hätte reifen sollen, soll und wird weit in die Zukunft hineinreichen. Die beiden Städte stehen jeweils für einen Teil der deutschen Geschichte. Der Teil, für den Bonn steht, ist im Vergleich zu anderen Perioden der deutschen Vergangenheit stabil, kontinuierlich und alles in allem sehr erfolgreich verlaufen.

Auch die „Berliner" Zeit hatte neben den bekannten Tiefen, die man der Stadt nicht anlasten darf, beachtliche Höhen zu sehen bekommen. Ich erinnere nur an den schwierigen und letztendlich am Extremismus gescheiterten, aber doch gewagten und grundlegenden Versuch, die Monarchie in ein demokratisches Staatswesen umzuwandeln. Nach dem totalen Niedergang Deutschlands wurde Berlin zum Symbol der Freiheit und Einheit Deutschlands. Wir alle, Deutsche in den alten und neuen Bundesländern und in Berlin, sind dieser Stadt zu Dank verpflichtet. Dieser Dank wird auch vielfältig einzulösen sein.

(A) Die heute zu treffende politische Entscheidung wird aber, wie gesagt, auch in die Zukunft reichen. Dabei gilt es — ganz nüchtern —, in der Abwägung zwischen beiden Möglichkeiten zu bedenken, welche Zukunftsperspektiven wir für die Bundesrepublik Deutschland unterstreichen wollen. Hierzu gehören — für meine Generation besonders stark ausgeprägt — die Bereitschaft und der Wille, das Bonner Grundgesetz und die Bonner Demokratie gemeinsam mit den Deutschen, denen damals mitzuwirken versagt war, fortzusetzen. Aus dem Provisorium Bundesrepublik war schon vor der Wiedervereinigung ein etablierter Staat geworden. Durch die Zusammenfügung der beiden Teile Deutschlands wird dies nur um so mehr bekräftigt. Aus dem Provisorium Bonn ist in den mehr als 40 Jahren ein Symbol deutscher demokratischer Tradition entstanden, über das man nicht einfach hinweggehen kann.

Lassen Sie mich bei dieser Gelegenheit dem Gedankenexperiment, das Willy Brandt in bezug auf Vichy-Paris angestellt hat, ein anderes gegenüberstellen: Hätten die Väter und Mütter der Weimarer Verfassung, nachdem sie 1919 aus Berlin nach Weimar ausgewichen waren, wegen der Händel längere Jahre nicht in diese Stadt zurückkehren können, wäre nicht dann auch die Frage aufgetaucht, ob Nationalversammlung und später Reichstag in Weimar bleiben sollten?

Und — es sei erlaubt zu fragen — hätte das ruhigere Weimarer Klima in den 20er Jahren der politischen Stabilität dieser krisengeschüttelten Demokratie nicht vielleicht einen größeren Beitrag zur Stabilität leisten (B) können als das aufgeregte Berlin, das ständig am Brodeln war?

Die Königsidee des 20. Jahrhunderts, wie Konrad Adenauer die Aufgabe der europäischen Einigung bezeichnet hat, wird gegenwärtig neu gedacht, nicht mehr als westeuropäische, sondern als gesamteuropäische Konstruktion. Dies heißt auch, daß neue Institutionen und Organisationen mittelfristig notwendig werden. Aus der Perspektive der Zukunft hat Berlin hier eine wichtige Drehscheibenfunktion für gesamteuropäische Institutionen.

Deutschland hat seinen Reichtum in wirtschaftlicher, sozialer und kultureller Hinsicht immer aus einer Vielfalt geschöpft. Für die Zukunft wird es eine noch größere Aufgabe, die Sogwirkung der Megastädte im besten Bestreben für diese Städte selbst und das Land einzudämmen.

Deswegen ist eine dezentrale Organisation der obersten Bundesorgane, auch der Bundesgerichte, der richtige Weg.

Diesbezüglich tritt für mich das Kostenargument in den Hintergrund. Wichtig ist die Idee und wie es uns am besten gelingt, deutsche Interessen in Europa und europäische Interessen in der Welt zur Geltung bringen zu können und sowohl Geschichte als auch Zukunft zu berücksichtigen. Eine in die Zukunft gerichtete Entscheidung darf deswegen gerade nicht auf die Symbolik Bonns, auch nicht auf die Symbolik Berlins verzichten, wie es Prof. Karl Bosl formuliert hat und wie es wohl einem weitverbreiteten Wunsch entspricht.

(C) Meine Entscheidung gilt deswegen dafür, in Bonn weiterhin den Regierungssitz zu behalten. Der historischen und zukünftigen Bedeutung Berlins ist Rechnung getragen, wenn der Bundestag als seinen Haupttagungsort Berlin wählt.

Ich halte den Geißlerschen Vorschlag noch nicht als abschließend gedacht, da er sich in der Praxis bewähren muß. Bei aller Abwägung und Notwendigkeit zur praktischen Überprüfung bin ich bereit, diesem Kompromiß zuzustimmen. Findet dieser Antrag keine Mehrheit, wird die Bundesstaatslösung — für einen Verbleib in Bonn — meine Stimme erhalten.

Stefan Schwarz (CDU/CSU): Wir führen eine gute Debatte, bei kontroversen Positionen. Wir haben die Chance zu mehr Verständnis und zu mehr Einheit uns heute erarbeitet. Lassen wir uns nicht durch Worte über „Spaltung" verunsichern, reden wir von Teilen und Zusammenwachsen.

Es geht hier vor allem um das Zusammenwachsen der Deutschen und um die Glaubwürdigkeit unserer Positionen.

Ich stamme aus dem Rheinland, bin der jüngste Abgeordnete aus Rheinland-Pfalz. Ich habe hier kein Haus, dafür aber viele Freunde und Menschen, die mir wichtig sind. Ebenso eine Menge Freunde, darunter ganz persönliche, in Berlin — wie auch in Thüringen, in Sachsen und anderen Regionen Ostdeutschlands. Auch vor denen verantworte ich meine Entscheidung.

Jahrelang bin ich mit meinen politischen Freunden nach Berlin — übrigens früher nach Leipzig, wo im (D) Jahr 1989 mehr Geschichte von Menschen geschrieben wurde — gefahren, um für Freiheit und Menschenrecht zu demonstrieren.

Ich war in der DDR, bevor die Mauer fiel. Es gab Einreiseverbot der SED-Machthaber. Nach dem Fall der Mauer ging es wieder zu Freunden nach Berlin, um beim demokratischen Aufbruch der Menschen in der DDR zu helfen, dann auf Bitten eines Freundes, einem Berliner, noch einmal nach Berlin und Strausberg, um mitzuhelfen, daß die Deutsche Einheit gelingt.

Es ist eine Frage von persönlicher Glaubwürdigkeit, den Beitrag zu leisten, um die Einheit aller Deutschen zu vollenden.

Die jungen Deutschen haben — Gott sei Dank — ein so tief verankertes, natürliches Verhältnis zu einer gelassenen Demokratie, daß es beruhigen sollte für die Zukunft Deutschlands und für die Zukunft Europas.

Dieses Verständnis der jungen Deutschen ist auch deshalb so wertvoll, weil es ohne aufgeblasenen Pomp auskommt, weil es ein sehr natürliches Verhältnis zur Demokratie dokumentiert.

Ich möchte hier — gerade nach der Kritik von Herrn Kollegen Schäfer — noch einmal unterstreichen: Die ganz überwiegende Mehrheit meiner Alterskollegen in Deutschland will Bonn als Sitz des Parlaments und damit auch der Regierung. Das sind normale, junge Deutsche — und keine halbseidenen Typen. Ich weiß nicht, woher Sie das haben, Herr Kollege Schäfer, hier

(A) alle jungen Deutschen zu seidenen oder halbseidenen Typen zu erklären und sie nur mit den Seychellen in Verbindung zu bringen. Das hat mehr mit der Cocktail-Wirklichkeit der hohen Schule der Diplomatie zu tun als mit den jungen Deutschen von Schwerin bis Garmisch.

Wir identifizieren uns tief mit der Bonner Demokratie: mit Demokratie, mit Europa, mit sozialer Gerechtigkeit und mit Deutschland als Ganzem in seiner undramatischen, föderalen Struktur. Wer an die Zukunft denkt und hier gar von einer Zukunftsentscheidung für Deutschland spricht, der sollte dies bitte sehr ernst nehmen. Ein wichtiger Teil von Deutschlands Zukunft, nämlich Deutschlands Jugend, ist klar und eindeutig für Bonn. Und das mit Idealen, die wertvoll sind für ganz Deutschland.

Und es ist meine konkrete Erfahrung: Diese Einstellung gilt nicht nur für meine Freunde im Westen Deutschlands; ich höre dasselbe erfreulicher Weise auch aus Erfurt, aus Thüringen, aus Sachsen, aus Sachsen-Anhalt und anderen Regionen Deutschlands, die ehemals zur DDR gehörten.

Und heute entscheiden wir nicht nur nach unseren eigenen Erfahrungen, sondern auch für diejenigen, die heute nicht in diesem Parlament sitzen und die Zukunft Deutschlands und Europas bauen werden.

Wir haben übrigens auch hier bemerkenswert undramatische und dadurch um so eindringlichere Beiträge aus den neuen Ländern gehört, die aus ihrer Sicht gute Gründe für Bonn ins Feld geführt haben. Für diese Beiträge bin ich in dieser zeithistorischen
(B) Debatte besonders froh.

Ich bin Deutscher, aber ein europäischer, ein gesamteuropäischer. Wir wollen die demokratischen Vereinigten Staaten von Europa, vom Süden bis zum Norden, vom Westen bis zum Osten, d. h. von Irland bis zum Baltikum, von Portugal bis nach Finnland. Aber ich will keine falsche Verschiebung des Koordinatensystems. Wir jungen Deutschen wollen die Zukunft Gesamteuropas bauen, wir wollen unsere Zeit nicht mit allzuviel Nostalgie oder gar Glanz und Gloria vertun. Wir haben oft in Berlin demonstriert für das „Symbol Berlin", für das Symbol „Freiheit", für das Symbol „Selbstbestimmung", für das Symbol „Menschenrechte", nicht für die Symbole des alten Berlin.

Ich habe mich durch die Einheit geändert, habe geteilt und will weiter teilen. Ich will, daß wir Deutschen uns wandeln; wir sind ja auch dabei. Aber ich will eine gewandelte, keine andere Republik als die, die mir und vielen meiner Freunde in Ost und West als Ideal gilt.

Ich will noch etwas über die Glaubwürdigkeit sagen. Vorweg gilt: Glaubwürdigkeit fängt bei jedem einzeln an. Dazu gestatten Sie mir eine kritische Anmerkung: Einige, die hier reden, auch solche, die von Glaubwürdigkeit reden, müssen sich fragen lassen, was sie denn vor der Maueröffnung — oder sogar danach alles gesagt haben.

Die unglaubwürdigsten Plädoyers halten für mich diejenigen, die bis vor wenigen Monaten im November 1989 von der besonderen politischen Einheit

(C) Westberlin gesprochen und alles getan haben, um die freiheitliche Entwicklung dieser Stadt zu torpedieren.

Ich komme zur historischen Glaubwürdigkeit, zum Argument der Geschichte. Hier wird viel von Geschichte geredet. Aber, liebe Kolleginnen und Kollegen, es hat doch von 1989 bis 1991 mindestens soviel Geschichte gegeben wie in den letzten 25 Jahren zuvor. Diese Geschichte hat doch nicht weniger Wert, weil sie atemberaubend schnell geschah — sie hat doch dadurch eher wesentlich mehr Gewicht!

Wer hat denn 1949, 1969 oder in den 80er Jahren die geschichtlichen Prozesse prophezeit, die in den darauffolgenden Jahren eingetreten sind, z. B. das Jahr 1980:
Geburt der Solidarnosc, mit historischen Ergebnissen in den 80er Jahren bis hin zum Grenzvertrag und, fast noch wichtiger, dem Freundschaftsvertrag, den doch wieder alle, zu Recht, als „historisch" bezeichnet haben, Sacharow, der große Mann der Demokratisierung der Sowjetunion, Gorbatschow, der sowjetische Präsident, der die Demokratisierung der Sowjetunion eingeleitet hat, Boris Jelzin, das erste freigewählte Oberhaupt der Russen in über 1 000jähriger Geschichte, Vaclav Havel — vom Häftling zum Präsidenten —, Ungarn, die Öffnung des Eisernen Vorhangs, die Demokratisierungswelle in ganz Ost-, Mittel- und Südosteuropa: Das alles ist dichteste Geschichte!

Und 1990? Der Zwei-plus-Vier-Vertrag der Einigungsvertrag, der Abzugsvertrag mit den Sowjets, die KSE-Konferenz in Paris, mit der aktuellen Folgekon-
(D) ferenz in Berlin: Dies alles ist auch dichteste Geschichte.

Wir sollen hier nach bestem Wissen und Gewissen entscheiden. Dazu gehört ganz entscheidend das Wissen.

Wer die Geschichte beansprucht, der hat nicht das Recht, sich auf 1949 allein zu beziehen, sich allein auf die Teile bis 1989 zu beziehen, und dabei nur das wahrzunehmen, was in die eigene Argumentation paßt.

Dies wäre ein falsches Geschichtsverständnis.

Die Frage hier lautet: Warum muß es „Alles oder nichts" heißen?

Bonn will wirklich teilen — um des Landes willen, von dem wir hier reden.

Es sind oberste Verfassungsorgane, die nach Berlin sollen. Diese Verfassungsorgane als Etikettenschwindel zu bezeichnen ist unglaublich und unwürdig:

Das oberste Verfassungsorgan, der Bundespräsident, die dazugehörige Bundesversammlung, den Bundesrat als die wirksame, mächtige Vertretung der Länder sollen nach Berlin. Der weitere Ausbau der echten Funktion als echte Hauptstadt und dann noch die selbstverständlichen regelmäßigen Tagungen des Bundestages in der Hauptstadt sind keine Dreingaben, sondern der ehrliche Versuch, der Hauptstadt aller Deutschen neben dem kulturellen und ökonomischen Rang auch die politische Glaubwürdigkeit einer Hauptstadt zu geben. Dies ist schon ein Kompromiß,

(A) weil es ein Teilungsmodell zwischen Bonn, Berlin und den neuen Ländern ist.

Der Geißler-Vorschlag gefährdet die Arbeitsfähigkeit des Herzstücks der Demokratie. Wer sich die Masse der Unterzeichner anschaut, der erkennt: Dies ist eine Auffanglinie und eine Rutschbahn für Berlin. Danke, Wolfgang Schäuble, Danke Wolfgang Thierse, Danke Norbert Blüm, Danke Rita Süssmuth: Dies war offen und ehrlich Position bezogen. Bleiben wir offen und transparent.

Die Bundesrepublik bleibt ein starker Bundesstaat; sie lebt aus den Bundesländern, nicht aus der Hauptstadt.

Das entspricht vor allem dem wirklichen Leben und dem Lebensgefühl der Menschen in Deutschland, die in übergroßer Mehrheit eben nicht in den großen Städten, sondern vielmehr in menschlich überschaubaren, kleineren Städten und Dörfern leben.

Es gibt mehr als ein gesamtdeusches Argument für Bonn.

Aber die sich langsam schließende Wunde der Teilung kann doch nicht heilen, wenn eine in dieser wichtigen Zeit der deutschen Geschichte so unendlich wichtige Region jetzt durch Mißachtung abgestraft wird. Auch das wäre ein Symbol, und ein Fanal dazu.

Der wichtige, in den letzten Wochen arg strapazierte und leider auch inflationierte Begriff „Glaubwürdigkeit" besteht aus den Worten „Glaube" und „Würde".

(B) Ich will fragen: Erweisen wir uns dem würdig, woran die Menschen in der ehemaligen DDR geglaubt haben, als sie zu den Demonstrationen gingen — zuerst in Leipzig übrigens, erst am Ende in Berlin? Erweisen wir uns derer würdig, die bei der Volkskammerwahl und bei der ersten freien gesamtdeutschen Wahl klar an den demokratischen Weg der Bundesrepublik geglaubt haben? Ging es denn dort um Berlin, oder ging es nicht vielmehr um die Grundrechte, die sozialen Chancen und das persönliche Glück der Deutschen in der ehemaligen DDR? Ist es nicht so, daß diejenigen, die an „die aus Bonn" geglaubt haben, viel drängendere, in der Abwägung klar vorrangigere Anfragen an uns haben als die Frage des Sitzes von Parlament und Regierung?

Haben diese Menschen nicht zuallererst den Anspruch darauf, ihr persönliches Glück zu machen, und dabei auf unsere konkrete Hilfe?

Ich halte das für die Vollendung der Einheit für ganz wesentlich. Ich habe die Befürchtung, daß wir uns allzusehr in das Symbol Berlin flüchten würden und dabei das Wesentliche glauben getan zu haben.

Deshalb kann es doch nicht um Bonn und Berlin gehen, wir müssen uns doch dem Glauben und der Hoffnung, die in unsere Politik hineingegeben wurde, als würdig erweisen.

Wir brauchen doch jede Faser unserer Kraft, um die Hoffnungen der Menschen zu erfüllen: Arbeit, Wohnung, Gerechtigkeit, Chancengleichheit, Engagement gegen die alten Seilschaften, Wiedergutmachung begangenen Unrechts, Integration im Mensch-

lichen wie im Allgemeinen. Das bedeutet für mich (C) Einigkeit und Recht und Freiheit für alle Deutschen.

Eine tschechische Zeitung merkt heute — kurzgefaßt — zu unserer Debatte an: „Bonn hat angeboten, Institutionen abzugeben, was die Berlin-Befürworter nicht akzeptieren. Der Umzug kostet Milliarden, Berlin hat nicht die notwendige Kapazität, es wird schwerer, Ostdeutschland zu entwickeln". Die Zeitung kommt zu dem Schluß: „Rein rationell" — das heißt hier nicht: rational — „bliebe es am besten so, wie es ist".

Ich will teilen. Denn ich glaube an die Vollendung der Deutschen Einheit durch aktive Hilfe, durch zwischenmenschliches Zusammenwachsen. Das bedeutet harte Arbeit, ist der unbequemere Weg, wie so oft aber sicher der richtige.

Viel wichtiger als die Frage, von wo wir etwas tun, ist die Frage, was wir tun.

Mein Herz für die Deutschen insgesamt, mein Verstand für die vor uns stehenden Probleme und mein Verständnis von Demokratie haben mich zu der Überzeugung geführt: Befürworten wir das Teilungsmodell, die bundesstaatliche Lösung. Stimmen wir für Bonn!

Marita Sehn (FDP): In den letzten Monaten wurden unzählige Argumente für oder gegen Bonn und Berlin als zukünftigen Regierungssitz ausgetauscht. Alle Argumente haben in dem einen oder anderen Sinne sicherlich ihre Berechtigung.

Doch: Hier können und dürfen rein emotionale Argumente nicht zählen. Weder private Präferenzen (D) noch Vorlieben für den Standort des Schreibtisches noch Berliner Luft oder Bonner Klima können als sachbezogene Beiträge gelten.

Wir sollten — ohne kleinkrämerisch zu sein — an die Kosten denken: Wenn Millionen arbeitslos sind — und hier denke ich nicht nur an die vielen Arbeitslosen in den neuen Bundesländern, sondern auch an die vielen z. B. durch die Konversion betroffenen Gebiete in Westdeutschland —, ist kein Geld für historisch wie auch immer begründete Schwärmereien da.

In Bonn ist alles vorhanden, was unser Land aufgebaut hat. 40 Jahre Bonn bedeuten 40 Jahre Frieden. 40 Jahre Bonn bedeuten 40 Jahre Freiheit. 40 Jahre Bonn bedeuten wirtschaftlichen Aufschwung und Vertrauen der Nachbarstaaten.

Auch im Sport heißt es: Verändere niemals eine erfolgreiche Mannschaft.

Werner H. Skowron (CDU/CSU): In der heutigen Diskussion um den Sitz von Parlament und Regierung wurden viele Argumente angeführt, die die Sorgen und Nöte der Menschen wiedergeben, denen gegenüber jeder von uns gerade heute in besonderer Verantwortung steht. Und das sind nicht nur die Betroffenen in den Städten Bonn und Berlin, sondern die Millionen Menschen, denen die Vorzüge der freiheitlich-demokratischen Grundordnung in Jahrzehnten lieb und teuer geworden sind, aber auch Millionen Menschen, denen erst vor kurzer Zeit eine solche Perspektive eröffnet wurde.

Zur zweiten Gruppe gehöre ich, und Sie werden verstehen, daß ich als Berliner Abgeordneter — und zwar aus dem Ostteil unserer Stadt — mit besonderer Sensibilität die Auseinandersetzung zwischen Bonn und Berlin verfolgt habe.

Der Ausspruch unseres Kollegen Lothar de Maizière — die Teilung durch Teilen zu überwinden — ist heute morgen bei der Begründung der 5 Anträge zum Regierungs- und Parlamentssitz in sehr unterschiedlicher Weise interpretiert worden. Unter dem Strich steht jedoch ein übergreifender Aspekt, nämlich daß er zu einem Zeitpunkt geprägt wurde, als mit der Unterzeichnung des Vertrages über die Herstellung der Einheit Deutschlands die juristische Grundlage geschaffen wurde, einen historischen Prozeß neu zu beginnen und damit Millionen Menschen, den Menschen in den fünf neuen Ländern, eine neue Perspektive zu geben, Hoffnungen und Sehnsüchte zu erfüllen. Deshalb geht es heute nicht zuletzt darum, den Erwartungen dieser Menschen gerecht zu werden und somit die Glaubwürdigkeit dieses Hohen Hauses zu untersetzen.

Meine Damen und Herren, oft war heute davon die Rede, Bonn sei ein Symbol für die erfolgreiche Demokratie in Deutschland. Jawohl, das ist Bonn, Symbol für 40 Jahre erfolgreiche Demokratie, aber heute steht die Frage anders. Eine neue historische Situation und Aufgaben, die die Grenzen Deutschlands weit überschreiten, machen eine neue Betrachtung erforderlich. Es gilt, sich in diesem Sinne bewußt zu machen, daß eine Entscheidung für Berlin kein Rückfall in die Nationalstaatlichkeit darstellt, sondern Ausdruck und Zeichen des Willens des deutschen Volkes ist, ein neues Gesellschaftskonzept, das nach innen auf die Angleichung und später gleichmäßige Entwicklung aller Regionen des Landes, nach außen auf die Schaffung der Voraussetzungen für die Einheit Europas gerichtet ist, zum Tragen zu bringen. Die Funktionsfähigkeit dieses Konzepts unter Beweis zu stellen, sind wir den Menschen in unserem Land genauso schuldig wie der internationalen Öffentlichkeit.

Ja, wir haben immense Vereinigungsprobleme, Herr Baum, und sie treten mit Sicherheit in der vor uns liegenden Zeit noch deutlicher in Erscheinung. Aber das ist keine Frage von Bonn oder Berlin, oder meinen Sie, daß gesamtdeutsche Entwicklungsprobleme einen Bogen um das beschauliche Bonn machen? Von den Bonn-Befürwortern war oft zu hören, welche schwerwiegenden sozialen Probleme eine Verlegung des Parlaments- und Regierungssitzes nach Berlin mit sich bringen würde. Ein Argument, das ich sehr gut verstehe, denn fragen Sie doch einmal Herrn Dr. Blüm, was passiert, wenn bis spätestens Ende dieses Jahres die Warteschleife für Tausende Beschäftigte im Ostteil Berlins abläuft (1,2 Millionen Arbeitslose, vorwiegend im Ostteil Berlins).

Und es kommt noch schlimmer: Das alte Problem, daß in der Vergangenheit Berlin als Hauptstadt der ehemaligen DDR in jeder Hinsicht eine bevorzugte Stellung im gesamtgesellschaftlichen System zukam, wird sowohl von Vertretern der alten als auch der neuen Bundesländer für die künftige Entwicklung prognostiziert. Was für eine einseitige Betrachtung!

Berlin ist Gesamtberlin, und ich glaube, die Erfahrungen einer fast 40 Jahre geteilten Stadt mit Mauer und Luftbrücke sind der Unterpfand dafür, daß sich diese Entwicklung nicht noch einmal vollziehen wird.

Meine Damen und Herren, gestatten Sie mir zum Abschluß noch eine Bemerkung zur Kultur des Streits um den Regierungs- und Parlamentssitz: Es erfüllt mich mit außerordentlichem Befremden, daß am gestrigen Abend, der als Abend der Begegnung deklariert wurde, eine Reihe geradezu beleidigender Losungen zu sehen waren, die durch die Übertragung der Medien auch die Weltöffentlichkeit erreichten. Da war z. B. zu lesen: „Laßt Euch nicht durch Berliner STASI-Methoden umstimmen!" Und das nicht etwa am Rande des Veranstaltungsortes, sondern mittendrin, am Politikerstand. Ich hoffe nur, daß diese Losung nicht die wahre Einstellung Bonns und der Bonner zu den Menschen der neuen Bundesländer und Berlins widerspiegelt.

Liebe Kolleginnen und Kollegen, nach meiner Auffassung müssen wir heute eine klare Entscheidung treffen. Lassen Sie uns auf dem Weg der Schaffung der Einheit Deutschlands weitergehen, stehen wir zu unserem Versprechen und den in der Konsequenz vorhandenen und entstehenden Problemen, begreifen wir sie als Herausforderung! In Erfüllung der Festlegungen des Einigungsvertrages und dem festen Willen, der geschichtlichen Entwicklung in Deutschland und Europa gerecht zu werden, stimme ich für Berlin.

Hartmut Soell *(SPD):* Wie viele von uns, habe ich mir die heutige Entscheidung nicht leichtgemacht. Ich bin am Rhein geboren, habe einen Wahlkreis, der direkt an den Rhein grenzt — mit einer mindestens ebenso großen Kilometerlänge wie der Abschnitt des Rheins, der sich innerhalb der Bonner Gemarkung befindet.

Schon früher — vor einem Vierteljahrhundert — habe ich hier in Bonn gelebt und gearbeitet, als spätberufene Bonn-Befürworter noch über das angeblich provinzielle Bonn ihre Witzchen gemacht haben. Meine persönliche Sympathie gehört nach wie vor den Menschen und der Landschaft am Rhein, ihrer Geschichte, ihrer Kultur. Ganz nebenbei: Sehr viel bequemer wäre es für mich auch, blieben Bundestag und Bundesregierung in Bonn. Meine Entscheidung für Berlin gründet sich auf Überlegungen einer langfristig angelegten praktischen Vernunft. Uns haben in den letzten Wochen Gutachten über Gutachten, Briefe über Briefe erreicht. Wenn Betroffene ihre Interessen geltend machen ist dies legitim. Wenn solche Interessen mit vermeintlich wissenschaftlichen Begründungen ausstaffiert werden, ist Vorsicht geboten.

Ein Beispiel: Aus Düsseldorf wurde uns das Ergebnis einer Tagung von Regionalökonomen zugesandt. Die dortigen Ergebnisse haben mit realen Erfahrungen der letzten 40 Jahre in der alten Bundesrepublik kaum etwas zu tun.

Unsere Erfahrungen mit den dynamischsten Regionen und ihrer Entwicklungsgeschichte — Großraum München, Stuttgart und mittlerer Neckarraum, Düsseldorf–Kölner Raum, Hannover, Hamburg, Frankfurt im Rhein-Main mit der Bundesbank — zeigen, daß dort, wo die politischen Entscheidungszentren sind, sich auch die privatwirtschaftlichen Entscheidungszentren immer stärker angelagert haben.

In den östlichen Ländern — Berlin eingeschlossen — gibt es noch keine vergleichbaren Zentren, weder politisch noch wirtschaftlich. Die genannten westlichen und süddeutschen Zentren — Bonn eingeschlossen — bleiben auch mit ihrem riesigen Vorsprung in der westeuropäischen Wohlstandszone im Vieleck von London über Kopenhagen–München–Mailand–Paris. Kurz zusammengefaßt: Eine Entscheidung gegen Berlin kostet wahrscheinlich die Steuerzahler langfristig erheblich mehr, weil private Investitionen, die ausbleiben, durch die öffentlichen Haushalte ausgeglichen werden müssen.

Das gilt nicht nur für das deutsch-deutsche Zusammenwachsen, sondern auch für das Zusammenwachsen des östlichen Mitteleuropas, aber auch für das Zusammenrücken des europäischen Nordens mit Mittel- und Westeuropa.

Ärgerlich finde ich die Überschrift des Pro-Bonn-Antrages „Bundesstaatliche Lösung", als ob die Vitalität des Föderalismus vom Standort Bonn abhinge. Solche Monopolansprüche taugen nichts.

In Bonn gibt es Plakate mit dem Porträt Adenauers und dem Text „Adenauer-Grundgesetz-Bonn". Wir kennen alle Sprüche über Adenauers Abneigung gegenüber Berlin während der Jahre vor 1933. Manche Zitate mögen stimmen, andere sind fragwürdig. Dennoch spricht manches dafür, daß sich Adenauer, wenn er es erlebt hätte, wie diese Einheit zustande gekommen ist, auf eine Art, wie sie in den kühnsten Träumen auch wohl von ihm nicht erwartet werden konnte in Frieden und Freiheit und mit der Zustimmung aller unserer Nachbarn, ebenfalls für Berlin entschieden hätte.

Auch wenn dies Spekulation bleiben muß; keinen Zweifel gibt es, wie Kurt Schumacher, Ernst Reuter, Erich Ollenhauer, Fritz Erler, Alex Möller aber auch Carlo Schmid, Erwin Schoettle, Martha Schanzenbach gestimmt hätten, wenn sie die Chance dazu gehabt hätten.

Niemand kann ehrlicherweise sagen, daß er nicht durch die Ereignisse seit Sommer und Herbst 1989 überrascht, durch die Wucht des Vereinigungsprozesses verunsichert, ja gelegentlich erdrückt worden wäre. Insoweit ist diese Debatte auch eine Art Nachbereitung, für manche auch eine Art Fluchtversuch zurück in die Idylle, die seit dem Herbst 89 von vielen in der alten Bundesrepublik erst als Idylle entdeckt worden ist. Vorher wurde sie häufig von rechts her als zu liberal, zu wenig nach der starken Hand, der harten Entscheidung verlangend eingeschätzt — von links her gesehen, häufig als zu kapitalistisch, zu wenig demokratisch, zu wenig ökologisch.

Ich habe Verständnis für diesen Blick zurück; nur politisch ist das nicht, und vor allen den Nöten der Menschen in den neuen Ländern nicht angemessen. Sie brauchen nicht nur materielle Zuwendungen, sondern noch stärker unsere direkte Zuwendung durch unsere dauernde und baldige Präsenz in Berlin.

Bärbel Sothmann *(CDU/CSU):* Symbol der deutschen Einheit und Freiheit — das ist Berlin. Historisch war Berlin von Anbeginn die Hauptstadt. Dieser Anspruch wurde im Grundgesetz verankert, über 42 Jahre aufrechterhalten und von jedem Bundeskanzler, von jedem Parlament und von jeder Regierung bestätigt. Sie alle bekannten sich in diesen Jahren zur Hauptstadt Berlin. In der ganzen Welt wurden diese Berlin-Bekenntnisse durch amtliche Verlautbarungen immer wieder hervorgehoben. Bonn wurde zur „provisorischen" Regierungsstadt, Symbol eines geteilten Deutschlands.

Für mich, 1957 aus der damaligen DDR mit meiner Familie nach Westdeutschland geflüchtet, und für Tausende in meiner Situation war Berlin das Tor zur Freiheit, für Millionen Menschen die Hoffnung und der Glaube an Deutschlands Einheit.

Am 9. November 1989 geschah das Unfaßbare, meine Damen und Herren, woran die meisten Menschen in Ost und West nicht mehr glaubten: Die Bürgerinnen und Bürger in der damaligen DDR haben sich in einer friedlichen Revolution die Freiheit und die Rechte erkämpft, die für uns in den alten Bundesländern seit Jahren eine Selbstverständlichkeit sind. Gorbatschow und Helmut Kohl haben die Einheit möglich gemacht durch ihre Initiative. Dafür gebührt ihnen unsere Anerkennung und unser Dank.

Nach dem Einigungsvertrag, der Berlin bereits zur Hauptstadt bestimmte, muß nun Farbe bekannt werden. Wo werden Regierung und Parlament ihren Sitz haben? Noch vor nicht einmal zwei Jahren wäre niemand auf die Idee gekommen, daß Hauptstadt, Regierungs- und Parlamentssitz nicht eins sein könnten. Jeder Deutsche verstand unter „Hauptstadt" den Ort, an dem der Souverän, das Staatsoberhaupt und die Regierung ihren Amtssitz haben.

Bonn ist eine liebenswerte Stadt, und es steht außer Frage, daß für den Fall einer Entscheidung für Berlin eine sozialverträgliche Lösung für den Wirtschaftsraum Bonn und seine Menschen erarbeitet werden muß. Das ist eine Forderung, die erfüllt sein muß, und zwar bevor Regierung und Parlament nach Berlin gehen.

Wir alle müssen uns darüber im klaren sein, daß allein eine politische Entscheidung von uns gefordert wird. Es geht nicht um eine Entscheidung für oder gegen Bonn, es geht nicht um eine Entscheidung für oder gegen Berlin. Es geht um eine Entscheidung für Deutschland, eine Entscheidung über die Zukunft unseres vereinten Vaterlandes.

Berlin als Sitz von Regierung und Parlament würde als Initialzündung für den Aufbau der neuen Bundesländer wirken. Die Menschen dort warten darauf, mit in die wirtschaftliche Entwicklung einbezogen zu werden. Berlin als Hauptstadt mit Sitz von Regierung und Parlament wird ein entscheidender Faktor für die Ost-Integration werden, ein wichtiges Bindeglied zwischen Ost- und Westeuropa sein.

Wir haben in der Frage der Einheit richtig entschieden; verspielen wir diesen Bonus nicht! Wenn wir uns jetzt nicht zu Berlin bekennen, dann steht die politische Glaubwürdigkeit derer, die Verantwortung tragen, auf dem Spiel, und das sind wir, die Abgeordneten, die heute hier zu entscheiden haben.

Ein nicht funktionierender Konsens ist ein fauler Kompromiß. Darum, werde ich mich für Berlin entscheiden.

Dr. Dietrich Sperling *(SPD):* Die Diskussion um Parlaments- und Regierungssitz begann als eine um die symbolische Bedeutung. Die ist geisteswissenschaftlich interessant, aber bedeutungslos für die in Deutschland von Parlament und Regierung zu leistende Arbeit.

Kern dieser Arbeit ist die Angleichung der Lebensverhältnisse, so daß aus den staatlich geeinten zwei Bevölkerungen in unserem Land ein Volk werde. Wer dem Kern dieser Arbeit gerecht werden will, muß Fragen nach den regionalökonomischen Wirkungen eines Sitzes für Parlament und Regierung stellen und beantworten, ebenfalls nach den ökologischen Wirkungen, die ein gegenwärtig genutzter oder ein zukünftig zu nutzender Raum zu verkraften hat oder haben würde.

Diese Diskussion hat nicht einmal begonnen, es liegen gerade „Einstiegspapiere" vor. Der von den Medien so gut zu verwertende einfache Streit um die Symbolik hat die Aufmerksamkeit aufs falsche Thema verschoben. In Ostdeutschland wird der Streit um die „Regionalökonomie" auch nur symbolisch gemeint: Wer für Berlin ist, zeigt die Zuwendung zu den Problemen des benachteiligten Teils der beiden Bevölkerungen.

Ich bin überzeugt, daß mit der Betrachtung Berlins als eines Symbols für die Zuwendung zu den ostdeutschen Problemen ein ähnlich schwerwiegender Irrtum begangen wird wie mit der Behandlung der DM als Symbol für die Zugehörigkeit zum Westen. Die symbolische Betrachtung läßt die „technischen Zwangsläufigkeiten" oder „Sachzwänge" aus in Gang gesetzten Prozessen außer acht.

Berlin ist bereits ein zu großer Ballungsraum, unter ökologischen Gesichtspunkten erst recht. Er würde, wie in den anderen Fällen europäischer Großmetropolen, einen Sog gegenüber seinem Umland bewirken. Brandenburg würde aufgesaugt, nicht nur Brandenburg. Die Entscheidung für Berlin würde einen Run dorthin auslösen, der für Dresden und Leipzig, Görlitz und Schwerin, Rostock und Frankfurt/Oder nichts mehr übrigließe. Und wir Politiker würden um unserer Arbeitsfähigkeit willen die Infrastruktur nach Berlin noch schneller ausbauen lassen, zuungunsten der anderen Räume Ostdeutschlands. Dies wären „technische Zwangsläufigkeiten" einer Entscheidung für Berlin, die — angesichts der Finanzpolitik der amtierenden Regierung und ihrer Selbsttäuschung und Wählertäuschung in Sachen „Teilen" — recht drastisch sich auswirken würden. Eine regionalökonomische Logik spräche für einen ballungsfreien Raum in der Mitte Deutschlands: für Erfurt, Eisenach, Weimar. Aber der erklärliche Egoismus der zwei in Rede stehenden Städte, ihre Symbolik, hat für alternative Überlegungen gar keinen Raum gelassen.

Folglich kann man nur tun, was für Ostdeutschland das kleinere Übel sein wird: Bonn wählen. Dann bleibt Geld für Leipzig und Dresden und andere Städte frei, das sonst für 10 bis 15 Jahre „doppelter Wohnsitz" und „Umzugs-Hin und Her" sinnlos ausgegeben würde. Im Bewußtsein, daß es für den Werdegang zum einen Volk weniger falsch ist — wenn auch leider nicht richtig —, stimme ich für Bonn.

Dr. Jürgen Starnick *(FDP):* Es war bislang die unstrittige Rechtsauffassung in der Bundesrepublik Deutschland, daß zunächst sie und nun das wiedervereinigte Deutschland Rechtsnachfolger des Völkerrechtsobjektes Deutsches Reich ist. Hauptstadt des Deutschen Reiches war Berlin und ist es geblieben. Es gibt keine Gesetze und keinen Beschluß, wodurch dies geändert worden wäre. Folgerichtig wurde Bonn als Regierungssitz als Provisorium für den Teilstaat Bundesrepublik bis zur Wiedervereinigung betrachtet. Nicht nur der Bundestag hat wiederholt diese Auffassung vertreten.

Auch die Westmächte, die NATO, der Nordatlantikpakt und indirekt sogar die Sowjetunion haben Berlin als Hauptstadt des deutschen Gesamtstaates gesehen.

Am 3. November 1949 hat der Bundestag beschlossen, daß die leitenden Bundesorgane und der Bundestag nach Berlin gehen, sobald allgemeine, freie, gleiche, geheime und direkte Wahlen in ganz Berlin und der Sowjetischen Besatzungszone durchgeführt sind. Diese Voraussetzung wurde am 2. Dezember 1990 erfüllt. In unzähligen Aussagen aller führenden Politiker, in mehrfachen Parlamentsbeschlüssen und in wesentlichen politischen Willensbekundungen der Parteien ist immer für den Fall der Wiedervereinigung Berlin als deutsche Hauptstadt vorgesehen, ohne dabei eine Einschränkung in der Funktion zu machen.

Die Abkehr von diesen Willensbekundungen erschüttert die politische Glaubwürdigkeit in ihren Grundfesten. Selbst das Ausland würde Zweifel an der Verläßlichkeit bisheriger politischer Aussagen der Bundesrepublik bekommen.

Der Einigungsvertrag erklärt folgerichtig Berlin zur deutschen Hauptstadt. In der deutschen Sprache bezeichnet der Begriff Hauptstadt den Sitz jener Organe, die das Haupt des politischen Systems darstellen. In der parlamentarischen Demokratie sind dies in erster Linie die gewählte Volksvertretung und die Regierung. Eine vom Sitz der Verfassungsorgane getrennte Repräsentationshauptstadt ist keine Hauptstadt, sondern politische Lüge.

Deutschland hat staatsrechtlich gesehen seine Einheit am 3. Oktober 1990 wiedererlangt. Nach innen sind aber noch ungeheure Kraftanstrengungen notwendig, um gleiche Lebensverhältnisse zu erreichen. Erst dann kann von einem vereinten Volk gesprochen werden. Es ist deshalb die wichtigste politische Aufgabe dieses Jahrzehnts, die beiden Teile gesellschaftlich, wirtschaftlich, rechtlich und kulturell zusammenzuführen.

An keinem anderen Ort als Berlin werden die dabei auftretenden Probleme deutlicher. Eine Entscheidung gegen Berlin wäre nicht nur eine Entscheidung für das durch Bonn repräsentierte Lebensgefühl des westlichen Teilstaates, es wäre auch eine Flucht vor der Wahrnehmung der Probleme, die vor uns liegen, und ein Rückzug in die gewohnte politisch-administrative Routine.

(A) Deutschland bliebe auf lange Zeit faktisch geteilt, wenn neben dem industriellen und finanziellen Schwergewicht auch das politische im Westen bliebe. Bei allen finanziellen Anreizen für Investitionen in den neuen Bundesländern fehlt das entscheidende psychologische Moment, sich bei längerfristig wirkenden Unternehmensentscheidungen ostwärts zu orientieren. Die fünf neuen Länder würden — von wenigen Regionen abgesehen — eine wirtschaftlich unterentwickelte Region bleiben, und Berlin bliebe auf lange Zeit auf finanzielle Hilfe angewiesen. Das alles wäre nicht preiswerter, sondern teurer.

Die Wiedervereinigung Deutschlands eröffnet die Chance für die Wiedervereinigung Europas. Die Öffnung Westeuropas nach Osten und die Erweiterung der EG bedarf der Brückenfunktion Berlins und der vorbildhaften Entwicklung Berlins und der diese Stadt umgebenden neuen Bundesländer. Berlin würde als wirkliche Hauptstadt ein natürlicher Anziehungs- und Ausgangspunkt für gesamteuropäische Initiativen und Entwicklungen sein und so den Weg zu einem gemeinsamen Europäischen Haus besser unterstützen können als jeder andere Ort in Deutschland.

Berlin ist auch der einzige Ort, der die fortwährende Identitätskrise der Deutschen mit ihrer Geschichte einschließlich der jüngsten Geschichte der staatlichen Teilung überwinden hilft. Mit dieser Stadt verbinden sich nicht nur dunkle Punkte der deutschen Vergangenheit, sondern auch der Überlebens-, Freiheits- und Einheitswille der Deutschen. Berlin ist wegen seiner Geschichte der Ort, mit dem sich die Bürger sowohl der alten wie der neuen Länder gleichermaßen iden-
(B) tifizieren können. In allen Höhen und schrecklichen Tiefen war Berlin die wirkliche Hauptstadt. Hier erfüllte sich Deutschlands Schicksal ebenso richtungsgebend wie beispielhaft.

Geschichte wird am besten dort bewältigt, wo sie gemacht wurde.

Berlin will nicht Luxushauptstadt werden! Zudem herrscht in Berlin nicht die Vorstellung, daß die Bundesregierung mit ihren Ministerien bis zum letzten Mann und schon gar nicht mit den dem Bund zugeordneten und nachgeordneten Einrichtungen umziehen soll. Für die Ansiedlung von Parlaments- und Regierungsfunktionen stehen im Innenstadtbereich ausreichend freie und bebaute Flächen zur Verfügung.

Gleiches gilt für die Unterbringung von diplomatischen Vertretungen und der Vertretungen der Bundesländer. Der Bund ist in Berlin der größte Grundbesitzer. Ihm gehören nicht nur die Gebäude der Regierung und weiterer Staatsorgane der DDR. Er kann auch über die Gelände und Gebäude verfügen, die zur Zeit noch von den Alliierten genutzt werden. In Bonn werden für Bundestag, Bundesregierung und Bundesrat derzeit 580 000 qm Nutzfläche beansprucht; in Berlin könnten sofort 390 000 qm zur Verfügung gestellt werden, für die je nach Gebäudezustand für Sanierung, Instandsetzung und Standardverbesserung etwa 3 Milliarden DM aufzuwenden wären. Diese 390 000 qm Hauptnutzfläche reichen im Grunde für einige Jahre aus, um das Regierungsgeschäft bewältigen zu können.

(C) **Ludwig Stiegler** *(SPD):* Die Befürworter des Umzugs nach Berlin pochen auf die Glaubwürdigkeit der Zusage, nach Herstellung der deutschen Einheit Regierung und Parlament in Berlin anzusiedeln. Ich muß für mich und viele meiner Generation sagen, daß ich jedenfalls Erklärungen dieser Art nie wörtlich genommen habe. Sie waren für mich Chiffre dafür, daß wir Freiheit und Sicherheit Berlins verteidigen und halten, solange diese Freiheit bedroht war.

Berlin ist heute nicht mehr bedroht. Es ist eine Metropole, die in die Selbständigkeit entlassen werden kann, auch wenn sie in der Übergangszeit noch Hilfe und Unterstützung im Osten der Stadt braucht. Viele Berlin-Befürworter beschwören, daß Berlin in den schlimmen Zeiten standgehalten habe. Das ist wahr und doch nur die Hälfte der Wahrheit. Berlin hat nur dank der Bonner Politik widerstehen können, weil außenpolitisch, sicherheitspolitisch und wirtschaftspolitisch viele Opfer für Berlin gebracht worden sind. Die Hauptlasten dafür hat sehr lange Zeit Nordrhein-Westfalen getragen, das bis zu seiner eigenen Strukturkrise die Hauptlast des Finanzausgleiches getragen hat.

Die Glaubwürdigkeit der Aussagen in dieser Zeit um das Ringen für das Überleben der Stadt muß sich auch an den Veränderungen der deutschen und europäischen Politik messen lassen. Ist es nicht so, daß viele, die heute Glaubwürdigkeit für Berlin einklagen, auch den sich abzeichnenden Verzicht auf die ostdeutschen Gebiete als Verrat gebrandmarkt haben? Haben nicht auch alle, die solche Positionen einmal vertreten haben, mit Recht den deutsch-polnischen Grenzvertrag abgeschlossen und bei den völkerrechtlichen Verträgen zur außenpolitischen Absicherung der Deutschen Einheit unhaltbare Positionen geräumt? Es gibt keinen Grund, diejenigen am Portepee der Glaubwürdigkeit zu fassen, die sich heute für Bonn entscheiden.

Es ist oft unterstrichen worden, daß Bonn Symbol für die erste funktionierende Demokratie in Deutschland ist. Bonn ist Symbol eines gelungenen kooperativen Föderalismus; Bonn ist Symbol für eine Regierungs- und Parlamentsstadt, die die Entwicklung aller regionalen Zentren nicht behindert, sondern gefördert hat. Ein Blick zurück in die Geschichte lehrt, daß in der Weimarer Republik die Konflikte zwischen Berlin und den Ländern zu den schwersten Belastungen des gescheiterten ersten Versuches der Deutschen, eine parlamentarische Demokratie zu schaffen, gehört haben. Für mich gehört es zu den Grundgesetzen einer regionalen Entwicklung, daß Metropolen wie Berlin kraft ihrer Eigendynamik fast gesetzmäßig dazu neigen, zentripetale Kräfte zu entfalten und die Regionen auszusaugen und in ihrer Entwicklung zu behindern. Ich bin für die Gleichheit der Lebensverhältnisse im ganzen Land. Ich fordere auch Entwicklungschancen für die neuen Länder und auch für alte unterentwickelte Regionen. Eine Entscheidung für die Metropole Berlin ist eine Entscheidung gegen die ländlichen Regionen und die kleineren und mittleren regionalen Zentren im Osten wie im Westen. Nur ein polyzentrisches Deutschland gewährleistet die Gleichheit der Lebensverhältnisse überall und das politische Gleichgewicht zwischen Region und Zentrale.

Bonn ist für mich das Symbol für ein europaverträgliches Deutschland. Die Bonner Politik hat die Deutschen in die Europäische Gemeinschaft geführt, zu einem geachteten Mitglied der Völkergemeinschaft gemacht und auch in die Lage versetzt, die Brücken nach Osteuropa zu schlagen. Das Vereinte Deutschland muß darauf achten, daß es europaverträglich bleibt, daß nicht wieder ein deutsches Bewußtsein entsteht, das nicht verträglich ist mit den Notwendigkeiten unserer europäischen Nachbarn. Bonn ist die Stadt des effektiven deutschen Understatements, das allein die angemessene Reaktion auf unsere gewachsene politische Bedeutung ist. Bonn ist der Ausdruck eines europaverträglichen Deutschlands. Die erste deutsche Einheit, die mit dem Namen Berlin verbunden ist, war nicht europaverträglich.

Für mich gelten aber auch innenpolitische Gründe bei meiner Entscheidung für Bonn. Wir sind dabei, die deutsche Wirtschaft und die Finanzkraft zu überfordern. Wir verlangen alle von unseren Mitbürgern erhebliche Opfer, wahrscheinlich für lange, lange Zeit. Wir werden alle in unseren Wahlkreisen spüren und erleiden, daß viele Wünsche zurückgestellt werden müssen. Vor diesem Hintergrund ist jede nicht unbedingt notwendige Ausgabe verantwortungslos. Die Kosten eines Umzuges gehören dazu.

Wir haben eine funktionierende Regierungszentrale. Jeder Pfennig Mehrausgabe hält uns von notwendigen Ausgaben für den Wiederaufbau im Osten Deutschlands und — daran darf wohl auch noch erinnert werden — auch hier im Westen ab. Ich darf daran erinnern, daß es auch in der alten Bundesrepublik noch Regionen gibt, die zurückgeblieben sind oder zurückfallen sollen. Diese müssen jetzt vor den neuen Bundesländern zurückstehen. Es ist aber nicht verantwortbar, auch nur eine Mark mehr für Symbole auszugeben.

Ein letztes: Wir brauchen in der Zeit des Übergangs einen festen archimedischen Punkt. Dies ist Bonn. Wer jetzt auflöst, hat keinen Anker mehr. Ich stimme für die Bonner Tradition und für die Stabilität, damit wir in Zeiten des Wandels und der Unsicherheit dem deutschen und europäischen Osten helfen können, ohne unsere Aufgaben in der Dritten Welt zu vernachlässigen.

Margitta Terborg (SPD): Um es vorweg zu sagen: Ich bin für Berlin. Ich will, daß diese Stadt Sitz von Parlament und Regierung wird, daß der Bundespräsident dort Dauerresident ist, und ich hoffe, daß der Bundesrat ebenfalls an die Spree umzieht. Ich will, daß heute entschieden wird und nichts auf die Zeitschiene — welch verräterisches Wort — geschoben wird.

Ich rechne mit einer Übergangsphase von zehn bis 15 Jahren. Damit bleibt Zeit, daß auch für Bonn die notwendigen Anpassungsmaßnahmen getroffen werden können. Ich meine, daß ja nun nicht jedes Ministerium mitziehen muß. Hier läßt sich bestimmt eine vernünftige Lösung finden, wenn man will und muß.

Nun zum Inhaltlichen: Für mich ist es unvorstellbar, daß wir vier Jahrzehnte lang erfolgreich die Welt mit dem Berlin-Problem genervt haben, daß wir ganze Völkerscharen an die Spree gekarrt haben und Berlin als Symbol der Deutschen Einheit immer und immer wieder beschworen hatten. Und das soll jetzt, wo es zum Schwur kommt, alles nicht gewesen sein? Das nenne ich Zynismus in der Politik. Bei solchen Wendemanövern müssen wir uns nicht wundern, wenn wir schön langsam alle miteinander unserem Volk zum Hals heraushängen.

Ganz nebenher gesagt: Mit wachsendem Kopfschütteln habe ich die Bemühungen der sogenannten „Organbank" in den letzten Wochen verfolgt. War es wirklich notwendig, daß die Repräsentanten der obersten Staatsorgane ihre Hilflosigkeit bei einem so überschaubaren Problem wie der Hauptstadtfrage öffentlich dokumentieren und gleichzeitig unsere Bürger wissen ließen, daß ihr Vertrauen in die Volksvertretung als ein Gremium, das ohne Bevormundung entscheiden kann, sehr gering ist? Wer wundert sich da eigentlich noch, daß unser Ruf so schlecht ist? Wir haben ihn uns selbst redlich verdient.

Noch ein paar Anmerkungen zum Schluß: Es freut mich natürlich, daß die Bonn-Befürworter das Arbeitsplatzproblem so hoch ansiedeln. Schade, daß eine gleiche Sensibilität bei der Werftkrise, die unsere Region Zehntausende von Arbeitsplätzen gekostet hat, noch nicht vorhanden war. Und schade, daß die Parameter für die wirklichen Probleme — die Arbeitsplatzvernichtung und die Wirtschaftsmisere — in den fünf neuen Ländern im Vergleich zu Schwierigkeiten der Region Bonn ziemlich durcheinander geraten sind.

Zur Kostenfrage kann ich nur müde lächeln: Wer bereit ist, zig Milliarden für aberwitzige Rüstungsprojekte wie den Jäger 90 in den Sand zu setzen, der soll in der Hauptstadtfrage nicht mit dem Rechenschieber kommen. Wer mit den Umzugskosten argumentiert, der soll vernünftigerweise dagegen stellen, daß auch der weitere Ausbau in Bonn Geld kostet und daß eine Entscheidung für Bonn erhebliche Ausgleichskosten für Berlin nach sich ziehen wird.

Lassen Sie uns ehrlich, offen und selbstbewußt heute entscheiden! Lassen Sie bitte auch das Argument der politischen Moral gelten! Und sorgen wir alle gemeinsam dafür, daß am Ende dieses Tages — wie die Entscheidung auch immer ausfällt — nicht Bitterkeit zurückbleibt. Dann wäre dieser Tag ein geschichtlicher. Sonst bliebe er bedauerlicherweise wieder nur ein Beispiel für Bonner Kasperletheater.

Ferdinand Tillmann (CDU/CSU): Nach reiflicher Überlegung und Abwägung aller Vor- und Nachteile habe ich mich entschlossen, den Antrag mit zu unterstützen, der auf dem Vorschlag des Kollegen Geißler beruht.

Mit diesem Antrag werden die politischen Versprechungen der vergangenen 40 Jahre, Berlin nach einer Wiedervereinigung zur wirklichen Hauptstadt Deutschlands zu machen, eingelöst. Andererseits nimmt der Antrag Rücksicht auf die sozialen Belange von fast 40 000 Bundesbediensteten und von deren Angehörigen. Mit diesem Kompromiß wird die politische Glaubwürdigkeit gewahrt. Es werden aber auch die sozialen und strukturellen Schäden begrenzt, und

(A) den Sorgen der betroffenen Menschen in der Region Bonn wird Rechnung getragen.

Der Vorschlag hat zwar den Schönheitsfehler, daß das Parlament räumlich von der Ministerialbürokratie getrennt wird. Dies ist aber angesichts der Auswirkungen, die bei einer Alles-oder-Nichts-Lösung zu erwarten wären, hinnehmbar, wie auch die von der Bundesregierung vorgelegte Dokumentation nachweist.

Dr. Dieter Thomae (FDP): „Bonn oder Berlin?" — neben den großen Herausforderungen, die die deutsche Vereinigung für nahezu alle Politikbereiche bedeutet, stellt sich auch diese ebenso zentrale Frage. Im Einigungsvertrag haben sich Bundesrepublik und DDR darauf verständigt, daß Berlin mit dem Beitritt der DDR Hauptstadt wird. Die Frage des Parlaments- und Regierungssitzes ist offengelassen worden. Bundestag und Bundesrat sollen hierüber entscheiden.

Die Entscheidung ist nicht leicht. Und sie wird vermutlich knapp ausfallen. Für mich aber ist sie eindeutig: Ich plädiere für Bonn. Die Gründe hierfür sind auf drei Ebenen angesiedelt: Der politischen, der finanziellen und der menschlichen Ebene.

Zur politischen Ebene: Ein Parlaments- und Regierungssitz Bonn entspricht den föderalen Traditionen der deutschen Geschichte. Zentralismus ist der deutschen Geschichte, von wenigen Ausnahmen abgesehen, fremd. Und diese Ausnahmen sind — wie der Nationalsozialismus und die SED-Herrschaft — alles andere als ein Vorzeigeschild für Deutschland.

(B) Mit einer Entscheidung für Bonn würden wir auch an die föderale Grundentscheidung und -entwicklung der Bundesrepublik anknüpfen. Bonn steht für einen freiheitlichen, demokratischen und sozialen Bundesstaat.

Zur politischen Perspektive gehört auch die europäische Dimension. Bonn steht für die konsequente Einbindung der Bundesrepublik in die Europäische Gemeinschaft. Zugleich fördert eine Entscheidung für Bonn den europäischen Integrationsprozeß: Denn Europa erhält Schubkraft durch die Kraft seiner Regionen. Je mehr Entscheidungen in Europa zentral gebündelt werden, desto wichtiger werden die Funktionen regionaler Zentren. Die Entscheidung für Europa, die wir nach dem Zweiten Weltkrieg getroffen haben, war auch eine Entscheidung gegen Nationalismus und die Sucht nach nationaler Größe. Mich erschreckt es, wenn einige Berlin-Befürworter diese Entscheidung gerade mit nationaler Größe begründen. Bonn steht für einen verläßlichen internationalen Partner, dem Abenteuer in nationaler Größe und nationale Sonderwege fremd sind.

Es heißt häufig, ein Ja für Berlin wäre notwendig ein Signal an die Bürger in den fünf neuen Ländern. Ich teile diese Auffassung nicht. Die Solidarität mit den neuen Bundesländern zeigt sich an den gewaltigen finanziellen Ressourcen, die zu Recht aus Westdeutschland in den Osten geleitet werden. Alleine dieses Jahr werden es rund 130 Milliarden DM sein. Und die Solidarität zeigt sich an den vielen tausend westdeutschen Mitbürgern, die beim Aufbau der neuen Länder mitwirken. Wer von einer Entschei-

(C) dung für Berlin im übrigen schnell wirksame Hilfe für die neue Länder verspricht, täuscht entweder sich selbst oder andere. Dies folgt schon aus den langen Übergangszeiten, die aus mehrerlei Gründen notwendig wären. Die Übergangszeit würde Berlin und den neuen Ländern im Gegenteil schaden, da viele Projekte und Planungen zu lange auf Eis gelegt würden.

Die zweite Ebene der Entscheidung sind die finanziellen Fragen. Wieviel genau ein Umzug von Parlament und Regierung nach Berlin kosten würde, weiß niemand. Die Prognos AG, die im allgemeinen seriöse Untersuchungen vorlegt, hat die Kosten mit 60 Milliarden DM beziffert, das Land NRW schätzt 80 Milliarden DM. Der Bundeskanzler geht davon aus, daß alle bisherigen Schätzungen von der Wirklichkeit wohl überholt werden dürften. In jedem Falle werden es riesige Summen sein. Ich frage mich, ob dieses Geld richtig angelegt ist. Wie Sie wissen, befasse ich mich im Deutschen Bundestag insbesondere mit Gesundheitspolitik. Wir haben uns in der Gesundheitspolitik angewöhnt, nur medizinisch notwendige Ausgaben für gerechtfertigt zu halten. Ähnlich sollte es hier sein: Eine zwingende Notwendigkeit, 60 Milliarden DM oder mehr für den Umzug von Parlament und Regierung auszugeben, kann ich nicht erkennen.

Jede Mark kann nur einmal ausgegeben werden. Zur Finanzierung eines Umzugs müßten sowohl die staatlichen Ausgaben gekürzt als auch die Einnahmen durch Steuererhöhungen und vermehrte Kreditaufnahme erhöht werden. Eine vermehrte Kreditaufnahme würde die Kapitalmärkte noch stärker beanspruchen und die Zinsen nach oben treiben. Belastet würden hiervon die privaten Investoren; aber steigenden Zinsen würden auch den Bewegungsspielraum der öffentlichen Haushalte weiter einschränken. Steigende Zinsen wie auch Steuererhöhungen und Kürzungen staatlicher Ausgaben zur Finanzierung des Umzugs würden im übrigen auch die wirtschaftliche Entwicklung in den neuen Ländern beeinträchtigen. Auch dies zeigt, daß ein Umzug von Parlament und Regierung der Region der neuen Länder nichts nützt.

Zur menschlichen Ebene: Mehr als 100 000 Menschen haben bei Parlament und Regierung sowie den Verbänden und Organisationen, die im politischen Raume wirken, ihren Arbeitsplatz. Rechnet man die Familienangehörigen hinzu, sind es also rund 300 000 bis 400 000 Bürger. Viele von ihnen haben vor Jahren ihre Bindungen aufgegeben, um am Sitz von Parlament und Regierung zu arbeiten. Bonn ist inzwischen ihre Heimat, die Kinder haben Schulfreunde dort. Sollen diese Menschen wirklich all dies aufgeben? Sollen sie gegen ihren Willen von einer Stadt in die andere verpflanzt werden?

Mit umgekehrten Vorzeichen gilt im übrigen dasselbe für viele tausend Menschen, die jetzt in Berlin bei Bundesbehörden beschäftigt sind. Sie würden wohl nach Bonn versetzt werden. Denn es ist ja der erklärte Wille der Befürworter von Berlin, dem Bonner Raum durch die Verlegung von Bundesbehörden aus Berlin teilweise Entschädigung zukommen zu lassen.

In einem Kommentar einer Tageszeitung las ich kürzlich, „Beamtenbequemlichkeit" dürfe bei der Entscheidung keine Rolle spielen. Diese Arroganz gegenüber der menschlichen Seite eines solchen Umzugs finde ich erschreckend.

Zur menschlichen Seite gehört schließlich auch die Frage, welche Konsequenzen der Umzug für die Berliner Bevölkerung hätte. Die Lebensqualität in Berlin hat sich bereits gegenüber Ende der 80er Jahre spürbar verschlechtert. Diese Entwicklung würde sich rapide fortsetzen, wenn Parlament und Regierung nach Berlin zögen. Ein Verkehrsinfarkt, Wohnungsknappheit, Zunahme ökologischer Belastungen wären vorprogrammiert. Die Metropolen alten Stils, wie Paris, Rom oder London, sind an den Rand ihrer Leistungsfähigkeit geraten. Diesen Fehler sollten wir mit der Entscheidung über den Sitz von Parlament und Regierung der Bundesrepublik nicht wiederholen.

Jürgen Timm (FDP): Nach unserer Verfassung, dem Grundgesetz für die Bundesrepublik Deutschland, ist Berlin unsere Hauptstadt, Bonn der vorübergehende Sitz von Parlament und Regierung bis zur Wiedervereinigung durch eine freie, gleiche und geheime Wahl in ganz Deutschland. So war es jedenfalls bis zur Formulierung des Einigungsvertrages. Über 40 Jahre war klar, was sich hinter dem Begriff Hauptstadt verbirgt — verbergen sollte: Hauptstadt, Parlament und Regierung gehören zusammen.

Warum sollte das heute anders sein? Warum muß Berlin plötzlich wieder, diesmal ohne Not, ein Symbol sein, obwohl die Hauptstadt der Bundesrepublik doch nun endlich, nach langen Jahrzehnten, ihre tatsächliche Funktion übernehmen kann? Ich hielte es für einen fatalen Fehler, wenn nach all diesen Jahren das deutsche Parlament wieder nur, weil es denn so in der Verfassung steht, diesmal aber auf Dauer, sporadisch in der Hauptstadt auftaucht, um ihr seine Reverenz zu erweisen. Das ist für mich weder eine politische noch eine sinnvolle Weise, sich mit seiner Hauptstadt zu verbinden.

Es trifft auch nicht zu, daß eine — für mich logische — Entscheidung für Berlin in Bonn zu einer Arbeitsplatzvernichtung größten Ausmaßes führt. Zunächst einmal kann weder für Berlin noch für Bonn die Situation mit der Beheimatung an oberen und obersten Bundesbehörden so bleiben, wie sie derzeit ist. Dagegen steht nämlich auch unser Grundgesetz — übrigens aus föderalen Gründen —, das bestimmt, daß die Bundesländer an der Verteilung dieser Behörden als Standort ausgewogen beteiligt werden müssen. Keine Frage also, daß es in Berlin oder Bonn zu einer Ausdünnung an Behörden kommen muß, um den neuen Bundesländern ihren Anteil abzutreten. Wenn sich das für Bonn dadurch entwickelt, daß Parlament und die Bundesregierung mit ihren wesentlichen Teilen nach Berlin gehen, ansonsten aber Bonn der überwiegende Verwaltungssitz bleibt, ist für Bonn der notwendige Anteil an neuer Verteilung der bundesstaatlichen Einrichtungen erbracht. Berlin muß dann ebenfalls seinen Anteil leisten, der zu einer neuen Verteilung erforderlich ist.

Als zweites möchte ich die Chance für Bonn nennen, im Zuge der sich ständig fortentwickelnden Vereinigung Europas seine Funktion zu übernehmen.

Es sind für mich weniger die historischen Gründe, die für Berlin als Parlaments- und Regierungssitz sprechen. Trotzdem will ich nicht akzeptieren, daß man für die Entwicklung unserer Demokratie nur die Geschichte der Bundesrepublik Deutschland mit ihrer Politik aus Bonn akzeptiert und Berlin damit — gewollt oder ungewollt — ausschließlich den Makel einer nationalsozialistischen Schreckensherrschaft anlastet. Erstens stimmt das nicht, denn die Nationalsozialisten hatten nach ihrer Machtergreifung nichts eiligeres zu tun, als die wichtigsten demokratischen Institutionen, die ihnen in Berlin ein Dorn im Auge waren, zu zerstören. Waren es nun die Gewerkschaften, die Parteien der Arbeiter und deren soziale Einrichtungen, die Synagogen oder auch der Reichstag, der gleich im Februar 1933 angezündet wurde. All die schrecklichen Folgen, unter denen gerade die Berliner fürchterlich gelitten haben, sind uns bekannt.

Zweitens kann Geschichte nicht auf den gerade gewünschten geschichtlichen Zeitraum begrenzt werden. Die Geschichte der deutschen Demokratie begann viel früher als nach 1945, und Berlin war sehr wohl daran beteiligt.

Es mag sein, daß z. B. meine Generation noch in der Schule eine andere Geschichtslehre erfahren hat als z. B. die Generation meiner Kinder. Das mag sogar ein Fehler des Bildungsinhalts unserer modernen Schulen sein.

Ich war in den vielen Diskussionen mit jungen Menschen auch manchmal emotional berührt, wenn Fragen nach der Notwendigkeit der Wiedervereinigung aufkommen, als in der DDR die friedliche Revolution erfolgreich abgelaufen war und wir über die Umsetzung der Wiedervereinigung zu sprechen hatten. Hier fehlte meines Erachtens sogar die geschichtliche Kenntnis unserer jüngsten Geschichte als Staat und Volk.

Entscheidungen von hohem Zukunftswert werden aber auch immer von älteren Generationen getroffen, die sie stellvertretend für die nachfolgenden Generationen treffen müssen. Solche Entscheidungen dulden keinen Aufschub. Die Entscheidung über den Parlaments- und Regierungssitz kann nicht erst in zehn Jahren getroffen werden.

Die Entwicklung in Europa geht mit schnellen Schritten weiter. Europa wird größer und endet nicht an der deutschen Ostgrenze. Berlin übernimmt für die Zukunft einen Teil der Aufgaben der europäischen Integration in den osteuropäischen Raum. Das ist eine Aufgabe, die einer Hauptstadt Berlin, einem deutschen Parlament und seiner Regierung in dieser Hauptstadt und unseren 16 Bundesländern und damit unserem deutschen und europäischen Föderalismus zur Ehre gereicht.

Die Aufteilung der zukünftigen Aufgaben zwischen Berlin und Bonn ist in dem Antrag von Willy Brandt, Wolfgang Schäuble, Burkhard Hirsch und anderen Kolleginnen und Kollegen präzise angesprochen und widerlegt viele Argumente gegen eine Verlagerung des Parlaments und der Regierung nach Berlin.

Aus den genannten Gründen stimme ich für diesen Antrag.

Friedrich Vogel (Ennepetal) (CDU/CSU): Ich bedauere und störe mich daran, daß die Debatte über den künftigen Sitz von Parlament und Regierung der Bundesrepublik Deutschland sich in ein falsches Entweder-Oder hineingeredet hat. Die grobe Einteilung: Berlin-Befürworter hier, Bonn-Befürworter dort mündet dann sehr schnell in den Vorwurf „Verrat an Berlin" oder „Verrat an Bonn". Eine solche Grobeinteilung wird den letzten 40 Jahren deutscher Geschichte nicht gerecht.

Ich jedenfalls verwahre mich gegen den Vorwurf des Verrats an Berlin, wenn ich den Antrag der sogenannten Bonn-Befürworter unterstütze.

Für mich stehen beide Städte symbolhaft für diese 40 Jahre deutscher Geschichte.

Berlin, das ist unzweifelhaft das Symbol der Freiheit über diesen langen Zeitraum hinweg. Niemand wird die bewegenden Bilder vergessen können, die in diesen 40 Jahren um die Welt gegangen sind und mit dem Namen Berlin verknüpft sind. Wohl keine Stadt der freien Welt hat so sehr für den Grundwert der Freiheit gestanden wie diese Stadt Berlin.

Aber auch das gilt: Bonn, das ist das Symbol für die längste Phase lebendiger Demokratie in der deutschen Geschichte. Wenn dies betont wird, so wird damit Berlin nichts genommen. Bonn, das ist auch das Symbol für die Westbindung der Bundesrepublik Deutschland. Leider habe ich gerade in bezug auf diese Westbindung manche vorwurfsvollen Töne in der Debatte der letzten Zeit gehört. Die völlig unzutreffende Vokabel „Rheinbund" hat dabei eine Rolle gespielt. Ich möchte jedenfalls für meine Person betonen, daß die Westbindung der Bundesrepublik Deutschland für mich der unverlierbare Schatz dieser letzten 40 Jahre deutscher Geschichte bleiben muß. Die Westbindung bedeutet die Bindung der Bundesrepublik Deutschland an die traditionsreichen westlichen Demokratien in den Werten der Freiheit, der Menschenrechte, der Orientierung aller Politik überhaupt an der unverlierbaren Würde der Menschen.

Die richtige Antwort muß deshalb heißen: S o w o h l a l s a u c h ! Sowohl als auch heißt: Teilen. Wir sind gut beraten, wenn wir beide Symbole, das Symbol Berlin genausogut wie das Symbol Bonn, als einen kostbaren Schatz unserer Geschichte bewahren.

Daß das auf allen Seiten irgendwie auch so empfunden wird, beweist die in den Diskussionen der letzten Zeit wohl am häufigsten gebrauchte Vokabel: Konsens.

Da gibt es den Vorschlag von Heiner Geißler. Es ist ein ehrlicher Versuch des Teilens. Nur kann ich ihm nicht zustimmen, weil er für mich einen großen Nachteil hat und auf einen falschen Weg führt. Nach meinem Demokratie- und Parlamentsverständnis dürfen Legislative und Exekutive, Parlament und Regierung, räumlich nicht voneinander getrennt werden.

Die Tür für einen zweiten Weg des Teilens ist leider zu früh mit dem Aufstellen des Dogmas von der Unteilbarkeit der Regierung zugeschlagen worden. Ich sehe einen redlichen Weg des Teilens, wenn getrennt wird in die Funktionen, die ich mit dem Sammelwort „Außenpolitik" bezeichnen möchte, und in die Funktionen, die ich mit dem Sammelwort „Innenpolitik" bezeichnen möchte. Ein solches Teilen gibt Berlin die volle Repräsentanz der Bundesrepublik Deutschland nach außen und beläßt die Innenpolitik in Bonn, was allerdings beinhaltet, daß der Hauptsitz des Parlaments Bonn ist.

Der Vorschlag der sogenannten Bonn-Befürworter enthält einen Ansatz in Richtung auf diesen letzten Weg des Teilens und hält vor allen Dingen diesen Weg auch nach der heutigen Entscheidung offen. Deshalb plädiere ich für diesen Antrag.

Alois Graf von Waldburg-Zeil (CDU/CSU): Zunächst möchte ich einmal feststellen, daß für mich eine „Hauptstadtfrage" nicht existiert. Der Einigungsvertrag schreibt Berlin als Hauptstadt fest. Ebenso klar ist dem ersten wieder gemeinsamen deutschen Parlament aber vorbehalten, die Frage des Parlaments- und Regierungssitzes zu bestimmen.

Nun hat es dankenswerte Bemühungen gegeben, einem Konflikt durch Konsensbildung auszuweichen. Obwohl die Demokratie vom Kompromiß lebt, werde ich heute gegen den Vorschlag stimmen, Regierung und Parlament zu trennen.

Ich hielte es für ein gefährliches, die Stabilität der Demokratie bedrohendes Experiment, Bundestag und Bundesregierung räumlich so weit auseinanderzuziehen, daß, um die notwendige ständige Begegnung zu garantieren, entweder ungeheuer viel Zeit auf der Strecke bleibt, die der Effektivität der Regierungsarbeit fehlt, oder aber die rasche Information des Parlamentes, auf die es einfach angewiesen ist.

Damit stellt sich die Frage, Bundestag und Bundesregierung entweder beide in Berlin anzusiedeln oder beide in Bonn zu belassen.

Neben den vielbeschworenen finanziellen und vor allem sozialen Gesichtspunkten ist für mich ein Grund ausschlaggebend, der das Geschichtsbewußtsein anbelangt. Deutschland hat nicht erst 1871 begonnen. Viele Städte haben in dieser über tausendjährigen Geschichte, die von bunter kultureller Vielfalt geprägt war, hervorragende Rollen gespielt. Es wäre ein schlechtes Argument, Berlin geschichtlich mit Zentralismus, Militarismus, Erstem Weltkrieg, Untergang der Weimarer Republik, der Naziherrschaft und dem Zweiten Weltkrieg in Verbindung zu bringen. In Berlin gab es auch den Widerstand, die heroische Verkörperung der Freiheit während der Teilung, den ersten Volksaufstand und den Fall der Mauer.

Das Letztere fordern die Befürworter Berlins zur Anerkennung ein. Dem folge ich gerne. Nur finde ich, daß dann der Beitrag des dritten Anlaufs der deutschen Demokratie, die nun einmal mit dem Namen von Bonn verbunden ist, ebenso gewürdigt werden muß: Bewahrung der Freiheit trotz Teilung, Friedenspolitik nach Westen und Osten, Einbindung in ein Bündnis freier Völker und in die Europäische Gemeinschaft, Offenhaltung der Hoffnung für den anderen Teil Deutschlands und damit auch die Nachbarn im Osten, stabile politische und wirtschaftliche Verhältnisse, Soziale Marktwirtschaft, Rechtsstaatlichkeit und Bundesstaatlichkeit.

Eine Regelung, die nach dem Motto „Der Mohr hat seine Schuldigkeit getan, der Mohr kann gehen" nunmehr nicht nur die Hauptstadtfunktion, wie geschehen, sondern auch Parlaments- und Regierungssitz nach Berlin zieht, kommt einer Geste gleich, die zumindest keine gebührende Wertschätzung der Rolle der Bundesrepublik in der deutschen Geschichte gegenüber erkennen läßt.

Gerade für die künftige Politik des größeren Deutschland wird es aber entscheidend sein, ob die Werte, für die die Bonner Demokratie gestanden hat, auch in die Zukunft hinübergetragen werden können. Natürlich hängt das nicht von einem Regierungs- und von einem Parlamentssitz ab. Aber die rüde Abkehr von Bonn würde ein Zeichen bedeuten, Symbole aber haben in der Politik den selben Einfluß wie reale Politik.

Fest im Westen verankert bleiben und aus dieser Kraft die nötige Aufbaukraft für den Osten gewinnen, das würde durch die beiden Städte Bonn und Berlin symbolisiert. Ich werde deshalb für den Bonner Antrag stimmen.

Hans Wallow (SPD): Die manchmal bizarre Diskussion um Geschichte, Föderalismus, Praktikabilität, Kosten und natürlich auch die Konkurrenz zweier Symbole ist nicht zuletzt wohl auch deshalb in Mißkredit geraten, weil sie von den Menschen weggeführt hat. So wichtig die übergeordneten Gesichtspunkte auch sein mögen, die sozialen Folgen der heutigen Entscheidung dürfen nicht vernachlässigt werden.

Die Kommunalpolitiker wissen: Jede dörfliche Umgehungsstraße erhält durch ein geordnetes nachprüfbares Verwaltungsverfahren größere Aufmerksamkeit, als der mögliche Umzug der Staatsorgane in eine andere Stadt bisher erhalten hat. Bei der Umgehungsstraße ist es heute selbstverständlich, daß auf Brutplätze von Rebhühnern oder Feuchtgebiete Rücksicht genommen wird. Haben die Menschen hier in der Bonner Region, im Norden von Rheinland-Pfalz und auch in Berlin in bezug auf den Verdrängungswettbewerb nicht mindestens das gleiche moralische Anrecht, auf ihren Wohnungen und Arbeitsplätzen zu bestehen?

Es gibt auch eine in 40 Jahren gewachsene Verpflichtung gegenüber den Tausenden von Arbeitnehmern in den kleinen und mittleren Betrieben in und rund um Bonn, deren Existenz, anders als die der Beamten im höheren Dienst, von dieser Entscheidung abhängt. Was wird mit ihnen? Darauf hat bis heute noch niemand eine klare Antwort geben können. Es hat noch keine Entscheidung von derart großer Tragweite gegeben, die im Hinblick auf ihre soziale Verträglichkeit derart schlecht vorbereitet wurde. Mit Symbolen und Geschichte darf man das nicht zukleistern. Deshalb auch im Zweifel: für Bonn.

Wir müssen heute mit dieser Entscheidung die Frage vor der Öffentlichkeit beantworten, auf welche Vergangenheit wir unsere Zukunft aufbauen wollen. Mein leider zu früh verstorbener Landesvorsitzender Hugo Brandt hat dazu gesagt: Wir können uns unsere Geschichte nicht aussuchen, aber die Traditionen, die wir pflegen wollen. So habe ich Verständnis für emotionale Bindungen insbesondere der älteren Generation an Berlin. Die Mehrheit der Bonn-Befürworter weiß, daß sich vieles, was Deutschland in seiner Größe und seinen Niederlagen symbolisiert, in Berlin wiederfindet. Deshalb ist die Stadt auch ohne Diskussion wieder zur Hauptstadt geworden.

Berlin mit preußischem Militarismus, Nazi-Barbarei und der kommunistischen Erziehungsdiktatur gleichzusetzen ist genauso falsch, wie Bonn als Ausdruck deutscher Provinzialität abzutun. Bonn als verschlafene Idylle? — Die größten Massendemonstrationen unserer Geschichte fanden hier statt — friedlich. Auch das ist ein Stück unspektakulärer, gelungener deutscher Geschichte.

Bonn aber steht — wie keine andere Stadt — für eine neue Qualität unserer Geschichte, für ein demokratisch erarbeitetes Selbstverständnis, für das Vertrauen in die Zukunft Europas und den Mut zum Neuen, für den Verzicht auf staatlichen Stärkekult in Verbindung mit dem Geist der Mäßigung in der Politik. Damit steht Bonn auch für Werte, für die viele Menschen in der ehemaligen DDR gekämpft haben.

Meine Entscheidung für Bonn als Parlaments- und Regierungssitz ist historisch begründet und zugleich in die Zukunft gerichtet. Für mich verbindet sich mit diesem Regierungs- und Parlamentssitz ein Identitätsangebot der neuen Bundesrepublik hin zu einem bereits erarbeiteten, manchmal mühsam erstrittenen demokratischen Selbstverständnis. Es geht um die Frage, von welchen Vorstellungen vom Staat, von staatlicher Repräsentation und sogar von welcher Rolle in der Welt sich jeder einzelne von uns leiten läßt.

Trotzdem, ich käme nie auf den Gedanken, zu sagen: Nur von Bonn aus könnte die Republik regiert werden. Dennoch: Es ist die Summe der Argumente, die für diese Stadt spricht.

Für mich ist das Wichtigste: Diese Zeit der jüngsten Geschichte steht nach der Nazi-Diktatur und der kommunistischen Oligarchie für ein positives Deutschland-Bild. Diese Zeit hat unserem Land erst einen wirklichen Wert gegeben.

Dr. Konstanze Wegner (SPD): Ich bin dafür, daß Parlament und Regierung nach Berlin gehen, und dies im wesentlichen aus drei Gründen:

Erstens. Was man 40 Jahre lang versprochen hat, muß man auch halten. Alles andere wäre das Ende der ohnehin schon reichlich strapazierten Glaubwürdigkeit der Politiker.

Zweitens. Die Menschen in den neuen Bundesländern müssen sich in allem nach den alten Bundesländern richten. Sie erleben damit einen Verlust ihres Selbstwertgefühls und ihrer Identität. Der Verlust ihrer Hauptstadt Berlin wäre die völlige Vereinnahmung durch die alte Bundesrepublik. Dies halte ich für unzumutbar.

Drittens. Bonn ist eine liebenswerte Stadt, man kann dort gut arbeiten. Bonn ist als Hauptstadt aber auch ein bißchen provinziell. Alles ist schön beisammen. 200 m zum Wasserwerk, 200 m zum Büro, 200 m zur Landesvertretung, 200 m zum Treffen mit den Journalisten, ggf. 200 m zur Freundin ... Man bewegt sich immer in denselben Kreisen, und das ist gemütlich und bequem.

In Berlin ist alles hektisch: Verkehrsprobleme, Wohnungsnot, Ausländerproblematik treten krass zutage, dazu kommen eine fast verwirrende Vielfalt an kulturellen Angeboten und schließlich die „steinernen Zeugen" unserer widersprüchlichen Geschichte. Abgeordnete müssen sich die Sensibilität für die zentralen Probleme der Zeit erhalten, auch wenn es unbequem ist. Dafür bietet Berlin jegliches Anschauungsmaterial, mehr als mancher Wahlkreis und mehr als das beschauliche Bonn.

Zum Schluß: Natürlich soll Bonn Kompensationen erhalten, möglicherweise durch europäische Einrichtungen und Einrichtungen aus dem Wissenschaftsbereich; außerdem müssen auch nicht alle Bundesbehörden nach Berlin umsiedeln. Niemand will dort einen Wasserkopf schaffen. Ich bin aber entschieden gegen jeden sogenannten Kompromiß, der Parlament und Regierung trennt, weil das erstens Einfluß und Arbeitsfähigkeit des Parlaments beeinträchtigt und zweitens der daraus resultierende Wanderzirkus sinnlos Steuergelder kostet.

Drittens müßte diese Lösung letztlich dann doch wieder für viel Geld korrigiert werden.

Deshalb: zeigen Sie Mumm und treffen Sie eine klare Entscheidung: Parlament und Regierung in eine Stadt, und die heißt für mich Berlin.

Lydia Westrich (SPD): „Darüber hinaus werden für die Region Bonn — von der Bundesregierung bzw. von einer unabhängigen Kommission — unter Mitwirkung der Länder Nordrhein-Westfalen und Rheinland-Pfalz sowie der Stadt Bonn Vorschläge erarbeitet, die als Ausgleich für den Verlust des Parlamentssitzes und von Regierungsfunktionen die Übernahme und Ansiedlung neuer Funktionen und Institutionen von nationaler und internationaler Bedeutung im politischen, wissenschaftlichen und kulturellen Bereich zum Ziel haben." So lese ich in einem Antrag von Abgeordneten für den Regierungssitz Berlin. Ich sage Ihnen, meine Damen und Herren, — und Ihre eigenen Erfahrungen sagen es Ihnen auch — das wird nichts!

Ich komme aus einer Region mit Strukturkrisen, aus einer Region, betroffen vom Abzug alliierter Streitkräfte und natürlich auch jetzt noch betroffen vom Abzug der Bundeswehr nach dem Willen des Verteidigungsministers Stoltenberg. Ich mag keinen Versprechungen mehr glauben! Strukturhilfeprogramme, Sonderprogramme, zugesagte Hilfe aus vielen, vielen Politikermündern, und was bleibt sind: Abwande-

rung, reduzierte Betriebsstätten, Überalterung, leerstehende Fabriken und leerstehende Wohngebäude.

Wir haben niedrige Mieten, aber keiner braucht Wohnungen. Bodenpreise betragen nur einen Bruchteil von denen in Ballungsgebieten, voll erschlossen, aber sie locken keinen Betrieb an. Vielleicht Forschung und Wissenschaft, aber da sagt die Bundesregierung, das kommt dorthin, wo schon was ist. Dorthin, wo schon was ist: das wird, nach einer Entscheidung für Berlin, nicht mehr Bonn sein. Sie werden es erleben: Alle Entscheidungen lukrativer Art aus Wirtschaft und Politik werden an Bonn vorbei getroffen werden. Bestenfalls könnten wir dann in einigen Jahren eine Nothilfe nach dem Motto „Notopfer Bonn" einrichten. — Ich kenne Versprechungen und kenne Ergebnisse.

Wir in der Westpfalz können uns wohl bald überlegen, ob wir aus unserer Region nicht ein großes Naturschutzgebiet und Freilandmuseum machen. Die Bewohner stecken wir in Trachtenanzüge, üben heimische Gesänge und Tänze und versuchen, damit unser Brot zu verdienen, wenn es so weitergeht. Diese Bitterkeit kommt nicht von ungefähr. Deshalb dreht sich mir das Herz um, wenn ich an den Botschaftsgebäuden, Häusern der Verbände und Banken, Versicherungen, Kongresszentren usw. vorbeifahre und sie mir gähnend leer vorstelle.

Bonn mit Umgebung hat in den letzten vierzig Jahren viele, viele Anstrengungen unternommen, um für die Bundesrepublik Deutschland als passable Hauptstadt zu dienen. Dafür haben die Menschen hier Veränderungen und Belastungen ertragen. Die Umwandlung des Universitätsstädtchens Bonn in die Bundeshauptstadt verlief doch nicht ohne Opfer, und die Menschen in Bonn haben es hinnehmen müssen, so wie wir in der Westpfalz es hinnehmen mußten, zum Waffenträger der Nation zu werden mit all den Beschränkungen, Sperrgebieten, Übungsplätzen, der Belästigung durch die Tiefflieger bis zur Bedrohung durch das Giftgas. Die Pfälzer haben das getragen, ertragen für die ganze Bundesrepublik Deutschland — so wie die Bonner ihren Teil trugen.

Aus meinen Erfahrungen kann ich den Bonnern nur sagen: Undank ist der Welt Lohn! Ich kann und werde jedenfalls nicht mit ruhigem Gewissen meine Stimme dazu hergeben, Bonn nach so vielen Jahren in die Bedeutungslosigkeit versinken zu lassen. Wir tragen Verantwortung für die Stadt, für die Umgebung, für die vielen vielen Menschen, die hier mit uns und für uns arbeiten.

Wir tragen auch Verantwortung für Berlin, für unsere Hauptstadt, für Berlin, das überbrodelt vor Energie und Zukunftsplänen. Dort geben sich heute schon die Manager aus aller Welt die Klinke in die Hand. Sie wissen, daß Berlin eine große Zukunft hat, daß von dort neue Märkte zu erschließen sind. Bei allen augenblicklich großen Problemen dieser Stadt und den gebotenen Hilfestellungen ist doch heute schon in Berlin zu spüren: diese Stadt dehnt sich, reckt und streckt sich, sie hat tausend Möglichkeiten — auch ohne Parlament und Regierung. Bonn — hat nur eine Chance: Es muß Regierungs- und Parlamentssitz bleiben!

Schicken Sie den Mohren nicht in die Wüste, begreifen Sie die Verantwortung für Bonn, seine Umgebung und seine Menschen!

Gabriele Wiechatzek (CDU/CSU): In der Debatte über den Regierungssitz Berlin gibt es neben Sachargumenten eine Ebene von Gefühlen, Vorbehalten und Ängsten. Viele Bundesbürger — vor allem im Westen — stehen den Herausforderungen im Prozeß der deutschen Einheit mit Unbehagen gegenüber und übertragen dieses Unbehagen auf Berlin. Für sie ist ein Umzug von Parlament und Bundesregierung an die Spree das emotionale Negativsymbol beim vermeintlichen Abschied von 40 Jahren westlich orientierter Bundesrepublik. Die geographische Veränderung gilt ihnen als Ausdruck der politischen und wirtschaftlichen Gewichtsverlagerung in Deutschland. Einer Verlagerung, die sich viele nicht wünschen, nachdem doch die Geschichte der alten Bundesrepublik für die meisten von uns eine Erfolgsstory war.

In der Ablehnung Berlins als Parlaments- und Regierungssitz kommt eine „Halt die Welt an, ich möchte aussteigen"-Mentalität zum Ausdruck. Sie ist verständlich, aber die Geschichte wird uns Deutschen keinen Ausstieg ermöglichen. Berlin zum Sündenbock der gemischten Gefühle machen zu wollen, ist deshalb nicht nur ungerecht, sondern letztlich auch vollkommen wirkungslos. Keine einzige Zukunftsaufgabe wird leichter lösbar, wenn Bundestag und Bundesregierung im alten rheinischen Zentrum der Bundesrepublik West verbleiben.

Unbehagen gegenüber den fundamentalen Veränderungen seit der Maueröffnung gibt es übrigens gerade in Berlin. Die meisten Westberliner haben sich mit dem Westen und der westlichen Wertegemeinschaft stärker identifiziert, als es in der Bundesrepublik der Fall war. Denn ihr Freiheitsbegriff und ihr Lebensstil wurde täglich von einem völlig anderen Gesellschaftssystem in Reichweite konterkariert. Nun erleben die Bewohner des früheren Westteils von Berlin, daß sie nicht mehr so weiterleben können wie bisher. Mehr als alle anderen Bundesbürger müssen sie teilen — ein Prozeß, der sich täglich in den Investitionsentscheidungen der Berliner Verwaltung zugunsten des Ostens widerspiegelt. Vom Finanzsenator hören sie, daß das Westberliner Niveau nicht gehalten werden könne.

Das böse Wort von der drohenden „Verostung" geht um. In dieser Gefühlslage sehe ich eine der größten Gefahren bei einer ablehnenden Entscheidung des Bundestages für Berlin

Eine negative Entscheidung würde dort als der Versuch Bonns interpretiert, sich aus der Mithaftung für die Risiken im Prozeß der deutschen Einheit herauszustehlen und die westdeutsche Gemütlichkeit möglichst ungeschmälert bewahren zu wollen.

In diesem Zusammenhang muß es nun bedenklich stimmen, daß mehr als die Hälfte der Bundesbürger befürchten, daß persönliche Interessen der Abgeordneten den Ausschlag geben werden bei der Entscheidung Bonn oder Berlin (so das Ergebnis einer Wickert-Befragung). Heute haben wir die Chance, diese negative Einschätzung zu widerlegen.

Interessant finde ich, daß die Menschen in der Umgebung von Berlin die Stadt gestärkt sehen wollen. Das ist nicht selbstverständlich. Denn das Verhältnis der Metropole zu ihrem Umland war stets gespannt. Schon Theodor Fontane hat Animositäten zwischen den Berlinern und der umliegenden Landbevölkerung beschrieben. Später, im Sozialismus, wurde Ostberlin auf Kosten des Umlandes zum Schaufenster ausgeschmückt. Dennoch zeigen Meinungsumfragen, daß sich doch die Bewohner der früheren DDR mehrheitlich Berlin als Sitz von Parlament und Bundesregierung wünschen. Auch sie sehen darin ein Symbol, daß das geeinte Deutschland seine neue Rolle in vollem Umfang annimmt. Selbst die Sachsen, die ja zu den Berlinern ein so herzliches Verhältnis haben wie die Schotten zu den Engländern, sprechen sich vor diesem Hintergrund meist für Berlin aus — eine Geste, die wir besonders zu schätzen wissen.

Lassen Sie mich in diesem Zusammenhang erwähnen, daß wir Berliner uns keineswegs auf die Mehrung der eigenen Besitzstände beschränken. Wir fordern vielmehr einen umfassenden Ausbau des Föderalismus zugunsten der neuen Bundesländer. Mehr als 70 Bundesbehörden sind in Nordrhein-Westfalen angesiedelt. Diesen rheinischen Zentralismus dürfen wir uns im geeinten Deutschland nicht mehr leisten. Er entspricht altem Denken. Auch wenn man an den bisherigen Strukturen und dem Regierungssitz Bonn festhalten wollte, könnte das geeinte Deutschland nicht in der gemütlichen Nische der Weltpolitik verbleiben, in der es sich der Westteil 40 Jahre lang so gern bequem machte.

In der nächsten Zeit sind wir Deutsche in doppelter Hinsicht gefordert:

— im Inneren kommt es darauf an, vergleichbare Lebensverhältnisse herzustellen;

— auf europäischer Ebene gilt es, den Westen und den Osten unseres Kontinents zusammenzuführen — ein Prozeß, der meines Erachtens ungleich komplizierter ist als das Zusammenwachsen in Deutschland.

Diesen Herausforderungen können Bundestag und Bundesregierung am besten von Berlin aus gerecht werden. Das Ja zu Berlin ist zugleich die Zustimmung zur gewachsenen Verantwortung Deutschlands in Europa und in der Welt.

Uta Würfel (FDP): Ich stimme für Berlin,

— weil ich ein 40jähriges Versprechen halten und einlösen will,

— weil ich mich in Respekt verneige vor den Berlinern, die uns im Westen 40 Jahre lang die Treue gehalten haben,

— weil ich will, daß wir auf die ostdeutsche Bevölkerung nicht nur mit Worten, sondern durch Taten zugehen,

— weil ich mir wünsche und auch dazu beitragen will, daß von Berlin aus als Hauptstadt mit Parlament und Regierung die Versöhnung mit dem Osten Europas zügig vorangetrieben wird,

(A)

— weil ich fest daran glaube, daß das Flair und die Kultur der Stadt, die Tapferkeit der Menschen und ihre Beharrlichkeit, ihr Glaube an die Wiedervereinigung und ihr Durchhaltevermögen eine Politik hervorbringen werden, die uns allen, in West und Ost, dienlich sein wird.

Werner Zywietz (FDP): Heute ist der Tag gekommen, an dem die deutsche Einheit durch die Bestimmung Berlins als Parlaments- und Regierungssitz vollendet werden sollte. Heute muß eingelöst werden, was der Deutsche Bundestag nach eigenen Erklärungen immer wollte, aber leider nicht immer konnte: In Berlin, im Reichstag tagen, in Berlin den Parlaments- und Regierungssitz haben. Mit dem Entscheid für den Parlamentssitz in Berlin wäre die glückliche Phase deutscher Geschichte — die Wiedervereinigung — zu einem guten Abschluß gebracht. Ich bin dafür, daß wir Wort halten, was alle wesentlichen Repräsentanten wichtiger Parteien Legislaturperiode für Legislaturperiode versprochen haben. Wort halten, Verläßlichkeit, Glaubwürdigkeit sind auch besondere Werte der Politik. Sie gebieten die Berlin-Entscheidung.

Darüber hinaus gibt es weitere gute Gründe für den Parlamentssitz in Berlin.

Dort, wo das Parlament arbeitet, hat grundsätzlich auch die Regierung zu sein, wenn Demokratie funktionieren soll. Parlamentssitz und Regierungssitz dürfen nicht getrennt werden, sonst kann ein Parlament Regierung nicht stimulieren und nicht kontrollieren.

(B)

Bonn ist ein funktionierendes und auch als Stadt sympathisches Provisorium, eine Zwischenphase. Dies sollte es von Anfang sein, dies war auch vor einem Jahr noch die Meinung des Bürgermeisters. Wir haben jetzt das Glück der Geschichte, dies zu überwinden, und darum sollten wir es auch tun — ohne Wenn und Aber!

Die Entscheidung für Berlin hat Gründe aus der Vergangenheit und Aspekte, die für die Zukunft wichtig sind: Der Berlin-Entscheid ist auch der symbolische Ausdruck für die Überwindung der deutschen Teilung. Der Berlin-Entscheid macht auch deutlich, daß uns die weitere Entwicklung in Mittel- und Osteuropa ein besonderes Anliegen ist. Es gibt die Chance, mehr mit unserer Verantwortung in die Mitte Europas zu rücken.

Ein Berlin-Entscheid darf nicht zur Frage vordergründiger Kostendiskussionen oder der praktischen Nähe von Wahlkreisen zum jetzigen Parlamentssitz Bonn degenerieren. Nein, hier geht es nicht um einen Städtewettbewerb, sondern um eine bedeutende Entscheidung auf dem Hintergrund der deutschen Geschichte, eine Entscheidung, mit der wir Perspektiven eröffnen können.

In Berlin bündelt sich am intensivsten lange und auch schmerzvolle deutsche Geschichte. Zu ihr sollten wir uns bekennen, im Guten und auch im weniger Guten. Darum bin ich für Parlaments- und Regierungssitz in Berlin. Das vollendet die Deutsche Einheit, alles andere wäre eine Verletzung.

(C)

Anlage 3

Erklärung nach § 31 GO

des Abgeordneten Jürgen Augustinowitz (CDU/CSU) zur Abstimmung über die Anträge zum Parlaments- und Regierungssitz (Tagesordnungspunkt 15)

Ich bin für Berlin als Sitz von Parlament und Regierung. Gegen die Trennung von Parlament (in Berlin) und Regierung (in Bonn) habe ich erhebliche Bedenken. Wenn ich trotzdem diesem Antrag zustimme, so nur deshalb, um eine Entscheidung gegen Berlin zu verhindern.

Anlage 4

Erklärung nach § 31 GO

der Abgeordneten Brigitte Baumeister (CDU/CSU) zur Abstimmung über die Anträge zum Parlaments- und Regierungssitz (Tagesordnungspunkt 15)

Nachdem der Kompromißantrag Geißler, die Teilung durch Teilen zu überwinden, keine Mehrheit gefunden hat, bin ich um der Glaubwürdigkeit willen davon überzeugt, für Berlin stimmen zu müssen. Ich stimme für Berlin, da Bonn nicht bereit war, dem Kompromiß zuzustimmen.

(D)

Anlage 5

Erklärung nach § 31 GO

des Abgeordneten Dr. Heinrich Kolb (FDP) zur Abstimmung über die Anträge zum Parlaments- und Regierungssitz (Tagesordnungspunkt 15)

Die Diskussion der letzten Wochen hat deutlich gemacht, daß die Zahl der Argumente, die für Bonn oder Berlin sprechen, endlich ist.

Nachdem sich für die heutige Debatte mehr als einhundert Redner zu Wort gemeldet haben, ist davon auszugehen, daß alle diese Argumente hinreichend vorgetragen werden. Ich verzichte daher auf mündlichen Vortrag, möchte jedoch mein Abstimmungsverhalten wie folgt erläutern:

Erstens. Ich gehöre der Nachkriegsgeneration an und bin in meinem Entscheidungsverhalten nicht prädisponiert wie etwa Abgeordnete, die aus Bonn oder Berlin stammen. Allerdings ist festzuhalten: Seit ich politisch denke, habe ich Bonn als — zugegebenermaßen funktionsfähiges — Provisorium verstanden. Seit ich als Abgeordneter des Deutschen Bundestages zur Stellungnahme in der Frage des zukünftigen Parlaments- und Regierungssitzes aufgefordert werde, habe ich mich für Berlin ausgesprochen.

Zweitens. Eine Trennung von Regierung und Parlament halte ich nicht für praktikabel. Insbesondere

(A) scheint mir die Arbeit in den Ausschüssen durch eine Trennung unzumutbar beeinträchtigt zu werden.

Drittens. Einen Zweifel an der zukünftigen Hauptstadt Berlin mit allen damit verbundenen Funktionen im Rahmen der Vision des vereinigten Deutschlands habe ich nie empfunden und auch von deutschen Politikern nie gehört.

Viertens. Berlin ist in den letzten Jahrzehnten als Symbol der deutschen Teilung verstanden und in vielen wichtigen Reden führender Persönlichkeiten hochgehalten worden.

Bis jetzt ist nur die politische Teilung überwunden, die Teilung Deutschlands besteht jedoch als wirtschaftliche, soziale und mentale Teilung fort. Das wird nirgendwo deutlicher als in Berlin. Berlin bleibt für mich auch weiterhin Symbol dieser Teilung sowie des Wunsches und der Notwendigkeit, sie zu überwinden.

Fünftens. Die Überwindung der fortbestehenden Teilung Deutschlands ist die zentrale Aufgabe des nächsten Jahrzehntes, vielleicht gar der nächsten Generation.

Sechstens. In den sechs Monaten meiner bisherigen Tätigkeit in Bonn, nach einigen Aufenthalten in Berlin und auf Grund unternehmerischer Tätigkeit in Sachsen-Anhalt habe ich den Eindruck gewonnen: In Bonn werden die Probleme, die sich aus der wiedergewonnenen deutschen Einheit ergeben, nicht hinreichend greifbar.

(B) Das Parlament sollte der „Temperaturfühler" der Nation sein. Ein Temperaturfühler muß dort installiert werden, wo „klimatische Veränderungen" am meisten spürbar sind. Das Parlament muß daher seinen Sitz in Berlin nehmen.

Siebtens. Mit der Wiederherstellung der deutschen Einheit hat sich Deutschland verändert, und es wird sich zukünftig verändern. Mit einer Entscheidung für Berlin wird dokumentiert, daß man sich diesen Veränderungen stellt. Eine Entscheidung für Bonn würde den Erwartungen der Bürger im Osten unseres Landes, soweit ich sie aus zahlreichen Besuchen erkenne, nicht gerecht werden.

Achtens. Als das wesentliche Bedenken der Bonn-Befürworter habe ich in den letzten Wochen das Argument der Bedrohung von Arbeitsplätzen und der wirtschaftlichen Entwicklung in der Region Köln–Bonn aufgenommen. Bei allem Verständnis für die Sorgen und Ängste der Betroffenen: Vor dem Hintergrund des viel umfassenderen strukturellen Umbruchs im Osten kann und darf dies nicht eine Entscheidung pro Bonn begründen.

Neuntens. Über die Politik in Deutschland wird oft gesagt, sie taktiere und operiere, anstatt strategisch zu entscheiden. Die heutige Entscheidung ist eine strategische Entscheidung.

Bonn kann — davon bin ich überzeugt — nicht Regierungssitz sein, wenn Berlin wirklich Hauptstadt ist.

Zehntens. Die Entscheidung heute zu treffen und nicht in die Zukunft hinauszuschieben, ist richtig. Denn beide Städte brauchen Klarheit, auch vor dem

(C) Hintergrund der in beiden Städten zu treffenden Investitionsentscheidungen.

Ich werde mich in der Abstimmung für Berlin als Parlaments- und Regierungssitz aussprechen.

Anlage 6

Erklärung nach § 31 GO
der Abgeordneten Uwe Lambinus, Walter Kolbow, Susanne Kastner (alle SPD) zur Abstimmung über die Anträge zum Parlaments- und Regierungssitz (Tagesordnungspunkt 15)

Wir stimmen für Bonn als Sitz des Deutschen Bundestages und der Bundesregierung.

Unser Abstimmungsverhalten begründen wir wie folgt:

Wir wollen ein Deutschland in der Tradition der in den letzten Jahrzehnten in Bonn formulierten Politik

— der Aussöhnung mit unseren Nachbarn im Westen und Osten,

— der bundesstaatlichen föderativen Ordnung,

— der Grundwerte, die im Bonner Grundgesetz niedergelegt sind.

Wir wollen keine örtliche Anknüpfung deutscher Politik an die in der früheren Reichshauptstadt Berlin formulierte und praktizierte Politik

(D)
— des wilhelminischen Kaiserreiches,

— der mißlungenen Weimarer Republik,

— des menschenverachtenden Naziregimes,

— der kommunistischen Gewaltherrschaft.

Unsere Entscheidung richtet sich nicht gegen Berlin und die Berliner.

Der Freiheitswille und die Leidensbereitschaft der Berliner haben unsere uneingeschränkte Hochachtung. Auch aus diesem Grunde werden wir im Rahmen unserer Möglichkeiten alles tun, um Berlin zur echten kulturellen und wirtschaftlichen Metropole des wiedervereinigten Deutschland werden zu lassen.

Aber — auch föderativ organisierte — gesamtstaatliche politische Macht wieder nach Berlin verlagern, nein, dafür können wir unsere Stimme nicht geben.

Anlage 7

Erklärung nach § 31 GO
des Abgeordneten Dr. Norbert Lammert (CDU/CSU) zur Abstimmung über die Anträge zum Parlaments- und Regierungssitz (Tagesordnungspunkt 15)

Es gehört für mich zu den schmerzlichen Erfahrungen der jüngsten, besonders glücklichen deutschen

Geschichte, daß kurz nach Überwindung der Teilung Deutschlands die notwendige Entscheidung über den Sitz von Parlament und Regierung neue Trennungen, neue Enttäuschungen, neue Verletzungen zu verursachen scheint. Mich hat betroffen gemacht, welche Leidenschaft und welche Verbitterung, welche Gräben gelegentlich auch diese unvermeidliche Auseinandersetzung in den vergangenen Monaten hat entstehen lassen.

Ich hätte es deshalb begrüßt — wie viele andere auch —, wenn es gelungen wäre, eine einvernehmliche Lösung über den Sitz der Verfassungsorgane innerhalb und außerhalb der Hauptstadt Berlin zu finden, die eine breite Mehrheit mit friedenstiftender Wirkung gehabt hätte. Diese Bemühungen, für die es offensichtlich überall große Sympathien gab, sind gescheitert.

Ich selbst gehöre zu denen, die gegen den respektablen Versuch gestimmt haben, durch Aufteilung von Bundesregierung und Bundestag auf Bonn und Berlin einen Kompromiß zu finden und damit vielleicht einen solchen Konsens zu ermöglichen. Dabei hatte und hat für mich die Sicherung der Funktionsfähigkeit unseres parlamentarischen Regierungssystems Vorrang vor der vergleichsweise weniger bedeutsamen Frage des Standortes politischer Entscheidungsorgane und auch vor einem noch so wünschenswerten Konsens.

Eine Fehleinschätzung bei der Standortfrage können wir allemal eher verkraften als einen Irrtum über die Funktionsbedingungen unseres demokratischen Systems. Der eine Irrtum wäre bedauerlich, der andere verhängnisvoll. Ich behaupte nicht, daß eine räumliche Trennung von Parlament und Regierung notwendigerweise scheitern muß; aber niemand kann verläßlich und verbindlich die großen Risiken ausschließen, die mit einer solchen Lösung offensichtlich verbunden sind.

Bei der Abwägung der vielfältigen politischen und historischen Aspekte von sehr grundsätzlicher Bedeutung und mancher sehr pragmatischer, gleichwohl beachtlicher Gesichtspunkte sozialer und finanzieller Folgewirkungen werde ich daher für Bonn als Sitz von Parlament und Regierung stimmen. Nach meinem Verständnis, das ich von Deutschland und von Europa habe, bin ich überzeugt, daß Bonn als eine Stadt, die sich als Metropole nicht eignet, gerade deshalb als Sitz von Regierung und Parlament für die Zukunft des wiedervereinigten Deutschland in einem freien und ungeteilten Europa eine ebenso glückliche Lösung ist, wie sie es in der Vergangenheit — in mehr als 40 Jahren funktionierender Demokratie — unbestritten war.

Wenn die Mehrheit des Bundestages anders entscheidet, dann werde ich ganz selbstverständlich, ohne Vorwürfe und ohne Enttäuschung gerne und mit ungebrochenem Engagement meine politische Arbeit in Berlin fortsetzen — wenn mir die Wähler dazu Gelegenheit geben.

Anlage 8

Erklärung nach § 31 GO des Abgeordneten Dr. Reinhard Meyer zu Bentrup (CDU/CSU) zur Abstimmung über die Anträge zum Parlaments- und Regierungssitz (Tagesordnungspunkt 15)

Berlin ist unsere Hauptstadt, in der auch Bundestag, Bundesrat und Bundesregierung ihren Sitz nehmen. Dafür bin ich seit 30 Jahren eingetreten und werde auch am 20. Juni 1991 im Bundestag dafür stimmen. Berlin war für mich immer Deutschlands politischer Mittelpunkt, für Millionen Menschen im Osten mehr als 40 Jahre Symbol der Freiheit und Hoffnung auf ein menschenwürdiges Leben.

Der Bundestag hat in vielen politischen Beschlüssen und feierlichen Bekenntnissen — am 30. September 1949 erstmalig, am 15. Februar 1990 letztmalig — unterstrichen, „nach der Herstellung der Einheit Deutschlands Parlament und Regierung als notwendige hauptstädtische Funktionen nach Berlin zu verlegen".

Mit der Entscheidung für Berlin bleibe ich glaubwürdig und bekenne mich zur gesamtdeutschen Geschichte wie zu einem geschichtlichen Neuanfang. Es ist ein besonderer Beitrag zum politischen Zusammenwachsen. Berlin als Symbol der Teilung — nun ein Symbol für die wiedergewonnene Einheit in Frieden und Freiheit.

Anlage 9

Erklärung nach § 31 GO des Abgeordneten Hans-Joachim Otto (Frankfurt) (FDP) zur Abstimmung über die Anträge zum Parlaments- und Regierungssitz (Tagesordnungspunkt 15)

Meine Stimmabgabe für Bonn als Parlaments- und Regierungssitz möchte ich auf diesem Wege kurz begründen:

Erstens. Bonn steht für die längste Phase stabiler Demokratie in der deutschen Geschichte, Bonn ist das Symbol für die Westbindung und die europäische Integration unseres Vaterlandes. Die Bonner Republik hat dem deutschen Volk einen beispiellosen wirtschaftlichen Wohlstand gebracht. Bewährtes sollte nicht ohne Not aufgegeben werden.

Zweitens. Durch die Wiedervereinigung Deutschlands stehen wir vor Herausforderungen und Problemen in den neuen Bundesländern, die von ihrer Größe her vergleichbar sind mit dem Wiederaufbau nach dem Zweiten Weltkrieg. Vor diesem Hintergrund brauchen wir in den nächsten Jahren eine effektive Bundesverwaltung nötiger denn je. Die Effektivität würde jedoch zwangsläufig leiden, wenn sämtliche Ministerien mit zigtausenden von Bediensteten sukzessive nach Berlin umziehen müßten. Ein solcher Umzug wäre im übrigen auch der Motivation der bisher in Bonn tätigen und in dieser Region verwurzelten Beamten abträglich.

Drittens. Die für eine Verlagerung des Parlaments- und Regierungssitzes nach Berlin notwendigen Finanzmittel in Höhe eines zweistelligen Milliardenbetrages können in den fünf neuen Bundesländern weit sinnvoller verwandt werden als im ohnehin schon boomenden Berlin.

Viertens. Berlin leidet bereits heute unter wachsenden Problemen mit seiner Infrastruktur. Auf absehbare Zeit wird es sowohl auf den Schienen und auf den Straßen wie auch von der Luft aus nicht so leicht zu erreichen sein, wie dies für einen Parlaments- und Regierungssitz notwendig wäre. Auch die Verkehrsprobleme innerhalb der Stadt nehmen zu. Darüber hinaus fehlen in Berlin bereits jetzt über 100 000 Wohnungen; die Miet- und Grundstückspreise ziehen rasant an.

Alle diese Probleme würden sich durch den Zuzug von rund 50 000 Bundesbediensteten, Tausenden von Diplomaten und weiteren Tausenden von Verbandsvertretern, jeweils zuzüglich ihrer Familienangehörigen, dramatisch verschärfen. Ich habe daher ernsthafte Zweifel, ob die Verlegung des Parlaments- und Regierungssitzes überhaupt den objektiven Interessen Berlins diente.

Fünftens. Aus meinen genannten Beweggründen heraus ergibt sich, daß ich eine Verlegung des Parlaments- und Regierungssitzes nach Berlin allenfalls langfristig — hiermit meine ich einen Zeitraum, der weiter greift als die bisher genannten fünf bis fünfzehn Jahre — für akzeptabel hielte. Da eine solche langfristige Option nicht zur Abstimmung steht — und bedauerlicherweise wohl auch keine Mehrheit fände — stimme ich heute, am 20. Juni 1991, für die Beibehaltung Bonns als Sitz des Deutschen Bundestages und der Bundesregierung.

Anlage 10

Erklärung nach § 31 GO

der Abgeordneten Dr. Hermann Schwörer und Dr. Andreas Schockenhoff (beide CDU/CSU) zur Abstimmung über die Anträge zum Parlaments- und Regierungssitz (Tagesordnungspunkt 15)

Uns wäre ein fairer Kompromiß zwischen Bonn und Berlin am liebsten gewesen. Diesen sehen wir in dem Vorschlag Dr. Geißler, der die Regierung in Bonn belassen und das Parlament nach Berlin geführt hätte. Nachdem gegen unsere Stimmen dieser Teilungsvorschlag abgelehnt wurde, haben wir unsere Stimmen dem Berlin-Antrag gegeben.

Wir haben dies getan, obwohl wir die Stadt Bonn und ihre Bewohner in vielen Jahren Abgeordnetentätigkeit liebgewonnen haben. Wir haben es auch getan, obwohl wir aus unseren Wahlkreisen viele Aufforderungen bekommen haben, für Bonn zu stimmen. Unsere Entscheidungsgründe:

Erstens. Die Sorge im Wahlkreis, die Verlagerung nach Berlin, würde riesige zusätzliche Kosten bedeuten, ist unberechtigt. Der Umzug soll sich auf 10 bis 15 Jahre verteilen. So sagen es selbst die Berliner. Die Größenordnung von ca. 4 bis 6 Milliarden DM jährlich für Berlin müßte in jedem Fall aufgebracht werden und wenn auch nur als Ausgleich für das Belassen von Regierung und Parlament in Bonn. Finanziell ist also der Unterschied nicht groß.

Zweitens. Viel wichtiger ist aber die Tatsache, daß der Bundestag im Wort steht.

a) „Wir haben 45 Jahre lang davon gesprochen, daß Berlin die Hauptstadt des wiedervereinigten Deutschlands ist."

b) Im Einigungsvertrag von 1990 heißt es: „Die deutsche Hauptstadt ist Berlin." Dafür haben die allermeisten gestimmt. Zur Hauptstadt gehört mindestens das Parlament, so wie es der Geißler-Antrag vorsah. Würden wir diese Aussagen jetzt, nach dem Zustandekommen der Einheit, nicht wahrmachen, würden wir unseren Versprechungen und Zusagen untreu werden. Glaubwürdigkeit ist ein hohes Gut in der Politik.

Drittens. Berlin muß zum Zeichen dafür werden, daß wir bereit sind zu teilen und dem Osten unseres Vaterlandes jede mögliche Hilfe auf seinem schweren Weg zu gleichen Lebensbedingungen zu geben. Die Probleme dort sind so groß, daß kein Zeichen unterlassen werden darf, daß den Menschen Mut machen kann und ihnen zeigt, daß Deutschland auch geistig zur Einheit finden kann. Wenn in den neuen Bundesländern sich ein Erfolg zeigt, werden wir alle davon profitieren.

Viertens. Für Bonn muß im Fall des Weggangs von Parlament und Regierung ein Ausgleich gefunden werden. Wir alle haben dieser Stadt für 40 Jahre guter Regierungszeit viel zu verdanken. Genügend Ersatzarbeitsplätze und eine neue Verwendung der Regierungs- und Parlamentsbauten müssen das Tempo der Umsiedlung nach Berlin entscheidend mitbestimmen.

Anlage 11

Erklärung nach § 31 GO

des Abgeordneten Heinz Schemken (CDU/CSU) zur Abstimmung über die Anträge zum Parlaments- und Regierungssitz (Tagesordnungspunkt 15)

Ich stimme für Berlin, obwohl ich vor Monaten eine erste Initiative für Bonn unterschrieben hatte.

Als bergischer Abgeordneter war es mein Bemühen, die deutsche Geschichte, die sich in vier Jahrzehnten mit Bonn verbindet, einzubinden in eine mögliche Konsenslösung, eine Konsenslösung, die sich zwischen den Befürwortern Bonns und Berlins hätte ergeben müssen. Dies hat nach meiner Auffassung nicht zu dem gewollten Erfolg geführt. Jetzt bei der Entscheidung Bonn oder Berlin kann ich mich dem geschichtlichen Auftrag für Berlin nicht entziehen.

Durch die Wiedervereinigung meines Vaterlandes steht die Stadt Berlin, die die schicksalhafte Ge-

(A) schichte der Deutschen durch die Teilung erleiden mußte, nicht gegen Bonn zur Entscheidung an. Berlin kann nach den gescheiterten Versuchen, zu einem Konsens zu kommen, jetzt nicht zum Feigenblatt eines unerfüllten Auftrages auf Grund der historischen Versprechen degradiert werden. Das Vertrauen in die Politik wird damit nicht gestärkt, das gerade in dieser Frage einer besonderen Bewährungsprobe unterliegt. Das Vertrauen wird zerstört; denn es liegt in dem gegebenen Wort aller Politiker zur Einheit Deutschlands und zur Überwindung der Teilung der alten Deutschen Hauptstadt. Hier treten die regionalen und strukturpolitischen Fragen auf dem Hintergrund des geschichtlichen Auftrages an die zweite Stelle.

Ich habe volles Verständnis für die Sorgen der Bürger in der Bonner Region. Die Sonderlasten Bonns können durch einen Bonnvertrag mit finanziellem Ausgleich und Zuteilung neuer Funktionen und Institutionen ausgeglichen werden.

Anlage 12

Erklärung nach § 31 GO
des Abgeordneten Dr. Klaus-Dieter Uelhoff
(CDU/CSU) zur Abstimmung über die Anträge
zum Parlaments- und Regierungssitz
(Tagesordnungspunkt 15)

Im Einigungsvertrag ist Berlin als Hauptstadt Deutschlands bestätigt worden. Sie wird es kulturell und wirtschaftlich sein, aber auch mit herausragenden politischen Funktionen als Ort der Bundesversammlung, wichtiger Bundestagssitzungen und vielfacher nationaler Repräsentation.

Der Bundestag hat sich im Laufe der vergangenen 40 Jahre mehrfach für eine Verlegung der leitenden Bundesorgane nach Berlin ausgesprochen, sobald die Einheit in Freiheit hergestellt ist. Hat der Bundestag deshalb sein Entscheidungsrecht eingebüßt? Durch die friedliche Revolution in der damaligen DDR seit 1989 eine neue Situation mit politischen und wirtschaftlichen Umständen entstanden, aus denen neue Konsequenzen gezogen werden müssen. Aus gutem Grund ist deshalb im Einigungsvertrag auch ausdrücklich ein gesonderter Beschluß über den Sitz von Parlament und Regierung vorgesehen worden.

Ich bin aus historischen, politischen und wirtschaftlichen Gründen gegen einen generellen Umzug des Parlaments, dem die Regierung zu folgen hätte, und für eine bundesstaatliche Aufgabenteilung zwischen Berlin und Bonn.

Bonn steht für den demokratischen Neubeginn und nach 42 Jahren inzwischen auch für die demokratische Tradition der Bundesrepublik Deutschland. Von Bonn gingen wesentliche Impulse für die europäische Gemeinschaft freier Völker aus. Auch im Ausland sieht man in dieser Stadt ein Symbol für eine dem Frieden und der Versöhnung verpflichtete Politik.

Dem Föderalismus der Bundesrepublik und der in Jahrhunderten gewachsenen dezentralen Struktur

(C) unseres Landes ist mit Bonn besser gedient als mit Berlin.

Bereits heute kämpft Berlin mit den Problemen der Wohnungsnot, der Mietenexplosion und des drohenden Verkehrsinfarkts. Ein Umzug der Verfassungsorgane mit ihren Mitarbeitern würde diese Probleme schier unlösbar werden lassen. In Bonn ist die erforderliche Infrastruktur vorhanden, bereits im Bau oder in der Planung; der Zuwachs durch die Abgeordneten aus den fünf neuen Bundesländern ist bereits jetzt bewältigt.

Der Aufwand, den die milliardenhohen Kosten und die Reibungsverluste eines langjährigen Umzugs nach Berlin verursachen würden, ist besser in den neuen Bundesländern investiert als in einen Parlaments- und Regierungssitz Berlin. Ohnehin erlebt diese Stadt heute schon einen beispiellosen Run von Investoren. Der erhoffte Olympiastandort im Jahre 2000 wird dies weiter beschleunigen.

Bonn als Parlaments- und Regierungssitz für die Verankerung im Westen und Berlin als Hauptstadt für die Öffnung nach Osten, dies sind die Pfeiler der Brücke, auf der wir uns in Zukunft bewegen sollten.

Anlage 13

Erklärung nach § 31 GO
des Abgeordneten Dr. Ruprecht Vondran
(CDU/CSU) zur Abstimmung über die Anträge
zum Parlaments- und Regierungssitz
(Tagesordnungspunkt 15)

Berlin steht für den Selbstbehauptungswillen des deutschen Volkes. Hier war die Freiheit besonders gefährdet, hier ist sie erfolgreich verteidigt worden.

In Bonn sind die Grundlagen für eine lebenstüchtige Demokratie erarbeitet worden. Hier wurden die Entscheidungen getroffen, die die Deutschen in die Völkergemeinschaft zurückgeführt, ihnen Sicherheit und Wohlstand gebracht und am Ende auch die Wiedervereinigung ermöglicht haben. Die Namen beider Städte haben Symbolkraft. Das macht die Entscheidung so schwer.

Ich gebe meine Stimme für Berlin, weil heute zugleich über die Glaubwürdigkeit deutscher Politik entschieden wird. Diese Glaubwürdigkeit ist ein knappes und wertvolles Gut. Vier Jahrzehnte sind alle Parteien, insbesondere die Christlich Demokratische Union, dafür eingetreten, daß Berlin die Hauptstadt eines in Freiheit wiedervereinigten Deutschland wird. Auf dieses Wort muß Verlaß sein.

Mit dieser Entscheidung verbinde ich die Hoffnung, daß die Europäische Gemeinschaft in den nächsten Jahren nach Osten erweitert wird, und den Wunsch, daß die selbstbewußte Bescheidenheit, der Sinn für Maß und Mitte und die stille Effizienz, die die Bonner Politik auszeichnen, den Transport nach Berlin unbeschadet überstehen.

Deutscher Bundestag

Berichtigungen zu
Stenographischen Berichten

Nachtrag zur 34. Sitzung, erste Seite, linke Spalte:
Statt „Klaus Brähning" ist „Klaus Brähmig" zu lesen.
Auf Seite 2861 C, zweiter Absatz, letztes Wort: Statt
„wurden" ist „würden" zu lesen. (In Nachdruckexem-
plaren bereits korrigiert.)

35. Sitzung: Auf der ersten Seite, rechte Spalte sowie
auf Seite 2960 B ist statt „Gottfried Haschke (Großhennersdorf)" „Udo Haschke (Jena)" zu lesen.

Entschließungen des Deutschen Bundestags zur Hauptstadt Berlin seit 1949

„Der Bundestag bekennt sich zu Berlin als dem demokratischen Vorposten Deutschlands. Er erklärt feierlich vor aller Welt, daß nach dem Willen des deutschen Volkes Groß-Berlin Bestandteil der Bundesrepublik Deutschland ist und in Zukunft ihre Hauptstadt wieder werden soll."

— **3. September 1949**, Antrag der SPD-Fraktion, mit überwiegender Mehrheit angenommen.

„Die leitenden Bundesorgane verlegen ihren Sitz in die Hauptstadt Deutschlands Berlin, sobald allgemeine, freie, gleiche, geheime und direkte Wahlen in ganz Berlin und in der sowjetischen Besatzungszone durchgeführt sind. Der Bundestag versammelt sich alsdann in Berlin."

— **3. November 1949**, Antrag der KPD Fraktion und der SPD-Fraktion, mit überwiegender Mehrheit angenommen. Wegen des Änderungsantrags gegen die Stimmen der KPD Fraktion. Der ursprüngliche Antrag der KPD Fraktion lautete: „Die leitenden Bundesorgane verlegen ihren Sitz in die Hauptstadt Deutschlands Berlin. Der Bundestag versammelt sich alsbald in Berlin."

„Ausschüsse des Bundestages sollen bei Erörterungen von Berliner Angelegenheiten und bei Fragen von grundsätzlich gesamtdeutscher Bedeutung in Berlin tagen.
Ebenso sollen nach Möglichkeit bei besonderen Anlässen Plenarsitzungen des Deutschen Bundestages in Berlin stattfinden."

— **20. Juni 1951**, Fraktion der WAV, angenommen mit Ausnahme der Stimmen der KPD-Fraktion.
Die Wirtschaftliche Aufbau-Vereinigung WAV existierte von 1945 bis 1953

„Die Nationalversammlung tritt am 30. Tag nach ihrer Wahl in Berlin zusammen."

— **6. Februar 1952**, Antrag der Bundesregierung, der Fraktionen der CDU/CSU, SPD, FDP und DP, in namentlicher Abstimmung angenommen.

„Der Bundestag hält es für erwünscht, daß sowohl Berlin als auch Bonn als Amtssitz des Bundesministeriums für gesamtdeutsche Fragen bestimmt werden."

— **8. Juni 1955**, Fraktion der DP/Ausschuss für Gesamtdeutsche und Berliner Fragen, gegen eine Stimme angenommen. DP = Deutsche Partei, eine rechtsgerichtete Partei, die sich 1961 de facto aufgelöst hat.

„Die Bundesregierung wird ersucht, im Nachtragshaushalt für das Rechnungsjahr 1955, spätestens jedoch im Bundeshaushaltsplan für das Rechnungsjahr 1956, für die Vorbereitung und Durchführung eines gesamtdeutschen städtebaulichen Ideenwettbewerbs ‚Hauptstadt Berlin' 350.000 DM und für die Vorbereitung und Durchführung eines beschränkten Architektenwettbewerbs ‚Wiederherstellung Reichstagsgebäude' 60.000 DM zu veranschlagen."

— **26. Oktober 1955**, Antrag der SPD-Fraktion, angenommen gegen einige Stimmen und bei Enthaltungen

---

„Die Bundeshilfe … soll so bemessen sein, daß das Land Berlin befähigt wird, die durch seine besondere Lage bedingten Ausgaben zur wirtschaftlichen und sozialen Sicherung seiner Bevölkerung zu leisten und seine Aufgaben als Hauptstadt eines geeinten Deutschlands zu erfüllen."

— **21. März 1956**, Antrag der SPD-Fraktion, einstimmig beschlossen

---

„ 1. Berlin ist die Hauptstadt Deutschlands.

2. Mit der Planung und Durchführung des Baues eines Parlamentsgebäudes in Berlin ist unverzüglich zu beginnen.

Der Bundesregierung wird empfohlen,

a) unverzüglich die organisatorischen Voraussetzungen dafür zu schaffen, daß Bundesministerien nach Berlin verlegt werden

b) die Voraussetzungen dafür zu schaffen, daß weitere Dienststellen und Institutionen des Bundes so schnell wie möglich nach Berlin verlegt werden;

c) bei neu zu errichtenden Bundesbehörden von vornherein Berlin als Sitz zu bestimmen;

d) Bauten, die für oberste Bundesbehörden erforderlich werden, nicht mehr in Bonn, sondern in Berlin durchzuführen;

e) für die beschleunigte Wiederherstellung des Schlosses Bellevue Sorge zu tragen;

4. die Bundesregierung wird ersucht,

a) dem Bundestag darüber zu berichten, welche obersten Bundesbehörden sowie den Ministerien nachgeordnete Bundesbehörden in absehbarer Zeit nach Berlin verlegt werden können;

b) Raum für die Aufnahme der Regierungsstellen in Berlin durch beschleunigten Ausbau der bundeseigenen Gebäude in Berlin sicherzustellen, insbesondere 20 Millionen DM für die Wiederherstellung des Europa-Hauses und der noch nicht aufgebauten Teile des Reichspatentamtes sowie des Bendlerblocks in den Bundeshalt einzusetzen, und den Bundestag über die Pläne für den weiteren Ausbau bundeseigener Gebäude zu unterrichten"

— **6. Februar 1957**, Antrag der Fraktionen der SPD, FDP und GB/BHE/Ausschuß für gesamtdeutsche und Berliner Fragen, bei vier Gegenstimmen angenommen.

Zur Erklärung: Im Ausschußbericht wird als das Ziel der Antragsteller dargestellt, „der Antrag wolle die Bundesregierung nicht zu einem überstürzten vollständigen Umzug nach Berlin veranlassen, er wolle aber erreichen, daß

a) Berlin schon jetzt – noch während der Spaltung Deutschlands – durch Verlegung von Behörden, soweit es nur möglich sei, den ihm zukommenden hauptstädtischen Charakter und echte hauptstädtische Funktionen erhalte und

b) darüber hinaus unverzüglich die praktische Vorbereitung der Hauptstadt für den Tag der Wiedervereinigung beginne."

„Die Deutsche Bundesbank hat ihren Sitz am Sitz der Bundesregierung; solange sich dieser nicht in Berlin befindet, ist Sitz der Bank Frankfurt am Main."

— **4. Juli 1957**, Antrag der Bundesregierung und Abgeordnete der CSU, einstimmig beschlossen

---

„Die Bundesregierung wird ersucht, gemeinsam mit dem Berliner Senat und den Regierungen der anderen Länder in der Bundesrepublik dafür zu sorgen, daß Berlin eine der geistigen und kulturellen Metropolen der freien Welt bleibt, seine Aufgaben als Hauptstadt Deutschlands erfüllen und seine freiheitliche Lebensform bewahren und gestalten kann ..."

— **28. Juni 1963**, SPD-Fraktion, einstimmig angenommen

„Hauptstadt Deutschlands ist Berlin. Die Frage des Sitzes von Parlament und Regierung wird nach der Herstellung der deutschen Einheit Deutschlands entschieden."

— **20. September 1990**, Bundesregierung, in namentlicher Abstimmung mit 440 Ja-Stimmen bei 47 Nein-Stimmen und drei Enthaltungen angenommen

Art. 2 Abs. 1 des Gesetzes zum Vertrag vom 31. August 1990 zwischen der Bundesrepublik Deutschland und der Deutschen Demokratischen Republik über die Herstellung der Einheit Deutschlands und der Vereinbarung vom 18. September 1990, Einigungsvertragsgesetz.

„In Einlösung seiner Beschlüsse, in denen der Deutsche Bundestag seinen politischen Willen vielfach bekundet hat, daß nach der Herstellung der deutschen Einheit Parlament und Regierung wieder in der deutschen Hauptstadt Berlin sein sollen, wolle der Bundestag beschließen:

1. der Sitz des Deutschen Bundestages ist Berlin,

2. die Bundesregierung wird beauftragt, gemeinsam mit der Verwaltung des Deutschen Bundestages und dem Senat von Berlin bis zum 31. Dezember 1991 ein Konzept zur Verwirklichung dieser Entscheidung zu erarbeiten. Dabei soll mit der Herrichtung der notwendigen Kapazitäten für Tagungen des Deutschen Bundestages, seiner Fraktionen und Ausschüsse in Berlin schnell begonnen werden. Die Arbeitsfähigkeit soll in vier Jahren hergestellt sein. Bis dahin finden in der Bundeshauptstadt Plenarsitzungen des Deutschen Bundestages nur auf Beschluß des Ältestenrates in besonderen Fällen statt. Die volle Funktionsfähigkeit Berlins als Parlaments- und Regierungssitz soll in spätestens zehn bis zwölf Jahren erreicht sein.

3. Der Deutsche Bundestag erwartet, daß die Bundesregierung geeignete Maßnahmen trifft, um ihrer Verantwortung gegenüber dem Parlament in Berlin nachzukommen und in entsprechender Weise in Berlin ihre politische Präsenz dadurch sichert, daß der Kernbereich der Regierungsfunktionen in Berlin angesiedelt wird."

— **20. Juni 1991**, Abgeordnete der Fraktionen CDU/CSU, SPD, FDP und der Gruppe Bündnis 90/Grüne, in namentlicher Abstimmung mit 338 Stimmen bei 320 Gegenstimmen angenommen.

Zusammengestellt von Wieland Giebel.

Quelle: Datenhandbuch zur Geschichte des Deutschen Bundestags 1983 – 1991, S. 1029 ff.

Die folgenden fünf Anträge wurden auf der hier abgedruckten Sitzung am 20. Juni 1991 diskutiert. Der zweite Antrag wurde schließlich angenommen.

1. Beratung des Antrags der Abgeordneten Dr. Norbert Blüm, Dr. Wolfgang Bötsch, Editha Limbach, Dr. Franz Möller, Wolfgang Zeitlmann, Dr. Horst Ehmke (Bonn), Ingrid Matthäus-Maier, Gerhart Rudolf Baum, Dr. Irmgard Adam-Schwaetzer, Dr. Klaus-Dieter Feige und weiterer Abgeordneter

   Bundesstaatslösung für eine Aufgabenteilung zwischen der Hauptstadt Berlin, dem Parlaments- und Regierungssitz Bonn und den neuen Bundesländern

   Bonn-Antrag – Drucksache 12/814 [Seite 221]

2. Beratung des Antrags der Abgeordneten Willy Brandt, Dr. Burkhard Hirsch, Dr. Günther Krause (Börgerende), Maria Michalk, Dr. Rainer Ortleb, Dr. Wolfgang Schäuble, Dr. Oscar Schneider (Nürnberg), Dr. Hermann Otto Solms, Wolfgang Thierse, Dr. Wolfgang Ullmann, Dr. Hans-Jochen Vogel und weiterer Abgeordneter

   Vollendung der Einheit Deutschlands – Drucksache 12/815   [angenommener Antrag – Seite 217]

3. Beratung des Antrags der Abgeordneten Peter Conradi, Otto Schily, Dr. Martin Pfaff, Verena Wohlleben, Dr. Axel Wernitz, Uta Titze, Dr. Dietrich Sperling, Lieselott Blunck, Hans Büttner (Ingolstadt), Margot von Renesse, Dorle Marx, Manfred Hampel, Dr. Elke Leonhard-Schmid, Brigitte Lange, Antje-Marie Steen, Manfred Opel, Erika Simm, Dr. Hans de With, Elke Ferner, Walter Kolbow, Dr. R. Werner Schuster, Peter Büchner, Horst Schmidtbauer (Nürnberg), Susanne Kastner, Hildegard Wester, Robert Leidinger, Hans-Günther Toetemeyer, Uwe Lambinus, Horst Kubatschka, Erwin Horn, Bernd Reuter, Uta Zapf, Horst Peter (Kassel), Gernot Erler, Doris Odendahl, Brigitte Adler, Dr. Konstanze Wegner, Siegmar Modorf, Hermann Bachmaier, Klaus Kirschner und Michael Müller (Düsseldorf)

   Erhaltung der Funktionsfähigkeit der parlamentarischen Demokratie – Drucksache 12/816 [Seite 222]

4. Beratung des Antrags der Abgeordneten Dr. Heiner Geißler, Dr. Paul Laufs, Dr. Karl-Heinz Hornhues, Michael Glos, Volker Rühe, Lothar de Maizière, Otto Hauser (Esslingen), Klaus-Jürgen Hedrich, Heribert Scharrenbroich, Hansjürgen Doss, Matthias Wissmann, Gerhard O. Pfeffermann, Dr.-Ing. Dietmar Kansy, Hans-Peter Repnik, Dr. Renate Hellwig, Rainer Eppelmann, Reinhard Freiherr von Schorlemer und weiterer Abgeordneter

   Konsensantrag Berlin/Bonn - Drucksache 12/817 [Seite 223]

5. Beratung des Antrags des Abgeordneten Dr. Gregor Gysi und der Gruppe der PDS/Linke Liste

   Bestimmung der Hauptstadt Berlin zum Sitz von Parlament und Bundesregierung

   Berlin Antrag – Drucksache 12/818 [Seite 224]

Deutscher Bundestag Drucksache 12/815

12. Wahlperiode 19. 06. 1991

Antrag der Abgeordneten Willy Brandt, Dr. Burkhard Hirsch, Dr. Günther Krause (Börgerende), Maria Michalk, Dr. Rainer Ortleb, Dr. Wolfgang Schäuble, Dr. Oscar Schneider (Nürnberg), Dr. Hermann Otto Solms, Wolfgang Thierse, Dr. Wolfgang Ullmann, Dr. Hans-Jochen Vogel und weiterer Abgeordneter

Vollendung der Einheit Deutschlands

In Einlösung seiner Beschlüsse, in denen der Deutsche Bundestag seinen politischen Willen vielfach bekundet hat, daß nach der Herstellung der Deutschen Einheit Parlament und Regierung wieder in der deutschen Hauptstadt Berlin sein sollen, wolle der Bundestag beschließen:

1. Sitz des Deutschen Bundestages ist Berlin.

2. Die Bundesregierung wird beauftragt, gemeinsam mit der Verwaltung des Deutschen Bundestages und dem Senat von Berlin bis zum 31. 12. 1991 ein Konzept zur Verwirklichung dieser Entscheidung zu erarbeiten. Dabei soll mit der Herrichtung der notwendigen Kapazitäten für Tagungen des Deutschen Bundestages, seiner Fraktionen, Gruppen und Ausschüsse in Berlin schnell begonnen werden. Die Arbeitsfähigkeit soll in vier Jahren hergestellt sein. Bis dahin finden in der Bundeshauptstadt Plenarsitzungen des Deutschen Bundestages nur auf Beschluß des Ältestenrates in besonderen Fällen statt. Die volle Funktionsfähigkeit Berlins als Parlaments- und Regierungssitz soll in spätestens 10 bis 12 Jahren erreicht sein.

3. Der Deutsche Bundestag erwartet, daß die Bundesregierung geeignete Maßnahmen trifft, um ihrer Verantwortung gegenüber dem Parlament in Berlin nachzukommen und in entsprechender Weise in Berlin ihre politische Präsenz dadurch sichert, daß der Kernbereich der Regierungsfunktionen in Berlin angesiedelt wird.

4. Zwischen Berlin und Bonn soll eine faire Arbeitsteilung vereinbart werden, so daß Bonn auch nach dem Umzug des Parlaments nach Berlin Verwaltungszentrum der Bundesrepublik Deutschland bleibt, indem insbesondere die Bereiche in den Ministerien und die Teile der Regierung, die primär verwaltenden Charakter haben, ihren Sitz in Bonn behalten; dadurch bleibt der größte Teil der Arbeitsplätze in Bonn erhalten. Darüber hinaus werden für die Region Bonn – von der Bundesregierung bzw. von einer unabhängigen Kommission – unter Mitwirkung der Länder Nordrhein-Westfalen und Rheinland-Pfalz sowie der Stadt Bonn Vorschläge erarbeitet, die als Ausgleich für den Verlust des Parlamentssitzes und von Regierungsfunktionen die Übernahme und Ansiedlung neuer Funktionen und Institutionen von nationaler und internationaler Bedeutung im politischen, wissenschaftlichen und kulturellen Bereich zum Ziel haben.

5. Der Hauptstadtvertrag zwischen der Bundesregierung und der Stadt Bonn soll zu einem Bonn-Vertrag fortentwickelt werden zum Ausgleich der finanziellen Sonderbelastung Bonns und der Region durch die Funktionsänderungen.

6. Die Bundestagspräsidentin wird gebeten, eine Kommission aus Vertretern aller Verfassungsorgane, der obersten Bundesbehörden und von weiteren unabhängigen Persönlichkeiten zu berufen. Diese Kommission soll – als unabhängige Föderalismuskommission – Vorschläge zur Verteilung nationaler und internationaler Institutionen erarbeiten, die der Stärkung des Föderalismus in Deutschland auch dadurch dienen sollen, daß insbesondere die neuen Bundesländer Berücksichtigung finden mit dem Ziel, daß in jedem der neuen Bundesländer Institutionen des Bundes ihren Standort finden. Auch vorhandene Institutionen des Bundes in Berlin stehen dafür zur Disposition.

7. Die Ergebnisse dieser Arbeiten sollen von der Bundesregierung und der Kommission dem Deutschen Bundestag so rechtzeitig zugeleitet werden, daß er bis zum 30. Juni 1992 dazu Beschlüsse fassen kann.

8. Der Deutsche Bundestag geht davon aus, daß der Bundespräsident seinen 1. Sitz in Berlin nimmt.

9. Der Deutsche Bundestag empfiehlt dem Bundesrat, in Wahrnehmung seiner förderalen Tradition seinen Sitz in Bonn zu belassen.

Bonn, den 19. Juni 1991

Willy Brandt
Dr. Burkhard Hirsch
Dr. Günther Krause (Börgerende)
Maria Michalk
Dr. Rainer Ortleb
Dr. Wolfgang Schäuble
Dr. Oscar Schneider (Nürnberg)
Dr. Hermann Otto Solms
Wolfgang Thierse
Dr. Wolfgang Ullmann
Dr. Hans-Jochen Vogel
Ulrich Adam
Gerd Andres
Dietrich Austermann
Dr. Gisela Babel
Angelika Barbe
Heinz-Günter Barkfrede
Holger Bartsch
Richard Bayha
Dr. Sabine Bergmann-Pohl
Hans-Dirk Bierling
Wilfried Böhm (Melsungen)
Wolfgang Börnsen (Bönstrup)
Arne Börnsen (Ritterhude)
Edelgard Bulmahn
Dankward Buwitt
Wolf-Michael Catenhusen
Joachim Clemens
Peter Conradi
Dr. Nils Diederich (Berlin)
Dr. Peter Eckardt
Wolfgang Ehlers
Rainer Eppelmann
Carl Ewen
Horst Eylmann
Anke Eymer
Jochen Feilcke
Dirk Fischer (Hamburg)
Dr. Gerhard Friedrich
Katrin Fuchs (Verl)
Hans-Joachim Fuchtel
Dr. Margret Funke-Schmitt-Rink
Jörg Ganschow
Monika Ganseforth
Norbert Gansel
Horst Gibtner
Elisabeth Grochtmann
Karl Hermann Haack (Extertal)
Hans-Joachim Hacker
Gerlinde Hämmerle
Manfred Hampel
Christel Hanewinckel
Klaus Harries
Dr. Ingomar Hauchler
Klaus-Jürgen Hedrich
Dr. Renate Hellwig
Günther Heyenn

Reinhold Hiller (Lübeck)
Stephan Hilsberg
Gabriele Iwersen
Claus Jäger
Renate Jäger
Ulrich Junghanns
Dr.-Ing. Dietmar Kansy
Dr. Franz-Hermann Kappes
Peter Kittelmann
Günter Klein (Bremen)
Siegrun Klemmer
Ulrich Klinkert
Dr. Hans-Hinrich Knaape
Roland Kohn
Manfred Kolbe
Regina Kolbe
Jürgen Koppelin
Arnulf Kriedner
Dr.-Ing. Paul Krüger
Wolfgang Kubicki
Dr. Klaus Kübler
Hinrich Kuessner
Dr. Uwe Küster
Eckart Kuhlwein
Helmut Lamp
Detlev von Larcher
Herbert Lattmann
Walter Link (Diepholz)

Dr. Christine Lucyca
Wolfgang Lüder
Heinrich Lummer
Dr. Diedrich Mahlo
Lothar de Maizière
Erwin Marschewski
Günter Marten
Dorle Marx
Ulrich Mascher
Christoph Matschie
Heide Matischeck
Markus Meckel
Ulrike Mehl
Herbert Meißner
Dr. Bruno Menzel
Dr. Angela Dorothea Merkel
Dr. Hedda Meseke
Dr. Jürgen Meyer (Ulm)
Dr. Reinhard Meyer zu Bentrup
Wolfgang Mischnick
Dr. Christian Neuling
Volker Neumann (Bramsche)
Gerhard Neumann (Gotha)
Dr. Rolf Niese
Johannes Nitsch
Dr. Rolf Olderog
Manfred Opel
Angelika Pfeiffer
Dr. Gero Pfennig
Rosemarie Priebus

Susanne Rahardt-Vahldieck
Gerhard Reddemann
Klaus Reichenbach
Renate Rennebach
Dr. Klaus Röhl
Helmut Schäfer (Mainz)
Siegfried Scheffler
Otto Schily
Cornelie Schmalz-Jacobsen
Horst Schmidtbauer (Nürnberg)
Wilhelm Schmidt (Salzgitter)
Dr. Jürgen Schmieder
Dr. Jürgen Schmude
Michael von Schmude
Dr. Emil Schnell
Dr. Rupert Scholz
Reinhard Freiherr von Schorlemer
Ottmar Schreiber
Dr. Conrad Schroeder (Freiburg)
Gisela Schröter
Dietmar Schütz
Brigitte Schulte (Hameln)
Dr. R. Werner Schuster
Ernst Schwanhold
Rolf Schwanitz
Dr. Christian Schwarz-Schilling
Wilfried Seibel
Bodo Seidenthal
Werner H. Skowron
Dr. Hartmut Soell
Dr. Cornelie Sonntag-Wolgast
Wieland Sorge
Bärbel Sothmann
Dr. Rudolf Sprung
Dr. Jürgen Starnick
Dr. Lutz G. Stavenhagen
Antje-Marie Steen
Erika Steinbach-Hermann
Dr. Wolfgang Freiherr von Stetten
Karl Stockhausen
Dr. Peter Struck
Michael Stübgen
Margitta Terborg
Jürgen Türk
Siegfried Vergin
Karsten D. Voigt (Frankfurt)
Gerd Wartenberg (Berlin)
Dr. Konstanze Wegner
Reinhard Weis (Stendal)
Gunter Weißgerber
Gert Weisskirchen (Wiesloch)
Inge Wettig-Danielmeier
Dr. Margrit Wetzel
Gabriele Wiechatzek
Dr. Bertram Wieczorek (Auerbach)
Dr. Roswitha Wisniewski
Peter Kurt Würzbach
Werner Zywietz

Begründung

1. Zur Vollendung der Einheit Deutschlands gehört die dauerhafte Entscheidung über den Sitz der Verfassungsorgane des Bundes. Der Deutsche Bundestag soll deswegen mit diesem Beschluß über seinen Sitz entscheiden. Mit dieser Entscheidung wird der in Art. 2 Abs. 1 des Einigungsvertrages formulierte Auftrag erfüllt. Zugleich sollen Ausgleichsmaßnahmen für die Region Bonn und Entscheidungen über die Ansiedlung wichtiger Funktionen in den neuen Bundesländern vorbereitet werden.

2. Der Deutsche Bundestag hat sich seit seiner ersten Wahlperiode kontinuierlich dafür ausgesprochen, nach der Herstellung der Einheit Deutschlands Parlament und Regierung als notwendige hauptstädtische Funktionen (Formulierung Drs. 2/3167) nach Berlin zu verlegen. In der 11. Sitzung der 1. Wahlperiode hat der Deutsche Bundestag am 30. September 1949 erstmalig beschlossen, daß Berlin für die Bundesrepublik Deutschland 'in Zukunft wieder ihre Hauptstadt werden soll'. In der 14. Sitzung (Drs. 1/135/143) wurde mit überwältigender Mehrheit beschlossen:

„Die leitenden Bundesorgane verlegen ihren Sitz in die Hauptstadt Deutschlands, Berlin, sobald allgemeine, freie, gleiche, geheime und direkte Wahlen in ganz Berlin und in der sowjetischen Besatzungszone durchgeführt sind."

Dieser Beschluß gilt noch heute, er soll durch den vorliegenden Antrag konkretisiert werden. Er wurde in den bisherigen 11 Wahlperioden des Deutschen Bundestages mehrfach durch Beschlüsse und Bekundungen bekräftigt, beginnend in der 2. Wahlperiode (190. Sitzung am 6. 2. 1957, Drs. 3116 bei nur 4 Gegenstimmen), zuletzt in der 11. Wahlperiode durch Bekundungen in der Debatte der 197. Sitzung vom 15. Februar 1990. Die Ausbauplanung des Bundestages in Bonn begründete Bundestagspräsident Stücklen vor dem deutschen Parlament, indem er die Vorzüge Bonns würdigte und die Bedeutung Berlins klarstellte:

„Diese Bemühungen haben nichts mit Bestrebungen zu tun, die gewöhnlich in die Worte gekleidet werden, daß nun das ‚ehemalige Provisorium' Bonn auf dem Wege zur ‚echten Hauptstadt' sei. Bonn ist eine schöne, eine liebenswerte, eine gastfreundliche Stadt, und es ist inzwischen auch zum Träger gesamtstaatlicher deutscher Tradition geworden – ähnlich wie früher schon Frankfurt als die Stadt der Kaiserwahlen, des Deutschen Bundes und der Paulskirche. Die hier in diesem Saal, in dieser Stadt getroffenen Schicksalsentscheidungen der Nachkriegszeit sind ebenfalls wesentliche Bestandteile unserer nationalen Geschichte geworden. Dennoch – die eigentliche Hauptstadt Deutschlands ist Berlin. Und dieses Berlin wird eines Tages auch wieder voll seine alte Hauptstadtfunktion erfüllen. Dies ergibt sich ganz einfach aus der Tatsache, daß die Deutschen hüben und drüben in einem einzigen freien deutschen Staat leben wollen.

Solange uns allerdings die Teilung unseres Vaterlandes aufgezwungen bleibt, wird Berlin in seiner politischen Funktion als Hauptstadt – als Parlaments- und Regierungssitz des freien Deutschland – durch Bonn vertreten." (168. Sitzung der 0. Wahlperiode)

3. Zur Bedeutung Berlins als Parlaments- und Regierungssitz hat Bundespräsident von Weizsäcker in seinem Memorandum von Ende Februar 1991 Stellung genommen. Der Bundespräsident stellte sich damit in die Kontinuität der Bekundungen unserer Bundespräsidenten, die Heinrich Lübke in der 80. Sitzung der 3. Wahlperiode des Bundestages mit einer Erklärung begann, in der er u. a. ausführte:

„Bei solcher Gemeinsamkeit des Willens zur Einheit kann auch Berlin seinen unveräußerlichen Rang als politischer Mittelpunkt Deutschlands erfolgreicher behaupten. Das Gefühl für die Bedeutung unserer deutschen Hauptstadt lebt in unserem Volke stärker denn je."

Der Alterspräsident des Bundestages hat zur Eröffnung der 12. Wahlperiode, unter dem Beifall aller Fraktionen mit Ausnahme der PDS, im Berliner Reichstag am 20. 12. 1990 an die politisch-moralische Bedeutung Berlins erinnert:

„Wenn zwischen 1946 und 1962 – ich könnte auch sagen: 1971 – Berlin (West) nicht standgehalten hätte, wären wir heute nicht hier versammelt."

4. Im Sinne der zitierten politischen Grundaussagen der demokratisch gewählten deutschen Parlamente ist die Entscheidung für Berlin ein Bekenntnis zur ganzen deutschen Geschichte und zugleich zu einem geschichtlichen Neuanfang, der mit der deutschen Einigung eröffnet worden ist. Die Entscheidung für Berlin ist eine Investition des Vertrauens in die Entwicklung der neuen Bundesländer; sie stellt eine – dem Föderalismus dienende – Ergänzung der politischen, wirtschaftlichen und kulturellen Zentren dar, wie sie sich in den letzten 40 Jahren in der Bundesrepublik Deutschland entwickelt haben, ohne deren Entfaltungsmöglichkeiten zu beeinträchtigen; sie setzt dabei einen Akzent auf die Einbeziehung der neuen Länder in die Entwicklung und Verteilung der demokratischen Institutionen des geeinten Deutschlands und vermag einen besonderen Beitrag zum politischen Zusammenwachsen Deutschlands zu leisten insofern, als in Berlin die Einheit Deutschlands am schnellsten und sinnfälligsten vollzogen werden muß und wird; sie ist ein Zeichen für den nach der erfolgreichen westeuropäischen Integration möglich gewordenen gesamteuropäischen Einigungsprozeß.

5. Der Vollzug der Entscheidung über den Sitz des Parlaments (und auch von Regierungsstellen) erfordert Zeit, damit sich sowohl die betroffenen Mitarbeiter, als auch die Bürger beider Städte auf die neue Situation einstellen können, damit in vernünftigen Fristen geplant und Aufgabenteilung zwischen beiden Städten festgelegt werden kann, damit auch die Planungen in Berlin in angemessener Form und auf sparsamste Weise umgesetzt werden können. Hierbei ist zu berücksichtigen, daß Berlin die Stadt ist, in der der Bund den meisten Grund- und Immobilienbesitz in Deutschland hat, über den er im Vollzug der 2 + 4-Verträge auch zunehmend frei verfügen kann.

6. Für die Region Bonn, für ihre Bürger und für die Wirtschaft, muß ein angemessener Funktionsausgleich gefunden werden, was in der gewählten Zeitspanne von 10–12 Jahren besonders im Hinblick auf das vergrößerte Europa und die gewachsene Bedeutung Deutschlands auch möglich ist. Es ist dies eine Pflicht, die sich daraus ergibt, daß Bonn über 4 Jahrzehnte der deutschen Teilung die Funktion des provisorischen Sitzes von Parlament und Regierung wahrgenommen hat.

7. Im Zusammenhang mit der Entscheidung über die wirklichen Hauptstadtfunktionen sollten Vorschläge entwickelt werden, die die Stärkung des Föderalismus in Deutschland bezwecken, indem sie bei künftigen Entscheidungen über Standorte von Bundeseinrichtungen und internationalen Institutionen den neuen Bundesländern Vorrang gewähren (so z. B. für die Städte Weimar, Leipzig, Halle/Dessau, Rostock).

8. Der Deutsche Bundestag soll in die Lage versetzt werden, seine aus den Vorschlägen von Bundesregierung und unabhängiger Kommission zu entwickelnden Beschlüsse so rechtzeitig zu fassen, daß sie mit dem Beginn der grenzfreien Europäischen Gemeinschaft im erweiterten Europa wirken können.

Deutscher Bundestag Drucksache 12/814

12. Wahlperiode 19. 06. 91

Antrag der Abgeordneten Dr. Norbert Blüm, Dr. Wolfgang Bötsch, Editha Limbach, Dr. Franz Möller, Wolfgang Zeitlmann, Dr. Horst Ehmke (Bonn), Ingrid Matthäus-Maier, Gerhart Rudolf Baum, Dr. Irmgard Adam-Schwaetzer, Dr. Klaus-Dieter Feige und weiterer Abgeordneter

Bundesstaatslösung für eine Aufgabenteilung zwischen der Hauptstadt Berlin, dem Parlaments- und Regierungssitz Bonn und den neuen Bundesländern

Bonn-Antrag

Der Bundestag wolle beschließen:

In dem Willen, der Einheit der Deutschen in einem zusammenwachsenden Europa zu dienen, den Aufbau der neuen Bundesländer zu fördern und noch Trennendes zu überwinden, macht der Deutsche Bundestag folgenden Vorschlag für ein Miteinander von Berlin und Bonn:

Folgende Aufgabenteilung zwischen der Hauptstadt Berlin und dem Parlaments- und Regierungssitz Bonn soll durch Bundesgesetz festgelegt werden:

- Erster Amtssitz des Bundespräsidenten wird Berlin.
- Sitz des Deutschen Bundestages bleibt Bonn.
- Sitz des Bundesrates wird Berlin.
- Sitz der Bundesregierung bleibt Bonn.

Der Bundeskanzler und weitere Mitglieder der Bundesregierung nehmen einen zusätzlichen Dienstsitz in Berlin.

Die Hauptstadt Berlin repräsentiert Deutschland als Ganzes.

In Berlin finden die Bundesversammlung und Sitzungen des Deutschen Bundestages zu besonders bedeutsamen politischen Anlässen statt. Dafür werden umgehend geeignete Arbeitsbedingungen für den Deutschen Bundestag in Berlin insbesondere durch Umbau des Reichstagsgebäudes hergestellt.

Bei den künftigen Entscheidungen über Standorte von Bundeseinrichtungen ist dem bundesstaatlichen Aufbau Deutschlands verstärkt Rechnung zu tragen.

Die Bundestagspräsidentin wird gebeten, eine Kommission aus Vertretern aller Verfassungsorgane, der Länder und der obersten Bundesbehörden zu berufen. Diese Kommission soll - als unabhängige Föderalismuskommission - Vorschläge zur Verteilung nationaler und internationaler Institutionen erarbeiten, die der Stärkung des Föderalismus in Deutschland dienen sollen.

In jedem der fünf neuen Länder sollen mindestens fünf Bundeseinrichtungen angesiedelt werden, darunter mindestens eine Bundesoberbehörde. Neue Bundeseinrichtungen sollen so lange ausnahmslos in den neuen Ländern angesiedelt werden, bis eine angemessene Verteilung auf alle Länder erreicht ist.

Die Bundesrepublik Deutschland und das Land Berlin sollen einen die finanziellen Sonderbelastungen Berlins absichernden ,Hauptstadtvertrag' schließen, damit Berlin seine Hauptstadtaufgaben erfüllen kann. In diesem Vertrag ist auch eine Regelung über die Kosten zu treffen, die Berlin als Hauptstadt beispielsweise durch die Erhaltung und Pflege von kulturellen Einrichtungen und Baudenkmälern entstehen.

Darüber hinaus soll Berlin auch in Zukunft wie die fünf neuen Länder Finanzhilfen des Bundes zur Überwindung der Folgen der jahrzehntelangen Teilung erhalten. Ein wichtiger Beitrag dazu ist der schnelle Aufbau und Ausbau leistungsfähiger Ost-West-Verkehrsverbindungen.

Bonn, den 19. Juni 1991

Dr. Norbert Blüm
Dr. Wolfgang Bötsch
Editha Limbach
Dr. Franz Möller
Wolfgang Zeitlmann
Dr. Horst Ehmke (Bonn)
Ingrid Matthäus-Maier
Gerhart Rudolf Baum
Dr. Irmgard Adam-Schwaetzer
Dr. Klaus-Dieter Feige
Dr. Wolf Bauer
Renate Blank
Hans Martin Bury
Rudolf Dreßler
Dr. Kurt Faltlhauser
Dr. Olaf Feldmann
Lothar Fischer (Homburg)
Herbert Frankenhauser

Anke Fuchs (Köln)
Norbert Geis
Dr. Wolfgang Götzer
Achim Großmann
Klaus Hasenfratz
Dr. h. c. Adolf Herkenrath
Peter Hintze
Birgit Homburger
Dr. Werner Hoyer
Karin Jeltsch
Michael Jung (Limburg)
Dr. Harald Kahl
Bartholomäus Kalb
Peter Keller
Hans-Ulrich Köhler (Hainspitz)
Fritz Rudolf Körper
Eva-Maria Kors
Franz Heinrich Krey
Horst Kubatschka
Uwe Lambinus   Eduard Lintner
Uwe Lühr
Ursula Männle
Wolfgang Meckelburg
Dr. Franz-Josef Mertens (Bottrop)
Franz Müntefering
Eduard Oswald
Horst Peter (Kassel)
Dr. Martin Pfaff

Dr. Friedbert Pflüger
Dr. Hermann Pohler
Dr. Albert Probst
Dr. Bernd Protzner
Rudolf Purps
Hans Raidel
Dr. Norbert Rieder
Ingrid Roitzsch (Quickborn)
Wolfgang Roth
Harald B. Schäfer (Offenburg)
Gerhard Scheu
Günter Schluckebier
Ursula Schmidt (Aachen)
Regina Schmidt-Zadel
Dr. Harald Schreiber
Clemens Schwalbe
Stefan Schwarz
Dr. Sigrid Semper
Ludwig Stiegler
Hans Georg Wagner
Ralf Walter (Cochem)
Dr. Wolfgang Weng (Gerlingen)
Herbert Werner (Ulm)
Hildegard Wester
Gudrun Weyel
Dr. Fritz Wittmann
Simon Wittmann (Tännesberg)
Wolfgang Zöller

Deutscher Bundestag Drucksache 12/816

12. Wahlperiode 19. 06. 91

Antrag der Abgeordneten Peter Conradi, Otto Schily, Dr. Martin Pfaff, Verena Wohlleben, Dr. Axel Wernitz, Uta Titze, Dr. Dietrich Sperling, Lieselott Blunck, Hans Büttner (Ingolstadt), Margot von Renesse, Dorle Marx, Manfred Hampel, Dr. Elke Leonhard-Schmid, Brigitte Lange, Antje-Marie Steen, Manfred Opel, Erika Simm, Dr. Hans de With, Elke Ferner, Walter Kolbow, Dr. R. Werner Schuster, Peter Büchner, Horst Schmidtbauer (Nürnberg), Susanne Kastner, Hildegard Wester, Robert Leidinger, Hans-Günther Toetemeyer, Uwe Lambinus, Horst Kubatschka, Erwin Horn, Bernd Reuter, Uta Zapf, Horst Peter (Kassel), Gernot Erler, Doris Odendahl, Brigitte Adler, Dr. Konstanze Wegner, Siegmar Mosdorf, Hermann Bachmaier, Klaus Kirschner und Michael Müller (Düsseldorf)

Zur Erhaltung der Funktionsfähigkeit der parlamentarischen Demokratie

Erhaltung der Funktionsfähigkeit

Der Bundestag wolle beschließen:
Sitz des Deutschen Bundestages und der Bundesregierung dürfen örtlich nicht voneinander getrennt werden.

Bonn, den 19. Juni 1991

Peter Conradi
Otto Schily
Dr. Martin Pfaff
Verena Wohlleben
Dr. Axel Wernitz

Uta Titze
Dr. Dietrich Sperling
Lieselott Blunck
Hans Büttner (Ingolstadt)
Margot von Renesse
Dorle Marx
Manfred Hampel
Dr. Elke Leonhard-Schmid
Brigitte Lange
Antje-Marie Steen
Manfred Opel
Erika Simm
Dr. Hans de With
Elke Ferner
Walter Kolbow
Dr. R. Werner Schuster
Peter Büchner
Horst Schmidtbauer (Nürnberg)
Susanne Kastner
Hildegard Wester
Robert Leidinger
Hans-Günther Toetemeyer
Uwe Lambinus
Horst Kubatschka
Erwin Horn
Bernd Reuter
Uta Zapf
Horst Peter (Kassel
Gernot Erler
Doris Odendahl
Brigitte Adler
Dr. Konstanze Wegner
Siegmar Mosdorf
Hermann Bachmaier
Klaus Kirschner
Michael Müller (Düsseldorf)

Deutscher Bundestag Drucksache 12/817

12. Wahlperiode 19. 06. 91

Antrag der Abgeordneten Dr. Heiner Geißler, Dr. Paul Laufs, Dr. Karl-Heinz Hornhues, Michael Glos, Volker Rühe, Lothar de Maizière, Otto Hauser (Esslingen), Klaus-Jürgen Hedrich, Heribert Scharrenbroich, Hansjürgen Doss, Matthias Wissmann, Gerhard O. Pfeffermann, Dr.-Ing. Dietmar Kansy, Hans Peter Repnik, Dr. Renate Hellwig, Rainer Eppelmann, Reinhard Freiherr von Schorlemer und weiterer Abgeordneter

Konsensantrag Berlin/Bonn

In Artikel 2 Absatz 1 des Einigungsvertrages wird bestimmt:

„Hauptstadt Deutschlands ist Berlin. Die Frage des Sitzes von Parlament und Regierung wird nach Herstellung der Einheit Deutschlands entschieden."

In dem Willen, dem Einigungsvertrag zu folgen und der geschichtlichen Entwicklung in Deutschland und Europa gerecht zu werden, wolle der Bundestag beschließen:

I. 1. Sitz des Bundestages ist Berlin
    2. Sitz der Bundesregierung und der Ministerien ist Bonn

II. Der Deutsche Bundestag ist der Auffassung, daß der Amtssitz des Bundespräsidenten in Berlin und der Sitz des Bundesrates in Bonn sein sollen.

III. Das Nähere regelt ein Gesetz. Mit der gesetzlichen Festlegung des Sitzes der Bundesregierung und der Ministerien soll ihre Verlagerung nach Berlin ausgeschlossen werden.

IV. Zur praktikablen Sicherung der verfassungsmäßigen Rechte und Pflichten des Parlaments ist folgendes zu gewährleisten:

1. Substantielle Verbesserung der Arbeitsbedingungen des Parlaments, vor allem verbesserte räumliche, personelle und sachliche Ausstattung des Parlaments, der Fraktionen und der einzelnen Abgeordneten einschließlich moderner Kommunikationstechniken.

2. Schneller Aufbau und Ausbau leistungsfähiger Ost/West-Verkehrsverbindungen.

3. Während der Sitzungswochen tagt das Kabinett in Berlin.

4. Die Ministerien sind in Berlin mit Außenstellen vertreten.

V. Die Baumaßnahmen des Parlaments in Bonn sind fortzuführen. Die notwendigen Baumaßnahmen für das Parlament in Berlin sind sofort zu beginnen und zu beschleunigen, um die volle Arbeitsfähigkeit des Parlaments in Berlin sobald wie möglich zu gewährleisten.

VI. Bei den künftigen Entscheidungen über Standorte von Bundeseinrichtungen ist dem bundesstaatlichen Aufbau Deutschlands verstärkt Rechnung zu tragen. Die Bundestagspräsidentin wird gebeten, eine Kommission aus Vertretern aller Verfassungsorgane, der Länder und der Obersten Bundesbehörden zu berufen. Diese Kommission soll - als Unabhängige Föderalismuskommission - Vorschläge zur Verteilung nationaler und internationaler Institutionen erarbeiten, die der Stärkung des Föderalismus in Deutschland dienen sollen.

In jedem der fünf neuen Länder sollen mindestens fünf Bundeseinrichtungen angesiedelt werden, darunter mindestens eine Bundesoberbehörde. Neue Bundeseinrichtungen sollen so lange in den neuen Ländern angesiedelt werden, bis eine angemessene Verteilung auf alle Länder erreicht ist.

Bonn, den 19. Juni 1991

Dr. Heiner Geißler
Dr. Paul Laufs
Dr. Karl-Heinz Hornhues
Michael Glos
Volker Rühe
Lothar de Maizière
Otto Hauser (Esslingen)
Klaus-Jürgen Hedrich
Heribert Scharrenbroich
Hansjürgen Doss
Matthias Wissmann
Gerhard O. Pfeffermann
Dr.-Ing. Dietmar Kansy
Hans-Peter Repnik

Dr. Renate Hellwig
Rainer Eppelmann
Reinhard Freiherr von Schorlemer
Heinz-Günter Bargfrede
Brigitte Baumeister
Dr. Sabine Bergmann-Pohl
Dankward Buwitt
Jürgen Echternach
Horst Eylmann
Dr. Egon Jüttner   Manfred Kolbe
Wolfgang Krause (Dessau)
Herbert Lattmann
Walter Link (Diepholz)
Heinrich Lummer
Dr. Diedrich Mahlo
Elmar Müller (Kirchheim)

Engelbert Nelle
Dr. Gero Pfennig
Susanne Rahardt-Vahldieck
Helmut Rode (Wietzen)
Helmut Sauer (Salzgitter)
Dr. Andreas Schockenhoff
Dr. Rupert Scholz
Dr. Konrad Schroeder (Freiburg)
Dr. Hermann Schwörer
Dr. Rudolf Sprung
Dr. Wolfgang Freiherr von Stetten
Hans-Gerd Strube
Egon Susset
Ferdi Tillmann
Dr. Roswitha Wiesniewski
Michael Wonneberger

Deutscher Bundestag Drucksache 12/818

12. Wahlperiode 19. 06. 91

Antrag des Abgeordneten Dr. Gregor Gysi und der Gruppe der PDS/Linke Liste
Bestimmung der Hauptstadt Berlin zum Sitz von Parlament und Bundesregierung

Berlin-Antrag

In Verwirklichung des im Einigungsvertrag erteilten Auftrages zur Bestimmung des Sitzes von Parlament und Regierung wolle der Bundestag beschließen:

1. Hauptstadt Deutschlands ist Berlin.

2. Sitz von Parlament und Bundesregierung ist Berlin.

3. Dieser Beschluss ist sofort in Kraft zu setzen.

Bonn, den 19. Juni 1991

Dr. Gregor Gysi und Gruppe

Begründung:

Der Hauptstadtcharakter Berlins ist real nur dann gegeben, wenn der Sitz von Parlament und Bundesregierung in Berlin liegt. Die Sitzverlegung wäre ein deutliches Zeichen für Veränderungen auch in den alten Bundesländern im Zusammenhang mit der Vereinbarung und würde wichtige Strukturentwicklungen in den neuen Bundesländern ermöglichen.

Der vorgeschlagene Entwurf entspricht auch den jahrzehntelangen Erklärungen von Bundesregierung und Bundestag. Eine Frist wurde nicht in den Entwurf mit aufgenommen, da die Sitzbestimmung sofort erfolgen kann, während die Realisierung des Umzuges von Parlament und Bundesregierung in erster Linie eine technisch-organisatorische Frage ist.

Ein Einbringer des Entwurfes gehen davon aus, dass es eine wichtige Aufgabe von Bundesregierung und Bundestag ist, im Falle der Sitzverlegung Fördermaßnahmen für die Stadt Bonn zu beschließen, die die Infrastruktur der Stadt erhalten.

Gesetz zur Umsetzung des Beschlusses des Deutschen Bundestages

vom 20. Juni 1991 zur Vollendung der Einheit Deutschlands

(Berlin/Bonn-Gesetz)

Berlin/Bonn-Gesetz vom 26. April 1994 (BGBl. I S. 918), das durch Artikel 1 der Verordnung vom 21. September 1997 (BGBl. I S. 2390) geändert wurde

Präambel

Ausgehend davon,

- daß Berlin auf Grund des Einigungsvertrages Hauptstadt des vereinigten Deutschlands ist,
- daß der Deutsche Bundestag seinen politischen Willen vielfach bekundet hat, daß nach der Herstellung der deutschen Einheit Parlament und Regierung wieder in der deutschen Hauptstadt Berlin, die in über 40 Jahren deutscher Teilung ein Symbol des Willens zur deutschen Einheit war, ihren Sitz haben sollen,
- daß Bonn in Wahrnehmung der Aufgaben als provisorische Bundeshauptstadt Wesentliches zum Aufbau und zur Identifikation des demokratischen, an bundesstaatlichen Prinzipien orientierten Deutschlands geleistet hat,

hat der Deutsche Bundestag

- auf der Grundlage seines Beschlusses vom 20. Juni 1991 zur Vollendung der Einheit Deutschlands sowie seines Beschlusses zum dritten Zwischenbericht der Konzeptkommission des Ältestenrates vom 10. März 1994 und
- in Kenntnis der Entscheidungen der Bundesregierung vom 3. Juni 1992 sowie vom 12. Oktober 1993

das folgende Gesetz beschlossen:

§ 1 Zweck des Gesetzes

(1) Zweck des Gesetzes ist es, zur Umsetzung des Beschlusses des Deutschen Bundestages zur Vollendung der Einheit Deutschlands vom 20. Juni 1991 Grundsätze für die Verlagerung der Verfassungsorgane Bundestag und Bundesregierung in die Bundeshauptstadt Berlin zu bestimmen sowie die Wahrnehmung von Regierungstätigkeiten in der Bundeshauptstadt Berlin und in der Bundesstadt

Bonn zu sichern und einen Ausgleich für die Region Bonn zu gewährleisten.

(2) Hierbei hat die Umsetzung nach folgenden Maßgaben zu erfolgen:

1. Sicherstellung einer dauerhaften und fairen Arbeitsteilung zwischen der Bundeshauptstadt Berlin und der Bundesstadt Bonn.

2. Ansiedlung des Kernbereichs der Regierungsfunktionen in der Bundeshauptstadt Berlin.

3. Erhalt und Förderung politischer Funktionen in der Bundesstadt Bonn in folgenden Politikbereichen:

a) Bildung und Wissenschaft, Kultur, Forschung und Technologie, Telekommunikation,

b) Umwelt und Gesundheit,

c) Ernährung, Landwirtschaft und Forsten,

d) Entwicklungspolitik, nationale, internationale und supranationale Einrichtungen,

e) Verteidigung

4. Gewährleistung der politischen Verantwortung der Bundesregierung gegenüber dem Deutschen Bundestag und dem Bundesrat sowie der Funktionsfähigkeit der Bundesregierung und ihrer Behörden.

5. Unterstützung der Bundeshauptstadt Berlin und der Bundesstadt Bonn bei den ihnen vom Bund zur Wahrnehmung der gesamtstaatlichen Repräsentation vereinbarungsgemäß übertragenen besonderen Aufgaben.

6. Angemessener Ausgleich für die Region Bonn für die Verlagerung der Verfassungsorgane Deutscher Bundestag und Bundesregierung nach Berlin.

7. Ausgleich entstehender Nachteile für die betroffenen Mitarbeiterinnen und Mitarbeiter, soweit dies erforderlich und angemessen ist.

§ 2 Sitz des Deutschen Bundestages

(1) Sitz des Deutschen Bundestages ist die Bundeshauptstadt Berlin.

(2) Diese Sitzentscheidung wird vollzogen, sobald der Deutsche Bundestag festgestellt hat, daß die erforderlichen Voraussetzungen für seine Arbeitsfähigkeit in der Bundeshauptstadt Berlin hergestellt sind.

§ 3 Sitz der Bundesregierung

(1) Sitz des Verfassungsorgans Bundesregierung ist die Bundeshauptstadt Berlin.

(2) Die Bundesregierung wird den Vollzug der Sitzentscheidung in zeitlicher Abstimmung mit dem Vollzug der Sitzentscheidung des Deutschen Bundestages vornehmen.

§ 4 Organisation der Bundesregierung

(1) Bundesministerien befinden sich in der Bundeshauptstadt Berlin und in der Bundesstadt Bonn. Der Bundeskanzler bestimmt die Geschäftsbereiche der Bundesminister und im Zusammenhang damit die Bundesministerien, die nach dem Umzug der Bundesregierung nach Berlin ihren Sitz in der Bundesstadt Bonn behalten.

(2) Die in der Bundesstadt Bonn verbleibenden Bundesministerien sollen auch einen Dienstsitz in der Bundeshauptstadt Berlin erhalten.

(3) Die ihren Sitz in der Bundeshauptstadt Berlin nehmenden Bundesministerien sollen auch einen Dienstsitz in der Bundesstadt Bonn behalten. Die zuständigen Bundesminister bestimmen die Teile ihres Bundesministeriums, die in der Bundesstadt Bonn verbleiben.

(4) Die Entscheidungen nach den Absätzen 1 bis 3 sollen so gestaltet werden, daß insgesamt der größte Teil der Arbeitsplätze der Bundesministerien in der Bundesstadt Bonn erhalten bleibt.

(5) Die Bundesregierung hat sicherzustellen, daß die politische und fachliche Zusammenarbeit mit dem Deutschen Bundestag und dem Bundesrat gewährleistet ist.

§ 5 Maßnahmen des Bundes für die Bundeshauptstadt Berlin

(1) Der Bund und das Land Berlin arbeiten zusammen, um die Funktionsfähigkeit der Bundeshauptstadt Berlin als Sitz des Deutschen Bundestages und der Bundesregierung sicherzustellen. In diese Zusammenarbeit ist das Land Brandenburg einzubeziehen, soweit dies erforderlich ist, um zur Funktionsfähigkeit der Bundeshauptstadt Berlin beizutragen.

(2) Der Bund unterstützt das Land Berlin bei den ihm vom Bund zur Wahrnehmung der gesamtstaatlichen Repräsentation vereinbarungsgemäß übertragenen besonderen Aufgaben.

(3) Die nähere Ausgestaltung bleibt vertraglichen Vereinbarungen zwischen dem Bund einerseits und den Ländern Berlin und Brandenburg andererseits vorbehalten.

§ 6 Maßnahmen des Bundes für die Region Bonn

(1) Die Folgen des Verlustes des Parlamentssitzes und des Regierungssitzes für die Region Bonn werden durch die Übernahme und Ansiedlung neuer Funktionen und Institutionen von nationaler und internationaler Bedeutung im politischen, wissenschaftlichen und kulturellen Bereich sowie durch Unterstützung bei notwendigen Umstrukturierungsmaßnahmen angemessen ausgeglichen.

(2) Insbesondere soll der Ausgleich realisiert werden in den Bereichen:

1. Bonn als Wissenschaftsstandort,
2. Bonn als Kulturstandort,
3. Bonn als Standort für Entwicklungspolitik, nationale, internationale und supranationale Einrichtungen,
4. Entwicklung Bonns zu einer Region mit zukunftsorientierter Wirtschaftsstruktur.

(3) Der Bund soll darum bemüht sein, zusammen mit den betroffenen Ländern darauf hinzuwirken, daß in der Region Bonn durch die Ansiedlung ergänzender Einrichtungen Politikbereiche gebildet werden.

(4) Außerdem unterstützt der Bund die Bundesstadt Bonn bei den ihr vom Bund zur Wahrnehmung der gesamtstaatlichen Repräsentation vereinbarungsgemäß übertragenen besonderen Aufgaben.

(5) Die nähere Ausgestaltung bleibt vertraglichen Vereinbarungen zwischen dem Bund einerseits und den betroffenen Ländern sowie den Gebietskörperschaften der Region Bonn andererseits vorbehalten.

§ 7 Verlagerung von Einrichtungen des Bundes und Sitzfestlegungen

(1) Die Gesetze, die die nachstehenden Bundesbehörden

1. Bundeskartellamt, 2. Bundesversicherungsamt, 3. Bundesaufsichtsamt für das Kreditwesen, 4. Bundesaufsichtsamt für das Versicherungswesen, 5. Bundesamt für Ernährung und Forstwirtschaft, 6. Bundesanstalt für landwirtschaftliche Marktordnung, 7. Bundesrechnungshof, 8. Bundesinstitut für Berufsbildung, 9. Bundesgesundheitsamt, 10. Zentralstelle Postbank, 11. Zentralstelle für Arbeitsvermittlung

betreffen, werden wie folgt geändert: a) - k) ...

(2) Der Bund wird die Zentrale des Eisenbahn-Bundesamtes und die Hauptverwaltung des Bundeseisenbahnvermögens in der Bundesstadt Bonn ansiedeln sowie Teile folgender Bundeseinrichtungen nach Bonn verlagern:

1. Bundesforschungsanstalt für Landeskunde und Raumordnung (Außenstelle Berlin), 2. Bundesbaudirektion, 3. Statistisches Bundesamt (Außenstelle Berlin), 4. Bundesanstalt für Geowissenschaften und Rohstoffe (Außenstelle Berlin), 5. Bundesamt für Strahlenschutz (Außenstelle Berlin).

(3) Der Bund soll darum bemüht sein, daß folgende Einrichtungen ihren Sitz in der Bundesstadt Bonn nehmen:

1. Deutsche Stiftung für internationale Entwicklung, 2. Deutscher Entwicklungsdienst, 3. Deutsches Institut für Entwicklungspolitik, 4. Max-Planck-Institut für Bildungsforschung, 5. Deutsche Gesellschaft für Ernährung, 6. Pädagogische Arbeitsstelle des Deutschen Volkshochschulverbandes.

(4) Die Sitzentscheidungen durch die durch Absatz 1 geänderten Gesetze sowie die Sitzfestlegungen und die Verlagerungen gemäß Absatz 2 werden mit dem Vollzug der Entscheidung über den Sitz der Bundesregierung gemäß § 3 Abs. 2 vollzogen.

5) Der Bund soll darum bemüht sein, daß auch die anzustrebenden Sitzfestlegungen gemäß Absatz 3 in zeitlicher Abstimmung mit der Verlagerung von Regierungsfunktionen nach Berlin vollzogen werden.

§ 8 Dienstrechtliche Maßnahmen

(1) Für die von diesem Gesetz betroffenen Mitarbeiterinnen und Mitarbeiter der Bundesverwaltung werden dienstrechtliche oder sonstige Regelungen getroffen, die sowohl der Funktionsfähigkeit der Verfassungsorgane und der sonstigen betroffenen Bundeseinrichtungen Rechnung tragen als auch einen Ausgleich von verlagerungsbedingten Belastungen, soweit dies erforderlich und angemessen ist, schaffen sollen.

(2) Soweit hierzu gesetzliche Regelungen erforderlich sind, erfolgen diese außerhalb dieses Gesetzes.

§ 9 Bekanntmachungen im Bundesgesetzblatt

Im Bundesgesetzblatt werden bekanntgegeben:

1. die Feststellung nach § 2 Abs. 2 durch den Präsidenten des Deutschen Bundestages, 2. der Zeitpunkt nach § 3 Abs. 2 durch den Bundeskanzler, 3. der Zeitpunkt nach § 7 Abs. 4 durch das Bundesministerium für Raumordnung, Bauwesen und Städtebau.

§ 10 Inkrafttreten

Dieses Gesetz tritt am Tage nach der Verkündung in Kraft.

Adam-Schwaetzer, Dr. Irmgard, siehe unter: **Schwaetzer**

Albowitz, Ina, geb. Freytag, FDP, 26. April 1943 in Weimar, evangelisch, verheiratet, eine Tochter. Frauenfachschule, Hauswirtschaftlerin, Zahnarzthelferin, Werbekauffrau. Leitende Mitarbeiterin in mittelständischen Unternehmen. Deutsch-Griechische-Gesellschaft im Oberbergischen Kreis.

1975 FDP, 1982 – 2002 Vorsitzende des Kreisverbands Oberbergischer Kreis, 1984 – 1998 Landesvorstand NRW.

1979 – 1991 und 1999 – 2000 Rat der Stadt Gummersbach.

1990 – 1998 und Juni 2000 als Nachrückerin für Jürgen Möllemann bis 2002 DEUTSCHER BUNDESTAG.

1992 – 1998 Parlamentarische Geschäftsführerin der FDP-Bundestagsfraktion.

2009 Kreistag Gummersbach.

Antretter, Robert, SPD, 5. Februar 1939 in München, katholisch, verheiratet, vier Kinder. Schriftsetzer, 1953 – 1965 Verlag, Lehrbeauftragter Universität Stuttgart, Kuratorium Kunststiftung BW, ZK der Deutschen Katholiken

ab 1968 Vorstand SPD-Baden Württemberg

1980 – 1998 DEUTSCHER BUNDESTAG

2000 – 2012 ehrenamtlicher Vorsitzender der Bundesvereinigung Lebenshilfe

2002 – 2012 Vorsitzender Kommission sexueller Missbrauch, Diözese Rottenburg-Stuttgart

Baum, Gerhart, FDP, 28. Oktober 1932 in Dresden, verheiratet, drei Kinder. Gymnasium, Tegernsee, 1954 Abitur in Köln, Jura in Köln, 1961 – 1962 Anwalt in Köln, 1962 – 1972 Geschäftsführung der Bundesvereinigung Deutscher Arbeitgeberverbände.

1954 FDP, 1966 – 1968 Bundesvorsitzender Jungdemokraten

1966 – 1998 Bundesvorstand FDP

1969 – 1973 Rat der Stadt Köln

1972 – 1994 DEUTSCHER BUNDESTAG

1972 – 1978 Parlamentarischer Staatssekretär im Bundesinnenminister

1978 – 1982 Bundesinnenminister des Inneren

1994 Rechtsanwalt

2001 – 2003 UNO-Beauftragter für die Menschenrechte im Sudan

Baumeister, Brigitte, geb. Jauch, CDU, 19. Oktober 1946 Stuttgart, verheiratet, zwei Kinder. Mathematik in Stuttgart, Dozentin FH Medizinische Informatik, IBM.

1977 CDU, aktiv in Stadt, Kreis, Bezirk, Frauen Union

1992 CDU-Schatzmeisterin

1990 – 2002 DEUTSCHER BUNDESTAG

Bernrath, Hans Gottfried, SPD, 5. Juli 1927 in Osterath, † 25. Juli 2010 in Grevenbroich, katholisch, verheiratet, drei Kinder. Gymnasium, Luftwaffenhelfer, Reichsarbeitsdienst, Kriegsgefangenschaft, Abitur in Neuss, Industrie, 1948 – 1967 und 1970 – 1980 Bundespost

1994 – 1998 Vorstandsvorsitzender der Bundesanstalt für Post und Telekommunikation.

1948 Deutsche Postgewerkschaft, 1953 SPD, 1979 ehrenamtlicher Bürgermeister Grevenbroich
1980 – 1994 DEUTSCHER BUNDESTAG, ab 1987 Vorsitzender des Innenausschusses

Blank, Dr. Joseph-Theodor,
CDU, 19. März 1947 in
Lüdenscheid, verheiratet,
ein Sohn.
1966 Abitur, Rechts- und
Staatswissenschaft Uni-
versität Köln, 1971 Pro-
motion Dr. jur., Lehrauf-
trag Öffentliches Recht,
1983 Rechtsanwalt

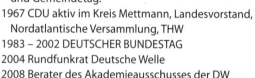

1983 – 1986 Präsidiumsmit-
glied Deutscher Städte-
und Gemeindetag.
1967 CDU aktiv im Kreis Mettmann, Landesvorstand,
Nordatlantische Versammlung, THW
1983 – 2002 DEUTSCHER BUNDESTAG
2004 Rundfunkrat Deutsche Welle
2008 Berater des Akademieausschusses der DW

Blüm, Dr. Norbert, CDU,
21. Juli 1935 in Rüssels-
heim, katholisch, ver-
heiratet, drei Kinder.
Volksschule 1949, Pfadfin-
der, Messdiener, Werk-
zeugmacherlehre, Werk-
zeugmacher bei Opel
Rüsselsheim bis 1957,
Abendgymnasium, Abitur
1961, Philosophie, Germa-
nistik, Geschichte, Theologie in Bonn, Promotion in

Philosophie, Förderung durch Stiftung Mitbestimmung
und Volkswagenstiftung.
1950 CDU, Christlich Demokratische Arbeitnehmerschaft,
deren Hauptgeschäftsführer 1968 – 1975 und Bundesvorsitzender 1977 – 1987
1969 – 2000 im Bundesvorstand der CDU, dabei 1981
– 1990 und 1992 – 2000 stellvertretender Bundesvorsitzender.
1972 – 1981 und 1983 – 2002 DEUTSCHER BUNDESTAG.
1981 – 1982 Abgeordnetenhaus von Berlin, Senator für
Bundesangelegenheiten (unter R. von Weizsäcker)
1982 – 1998 Bundesminister Arbeit und Sozialordnung
(Kohl I bis Kohl V), Pflegeversicherung
„Die christliche Soziallehre verteidigt das Privateigentum,
aber in sozialer Bindung, verbindet also individuelle
mit sozialen Rechten und Pflichten."
Besuchte mehrmals den Irak nach dem zweiten Golf-
krieg, für Rechte der Palästinenser
2014 Kritik an CDU-Familienpolitik, Benachteiligung der
Mütter

Böhm, Wilfried, CDU, 9. Febru-
ar 1934 in Kassel, evan-
gelisch, verheiratet, drei
Söhne, zwei Töchter.
Schule in Kassel, 1944
– 1950 Mühlhausen/
Thüringen, Abitur 1954 in
Kassel, VWL in München
und Marburg, 1958 Dip-
lom Volkswirt, bis 1964
Beratung für geflüchtete
Lehrer, Studenten und
Abiturienten in den Not-

aufnahmelagern Friedland, Gießen und Uelzen für den
Deutschen Bundesstudentenring.
1950 Europa-Union Deutschlandrat
1959 CDU, JU Nordhessen, 1960 – 1964 Stadtverordneter
Kassel, 1966 – 1972 Landtag Hessen
1972 – 1994 DEUTSCHER BUNDESTAG, Auswärtiger Ausschuss, innerdeutsche Beziehungen, Zonenrandförde-
rung
1977 – 2005 Parlamentarische Versammlung des Europa-
rats, Bevölkerung und Flüchtlinge

Börnsen, Wolfgang, CDU,
26. April 1942, evange-
lisch, verheiratet, vier
Kinder.
Realschule, Maurerlehre,
Höhere Handelsschule,
Pädagogische Hochschule
Kiel, Lehrer für Geschichte,
Wirtschaft/Politik, Lehrauf-
träge Theaterpädagogik.
1967 CDU, 1977 Christliche-
Demokratische Arbeitneh-
merschaft, 1991 – 1995

Generalsekretär CDU in Schleswig-Holstein
1987 – 2013 DEUTSCHER BUNDESTAG, Arbeitskreis Küste,
seit 2005 Fraktionsarbeitskreis Kultur und Medien

Bötsch, Dr. Wolfgang, CSU,
8. September 1938 in Bad
Kreuznach, katholisch,
verheiratet, zwei Kinder.
Humanistisches Gymnasi-
um, Grundwehrdienst bei
der Luftwaffe, Studium
der Rechts- und Staatswissenschaften in Würzburg
und Speyer, Promotion Dr.
jur. 1974.
1960 Mitglied der CSU, zunächst beim RCDS und in

der Jungen Union aktiv. Von 1973-1991 Vorsitzender
des CSU Kreisverbandes Würzburg-Stadt
1976 – 2005 DEUTSCHER BUNDESTAG, 1982-1989 parlamentarischer Geschäftsführer der CDU/CSU Bundestagsfraktion

Ab 1998 Berater der Gemini Consulting, ab 2000 Staats- und Telekommunikationsrecht in eine Rechtsanwaltspraxis, Berater des Medienunternehmers Leo Kirch

Brandt, Willy, SPD, 18. Dezember 1913 in Lübeck, † 8. Oktober 1992, Unkel/Neuwied, verheiratet, vier Kinder.

Abitur in Lübeck, Historisches Studium Oslo, Untergrund und Exil, 1933 – 1947 journalistische und politische Betätigung in Skandinavien, 1937 Berichterstattung Spanischer Bürgerkrieg

1940 norwegische Staatsbürgerschaft, 1948 wieder deutsche Staatsbürgerschaft

1945 – 1947 Berichterstatter skandinavischer Zeitungen in Deutschland, Nürnberger Prozesse

1958 – 1962 Vorsitzender der Berliner SPD, 1958 Vorstand der SPD, 1964 – 1987 Bundesvorsitzender der SPD, dann Ehrenvorsitzender

1950 – 1971 Berliner Abgeordnetenhaus, 1955 – 1957 Präsident

1957 – 1966 Regierender Bürgermeister von Berlin

1949 – 1957, 1961 und 1969 – 1992 DEUTSCHER BUNDESTAG

1969 – Mai 1974 Bundeskanzler

Dezember 1970 Kniefall am Mahnmal des Ghetto-Aufstands in Warschau von 1943, Entspannungspolitik, Ostverträge 1973, Israel-Besuch

Mai 1974 Rücktritt wegen Guillaume-Affäre

1976 Präsident der Sozialistischen Internationale

1979 – 1983 Europäisches Parlament

20. Dezember 1990 Brandt eröffnet den ersten gesamtdeutschen Bundestag als Alterspräsident

Briefs, Dr. Ulrich, PDS, 21. Februar 1939 in Düsseldorf, † 7. Juni 2005 in Posterholt/Niederlande, verheiratet, drei Kinder, seit 1979 in den Niederlanden ansässig.

VWL, BWL, SoWi und Sprachen, technisch-wissenschaftliche Datenverarbeitung (IBM), Stahl- und Computerindustrie, 1972 – 1987 DGB, Referent Rationalisierung, Technologie, 1982 Lehrbeauftragter Universität Bremen, 1991 Honorarprofessor.

1969 – 1981 SPD, Austritt wegen „Nachrüstung"

1982 – 1990 Grüne, vielfache politische Funktionen

1990 parteilos

PDS ab 20. Dezember 1990, nach 19. Dezember 1991 fraktionslos

Bury, Hans Martin, SPD, 5. April 1966, Bietigheim.

1985 Abitur, BWL in Stuttgart und Mosbach, 1988 Vorstandsassistent Volksbank Ludwigsburg Amnesty, Eurosolar, Greenpeace, Gewerkschaft Handel, Banken, Versicherungen, Gesellschaft bedrohte Völker.

1988 SPD

1989 – 1991 Vorsitzender Jusos Ludwigsburg

1989 – 1990 Stadtrat Bietigheim

1990 – 2005 DEUTSCHER BUNDESTAG, SPD-Verhandlungsführer Liberalisierung des Telekommunikationsmarkts

1999 – 2002 Staatsminister beim Bundeskanzler

2002 – 2005 Staatsminister für Europa

2005 – 2008 Lehman Brothers, Investment Banking

2008 – 2009 Nomura Bank

seit 2009 Strategieberatung für Kommunikation

Conradi, Peter, SPD, 10. Dezember 1932 in Schwelm/Westfalen, evangelisch, verheiratet, drei Kinder.

1951 Abitur in Stuttgart, Zimmermannspraktikum, 1952 – 1953 SoWi in Springfield/USA.,1953 – 1961 Architektur TH Stuttgart, Regierungsbaumeister, Hochbauverwaltung BW, bis 1967 Assistent Universität Stuttgart, 1972 Oberregierungsbaudirektor.

1958 SDS, 1959 SPD, aktiv in Kreis und Land, ÖTV, Naturfreunde, AWO, amnesty, DAV, Transparency

1972 – 1998 DEUTSCHER BUNDESTAG

1999 – 2004 Präsident der Bundesarchitektenkammer

2010 Schlichtungsgespräche Stuttgart 21

Cronenberg, Dieter-Julius, FDP, 8. Februar 1930 in Neheim, † 21. November 2013, katholisch, verheiratet, drei Kinder.

Abitur, Haut Etudes Commercial Lausanne/Schweiz, Jura in Aix-en-Provence und Münster, 1952 – 1953 Vorstand Verband Deutscher Studentenschaften, 1958 erste Staatsprüfung

1958 Volontär verschiedene Unternehmen

1960 Julius Cronenberg, Mitinhaber, Firma seit 300 Jahren in Familienbesitz (Fahnenmasten, Wegsperren, Drehkreuze).

1961 FDP, aktiv in Ort und Kreis, Bezirk, 1969 – 1974 Bezirksvorsitzender

1976 – 1996 DEUTSCHER BUNDESTAG, Sozialpolitik

1984 – 1994 Vizepräsident

1995 – 2000 Vizepräsident des Vereins ehemaliger Mitglieder des BT und des EP

Diepgen, Eberhard, CDU, 13. November 1941, evangelisch, verheiratet, zwei Kinder.

1960 Abitur, Jura an der FU bis 1972, Zweites Staatsexamen.

1962 CDU, 1971 Landesvorstand,1983 Landesvorsitzender CDU

1971 – 2001 Abgeordnetenhaus, Vorsitzender CDU-Fraktion

1984 – 1989 und 1991 – 2001 Regierender Bürgermeister von Berlin

1980 – 1981 DEUTSCHER BUNDESTAG

2002 Rechtsanwalt

Duve, Freimut, SPD, 26. November 1936 in Würzburg, aufgewachsen in Hamburg, verheiratet, drei Töchter.

1954 Abitur Waldorfschule Stuttgart. Geschichte, Anglistik, Soziologie in Hamburg. 1961 Forschungsaufenthalt Südafrika und Rhodesien, Journalismus.

1966 – 1969 Referent des Hamburger Wirtschaftssenators, bis 1970 beim STERN, 1970 – 1989 Rowohlt Verlag, Herausgeber rororo aktuell, 1990 – 1992 Herausgeber Luchterhand Essay.

1966 SPD, Landesvorstand Hamburg 1974 – 1989

1980 – 1998 DEUTSCHER BUNDESTAG

1998 – 2003 OSZE-Beauftragter für die Medienfreiheit

Ehmke, Prof. Dr. Horst, SPD, 4. Februar 1927 in Danzig, evangelisch, verheiratet, drei Kinder.

Gymnasium Danzig, Jura und VWL in Göttingen und Princeton. 1952 Promotion Dr. jur. bis 1956 wissenschaftlicher Assistent Bundestag, bis 1960 wissenschaftliche Mitarbeiter der Ford Foun-

dation in Köln und Berkeley, Habilitation 1961, 1963 Professor Öffentliches Recht.

1967 – 1969 Staatssekretär Bundesministeriums der Justiz, ab 1969 Justizminister, dann unter Willy Brandt Bundesminister für besondere Aufgaben, nach der Bundestagswahl 1972 Bundesminister für Forschung und Technologie sowie Bundesminister für Post und Fernmeldewesen. Nach dem Rücktritt Willy Brandts im Zuge der Guillaume-Affäre im Mai 1974 schied er aus der Bundesregierung aus.

1969 – 1994 DEUTSCHER BUNDESTAG

Seit Ausstieg aus der aktiven Politik Kriminalromane und Politthriller

Eich, Ludwig, SPD, 18. August 1942 in Solscheid, katholisch, verheiratet, zwei Kinder.

Volksschule, Landwirt, Gesenkschmied, Datenverarbeitungskaufmann, ÖTV, AWO, BUND, Greenpeace.

1969 SPD, aktiv in Ort

1976 – 2011 Kreistag

1983 – 1990 Mitglied des Landtags Rheinland-Pfalz

1990 – 2002 DEUTSCHER BUNDESTAG

Weiter aktiv in der AWO

Enkelmann, Dr. Dagmar, PDS, 11. April 1956 in Altlandsberg, DDR, verheiratet, drei Kinder.

1974-1979 Studium an der Sektion Geschichte der Karl-Marx-Universität Leipzig, 1979-1985 Lehrerin für Geschichte.

1985-1989 Aspirantin an der Akademie für Gesellschaftswissenschaften beim ZK der SED auf dem Gebiet der Jugendforschung.

Ab 1977 Mitglied der SED, seit 1990 der PDS

18. März – 2. Oktober 1990 Mitglied der Volkskammer

3. Oktober 1990 DEUTSCHER BUNDESTAG

2003 – 2006 stellvertretende Bundesvorsitzende der PDS

2005 – 2013 parlamentarische Geschäftsführerin Die Linke. Bei der Wahl 2009 erstmals als Direktkandidatin für den Bundestagswahlkreis Märkisch-Oderland in den Bundestag gewählt

Seit 2008 Stiftungsrat der Bundesstiftung zur Aufarbeitung der SED-Diktatur.

2010 zusammen mit anderen Mitgliedern ihrer Fraktion von der Bundestagsdebatte zur Verlängerung des Afghanistan-Einsatzes ausgeschlossen, weil sie Schilder hochhielten.

Januar 2012 wurde bekannt, dass Enkelmann als eine

von 27 Bundestagsabgeordneten der Linken unter Beobachtung durch das Bundesamt für Verfassungsschutz stand.

Eppelmann, Rainer, CDU, 12. Februar 1943 in Berlin, evangelisch, verheiratet, fünf Kinder.

Aufgewachsen in Ost-Berlin, 11. Klasse Oberschule in West-Berlin, Abbruch wegen Mauerbaus.
Maurer, Theologische Fachschule, Hilfsarbeiter.
1966 NVA Dienst an der Waffe verweigert, acht Monate Gefängnis (Befehlsverweigerung), Theologiestudium, Ordination 1975, 1974 – 1989 Pfarrer Samariterkirche in Friedrichshain,
1980er Jahre Ermordung durch MfS geplant, zweimal fehlgeschlagen.
Bluesmessen mit unangepassten jungen Leuten, DDR-Opposition. 1982 zusammen mit Robert Havemann „Berliner Appell zur Abrüstung in Ost und West"
Gründungsmitglied und später Vorsitzender Demokratischer Aufbruch. Zentraler Runder Tisch,
18. März – 2. Oktober 1990 Volkskammer der DDR
Minister ohne Geschäftsbereich (Kabinett Hans Modrow)
Minister für Abrüstung und Verteidigung (Kabinett Lothar de Maizière)
1990 CDU (Fusion mit DA)
1990 – 2005 DEUTSCHER BUNDESTAG
1994 – 1998 Präsidium der CDU
Seit 1998 ehrenamtlicher Vorsitzender der Stiftung Aufarbeitung
2003 – 2013 Beirat BStU

Erler, Gernot, SPD, 3. Mai 1944 in Meißen, verheiratet, eine Tochter.

Abitur in Berlin, Geschichte, slawische Sprachen und Politik an der FU und in Freiburg. Staatsexamen 1967. 1968 – 1969 Verlagsredakteur, 1969 – 1979 Assistent Uni Freiburg, 1980 – 1987 Verlagsleiter
Gewerkschaft Handel, Banken und Versicherungen, AWO, BUND, Öko-Institut Freiburg
1970 SPD, aktiv im Ort, Kreis, Land BW
1987 bis heute DEUTSCHER BUNDESTAG
1990 stimmt gegen die Währungsunion
2005 – 2009 Staatsminister beim Bundesminister für Auswärtiges
2014 Russlandbeauftragter der Bundesregierung (Merkel III)

Eylmann, Horst, CDU, 1. Dezember 1933 in Altendorf, † 13. Februar 2014 in Stade, evangelisch-lutherisch, verheiratet.

1955 Abitur, Volkswirtschaft, Psychologie, Rechtswissenschaft in Hamburg und München, 1963 Rechtsanwalt und 1968 Notar in Stade, 1987 – 2000 im Aufsichtsrat der Volksbank Stade.
1968 CDU, aktiv in Stadt, Kreis, Landkreis
1981 – 1986 und 1989 – 1991 Bürgermeister von Stade
1983 – 1998 DEUTSCHER BUNDESTAG
1991 – 1992 Vorsitzender des Untersuchungsausschusses „Kommerzielle Koordinierung und Alexander Schalck-Golodkowski"
Rückzug wegen Alzheimer

Feige, Dr. Klaus-Dieter, Die Grünen, 30. September 1950 in Parchim, DDR, verheiratet, ein Kind.

Mathematik in Rostock, 1973 Diplom, 1975 Gruppenleiter für Programmierung, später Abteilungsleiter Rechentechnik im Forschungszentrum für Tierproduktion der Akademie der Landwirtschaftswissenschaft.
1989 Grüne Partei der DDR, im Landesvorstand Mecklenburg-Vorpommern
Dezember 1990 bis 2012 Bündnis 90/DIE GRÜNEN,
1990 – 1994 DEUTSCHER BUNDESTAG
1996-1998 Bundesvorstand Bündnis 90/DIE GRÜNEN
Ab 2003 Vorsitzender der Ornithologischen Arbeitsgemeinschaft

Feldmann, Dr. Olaf, FDP, 9. Mai 1937 in Elbing, verheiratet, eine Tochter.

1957 Abitur, Jura in Freiburg, Assistent an der Uni, 1969 Promotion, 1967 – 1973 selbständiger Kaufmann, 1973 Geschäftsführer des Hotel- und Gaststättenverbands BW.
1972 FDP, Landesvorstand, Bundesvorstand
1975 Stadtrat Baden-Baden
1981 – 1998 DEUTSCHER BUNDESTAG
2007 Gründung Dr. Olaf Feldmann-Stiftung, fördert Jugendarbeit in der gastronomischen Ausbildung

Fuchs, Anke, geb. Nevermann, SPD, 5. Juli 1937 in Hamburg, verheiratet, zwei Kinder.

1956 Abitur, Jura, 1964 Abschluss, bis 1968 Referentin Arbeitsrecht und Sozialpolitik im DGB-Bezirk Nordmark.

1956 SPD

1971 – 1977 Geschäftsführendes Vorstandsmitglied DGB

1977 Staatssekretärin Bundesministerium Arbeit und Soziales

1971 Hamburger Bürgerschaft

1980 – 2002 DEUTSCHER BUNDESTAG, 1998 – 2002 stellvertretende Fraktionsvorsitzende

1998 – 2002 Vizepräsidentin des Deutschen Bundestags

April – Oktober 1982 Bundesministerin für Jugend Familie und Gesundheit

Geiger, Michaela, CSU, 29. September 1943 in Oberammergau, † 30. Dezember 1998 München, evangelisch, ein Sohn.

Abitur, Fernsehbildtechnikerin 1964, bis 1967 Bildtechnikerin beim BR, 1967 – 1980 Mitarbeit im mittelständischen Betrieb ihres Ehemanns.

1971 CSU, aktiv in Gemeinde, Kreis, Bezirk, Land

Ab 1987 im Landesvorstand

1980 – 1998 DEUTSCHER BUNDESTAG

1991 – 1997 Parlamentarische Staatssekretärin im Bundesministerium wirtschaftliche Zusammenarbeit, dann 1993 – 1997 im Bundesministerium für Verteidigung

1997 – 1998 Vizepräsidentin des Bundestages

Geißler, Heiner, CDU, 3. März 1930 in Oberndorf am Neckar, katholisch, verheiratet, drei Kinder.

1949 Abitur am Jesuiten-Kolleg St. Blasien, im Alter von 19 – 23 Jahren Novize des Jesuitenordens, beendet vor Ordensgelübde, Philosophie und Jura in München und Tübingen, 1960 Promotion zum Thema Kriegsdienstverweigerung, 1962 Richter, bis 1965 Leiter des Ministerbüros des Arbeits- und Sozialministers von BW.

RCDS-Vorsitzender in Tübingen

1961 – 1965 Vorsitzender Junge Union BW

1977 – 1989 Generalsekretär der CDU, seit 1989 Präsidium CDU

1967 – 1977 Minister für Soziales, Gesundheit und Sport in Rheinland-Pfalz (Kabinett Kohl I, II, III)

1994 – 2002 CDU-Bundesvorstand

1965 – 1967 und 1980 – 2002 DEUTSCHER BUNDESTAG

1982 – 1985 Bundesminister für Jugend, Familie und Gesundheit (Kabinett Kohl I und II)

2007 attac, seitdem Globalisierungskritiker

2010 Vermittler Stuttgart 21

2013 befürwortet Asyl für Edward Snowden

Genscher, Hans-Dietrich, FDP, 21. März 1927 in Reideburg/Saalkreis, evangelisch, verheiratet, eine Tochter.

Oberschule in Halle, Luftwaffenhelfer, Reichsarbeitsdienst (Nov. 1944), Wehrdienst „Armee Wenck", amerikanische und britische Kriegsgefangenschaft, 1946 Ergänzungsreifeprüfung, bis 1949 Jura und VWL in Halle und Leipzig.

1946 – 1952 LDP, Liberal-Demokratische Partei

1952 FDP (über West-Berlin in die Bundesrepublik)

1954 Rechtsanwalt Bremen

1956 wissenschaftlicher Assistent, dann Geschäftsführer der FDP Bundestagsfraktion und zusätzlich 1962 – 1964 Bundesgeschäftsführer

1968 – 1974 stellvertretender und 1974 – 1985 Bundesvorsitzender der FDP

1965 – 1998 DEUTSCHER BUNDESTAG

1969 – 1974 Bundesminister des Inneren

1974 – 1992 Bundesminister des Auswärtigen und Vizekanzler, Rücktritt auf eigenen Wunsch

seit 1992 Ehrenvorsitzender der FDP

1999 Wiederaufnahme anwaltlicher Tätigkeit

2000 Geschäftsführender Gesellschafter der Hans-Dietrich Genscher Consult GmbH

2013 Vermittler bei der Freilassung des russischen Regierungskritikers Michail Chodorkowski

Hans-Dietrich Genscher war Mitglied der Bundesregierungen unter Willy Brandt, Helmut Schmidt und Helmut Kohl in insgesamt neun Kabinetten.

Glotz, Dr. Peter, SPD, 6. März 1939 in Eger/Sudentenland, 1945 Flucht nach Bayern, † 25. August 2005 Zürich, verheiratet, ein Sohn.

1959 Abitur Hannover, Zeitungswissenschaft, Philosophie, Germanistik und Soziologie in München und Wien, 1964 MA

in Wien, Assistent Uni München, 1968 Promotion, 1969
– 1970 Konrektor Universität München.
1961 SPD, Bayern, Berlin
1981 – 1987 Bundesgeschäftsführer SPD
1970 – 1972 Bayerischer Landtag
1972 – 1977 und 1983 – 1996 DEUTSCHER BUNDESTAG
1974 – 1977 parlamentarischer Staatssekretär Bundesministerium Bildung und Wissenschaft
1977 – 1981 Senator Wissenschaft und Forschung Berlin
1996 – 1999 Gründungsdirektor Universität Erfurt
2000 Vorsitzender Stiftung Zentrum gegen Vertreibung
2000 – 2004 Professor Universität St. Gallen

Gysi, Dr. Gregor, PDS,
  16. Januar 1948 in Berlin,
  drei Kinder.
Oberschule und Fachar-
  beiter für Rinderzucht
  bis 1966, Jura an der
  Humboldt-Universität bis
  1970, 1976 Promotion,
  1971 Rechtsanwalt, 1988
  – 1989 Vorsitzender des
  Rats der Vorsitzenden der
  Kollegien der Rechtsan-
  wälte in der DDR.

1963 Gewerkschaft, 1962 Gesellschaft Deutsch-Sowjetische Freundschaft, 1971 Vereinigung der Juristen
1967 SED, seit 1990 PDS, Vorsitzender der SED/PDS Dezember 1989, der PDS Februar 1990 bis Januar 1993,
  Volkskammer 18. März bis 2. Oktober 1989,
3. Oktober 1990 – 1. Februar 2002 und seit 2005 DEUT-
  SCHER BUNDESTAG
2001 – 2002 Abgeordnetenhaus von Berlin
2002 Bürgermeister und Senator für Wirtschaft, Arbeit
  und Frauen des Landes Berlin
2002 – 2005 Rechtsanwalt
1990 – 2000 Vorsitzender der PDS Bundestagsgruppe,
Seit 2005 Fraktionsvorsitzender Die Linke

Hartenstein, Dr. Liesel, SPD,
  20. September1928 in
  Steinehaig, † 12. Februar
  2013, verheiratet, zwei
  Kinder.
Germanistik, Geschichte,
  Philosophie, Französisch,
  Kunstgeschichte, 1958
  Promotion in Tübingen,
  bis 1964 freiberufliche
  Journalistin Presse und
  Funk, 1964 – 1977 Gymna-
  sial-lehrerin.

AWO, DRK, Gewerkschaft der Eisenbahner, BUND Gründungsmitglied BI gegen Großflughafen Stuttgart
1971 SPD, aktiv in Gemeinde, Kreis, Land, Mitglied SPD-
  Landesvorstand BW
1976 – 1998 DEUTSCHER BUNDESTAG
Danach weiter aktiv im Umweltschutz

Hilsberg, Stephan, SPD,
  17. Februar 1956 in Mün-
  ckeberg/Brandenburg,
  evangelisch, verheiratet,
  vier Kinder.
Polytechnische Oberschule,
  Facharbeiter Datenver-
  arbeitung, Grundwehr-
  dienst NVA, 1976 – 1989
  Informatiker, Programmie-
  rer an der Charité.
1988 in kirchlichen Frie-

  denskreisen, Oktober
  1989 Gründungsmitglied und 1. Sprecher SDP, Volkskammer 18. März – 2. Oktober 1990
1990 – 2009 DEUTSCHER BUNDESTAG
2000 – 2002 Parlamentarischer Staatssekretär Bundesminister für Verkehr, Bau- und Wohnungswesen
2005 – 2007 stellv. Vorsitzender der SPD-Fraktion

Hintze, Peter, CDU,
  25. April 1950 in Bad Hon-
  nef, evangelisch, verheiratet, ein Kind.
Abitur, evangelische Theologie, 1977 – 1983 Vikar,
  Pastor sowie Pfarrer.
1983 – 1990 Bundesbeauf-
  tragter für den Zivildienst
1971 – 1974 Bundesvor-
  stand RCDS, 1975 – 1984
  Deutschlandrat der JU,
  Stellvertretender Vorsit-
zender der CDU Nordrhein-Westfalen, Bundesvorsitzender Evangelischer AK der CDU/CSU, 1991 Parlamentarischer Staatssekretär im Bundesministerium für
  Frauen und Jugend unter Ministerin Angela Merkel
1992 – 1998 Generalsekretär CDU
seit 1990 DEUTSCHER BUNDESTAG
2005 Parlamentarischer Staatssekretär beim Bundesminister für Wirtschaft und Technologie
2013 Vizepräsident des Deutschen Bundestags

Hirsch, Dr. Burkhard, FDP,
  29. Mai 1930 in Magde-
  burg, verheiratet, zwei
  Kinder.
1948 Abitur in Halle (Saale),
  Studium der Rechts- und
  Staatswissenschaften in
  Marburg, 1961 Promoti-
  on, 1964 Rechtsanwalt in
  Düsseldorf, 1960 – 1967
  Wirtschaftsvereinigung
  Eisen- und Stahlindustrie,
  1967 – 1971 Justiziar Walz
  Stahlkontor West, 1973 Direktor Mannesmann Düsseldorf.
1948 LDP in Halle, seit 1949 FDP
1975 – 1980 Innenminister NRW, Mitglied des Bundesrats

1979 – 1980 stellvertretender Ministerpräsident NRW
1972 – 1975 und 1980 – 1998 DEUTSCHER BUNDESTAG

Homburger, Birgit, FDP,
11. April 1965 in Singen.
1984 Abitur, bis 1989 Verwaltungswissenschaft Uni
Konstanz, Personalbereich
und Projektreferentin.
1982 FDP, aktiv in Land,
Bund, Junge Liberale
1990 2013 DEUTSCHER
BUNDESTAG, umweltpolitische Sprecherin der FDP
2009 – 2011 Vorsitzende der
FDP-Bundestagsfraktion

2014 Partnerin eines Personalberatungsunternehmens

Hornhues, Karl-Heinz, CDU,
10. Juni 1939 in Stadtlohn,
katholisch, verheiratet,
zwei Kinder.
1960 Abitur, VWL, Soziologie, christliche Sozialwissenschaft in Münster,
1965 Diplomvolkswirt,
1968 Dr. rer. pol., 1966
– 1971 katholische Erwachsenenbildungsstätte,
1971 Ausbildungsleiter
Hoffmann-La Roche, 1972

katholische FHS Osnabrück/Vechta, seit 1974 Hochschullehrer Sozialpolitik, 1977 Professorenstelle.
1961 CDU, aktiv in Land, Bund
1972 – 2002 DEUTSCHER BUNDESTAG
1983 – 1989 Deutsch-Afrikanische Parlamentariergruppe
seit 1987 Vorsitzender der Deutschen Afrika Stiftung, seit
2010 Ehrenvorsitzender

Huonker, Gunter, SPD,
24. Februar 1937 in
Schwenningen, evangelisch, verheiratet, ein Kind.
Abitur, Rechtswissenschaft
und VWL, 1968 Mitarbeiter Bundesministerium
für wirtschaftliche Zusammenarbeit.
1972 – 1994 DEUTSCHER
BUNDESTAG

1979 – 1982 Staatsminister
beim Bundeskanzler, 1982
Parlamentarischer Staatssekretär beim Bundesminister
der Finanzen

Iwersen, Gabriele, geb.
Grigoleit, SPD, 25. Oktober
1939 in Berlin, verheiratet,
zwei Kinder.
1958 Abitur, bis 1964 Studium Architektur und Städtebau an der TU Berlin,
1964 – 1965 Stipendium
des DAAD in Stanford/
USA, bis 1990 freischaffende Architektin, IG Bau
Steine Erden.

1971 SPD, ab 1976 im Stadtrat von Wilhelmshaven, 1986 – 1991 Bürgermeisterin
der Stadt
1990 – 2002 DEUTSCHER BUNDESTAG

Kansy, Dietmar, CDU,
18. Juli 1938 in Breslau,
katholisch, verheiratet,
zwei Kinder.
Oberschule Potsdam und
West-Berlin, Bauingenieur an der TH und in
Hannover, 1956 – 1980
Planungsingenieur Dortmund und Hannover,
1979 Promotion, Aufsichtsrat Gemeinnützige
Deutsche Wohnungsbaugesellschaft Düsseldorf.

1966 CDU, aktiv in Ort, Kreis, Bezirk
1980 – 2002 DEUTSCHER BUNDESTAG, Schwerpunkt Bauwesen, Raumordnung, Städtebau, am Reichstagsumbau durch Norman Foster beteiligt, Ältestenrat 2004
Schlaganfall

Keller, Dr. Dietmar, PDS,
17. März 1942 in Chemnitz, verheiratet.
1962 – 1966 Studium als
Diplomlehrer für Marxismus-Leninismus, Assistent
und Oberassistent der Uni
1963 SED
1970 – 1977 Sekretär für
Wissenschaft und Kultur
der SED-Leitung der Karl-Marx-Universität.
1990 PDS
18. März 1990 – 2. Oktober 1990 Mitglied der Volkskammer
1984 stellvertretender Kulturminister, dann Staatssekretär
1989 – 1990 Minister für Kultur in der DDR
1990 – 1994 DEUTSCHER BUNDESTAG, bis 2002 Mitarbeit
in der Fraktion
2012 Autobiografie

Kittelmann, Peter, CDU,
17. Juli 1936 in Stendal,
† 2. März 2003, evange-
lisch, verheiratet, drei
Söhne.

Gymnasium Schulpforta,
Ergänzungsabitur West-
Berlin, Veterinärmedizin
und Rechtswissenschaft
FU, seit 1970 Rechtsan-
walt.
1962 CDU, Kreis- und Lan-
desvorsitzender Junge
Union, 1969 – 2003 Kreisvorsitzender CDU Berlin-Tier-
garten, ab 1981 stellvertretender Landesvorsitzender,
Bezirksverordnetenversammlung
1971 und 1999 – 2003 Abgeordnetenhaus von Berlin
1976 – 1994 DEUTSCHER BUNDESTAG
1994 – 1999 Mitglied des Europäischen Parlaments

Klein, Hans, CSU, 11. Juli
1931 in Mährisch-Schön-
berg (Sudentenland),
† 26. November 1996 in
Bonn, katholisch, verhei-
ratet, drei Kinder.
1945 nach Bayern ausge-
siedelt, 1950 Stipendium
für VWL und Geschichte
am Cooperative College,
Loughborow (Universität
Leicester), Zeitungsvolon-
tariat, Schriftsetzerlehre,
1953 Heidenheimer Zeitung, 1955 Chefredakteur eines
deutsch-englischen Wochenblatts, 1956 Bonner Korre-
spondent vom Dienst mittlerer Tageszeitungen DIMI-
TAG, ab 1958 Hamburger Abendblatt.
1959 Auswärtiger Dienst, Jordanien, Syrien, Irak, Indone-
sien
1965 Pressereferent Bundeskanzler Erhard, 1968 Presse-
chef Olympische Spiele München
1976 – 1996 DEUTSCHER BUNDESTAG
1987 – 1989 Bundesminister wirtschaftliche Zusammenarbeit, dann Bundesminister für besondere Aufgaben,
Presse- und Informationsamt
1990 Vizepräsident des Bundestags

Kohl, Dr. Helmut, CDU,
3. April 1930 in Ludwigs-
hafen, katholisch, verheiratet, zwei Söhne.
1944 Dienst in einem
Ludwigshafener Feuer-
löschtrupp, Bruder fällt als
Soldat.
1950 Abitur, Jura, Sozial- und
Staatswissenschaften,
Geschichte in Frankfurt
und Heidelberg, 1958 Pro-

motion, 1959 Referent beim Verband der Chemischen
Industrie
1946 CDU, 1947 Mitgründer der Jungen Union in Ludwigshafen, 1953 im geschäftsführenden Vorstand CDU
Rheinland-Pfalz, 1955 Mitglied Landesvorstand, 1959
Vorsitzender Ludwigshafen.
1959 Landtag Rheinland-Pfalz, 1966 – 1974 Landesvorsitzender, 1966 Bundesvorstand
1973 – 1998 Parteivorsitzender CDU
1969 Ministerpräsident Rheinland-Pfalz
1976 – 2002 DEUTSCHER BUNDESTAG
1982 – 1998 Bundeskanzler
28. November 1989 10-Punkte-Programm zur Überwindung der Teilung von Deutschland und Europa
18. Mai 1990 Staatsvertrag über die Währungs- Wirt-
schafts- und Sozialunion
1990 Zwei-plus-Vier-Gespräche mit den Siegermächten
des Zweiten Weltkriegs über die Wiedervereinigung
Deutschlands und Einbindung in die NATO (zusammen
mit Hans-Dietrich Genscher)

Kubicki, Wolfgang, FDP,
3. März 1952 in Braun-
schweig, verheiratet, zwei
Kinder.
1970 Abitur in Braun-
schweig, VWL in Kiel, tätig
in Unternehmensbera-
tung, Steuerbüro, Jura in
Hamburg, seit 1985 selb-
ständiger Rechtsanwalt.
1970 FDP, 1975 – 1977
Landesvorsitzender Jung-
demokraten, seit 1975 im
Landesvorstand FDP
1980 – 1983 Referent der FDP-Fraktion im Landtag
Schleswig-Holstein
1990 – 2. August 1992 und Oktober 2002 bis 9. Dezember 2002 DEUTSCHER BUNDESTAG, jeweils Niederle-
gung des Amts
Seit 1992 Landtag Schleswig-Holstein
Seit 2013 Stellvertretender Vorsitzender der FDP

Kuhlwein, Eckart, SPD,
11. April 1938 in Schleswig,
verheiratet, vier Kinder.
Abitur in Nürnberg, VWL
in München, Würzburg,
Erlangen, 1960 Diplom
Volkswirt, 1962 – 1964
Journalist Kieler Nachrichten, Chefredakteur bil-
dungspolitische Fachzeit-
schrift, Falken, IG-Medien,
AWO, Amnesty, Verein zum
Schutz der Seevögel.
1965 SPD, aktiv in Ort, Kreis, Land, 1969 – 1971 Juso Landesvorsitzender, seit 1975 SPD-Landesvorstand Schleswig-Holstein, 1971 – 1976 Landtag

1976 – 1988 DEUTSCHER BUNDESTAG, Schwerpunkt Bildung und Wissenschaft
1981 – 1982 Parlamentarischer Staatssekretär Bundesministerium Bildung und Wissenschaft

Lamers, Karl, CDU, 11. November 1935 in Königswinter, katholisch, verheiratet, ein Sohn.

1956 Abitur, Jura, Politologie in Bonn und Köln, 1966 – 1980 Leiter einer politischen Akademie, Karl-Arnold-Stiftung.
1955 CDU
1968 – 1971 Landesvorsitzender Junge Union
1980 – 2002 DEUTSCHER BUNDESTAG, Außenpolitik
2006 Stiftung Umwelt und Entwicklung NRW, Vorsitzender
2007 Konzeptpapier zu „Kerneuropa", Europas Außen- und Sicherheitspolitik im 21. Jahrhundert

Lammert, Dr. Nobert, CDU, 16. November 1948 in Bochum, katholisch, verheiratet, vier Kinder.
Altsprachlich-humanistisches Gymnasium, Wehrdienst, Politikwissenschaft, Soziologie, Neuere Geschichte und Sozialökonomie in Bochum und Oxford, 1972 Diplom, 1975 Promotion, 1984 – 1991 freiberuflicher

Dozent in der Erwachsenenbildung an Akademien, Stiftungen, Verbänden und Firmen, FHS Bochum und Hagen, seit 2004 Lehrauftrag Uni Bochum, seit 2008 Honorarprofessor.
1964 Junge Union, 1966 CDU, 1975 – 1980 Stadtrat Bochum, 1968 – 2008 CDU Landesvorstand NRW sowie Vorsitzender des Bezirksverbands CDU-Ruhrgebiet, heute Ehrenvorsitzender, Präsidium der CDU
Seit 1980 DEUTSCHER BUNDESTAG, Ausschuss Wahlprüfung, Immunität und Geschäftsordnung,1996 – 2006 Vorsitzender Landesgruppe NRW, 1988 – 2002 kultur- und medienpolitischer Sprecher
2002 Vizepräsident des Bundestags, 2005 Bundestagspräsident (mit 93,1 % der Stimmen), Wiederwahl 2009, 2013 (94,6%)
Parlamentarischer Staatssekretär 1989 BM Bildung und Wissenschaft, 1994 BM Wirtschaft, 1997 Verkehrsministerium

Laufs, Dr. Paul, CDU, 22. Juni 1938 in Tuttlingen, verheiratet, fünf Kinder.

1957 Abitur, Maschinenbau und Luftfahrttechnik in München und Stuttgart, 1963 Diplomingenieur, 1963 – 1967 wiss. Assistent Institut für Aerodynamik und Gasdynamik, 1967 – 1973 Lehrbeauftrager für Hyperschallströmungen Uni Stuttgart, ab 1967 IBM
1963 CDU, aktiv in Fachausschüsen, 1979 – 1984 Kreistag Rems-Murr-Kreis
1976 – 2002 DEUTSCHER BUNDESTAG
1991 – 1993 Parlamentarische Staatssekretär Umweltministerium
1993 – 1997 Parlamentarischer Staatssekretär Post- und Telekommunikationsministerium
1998 Honorarprofessor Uni Stuttgart
2006 Promotion

Limbach, Editha, geb. Nassen, CDU, 1. Februar 1933 in Berlin, katholisch, verheiratet, vier Söhne.

Abitur, Studium Geschichte und Sozialwissenschaft in Bonn und New York, Journalistin, Redakteurin, dann Hausfrau.
1960 CDU, aktiv in Kreis, Bezirk, Stadt Bonn
1987 – 1998 DEUTSCHER BUNDESTAG
1998 – 2010 stellvertretende Vorstandsvorsitzende der UNO-Flüchtlingshilfe

Lowack, Ortwin, fraktionslos, 25. Dezember 1942 in Gleiwitz, verheiratet, vier Kinder.

Rechts- und Staatswissenschaften an der FU Berlin, in Köln und Erlangen, Freiwilliger Wehrdienst, Reserveoffizier, 1969-1971 Rechtsanwalt, 1971-1974 Gerichtsassessor.
1972 CSU, 1978-1980 Stadtrat in Bayreuth
1980 – 1994 DEUTSCHER BUNDESTAG
22. April 1991 Parteiaustritt
Mai 1994 Gründung Freie Bürger Union

Lüder, Wolfgang, FDP,
11. April 1937 in Celle,
† 19. August 2013 Berlin,
verheiratet, vier Kinder.

1957 Abitur, Jura an der FU
Berlin, 1970 Assessor
Staatsanwaltschaft, Rich-
ter Landgericht, ab 1981
Rechtsanwalt, 1991 – 2007
Notar, Humanistische Uni-
on, Deutsch-chinesische
Gesellschaft, 1957 Liberaler Studentenbund (FDP)
1958 Vorsitzender Studentenparlament FU
1961 Berliner Landesvorsitzender, 1962 Bundesvorsitzender, 1963 stellvertretender Bundesvorsitzender
1962 FDP, 1963 Jungdemokraten, 1967 Landesvorsitzender, 1968 Bundesvorsitzender
1970 FDP- Bundesvorstand
1971 – 1979 Landesvorsitzender Berlin
1975 Wirtschaftssenator Berlin, 1976 stellvertretender
Regierender Bürgermeister, 1970 Abgeordnetenhaus
1987 – 1994 DEUTSCHER BUNDESTAG, Innenausschuss

Lühr, Bernd-Uwe, FDP,
17. März 1949, Halle/
Saale, evangelisch, ver-
heiratet, drei Kinder.
Abitur in Halle, Diesellok-
schlosser, Wirtschafts-
wissenschaften in Halle,
Wehrdienst.

1967 LDPD, 1990 FDP, aktiv
in Kreis und Land, im Bundesvorstand, 1991 – 1993
Generalsekretär der FDP
1990 – 1998 DEUTSCHER BUNDESTAG, seit 1997 Ver-
waltungsrat der Deutschen Ausgleichsbank, seit 1998
Vorstand der Bundesstiftung zur Aufarbeitung der
SED-Diktatur, seit 2003 Leiter des Regionalbüros der
Friedrich-Naumann-Stiftung in Halle, liberale Bildungsarbeit

Lucyga, Dr. Christine, SPD,
6. April 1944 in Kolberg,
Pommern, evangelisch,
verheiratet, eine Tochter.
Abitur, Studium der Anglis-
tik und Hispanistik in Ros-
tock, Fremdsprachenleh-
rerin für Russisch an der
Hochschule für Seefahrt in
Warnemünde, 1980 Pro-
motion über lateiname-
rikanische Literatur, 1986
Universitätspreis der Universität Rostock.
Ab September 1989 im Neuen Forum Rostock, Ende 1989
SPD, 18. März 1990 – 2. Oktober 1990 Volkskammer, 3.
Oktober 1990 – 2005 DEUTSCHER BUNDESTAG

de Maizière, Lothar, CDU,
2. März 1940 in Nord-
hausen/Harz, evangelisch,
verheiratet, drei Töchter.
Abitur, Musikhochschule
Hanns Eisler, Viola, 1969
– 1975 Jura an der HU, bis
1975 Berliner Rundfunk
Symphonieorchester,
Rechtsanwalt.

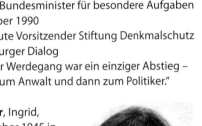

1956 CDU, 1989 – 1990 Vorsitzender, Rücktritt 1991
1985 Synode evangelische
Kirche, 1986 – 1990 Vizepräsident
1990 – 15. Oktober 1991 DEUTSCHER BUNDESTAG
12. April – 2. Oktober 1990 Ministerpräsident der DDR,
der erste und letzte frei gewählte
3. Oktober 1990 Bundesminister für besondere Aufgaben
bis 19. Dezember 1990
1996 Anwalt, heute Vorsitzender Stiftung Denkmalschutz
Berlin, Petersburger Dialog
„Mein beruflicher Werdegang war ein einziger Abstieg –
vom Musiker zum Anwalt und dann zum Politiker.“

Matthäus-Maier, Ingrid,
SPD, 9. September 1945 in
Werlte/Aschendorf, ver-
heiratet, zwei Kinder.
1965 Abitur in Duisburg,
Jura in Gießen und Müns-
ter, 1976 Verwaltungsrich-
terin Münster.
1966 – 1969 Studentenparlament Humanistische Union
1969 FDP und Jungdemo-
kraten
1972 Bundesvorsitzende Jungdemokraten
1972 – 1982 Bundesvorsthand FDP, für strikte Trennung
Kirche und Staat
Nach Koalitionswechsel (FDP von der von SPD zur CDU)
Austritt aus der FDP, seit 1982 SPD
1976 – 1982 (FDP) und 1983 – 1999 (SPD) DEUTSCHER
BUNDESTAG
1999 – 2008, Vorstand, dann Vorsitzende der KfW-Ban-
kengruppe, bis zur IKB-Pleite, Vorsitzende des Kuratoriums der Friedrich-Ebert-Stiftung

Meckel, Markus, SPD, 18. August 1952 Müncheberg/
Brandenburg, evangelisch,
verheiratet, fünf Kinder.
1969 musste Meckel die 2.
Erweitere Oberschule, das
ehemalige Graue Kloster
in Berlin, aus politischen
Gründen verlassen. Kirch-
liches Oberseminar Pots-
dam-Hermannswerder,
1970 NVA-Totalverweige-

rer, bis 1978 Theologiestudium, 1980 – 1982 Vikar, dann Pastor in Vipperow/Müritz, 1988 – 1990 Ökumenische Begegnungsstätte Niederndodeleben bei Magdeburg.

Seit 1970er DDR-Opposition, Initiator der Gründung der Sozialdemokratischen Partei (SDP) mit Martin Gutzeit

Für die SDP am Zentralen Runden Tisch

18. März – 2. Oktober 1990 Volkskammer

April – August 1990 Außenminister der DDR

1990 Zwei-plus-Vier-Gespräche mit den Siegermächten des Zweiten Weltkriegs über die Wiedervereinigung Deutschlands und Einbindung in die NATO (zusammen mit Hans Dietrich Genscher)

1990 – 2009 DEUTSCHER BUNDESTAG

Seit 1991 Parlamentarische Versammlung der NATO, Ratsvorsitzender Bundesstiftung zur Aufarbeitung der SED-Diktatur, bis 2013 Beirat BStU

Förderverein Zentrum Kalter Krieg am Checkpoint Charlie

Seit 2013 Präsident des Volksbunds Deutscher Kriegsgräberfürsorge

Merkel, Dr. Angela Dorothea, geb. Kasner, CDU, 17. Juli 1954 in Hamburg, evangelisch.

Polytechnische Oberschule Templin, Abitur 1973, bis 1978 Physik in Leipzig, 1978 – 1990 Wissenschaftliche Mitarbeiterin am Zentralinstitut für physikalische Chemie der Akademie der Wissenschaft, 1986 Promotion.

1989 Demokratischer Aufbruch (DA), 1990 CDU

1990 Stellv. Regierungssprecherin der DDR-Regierung, dann Referentin Presse- und Informationsamt der Bundesregierung

seit 1990 DEUTSCHER BUNDESTAG

1991 Bundesministerin für Frauen und Jugendarbeit im Kabinett Kohl IV

1993 CDU Landesvorsitzende Mecklenburg-Vorpommern (nach Rücktritt Günther Krause)

1994 – 1998 Bundesministerin für Umwelt, Naturschutz und Reaktorsicherheit im Kabinett Kohl V

1998 – 2000 Generalsekretärin CDU

2000 Bundesvorsitzende der CDU

Seit 22. November 2005 Bundeskanzlerin

Michalk, Maria, CDU, 6. Dezember 1949 in Merka/Bautzen, katholisch, verheiratet, drei Kinder.

Sorbische Polytechnische Oberschule, Lehre als Industriekaufmann im VEB Elektroporzellan, 1968 bis 1972 Fachschule Ökonomie, bis 1979 Hochschule für Verkehr

in Dresden, 1986 – 1990 Sachbearbeiterin im Kollegium der Rechtsanwälte im Bezirk Dresden, Mitglied der Domowina, Vorstand Europäische Kommission für Menschenrechte.

1972 CDU, 1990 stellv. Vorsitzende Kreis Bautzen

März – 2. Oktober 1990 Volkskammer

Oktober 1990 – 1994 Innenausschuss

Seit 2002 DEUTSCHER BUNDESTAG, Ausschuss für Gesundheit, Kultur und Medien, Arbeit und Soziales

1991 – 1994 Vorsitzende Parlamentarischer Beirat Stiftung für das sorbische Volk, 1994 – 1999 Vorsitzende des Stiftungsrats

1996 – 2002 Fortbildungswerk Sachsen, Geschäftsführerin

Mischnick, Wolfgang, FDP, 29. September 1921 in Dresden, † 6. Oktober 2002 in Bad Soden, evangelisch, verheiratet.

Abitur in Radebeul, 1939 – 1945 Kriegsteilnehmer, Leutnant d. R., 1945 LDPD Mitbegründer in Dresden

1946 Stadtverordneter Dresden, Flucht nach Berlin, dann Frankfurt am Main

1954 – 1957 Bundesvorsitzender Jungdemokraten, bis 1991 FDP Bundesvorstand

1957 – 1961 Landesvorsitzender Gesamtverband Sowjetzonenflüchtlinge in Hessen

1957 – 1994 DEUTSCHER BUNDESTAG, Landesliste Hessen und 1990 Landesliste Sachsen

1961 – 1963 Bundesminister für Vertriebene, Flüchtlinge und Kriegsbeschädigte

1968 – 1991 Vorsitzender der FDP-Bundestagsfraktion

1987 – 1995 Vorsitzender der Friedrich-Naumann-Stiftung

Möller, Dr. Franz, CDU, 2. November 1930 in Lingen, katholisch, verheiratet, drei Kinder.

1951 Abitur, Jura und Staatswissenschaften in Freiburg und Münster, katholische Studentenverbindung, 1958 Promotion.

Seit 1960 Wissenschaftlicher Dienst und Personalabteilung des Bundestags.

1965 CDU, aktiv im Rhein-Sieg-Kreistag 1970 – 1990, 1974 – 1999 Landrat

1967 – 1994 DEUTSCHER BUNDESTAG, Ausschuss Raumordnung, Bauwesen, Städtebau; Ältestenrat

Neumann, Volker, SPD,
   10. September 1942 in
   Forst/Lausitz.
1962 Abitur in Osnabrück,
   Jura und VWL in Bonn und
   Münster. 1970 Rechtsanwalt, 1974 Notar in Bramsche, Vorsitzender Verwal-
   tungsrat Kreissparkasse
   Bersenbrück, Vorstand
   Deutsche Helsinki Men-
   schenrechtskommission.
1967 SPD, aktiv in Rat und
   Kreis Osnabrück
1978 – 1987 und 1990 – 2005 DEUTSCHER BUNDESTAG
2002 – 2005 Vorsitzender des parlamentarischen Kont-
   rollgremiums zur Überwachung der Geheimdienste,
   G10-Kommision

Pflüger, Friedbert, CDU,
   6. März 1955 in Hannover,
   evangelisch, verheiratet,
   zwei Kinder.
1973 Abitur, Politik, Staats-
   recht und VWL in Göttingen, Bonn, Harvard, 1982
   Promotion.
1971 CDU, 1977 – 1978
   Bundesvorsitzender RCDS,
   1977 – 1985 Bundesvor-
   stand Junge Union
1998 – 2006 stellv. Landesvorsitzender CDU in Niedersachsen
2000 – 2010 Bundesvorstand CDU
1981 – 1984 Mitarbeiter des Regierenden Bürgermeisters
   von Berlin
1984 – 1989 Bundespräsidialamt (mit v. Weizsäcker),
   Pressesprecher
1990 – 2006 DEUTSCHER BUNDESTAG, Abrüstung, EU,
   Außenpolitik
2005 Parlamentarischer Staatssekretär Verteidigungsministerium
2006 – 2011 Abgeordnetenhaus Berlin
2006 Kandidat zum Regierender Bürgermeister, erringt
   21,3 Prozent der Stimmen
2008 Abwahl als Fraktionschef der CDU

Rau, Johannes, SPD,
   16. Januar 1931, † 27. Ja-
   nuar 2006, verheiratet, drei
   Kinder.
Gymnasium in Wuppertal,
   1943 Schule zerstört, 1948
   Schulabbruch wegen
   Schwänzen, Buchhändler-
   lehre, ab 1949 nebenher
   Westdeutsche Rundschau,
   1952 Verlagsgehilfe, 1953
   Lektor, 1954 Geschäfts-

führer Jugenddienst-Verlag, 1965 dessen Direktor.
1968 Bundesvorstand SPD, 1973 Landesvorstand NRW
1969 – 1970 Oberbürgermeister Wuppertal
1970 – 1978 Wissenschaftsminister NRW
1977 – 1998 Landesvorsitzender SPD in NRW
1978 – 1998 Ministerpräsident NRW
1999 – 2004 Bundespräsident

Rauen, Peter Harald, CDU,
   26. Januar 1945 in Salm-
   rohr, römisch-katholisch,
   verheiratet, zwei Kinder.
Gymnasium, Maurerlehre,
   seit 1976 selbständiger
   Bauunternehmer.
1966 CDU, seit 1985 Kreisvorsitzender Bernkastel-
   Wittlich, 1983 – 1987
   Landtag Rheinland-Pfalz,
   1997 – 2005 Bundesvorsitzender der Mittelstands-
   und Wirtschaftsvereinigung der CDU/CSU
1987 – 2009 DEUTSCHER BUNDESTAG

Reichenbach, Klaus, CDU,
   22. September 1945 in
   Altenburg, evangelisch-
   lutherisch, verheiratet,
   zwei Töchter.
Abitur, Maschinenbau,
   Ingenieur-Ökonom Textil-
   technik in Reichenbach,
   1982 – 1986 Rechtswis-
   senschaften Humboldt-
   Universität, Fernstudium,
   1969 Geschäftsführer Hermann Reichenbach KG,
1972 Zwangsverstaatlichung weiter als Betriebsleiter,
   bis 1988 Betriebsdirektor verschiedener Textilbetriebe,
   seit 1990 Präsident des Sächsischen Fußballverbands,
   seit 2001 im Vorstand des Deutschen Fußballbundes.
1969 CDU, 1947 Kreisvorsitzende Karl-Marx-Stadt, März
   1990 Vorsitzender Landesverband Sachsen und Oktober 1990 im Präsidium der gesamtdeutschen CDU
März – Oktober 1989 Volkskammer, April – Oktober 1990
   Minister im Amt des Ministerpräsidenten der DDR
1990 – 1994 DEUTSCHER BUNDESTAG

Reuter, Bernd, SPD,
   9. November 1940 in
   Heldenbergen, katholisch,
   verheiratet.
1958 Betonbauer, 1962 –
   1966 Bauingenieur, 1955
   IG Bau-Steine-Erden, AWO.
1965 SPD, aktiv in Bezirk und
   Land, 1967 – 1969 Bürgermeister Heldenbergen
bis 1980 Stadtrat Nidderau

1980 – 2002 DEUTSCHER BUNDESTAG, Vorsitzender der
Landesgruppe Hessen

Roitzsch, Ingrid, CDU, 30.
Juli 1940 in München, † 31.
Januar 2011, evangelisch,
verheiratet, zwei Kinder.
1961 Abitur, Jura, Zeitungs-
wissenschaften, 1971 –
1980 Redakteurin.
1970 CDU, aktiv in Stadt,
Kreis, Land, Pinneberg und
Quickborn, Schule, Kultur
1980 – 1994 DEUTSCHER
BUNDESTAG

1987 – 1992 parlamentari-
sche Geschäftsführerin der CDU/CSU
1992 – 1993 Parlamentarische Staatssekretärin Verteidigungsministerium
Nach der politischen Karriere Zigarettenindustrie

Roth, Wolfgang, SPD, 26. Januar 1941, in Schwäbisch-
Hall, verheiratet, eine
Tochter.
Abitur, VWL in Tübingen und
FU, 1968 Diplomvolks-
wirt.1964 AStA-Vorsitzen-
der FU, bis 1970 Wissen-
schaftler beim Deutschen
Städtetag, bis 1974 Neue
Heimat Hamburg, bis 1976
selbständiger Städtebau-
planer, Aufsichtsrat Öko-

bank Genossenschaft Frankfurt, Vorstand des Deutschen
Instituts für Wirtschaftsforschung in Berlin, Gewerkschaft
Handel, Banken, und Versicherungen.
1962 SPD, 1972 – 1974 Bundesvorsitzender Jusos
1973 – 1979 und 1982 – 1991 im Parteivorstand der SPD
1976 – 1993 DEUTSCHER BUNDESTAG, Mandat niedergelegt beim Wechsel zur Europäischen Investitionsbank
1993 – 2006 Vizepräsident Europäische Investitionsbank

Schäfer, Harald B., SPD,
20. Juli 1983 in Waldbrunn/
Odenwald, † 22. Januar
2013 in Offenburg, ver-
heiratet, zwei Kinder.
1958 Abitur, Studium
Deutsch, Geschichte in
Heidelberg und München,
1965 – 1972 Schuldienst,
GEW, AWO, Arbeiter-Sama-
riter-Bund, Naturfreunde.
1962 SPD

Sozialdemokratischer Hoch-
schulbund, Jusos, aktiv in Kreis und Land
1972 – 1992 DEUTSCHER BUNDESTAG, bis 1987 Innenausschuss, dann Umwelt, Naturschutz, Reaktorsicherheit

1992 – 1996 Umweltminister BW unter Erwin Teufel (CDU)
2010 aktiv für Volksentscheid Stuttgart 21

Schäfer, Helmut, FDP,
9. Januar 1933 in Mainz.
1951 Abitur, Studium
Deutsch und Englisch
in Mainz, Innsbruck und
Dayton/Ohio, 1958 – 1967
Gymnasiallehrer, bis 1977
Referent Planungsabtei-
lung Kultusministerium
Rheinland-Pfalz, Vorstand
Friedrich-Naumann-Stif-
tung und Atlantik-Brücke.

1964 FDP, Landesvorstand,
Mitglied des Bundesvorstands
Seit 1976 Liberale Internationale, 1990 – 1998 deren Vizepräsident
1977 – 1998 DEUTSCHER BUNDESTAG
1978 – 1987 im Auswärtigen Ausschuss, außenpolitischer
Sprecher der FDP-Bundestagsfraktion
1981 – 1987 Vorsitzender der Deutsch-Sowjetischen Parlamentariergruppe
Vertreter der FDP beim Goethe-Institut
1987 – 1998 Staatsminister im Auswärtigen Amt

Scharrenbroich, Heribert,
CDU, 8. März 1940 in Köln,
verheiratet, drei Kinder.
1961 Abitur in Linz, Wehrdienst, 1968 Diplomvolks-
wirt in Köln,1968 – 1972
Christlich-Demokratische
Arbeitnehmerschaft CDA
1973 – 1977 Lateinamerika
für die Konrad-Adenauer-
Stiftung für gewerkschaft-
liche Bildungsarbeit

1977 – 1985 Hauptgeschäftsführer CDA
1985 – 1994 DEUTSCHER BUNDESTAG, Rede pro Verhül-
lung des Reichstags
1996 Internationale Arbeitsorganisation der Vereinten
Nationen in Genf, zuständig für Zentralasien
CARE Deutschland, Vorsitzender des Kuratoriums
2011 – 2013 stellvertretender Vorsitzender „Aktion
Deutschland Hilft"

Schäuble, Wolfgang, CDU,
18. September 1942 in
Freiburg, evangelisch,
verheiratet, vier Kinder.
1961 Abitur in Hausach, Jura,
Wirtschaftswissenschaften
in Freiburg und Hamburg,
1970 Jurist, 1971 Promotion, Steuerverwaltung BW,
1978 – 1984 Rechtsanwalt
in Offenburg.

1961 Junge Union, Vorsitzender RCDS in Hamburg und Freiburg, 1965 CDU, aktiv im Bezirk
1976 – 1984 Vorsitzender des Fachausschusses Sport in der CDU, 1998 – 2000 Bundesvorsitzender der CDU
1991 – 2000 Vorsitzender der CDU-Bundestagsfraktion
1990 Attentat, seitdem auf Rollstuhl angewiesen
Seit 1972 DEUTSCHER BUNDESTAG, dienstältester Abgeordnete
1984 – 1989 Bundesminister für besondere Aufgaben und Chef des Bundeskanzleramts
1989 – 1991 und 2005 – 2009 Bundesminister des Inneren, 2009 Bundesminister der Finanzen

Scheer, Dr. Hermann, SPD, 29. April 1944 in Wertheim, † 14. Oktober 2010 in Berlin, verheiratet, ein Kind.

1964 Abitur in Berlin, 1964 – 1967 Offiziersausbildung bei der Bundeswehr, bis 1972 WiWi und SoWi Heidelberg und FU Berlin, 1979 Promotion, 1972 – 1976 wissenschaftlicher Assistent Uni Stuttgart, bis 1980 Kernforschungszentrum Karlsruhe, 1988 Präsident der europäischen Sonnenenergievereinigung EUROSOLAR.
1965 SPD, SHB, Jusos, 1973 Landesvorsitzender Jusos BW, 1974 stellvertretender Bundesvorsitzender, 1993 – 2009 SPD-Bundesvorstand
1980 – 2010 DEUTSCHER BUNDESTAG, SPD-Sprecher Abrüstung und Rüstungskontrolle, Initiator von Gesetzen zur Förderung regenerativer Energien
2007 gegen Kapitalprivatisierung der Deutschen Bahn

Schily, Otto, SPD, 20. Juli 1932 in Bochum, verheiratet, zwei Kinder.

Bochum, Garmisch-Partenkirchen, Abitur in Bochum, Jura und Politik in München, Hamburg und Berlin.
1963 Rechtsanwalt, vertritt 1968 Gudrun Ensslin nach der Kaufhausbrandstiftung, die Nebenklage im Prozess um den Mord an Benno Ohnesorg, 1971 Verteidiger von Horst Mahler (2001 Bevollmächtigter der NPD) und bis 1977 Gudrun Ensslin, Stammheim-Prozesse.
1980 Mitgründer der Grünen, Sprecherrat, Realo
1983 – 13. März 1986 (Rotation) und 1987 – 7. November 1989 DEUTSCHER BUNDESTAG
1989 Austritt Grüne, Beitritt SPD
2. Dezember 1990 – 2009 DEUTSCHER BUNDESTAG
1993 – 1994 Vorsitz Treuhand Untersuchungsausschuss, stellvertretender Vorsitzender SPD-Bundestagsfraktion, Innen- und Rechtsausschuss

1998 – 2005 Bundesminister des Inneren
2007 gründet German Consult GmbH
Seit 2011 Mitglied im Beirat der Nachrichtenagentur dapd, Befürworter verdeckter Online-Durchsuchung, Vorratsdatenspeicherung, biometrische Ausweise

Schmidt, Christian, CSU, 26. August 1957 in Obernzenn, evangelisch, verheiratet, zwei Töchter.

Abitur, Jura in Erlangen und Lausanne, 1985 Rechtsanwalt in Nürnberg, Arbeitsrecht, 1978 – 1987 Europa-Union Bayern, Gesellschaft für christlich-jüdische Zusammenarbeit, Vizepräsident Deutsch-Atlantische Gesellschaft.
1973 Junge Union, 1976 CSU, aktiv in Gemeinde, Kreis, Bezirk, 1989 – 1993 CSU-Parteivorstand
Seit 1990 DEUTSCHER BUNDESTAG, Arbeitskreis Auswärtiges, Verteidigung, Europa der CSU-Landesgruppe
2005 – 2013 Parlamentarischer Staatssekretär Bundesministerium Verteidigung
Seit 2014 Bundesminister Landwirtschaft und Ernährung

Schmude, Dr. Jürgen, SPD, 9. Juni 1936 in Insterburg (Ostpreußen), evangelisch, verheiratet, zwei Kinder.

1955 Abitur, Rechtswissenschaft, Theaterwissenschaft, Germanistik in Göttingen, Berlin, Bonn und Köln, seit 1976 Rechtsanwalt.
1957 SPD, Stadtrat Moers, 1969 Kreistag
1969 – 1994 DEUTSCHER BUNDESTAG
1985 – 2003 Präses der Synode der Evangelischen Kirche Deutschlands (EKD)
1978 – 1981 Bundesminister für Bildung und Wissenschaft, 1981 – 1982 Bundesminister der Justiz, 1982 Bundesminister des Inneren

Schockenhoff, Dr. Andreas, CDU, 23. Februar 1957 in Ludwigsburg, † 13. Dezember 2014 in Ravensburg, katholisch, verheiratet, drei Kinder.

1976 Abitur, bis 1982 Romanistik, Germanistik und Geschichte in Tübingen und Grenobel, bis 1984 Referendar, 1985 Promotion

am Römischen Seminar in Tübingen, Gymnasiallehrer Sport- und Musikvereine, Deutscher Alpenverein, Eissporthalle Ravensburg.

1973 Junge Union, 1982 CDU, aktiv in Ort und Kreis

1990 – 13. Dezember 2014 DEUTSCHER BUNDESTAG, deutsch-französische Parlamentariergruppe, Russlandexperte

Scholz, Prof. Dr. Rupert, CDU, 23. Mai 1937 in Berlin, evangelisch, verheiratet

1957 Abitur in Berlin, Jura, 1966 Promotion, 1971 Habilitation in München, 1972 o. Professor für Öffentliches Recht, Lehrstuhl Staats- und Verwaltungsrecht Universität München.

1983 CDU, 1985 – 1988 Abgeordnetenhaus Berlin, 1981 – 1988 Senator für Justiz und Bundesangelegenheiten in Berlin.

1990 – 2002 DEUTSCHER BUNDESTAG, 1998 – 2002 Vorsitzender des Rechtsausschusses

1988 – 1990 Bundesminister der Verteidigung

1996 – 2006 Aufsichtsrat Herta BSC, Kurator bei der Ernst Freiberger-Stiftung

Seitdem Rechtsanwalt in Berlin

Schorlemer, Freiherr von, Reinhard, CDU, 20. April 1938 in Fürstenau, verheiratet, fünf Kinder.

1958 landwirtschaftliche Gehilfenprüfung, bis 1962 Studium höhere Fachschule für Sozialarbeit mit Abschluss, seit 1965 Land und Forstwirt in Schlichthorst. 1955 CDU

Präsident der Schutzgemeinschaft Deutscher Wald

1980 – 2002 DEUTSCHER BUNDESTAG Wahlkreises Osnabrück-Land

Schneider, Dr. Oswald, CSU, 3. Juni 1927 Altenheideck in Bayern, verheiratet, zwei Kinder.

1953 CSU, 1955 Junge Union Nürnberg-Fürth, Landesvorstandes CSU, stellv. Bundesvorsitzender der kommunalpolitischen Vereinigung CDU/CSU

1957 – 1991 Landesvorstand der CSU

1969 – 1994 DEUTSCHER

BUNDESTAG, 1972 – 1982 Vorsitzender Ausschuss für Raumordnung Bauwesen und Städtebau

1982 Bauminister , 1985 – 1999 Stiftung Haus der Geschichte der Bundesrepublik Deutschland und Deutsches Historisches Museums

Schönburg-Glauchau, Joachim Graf von, CDU, 4. Februar 1929 in Glauchau, † 29. September 1998 in Passau, fünf Kinder.

Wechselburg/Sachsen bis 1945, Abitur in Kempten/Allgäu, Studium in Basel und Fribourg, Journalist und Autor, 1965 – 1970 im Auftrag des Auswärtigen Amtes nach Somalia, Aufbau des Rundfunks, 1990 zurück nach Sachsen, Mieter im ehemaligen schönburgschen Schloß Rochsburg.

1990 – 1994 DEUTSCHER BUNDESTAG

Schreiber, Dr. Harald, CDU, 27. April 1929 in Neurettendorf (Tschechien), katholisch, verheiratet, zwei Kinder.

Abitur 1947 nach der Ausweisung aus der CSR in Aschersleben, Pädagogik, Germanistik, Kunstgeschichte in Halle-Aschersleben, 1980 Promotion in Magdeburg, bis 1954 Lehrer, bis 1958 Dozent an der Parteischule der CDU, bis 1966 Kulturredaktion Tageszeitungen, 1973 – 1990 Verlagslektor Union-Verlag.

1949 CDU, aktiv in Ort, Kreis, Stadt, Bezirk

18. März bis 2. Oktober 1990 Volkskammer

1990 – 30. Juni 1993 DEUTSCHER BUNDESTAG

Schulte, Brigitte, geb. Brewitz, SPD, 26. September 1943 in Treuburg (Ostpreußen), evangelisch, verheiratet.

1963 Abitur, PH Lüneburg, 1966 Lehrerin, 1975 Leiterin der Orientierungsstufe

GEW, AWO, DRK, Reichsbund, Deutsche Verkehrswacht, Europa-Union.

1970 SPD, aktiv in Ort, Bezirk, Land und Bund. 1972 – 1976 Kreistag Springe und Hameln-Pyrmont

1976 – 2005 DEUTSCHER BUNDESTAG, 1991 – 2005 Sprecherin der Nordatlantischen Versammlung

1994 – 1998 stellvertretende verteidigungspolitische Sprecherin der SPD, 1998 – 2002 Parlamentarische Staatssekretärin Verteidigungsministerium

Schwaetzer, Dr. Irmgard, Ehename 1974 – 1991 Adam-Schwaetzer, 5. April 1942 in Münster.

1961 Abitur in Warburg/Westfalen, Pharmazie in Passau, Münster und Bonn, 1968 Approbation als Apothekerin, 1971 Promotion, bis 1980 pharmazeutische Industrie.
1975 FDP, 1982 – 1984 Generalsekretärin
1980 – 2002 DEUTSCHER BUNDESTAG
1987 – 1991 Staatsministerin im Auswärtigen Amtsgerichtsrat
1991 – 1994 Bundesministerin Raumordnung, Bauwesen und Städtebau
2003 – 2014 Vorstand Friedrich-Naumann-Stiftung
2004 – 2013 Vorsitzende des Dom-Kollegiums Berlin
2013 Präses der Synode der Evangelischen Kirche Deutschland

Schwalbe, Clemens, CDU/CSU, 31. Dezember 1947 in Lützen, katholisch, verheiratet, ein Kind.

Mittelschule, 1966 Chemielaborant, 1967 – 1968 Wehrdienst, bis 1971 Chemie Ingenieurfachschule Berlin, 1973 – 1978 Fernstudium Verfahrenstechnik, 1978 Diplomingenieur, 1971 – 1980 Entwicklungsingenieur Plastik der Buna-Werke, 1980 Leiter kommunale Wärmeversorgung, 1987 Leiter Investitionen Gesundheitswesen im Kreis Weißenfels.
1986 CDU, 1990 Vorsitzender Kreis Weißenfels
18. März – 2. Oktober 1990 Volkskammer, parlamentarischer Geschäftsführer CDU/DA
3. Oktober 1990 – 2002 DEUTSCHER BUNDESTAG

Schwarz-Schilling, Dr. Christian, CDU, 19. November 1930 in Innsbruck, katholisch, verheiratet, zwei Kinder.

1950 Abitur in Berlin, 1956 Ostasiatische Kultur- und Sprachwissenschaft München, Dr. phil, Banklehre, 1957 – 1982 Geschäftsführer Accumulatorenfabrik Sonnenschein, Büdingen, 1971 – 1982 Fernsehrat ZDF.
1960 CDU, aktiv in Kreis, Land und Bund
1976 – 2002 DEUTSCHER BUNDESTAG, Schwerpunkt Neue Informations- und Kommunikationstechniken
1998 – 2002 stellvertretender Vorsitzender des Ausschusses für Menschenrechte und humanitäre Hilfe
1982 – 1992 Bundesminister für Post und Telekommunikation, Rücktritt aus Protest gegen die Haltung der Bundesregierung im Bosnien-Krieg
2006 – 2007 Hoher Repräsentant für Bosnien und Herzegowina
ab 2007 Mediator in Kosovo, Mazedonien und Südserbien
Kuratorium Schüler Helfen Leben

Semper, Dr. Sigrid, geb. Habedank, FDP, 22. Dezember 1940 in Lohburg, Bezirk Magdeburg, ein Kind.

Diplomlehrerin für Mathematik und Physik, Lehrerin im Hochschuldienst, Lehre und Forschung in Pädagogik an der Pädagogischen Hochschule in Leipzig.
1965 LDPD (ab 1990 FDP)
1990-1994 DEUTSCHER BUNDESTAG

Spilker, Karl-Heinz, CSU, 3. Mai 1921 in Bad Oeynhausen, † 23. Oktober 2011, evangelisch, verheiratet, ein Sohn.

1939 Abitur, Jura, VWL und BWL in München und Mainz, Journalistin, 1953 im Bundesdienst Bonn, pers. Referent der Bundesminister Strauß und Balke, 1958 Prokurist später Direktor Farbwerke Hoechst, 1964 Vorstand der Kalle AG.
Landesschatzmeister CSU, Mitglied Präsidium und Vorstand CSU
1969 – 1994 DEUTSCHER BUNDESTAG, 1985 – 1991 stellv. Vorsitzender der CDU/CSU Bundestagsfraktion
Verkündete am 9. November 1989 im Bundestag die Öffnung der Berliner Mauer entsprechend einem ihm gereichten Zettel

Süssmuth, Prof. Dr. Rita, CDU, 17. Februar 1937 in Wuppertal, katholisch, verheiratet, eine Tochter.

1956 Abitur, 1956 – 1961 Romanistik und Geschichte in Münster, Tübingen und Paris, Postgraduiertenstudium Erziehungswissenschaft, Soziologie, Psychologie, 1964 Dr. phil.,

1969 Professorin Ruhr-Universität, Internationale Vergleichende Erziehungswissenschaft, 1971 Professorin Erziehungswissenschaft PH Ruhr, 1982 – 1985 Direktorin des Instituts Frau und Gesellschaft in Hannover.

1981 CDU, 1986 – 2011 Bundesvorsitzende Frauen Union, 1987 – 1988 im Präsidium der CDU

1985 – 1988 Bundesministerin für Jugend, Familie und Gesundheit (und ab 1986 für Frauen)

1987 – 2002 DEUTSCHER BUNDESTAG

1988 – 1998 Präsidentin des Deutschen Bundestags, 1998 pro Holocaust Mahnmal

2000 Vorsitzende der Unabhängigen Kommission Zuwanderung, berufen von Innenminister Otto Schily, Bericht Zuwanderung gestalten – Integration fördern

v. Teichmann und Logischen, Dr. Cornelia Christiane, geb. Wilcke FDP, 18. September 1947, verheiratet, zwei Kinder.

1967 Abitur in Hamburg, 1967 – 1971 Verwaltungsbeamtin/EDV, 1971 – 1976 Medizinstudium Hamburg, 1977 Dr. med., ehrenamtliche Pastorin, Krankenhausseelsorgerin und examinierte Bibliodramaleiterin.

1990 – 1994 DEUTSCHER BUNDESTAG

Thierse, Wolfgang, SPD, 22. Oktober 1943 in Breslau, katholisch, verheiratet, zwei Kinder.

Abitur in Hildburghausen/Thüringen, Schriftsetzer beim Thüringschen Tagblatt in Weimar, 1964 Germanistik und Kulturwissenschaft an der Humboldt Universität, ab 1969 wissenschaftlicher Assistent HU, 1975 – 1976 Ministerium für Kultur (entlassen, weil er eine Erklärung nach der Ausweisung von Wolf Biermann nicht unterschrieb), 1977 wissenschaftlicher Mitarbeiter am Zentralinstitut für Literaturgeschichte, 1970 – 1987 Mitarbeit an den Drehbüchern für sieben DEFA-Dokumentarfilme.

Oktober 1989 Neues Forum, Januar 1990 SDP, Juni 1990 deren Vorsitzender, September 1990 stellvertretender Vorsitzender der SPD (nach Vereinigung SDP und SPD), bis 2009 im Parteivorstand

März – Oktober 1990 Volkskammer

1990 – 2013 DEUTSCHER BUNDESTAG

1998 – 2005 Präsident des Deutschen Bundestags, 2005 – 2013 Vizepräsident

Zentralkomitee Deutscher Katholiken, Kuratoriumsvorsitzender der Bundeskanzler-Willy-Brandt-Stiftung, engagiert gegen Rechtsextremismus

Titze-Stecher, Uta, geb. Weber, SPD, 28. Dezember 1942 in Posen (Polen), verheiratet, eine Tochter.

1962 Abitur am „Gymnasium für Jungen" in Salzgitter, Pädagogik, Psychologie, Romanistik und Germanistik in München, 1968 – 1977 Lehrerin, 1979 Studium Sonderpädagogik, bis 1990 Sonderschullehrerin, GEW, Mieterverein, AWO, VHS, Frauennotruf, Internationale Jugendbegegnung, Kulturforum München.

1971 SPD, Jusos, aktiv in Gemeinde, Bezirk, Land

1990 – 2002 DEUTSCHER BUNDESTAG

Rückzug aus der Politik

Ullmann, Dr. Wolfgang, Bündnis 90/Grüne, 18. August 1929 in Bad Gottleuba/Pirna, † 30. Juli 2004 in Adorf/Vogtland, evangelisch, verheiratet, drei Kinder.

1948 Abitur Dresden, bis 1954 evangelische Theologie in West-Berlin, Pfarrer in Colmnitz/Sachsen, 1963 Dozent für Kirchengeschichte in Naumburg, 1978 Dozent Kirchengeschichte Ost-Berlin.

September 1989 Mitgründer „Demokratie Jetzt"

Februar – April 1990 Minister ohne Geschäftsbereich, für Bündnis 90 in der Volkskammer

3. Oktober 1990 – 1994 DEUTSCHER BUNDESTAG

1994 – 1998 Europaparlament für Bündnis 90/Grüne

2004 Ehrentitel Berliner Stadtältester

Herausgeber der Wochenzeitung „Freitag"

2010 lehrt am King's College, London

Verheugen, Günter, SPD, 28. April 1944, Bad Kreuznach, verheiratet.

Bis 1969 Geschichte, politischen Wissenschaften und Soziologie in Köln und Bonn, IG Medien, AWO, HU, Vorsitzender des Rundfunkrates der Deutschen Welle.

1960 FDP

1982 SPD

1987 Chefredakteur der SPD-Parteizeitung „Vorwärts"

1983 – 1999 DEUTSCHER BUNDESTAG, 1983 – 1998 Auswärtiger Ausschusses, 1998 – 1999 Staatsminister Auswärtiges Amt unter Joschka Fischer

1992 war er Vorsitzender des Sonderausschusses Europäische Union

1999 – 2010 EU-Kommissar für Unternehmen und Industrie, dann für EU-Erweiterung

Heute Honorarprofessor an der Europa-Universität Viadrina Frankfurt/Oder

Voigt, Carsten D., SPD, 11. April 1941 in Elmshorn, verheiratet.

1960 Abitur, Geschichte, Germanistik und Skandinavistik in Hamburg, Kopenhagen, Frankfurt, 1969 – 1976 im Direktorium der Frankfurter Volkshochschule, GEW, AWO, International Institute for Strategic Studies in London.

1962 SPD, 1969 – 1972 Bundesvorsitzender und 1972 – 1973 stellvertretender Vorsitzender der Jusos, seit 1984 Mitglied des SPD-Parteivorstands

1976 – 1998 DEUTSCHER BUNDESTAG, außenpolitischer Sprecher der Fraktion

1999 – 2010 Koordinator der Bundesregierung für deutsch-amerikanische Zusammenarbeit, Mitglied der Parlamentarischen Versammlung der NATO, Atlantische Initiative, Deutsche Gesellschaft für Auswärtige Politik, Aspen Institute Berlin

Vogel, Dr. Hans-Jochen, SPD, 3. Februar 1926 in Göttingen, katholisch, verheiratet, drei Kinder.

1943 Abitur, 1943 – 1945 Soldat, Jura in Marburg, 1950 Promotion.

1950 SPD, Regierungsrat im bayerischen Finanzministerium, 1954 Amtsgerichtsrat in Traunstein, 1955 zur Bereinigung das Bayerischen Landesrechts an die Senatskanzlei abgeordnet, 1958 berufsmäßiger Stadtrat München, 1960 – 1972 Oberbürgermeister München, ÖTV, Friedrich-Ebert-Stiftung

1970 Parteivorstand, 1987 – 1991 Vorsitzender der SPD

1972 – 1981 DEUTSCHER BUNDESTAG

1972 – 1974 Bundesminister für Raumordnung, Bauwesen und Städtebau

1974 – 1981 Bundesminister für Justiz

Januar – Juni 1981 Regierender Bürgermeister von Berlin, bis 1983 Vorsitzender SPD-Fraktion im Abgeordnetenhaus

1983 – 1994 DEUTSCHER BUNDESTAG

2015 Hans-Joachim Vogel macht seine Parkinson-Erkrankung öffentlich

Waigel, Dr. Theo, CSU, 22. April 1939 Oberrohr, katholisch, verheiratet, drei Kinder.

1959 Abitur, Rechts- und Staatswissenschaften in München und Würzburg, 1967 Promotion.

1969 – 1970 Referent des bayerischen Staatssekretärs für Finanzen, dann 1970 – 1972 des für Wirtschaft und Verkehr

1966 – 1972 Kreistag Krumbach

1972 – 2002 DEUTSCHER BUNDESTAG

1973 – 1988 Vorsitzender Grundsatzkommission der CSU

1988 – 1999 Vorsitzender der CSU, seit 2009 Ehrenvorsitzender

1989 – 1998 Bundesfinanzminister (Kabinett Kohl III, IV, V), Währungs- und Wirtschaftsunion

2004 Aufsichtsratsvorsitzender eines Geldspielautomaten-Herstellers

2009 – 2012 Anti-Korruptions-Beauftragter bei Siemens im Auftrag der US-Justizbehörde

Wallow, Hans, SPD,
25. Dezember 1939 in Göttingen, ein Kind.
Bau- und Kunstschlosser, Pädagogische Fakultät Universität Bonn, Bundesakademie öffentliche Verwaltung, 1958 – 1961 Bundeswehr, Oberleutnant, 1962 – 1965 Redakteur bei Werkzeitschriften der Chemischen Werke Hüls,

1966 – 1971 Pressereferat Bundesministerium wirtschaftliche Zusammenarbeit, bis 1974 Presse DED, bis 1981 Presse- und Informationsamt der Bundesregierung, ÖTV, AWO, BUND.
1981 – 1983 und 1990 – 1998 DEUTSCHER BUNDESTAG
2001 SPD-Austritt nach der Recherche über den Tod von zehn Zivilisten und 27 Schwerverletzten durch NATO-Angriffe auf Vavarin (Serbien)
1998, 2002, 2003 Politische Theaterstücke

Waltemathe, Ernst, SPD,
2. Februar 1935 in Bremen,
† 9. Juni 1997 in Bremen.
1938 – 1948 Schule in Amsterdam wegen nationalsozialistischer Verfolgung der Mutter, Abitur, Jurastudium aus finanziellen Gründen abgebrochen, ab 1956 öffentlicher Dienst Bremen, 1959 – 1972 Stadtplanungsamt, zuletzt Amtsleiter, 1956 ÖTV.

1956 SPD, ab 1976 im Landesvorstand
1972 – 1994 DEUTSCHER BUNDESTAG

Wartenberg, Gerd, SPD,
26. Juni 1944 in Swinemünde.
Abitur in Hamburg, Schriftsetzerlehre, VWL-Studium, 1972 Redakteur, ab 1980 Wochenzeitschrift „Bauwelt", 1955 – 1965 Falken.
1967 SPD
1975 Landesvorstand Berlin, 1985 – 1989 Vorsitzender SPD Kreuzberg
1975 – 1980 Abgeordnetenhaus Berlin

1980 – 1994 DEUTSCHER BUNDESTAG
1996 – 2002 Staatsekretär Bundes- und Europaangelegenheiten beim Regierenden Bürgermeister Berlin

Weiss, Konrad, Bündnis 90/Grüne, 17. Februar 1942 in Lauban/Schlesien (Vater auf der Flucht gestorben), katholisch, verheiratet, drei Töchter.
Mittelschule, Lehre Elektromonteur, 1964 Abitur an der Volkshochschule (als Katholik keine Zulassung zur Oberschule), 1965 – 1969 Hochschule Filmkunst Potsdam, 1969

Diplom-Regisseur, Dokumentationen Vietnam, Moskau
1964 Aktion Sühnezeichen, 1988 – 1990 deren Vorsitzender in der DDR, 1990 Liga für Menschenrechte.
September 1989 Gründungsmitglied Demokratie Jetzt
15. Januar 1990 Besetzung der Stasi-Zentrale Normannenstraße
18. März – 2. Oktober 1990 Volkskammer
3. Oktober 1990 – 1994 DEUTSCHER BUNDESTAG
2001 Austritt Bündnis 90/Grüne, weil der Berliner Landesverband vor der Abgeordnetenhauswahl Bereitschaft zur Koalition mit der PDS signalisiert hatte

Weisskirchen, Gert, SPD,
16. Mai 1944 in Heidelberg, verheiratet, eine Tochter.
Mittlere Reife, Höhere Handelsschule, Kaufmannsgehilfe, Pädagogische Hochschule Heidelberg, Erziehungswissenschaften, Politikwissenschaften, 1969 – 1972 Lehrer, bis 1975 wissenschaftlicher Assistent PH Heidelberg,

bis 1980 Professor für Sozialpädagogik, seit 1995 Honorarprofessor für angewandte Kulturwissenschaften FH Potsdam.
1966 SPD, Jusos Landesvorstand, bis 1972 Landesvorsitzender, aktiv in Kreis und Land BW
1976 – 2009 DEUTSCHER BUNDESTAG
1987 – 1990 Arbeitsgruppe Rüstungskonversion der SPD, 1998 Fraktionsarbeitsgruppe Vereinte Nationen
1994 – 2009 Parlamentarische Versammlung der OSZE

Weng, Dr. Wolfgang, FDP,
21. Dezember 1942 Stuttgart, evangelisch, verheiratet, zwei Kinder.
Abitur 1961, Pharmazie in Kiel und Tübingen, Dr. rer. nat., Grundwehrdienst, Stabsapotheker, Oberstapotheker. d. R., seit 1974 selbstständiger Apotheker in Stuttgart, BUND,

Schutzgemeinschaft Deutscher Wald, Verband der Reservisten.
1972 FDP, aktiv in Gemeinde, Kreis, Land
1980 – 1983 Landtag BW
1983 – 1998 DEUTSCHER BUNDESTAG

Wetzel, Kersten, CDU, 23. Februar 1961, Neustadt/Orla, evangelisch, verheiratet, drei Kinder.

1980 Abitur, Feinoptiker, Hilfsarbeiter, weil kein Studienplatz.
1980 CDU, 1980 – 1981 Zeitungsverkäufer für CDU-Verlag, bis 1989 hauptamtlicher Funktionär, Fernstudium Recht und Verwaltung
1989 Mitgründer der Christlich-Demokratischen Jugend und 1990 erster Landesvorsitzender der CDJ
März 1990 Volkskammer der DDR,
1990 – 1998 DEUTSCHER BUNDESTAG, Ausschuss Jugend, Familie, Frauen und Gesundheit

Weyel, Gudrun, SPD, 19. Mai 1927 in Berlin, † 16. Mai 2011 in Wörrstadt, evangelisch, ledig, eine Tochter.

1944 Abitur in Breslau, Reichsarbeitsdienst, Ländliche Hauswirtschaftslehre, Landfrauenschule, bis 1954 Landwirtschaftslehrerin, 1956 – 1980 Lehrerin an beruflichen Schulen, Zusatzstudium Geschichte, Politik, Mathematik in Marburg, Mainz, Fernuni Hagen, Aufsichtsrat Stadtwerke Diez, BUND, Gesamtverband Lehrer, ÖTV, AWO, DRK
1963 SPD, 1969 – 2009 ununterbrochen Stadtrat Diez
1980 – 1994 DEUTSCHER BUNDESTAG
1987 – 1994 Parlamentarische Geschäftsführerin

Zeitlmann, Wolfgang, CSU, 5. Juli 1941 in Prien am Chiemsee, katholisch, verheiratet, vier Kinder.

Deutsches Gymnasium der Benediktiner Niederaltaich, Rechtswissenschaft München, 1972 Rechtsanwalt in Prien.
1962 CSU, 1972 – 1987 ehrenamtlicher Bürgermeister Bernau, 1987 – 1987 Kreistag Rosenheim
1987 – 2005 DEUTSCHER BUNDESTAG, Parlamentarisches Kontrollgremium, Innenausschuss, Jugend Familie, Frauen und Gesundheit, Petitionsausschuss (Tochter Ursula Zeitlmann, GRÜNE, seit 2008 im Gemeinde- und seit 2014 im Kreisrat, kandidierte 2013 für den Deutschen Bundestag)

Zurheide, Burkhard, FDP, 16. Mai 1958 in Enger, evangelisch, verheiratet, ein Kind.

Abitur in Enger, Jura in Bielefeld, 1977 – 1979 freiwilliger Dienst bei der Bundeswehr, Rechtsanwalt, Deutscher Anwaltsverein, Bundeswehrverband.
1978 FDP, aktiv in Kreis, Bezirk Ostwestfalen-Lippe, Stadtrat
1990 – 1994 DEUTSCHER BUNDESTAG
2001 Lehrbeauftragter FHS Bielefeld
2004 Wirtschaftsmediator

Zusammengestellt von Wieland Giebel.

Quellen: Amtliches Handbuch des Deutschen Bundestags, 12. Wahlperiode; ergänzt um aktuelle Angaben bei Wikipedia und andere öffentlich zugängliche Quellen wie Homepages der Abgeordneten oder Parteien. Stand August 2015.

Abbildungen: ebd., außer: Portrait Lammert (S. 7): Gerd Seidel / Lizenz: Creative Commons CC-by-sa-3.0 de; Portrait Diepgen (S. 236): Bundesarchiv, B 145 Bild F082405-0037 / Schaack, Lothar / CC-BY-SA.; Portrait Rau (S. 245): Deutscher Bundestag, Presse-Service Steponaitis.

ÜBER DIESES BUCH

Ganz gleich, auf welcher Seite die Leserinnen und Leser dieses Buch aufschlagen, sie werden fasziniert davon sein, wie außerordentlich engagiert und persönlich die Abgeordneten über diese existenzielle Frage unserer Gesellschaft diskutierten.

Kaum eine Entscheidung von nationaler Tragweite wurde im Deutschen Bundestag intensiver, offener und ohne Fraktionszwang verhandelt; keine einzige Debatte hatte für Berlin solch weitreichende Auswirkungen.

Der Vorschlag, diese Sternstunde des Parlaments aufzugreifen, wurde von Dr. Andreas Schikora an den Berlin Story Verlag herangetragen. Dem Leiter der Staatlichen Münze Berlin, die zu diesem Thema die Jahresgabe 2016 prägt, lag daran, die kompletten mehr als einhundert Redebeiträge und auch die mehr als einhundert zu Protokoll gegebenen Reden zu dokumentieren. Nur vollständig sind Bedeutung und Tiefe dieses parlamentarischen Ereignisses nachzuvollziehen.

Es lag nahe, die Form der authentischen Protokolle der Plenardebatten beizubehalten. Das Format ist im vorliegenden Band geringfügig verkleinert.

Die Lebensläufe der Abgeordneten, nach Möglichkeit bis in die Gegenwart fortgeschrieben, sollen einen Eindruck von deren Lebenshintergrund, der Parteizugehörigkeit und der regionalen Herkunft geben. Manchmal erklärt sich die Position der Parlamentarier dadurch, gelegentlich überrascht sie.

Jedem Abgeordneten war bewusst, dass an jenem Tag eine historische Entscheidung getroffen wurde. Die Gedenkprägung und dieses Buch sollen daran erinnern, wie es damals im Bonner Wasserwerk eigentlich war.

25 Jahre Hauptstadtbeschluss

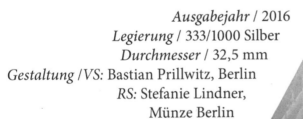

Ausgabejahr / 2016
Legierung / 333/1000 Silber
Durchmesser / 32,5 mm
Gestaltung /*VS*: Bastian Prillwitz, Berlin
RS: Stefanie Lindner,
Münze Berlin

JAHRESGABE 2016
DER STAATLICHEN MÜNZE BERLIN

Staatliche Münze Berlin
Ollenhauerstraße 97
13403 Berlin

Öffnungszeiten:
Di und Do 9:30 – 15 Uhr

Verkehrsanbindung:
U8 | S 25
Karl-Bonhoeffer-Nervenklinik

Eingang Pyramide

www.muenze-berlin.de | shop.muenze-berlin.de